BWL + ReWe

Betriebliche Geschäftsprozesse mit Rechnungswesen

Band 1
Schwerpunkt Betriebswirtschaftslehre

Herausgeber:
Roland Budde
Peter Engelhardt

Autoren:
Hans-Peter von den Bergen
Roland Budde
Peter Engelhardt
Markus Fleitmann
Marita Hermann
Ludger Katt
Dr. Volkmar Schmechel
Alfons Steffes-lai
Insa Wenke
Ralf Wimmers
Carsten Zehm

unter Mitarbeit der Verlagsredaktion

Cornelsen

Vorwort

Die beiden Lehrwerke „Betriebliche Geschäftsprozesse mit Rechnungswesen" richten sich vorwiegend an Schüler in vollzeitschulischen Bildungsgängen, wie z. B. Höhere Berufsfachschüler (Typ Wirtschaft und Verwaltung), Fachoberschüler und Assistentenzberufe mit dem Fach „Betriebswirtschaftslehre mit Rechnungswesen".

Die inhaltliche Struktur orientiert sich an der Abwicklung von Geschäftsprozessen in Industriebtrieb, beispielhaft am Modellunternehmen „Fly Bike Werke". Ein kundenorientiertes Unternehmensmodell bildet die Grundlage für die Strukturierung der prozessbezogenen Inhalte des Buches. Dadurch soll sichergestellt werden, dass sich die Darstellung der wichtigsten betriebswirtschaftlichen Inhalte an betrieblichen (beruflichen) Aufgabenstellungen und Handlungsabläufen orientiert, auf der Ebene von Material-, Informations- und Werteflüssen. Durch die Kundenorientierung des Unternehmensmodells wird in besonderer Weise zum Ausdruck gebracht, dass erfolgreiche Unternehmen sich an den Interessen und Erwartungen ihrer (potentiellen) Kunden ausrichten müssen. Der mit dem Unternehmensmodell hergestellte Wissenschaftsbezug ist Garant dafür, dass die Geschäftsprozesse in den Erklärungszusammenhang der zugehörigen Fachwissenschaften gestellt werden. Jedes Themengebiet knüpft an subjektiv bedeutungsvolle, konkret situierte, praktische Problemstellungen an. Die dabei gewonnenen Erfahrungen werden anschließend im systematisch-begrifflichen Raum verankert, erweitert und ergänzt.

Die EDV-gesteuerte Abwicklung unternehmensbezogener und unternehmensübergreifender Geschäftsprozesse wird durch die Darstellung der wichtigsten Prozessschritte bei der Abwicklung eines Kundenauftrages berücksichtigt (beispielhaft an den ERP-Systemen von Navision und KHK).

Die für die marktseitige Abwicklung von Geschäftsprozessen relevanten rechtlichen Inhalte sind im Wesentlichen in die Beschaffungs- und in die Absatzprozesse integriert unter Berücksichtigung der Rechtsgrundlagen der Unternehmung.

Die Herausgeber
Roland Budde
Peter Engelhardt

Berlin 2004

Inhaltsverzeichnis

1 Die Fly Bike Werke GmbH – ein Modellunternehmen
- 1.1 Firmengeschichte 6
- 1.2 Personal 9
- 1.3 Absatzprogramm und Kunden 9
- 1.4 Produktion 11
- 1.5 Beschaffung 12
- 1.6 Rechnungswesen 13
- 1.7 Integrierte Unternehmenssoftware (ERP-Software) 15

2 Die Fly Bike Werke auf dem Weg in die Zukunft
- 2.1 Erfolgreich produzieren am Standort Deutschland 16
- 2.2 Das gesamtwirtschaftliche Umfeld 18
- 2.3 Globalisierung 20
- 2.4 Das kundenorientierte Unternehmensmodell 21

3 Das Unternehmen und sein Umfeld
- 3.1 Einordnung des Unternehmens in die Gesamtwirtschaft ... 25
  - 3.1.1 Begriffsabgrenzung 25
  - 3.1.2 Merkmale von Industrieunternehmen 26
  - 3.1.3 Industrietypen und Industriebranchen 28
- 3.2 Betriebliches Zielsystem 28
  - 3.2.1 Zieldimensionen 28
  - 3.2.2 Kennzahlen und Controlling 31
  - 3.2.3 Umweltbewusstes Handelns – ein Zielkonflikt zwischen Ökonomie und Ökologie? 34
- 3.3 Marktorientierte Geschäftsprozesse 38
  - 3.3.1 Der Kundenauftrag als Auslöser eines unternehmensübergreifenden Geschäftsprozess ... 38
  - 3.3.2 Geschäftsprozesse des Unternehmens 38
  - 3.3.3 Betriebliche Leistungsfaktoren 41
- 3.4 Informations-, Material- und Wertefluss im betrieblichen Leistungserstellungsprozess 43
  - 3.4.1 Informationsfluss 43
  - 3.4.2 Materialfluss 44
  - 3.4.3 Wertefluss 45
- 3.5 Geschäftsprozesse und betriebliche Organisationsformen 47
  - 3.5.1 Hierarchische Strukturbildung 47
  - 3.5.2 Organisationsmodelle 50
- 3.6 Rechtsgrundlagen des Unternehmens 55
  - 3.6.1 Handelsrechtliche Rahmenbedingungen 56
  - 3.6.2 Rechtsformen der Unternehmung 61
  - 3.6.3 Mitarbeiter des Kaufmanns 71
- 3.7 Wissens-Check 76

4 Leistungserstellungsprozesse planen, steuern und kontrollieren
- 4.1 Kernprozesse der Leistungserstellung 82
  - 4.1.1 Merkmale des Leistungserstellungsprozesses 84
  - 4.1.2 Abstimmung zwischen Absatz- und Produktionsprogramm 87
  - 4.1.3 Erstellung von Dienstleistungen 89
- 4.2 Produktenstehungs- und -entwicklungsprozess 94
  - 4.2.1 Forschung und Entwicklung 97
  - 4.2.2 Produktentwicklung 100
  - 4.2.3 Rechtsschutz von Erzeugnissen und Fertigungsverfahren 101
  - 4.2.4 Umweltmanagement und Fertigungswirtschaft ... 104
- 4.3 Produktionsplanung und -steuerung 105
  - 4.3.1 Auftragsabhängige Produktionsplanung und -steuerung 107
  - 4.3.2 Auftragsunabhängige Produktionsplanung und -steuerung 121

	4.4	Qualitätssicherung	132
	4.5	Rahmenbedingungen der Leistungserstellung	135
		4.5.1 Fertigungsverfahren	135
		4.5.2 Kosten und betriebliche Leistungserstellung	148
	4.6	Rationalisierung	154
		4.6.1 Grundlagen der Rationalisierung	155
		4.6.2 Ansatzpunkte für Rationalisierungsmaßnahmen	156
		4.6.3 Nachteilige Auswirkungen der Rationalisierung	162
	4.7	Wissens-Check	163

5 Beschaffungsprozesse planen, steuern und kontrollieren

5.1	Beschaffung als Unterstützungsprozess	169
5.2	Beschaffungsprozesse und Materialwirtschaft	171
	5.2.1 Zielhierarchie, Zielkategorien und Zielkonflikte	171
	5.2.2 Beschaffungsprozesse und Kosten	174
	5.2.3 Organisation der Materialwirtschaft	182
5.3	Bezugsquellenermittlung	185
	5.3.1 Beschaffungsmarktforschung	185
	5.3.2 Liefererbewertung	188
5.4	Bestellungen abwickeln	191
	5.4.1 Zustandekommen von Kaufverträgen	191
	5.4.2 Vertragsabschluss durch einen Stellvertreter	197
	5.4.3 Vertragsabschluss bei Verwendung Allgemeiner Geschäftsbedingungen (AGB)	199
	5.4.4 Rechtliche Folgen des Kaufvertragsabschlusses	201
	5.4.5 Vertragserfüllung	202
	5.4.6 Zahlungsverkehr abwickeln	206
	5.4.7 Störungen bei der Erfüllung des Kaufvertrages	214
5.5	Bestandplanung und -führung	222
	5.5.1 Lagerhaltung	222
	5.5.2 Lagerorganisation	225
	5.5.3 Lagerkennzahlen	228
5.6	Umweltmanagement und Beschaffung	232
	5.6.1 Materialien im Industriebetrieb	232
	5.6.2 Umweltrechtliche Rahmenbedingungen	234
5.7	Wissens-Check	240

6 Absatzprozesse planen, steuern und kontrollieren

6.1	Kernprozesse im Absatzbereich	246
6.2	Leistungsangebot definieren	252
	6.2.1 Absatzmarktforschung	252
	6.2.2 Produkt- und Sortimentspolitik	256
	6.2.3 Preis- und Konditionenpolitik	263
6.3	Leistungen vertreiben	270
	6.3.1 Kommunikationspolitik	270
	6.3.2 Distributionspolitik (Absatzlogistik)	280
6.4	Leistungen erbringen	287
6.5	Leistungsstörungen im Rahmen der Auftragsabwicklung	290
	6.5.1 Zahlungsverzug	290
	6.5.2 Nichtannahme der Leistung	293
	6.5.3 Besonderheiten beim Verbrauchsgüterkauf	294
6.6	Wissens-Check	297

7 Personalmanagement

- 7.1 Personalmanagement als Unterstützungsprozess ... 302
- 7.2 Personalplanung ... 305
  - 7.2.1 Personalbestand und Personalbedarf analysieren ... 305
  - 7.2.2 Personalbedarf planen ... 308
- 7.3 Personalbeschaffung ... 311
  - 7.3.1 Stellen ausschreiben ... 312
  - 7.3.2 Bewerbungen auswerten ... 315
  - 7.3.3 Arbeitsvertrag ... 319
  - 7.3.4 Betriebsvereinbarung ... 321
- 7.4 Personal führen, motivieren und fördern ... 324
  - 7.4.1 Führungsverhalten analysieren ... 324
  - 7.4.2 Mitarbeiter motivieren ... 326
  - 7.4.3 Personalentwicklung ... 334
- 7.5 Arbeitsleistungen bewerten und entlohnen ... 339
  - 7.5.1 Arbeitsstudien durchführen ... 339
  - 7.5.2 Arbeitsleistungen entlohnen ... 351
- 7.6 Personalfreisetzung ... 359
  - 7.6.1 Ordentliche Kündigung ... 359
  - 7.6.2 Außerordentliche Kündigung ... 361
  - 7.6.3 Kündigungsschutz ... 362
  - 7.6.4 Entlassungsformalitäten ... 364
  - 7.6.5 Rationalisierungsschutz und Sozialplan ... 366
- 7.7 Wissens-Check ... 367

8 Investitions- und Finanzierungsprozesse

- 8.1 Investition und Finanzierung als Unterstützungsprozesse ... 373
  - 8.1.1 Finanzierung ... 374
  - 8.1.2 Investition ... 376
  - 8.1.3 Investitions- und Finanzpläne in ihrer gegenseitigen Abhängigkeit von anderen Teilplänen ... 377
- 8.2 Kapitalbedarfsermittlung ... 380
  - 8.2.1 Bestimmungsfaktoren des Kapitalbedarfs ... 380
  - 8.2.2 Kapitalbedarfsrechnung ... 381
- 8.3 Kapitalbeschaffung (Finanzierung) ... 383
  - 8.3.1 Innenfinanzierung ... 383
  - 8.3.2 Außenfinanzierung ... 386
  - 8.3.3 Finanzplan ... 390
- 8.4 Kapitalverwendung (Investition) ... 393
- 8.5 Wissens-Check ... 397

9 Abwicklung von Geschäftsprozessen mit ERP-Software

- 9.1 ERP-Software: Notwendigkeit und Begriffsdefinition ... 402
- 9.2 Basiselemente einer ERP-Software: Der Geschäftsprozesse und die zugehörigen Programmmodule ... 403
- 9.3 Abwicklung eines Lagerversandauftrages: Der Kundenauftrag als Ausgangssituation ... 405
  - 9.3.1 Auftragserfassung ... 405
  - 9.3.2 Materialdisposition ... 407
  - 9.3.3 Kommissionierung und Auslieferung der Ware ... 408
  - 9.3.4 Fakturierung der Waren (Rechnungsstellung) ... 409
  - 9.3.5 Zahlungseingang ... 410
  - 9.3.6 Prozessanalyse ... 411
- 9.4 Fazit ... 412

Glossar und Stichwortverzeichnis ... 413

1 Die Fly Bike Werke GmbH – ein Modelunternehmen

1.1 Firmengeschichte

Jan Ullmann und *Björn Ries*, die Gesellschafter der *Fly Bike Werke GmbH*, sind seit frühester Jugend befreundet und hatten immer ein gemeinsames Hobby, das Radrennfahren. Die Väter der beiden Amateur-Rennfahrer waren schon frühzeitig im Fahrradmarkt ambitioniert. *Dirk Ries*, Vater von *Björn Ries*, betrieb in Oldenburg einen Fahrradeinzelhandel, wobei Rennräder für den Amateurbereich einen Schwerpunkt in seinem Sortiment darstellten. *Klaus Ullmann*, Vater von *Jan Ullmann*, produzierte in Oldenburg Standardfahrradrahmen aus Stahl für die Fahrradindustrie. 1967 übernahm *Jan Ullmann* von seinem Vater das Unternehmen *Fahrrad Ullmann*, wobei die Fertigung von Rahmen für die Fahrradindustrie zunächst Schwerpunkt seiner Geschäftstätigkeit blieb. Gegen Ende der 70er-Jahre begann er erste Rennräder zu entwickeln und auch zu produzieren. Dies geschah zunächst für den Eigenbedarf, später auch für Freunde und Sportkollegen, in „Maßanfertigung", ausgestattet mit hochwertigen Komponenten, wie Schaltungen und Tretlagern. 1982 gründete *Jan Ullmann* die *Fly Bike Werke GmbH* (als so genannte Ein-Mann-GmbH). Die Aufgaben eines Geschäftsführers übertrug er an den ebenfalls radsportbegeisterten *Hans Peters*.

Unternehmensformen, vgl. Kapitel 3.6.2

Zuerst wurde der Bereich Rennradbau für den Amateur- und später auch für den Profi-Bereich vorangetrieben. Starke Absatzschwankungen beim Rahmenabsatz, dem bis Mitte der 80er-Jahre noch wichtigsten Umsatzbereich, zwangen *Jan Ullmann* und *Hans Peters* zu einer damals sehr risikoreichen Entscheidung: Aufgabe der Zulieferfunktion für die Fahrradindustrie und dafür stärkere Konzentration auf die Eigenproduktion von Fahrrädern bei gleichzeitiger Ausweitung der Produktpalette um Handelswaren und Dienstleistungen. Mit der erweiterten Modellpolitik gelang es ihnen, neue Absatzmärkte zu erschließen und das positive Image des Unternehmens bei den Verbrauchern auf das gesamte Absatzprogramm zu übertragen. Es zeigte sich schnell, dass diese Entscheidung richtig war. Nach anfänglichen Absatzproblemen haben sich die *Fly Bike Werke* auf dem Fahrradmarkt etabliert. Hochwertige Fahrräder mit hochwertigen Ausstattungskomponenten sind nicht nur auf dem deutschen Markt gefragt. Die Verbraucher sind nach negativen Erfahrungen mit Billigrädern bereit, für Qualität auch bei Fahrrädern tiefer in die Tasche zu greifen. Erfolge im Radrennsport auf Rädern der *Fly Bike Werke* haben die Marke bekannt gemacht und für ein positives Image des gesamten Fahrradprogramms gesorgt.

Der Zwang zu modernen Fertigungsmethoden und die damit verbundenen Investitionen erhöhten den Kapitalbedarf zum Ende des ausgehenden Jahrhunderts erheblich. Da traf es sich gut, dass *Jan Ullmann* seinen alten Freund *Björn Ries* bei einem Radrennen traf und von seinen Sorgen erzählte. Der auf Grund eines erfolgreichen Berufslebens vermögende Ries war spontan bereit, sich an der *Fly Bike Werke GmbH* zu beteiligen, und trat Anfang 2004 als weiterer Gesellschafter in die GmbH ein.

Auch der **Standort Oldenburg** hat sich von Anfang an positiv auf die Unternehmensentwicklung ausgewirkt. Die Nähe der Häfen von Bremen und Wilhelmshaven, die Anbindung an die Autobahnen A 28 und A 29 sowie der eigene Gleisanschluss auf dem Werksgelände bieten den *Fly Bike Werken* eine optimale Infrastruktur. Die Stadt selbst mit über 150.000 Einwohnern ist auch für neue Mitarbeiter stets überaus attraktiv.

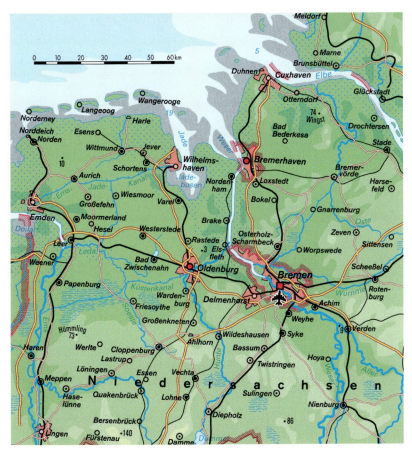

Die Fly Bike Werke GmbH – ein Modellunternehmen

Modellunternehmen *Fly Bike Werke GmbH* (Stand: 31.12.2003)		
Rechtsform und Unternehmensgröße, Handelsregistereintrag	Gesellschaft mit beschränkter Haftung (GmbH) Kleine Kapitalgesellschaft gem. § 267 HGB Oldenburg HRB 2134	
Gesellschafter und Geschäftsanteile	Herr Jan Ullmann 200.000,00 €	Herr Björn Ries 100.000,00 €
Geschäftsführer	Herr Hans Peters	
Geschäftsjahr	Kalenderjahr (01.01. bis 31.12.)	
Umsatz Geschäftsjahr 2003	Ca. 6,9 Mio. €	
Bankverbindungen	– Deutsche Bank 24 AG Oldenburg, BLZ 280 700 57, Konto-Nr. 2 114 253 666 – Landessparkasse Oldenburg, BLZ 280 501 00, Konto-Nr. 112 326 444	
Kontakt	Post- und Lieferadresse: Rostocker Str. 334, 26121 Oldenburg Telefon 04 41 8 85-0 Telefax 04 41 8 85-92 11 Internet: www.flybike.de E-Mail: mail@flybike.de	
Absatzprogramm	Produktionsprogramm	Fahrräder: City-Räder, Mountainbikes, Rennräder, Jugendräder, Trekkingräder
	Handelswaren	Fahrradbekleidung, Fahrradzubehör, Fahrradanhänger
	Dienstleistungen	Vermittlung von Fahrradreisen
Stoffe, Vorprodukte, Fremdbauteile (Beispiele)	Rohstoffe	Rohre und Bleche aus Stahl und Aluminium
	Hilfsstoffe	Farben und Grundierungen, Schrauben und Kleinteile
	Betriebsstoffe	Strom, Gas, Wasser, Heizöl, Schmierstoffe
	Vorprodukte, Fremdbauteile	Räder, Beleuchtung, Sättel, Spezialrahmen, Federgabeln
Fertigungstypen und Fertigungsarten	Fließ- bzw. Gruppenfertigung, Werkstattfertigung (Rennräder-Profi), Serienfertigung, Einzelfertigung (Rennräder-Profi)	
Technische Anlagen und Maschinen (Beispiele)	Universalroboter, Rohrschneideanlage, Rahmenrichtmaschine, Schleifmaschine, Schweißmaschine, Montagebänder, Verpackungsanlage, Lackierautomaten	
Mitarbeiter	12 Arbeiter, 26 Angestellte, 2 Auszubildende	
Kunden	Großhändler, Filialisten, *Cash and Carry*-Märkte im Inland, Großhändler im Ausland	
Lieferer	Industriebetriebe und Spezialgroßhändler im In- und Ausland	
Verbände	Oldenburgische Industrie- und Handelskammer, Oldenburg (Pflichtmitgliedschaft); Nord-West-Metall, Verband der Metallindustriellen des nordwestlichen Niedersachsens e.V., Verbandsgruppe Oldenburg (Arbeitgeberverband)	
Betriebsnummer für die Sozialversicherung	26 550 966	

1.2 Personal

Die *Fly Bike Werke GmbH* beschäftigt insgesamt 40 Mitarbeiter, darunter einen technischen Auszubildenden zum Zweiradmechaniker und eine kaufmännische Auszubildende zur Industriekauffrau. Die Gesellschafter und der Geschäftsführer der *Fly Bike Werke GmbH* sind stolz darauf, dass die Mitarbeiterfluktuation überaus gering ist und der Personalbestand stetig erweitert werden konnte. Die erfolgreiche Unternehmensentwicklung und die damit verbundenen sicheren Arbeitsplätze mit Aufstiegschancen, ein kooperatives Führungssystem, eine vertrauensvolle Zusammenarbeit von Unternehmensleitung und Betriebsrat, die Förderung des innerbetrieblichen Vorschlagssystems und eine leistungsgerechte Entlohnung bilden dafür die Grundlage.

vgl. Organigramm, Seite 17

Führungsverhalten, vgl. Kapitel 7.4.1

1.3 Absatzprogramm und Kunden

Das **Produktionsprogramm** der *Fly Bike Werke* umfasst zurzeit zwölf verschiedene Fahrradmodelle, die an vier verschiedene Kundengruppen verkauft werden.

Produktionsprogramm			
Modell	Artikel-Nr.	Modell-Name	unverbindl. Preis
City-Räder	101	City *Glide*	245,00 €
	102	City *Surf*	274,40 €
Trekkingräder	201	Trekking *Light*	299,25 €
	202	Trekking *Free*	350,00 €
	203	Trekking *Nature*	437,50 €
Mountain-bikes	301	Mountain *Dispo*	393,75 €
	302	Mountain *Constitution*	598,50 €
	303	Mountain *Unlimited*	997,50 €
Rennräder	401	Renn *Fast*	1.260,00 €
	402	Renn *Superfast*	2.205,00 €
Kinderräder	501	Kinder *Twist*	196,88 €
	502	Kinder *Cool*	262,50 €

City-Rad Modell 102 *Surf*

Mountainbike Modell 302 *Constitution*

Rennrad Modell 401 *Renn Fast*

Kinderrad Modell 502 *Cool*

Die Fly Bike Werke GmbH – ein Modellunternehmen

Das Produktionsprogramm wird durch nachfolgende **Handelswaren** und **Dienstleistungen** zum Absatzprogramm der *Fly Bike Werke* erweitert:

Handelswaren und Dienstleistungsangebote der *Fly Bike Werke*		
Handelswaren	Textilien aus Gore Tex (x = Größen S, M, L, XL, XXL)	– 701 x Shirts *STEFF superfast* – 702 x Shorts *STEFF superfast* – 703 x Jacketts *STEFF superfast*
	Fahrradanhänger	– 601 Modell *Kelly* – 602 Modell *Mini* – 603 Modell *Max* – 604 Modell *Kids* – 605 Modell *Sven*
Dienstleistungen	Vermittlung von Radtouren/Reisen (Veranstalter: UIT und Rebbel)	– 901 Brandenburg und Mecklenburg-Vorpommern (Alleestraßen) – 902 Rheinland-Pfalz (Mosel/Saar) – 903 Niedersachsen (Nordsee) – 904 Südtirol (Pässetour, Teilnahme an Dolomiti Open) – 905 Toskana (Kultur, Tour und Mee(h)r) – 906 Schweiz (Pässetour)

Kunden der *Fly Bike Werke* sind:
- umsatzstarke **Fachhandelsunternehmen** mit eigenen Filialen und abgegrenzten Vertriebsgebieten in Deutschland
- **Fahrradgroßhandelsunternehmen**, die den Fahrradeinzelhandel in Deutschland beliefern
- Großhändler: je ein Großhändler in Belgien, in den Niederlanden, in Österreich und der Schweiz, die dort landesweit den Fahrradeinzelhandel beliefern
- **Private-Label-Kunden**: Eine Kaufhauskette und ein „*Cash-and-Carry*"-Konzern, die Fahrräder unter eigenem Markennamen (*Private Label*) vertreiben

Die City-Räder *Glide* und *Surf* sowie das Mountainbike *Dispo* werden ausschließlich an *Private-Label*-Kunden verkauft. Diese Modelle, die wie alle Räder in verschiedenen Rahmengrößen produziert werden, sind in ihrer Ausstattung speziell auf die Wünsche dieser Großkunden abgestimmt worden.

Die Preise der Fahrräder werden von den *Fly Bike Werken* immer als unverbindliche Preisempfehlungen inklusive Umsatzsteuer für den Endverbraucher angegeben. Auf diese Preise erhalten die Wiederverkäufer einen Preisnachlass gemäß u. a. Rabattstaffel.

Rabattstaffel	
Stückzahl	Handelsspanne
1–10	27,5 %
11–50	29,0 %
51–100	30,0 %
101–250	31,0 %
251–500	32,0 %
> 500	33,0 %

Weitere Preisnachlässe werden für den Rechnungsausgleich unter Abzug von **Skonto** und durch einen **Jahresbonus** in Abhängigkeit von der gekauften Fahrradmenge (Stückzahl) gewährt.
– Jahresbonus bei Abnahme von mindestens 1.000 Fahrrädern: 1 %
– Jahresbonus bei Abnahme von mindestens 5.000 Fahrrädern: 2 %
Der Bonus wird jeweils vom Zielverkaufspreis der Gesamtmenge ermittelt.

An den im Geschäftsjahr 2003 erzielten Umsätzen waren die einzelnen Kunden wie folgt beteiligt:

Kundenumsätze

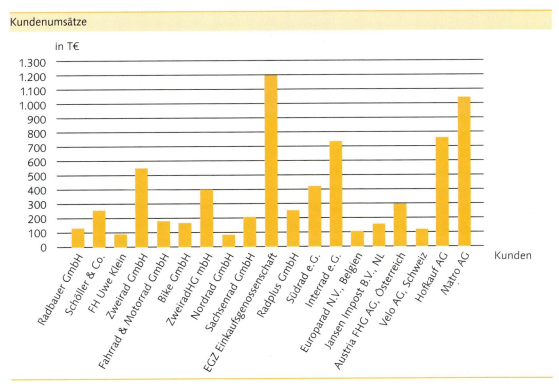

1.4 Produktion

Eigenfertigung

Die *Fly Bike Werke* produzieren die meisten Fahrradrahmen und Fahrradgabeln selbst.

Leistungserstellungsprozesse, vgl. Kapitel 4

Der voll gefederte Y-Rahmen des Modells *Unlimited* wird zurzeit fremdbezogen. Dies gilt auch für die Federgabeln der Modelle *Constitution* und *Unlimited*, die von einem amerikanischen Lieferer bezogen werden.

Fremdbezug

Außer dem Rahmen und der Gabel werden alle anderen Teile fremdbezogen. Mit den Lieferern sind hinsichtlich der technischen Spezifikationen der Bauteile und Baugruppen feste Vereinbarungen (Bauart, Material, Maße, Farbe usw.) getroffen worden. Ein Hersteller oder Importeur liefert immer eine komplette Baugruppe (Komponentengruppe), der eine von den *Fly Bike Werken* vergebene Set-Nr. (Komponentennummer) zugeordnet wird.

Beschaffungsprozesse, vgl. Kapitel 5

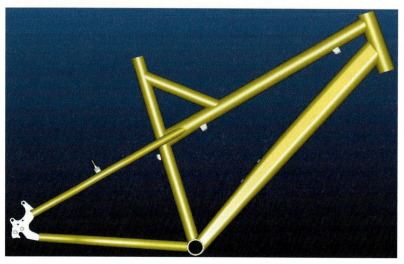

Eigenfertigung: Rahmen des Mountainbikes *Dispo*

1.5 Beschaffung

Ein Fahrrad besteht bei Vollausstattung aus bis zu über 1.000 Einzelteilen. Den *Fly Bike Werken* ist es in Zusammenarbeit mit ihren Zulieferern gelungen, die notwendigen Teile in Baugruppen so zusammenzufassen, dass die Baugruppe (Komponente) komplett von einem Lieferer zur Verfügung gestellt werden kann. Der Weltmarktführer für Fahrradteile, *Tamino Inc.*, liefert z. B. für das Modell *Dispo* alle Teile für die Komponenten „Räder und Schaltung", „Antrieb" und „Bremsen".

Dieselben Komponenten können dabei auch in anderen Fahrradmodellen zum Einsatz kommen. Durch die Verminderung der Anzahl unterschiedlicher Baugruppen und eine Konzentration auf wenige Lieferer haben die *Fly Bike Werke* erhebliche Kosteneinsparungen erzielen können. Dabei ist es eine Besonderheit im Fahrradmarkt, dass das positive Image bestimmter Teilehersteller bei den Endverbrauchern auf das Fertigprodukt „Fahrrad" übertragen wird. Zu diesen Teileherstellern zählen z. B.

- *Tamino Inc.*, Japan: (Ketten-)Schaltungen, Antriebe, Bremsen
- *Dax AG*, Deutschland: (Naben-)Schaltungen, Antriebe, Bremsen
- *Sella SA*, Italien: Sättel
- *Shokk Ltd.*, USA: Federgabeln

Hochwertige Fahrräder können dann nur mit Teilen dieser Hersteller zu den geplanten Verkaufspreisen auf den Fahrradmärkten abgesetzt werden. Diese Teile werden in den technischen Spezifikationen entsprechend herausgestellt. Bei anderen Teilen besteht bei den Endverbrauchern in dieser Fahrradpreisklasse meist keine Erwartungshaltung hinsichtlich bestimmter Komponentenhersteller, sodass z. B. bei der Bereifung, der Lenkung, der Beleuchtung und bei der Ausstattung (Metall, Kunststoff) mehrere Lieferer in Frage kommen. Manche Komponenten kommen deshalb auch als anonyme Weltmarktproduktion (Importe) in die Produktion, wobei der Qualitätsstandard der Teile dem Qualitätsniveau des Endproduktes entsprechen muss.

**Komponentenliste für Mountainbike *Dispo*
Erzeugnis 301**

Technische Spezifikationen gemäß Vereinbarungen
mit den Lieferern und den Fly Bike Werken

Set-Nr. Fly Bike	Komponentengruppen	MTB ST	Teile	Anbieter	Einstandspreis geplant in €
1050	Rahmen	CrMo B	Eigenfertigung	Fly Bike Werke	13,52
1550	Gabel	CrMo B	Eigenfertigung	Fly Bike Werke	3,60
2050	Räder und Schaltung	MTB ST Räder	VR „26" mit ST-Nabe/Achse HR „26" mit ST-Nabe/Achse	Tamino	
		MTB ST-Schaltung	ST/SRT-97 21 Speed Zahnkranz, Schaltwerk, Umwerfer, Kette, Schaltgriffe und Bowdenzüge		51,95
2250	Antrieb	MTB ST-Antrieb	ST-Tretlager, ST-Innenlager, ST-Kurbelgarnitur, ST-Pedalen 2 St.	Tamino	15,30
2550	Bremsen	MTB ST-Bremsen	Tamino ST-Cantilever mit Bremsgriffen und Bowdenzügen	Tamino	11,45
3050	Bereifung	MTB ST-Bereifung	Felgenband, blau, 2 St. Reifen, MTB 2 St. Schlauch mit Ventil 2 St.	Schwalle	10,99
	Beleuchtung	keine			
5020	Lenkung	MTB ST-Lenkung	Lenker MTB ST, Stahl mit Alu Bar-Ends, Vorbau aus Stahl, Steuersatz ST	Ruhrwerke Frikawerke	12,95
6050	Ausstattung 1 (Metall)	MTB ST-Ausstattung	Trinkflaschenhalter	Cycle-Tools	0,60
	Ausstattung 2	keine			
7050	Sattel	MTB ST-Sattelset	MTB „Chafed point" mit Sattelstütze und Klemme	Sella	7,60
8050	Kleinteileset	MTB ST-Kleinteile	Muttern, Schrauben, Unterlegscheiben	Köller	2,60
8550	Abzüge	MTB ST-Abzüge	Abzügeset „Fly Bike" und „Dispo"	W. Krause	2,08
9020	Verpackung 1	MTB	Stülpkarton	apv	1,00
9520	Verpackung 2	Verpackung	Klarsichthüllen, Polybeutel	Kunststoffwerke	0,14
			Summe Materialeinzelkosten		133,78

1.6 Rechnungswesen

Im Rechnungswesen der *Fly Bike Werke* werden alle Kosten und Erlöse für jeden Monat (Abrechnungszeitraum) geplant. Dabei muss jedes Produkt auf Dauer einen positiven Deckungsbeitrag erzielen und damit seinen produktbezogenen Beitrag zur Deckung aller fixen Kosten des Unternehmens leisten. Statistische Auswertungen und eine genaue Analyse von Abweichungen (geplante Soll-Werte im Vergleich mit den realisierten Ist-Werten) durch das Controlling sind für zukunftsorientierte unternehmerische Entscheidungen absolut unerlässlich. Dies gilt sowohl für die Kosten (z. B. unwirtschaftlicher Materialverbrauch, Preiserhöhungen bei den Komponenten, erhöhte Fertigungszeiten) als auch für die Erlöse (z. B. veränderte Absatzmengen, Preisänderungen bei den Produkten).

vgl. Teilband 2

Der Unternehmenserfolg zeigt sich an der Gewinn- und Verlustrechnung und an der Bilanz der letzten beiden Geschäftsjahre.

Aktiva	Bilanz zum 31.12.2002 und zum 31.12.2003 der *Fly Bike Werke GmbH*				Passiva
	2002 in €	2003 in €		2002 in €	2003 in €
A. Anlagevermögen			**A. Eigenkapital**		
I. Immaterielle Vermögensgegenstände		54.000	I. Gezeichnetes Kapital	200.000	300.000
II. Sachanlagen	842.225	876.790	II. Kapitalrücklage		100.000
III. Finanzanlagen		91.560	III. Gewinnrücklagen	4.000	30.000
B. Umlaufvermögen			IV. Gewinnvortrag/ Verlustvortrag		
I. Vorräte	480.000	252.000	V. Jahresüberschuss/ -fehlbetrag	300.000	200.000
II. Forderungen und sonstige Vermögensgegenstände	720.000	957.600	**B. Rückstellungen**	48.000	126.000
III. Liquide Mittel	360.000	252.000	– davon mit einer Restlaufzeit bis zu einem Jahr	24.000	25.200
			C. Verbindlichkeiten	1.850.225	1.778.350
			– davon mit einer Restlaufzeit bis zu einem Jahr	1.178.225	1.249.150
C. Rechnungsabgrenzungsposten		50.400	**D. Rechnungsabgrenzungsposten**		
	2.402.225	2.534.350		2.402.225	2.534.350

Gewinn- und Verlustrechnung		
Gesamtkostenverfahren, Beträge in €	**31.12.2002**	**31.12.2003**
1. Umsatzerlöse	6.000.000,00	6.943.555,85
2. Erhöhung oder Verminderung an Erzeugnissen	18.000,00	−116.400,00
3. aktivierte Eigenleistungen	3.000,00	3.600,00
4. sonstige betriebliche Erträge	–	6.000,00
5. Materialaufwand und Wareneinsatz	3.471.300,00	4.306.488,30
Rohergebnis	**2.549.700,00**	**2.530.267,55**
6. Personalaufwand	1.466.700,00	1.644.500,00
7. Abschreibungen	149.943,75	162.250,00
8. sonstige betriebliche Aufwendungen	401.050,00	345.901,60
Betriebsergebnis	**532.006,25**	**377.615,95**
9. Erträge aus Beteiligungen	–	–
10. Erträge aus anderen WP/Finanzanlagen	–	–
11. sonstige Zinsen	–	–
12. Abschreibungen auf WP des UV/ Finanzanlagen	–	–
13. Zinsaufwendungen	60.480,00	47.628,00
9. bis 13. Finanzergebnis	−60.480,00	−47.628,00
14. Ergebnis der gewöhnlichen Geschäftstätigkeit	471.526,25	329.987,95
15. Außerordentliche Erträge	–	–
16. Außerordentliche Aufwendungen	–	2.000,00
17. Außerordentliches Ergebnis	–	−2.000,00
Ergebnis vor Steuern	**471.526,25**	**327.987,95**
18. Steuern vom Einkommen und vom Ertrag	168.526,25	124.487,95
19. Sonstige Steuern	3.000,00	3.500,00
20. Jahresüberschuss/-fehlbetrag	**300.000,00**	**200.000,00**

WP = Wertpapiere
UV = Umlaufvermögen

1.7 Integrierte Unternehmenssoftware (ERP-Software)

Beispiel: *Herr Peters*, Geschäftsführer der *Fly Bike Werke*, plant mit dem Marketingleiter *Herrn Gerland* die mittelfristige Strategie für Trekkingräder. Marktstudien haben ergeben, dass Kunden verstärkt leichte Trekkingräder bevorzugen. Vor dem Meeting ruft *Herr Peters* die aktuelle Absatzentwicklung der letzten 24 Monate aus dem ERP-System des Unternehmens ab.

Oft werden Fehler oder Chancen nicht erkannt, weil jedem Mitarbeiter nur Teilaspekte einer Situation bekannt sind bzw. Informationen nicht richtig oder zu spät aufbereitet werden können. *Herr Peters* und *Frau Lai* aus der EDV-Abteilung haben deshalb vor einigen Jahren nach einer Möglichkeit gesucht, um alle Daten der *Fly Bike Werke* in einem großen Datenpool zu speichern. Dabei sind sie im Rahmen der CEBIT-Messe auf ERP-Software gestoßen.

ERP steht für *Enterprise Ressource Planning* und bezeichnet integrierte Softwarelösungen, die den betrieblichen Leistungsprozess koordinieren und auswerten. Man versucht das Unternehmen mit seiner Aufbau- und Ablauforganisation IT-mäßig abzubilden. Während ältere Software funktional orientiert ist, arbeiten ERP-Programme prozessorientiert.

Unter einer ERP-Software versteht man ein betriebswirtschaftliches Softwarepaket, das aus Teilprogrammen besteht. Diese Software koordiniert die Prozessabläufe eines Unternehmens. Im Hauptmenü erkennt man Teilprogramme z. B. für das Rechnungswesen, den Ver- und Einkauf sowie für das Lager. Aus diesem Lagermodul ruft *Herr Peters* über das Untermenü „Artikelberichte" (rot eingerahmt) die gewünschte Information ab. Da alle betrieblichen Daten in einem großen Datenpool gespeichert sind, erhält *Herr Peters* eine komplette und zeitnahe Auskunft über die Absatzentwicklung der Trekkingräder.

Rechnungswesen, vgl. Teilband 2

Absatzprozesse, vgl. Kapitel 6

Das Hauptmenü zeigt bereits die Vielfalt an Prozessen, die von einer ERP-Software koordiniert werden. Da praktisch alle Daten des Unternehmens mit Hilfe der ERP-Software im schnellen Zugriff sind, können die Fly Bike Werke nun auch schneller auf Kundenwünsche reagieren und alle Kundentermine einhalten. Das ERP-System koordiniert inzwischen auch den Informationsfluss entlang der Lieferkette: Lieferer↔*Fly Bike Werk*↔Kunden, d. h., die Software steuert die Prozesse über die Unternehmensgrenzen hinweg. ERP-Software stellt damit einen unverzichtbaren Wettbewerbsvorteil für den Betrieb dar.

Bekannte ERP-Anbieter sind SAP, Oracle, Microsoft oder SageKHK. Um den grundsätzlichen Aufbau von ERP-Software zu verdeutlichen, wird im **Kapitel 9** die Abwicklung eines Kundenauftrages am Beispiel von zwei ERP-Systemen vergleichend dargestellt. Aus Übersichtsgründen kommt dabei ein stark reduziertes Modellunternehmen zum Einsatz.

Die Fly Bike Werke GmbH – ein Modellunternehmen

2 Die Fly Bike Werke auf dem Weg in die Zukunft

2.1 Erfolgreich produzieren am Standort Deutschland

Beispiel: *Herr Peters*, der Geschäftsführer der *Fly Bike Werke*, hat keinen Zweifel daran, dass Wettbewerbsfähigkeit die einzige wirkliche Sicherheit für das wirtschaftliche Überleben eines Unternehmens darstellt. Wettbewerbsfähigkeit ist ein Garant für gute Einkommen und sichere Arbeitsplätze für die Mitarbeiter des Unternehmens. Deshalb hat Herr Peters sich zum Ziel gesetzt, das Unternehmen in den nächsten Jahren für den globalen Kundenmarkt „fit" zu machen.

Wettbewerb = Leistungskampf zwischen Unternehmen, die sich auf dem Markt als Konkurrenten gegenüberstehen.

Wettbewerbsfähigkeit = Fähigkeit eines Unternehmens, sich auf dem Markt gegenüber der Konkurrenz zu behaupten.

Eine organisatorische Umstrukturierung des Unternehmens ist auch deshalb erforderlich, weil in den letzten Monaten insbesondere die Leiter der Unternehmensbereiche Produktion, Verwaltung und Vertrieb *Herrn Peters* auf viele Schwachstellen im Unternehmen hingewiesen haben:

– lange Durchlaufzeiten für die zu erstellenden Leistungen
– hohe Bestände bei den unfertigen und den fertigen Erzeugnissen
– viele Hierarchiestufen in der Aufbauorganisation des Unternehmens
– mangelnde Motivation und zu geringes Verantwortungsgefühl bei den Mitarbeitern
– zu geringe Flexibilität bezüglich der zu fertigenden Varianten, Stückzahlen und Zeiten

Leistungserstellungsprozesse, vgl. Kapitel 4

Personalmotivation, vgl. Kapitel 7.4.2

Eine **funktionsorientierte Unternehmensorganisation** ist gekennzeichnet durch so genannte Hauptfunktionsbereiche, wie z. B. Beschaffung (Material), Produktion (Fertigung), Verwaltung (Personal, Rechnungswesen usw.) und Absatz (Vertrieb). Diesen Hauptfunktionsbereichen sind Organisationseinheiten wie Abteilungen und Stellen zugeordnet. Charakteristisches Merkmal dieser Unternehmensorganisation ist die Bildung von Hierarchien, d. h. die Festlegung von Weisungs- und Informationsbeziehungen zwischen den Organisationseinheiten.

Beschaffungsprozesse, vgl. Kapitel 5

Rechnungswesen, vgl. Teilband 2

Absatzprozesse, vgl. Kapitel 6

betriebliche Organisation vgl. Kapitel 3.5

Voraussetzung für den wirtschaftlichen Erfolg eines Unternehmens ist, dass die zu erstellenden Leistungen zu Kosten erzeugt werden, die einen ausreichenden Gewinn sichern. Das Unternehmen muss in der Lage sein, die individuellen Wünsche des Kunden zu erfüllen, d. h., es muss flexibel reagieren können im Hinblick auf die vom Kunden geforderte Variantenvielfalt, kurze Lieferzeiten, hohe Qualität und konkurrenzfähige Preise.

Qualitätssicherung, vgl. Kapitel 4.4

Mit der bestehenden Organisation werden die *Fly Bike Werke* nicht in der Lage sein, den Anforderungen eines globalen Kundenmarktes zu genügen. Das Unternehmen sollte kundenorientiert ausgerichtet werden, denn allein der Kunde bestimmt darüber, zu welchen Bedingungen er bereit ist, mit anderen Unternehmen einen Vertrag zu schließen. Entscheidet sich der Kunde für die Produkte der Konkurrenz, so erweist sich jegliche Art der Leistungserstellung als wertlos.

Beispiel: Organigramm der *Fly Bike Werke GmbH*

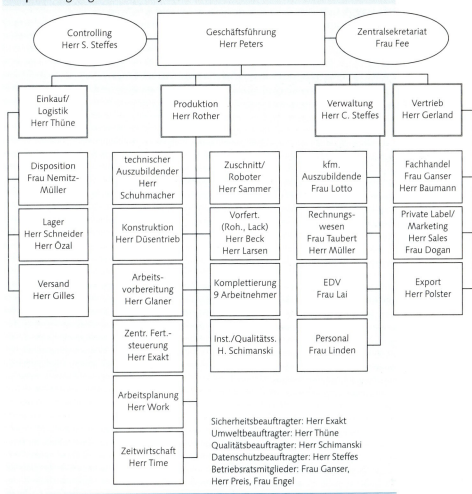

Durch das weltweite Zusammenwachsen von Unternehmen bzw. Märkten (Globalisierung) wird der Wettbewerb verschärft, sodass konkurrierende Unternehmen gezwungen sind, einen ständigen Verbesserungsprozess, z. B. im Hinblick auf Kosten, Zeit und Qualität, einzuleiten:

Globalisierung, vgl. Kapitel 2.3

Verbesserungsprozess

Zieldreieck, vgl. Kapitel 4.1.1

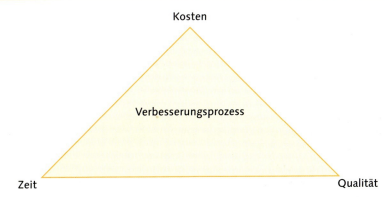

Die Fly Bike Werke auf dem Weg in die Zukunft

Der Erfolg eines produzierenden Unternehmens am Standort Deutschland ist nur dann gesichert, wenn sich die Unternehmensleitung auf kreative Mitarbeiter stützen kann. Kreativität setzt motivierte Mitarbeiter voraus. Die organisatorischen Strukturen des Unternehmens sollten so gestaltet sein, dass die Bedürfnisse der Mitarbeiter in vollem Umfang berücksichtigt werden. Die Ansprüche der Menschen an die Arbeit konzentrieren sich nicht nur auf die Arbeitsplatzsicherheit und ein angemessenes Einkommen, sondern beziehen sich auch auf die Anerkennung als individuelle Persönlichkeit. Der Mitarbeiter will einen Sinn erkennen in dem, was er tut, und er will die ihm übertragenen Arbeitsaufgaben selbstständig und eigenverantwortlich erledigen.

In der betrieblichen Realität liegt jedoch das Kreativitätspotenzial vieler Mitarbeiter brach. Es wird in einer funktionsorientierten Organisation meist auf wenige speziell dafür zuständige Köpfe reduziert. Kreativität wird verhindert, wenn der Mensch lediglich als ausführendes Organ oder als austauschbarer Arbeitsfaktor betrachtet wird.

Die drei tragenden Pfeiler des Erfolges eines Unternehmens sind deshalb motivierte Mitarbeiter, zufriedene Kunden und ein durch zuverlässige Gewinne wirtschaftlich gesichertes Unternehmen.

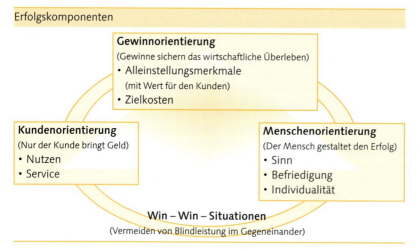

Quelle: Bullinger, Hans-Jörg; Erfolgreich produzieren am Standort Deutschland – eine KUR macht fit für den globalen Kundenmarkt, Korge, Axel; in: IAO-Produktionsforum „Erfolgreich produzieren am Standort Deutschland" (1997), S. 1–33
http://www.produktion.iao.fhg.de/kur/grundlagen_index.htm

2.2 Das gesamtwirtschaftliche Umfeld

Um ein Unternehmen für den globalen Kundenmarkt wettbewerbsfähig zu machen, sind nicht nur die internen Organisationsstrukturen zu beachten, sondern auch das gesamtwirtschaftliche Umfeld. Die aktuellen ökonomischen und gesellschaftlichen Verhältnisse in der Bundesrepublik Deutschland lassen sich durch die Begriffe „Dienstleistungs-", „Informations-" oder „Wissensgesellschaft" charakterisieren. Der Begriff der „Industriegesellschaft" stammt aus dem 19. und 20. Jahrhundert. Obwohl die Bedeutung der Industrie in allen hoch entwickelten Industriegesellschaften abgenommen hat, bleibt sie nach wie vor Voraussetzung für Wohlstand und Beschäftigung. Die deutsche Industrie befindet sich in einem technologischen und strukturellen Wandel. Sie wird aber auch in der globalen Informations- und Wissensgesellschaft eine bedeutende Rolle spielen.

Diese Aussage wird durch folgende Daten belegt:

Basis für Wohlstand und Beschäftigung

Die Struktur der deutschen Wirtschaft hat sich in den zurückliegenden Jahren und Jahrzehnten tief greifend gewandelt. Kennzeichnend sind der stete Rückgang des Wertschöpfungsanteils der Industrie zu Gunsten der Dienstleistungen, die einen immer größeren Teil der wirtschaftlichen Leistung ausmachen, und der starke Anstieg der Produktivität, der durch den Einsatz von Informations- und Kommunikationstechnologien (IuK) weiter beschleunigt wird.

Während vor 40 Jahren noch jeder zweite Arbeitnehmer in der Industrie beschäftigt war, ist es heute nur noch jeder vierte. Allein zwischen 1991 und 2000 reduzierte sich der Anteil des produzierenden Gewerbes (ohne Baugewerbe) an der Bruttowertschöpfung von 30,5 % auf 25,2 %, während die Bereiche Finanzierung, Vermietung und Unternehmensdienstleistungen von 24,1 % im Jahr 1991 auf 31 % im Jahr 2000 anwuchsen ...

Die deutsche Industrie zählte im Jahr 2000 insgesamt 84.000 Unternehmen, die ca. 6,4 Mio. Mitarbeiter beschäftigten. Sie erzielte dabei einen Umsatz von fast 1,3 Billionen Euro und exportierte rund ein Drittel ihrer Produkte. Fast 98 % aller Unternehmen beschäftigten weniger als 500 Mitarbeiter und zählen damit zum Mittelstand, der rund 40 % der industriellen Arbeitsplätze bereitstellt und 33 % des Industrieumsatzes erwirtschaftet.

Quelle: Bundesministerium für Wirtschaft und Technologie (2000): Die Deutsche Industrie, Berlin

Finanzierung, vgl. Kapitel 8

Der Strukturwandel in der deutschen Wirtschaft schlägt sich auch in der zunehmenden Bedeutung produktbegleitender Dienst- und Serviceleistungen nieder. Die Verbreitung der Informations- und Kommunikationstechnologien (IuK-Technologien) hat die Unternehmensorganisation und das Unternehmensumfeld stark verändert. Die Verkürzung der Informationswege zu den Abnehmern, die Abflachung von Hierarchien, die Ausgliederungen von Unternehmenssparten und die vernetzte Präsenz auf geografisch entlegenen Märkten sind die Folge. Gleichzeitig hat sich der Wettbewerb intensiviert.

Der Wandel von der Industrie- zur Wissens- und Dienstleistungsgesellschaft in Deutschland wird begleitet von Veränderungen in der Arbeitswelt. Einflussfaktoren für die Entwicklung der Arbeitswelt in Deutschland und Europa:

- die Entwicklung von der Industrie- zur Dienstleistungsgesellschaft, die dazu führt, dass Dienstleistungen erfolgreiche Industrieprodukte begleiten bzw. ihnen vor- oder nachgelagert sind. Bereits heute werden zwei Drittel des Weltsozialprodukts mit Dienstleistungen erwirtschaftet.
- die Globalisierung der Weltwirtschaft, die nicht nur den Austausch von Gütern und Dienstleistungen auf internationaler Ebene meint, sondern auch zu einer verstärkten Verzahnung von Wertschöpfungsketten weltweit führt.
- die neuen IuK-Technologien, die wachsenden Einfluss auf den Arbeitsalltag gewonnen haben und zu einer Vernetzung von Wissenschaft, Wirtschaft und Gesellschaft auf globaler Ebene führen.

- veränderte gesellschaftliche Werthaltungen, die zu einer zunehmenden Pluralisierung der Gesellschaft und der sozialen Beziehungen führen. Gleichzeitig nehmen einheitliche Lebensformen und Lebenswege ab, Individualisierung im privaten und beruflichen Bereich nimmt zu. Daraus resultieren neue Ansprüche an die Verzahnung von Leben, Lernen und Arbeiten.
- demografische Veränderungen wie der seit den 80er-Jahren des letzten Jahrhunderts zunehmende Geburtenrückgang, die mittelfristig zu einer wachsenden Anzahl älterer Mitarbeiter im Unternehmen führen. Ausländische, ältere und weibliche Arbeitnehmer avancieren zu zentralen neuen Zielgruppen.

2.3 Globalisierung

Wirtschaftliche „Globalisierung" ist ein historischer Prozess, das Ergebnis menschlicher Innovation und technologischen Fortschritts. Sie bezieht sich auf die steigende Integration der Volkswirtschaften auf der ganzen Welt, insbesondere durch Handel und Finanzströme. Der Ausdruck bezieht sich manchmal auch auf die Bewegung von Menschen (Arbeitskräften) und Wissen (Technologie) über internationale Grenzen hinweg. Es gibt auch breitere kulturelle, politische und ökologische Dimensionen der Globalisierung, die hier nicht erfasst werden.

Im Grunde genommen gibt es nichts Geheimnisvolles bei der Globalisierung. Der Ausdruck wird seit den 80er-Jahren allgemein verwendet und ist Ausdruck der technologischen Fortschritte, die internationale Transaktionen leichter und schneller machen – sowohl im Handel als auch bei den Finanzströmen. Er bezieht sich auf eine Ausweitung der gleichen Marktkräfte, die seit Jahrhunderten auf allen Ebenen der menschlichen wirtschaftlichen Tätigkeiten wirken – Dorfmärkte, städtische Industrien oder Finanzzentren – über die nationalen Grenzen hinaus.

Die Märkte stärken die Effizienz durch Wettbewerb und Arbeitsteilung – die Spezialisierung, die es Menschen und Volkswirtschaften erlaubt, sich darauf zu konzentrieren, was sie am besten können. Weltmärkte bieten den Menschen größere Möglichkeiten, mehr und größere Märkte auf der ganzen Welt zu nutzen. Das bedeutet, dass sie Zugang zu mehr Kapitalströmen, Technologie, billigeren Einfuhren und größeren Exportmärkten haben. Die Märkte stellen jedoch nicht automatisch sicher, dass alle an den Vorteilen einer steigenden Effizienz teilhaben. Die Länder müssen dazu bereit sein, die erforderlichen Politiken zu verfolgen, und die ärmsten Länder benötigen manchmal die Unterstützung der Völkergemeinschaft bei diesen Bemühungen.

Arbeitsteilung, vgl. Kapitel 3.1.3, 2.4 und 4.6.2

Quelle: http://www.imf.org/external/np/exr/ib/2000/deu/041200g.htm#II

Mit der zunehmenden Globalisierung ist in vielen fortgeschrittenen Volkswirtschaften die Angst verbunden, dass der Wettbewerb aus den „Niedrigeinkommensländern" Arbeitnehmer aus gut bezahlten Stellen verdrängt und die Nachfrage nach weniger gut ausgebildeten Arbeitnehmern verringert. Der Grund für diese Entwicklung ist häufig nicht in der zunehmenden Globalisierung zu sehen, sondern darin, dass die Volkswirtschaften sich ständig weiterentwickeln und die Globalisierung nur ein Trend von vielen anderen ist, z. B. die Entwicklung der Industriegesellschaft zur Dienstleistungs- und Wissensgesellschaft oder die Verlagerung industrieller Arbeit zu höher qualifizierten Arbeitsplätzen.

Durch verstärkte Anstrengungen im Bereich der Bildung und Ausbildung sollte dafür Sorge getragen werden, dass die Arbeitnehmer die Möglichkeit haben, in einer dynamischen, sich ändernden Volkswirtschaft die erforderlichen Fähigkeiten und Fertigkeiten zu erwerben.

2.4 Das kundenorientierte Unternehmensmodell

Beispiel: *Herr Peters* will sich bei seinem Vorhaben, der Ausrichtung des Unternehmens an den Bedingungen eines globalen Kundenmarktes, an einem Unternehmensmodell orientieren, das die Strukturen aufweist, die Voraussetzung dafür sind, im internationalen Wettbewerb zu bestehen. Mit der Orientierung an einem kundenorientierten Unternehmensmodell wird es ihm möglich sein, den Mitarbeitern der *Fly Bike Werke* einen Überblick über den Umfang des zukünftigen Umgestaltungsprozesses zu geben.

Die Aufbauorganisation der *Fly Bike Werke* muss so umstrukturiert werden, dass sie den Anforderungen des Kundenmarktes entspricht. Vorwiegende Ziele der Umstrukturierung sind die Reduzierung der Durchlaufzeit, die Erschließung neuer Märkte und die Erhöhung des Innovationsgrades sowie der Flexibilität bezüglich der zu produzierenden Stückzahlen.

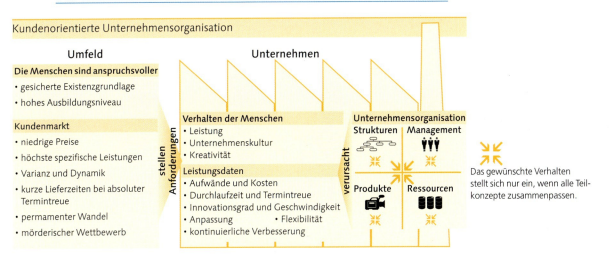

Quelle: http://www.produktion.iao.fhg.de/kur/grundlagen_index.htm

Konzepte zur Reorganisation von Unternehmen sind häufig zum Scheitern verurteilt, wenn sie nicht im Rahmen der Gesamtorganisation des Unternehmens sinnvoll aufeinander abgestimmt sind. Ein kundenorientiertes Unternehmensmodell stellt aufeinander abgestimmte Prinzipien bereit, auf deren Grundlage eine Unternehmensorganisation entwickelt werden kann, die Gewinn-, Kunden- und Mitarbeiterorientierung berücksichtigt. Ziel eines Reorganisationsprozesses muss es sein, die Unternehmensorganisation so zu gestalten, dass das Unternehmen den geänderten Anforderungen des Umfeldes gerecht wird.

Die Fly Bike Werke auf dem Weg in die Zukunft

Die Organisation vieler Unternehmen basiert noch auf den Prinzipien der **Arbeitsteilung** und der Trennung von leitenden, planenden und ausführenden Funktionen; sie orientiert sich am tayloristischen Unternehmensmodell.

Das **tayloristische Unternehmensmodell** wird seit Jahrzehnten angewendet und weiterentwickelt. Im Mittelpunkt steht die Produktivitätssteigerung. Sie soll durch Massenfertigung von Standardprodukten mit optimierten Verfahren gesteigert werden. Die Aufbauorganisation setzt auf Spezialisierung, funktionale Arbeitsteilung und die Arbeitsorganisation auf Einzelarbeit. Die Motivation der Mitarbeiter erfolgt durch den Vorgesetzten mittels Druck und Geld. Der Taylorismus ist zugeschnitten auf einen Anbietermarkt (mit Nachfrageüberhang), eine variantenarme Massenfertigung und ungelernte Arbeiter. Der traditionelle Taylorismus stößt an Grenzen, er ist zu starr, zu langsam und zu wenig innovationsfähig für den globalen Kundenmarkt, außerdem werden die Mitarbeiter demotiviert. Als Folge gelingt es den Unternehmen trotz aller Anstrengungen immer weniger, die Anforderungen der Kunden zu erfüllen. Eine zentrale Strategie ist deshalb der **Interessenausgleich**: Ziel ist es, die Anforderungen der Kunden, die Bedürfnisse der Menschen und die Notwendigkeiten eines Wirtschaftsunternehmens partnerschaftlich „unter einen Hut" zu bekommen.

Arbeitsteilung, vgl. Kapitel 3.1.2 und 4.6.2

Massenfertigung, vgl. Kapitel 4.5.1

Aufbauorganisation, vgl. Kapitel 3.5

Anbietermarkt = Nachfrage > Angebot

Quelle: Picot, Reichwald, Wigand (2001): Die grenzenlose Unternehmung; Informationen, Organisation und Management, Wiesbaden, S. 240

Vergleich zwischen einer tayloristischen und einer modernen Organisation	
Tayloristische Organisation	**Moderne Organisation**
– hohe Arbeitsteilung	– breiter Aufgabenzuschnitt
– viele Hierarchieebenen	– wenige Hierarchieebenen
– viele ungelernte Mitarbeiter/-innen mit spezialisierten Aufgaben	– fachlich breit ausgebildete Mitarbeiter/-innen mit kundenorientierten Aufgaben
– stabile, überschaubare Rahmenbedingungen	– dynamisches, komplexes Wettbewerbsumfeld

Ein **kundenorientiertes Unternehmensmodell** zeichnet sich u. a. durch folgende Merkmale aus:

- **Kundengerechte Prozesse**: Ein kundengerechter Prozess ist ganzheitlich und erstreckt sich vom Markt zum Markt. Beispielsweise umfasst der Prozess der Produktentwicklung neben der Konstruktion weitere Funktionen wie Markteinführung, Arbeitsvorbereitung und Erstbeschaffung – eben alles, was erforderlich ist, um eine Marktchance aufzuspüren, ein Produkt zu entwickeln und es auf dem Markt, bei den Lieferanten und in der Produktion einzuführen.

  Produktentwicklung, vgl. Kapitel 4.2

- **Prozessgerechte Bereiche**: Bei der Gestaltung der Aufbauorganisation wird folgendes Ideal angestrebt: Prozess = Bereich = Team. Interne Kunden-Lieferer-Beziehungen sind bestenfalls Notlösungen. Entlang der kundengerechten Prozesse werden prozessgerechte Bereiche gestaltet und mit autonomen Teams besetzt. Dieses Leitbild gilt über alle Ebenen des Unternehmens hinweg, von der obersten Unternehmensebene bis hin zu den Teambereichen. Auf diese Weise entstehen kundennahe, übersichtliche und weit gehend autarke Bereiche mit kurzen Wegen. Damit ebnet die prozessgerechte Aufbauorganisation zum einen den Weg für eine wirkungsvolle Dezentralisierung und Delegation, zum anderen entstehen anspruchsvolle Aufgaben, deren Inhalte für die Mitarbeiter einen Sinn ergeben. Außerdem ist jeder Mitarbeiter direkt am Kunden und spürt den Druck des Marktes hautnah. Die Teambereiche werden in der Aufbauorganisation abgebildet – es handelt sich also nicht um temporäre Projektteams, sondern um langfristig angelegte Arbeitsteams. So entstehen eindeutige Unterstellungsverhältnisse. Niemand ist Diener zweier Herren und niemand wird in die Zwickmühle gesteckt, ob er nun Standard- oder Projektarbeit erledigen soll.

  Aufbauorganisation, vgl. Kapitel 3.5

Prozessorientierte Organisation

Traditionelle Sichtweise: vertikal
Bereiche, Funktionen, Abteilungen, Stellen

Prozessorientierte Sichtweise: horizontal
Kern- und Supportprozesse

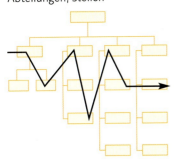

- Prozesse haben definierte Ergebnisse:
  Produkte, Dienstleistungen, Informationen
- Prozesse haben definierte Kunden:
  externe und interne Kunden
- Prozesse binden Ressourcen:
  Produktionsfaktoren
- Prozesse sind messbar:
  Durchlaufzeiten, Prozesskosten, Qualität
- Prozesse sind zu steuern:
  Prozessverantwortliche

betriebliche Organisation, vgl. Kapitel 3.5

Beispiel: Nach Auffassung von *Herrn Peters* erfüllt das nachstehende kundenorientierte Unternehmensmodell alle Voraussetzungen, um das traditionelle modellhafte Bild der Funktionsweise von Unternehmen zu ändern. Weg von einer Darstellung der Herrschaftsstufung und ihren funktional hierarchischen Organigrammen hin zu einer Perspektive der Kundenorientierung und der Prozesse.

Kundenorientiertes Unternehmensmodell

Supportleistungen
- Strategie entwickeln
- Unternehmen steuern
- Finanz-Rentabilität und -Liquidität sicherstellen
- Personal betreuen
- Ressourcen bereitstellen
- Informationsversorgung sicherstellen

Kernleistungen
- Leistungsangebot definieren ⇔ Leistung
- Leistung entwickeln ⇔ Design
- Leistung herstellen ⇔ Produkt
- Leistung vertreiben ⇔ Angebot
- Leistung erbringen ⇔ Service
- Auftrag abwickeln ⇔ Auftrag

→ KUNDE

Quelle: Gaitanides, Michael, u. a., Prozessmanagement, München 1994

3 Das Unternehmen und sein Umfeld

3.1 Einordnung des Unternehmens in die Gesamtwirtschaft

3.1.1 Begriffsabgrenzung

Die **Inhalte der Betriebswirtschaftslehre** bestehen darin, Prozesse in einem Unternehmen zu erklären. Dabei wird einerseits das wirtschaftliche Handeln wie Forschung und Entwicklung, Beschaffung, Produktion, Absatz, Finanzierung usw. analysiert. Andererseits werden die Beziehungen, die zwischen dem Unternehmen und anderen Wirtschaftseinheiten bestehen (z. B. private Haushalte, Staat, Banken, Ausland usw.) untersucht.

innerbetriebliches Handeln und zwischenwirtschaftliches Geschehen

Ein **Unternehmen** ist eine eigenständige, rechtliche und wirtschaftlich-finanzielle Einheit, die Sachgüter und Dienstleistungen anbietet und dabei dauerhaft auf eine Erfolgserzielung ausgerichtet ist, um am Markt zu bestehen. Private Unternehmen verfolgen i. d. R. eine Gewinnmaximierung und gehören einem oder mehreren Eigentümern bzw. Kapitalgebern. Öffentliche Unternehmen (z. B. Krankenhäuser, Schulen usw.) versorgen die Bürger mit öffentlichen Gütern.

Unternehmensformen, vgl. Kapitel 3.6.2

öffentliche Güter = Gut, welches von allen Menschen genutzt werden kann und das sich gleichzeitig auf jeden Einzelnen auswirkt

In Abgrenzung dazu ist ein **Betrieb** die örtliche Produktionsstätte, d. h. eine technisch-organisatorische Wirtschaftseinheit, die dem Zweck der Güter- und Dienstleistungserstellung dient. Folglich kann ein Unternehmen aus einem oder mehreren Betrieben (Produktionsstätten) bestehen. Häufig werden die Begriffe Unternehmen und Betrieb vermischt.

Die **Firma** ist der Name des Unternehmens, unter dem die Geschäfte getätigt werden.

Firma, vgl. Kapitel 3.6.1

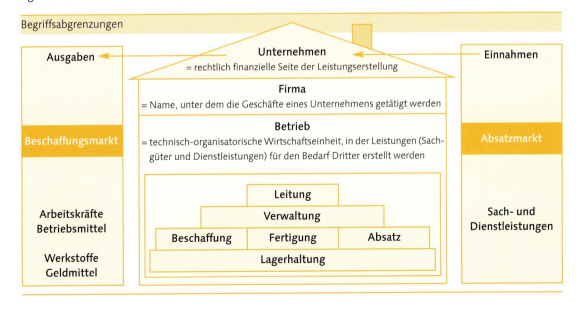

3.1.2 Merkmale von Industrieunternehmen

Arbeitsteilung

Arbeitsteilung liegt vor, wenn Arbeiten in einem Leistungsprozess auf verschiedene Träger verteilt werden. Somit bedeutet Arbeitsteilung Spezialisierung auf bestimmte Tätigkeiten. Die Arbeitsteilung innerhalb des Betriebs umfasst zwei Aspekte: die Aufgabengliederung und die Arbeitszerlegung:

Wird die betriebliche Gesamtaufgabe nach Funktionen, also nach Teilaufgaben gegliedert, ist die **Aufgabengliederung** gemeint. Das Ergebnis sind die Abteilungen (Einkauf, Verkauf, Produktion, Lagerung, Verwaltung usw.) eines Betriebes. In den Abteilungen werden sie weiter aufgegliedert und Aufgabenträgern zugeordnet. Das Ergebnis einer Aufgabengliederung spiegelt sich in Organigrammen wider.

betriebliche Organisationsformen, vgl. Kapitel 3.5

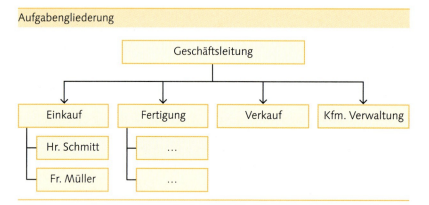

Aufgabengliederung

Die Art der Arbeitsteilung, die Ökonomen wie Adam Smith und Frederic W. Taylor beschrieben, ist die **Arbeitszerlegung**, deren Einrichtung dann sinnvoll ist, wenn die Arbeitskräfte ständig die gleichen Arbeitsgriffe wiederholen. Sie hatte deshalb stets ein großes Echo, weil sie zur Produktivitätserhöhung und Wirtschaftlichkeitsverbesserung führte. Lange Zeit waren diese Größen die entscheidende Seite der Medaille.

Arbeitsteilung, vgl. Kapitel 2.4 und 4.6.2

Doch diese Form der Arbeitsteilung hat auch erhebliche Nachteile: Fließbandarbeit führt zu Arbeitsmonotonie und einseitiger Belastung des Arbeiters. Die Produkte erreichen nicht höchste Qualitätsstandards, oft verursacht durch nachlassende Aufmerksamkeit des Arbeiters. Aus Unternehmenssicht führt sie zu einem erhöhten Krankenstand und zur Fluktuation. Heute wird durch Änderung der Fertigungsorganisation und verschiedene Humanisierungsstrategien in den Fabrikhallen versucht, die Nachteile so gering wie möglich zu halten, ohne jedoch die Vorteile der Arbeitsteilung aus dem Blick zu verlieren.

Fertigungsverfahren, vgl. Kapitel 4.5.1

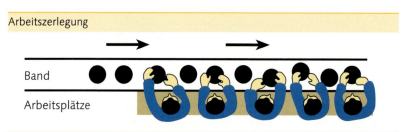

Arbeitszerlegung

Anlageintensität

Industrielle Produktion ist gekennzeichnet durch eine hohe Ausstattung mit maschinellen Anlagen. Der Begriff Anlageintensität beschreibt die **Auslastung der Kapazität** einer Maschine. Maschinen können theoretisch mehr hervorbringen, als sie es zusammen mit Menschen tun. Das liegt an ihrem technischen Potenzial. Wenn also die Kapazitätsauslastung eines Betriebs sinkt, dann laufen auch die Räder der Industrie insgesamt langsamer. Im Ernstfall werden vielleicht Maschinen stillgelegt und Kurzarbeit eingeführt.

Ein geringer Auslastungsgrad an maschinellen Anlagen hat auch ein **Kostenproblem** zur Folge. In einer konjunkturellen Rezession kann dies über die Existenz eines Produzenten entscheiden: Bei rückläufiger Konjunktur und hoher Anlageintensität eines Industrieunternehmens verteilen sich die fixen Kosten auf weniger Erzeugnisse, was zur Folge hat, dass die Selbstkosten des Produkts steigen.

Fixe Kosten sind solche Kosten, die das Unternehmen kurzfristig nicht vermeiden kann und die auch dann anfallen, wenn wenig oder gar nicht produziert wird. Für einen industriellen Betrieb sind dies vor allem Abschreibungen, aber auch Löhne und Gehälter, da Arbeitsverträge nicht ohne weiteres gekündigt werden können.

Anlagenwirtschaft, vgl. Teilband 2

Abschreibungen und fixe Kosten, vgl. Kapitel 4.5.2 und ausführlich Teilband 2

Arbeitsvertrag, vgl. Kapitel 7.3.3

Konzentrationsprozesse

Viele Industrieunternehmen haben sich im Laufe der Zeit zu Großunternehmen entwickelt. Ausgehend von der Kostenexplosion in nahezu allen Bereichen eines Industrieunternehmens versuchen die wirtschaftlich stärkeren Unternehmen, schwächere zu übernehmen oder mit gleich starken Konkurrenten zusammenzuarbeiten bzw. sich zusammenzuschließen. Mit anderen Worten: Die Unternehmen konzentrieren sich.

Im Zeitalter der Globalisierung sind Konzentrationsprozesse nicht nur auf den nationalen Markt beschränkt. Unternehmenszusammenschlüsse finden zunehmend grenzüberschreitend statt, man spricht in diesem Zusammenhang auch von so genannten multinationalen Unternehmen (MNU).

Globalisierung, vgl. Kapitel 2.3

Die Gründe für Unternehmenszusammenschlüsse auf nationaler wie auf internationaler Ebene sind offensichtlich: Sie konzentrieren sich, um
- die Lieferung von Rohstoffen sicherzustellen,
- in Wirtschaftskrisen abgefedert zu sein,
- eine gemeinsame Forschung und Entwicklung finanzieren zu können,
- Zugang zu fremden Märkten zu erhalten,
- kostenintensive Eigenfertigung in Billiglohnländer zu verlegen,
- neue Rohstoffquellen zu erschließen.

Beschaffungsprozesse, vgl. Kapitel 5

Forschung und Entwicklung, vgl. Kapitel 4.2.1

Die internationale Konzentration wird weiter zunehmen. Durch Konzentrationsprozesse wird die wirtschaftliche Freiheit kleinerer Unternehmen eingeschränkt, Konsumenten haben kaum noch Wahlmöglichkeiten beim Kauf ihrer Produkte, der Einfluss von Unternehmen auf politische Organe wird negative Folgen für den freien Markt haben.

Konzentrationsprozesse sind verstärkt in wirtschaftlich schwachen Zeiten zu beobachten. In der Industrie vor allem dann, wenn die Unternehmen auf Grund niedriger Kapazitätsauslastung und hoher Anlageintensität ihre Kosten nicht mehr decken können und in finanzielle Schwierigkeiten geraten.

3.1.3 Industrietypen und Industriebranchen

Industrieunternehmen lassen sich zunächst in unterschiedliche Industrietypen einteilen. Diese Typen spiegeln gleichzeitig die einzelnen Produktionsstufen wider. Den Industrietypen können dann unterschiedliche Industriebranchen zugeordnet werden. Das folgende Schaubild gibt einen Überblick:

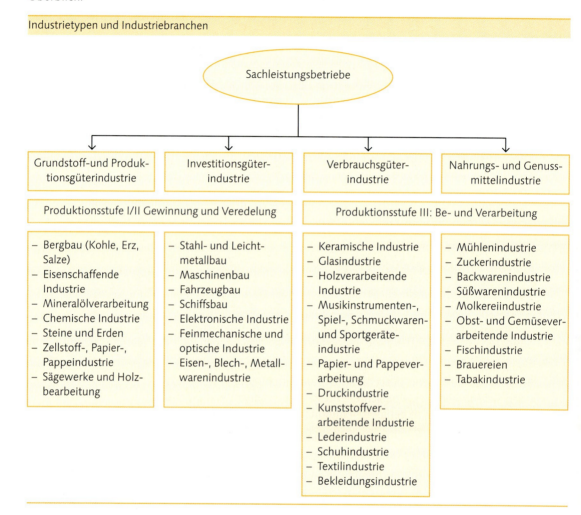

Industrietypen und Industriebranchen

3.2 Betriebliches Zielsystem

3.2.1 Zieldimensionen

> **Beispiel:** *Herr Peters*, Geschäftsführer der *Fly Bike Werke*, ruft die Abteilungsleiter zu einer Besprechung zusammen, auf der die strategischen Ziele des Unternehmens für das nächste Jahr diskutiert werden sollen. Begleitet wird *Herr Peters* von *Herrn S. Steffes*, dem Leiter der Stabsstelle Controlling. Nach einer kurzen Einleitung erteilt *Herr Peters Herrn Steffes* das Wort, der für diese Sitzung einige Zahlen über das Ergebnis der *Fly Bike Werke* in den letzten zwei Jahren vorbereitet hat:

Den Unternehmenserfolg demonstriert *Herr Steffes* anhand der Gewinn- und Verlustrechnung und anhand der Bilanz der vergangenen zwei Jahre. Einige Zahlen werden von ihm besonders hervorgehoben:

Bilanz und GuV der *Fly Bike Werke GmbH*, vgl. Teilband 2

Beträge in €	2002	2003
Eigenkapital	504.000	630.000
Fremdkapital	1.898.225	1.904.350
Umsatzerlöse	6.000.000	6.943.556
Jahresüberschuss	300.000	200.000

Obwohl der Umsatz um fast 1 Mio. € gestiegen ist, ist der Jahresüberschuss um 100.000 € gesunken. Dies wird u. a. mit gestiegenen Material- und Personalkosten im Jahr 2003 erklärt. *Herr Peters* will mit den Abteilungsleitern darüber diskutieren, welche Zielvorgaben für das Jahr 2004 gelten sollen, um das Unternehmen auf einen erfolgreicheren Kurs zu bringen. Dazu stellt er den Teilnehmern der Beratung einen Zielkatalog vor, der verschiedene Zieldimensionen beinhaltet.

Ziele werden als zukünftig anzustrebende Zustände oder Prozesse bezeichnet, die durch Zielinhalte, Zielausmaß und zeitlichen Bezug beschrieben werden.

Zielinhalte		
Formalziele	Sachziele	Sozialziele
Ergebnis- und liquiditätsorientierte Ziele, z. B. Gewinn (monetär, in Zahlen ausgedrückt)	Aussagen über die anzustrebenden Leistungsergebnisse, z. B. das Produktprogramm	Aussagen über anzustrebendes Verhalten gegenüber Mitarbeitern und Öffentlichkeit, z. B. mitarbeitergerechte Gestaltung von Arbeitsplätzen
Umweltziele: Aussagen über anzustrebendes Verhalten gegenüber der natürlichen Umwelt, z. B. umweltschonende Produktion der Produkte		

– Hinsichtlich des Zielinhalts wird allgemein zwischen Sach- und Formalzielen unterschieden. **Sachziele** ergeben sich aus dem Sachauftrag des Unternehmens. Es soll z. B. das Leistungsziel der Herstellung von Gütern und Dienstleistungen erreicht werden. **Formalziele** beziehen sich auf den zu erreichenden Erfolg eines Unternehmens, d. h., mit Hilfe von Kennzahlen wie z. B. Produktivität und Wirtschaftlichkeit wird gemessen, wie erfolgreich ein Unternehmen bei der Herstellung von Sachgütern und Dienstleistungen innerhalb einer Periode war. Neben den Formal- und Sachzielen gibt es noch **soziale Ziele**, die von einem Unternehmen verfolgt werden sollten. Sie sind ein wesentlicher Bestandteil unserer Sozialordnung. Leistung wird auch in der industriellen Welt nur von motivierten Mitarbeitern erbracht. Die Motivation kommt aus der Mitverantwortung am Arbeitsplatz, aus einer angemessenen und gerechten Bezahlung und der Möglichkeit, persönliche Berufsziele zu erreichen. Ein gutes Betriebsklima und freiwillige Sozialleistungen beeinflussen die Leistung ebenfalls positiv. Das in der Bundesrepublik Deutschland geschaffene System der sozialen Marktwirtschaft ist im

Hinsichtlich der Zielinhalte unterscheidet man zwischen Sach- und Formalzielen, sozialen Zielen und Umweltzielen.

Kennzahlen, vgl. Kapitel 3.2.2

internationalen Vergleich vorbildlich. **Umweltziele** beinhalten Vorgaben, die auf die Schonung der natürlichen Umwelt und ihrer Ressourcen im Rahmen des Leistungserstellungsprozesses abzielen.

vgl. Kapitel 4.2.4

- Die Zielvorgabe kann hinsichtlich des **Zielausmaßes** begrenzt bzw. unbegrenzt sein. So kann z. B. versucht werden, den Gewinn innerhalb eines Jahres um 10 % zu steigern oder mit einem vorgegebenen Einsatz an Mitteln den höchsten Gewinn zu erzielen.
- Der **zeitliche Bezug** kann kurz-, mittel- oder langfristig sein.

Darüber hinaus können unterschiedliche **Zielbeziehungen** zwischen verschiedenen anzustrebenden Zielen bestehen: Es kann z. B. zwischen komplementären, konkurrierenden und indifferenten Zielbeziehungen unterschieden werden.

Zielbeziehungen können konkurrierend, komplementär oder indifferent sein.

- **Konkurrierende Zielbeziehungen** bestehen z. B. dann, wenn innerhalb eines Zielsystems ein Ziel nur dann erreicht werden kann, wenn es zu Lasten eines anderen Zieles geht. So kann z. B. das Ziel der Kostenminimierung mit dem Ziel der Schonung der Umwelt in Konflikt geraten. Ein **Zielkonflikt** kann entstehen, wenn die Verfolgung eines Ziels zu Lasten eines anderen Ziels geht, z. B. kann die Verfolgung einer höheren Rentabilität dazu führen, dass sich die Liquidität des Betriebs verschlechtert.

Rentabilität und Liquidität vgl. Teilband 2

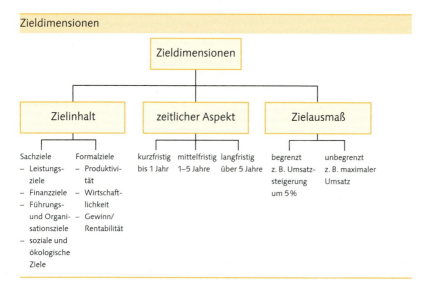

- **Komplementäre Ziele** sind einander ergänzende Ziele, z. B. die Erhöhung der Produktivität kann auch zu einer Erhöhung der Rentabilität führen.

Produktivität, vgl. Kapitel 3.2.2 und 4.5.1

- Es gibt aber auch Fälle, in denen kein sinnvoller Zusammenhang zwischen zwei Zielen hergestellt werden kann, es handelt sich dann um eine **indifferente Zielbeziehung**. Z. B. hat die Aufnahme von Fremdkapital zur Finanzierung eines Investitionsvorhabens keinen Einfluss auf das Betriebsklima.

Investition und Finanzierung, vgl. Kapitel 8

Beispiel: Aufgabe der Besprechung zwischen *Herrn Peters* und den Abteilungsleitern soll es sein, ein Zielsystem für die *Fly Bike Werke* zu entwickeln, d. h. eine geordnete Gesamtheit von Zielen, die für das nächste Jahr gleichzeitig verfolgt werden. Dieses Zielsystem soll möglichst realistisch sein, d. h., die Ziele sollten in der vorgegebenen Zeit auch erreich-

Ein Zielsystem ist eine geordnete Gesamtheit von Zielen, die gleichzeitig verfolgt werden.

bar sein, sie sollten quantifizierbar sein, d. h. sich auf konkrete Vorgaben stützen, sie sollten vollständig in Bezug auf Inhalt, Ausmaß und Zeitbezug sein und sie sollten überprüfbar sein. Die Teilnehmer der Besprechung einigen sich nach einer längeren Diskussion auf das folgende Zielsystem:

1) Innerhalb des nächsten Jahres sollen der **Umsatz**, wie im letzten Jahr, um 10 % und der **Gewinn** um 100.000 € auf 300.000 € gesteigert werden.
2) Im Materialbereich sollen im nächsten Jahr die **Materialkosten** von derzeit 4,3 Mio. € auf 4 Mio. € gesenkt werden.
3) Im Bereich der Produktion soll durch bessere **Auslastung der Maschinen** eine höhere **Produktivität** und damit verbunden auch eine Senkung der Fertigungskosten erreicht werden (eine genaue Festlegung der Höhe kann erst nach eingehender Analyse der Fertigungsabläufe durch das Controlling erfolgen).
4) Um sich im Wettbewerb gegen die Konkurrenz besser zu behaupten, soll im Vertriebsbereich eine **Liefertreue** von 100 % erzielt werden, d. h., alle vom Kunden verlangten Wunschtermine sollten zu diesen Terminen auch tatsächlich erfüllt werden.

3.2.2 Kennzahlen und Controlling

Beispiel: Der Geschäftsführer der *Fly Bike Werke*, *Herr Peters*, hat gemeinsam mit seinen Abteilungsleitern ein Zielsystem für das kommende Geschäftsjahr erarbeitet. Damit soll sichergestellt werden, dass die unternehmensübergreifenden Zielsetzungen wie Umsatz- und Gewinnsteigerungen durch bereichsbezogene Maßnahmen auch tatsächlich gestützt werden.

Die Leiter der Bereiche Einkauf/Logistik, Produktion, Verwaltung und Vertrieb werden von *Herrn Peters* gebeten, bis zur nächsten Besprechung konkrete Vorschläge zu erarbeiten, wie die Zielsetzungen in ihren Bereichen umgesetzt werden sollen. Als Leiter des Controllings soll *Herr S. Steffes* mit Unterstützung durch *Herrn Müller* (Kostenrechnung) geeignete Kennzahlen erarbeiten, die dazu geeignet sind, den Erfolg der getroffenen Maßnahmen zu überprüfen.

Das Controlling kann mit Hilfe von Kennzahlen betriebliche Kernprozesse
– planen,
– steuern,
– kontrollieren,
– beurteilen,
– koordinieren.

Mit Hilfe von **Kennzahlen** können die unternehmensbezogenen und unternehmensübergreifenden Geschäftsprozesse besser aufeinander abgestimmt werden. Dies beinhaltet zum einen eine bessere Koordination zwischen Kunden, Lieferern und Unternehmen (horizontale Koordination), zum anderen eine bessere Koordination zwischen allen Unternehmensebenen, angefangen bei den Steuerungsebenen bis hin zu den Durchführungs- und Kontrollebenen (vertikale Koordination).

Geschäftsprozesse = Transformation eines Objektes durch Tätigkeiten von Menschen oder Maschinen mit einem bestimmten Ziel; vgl. Kapitel 3.3.2

Ausgehend von einem Kennzahlensystem übernimmt das Controlling dabei die Aufgaben der **Planung, Steuerung** und **Kontrolle** der betrieblichen Geschäftsprozesse und deren Koordination. Ferner besteht die Aufgabe des Controllings darin, die Wirtschaftlichkeit und Qualität der von einem Unternehmen zu erbringenden Leistungen richtig **beurteilen** zu können. Wirtschaftlichkeit wird hier verstanden als Kosten-Wirtschaftlichkeit, d. h. das Verhältnis der innerhalb einer Abrechnungsperiode erbrachten Leistung zu den dafür entstandenen Kosten.

Aufgaben des Controllings

Ziele → Planung → Kontrolle → Steuerung → Planung, mit Abstimmung

Folgende Arten von Kennzahlen werden unterschieden:

Arten von Kennzahlen

Kennzahlenart	Erläuterung	Beispiele
Absolutzahlen	– Anzahl der an Kunden gelieferten Produkte – Bestand an Fertigprodukten im Lager	– Absatzmenge von 40.000 Stück – Bestand im Wert von 300.000 €
Verhältniszahlen	– Kosten pro transportiertes Produkt – Reichweite des Bestandes	– 20 €/Stück – 1.000 kg/Monat
Gliederungszahlen	Quotient aus Größen gleicher Kategorie	$\frac{\text{Produktumsatz}}{\text{Gesamtumsatz}}$
Beziehungszahlen	Quotient aus Größen mit logischer Beziehung	$\frac{\text{Umsatz}}{\text{Kunde}}$
Indexzahlen	gleichartige Größen mit unterschiedlichem zeitlichem Bezug	$\frac{\text{Umsatz Periode II}}{\text{Umsatz Periode I}}$

Kennzahlen sind:
- verdichtete und systematisch aufbereitete Informationen
- in der Regel Kombinationen sinnvoller Größen, die eine Abhängigkeit voneinander aufweisen
- quantitative Indikatoren

Merkmale von Kennzahlen

Das Grundprinzip von Kennzahlen besteht in der Verdichtung von Einzelinformationen, um komplexe Sachverhalte und Zusammenhänge mit einer Maßgröße darstellen zu können. Die Aufgabe des Controllers besteht darin, eine Informationsanalyse durchzuführen, um Zusammenhänge und Entwicklungen von für den Unternehmenserfolg wichtigen Sachverhalten frühzeitig feststellen zu können, wie z. B. die Entwicklung der Leistungen und Kosten eines Unternehmens. Darüber hinaus gilt es Ursachen für diese Entwicklungen herauszufinden, z. B. die Zusammenhänge, die zwischen beiden Größen bestehen. Darauf aufbauend sind Kennzahlen zu entwickeln, die Soll-Ist-Abweichungen erkennen lassen. Bei Überschreitung von Toleranzgrenzen sollten Gegensteuerungsmaßnahmen ausgelöst werden. Damit werden Zielvorgabe, Planungs-, Kontroll- und Steuerungsfunktion in einen umfassenden Zusammenhang gestellt.

Kennzahlen sollten folgende **Anforderungen** erfüllen:
- Sie sollten vor dem Hintergrund der Zielvorgaben Aussagekraft besitzen.
- Sie sollten aktuell sein.
- Sie sollten eindeutig formuliert sein.

- Sie sollten auf wirtschaftliche Weise ermittelt werden können (z. B. mit EDV-Unterstützung).
- Sie sollten vergleichbar mit anderen Unternehmen sein (Benchmarking).

Bei der Auswahl von Kennzahlen ist darüber zu entscheiden, welche Kennzahlen für das Unternehmen in Abhängigkeit von den Zielvorgaben wichtig sind, denn es besteht leicht die Gefahr der zu großen Fülle von Kennzahlen. Auch hier ist es wichtig, ein **Kennzahlensystem** zu entwickeln, d. h. eine Menge von Kennzahlen, die in einer sinnvollen Beziehung zueinander stehen, rechnerisch miteinander verknüpft und auf übergeordnete Ziele ausgerichtet sind. Erst durch mehrere Kennzahlen können Zusammenhänge besser sichtbar gemacht werden.

Benchmarking = Vergleich eigener Prozesse mit denen anderer Unternehmen oder mit anderen Organisationseinheiten im eigenen Unternehmen

Ein Kennzahlensystem besteht aus Kennzahlen, die in einer sinnvollen Beziehung zueinander stehen, rechnerisch miteinander verknüpft und auf übergeordnete Ziele ausgerichtet sind.

Beispiel: Von *Herrn S. Steffes* und *Herrn Müller* wurden verschiedene Kennzahlen erarbeitet, anhand derer sich die Zielsetzungen der *Fly Bike Werke* für das kommende Geschäftsjahr beurteilen lassen. Gemeinsam mit den Abteilungsleitern einigt man sich auf das folgende Kennzahlensystem.

1) Ausgehend von den unternehmensübergreifenden Zielsetzungen kann mit Hilfe der Kennzahlen Wirtschaftlichkeit und Rentabilität überprüft werden, ob die *Fly Bike Werke* die gesetzten Gewinn- und Umsatzziele erreicht haben und wie sich das Unternehmen im Vergleich zu den wichtigsten Konkurrenzunternehmen darstellt.

Zielsystem der Fly Bike Werke, vgl. S. 28 f.

$$\text{Wirtschaftlichkeit} = \frac{\text{Leistung}}{\text{Kosten}} \qquad \text{Umsatzrentabilität} = \frac{\text{Gewinn} \times 100}{\text{Umsatz}}$$

$$\text{Eigenkapitalrentabilität} = \frac{\text{Gewinn} \times 100}{\text{Eigenkapital}}$$

2) Um die Kosten im Materialbereich zu senken, kann es sinnvoll sein, die mengenmäßige Ergiebigkeit des Materialeinsatzes zu überprüfen. Dazu eignet sich die folgende Kennzahl:

$$\text{Materialproduktivität} = \frac{\text{produzierte Menge an Produkten}}{\text{eingesetzte Menge an Material}}$$

3) Die Produktivität ist je nach Produkt sehr unterschiedlich, denn unterschiedliche Produkte erfordern
- unterschiedliche Maschinen,
- unterschiedliche Rohstoffe und
- einen unterschiedlichen Arbeitseinsatz.

Die Produktivität ist von den eingesetzten Arbeitskräften und Maschinen sowie von der verwendeten Fertigungstechnologie und der Fertigungstiefe abhängig. Um die Produktivität tatsächlich messen zu können, muss sie in Teilproduktivitäten zerlegt und ihre Entwicklung im Zeitvergleich beurteilt werden. Gewöhnlich misst man die Arbeitsproduktivität als Quotienten von produzierter Menge eines bestimmten Produktes und der Zahl der dafür eingesetzten Arbeitsstunden, die Maschinenproduktivität als Quotienten von produzierter Menge eines bestimmten Produktes und der Zahl der eingesetzten Maschinenstunden. Man sieht also, dass technische Ziele individuell festzulegen sind.

$\text{Arbeitsproduktivität} = \frac{\text{produzierte Menge}}{\text{Arbeitsstunden}}$

$\text{Maschinenproduktivität} = \frac{\text{produzierte Menge}}{\text{Maschinenstunden}}$

Im Produktionsbereich soll der Auslastungsgrad der Maschinen verbessert werden. Dazu ist es erforderlich, die Ist-Leistung der Maschinen zur Kann-Leistung in Beziehung zu setzen. Die Kann-Leistung ist dabei u. a. abhängig vom Arbeitszeitmodell des Betriebes.

$$\text{Auslastungsgrad} = \frac{\text{Ist-Leistung in Stunden} \times 100}{\text{Kann-Leistung}}$$

4) Im Vertriebsbereich soll eine Liefertreue von 100 % erreicht werden. Die Liefertreue lässt sich in folgender Weise ermitteln:

$$\text{Liefertreue} = \frac{\text{Anzahl der in einer Woche tatsächlich gelieferten Positionen} \times 100}{\text{Anzahl der für diese Woche bestätigten Positionen}}$$

3.2.3 Umweltbewusstes Handeln – ein Zielkonflikt zwischen Ökonomie und Ökologie?

Industriell gefertigte Produkte sind aus unserer Gesellschaft nicht mehr wegzudenken. Da aber beim Produktionsprozess die Stoffumwandlung auf dem Weg vom Rohmaterial zum Endprodukt fast nie vollständig abläuft, fallen immer auch Reststoffe an, die die Umwelt unterschiedlich stark belasten. Ziel zukunftsorientierter Verfahren muss die Minimierung dieser Reststoffe und eine Schonung der natürlichen Ressourcen sein, um so zur Stabilisierung des ökologischen Gleichgewichts beizutragen. Der **globale Wettbewerb** fordert von den Unternehmen sowohl eine hohe Effizienz als auch verantwortungsvolles Produzieren. Die Problematik der (Über-)Nutzung der natürlichen Umwelt berührt zentrale Querschnittsaufgaben **staatlicher Politik** und betrieblicher Strategie: So wirft z. B. die Wirtschafts-, die Verkehrs- oder die Forschungspolitik eine Vielzahl umweltpolitischer Fragestellungen auf. In das Kalkül unternehmerischer Entscheidungen müssen gleichzeitig umweltrechtliche Vorgaben, Maßnahmen der Verkehrs- und Energiepolitik oder der Beschäftigungspolitik sowie im Zuge wandelnden „Umweltbewusstseins" auch sich verändernde Ansprüche und Gewohnheiten der **Konsumenten** einbezogen werden. Eine Vielzahl von Determinanten bestimmt unternehmerische Entscheidungen, nicht zuletzt auch in Fragen der Umweltorientierung.

Globalisierung, vgl. Kapitel 2.3

Unternehmerische Entscheidungen werden auch in Fragen der Umweltorientierung von verschiedenen Bezugsgruppen beeinflusst.

Außerbetriebliche Einflüsse auf unternehmerische Entscheidungen

Der scheinbare Widerspruch zwischen Ökonomie und Ökologie wird jedoch zunehmend als Chance gesehen: Sie besteht darin, durch innovative Problemlösungen die Umwelt zu entlasten und genau hierdurch den eigenen Vorsprung im Markt zu sichern.

Die möglichen Maßnahmen reichen dabei von einer besseren Erfassung und Organisation der innerbetrieblichen Materialströme über den Einsatz alternativer Rohstoffe bis hin zum Einsatz neuer Fertigungstechniken und -anlagen. Die Strategien des **produktionsintegrierten Umweltschutzes** werden die Investitionen in unproduktive Entsorgungstechniken letztlich unnötig machen. Die wirtschaftlichen Vorteile durch den Wegfall von Investitionen in nachgeschaltete Filter- und Reinigungsanlagen liegen auf der Hand. Der effiziente Umgang mit Rohstoffen und Energie sorgt zusätzlich für eine bessere Kostenstruktur in der Produktion und damit für niedrigere Stückkosten. Die Summe all dieser Vorteile ist unternehmerisch so überzeugend, dass sich die Einführung einer neuen Technologie oft sogar schon dann lohnt, wenn eine Ersatzinvestition eigentlich noch nicht erforderlich ist. Betrachtet man die Vorteile des produktionsintegrierten Umweltschutzes, wird klar, dass diese Strategie zukunftsweisend und ein wichtiger Schritt zu neuen wirtschaftlichen und ökologischen Erfolgen ist.

produktionsintegrierter Umweltschutz statt Entsorgungstechnologie

www.pius-info.de

Unternehmen profitieren von
- kostenreduzierter Produktion,
- gesteigerter Ressourceneffizienz,
- minimiertem Entsorgungsaufwand,
- effizienterem Abfall- und Umweltmanagement,
- effektiverer Mitarbeiter-Motivationen durch verantwortungsbewusstes Arbeiten,
- einem verbesserten Image für das Unternehmen und seine Produkte.

Die **Umwelt** profitiert von
- verminderter Schadstoffbelastung,
- geringem Ressourcenverbrauch,
- allgemein höherer Umweltsensibilisierung seitens der Industrie.

Dass Ökonomie und Ökologie sich im Rahmen des produktionsintegrierten Umweltschutzes nicht ausschließen müssen, soll mit der Abbildung auf S. 36 dokumentiert werden. Die Optimierung der Wertschöpfungskette kann dann erreicht werden, wenn z. B. im Rahmen eines umfassenden Recycling-Programms die wiedergewonnenen Werkstoffe in den Input-Output-Prozess des Unternehmens eingeschleust werden und damit ein ökologiebezogener Wertschöpfungsring gebildet wird.

Darüber hinaus spielt spätestens seit Inkrafttreten des Umwelt-Audit-Gesetzes (UAG) Ende 1995 die Einführung von **Umweltmanagementsystemen** in Unternehmen eine immer größere Rolle. Als Umweltmanagementsystem wird der Bereich des betrieblichen Managementsystems verstanden, der für die Organisationsstruktur, Zuständigkeiten, Verhaltensweisen, förmlichen Verfahren, Abläufe und Mittel für die Festlegung und Durchführung der betrieblichen Umweltpolitik zuständig ist. Das UAG betont die Eigenverantwortung der Unternehmen für den Umweltschutz und hat eine kontinuierliche Verbesserung des betrieblichen Umweltschutzes über die gesetzlichen Vorschriften hinaus zum Ziel unter Berücksichtigung der ökonomischen Leistung der Unternehmen. Ökologie und

Umweltmanagement, vgl. Kapitel 3.2.3, 4.2.4 und 5.6

Wertschöpfungsoptimierung durch Ökologieorientierung

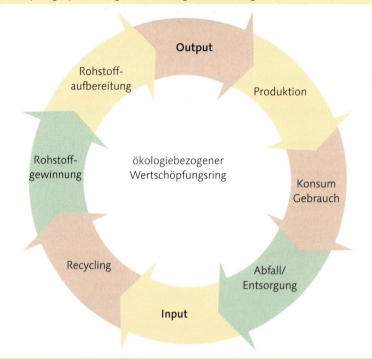

Ökonomie müssen hierbei immer in einem vertretbaren Verhältnis zueinander stehen. Darüber hinaus sollten Umwelt- und **Qualitätsmanagement** in einem Unternehmen in einen gemeinsamen Zusammenhang gestellt werden. Im Dezember des Jahres 2000 wurde die neue DIN EN ISO 9001 geschaffen, die novellierten Normen für Qualitätsmanagementsysteme nach DIN EN ISO 9000: 2000 ff. Ziel jedes Industrieunternehmens muss es sein, nicht auf Kosten der Umwelt, sondern in Einklang mit ihr zu produzieren. Bei der Einführung eines Umweltmanagementsystems dürfen Unternehmen nicht zu kurzfristig und zu stark in den Kategorien von Leistung und Kosten denken.

Beispiel: Auch in den *Fly Bike Werken* wurden Normen für ein umweltbewusstes Verhalten festgelegt. Darin verpflichtet sich die Geschäftsleitung, den Schutz der natürlichen Lebensgrundlagen zum festen Bestandteil der Unternehmenspolitik zu machen. Die Umwelt soll durch die Produktion und durch die Produkte der *Fly Bike Werke* möglichst wenig belastet werden.

Bereits bei der Entwicklung neuer Produkte soll die Umweltverträglichkeit neuer Verfahren berücksichtigt werden. Bei der Beschaffung soll darauf geachtet werden, dass umweltverträgliche Materialien eingekauft und Zulieferer bevorzugt werden, die ökologisch orientiert produzieren. Die Auswahl der Transportwege und -mittel für die zu beschaffenden Werkstoffe soll unter umweltverträglichen Gesichtspunkten erfolgen. Ferner sollen umweltgefährliche Materialien sicher gelagert werden.

Beschaffung, vgl. Kapitel 5

Bei der Produktion sollen erneuerbare Materialien als Rohstoffe bevorzugt werden. Es sollen Produktionsverfahren eingesetzt werden, die möglichst geringe Emissionen verursachen. Durch die der Produktion nachgeschalteten Reinigungsverfahren sollten unvermeidbare Emissionen reduziert werden. Es sollten betriebsinterne Recyclingverfahren entwickelt werden, um die Rückflüsse von festen, flüssigen oder gasförmigen Rückständen in den Produktionsprozess zu ermöglichen.

Beim Vertrieb sollte darauf geachtet werden, dass umweltverträgliche Verpackungen verwendet werden bzw. der Verpackungsaufwand insgesamt reduziert wird. Auch hier sollten umweltschonende Transportwege und -mittel ausgewählt werden.

Mit den vorstehenden Ausführungen sind bei weitem nicht alle Möglichkeiten erwähnt, betriebliche Umweltpolitik zu betreiben, die in ihrer Wirkung durch staatliche Umweltpolitik unterstützt werden muss. Träger der Umweltpolitik sind in Deutschland die Bundesregierung (insbesondere das Bundesumweltministerium und das Umwelt-Bundesamt) und die Bundesländer.

www.umweltbundesamt.de
www.bmu.de

Übersicht:		
Zieldimensionen	Zielinhalte	– Formalziele – Sachziele – Sozialziele – Umweltziele
	Zielausmaß	– begrenzt – unbegrenzt
	zeitlicher Bezug	– kurzfristig – mittelfristig – langfristig
Zielbeziehungen	– konkurrierend – komplementär – indifferent	
Zielsystem	geordnete Gesamtheit von Zielen, die gleichzeitig verfolgt werden	
Kennzahlen	unterstützen die Planung, Steuerung, Kontrolle, Beurteilung und Koordination von Geschäftsprozessen	
Kennzahlensystem	Gesamtheit von Kennzahlen, die – in einer sinnvollen Beziehung zueinander stehen – rechnerisch miteinander verknüpft sind – auf übergeordnete Ziele ausgerichtet sind	

3.3 Marktorientierte Geschäftsprozesse

3.3.1 Der Kundenauftrag als Auslöser eines unternehmensübergreifenden Geschäftsprozesses

Beispiel: Die *Fly Bike Werke GmbH* aus Oldenburg produziert Fahrräder für Handelsunternehmen. Am 20. Mai 2004 bestellt ein langjähriger Kunde, die *Zweiradhandelsgesellschaft mbH* in Berlin, zusätzlich zu den laufenden Aufträgen noch 170 Trekkingräder, Modell *Light*, Rahmenhöhe 56. *Frau Ganser*, Mitarbeiterin der *Fly Bike Werke* im Vertrieb, überprüft den eingegangenen Auftrag im Hinblick auf seine Machbarkeit. Mit Hilfe von *Frau Nemitz-Müller*, Disposition, und *Herrn Müller*, Kostenrechnung, wird festgestellt, dass der Auftrag sowohl hinsichtlich des Liefertermins als auch der Preisvorstellungen des Kunden erfüllt werden kann. Des Weiteren hat *Frau Nemitz-Müller* ermittelt, dass zur Produktion der Rahmen Stahlrohr im Format 34 mm Außendurchmesser, 2 mm Wandstärke bestellt werden muss, da die Lagerbestände den Meldebestand erreicht haben. *Frau Nemitz-Müller* bestellt bei der *Stahlwerke Tissen AG* in Düsseldorf Stahlrohr der benötigten Stärke. Zeitgleich beginnt unter Leitung von *Herrn Rother* die Arbeitsvorbereitung mit der Fertigungsplanung.

Vorstellung des Modellunternehmens, vgl. Kapitel 1

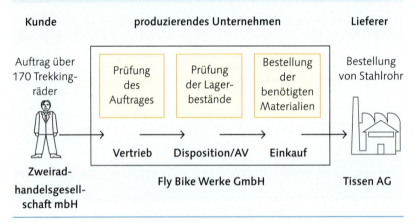

Mit dieser Situationsschilderung ist der erste Teil eines **unternehmensübergreifenden Geschäftsprozesses** am Beispiel der Kundenauftragsbearbeitung dargestellt: vom Kunden über das herstellende Unternehmen zum Lieferer. Der zweite Teil verläuft vom Lieferer zurück zum herstellenden Unternehmen und schließlich wieder zum Kunden. Der Prozess der Kundenauftragsbearbeitung beginnt beim Kunden und endet wieder bei ihm. Was aber versteht man eigentlich unter einem Geschäftsprozess?

Ein unternehmensübergreifender Geschäftsprozess beginnt und endet beim Kunden.

3.3.2 Geschäftsprozesse des Unternehmens

Geschäftsprozesse lassen sich definieren als Transformation eines Objektes durch Tätigkeiten von Menschen oder Maschinen mit einem bestimmten Ziel.

– **Transformation** bedeutet die Veränderung von Material und Informationen.

38 Das Unternehmen und sein Umfeld

- **Objekte** können Materialien, Teile und Informationen sein.
- **Maschinen** sind Bearbeitungsmaschinen und Computer.
- **Ziel** ist die Erreichung einer Unternehmensleistung, d. h. die Herstellung eines Produktes oder das Erbringen einer Dienstleistung.

Geschäftsprozesse können auch als **Input-Output-Prozess** dargestellt werden: Einer messbaren Input-Leistung wird durch den Einsatz von Ressourcen (den **betrieblichen Leistungsfaktoren**) Wert zugefügt (Wertschöpfung). Ergebnis des Transformationsprozesses ist eine messbare Output-Leistung. Der Input kommt von einem internen oder externen Lieferer, der Output geht an einen innerbetrieblichen Leistungsempfänger oder einen externen Kunden.

Betriebliche Leistungsfaktoren, vgl. Kapitel 3.3.3

Geschäftsprozess als Input-Output-Prozess

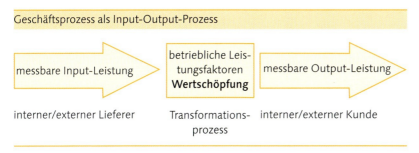

Transformationsprozess, vgl. Kapitel 4.4.1

Arten von Geschäftsprozessen

Je nachdem, auf welcher Unternehmensebene, mit welcher Bedeutung für das Unternehmen und im Rahmen welcher Funktion Geschäftsprozesse abgewickelt werden, lassen sich folgende Arten von Geschäftsprozessen unterscheiden:

Kernprozesse werden auch als Schlüsselprozesse bezeichnet, da sie direkt an den Kunden als Empfänger der Leistung gehen und sowohl einen großen Kundennutzen als auch einen hohen Unternehmensbeitrag liefern. Kernprozesse sind **Wertschöpfungsprozesse**, die für das Unternehmen strategische Bedeutung haben.

Zu den Kernprozessen im Industriebetrieb zählen alle Prozesse im Rahmen der **Leistungserstellung** (Leistung entwickeln und Leistung herstellen). Ferner werden alle im Bereich des **Absatzes** anfallenden Prozesse zu den Kernprozessen eines Industriebetriebes gezählt (Leistungsangebot definieren, Leistung vertreiben, Leistung erbringen, Auftrag abwickeln).

Leistungserstellungsprozesse, vgl. Kapitel 4

Absatzprozesse, vgl. Kapitel 6

Kernprozesse haben folgende Merkmale:
- Kernprozesse erzeugen einen wahrnehmbaren **Kundennutzen**.
- Kernprozesse sind durch unternehmensspezifischen Nutzen von Ressourcen einmalig (**Unternehmensspezifität**).
- Die Eigenheiten von Kernprozessen sind durch andere Unternehmen nicht imitierbar (**Nicht-Imitierbarkeit**).
- Kein anderes Unternehmen bietet vergleichbare Problemlösungen an (**Nicht-Substituierbarkeit**).

Merkmale von Kernprozessen

Unterstützungsprozesse (Supportprozesse) sind kernprozessunterstützende Prozesse. Hierunter fallen alle sekundären Aktivitäten, die z. B. Versorgungs- und Steuerungsleistungen für die Kernprozesse erbringen.

Zu den Unterstützungsprozessen im Industriebetrieb zählen **Managementprozesse** (Strategieentwicklung und Unternehmenssteuerung),

Beschaffungsprozesse (Bereitstellung von Ressourcen und Informationen), **Investitions- und Finanzierungsprozesse** sowie Prozesse im Bereich des so genannten **Personalmanagements**.

Der Zusammenhang zwischen Kernprozessen und Unterstützungsprozessen kann mit Hilfe des „kundenorientierten Unternehmensmodells" dargestellt werden.

> **Beispiel:** Einige Beispiele aus den *Fly Bike Werken* sollen wichtige Kernprozesse verdeutlichen.

Leistungsangebot definieren: von der Kontaktaufnahme bis zur Identifizierung der Kundenbedürfnisse (Aufgabe des Marketings)
Auf einer Fahrradmesse in Erfurt lernte der Geschäftsführer der *Fly Bike Werke*, *Herr Hans Peters*, 1995 den Geschäftsführer der damals gerade neu gegründeten *Zweiradhandelsgesellschaft mbH*, *Herrn Matthes Gründel*, kennen. Bereits zwei Monate später besuchte *Herr Gründel* die *Fly Bike Werke* in Oldenburg und informierte sich gründlich über das Angebot. Sein Interesse besteht fast ausschließlich im Bereich City-Räder, Trekkingräder und Kinderräder. Seit diesem Besuch bestehen Geschäftskontakte zwischen den beiden Unternehmen.

Leistung entwickeln: vom Kundenbedürfnis bis zur Produkteinführung (Aufgabe der Konstruktionsabteilung)
Als in der zweiten Hälfte der 80er-Jahre die Mountainbikes sich immer größerer Beliebtheit bei den Kunden erfreuten, stellten sich auch die *Fly Bike Werke* dieser Herausforderung. Innerhalb nur eines Jahres gelang es, ein eigenes, hochwertiges Mountainbike (Modell *Constitution*) bis zur Produktionsreife zu entwickeln und auf den Markt zu bringen. Seitdem ist diese Marke ständig verbessert und weiterentwickelt worden.

Leistung herstellen: von der Auftragsannahme bis zur Produktion (Aufgabe der Produktion)
Der Verein *Jugend Tour Rügen e.V.* richtet seit Anfang 2004 Jugendcamps auf Deutschlands größter Insel aus. Im Jahr 2004 will der Verein sein Angebot ausbauen und benötigt für den Bereich Fahrradtourismus 150 Trekkingräder. Eine Kundenanfrage in Oldenburg führt zu dem gewünschten Angebot. Es kommt zur Auftragsbestätigung und zur Produktion der Räder.

Leistung vertreiben: von der Auswahl der Interessenten bis zum Vertragsabschluss (Aufgabe des Vertriebs)
Mitte der 90er-Jahre begann die Unternehmensleitung gezielt nach Abnehmern großer Mengen an Fahrrädern zu suchen, die diese dann unter eigenem Markennamen weiterverkaufen konnten (so genannte *Private-Label*-Kunden). Nach einigen Fehlschlägen wurde 1996 ein erster Vertrag mit der Kaufhauskette *Hofkauf AG* geschlossen, dem nur ein Jahr später Geschäftsbeziehungen mit dem „*Cash-and-Carry*"-Konzern *Matro AG* folgten. Die City-Räder *Glide* und *Surf* sowie das Mountainbike *Dispo* werden ausschließlich für diese beiden großen Kunden hergestellt.

Leistung erbringen: Übernahme kundenbezogener Nebenleistungen (Aufgabe des Kundenservice)
Die *Fly Bike Werke* laden regelmäßig Mitarbeiter aus dem Fachhandel, über den sie ihre Fahrräder vertreiben, zu Schulungen ein, um sie über Produktneuentwicklungen zu informieren.

Beschaffungsprozesse, vgl. Kapitel 5

Investitions- und Finanzierungsprozesse, vgl. Kapitel 8

Personalmanagement, vgl. Kapitel 7

kundenorientiertes Unternehmensmodell, vgl. S. 24

Auftrag abwickeln: Abwicklung des Auftrages in der vom Kunden gewünschten Menge, Zeit und Qualität (unternehmensübergreifender Geschäftsprozess, der im Unternehmen selbst verschiedene organisatorische Einheiten durchläuft)

vgl. die Organisationssicht „Kundenauftragsabwicklung" S. 77

3.3.3 Betriebliche Leistungsfaktoren

Inhalte von Geschäftsprozessen sind die zur Leistungserstellung erforderlichen Ressourcen, d. h. die betrieblichen Leistungsfaktoren. Man kann zwischen zwei Arten von Leistungsfaktoren unterscheiden: den **Elementarfaktoren** und dem **dispositiven Faktor**.

Menschliche Arbeit ist die geistige und körperliche (ausführende) Tätigkeit des Menschen zum Zwecke der Leistungserstellung. Im Zusammenhang mit der ständigen Weiterentwicklung der Technik ist allerdings eine Abnahme der körperlichen Arbeit (der reinen Muskelkraft) und eine Zunahme der geistigen Arbeit (z. B. Bedienung komplizierter Maschinen und Steuerung komplexer Prozesse) zu verzeichnen.

Elementarfaktoren

Betriebsmittel werden in der Bilanz unter Anlagevermögen (Sachanlagen) auf der Aktivseite geführt. Hier sind alle beweglichen und unbeweglichen Mittel zu finden, die der Leistungserstellung dienen. Anders als Werkstoffe gehen die Betriebsmittel nicht in das Erzeugnis ein, sondern können mehrfach oder über einen langen Zeitraum (oftmals mehrere Jahre) genutzt werden.

Zu den Betriebsmitteln gehören:
– Grundstücke, Gebäude und bauliche Anlagen
– Maschinen und maschinelle Einrichtungen
– Transport- und Fördermittel
– Mess- und Prüfwerkzeuge
– Büro- und Geschäftsausstattung

Werkstoffe sind Roh-, Hilfs-, Betriebsstoffe und Vorprodukte. Sie werden auf der Aktivseite der Bilanz unter Umlaufvermögen als Teil des Vorratsvermögens geführt.

Roh-, Hilfs-, Betriebsstoffe, Vorprodukte, vgl. Kapitel 3.4.2

Schutzrechte und **Lizenzen** beinhalten sowohl Konzessionen (behördliche Betriebsgenehmigungen) als auch den Schutz von Erzeugnissen und Verfahren (Patente, Gebrauchsmuster, Geschmacksmuster, Warenzeichen) sowie die Rechte zur Nutzung geschützter Erzeugnisse und Verfahren (Lizenzen).

Rechtsschutz von Erzeugnissen und Fertigungsverfahren, vgl. Kapitel 4.2.3

Um das Zusammenwirken der Elementarfaktoren sinnvoll zu gestalten, muss geklärt werden, wer was, wann, wie, warum, wo, womit und mit welchem Ergebnis zu erledigen hat. Dementsprechend sind die notwendigen Elementarfaktoren (wer, womit) zur richtigen Zeit (wann) am richtigen Ort (wo) in der benötigten Qualität und Menge bereitzustellen. Darüber hinaus müssen Pläne für die entsprechenden Bereiche existieren, damit diese genaue Informationen darüber besitzen, was von ihnen wie und warum erwartet wird.

Der **dispositive Faktor** ist die Fähigkeit der Menschen, die Elementarfaktoren zum Zweck der Leistungserstellung zu kombinieren. Dazu sind im Rahmen der **Leitungstätigkeit** folgende Aufgaben zu koordinieren:

dispositiver Faktor

Das Unternehmen und sein Umfeld

- Zielsetzung und Planung
- Organisation
- Kontrolle
- Rechenschaftslegung und Repräsentation

Einordnung der Elementarfaktoren in den Leistungserstellungsprozess

```
                    dispositiver Faktor
                   (Zielsetzung, Planung)
                            ↓
                  ┌─────────────────────────┐
                  │  menschliche    Betriebs-│
                  │  Arbeit         mittel   │
dispositiver      │       ↘     ↙            │      dispositiver
Faktor            │       Information       │      Faktor
(Organisation)  → │       ↗     ↘           │ ←    (Kontrolle)
                  │  Werkstoffe    Schutz-  │
                  │                rechte,  │
                  │                Lizenzen │
                  │   Leistungserstellungs- │
                  │         prozess         │
                  └─────────────────────────┘
                            ↑
                    dispositiver Faktor
              (Rechenschaftslegung, Repräsentation)
```

Übersicht:		
Geschäftsprozess	Transformation eines Objektes durch Tätigkeiten von Menschen oder Maschinen mit einem bestimmten Ziel	
Arten von Geschäftsprozessen	Kernprozesse	Wertschöpfungsprozesse, die sowohl einen wahrnehmbaren Kundennutzen erzeugen als auch einen Unternehmensbeitrag liefern
	Unterstützungsprozesse (Supportprozesse)	kernprozessunterstützende Prozesse
betriebliche Leistungsfaktoren	Elementarfaktoren	– menschliche Arbeit – Betriebsmittel – Werkstoffe – Schutzrechte/Lizenzen
	dispositiver Faktor	menschliche Leitungstätigkeit, im Rahmen derer die Elementarfaktoren zum Zwecke der Leistungserstellung kombiniert werden

Das Unternehmen und sein Umfeld

3.4 Informations-, Material- und Wertefluss im betrieblichen Leistungserstellungsprozess

3.4.1 Informationsfluss

Beispiel: Ein Kundenauftrag wie der der *Zweiradhandelsgesellschaft* aus Berlin löst eine Vielzahl von Aktivitäten aus: Es kommt nach dem Auftragseingang zur Bearbeitung des Auftrages (*Frau Ganser*, Vertrieb). In der Disposition (*Frau Nemitz-Müller*) wird überprüft, ob das Unternehmen in der Lage ist, die gewünschte Menge an Artikeln in der gewünschten Zeit zu produzieren. *Herr Müller* aus der Kostenrechnung überprüft, ob der Kundenauftrag zu den Preisvorstellungen des Kunden angenommen werden kann. *Frau Nemitz-Müller* stellt fest, dass für ein Vorprodukt des zu produzierenden Artikels im Lager der Meldebestand erreicht ist, d. h., dass eine bestimmte Lagermenge unterschritten wurde. Daraufhin setzt sich der Bereich Beschaffung (*Frau Nemitz-Müller*) mit dem entsprechenden Zulieferer, der *Tissen AG* in Düsseldorf, in Verbindung und bestellt die benötigte Menge. In der Arbeitsvorbereitung wird unter der Leitung von *Herrn Rother* mit der Planung der Fertigung begonnen. Dieser Prozess der Produktionsplanung ist ein wichtiger Teil des Informationsflusses innerhalb des Unternehmens.

Beschaffung, vgl. Kapitel 5

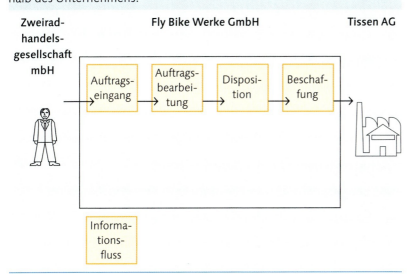

Der Informationsbedarf erstreckt sich über alle Phasen eines unternehmensübergreifenden Geschäftsprozesses und umfasst verschiedene **Arten von Informationsflüssen**:
- Informationsflüsse, die den **Kunden** mit Informationen versorgen (z. B. Angebot)
- Informationsflüsse, die den **Materialfluss** im leistungserstellenden Unternehmen lenken (z. B. Planung, Disposition)
- Informationsflüsse, die den **Lieferer** mit Informationen versorgen (z. B. Anfrage, Bestellung)

Materialfluss, vgl. Kapitel 3.4.2

Aufgabe des **Informationsmanagements** ist es, alle betrieblichen Stellen mit den Informationen zu versorgen, die zur Erreichung der Unternehmensziele benötigt werden. Das Informationsmanagement gehört zu den Unterstützungsprozessen eines Unternehmens.

3.4.2 Materialfluss

Beispiel: Vier Tage nach der Bestellung liefert die *Tissen AG* das geordnete Stahlrohr. Bis zu diesem Termin hat die Arbeitsvorbereitung der *Fly Bike Werke* (Leiter *Herr Rother*) die Produktion der zusätzlich bestellten Trekkingräder geplant. Mit Eingang der bestellten Rohre von der *Tissen AG* beginnt die Produktion der Trekkingräder, Modell *Light*. Pünktlich zum zugesicherten Liefertermin können die *Fly Bike Werke* die 170 Trekkingräder nach Berlin liefern.

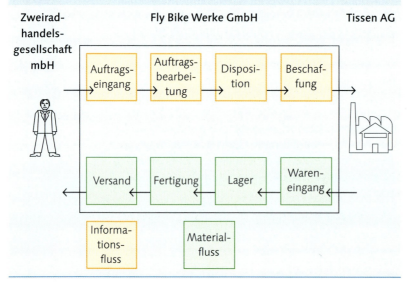

Der Materialfluss ist der Weg des im Leistungserstellungsprozess benötigten Materials. Objekte des Materialflusses sind zum einen die unmittelbar zur Leistungserstellung benötigten **Werkstoffe**, d. h. Roh-, Hilfs-, Betriebsstoffe und Vorprodukte. Zum anderen sind auch die **Fertigerzeugnisse** und **Handelswaren** Bestandteile des Materialflusses.

Im Rahmen unternehmensübergreifender Geschäftsprozesse werden Materialien **beschafft** (Einkauf, Wareneingang, Lager), innerhalb des leistungserstellenden Betriebs **bewegt** (Fertigung, Lager, Transport) und **verteilt** (Lager, Warenausgang, Fakturierung, Entsorgung).

- **Rohstoffe** sind wesentliche Bestandteile der zu fertigenden Produkte und gehen unmittelbar in die Fertigerzeugnisse ein (bei den *Fly Bike Werken* z. B. Stahlrohr für die Fertigung von Fahrradrahmen).
- **Hilfsstoffe** sind ebenfalls Bestandteil des Fertigerzeugnisses, allerdings zu einem wert- und mengenmäßig bedeutend geringeren Anteil als Rohstoffe (bei den *Fly Bike Werken* z. B. Schrauben).
- **Betriebsstoffe** gehen nicht in das Fertigerzeugnis ein, werden jedoch zum Betreiben der Fertigungsmaschinen benötigt (z. B. Schmieröl).
- **Vorprodukte** sind Zukaufteile, die von anderen Firmen fertig bezogen werden und ohne Veränderung in das Fertigerzeugnis eingehen (bei den *Fly Bike Werken* z. B. Griffe für die Lenker).
- **Handelswaren** sind Güter, die gekauft und unverändert wieder verkauft werden (bei den *Fly Bike Werken* z. B. Fahrradanhänger).

Der Materialfluss umfasst alle Materialien, die im Leistungserstellungsprozess beschafft, bewegt und verteilt werden.

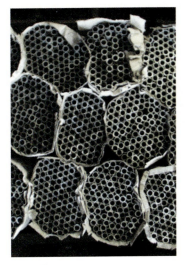
Rohstoffe

Hilfsstoffe

Vorprodukte

Handelswaren

Aufgabe des Prozesscontrollings ist es, Prozesse zu bewerten, zu überwachen und zu verbessern. Im Hinblick auf den Materialfluss sind dabei folgende Zielsetzungen zu berücksichtigen.

Ziele des Materialflusses	
Zeit	- maximale Lieferbereitschaft - Flexibilität
Kosten	- minimale Materialkosten - geringe Lagerbestände - minimale Kapitalbindung
Qualität	- Ressourcen schonendes Kapitalmanagement - hoher Materialverwertungsgrad - hohe Qualität - Entsorgungs- und Recyclingkonzepte

Darüber hinaus leistet ein effektiver Materialfluss einen wichtigen Beitrag zur Erreichung übergeordneter Ziele, die das Unternehmen insgesamt zu berücksichtigen hat. Hierzu zählen:

– kurze Durchlaufzeiten
– Termintreue
– rationelle Fertigung
– unternehmensbezogene Kostenreduzierung
– umweltschonende, umweltverträgliche, emissionsarme Produktion

3.4.3 Wertefluss

Beispiel: Die *Zweiradhandelsgesellschaft mbH* aus Berlin nimmt die zusätzlichen Räder entgegen und prüft die Lieferung. Innerhalb der Zahlungsfrist bezahlen die Kunden den geforderten Betrag auf das Konto der *Fly Bike Werke* bei der Landessparkasse Oldenburg. Auch die *Fly Bike Werke* haben den ihrerseits bei der *Tissen AG* geschuldeten Betrag beglichen. Zum Abschluss wird in einer Nachkalkulation überprüft, ob die Abwicklung des Auftrages auch zu einem Erfolg für das Unternehmen geführt hat.

Nachkalkulation, vgl. Teilband 2

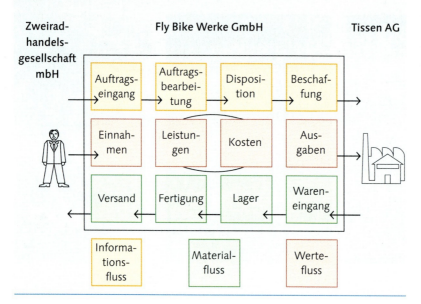

Bei der Abwicklung von Geschäftsprozessen muss darauf geachtet werden, dass die Zahlungsfähigkeit (Liquidität) des Unternehmens nicht gefährdet wird, d. h., dass die **Einnahmen** und **Ausgaben** aufeinander abgestimmt sind. Darüber hinaus muss sichergestellt sein, dass am Ende einer Abrechnungsperiode (z. B. Monat bzw. Jahr) ein **Erfolg** erzielt wird, d. h., dass die **Leistungen** eines Unternehmens höher sind als die bei der Leistungserstellung entstandenen **Kosten**. Wie hoch die Leistungen eines Unternehmens zu bewerten sind, darüber entscheidet im Wesentlichen der Kunde. Der Erfolg ist abhängig davon, ob der Kunde bereit ist, für die vom Unternehmen erstellte Leistung einen Preis zu zahlen, der höher ist als die bei der Leistungserstellung entstandenen Kosten.

Leistungen sind in Geldeinheiten bewertete Gütererstellungen, Kosten sind in Geldeinheiten bewerteter Ressourcenverbrauch eines Unternehmens.

Leistungen und Kosten, vgl. Teilband 2

Übersicht:		
Informationsfluss	Informationen, die zur Leistungserstellung benötigt werden	– Informationen, die den Materialfluss im Unternehmen lenken – Informationsfluss, der die Kunden mit Informationen versorgt – Informationsfluss, der die Lieferer mit Informationen versorgt
Materialfluss	Güter, die beschafft, bewegt und verteilt werden	– Werkstoffe (Roh-, Hilfs-, Betriebsstoffe und Vorprodukte) – Fertigprodukte – Handelswaren
Wertefluss	Einnahmen/Ausgaben	Ziel: Liquidität (Einnahmen > Ausgaben)

3.5 Geschäftsprozesse und betriebliche Organisationsformen

Beispiel: Greifen wir auf das Ausgangsbeispiel von S. 38 zurück, den Kundenauftrag der *Zweiradhandelsgesellschaft mbH* über 170 Trekkingräder.

An der Abwicklung des Kundenauftrages in den *Fly Bike Werken* ist eine Vielzahl von Mitarbeitern beteiligt, die eine Sachbearbeiterfunktion in verschiedenen Abteilungen des Unternehmens wahrnehmen. Sie führen als Stelleninhaber innerhalb des Organisationsgefüges des Unternehmens verschiedene Funktionen aus: *Frau Ganser*, Vertrieb, beschäftigt sich mit der Erfassung und der Machbarkeitsprüfung des Auftrages, *Frau Nemitz-Müller* übernimmt die Materialdisposition, *Herr Thüne*, Abteilung Einkauf, bestellt fehlende Materialien, und der Produktionsleiter, *Herr Rother*, übernimmt die Fertigungsplanung.

Prozesskette der Auftragsabwicklung

An einem Geschäftsprozess wie dem der Auftragsabwicklung sind verschiedene organisatorische Einheiten beteiligt. **Organisation** ist die Art und Weise, wie die organisatorischen Einheiten (z. B. Abteilungen, Stellen) eines Ganzen (z. B. eines Unternehmens) untereinander und zu diesem Ganzen orientiert sind (z. B. durch Über- und Unterordnung) und zusammenwirken (z. B. Arbeitszusammenhänge im Rahmen der Abwicklung eines Geschäftsprozesses). Ergebnis dieser Tätigkeit ist die Organisationsstruktur als Gesamtheit von aufbau- und ablauforganisatorischen Regelungen.

Während die **Aufbauorganisation** den hierarchischen Aufbau des Unternehmens zeigt sowie die Regeln, nach denen die organisatorischen Einheiten gebildet werden, bestimmt die **Ablauforganisation**, wie die Geschäftsprozesse zeitlich orientiert sind und zusammenwirken.

Organisation ist die Art und Weise, wie organisatorische Einheiten untereinander und zu einem Ganzen orientiert sind und zusammenwirken.

3.5.1 Hierarchische Strukturbildung

Die Aufbauorganisation eines Betriebes beschreibt die Beschaffenheit der betrieblichen Kommunikationswege, Hierarchie- und Machtverhältnisse. Wesentliches Merkmal des betrieblichen Aufbaus ist es, die **Kompetenzverteilung** vorzunehmen, d. h.
- die Verteilung von Entscheidungsbefugnissen in der Hierarchie.
- die Verteilung von Entscheidungsbefugnissen auf eine oder mehrere Personen.
- die Verteilung von Weisungsbefugnissen.

Die betriebliche Aufbauorganisation bildet die hierarchische Struktur ab.

Viele Unternehmen haben eine Geschäftsführung oder einen Vorstand für strategische Fragen an der Spitze, das mittlere Management als starken Zwischenbau für die dispositiven Arbeiten und eine breite Basis von operativ tätigen Personen, die die eigentlich produktiven Geschäftsfunktionen wahrnehmen. Die **Kommunikationsstruktur** in diesem Hierarchiebaum findet nur **vertikal** von oben nach unten und umgekehrt statt.

Das wichtigste Darstellungsmittel der betrieblichen Aufbauorganisation ist das **Organigramm**, das die Autoritätsbeziehungen im Betrieb und die Regeln aufzeigt, nach denen organisatorische Einheiten gebildet werden. Aus einem Organigramm kann entnommen werden, wie sich die Stellen der einzelnen Mitarbeiter in das gesamte Organisationsgefüge des Unternehmens einordnen lassen und wie die Kompetenz verteilt wurde.

Das Organigramm stellt die betriebliche Aufbauorganisation dar.

> **Beispiel:** *Frau Ganser*, zuständig für die Erfassung von Kundenaufträgen des Fachhandels und die Machbarkeitsprüfung, arbeitet im Vertrieb der *Fly Bike Werke*, *Herr Müller* in der Kostenrechnung, *Frau Nemitz-Müller* in der Disposition, *Herr Thüne* im Einkauf/Logistik und *Herr Glaner* in der Arbeitsvorbereitung. Die Mitarbeiter der *Fly Bike Werke*, die unmittelbar oder mittelbar an der Auftragsbearbeitung bzw. -abwicklung beteiligt sind, gehören nicht nur verschiedenen **Abteilungen** an, sondern diese Abteilungen sind auch verschiedenen Bereichen bzw. Ressorts zugeordnet. Ferner nehmen die Mitarbeiter einen unterschiedlichen Rang in der **Hierarchie** des Unternehmens ein. So ist z. B. *Frau Ganser* dem Vertriebsleiter unterstellt, *Herr Müller* aus der Kostenrechnung dem Verwaltungsleiter, die Disponentin dem Leiter Einkauf/Logistik und *Herr Glaner* dem Produktionsleiter. *Herr Ganser, Herr Müller* und *Frau Nemitz-Müller* sind Sachbearbeiter, *Herr Thüne, Herr Rother, Herr C. Steffes* und *Herr Gerland* sind Abteilungsleiter. Die Abteilung Controlling und das Zentralsekretariat sind zur Unterstützung der Geschäftsleitung eingerichtet worden und nicht in die Hierarchie des Unternehmens eingebunden.

Organigramm der Fly Bike Werke, vgl. S. 17

Kostenrechnung, vgl. Teilband 2

Demnach lassen sich folgende Arten von Stellen unterscheiden:
- **Instanzen** (Stellen mit Entscheidungs- und Weisungsbefugnis)
- **Stabsstellen** (Stellen mit Beratungsfunktion)
- **ausführende Stellen** (Stellen zur Ausführung von Arbeitsaufgaben)

Arten von Stellen

Stellen- und Abteilungsbildung

Die **Stelle** ist die kleinste selbstständige Handlungseinheit im Unternehmen. Sie beinhaltet einen versachlichten Komplex von Verrichtungen, der durch Zusammenfassung analytisch gewonnener Teilaufgaben entstanden ist und einem oder mehreren Aktionsträgern zugeordnet werden kann. Zweck der Stellenbildung ist die Schaffung organisatorischer Regeln, welche die Verhaltens- und Funktionserwartungen an die Stelleninhaber festlegen. Für jede Stelle können so genannte Anforderungsprofile festgelegt werden. Aus der so genannten Stellenbeschreibung müssen sich die Kompetenzen und der Grad der Verantwortung ergeben.

Die Stelle ist die kleinste selbstständige Handlungseinheit im Betrieb. Sie umfasst verschiedene Teilaufgaben, die im Rahmen einer Aufgabenanalyse ermittelt werden.

Das nachstehende Schaubild zeigt eine **Aufgabenanalyse** für das Abwickeln von Kundenaufträgen. Nach dieser Aufgabenanalyse könnten z. B. die Aufgaben 1.1–1.5 einem Mitarbeiter im Verkauf übertragen werden, die Aufgabe 1.6 einem Mitarbeiter in der Buchhaltung, die Aufgabe 1.7 einem Mitarbeiter im Vertrieb.

Die Stellenbildung, d. h. die Zusammenfassung von Teilaufgaben im Rahmen einer Stelle, kann nach dem **Objektprinzip** erfolgen, wenn z. B. Mitarbeiter A die Aufgaben 1.1–1.5 für eine bestimmte Produktgruppe, z. B. Rohstoffe, ausführt, der Mitarbeiter B dieselben Aufgaben für eine andere Produktgruppe, z. B. Hilfsstoffe, übernimmt.

> Die Stellenbildung erfolgt nach dem Objekt- oder nach dem Funktionsprinzip.

Die Stellenbildung kann aber auch nach dem **Funktionsprinzip** erfolgen, d. h. sich an den Tätigkeiten orientieren, die notwendig sind, um die Gesamtaufgabe zu erfüllen. Stellenbildung nach dem Funktionsprinzip liegt vor, wenn z. B. Mitarbeiter C im Einkauf für alle Werkstoffe ausschließlich Angebotsvergleiche durchführt, der Mitarbeiter D für alle Werkstoffe die Bestellungen aufgibt.

> Das Funktionsprinzip wird auch Vorrichtungsprinzip genannt.
>
> Angebotsvergleich, vgl. Kapitel 5.4.1

Abteilungen entstehen durch die Zusammenfassung von Stellen unter einheitlicher Leitung. Bezugspunkte für eine Abteilungsbildung können Aufgaben, Personen und Sachmittel sein. Man unterscheidet zwischen:

> Abteilungen sind Zusammenfassungen von Stellen unter einheitlicher Leitung.

– aufgabenorientierten Abteilungen
  (d. h. Zusammenfassen von gleichartigen Stellen)
– personenorientierten Abteilungen
  (d. h. Zuordnung zu einer bestimmten Führungsperson)
– sachmittelorientierten Abteilungen
  (d. h. Zusammenfassen von allem, was z. B. zu einer Maschine/einem Bearbeitungszentrum gehört)

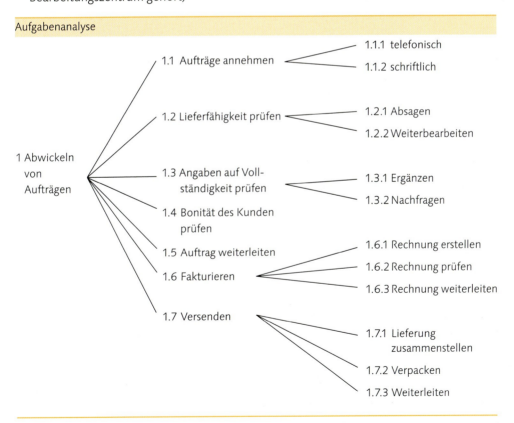

Sollte z. B. in einem Unternehmen im Rahmen der Neustrukturierung eine Abteilung Auftragsabwicklung geschaffen werden, so könnte die Abteilungsbildung (aufgabenorientiert) in folgender Weise erfolgen.

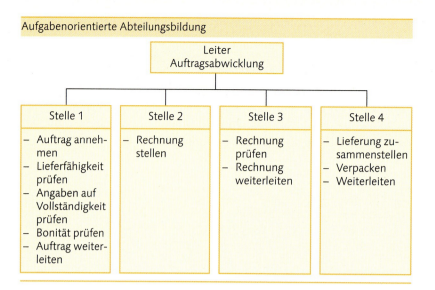

3.5.2 Organisationsmodelle

Die häufigsten Formen betrieblicher Aufbauorganisation werden im Folgenden mit ihren Vor- und Nachteilen vorgestellt.

Die betriebliche Organisation nach dem **Einliniensystem** erfolgt nach dem Prinzip der Einheit der Auftragserteilung, d. h., ein Mitarbeiter hat nur einen direkten Vorgesetzten *("one man, one boss")*. Das Prinzip gilt allerdings nicht umgekehrt, d. h., eine Instanz ist mehreren Stellen gegenüber weisungsbefugt. Das Einliniensystem ist typisch für kleinere und mittelständische Unternehmen mit relativ kleinem Produktprogramm.

Einliniensystem: Prinzip der Einheit der Auftragserteilung

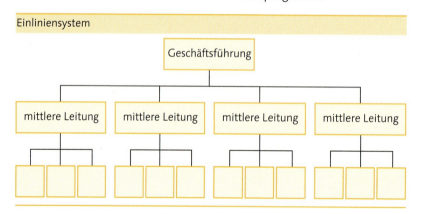

Vorteile des Einliniensystems:
- Klarheit und Übersichtlichkeit der Organisationsstruktur
- Einheitlichkeit der Leitung, Anordnungs- und Kommunikationswege sind eindeutig definiert

Nachteile des Einliniensystems:
- potenzielle Überlastung der obersten Leitungsinstanz, alle Informationskanäle enden dort und alle Entscheidungen sind dort zu treffen
- große Anforderungen an die Führungsfertigkeiten der obersten Leitungsspitze, schwache Führungspersönlichkeiten führen zu schwachen Leistungen des gesamten Systems

Führungsverhalten, vgl. Kapitel 7.4.1

- lange Informationswege und langsame Entscheidungen, Gefahr der Bürokratisierung

Im **Mehrliniensystem** sind die Instanzen mehreren Stellen gegenüber weisungsbefugt und müssen sich hinsichtlich ihrer Arbeitsanweisungen untereinander absprechen. Die Stelleninhaber haben im Unterschied zum Einliniensystem mehrere Vorgesetzte.

Mehrliniensystem: Verteilung der Weisungsbefugnisse auf mehrere Instanzen

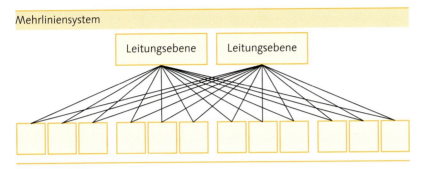

Vorteile des Mehrliniensystems:
- einfache und übersichtliche Struktur der Aufbauorganisation
- kurze Anordnungswege
- Mitarbeiternähe ermöglicht schnelles und unbürokratisches Handeln

Nachteile des Mehrliniensystems:
- Gefahr der Uneinheitlichkeit der Leitung: mangelnde Absprache der Vorgesetzten erschwert betriebliche Abläufe
- hohe Abhängigkeit von der Leitungsebene

Das **Stab-Linien-System** ist eine Sonderform des Einliniensystems, das sich insbesondere in Situationen bewährt, in denen sich eine Informationsüberlastung der Instanzen bemerkbar macht. Als Abhilfe werden den Instanzen so genannte Stabsstellen zugeordnet, d. h. Stellen mit beratender Funktion, die keine Entscheidungs- und Weisungsbefugnisse genießen. Stabsstellen verfügen häufig über Spezialwissen und verarbeiten Informationen zur Entscheidungsfindung durch die Instanzen. Beispiele sind Assistenten, Berater und wissenschaftliche Mitarbeiter.

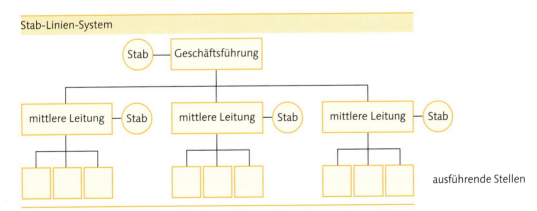

Vorteile des Stab-Linien-Systems:
- siehe Einliniensystem
- verbesserte Informationsausnutzung und -verarbeitung gegenüber dem Einliniensystem

Nachteile des Stab-Linien-Systems:
- siehe Einliniensystem
- Gefahr einer unscharfen Arbeitsteilung zwischen Instanz und Stab
- Gefahr der Informationsmanipulation seitens der Stäbe (Ausnutzung von Expertenmacht)
- Gefahr des Missbrauchs der Stäbe als Sprachrohr von Instanzen kann zu stärkerer Bürokratisierung und Mitarbeiterferne führen

> Arbeitsteilung, vgl. Kapitel 3.1.2, 2.4 und 4.6.2

Das **Spartensystem** findet sich häufig in Mehrproduktunternehmen, d. h. in Unternehmen, deren Produktprogramm hinsichtlich Breite und Tiefe derart differenziert ist, dass unabhängige organisatorische Bereiche, so genannte Sparten, gebildet werden. Jede Sparte vereinigt alle für die jeweilige spezifische Leistungserstellung erforderlichen Abteilungen auf sich (z. B. Einkauf, Produktion), während für alle Sparten gleichermaßen wichtige Abteilungen (z. B. Buchhaltung, Personalabteilung) zentral organisiert bleiben. Neben der Diversifikation des Produktprogramms können z. B. auch unterschiedliche Absatzgebiete ein Kriterium für die Spartenbildung sein.

> Sparten sind nach dem Objektprinzip gebildete, organisatorisch unabhängige Unternehmensbereiche, die auf ihre jeweilige Spezialisierung ausgerichtete Abteilungen in sich vereinen.

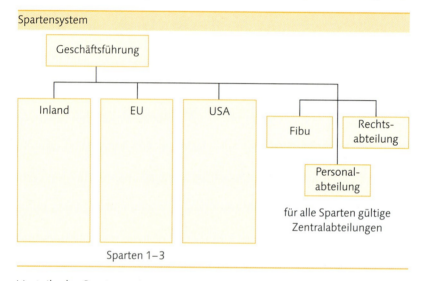

Vorteile des Spartensystems:
- bessere Ausnutzung betrieblicher Teilbereiche durch Spezialisierung
- bessere Anpassung an Marktgegebenheiten
- rechtliche (Teil-)Selbstständigkeit der Sparten möglich und damit auch bessere Risikoabschottung

Nachteile des Spartensystems:
- Gefahr der Unübersichtlichkeit und Größe des Gesamtsystems
- Gefahr der „Verselbstständigung" einzelner Sparten
- Gefahr der Bürokratisierung und Schwerfälligkeit auf Grund langer Anweisungswege

Das Organisationsmodell der **Produktmatrix** ist eine Überlagerung der objektorientierten Dimension der Produktsparten mit der funktionsorientierten Dimension des Stab-Linien-Systems. Jeder funktionsorientierten Stelle wird eine objektorientierte zugeordnet. Jede ausführende Stelle hat zwei Instanzen: eine für die jeweilige Abteilung (verrichtungsorientiert) und eine für das jeweilige Produkt (objektorientiert). Die Produktmatrix ist damit eine Sonderform des Mehrliniensystems.

> In der Produktmatrix überlagern sich Objekt- und Funktionsorientierung.

Produktmatrix

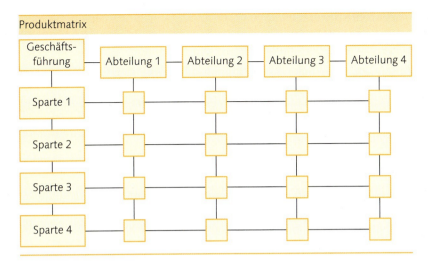

Vorteile der Produktmatrix:
- Gefahr der „Verselbstständigung" der einzelnen Sparten (vgl. Spartensystem) wird vermindert
- zentrale Organisationsform
- gute Ausnutzung von Kreativität und Spezialkenntnissen der Mitarbeiter

Nachteile der Produktmatrix:
- Gefahr der Uneinheitlichkeit der Leitung (vgl. Mehrliniensystem)
- Gefahr der Bürokratisierung durch erforderliche Absprachen der Instanzen

Das Modell der **Teamvermaschung** erhebt als einziges Organisationsmodell den Anspruch, frei von Hierarchien zu sein: In Teams organisierte Mitarbeiter sind untereinander durch Teamsprecher verbunden. Einen vertikalen Informationsfluss gibt es hier im Gegensatz zu hierarchisch organisierten Modellen nicht.

Das Modell der Teamvermaschung ist frei von formaler Hierarchie.

Teamvermaschung

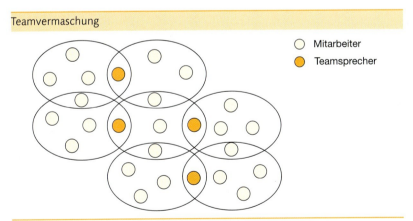

In der Praxis findet sich die Teamvermaschung ausschließlich innerhalb von Abteilungen und dort insbesondere im Kreativbereich (z. B. Produktdesign, PR-Abteilung).

Vorteile der Teamvermaschung:
- Möglichkeit der direkten und unbürokratischen Abstimmung über Teamsprecher

Das Unternehmen und sein Umfeld

- druckfreie Arbeitsatmosphäre durch Fehlen formaler Hierarchien innerhalb des Teams
- Förderung von Teamgeist, Eigenmotivation der Mitarbeiter und Kreativität

Nachteile der Teamvermaschung:
- Mangel an Teamgeist und Eigenmotivation wirkt unproduktiv
- Fehlen formaler Hierarchie führt bei manchen Mitarbeitern zu Chaos

In der Realität lassen sich die unterschiedlichsten **Mischformen** der dargestellten Organisationsmodelle finden. Das nachstehende Schaubild zeigt eine solche Mischform anhand der Organisation eines Unternehmens, das Pharma- und Kosmetikprodukte herstellt und dem zugleich eine Lebensmittelkette angeschlossen ist. Innerhalb einer auf dem Stab-Linien-Modell aufbauenden Spartenorganisation überlagern sich Objekt- und Funktionszentralisation als konkurrierende Organisationsprinzipien.

Übersicht:		
Aufbau-organisation	– bildet den hierarchischen Aufbau des Unternehmens ab – zeigt die Regeln der Stellen- und Abteilungsbildung	
Stelle	kleinste selbstständige Handlungseinheit im Unternehmen	
	Arten von Stellen	– Instanzen – Stabsstellen – ausführende Stellen
	Prinzipien der Stellenbildung	– Objektprinzip – Funktionsprinzip
Abteilung	Zusammenfassung von Stellen unter einheitlicher Leitung	
	Abteilungsbildung	– aufgabenorientiert – personenorientiert – sachmittelorientiert
Organisationsmodelle	– Einliniensystem – Mehrliniensystem – Stab-Linien-System – Spartensystem – Produktmatrix – Modell der Teamvermaschung	
Ablauforganisation	bestimmt, wie die Geschäftsprozesse zeitlich orientiert sind und zusammenwirken	

3.6 Rechtsgrundlagen des Unternehmens

Bisher sind produktionswirtschaftliche Prozesse der *Fly Bike Werke GmbH* betrachtet worden, nunmehr wenden wir uns juristischen Aspekten des Unternehmens zu. In diesem Zusammenhang spricht man nicht mehr von dem Betrieb, sondern von der **Unternehmung**, welche eine nach außen und innen wirkende Struktur hat, die als **Rechtsform** bezeichnet wird. Von der Wahl der Rechtsform ist es abhängig, wer die Geschäfte führt und die Verträge schließt, wer in welchem Umfang haftet usw.

Überlegungen zur Wahl der Rechtsform musste *Jan Ullmann* erstmals 1982 bei Gründung und im Jahr 2001 im Rahmen der Aufnahme des Gesellschafters *Björn Ries* anstellen. Um die geeignete Rechtsform zu finden, zog er verschiedene (Entscheidungs-)Kriterien wie z. B. Gründungsformalitäten und Gründungskosten, notwendige Kapitalausstattung, Haftungssituation sowie steuerrechtliche Aspekte heran. Die einmal getroffene Rechtsformwahl ist natürlich nicht unumkehrbar, sondern kann jederzeit neu überdacht werden, wenn es z. B. aus betriebswirtschaftlichen, steuerlichen oder erbrechtlichen Gesichtspunkten notwendig bzw. wünschenswert erscheint.

Das deutsche Recht bietet für unternehmerische Tätigkeit zahlreiche Rechtsformen an. Einen Überblick über die wichtigsten Rechtsformen privater und öffentlicher Betriebe verschafft die folgende Übersicht:

Rechtsformen, vgl. Kapitel 3.6.2

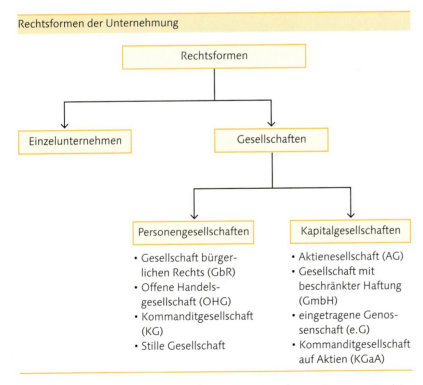

Rechtsformen der Unternehmung

Dieses Kapitel verschafft einen Überblick über die wichtigsten Rechtsformen privater Betriebe, indem diese hinsichtlich ausgewählter zentraler Merkmale untersucht werden. Zum besseren Verständnis sollen zuvor handelsrechtliche Rahmenbedingungen wie der Kaufmannsbegriff, das Handelsregister und die Firmierung näher beleuchtet werden.

3.6.1 Handelsrechtliche Rahmenbedingungen

Die besonderen Anforderungen des Wirtschaftslebens haben den Gesetzgeber veranlasst, für die rechtlichen Belange von Kaufleuten zusätzliche Regelungen zu treffen, welche die Vorschriften des BGB ergänzen oder ersetzen.

Beispiele:

- Ein Kaufmann hat empfangene Waren bei mangelhafter Lieferung unverzüglich zu rügen, um seine Gewährleistungsrechte nicht zu verlieren (§ 377 HGB).
- Der gesetzliche Zins für Kaufleute (§ 352 HGB) ist höher als der von einer Privatperson geschuldete gesetzliche Zins (§ 246 BGB).
- Schweigen gilt beim Kaufmann in bestimmten Fällen als Annahme des Vertragsangebots (§ 362 HGB), bei Privatpersonen nicht.

Diese Sonderregelungen sind im Handelsgesetzbuch (HGB) zusammengefasst und knüpfen daran an, dass die an einem Geschäft Beteiligten oder nur einer von ihnen Kaufmann ist. Dabei wird unterstellt, dass Kaufleute geschäftserfahrener als Nichtkaufleute sind und deshalb nicht in gleichem Maße eines gesetzlichen Schutzes bedürfen wie Verbraucher. Das Handelsrecht des HGB wird auch als Sonderprivatrecht für Kaufleute bezeichnet.

Kaufmann

Nach dem allgemeinen Sprachgebrauch ist Kaufmann jeder, der in irgendeiner Weise kaufmännisch, d. h. in einem Handelsbetrieb, tätig ist. Berufsbezeichnungen wie Industriekaufmann und Bankkaufmann sind auch für Angestellte üblich. Dagegen ist Kaufmann im Sinne des Handelsrechts nur derjenige, der ein **Handelsgewerbe** betreibt (§ 1 I HGB).

Die Existenz eines Handelsgewerbes setzt zunächst voraus, dass überhaupt ein **Gewerbe** betrieben wird. Der Begriff des Gewerbes ist in keiner Rechtsvorschrift definiert, sondern von Rechtslehre und Rechtsprechung entwickelt worden.

Definition von Gewerbe

Danach versteht man unter einem Gewerbe jede
(1) selbstständige Tätigkeit, die
(2) nach außen im Rechtsverkehr in Erscheinung tritt,
(3) planmäßig auf Dauer angelegt und
(4) auf Gewinnerzielung ausgerichtet ist;
(5) mit Ausnahme der freien Berufe (z. B. Rechtsanwälte, Steuerberater).

Jedes Unternehmen – ohne Rücksicht auf die Branche –, das diese (fünf) allgemeinen Kriterien des Gewerbebegriffs erfüllt, wird zum **Handelsgewerbe**, wenn es einen nach Art oder Umfang in kaufmännischer Weise eingerichteten Geschäftsbetrieb erfordert. Kleingewerbetreibende betreiben also grundsätzlich kein Handelsgewerbe. In welchem Fall Art und Umfang der Tätigkeiten einen in kaufmännischer Weise eingerichteten Geschäftsbetrieb erfordern, ist gesetzlich nicht geregelt. Maßgeblich sind der Gesamtzuschnitt des Unternehmens, seine Struktur (Art, Komplexität der Abläufe) und Größe (Umsatz, Kapital, Mitarbeiterzahl und dergleichen). Da die *Fly Bike Werke GmbH* alle Voraussetzungen eines Gewerbes erfüllt und einen in kaufmännischer Weise eingerichteten Geschäftsbetrieb benötigt, betreibt sie ein Handelsgewerbe und ist damit Kaufmann i. S. des § 1 HGB.

Definition von Handelsgewerbe

Das Handelsgesetzbuch unterscheidet verschiedene Kaufmannsarten. Je nachdem, wodurch man die Kaufmannseigenschaft erwirbt, ist man entweder Ist-, Kann-, Form- oder Scheinkaufmann. Das „System der Kaufleute" veranschaulicht folgende Übersicht:

Kaufmannsarten

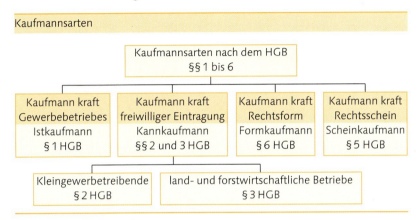

Istkaufmann (§ 1 HGB)
Der Istkaufmann erlangt die Kaufmannseigenschaft dadurch, dass er ein Gewerbe betreibt, das einen nach Art oder Umfang in kaufmännischer Weise eingerichteten Geschäftsbetrieb erfordert. Er ist zwar verpflichtet, seine Firma in das Handelsregister eintragen zu lassen, die Kaufmannseigenschaft erwirbt er aber auch ohne Eintragung, nämlich mit Aufnahme der Geschäfte. Man sagt auch, die Eintragung in das Handelsregister sei nur deklaratorisch (rechtsbezeugend).

Das Handelsregister ist ein öffentliches, vom Gericht geführtes Verzeichnis, in dem Kaufleute eines Amtsgerichtsbezirks eingetragen werden.

Kannkaufleute (§ 2 und § 3 HGB)
Kannkaufleute erlangen die Kaufmannseigenschaft erst durch freiwillige Eintragung in das Handelsregister. Durch diese Eintragung wird der Gewerbebetrieb zum Handelsgewerbe und der Betreiber zum Kaufmann. Die Eintragung ist in diesem Falle rechtsbegründend (konstitutiv). Zu den Kannkaufleuten zählen Betriebe, die einen in kaufmännischer Weise eingerichteten Geschäftsbetrieb nicht erfordern – sog. Kleingewerbetreibende (§ 2 HGB) – sowie land- und forstwirtschaftliche Betriebe (§ 3 HGB).

Formkaufmann (§ 6 HGB)
Formkaufleute erlangen die Kaufmannseigenschaft durch ihre Rechtsform. Formkaufleute sind alle Handelsgesellschaften, also Gesellschaften, die ein Handelsgewerbe betreiben (z. B. OHG, KG), oder Gesellschaften, die, unabhängig davon, ob sie ein Handelsgewerbe betreiben, kraft Gesetzes als Handelsgesellschaften gelten (z. B. AG, GmbH).

Gesellschaften, vgl. Kapitel 3.6.2

Scheinkaufmann (§ 5 HGB)
Ein Gewerbetreibender wird durch die Eintragung in das Handelsregister immer zum Kaufmann. Es spielt also keine Rolle, ob er ein Handelsgewerbe betreibt oder nicht. Das Handelsregister löst einen Rechtsschein aus, der besagt, dass der darin eingetragene Gewerbetreibende als Kaufmann gilt, auch wenn die Eintragung zu Unrecht erfolgt sein sollte.

Beispiel: Die *Fly Bike Werke GmbH* ist demnach Ist- und Formkaufmann zugleich. Istkaufmann, da sie ein Handelsgewerbe betreibt, Formkaufmann, da sie in der Rechtsform einer GmbH geführt wird.

Die Erforderlichkeit und die Wirkung der Registereintragung zur Erlangung der Kaufmannseigenschaft wird in folgender Übersicht noch einmal zusammengefasst.

Erforderlichkeit und Wirkung der Handelsregistereintragung			
	Registereintragung vorgeschrieben (obligatorisch) oder freiwillig (fakultativ)?	Wirkung der Handelsregistereintragung	Erlangung der Kaufmannseigenschaft durch ...
Istkaufmann i. S. d. § 1 HGB	obligatorisch vgl. § 29 HGB	Registereintragung hat nur deklaratorischen, d. h. rechtsbezeugenden Charakter	Ausübung des Gewerbebetriebes
Kannkaufmann i. S. d. §§ 2 u. 3 HGB	fakultativ (Der Kannkaufmann wird deshalb auch als „Optionskaufmann" bezeichnet.)	Registereintragung hat konstitutiven, d. h. rechtsbegründenden Charakter.	Eintragung ins Handelsregister
Formkaufmann i. S. d. § 6 HGB	obligatorisch vgl. § 36 I AktG § 7 I GmbHG	Registereintragung hat konstitutiven, d. h. rechtsbegründenden Charakter.	Eintragung ins Handelsregister

Firma (Name des Kaufmanns)

Es wurde bereits erwähnt, dass Kaufleute verpflichtet oder – im Falle des Kannkaufmanns – berechtigt sind, sich mit ihrer Firma in das Handelsregister eintragen zu lassen. Die Rechtsgrundlagen zur Firmierung finden sich vor allem in den §§ 17 bis 37a des HGB.

Wenn man laienhaft davon spricht „Ich muss heute noch einmal in die Firma gehen", dann hat das mit dem handelsrechtlichen Begriff der Firma nichts zu tun. Die handelsrechtliche **Firma ist nur der Name,** nicht aber der Betrieb oder das Unternehmen als solches.

> **§ 17 HGB:**
> (1) Die Firma eines Kaufmanns ist der Name, unter dem er seine Geschäfte betreibt und die Unterschrift abgibt.
> (2) Ein Kaufmann kann unter seiner Firma klagen und verklagt werden.

Von der Firma zu unterscheiden sind die Geschäfts- oder Etablissementsbezeichnungen – wie beispielsweise „Hotel zum Weißen Elefanten", „Storchen-Apotheke". Während die Firma nur dem Kaufmann zusteht, können solche Bezeichnungen auch von Nichtkaufleuten gebraucht bzw. auch von kaufmännischen Unternehmen zusätzlich zur Firma geführt werden.

Die Firmierung hat eine wesentliche wirtschaftliche Bedeutung. Sie ist das wichtigste Mittel, sich von seinen Mitbewerbern abzugrenzen, und dient damit zur Identifizierung des Unternehmens. Nicht selten haben eingeführte Firmen einen erheblichen Wert. Die Firma kennzeichnet das Unternehmen im Geschäftsverkehr und prägt seine „Unternehmenskultur".

Unternehmenskultur, vgl. Kapitel 7.4.2

Wie die Firma gebildet werden muss, regelt das Handelsgesetzbuch für alle Rechtsformen nach dem gleichen Prinzip: Die Firma muss **zur Kennzeichnung des Kaufmanns geeignet** sein und **Unterscheidungskraft** besitzen (§ 17 I HGB). Die Kennzeichnungsfähigkeit fehlt z. B. bei schlichter Gattungsangabe („Handelsgesellschaft"), die Unterscheidungskraft z. B. bei weit verbreiteten Familiennamen („Fahrradgeschäft Müller").

Der bürgerliche Name des Kaufmanns kann mit der Firma identisch sein, es sind aber auch Sach- oder reine Fantasiebezeichnungen oder auch gemischte Firmen bei der Firmenbildung zulässig.

Jede im Handelsregister eingetragene Firma muss einen **Rechtsformzusatz** enthalten, der die Haftungsverhältnisse des Unternehmens erkennen lässt. Folgende Rechtsformzusätze sind gesetzlich möglich:

- für Einzelunternehmer: „eingetragener Kaufmann", „eingetragene Kauffrau" oder eine allgemein verständliche Abkürzung dieser Bezeichnung, z. B. „e. K.", „e. Kfm." oder „e. Kfr.";
- für die Offene Handelsgesellschaft: „Offene Handelsgesellschaft" oder eine allgemein verständliche Abkürzung dieser Bezeichnung, z. B. „OHG";
- für die Kommanditgesellschaft: „Kommanditgesellschaft" oder eine allgemein verständliche Abkürzung dieser Bezeichnung, z. B. „KG";
- für die GmbH: „Gesellschaft mit beschränkter Haftung" oder eine allgemein verständliche Abkürzung dieser Bezeichnung, z. B. „GmbH";
- für die Aktiengesellschaft: „Aktiengesellschaft" oder eine allgemein verständliche Abkürzung dieser Bezeichnung, z. B. „AG".

Beispiele für Rechtsformzusätze

Die Firma besteht also aus einem den Kaufmann kennzeichnenden Teil und dem Rechtsformzusatz.

Neben den jeweiligen Vorschriften für die Bildung der Firma ist die Wahl der Firma durch fünf sog. **Firmengrundsätze** eingeschränkt:

fünf Firmengrundsätze

Der Grundsatz der Firmenwahrheit
Für die Firmenbildung steht dieser Grundsatz im Vordergrund, er ist „oberstes Gebot" des Firmenrechts. Danach darf die Firma keine Angaben enthalten, die geeignet sind, über geschäftliche Verhältnisse irrezuführen. Unzulässig sind Firmen also dann, wenn sie eine Fehlvorstellung über Dinge hervorrufen können, die als wesentlich angesehen werden, zum Beispiel ein kleines Unternehmen als groß erscheinen lassen, indem die Bezeichnung „Brotfabrik" für eine Bäckerei verwendet wird.

Der Grundsatz der Firmenbeständigkeit
Ändert sich der Name des Firmeninhabers oder wechselt der Inhaber des Unternehmens, darf die bisherige Firma weitergeführt werden. Unzulässig ist es allerdings, die Firma ohne das dazugehörige Unternehmen zu veräußern.

Der Grundsatz der Firmeneinheit
Danach darf ein Kaufmann zur Vermeidung von Täuschungen im Rechtsverkehr für ein- und dasselbe Unternehmen nur eine einzige Firma führen.

Der Grundsatz der Firmenöffentlichkeit
Der Grundsatz der Firmenöffentlichkeit besagt, dass die Firma der Öffentlichkeit bekannt gegeben werden muss. Die Bekanntmachung erfolgt vor allem durch die Anmeldung der Firma zur Eintragung in das Handelsregister, zu der jeder Kaufmann verpflichtet ist. Da das Registergericht verpflichtet ist, alle Neueintragungen, Änderungen und Löschungen durch den Bundesanzeiger und durch mindestens ein anderes Blatt – in der Regel ist das die Lokalpresse – bekannt zu machen, und außerdem jedem die Einsicht ins Handelsregister gestattet ist, wird dadurch die Firma für jedermann offenkundig.

Der „Bundesanzeiger" ist ein amtliches Blatt („Zeitung"), das als Verkündigungs- und Bekanntmachungsorgan des Bundes dient.

Das Unternehmen und sein Umfeld

Der Grundsatz der Firmenunterscheidbarkeit (auch: Firmenausschließlichkeit)

Die Firma muss Unterscheidungskraft besitzen, d. h., sie muss sich von bereits in dasselbe Handelsregister eingetragenen Firmen unterscheiden, sodass Verwechslungen möglichst vermieden werden.

Handelsregister

Das Handelsregister ist ein **öffentliches vom Amtsgericht geführtes Verzeichnis**, das über rechtserhebliche (= wichtige) Tatsachen und rechtliche Verhältnisse der im betreffenden Amtsgerichtsbezirk ansässigen Kaufleute Auskunft gibt. Zweck des Handelsregisters ist, durch Offenlegung der Rechtsverhältnisse der Kaufleute Sicherheit im Handelsverkehr zu gewährleisten. Die Einsicht in das Handelsregister ist deshalb jedermann auch ohne Nachweis eines Interesses gestattet. Jede Eintragung ist im Bundesanzeiger und in mindestens einer Tageszeitung öffentlich bekannt zu machen. Die Rechtsgrundlagen des Handelsregisters finden sich vor allem in den §§ 8 bis 16 HGB.

Begriff und Zweck

Das Handelsregister besteht aus zwei Abteilungen. Eingetragen werden in die
- **Abteilung A** rechtserhebliche Tatsachen und Rechtsverhältnisse von Einzelkaufleuten und Personengesellschaften (z. B. OHG, KG),
- **Abteilung B** rechtserhebliche Tatsachen und Rechtsverhältnisse von Kapitalgesellschaften (z. B. GmbH, AG).

In das Handelsregister können nur Tatsachen eingetragen werden. Hierbei unterscheidet man zwischen eintragungspflichtigen, eintragungsfähigen und nicht eintragungsfähigen Tatsachen. Die Einzelheiten werden gesetzlich geregelt.

Die Fly Bike Werke GmbH ist also in die Abteilung B des Handelsregisters eingetragen.

Nicht eintragungsfähig sind Tatsachen, die anderweitig veröffentlicht werden (z. B. im Grundbuch oder im Güterrechtsregister) oder für die kein Vertrauensschutz erforderlich ist (z. B. Handlungsvollmacht, Haftungskapital eines Einzelkaufmanns, Einlage eines Vollhafters). Eintragungsfähige Tatsachen sind solche, deren Eintragung zwar zulässig, aber nicht gesetzlich vorgeschrieben ist. Eintragungspflichtige Tatsachen sind solche, zu deren Eintragung der Kaufmann gesetzlich verpflichtet ist.

Handlungsvollmacht, vgl. Kapitel 3.6.3

Handelsregistereintragungen

Prokura, vgl. Kapitel 3.6.3

Handelsregistereintragungen	
eintragungspflichtige Tatsachen	– Eintragung des Istkaufmanns – Firma, Ort der Niederlassung und deren Änderung – Unternehmenskäufe – Insolvenzeröffnung – Erteilen oder Erlöschen der Prokura – Ausschluss eines Gesellschafters von der Vertretung
eintragungsfähige Tatsachen	– Ausschluss der Erwerberhaftung – Eintragung eines Nebengewerbes eines Landwirts

Wer seiner Pflicht nicht nachkommt, Tatsachen in das Handelsregister eintragen zu lassen, kann durch Zwangsgeld in Höhe von bis zu 5.000 € dazu angehalten werden.

Seiner Schutzfunktion kann das Handelsregister nur nachkommen, wenn Eintragungen eine gewisse Verbindlichkeit erhalten. Der Umfang des ge-

Wirkung der Handelsregistereintragungen und Bekanntmachungen

Das Unternehmen und sein Umfeld

währten Vertrauensschutzes hängt davon ab, ob es sich um
- **nicht** eingetragene und **nicht** bekannt gemachte (§ 15 I HGB),
- **richtig** eingetragene und bekannt gemachte (§ 15 II HGB) oder
- (versehentlich) **unrichtig** bekannt gemachte (§ 15 III HGB)

Tatsachen handelt.

Fehlende eintragungspflichtige oder -fähige Tatsachen können einem Dritten nicht entgegengehalten werden, es sei denn, die eintragungspflichtige Tatsache war ihm bekannt (§ 15 I HGB). Richtig im Handelsregister eingetragene und bekannt gemachte Tatsachen sind grundsätzlich gegenüber Dritten wirksam. Sie können sich also nicht darauf berufen, von der Eintragung nichts gewusst zu haben. Allerdings können sie noch 15 Tage nach der Bekanntmachung auf die zuvor bestehende Rechtslage vertrauen (§ 15 II HGB).

Wurde eine eintragungspflichtige Tatsache unrichtig bekannt gemacht, kann ein Dritter sich auf die falsche Tatsache berufen, es sei denn, ihm war die Unrichtigkeit bekannt. Der Gesetzgeber geht davon aus, dass derjenige, der die Berichtigung einer falschen Bekanntmachung unterlässt, sich von einem gutgläubigen Dritten so behandeln lassen muss, als ob die unrichtige Bekanntmachung mit seinem Willen fortbesteht (§ 15 III HGB).

3.6.2 Rechtsformen der Unternehmung

Ein Unternehmen kann entweder von einer Person als so genanntes Einzelunternehmen oder von mehreren gemeinsam in Form einer **Gesellschaft** betrieben werden.

Einzelunternehmung

Die am häufigsten anzutreffende Rechtsform (ca. 70 % aller Unternehmen) ist die der Einzelunternehmung. Einzelunternehmen sind besonders stark auf die Person des Unternehmers zugeschnitten. Er hat die alleinige Entscheidungsbefugnis, vereinigt daher alle Rechte und Pflichten aus dem Geschäftsbetrieb in seiner Person. Dies heißt aber nicht, dass er nicht arbeitsteilig wirtschaften kann, z. B. durch Beschäftigung von Personal.

Das Einzelunternehmen wird durch die Aufnahme der Tätigkeit gegründet. Die Eintragung in das Handelsregister ist bei Istkaufleuten erforderlich, bei Kannkaufleuten freiwillig. Somit kann der Einzelunternehmer Kaufmann sein, muss es aber nicht. *Gründung*

Der Einzelunternehmer ist alleiniger Kapitalgeber und hat daher Anspruch auf den gesamten Gewinn, muss aber auch einen etwaigen Verlust allein tragen. Ein Mindestkapital ist nicht erforderlich. Die Wachstums- und Erweiterungsmöglichkeiten eines Einzelunternehmens sind wegen der begrenzten Möglichkeiten der Fremdkapitalaufnahme beschränkt. Für Verbindlichkeiten haftet der Einzelunternehmer unbeschränkt, d. h. mit seinem Privat- und Geschäftsvermögen. *Kapitalgeber* *Mindestkapital* *Haftung*

Gesellschaften

Eine Gesellschaft ist ein **Personenzusammenschluss** zur gemeinsamen Verfolgung eines **gemeinsamen Zwecks**, der durch einen **Vertrag** begründet wird. Je nachdem, ob die Person des Gesellschafters oder seine Kapitalbeteiligung im Vordergrund steht, wird zwischen **Personen- und Kapitalgesellschaften** unterschieden.

Das Unternehmen und sein Umfeld

Personengesellschaften

Die Gesellschaft bürgerlichen Rechts (GbR), die Offene Handelsgesellschaft (OHG) und die Kommanditgesellschaft (KG) sind Personengesellschaften.

Wesentliche **Kennzeichen** von Personengesellschaften (mit gewissen Einschränkungen für die KG) sind:
- Personengesellschaften haben keine eigene Rechtspersönlichkeit, sind also keine juristischen Personen. Sie werden aber in manchen Rechtsbereichen ähnlich behandelt wie rechtsfähige Gesellschaften. So kann die OHG beispielsweise unter ihrer Firma Rechte erwerben und Verbindlichkeiten eingehen, Eigentum erwerben, vor Gericht klagen und verklagt werden.
- Geschäftsführung und Vertretung der Personengesellschaften werden von den Gesellschaftern vorgenommen, entweder von allen gemeinsam oder von den vertraglich dazu bestimmten.
- Für Verbindlichkeiten der Gesellschaften haften die Gesellschafter als Gesamtschuldner, wobei jeder Gesellschafter mit seinem gesamten Vermögen haftet.

Firma, vgl. Kapital 3.6.1

Die Gesellschaft bürgerlichen Rechts (GbR) bildet bei den Personengesellschaften den nicht-kaufmännischen Grundtyp. Sie hat ihre rechtlichen Grundlagen im BGB. Auf ihren Regelungen baut das Recht der Personengesellschaften OHG und KG auf, mit der Folge, dass für diese neben den Bestimmungen des HGB ergänzend die Regelungen des BGB gelten.

Die GbR wird auch als BGB-Gesellschaft bezeichnet.

Rechtsgrundlagen der Personengesellschaften GbR, OHG und KG	
GbR	§§ 705 ff. BGB
OHG	§§ 105 ff. HGB
	§ 705 ff. BGB
KG	§§ 161 ff. HGB
	§§ 105 ff. HGB
	§§ 705 ff. BGB

Aus der mitunter ähnlichen Struktur der Personengesellschaften folgt, dass einzelne Rechtsfragen für alle drei Gesellschaften völlig gleich geregelt sind, während in anderen Bereichen unterschiedliche Vorschriften bestehen.

Im Folgenden soll ein Überblick über die Personengesellschaften gegeben werden, indem sie hinsichtlich der folgenden ausgewählten zentralen Merkmale untersucht werden:
- Wesen und Bedeutung der Gesellschaft
- Entstehung der Gesellschaft
- Geschäftsführung und Vertretung
- Haftung
- Gewinn- und Verlustbeteiligung

1. Gesellschaft bürgerlichen Rechts (GbR)

Die Gesellschaft bürgerlichen Rechts ist ein Zusammenschluss von mindestens zwei Personen zur Erreichung eines gemeinsamen (fast) beliebigen Zwecks (§ 705 BGB).

Wesen und Bedeutung

Besteht dieser Zweck allerdings im Betrieb eines Handelsgewerbes, kommen die OHG und die KG, nicht aber die GbR in Betracht. Die GbR ist eine Personengesellschaft **mit nicht-kaufmännischem Betätigungsfeld**. Beispiele sind Arbeitsgemeinschaften im Baugewerbe, Gemeinschaftspraxen von Ärzten, Gemeinschaftskanzleien von Rechtsanwälten. Auch Personenzusammenschlüsse zum Betrieb eines kleingewerblichen Unternehmens sind grundsätzlich Gesellschaften bürgerlichen Rechts, sie haben jedoch auch die Möglichkeit, durch Eintragung in das Handelsregister eine OHG oder KG zu gründen.

Die GbR entsteht durch **Abschluss des Gesellschaftsvertrages**. Durch diesen verpflichten sich die Gesellschafter gegenseitig, die Erreichung eines gemeinsamen Zwecks in der durch den Vertrag bestimmten Weise zu fördern, insbesondere die vereinbarten Beiträge zu leisten. Der Vertrag kann grundsätzlich formlos geschlossen werden. Eine Eintragung der Gesellschaft in das Handelsregister ist nicht möglich.

Entstehung der Gesellschaft

Beiträge können z. B. Kapital, Sachen, Dienste sowie andere Vermögenswerte (gewerbliche Schutzrechte, Forderungen) sein.

Die von den Gesellschaftern vorgenommenen Handlungen werden entweder dem Bereich der Geschäftsführung oder dem der Vertretung zugeordnet. Zur **Geschäftsführung** gehören alle Handlungen, die ein Gesellschafter vornimmt, um den im Gesellschaftsvertrag niedergelegten Zweck zu verwirklichen. Es spielt keine Rolle, ob die Maßnahme im Außenverhältnis wirkt (z. B. beim Abschluss von Verträgen) oder sich nur als interne Entscheidung (z. B. Anordnungen über Arbeitsabläufe) darstellt. Welche Handlungen ein Gesellschafter im Verhältnis zu seinen Mitgesellschaftern (im Innenverhältnis) vornehmen darf, wird üblicherweise durch den Gesellschaftsvertrag bestimmt.

Geschäftsführung

Zur **Vertretung** gehören alle rechtsgeschäftlichen Handlungen im Außenverhältnis, also Dritten gegenüber, z. B. Kunden, Lieferanten, Kreditgebern. Bestimmte Maßnahmen sind demnach gleichzeitig dem Bereich der Geschäftsführung und der Vertretung zuzuordnen, z. B. die Einstellung eines Mitarbeiters, andere Handlungen erfolgen nur im Bereich der Geschäftsführung, z. B. Leitung des Büros, Aufgabenzuweisung an Mitarbeiter. Auch die Vertretungsbefugnis kann im Gesellschaftsvertrag geregelt werden, sie ist im sog. Außenverhältnis zum Schutz der Vertragspartner jedoch überwiegend zwingenden gesetzlichen Bestimmungen unterworfen.

Vertretung

Die gesetzliche Regelung zur Geschäftsführung geht davon aus, dass die Führung der Gesellschaft den Gesellschaftern **gemeinschaftlich** zusteht (Gesamtgeschäftsführungsbefugnis). Dies bedeutet, dass jede Maßnahme der Zustimmung aller Gesellschafter bedarf. Kein Gesellschafter kann ohne die Zustimmung der anderen Gesellschafter Geschäfte vornehmen, umgekehrt kann jeder Gesellschafter durch die Verweigerung seiner Zustimmung jedes Geschäft blockieren. Im Gesellschaftsvertrag können von der Gesamtgeschäftsführungsbefugnis abweichende Regelungen getroffen werden. Sofern die Geschäftsführungsbefugnis auf einen oder mehrere Gesellschafter übertragen wird, steht den anderen ein Widerspruchsrecht zu.

Die gesetzliche Regelung zur Vertretung verknüpft die Vertretungsmacht mit der Geschäftsführungsbefugnis. Danach sind alle Gesellschafter zur Vertretung der Gesellschaft berechtigt. Soweit also ein Gesellschafter zur Geschäftsführung im Innenverhältnis befugt ist, ist er auch berechtigt, die Gesellschaft gegenüber Dritten zu vertreten.

Das Unternehmen und sein Umfeld

Gesellschaftsschulden sind Verbindlichkeiten aus dem Gesellschaftsverhältnis. Für Schulden haften die Gesellschafter mit dem **Gesellschaftsvermögen** und mit ihrem **Privatvermögen** als Gesamtschuldner in unbeschränkter Höhe. Jeder Gesellschafter kann also von Gläubigern der Gesellschaft bis zur Höhe der Gesellschaftsschuld in Anspruch genommen werden. Der Ausgleich erfolgt dann im Innenverhältnis, indem die Gesellschafter untereinander Regress nehmen.

Haftung

Soweit die Gewinn- und Verlustverteilung nicht gesellschaftsvertraglich festgelegt ist, trägt jeder Gesellschafter, unabhängig von Art und Größe seines Beitrags, den gleichen Anteil an Gewinn und Verlust.

Gewinn- und Verlustverteilung

2. Offene Handelsgesellschaft (OHG)

Die OHG ist eine Gesellschaft, deren Zweck auf den Betrieb eines Handelsgewerbes unter gemeinschaftlicher Firma gerichtet ist und bei der die Haftung der Gesellschafter gegenüber den Gesellschaftsgläubigern nicht beschränkt ist (§ 105 I HGB).

Wesen und Bedeutung

Firma, vgl. Kapitel 3.6.1

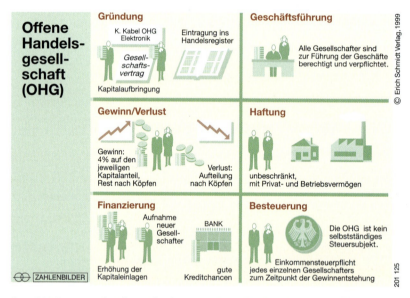

Die OHG unterscheidet sich also von der GbR durch die Ausübung einer kaufmännischen Gewerbetätigkeit. Die OHG findet sich im Wirtschaftsleben überwiegend im Bereich kleiner und mittlerer Unternehmen. Begünstigt wird dies durch den geringen Gründungsaufwand und die unkomplizierte Handhabung. Mit der Größe des Unternehmens wachsen auch die Risiken, sodass dann das Bedürfnis nach Haftungsbeschränkung steigt.

Bei der OHG wird zwischen der Entstehung im Innenverhältnis und im Außenverhältnis unterschieden. Im Innenverhältnis entsteht sie mit Abschluss des Gesellschaftsvertrages, im Außenverhältnis mit Eintragung in das Handelsregister oder – wenn sie kein Kleingewerbe betreibt – schon vorher mit Aufnahme des Geschäftsbetriebs.

Entstehung der Gesellschaft

Bei der OHG sind grundsätzlich alle Gesellschafter einzeln zur **Geschäftsführung** berechtigt und verpflichtet (Einzelgeschäftsführungbefugnis). Widerspricht jedoch ein Gesellschafter der Vornahme einer Handlung, muss diese unterbleiben. Im Gesellschaftsvertrag kann auch Gesamtgeschäftsführungsbefugnis bestimmt werden.

Geschäftsführung und Vertretung

Der **Umfang** der Geschäftsführungsbefugnis erstreckt sich auf alle Handlungen, die der gewöhnliche Geschäftsbetrieb mit sich bringt. Dies sind Geschäfte, die den Gegenstand des Unternehmens betreffen, beispielsweise der An- und Verkauf von Waren, die Einstellung und Kündigung von Mitarbeitern, die Vornahme von Kredit- und Finanzierungsgeschäften. Außergewöhnliche Handlungen überschreiten nach Art, Inhalt, Bedeutung und Risiko den Rahmen des gewöhnlichen Geschäftsbetriebes und müssen dagegen von allen Gesellschaftern beschlossen werden. Außergewöhnliche Handlungen sind beispielsweise die Errichtung einer Zweigniederlassung oder die Aufnahme von Gesellschaftern.

Investition und Finanzierung, vgl. Kapitel 8

Soweit im Gesellschaftsvertrag nichts anderes bestimmt ist, sind grundsätzlich alle Gesellschafter zur **Vertretung** der Gesellschaft berechtigt, und zwar einzeln (Einzelvertretungsbefugnis). Der **Umfang** der Vertretungsbefugnis erstreckt sich auf alle gerichtlichen und außergerichtlichen Geschäfte und Rechtshandlungen, einschließlich der Veräußerung und Belastung von Grundstücken, sowie die Erteilung und den Widerruf der Prokura. Anders als die Geschäftsführungsbefugnis ist die Vertretungsbefugnis nicht auf gewöhnliche, branchenübliche Geschäfte beschränkt. Damit geht der Umfang der Vertretungsmacht weiter als die Geschäftsführungsbefugnis.

Prokura, vgl. Kapitel 3.6.3

Beschränkungen des Umfangs der Vertretungsmacht gegenüber Dritten (also im Außenverhältnis), z. B. auf bestimmte Geschäftsarten, sind zum Schutz der Geschäftspartner gegenüber diesen unwirksam. Absprachen sind nur im Innenverhältnis zulässig und gültig, niemals gegenüber Dritten.

Für die Verbindlichkeiten der OHG haftet die OHG mit ihrem **Gesellschaftsvermögen**, da sie rechtlich selbstständig ist. Daneben haften auch die Gesellschafter der OHG persönlich, unbeschränkt und gesamtschuldnerisch.

Haftung

Die **persönliche (= unmittelbare) Haftung** bedeutet, dass ein Gesellschaftsgläubiger sich wegen seines Anspruchs unmittelbar an jeden Gesellschafter wenden und von diesem die Erfüllung der Gesellschaftsverbindlichkeit verlangen kann. Die **unbeschränkte Haftung** bedeutet, dass die Gesellschafter mit ihrem gesamten Vermögen, also mit dem Gesellschafts- und dem Privatvermögen, haften. **Gesamtschuldnerisch** bedeutet, dass jeder Gesellschafter gegenüber den Gesellschaftsgläubigern zur Erfüllung der gesamten Gesellschaftsverbindlichkeit verpflichtet ist. Im Innenverhältnis entsteht jedoch ein anteiliger Ausgleichsanspruch gegenüber den übrigen Gesellschaftern.

Infolgedessen kann ein Gesellschaftsgläubiger seine Forderung aus einem Vertrag mit der OHG nach seiner Wahl entweder von der OHG oder von jedem Gesellschafter unmittelbar und in voller Höhe verlangen. Der Haftungsumfang kann gegenüber Dritten nicht wirksam beschränkt werden, Vereinbarungen im Innenverhältnis sind jedoch zulässig.

Vom Gewinn erhält zunächst jeder Gesellschafter 4 % als Verzinsung seines Kapitalanteils. Ein etwaiger Restgewinn wird zu gleichen Teilen (nach Köpfen) an die Gesellschafter verteilt. Die Verteilung des Verlustes erfolgt nach Köpfen, sodass jeder Gesellschafter, unabhängig von seinem Kapitalanteil, einen gleich hohen Verlustbetrag zu tragen hat. Der Gesellschaftsvertrag kann gegenüber den gesetzlichen Bestimmungen anders lautende Vereinbarungen enthalten.

Gewinn- und Verlustverteilung

3. Kommanditgesellschaft (KG)

Die Kommanditgesellschaft ist eine Gesellschaft, deren Zweck auf den Betrieb eines Handelsgewerbes unter gemeinschaftlicher Firma gerichtet ist und bei der die Haftung von mindestens einem Gesellschafter gegenüber den Gesellschaftsgläubigern auf den Betrag einer bestimmten Vermögenseinlage beschränkt ist, während der andere Teil der Gesellschafter den Gesellschaftsgläubigern unbeschränkt haftet. (§ 161 I HGB)

Wesen und Bedeutung

Die KG unterscheidet sich von der OHG dadurch, dass es zwei Arten von Gesellschaftern gibt: die unbeschränkt haftenden Gesellschafter (**Komplementäre**) und die beschränkt haftenden Gesellschafter (**Kommanditisten**). Jede KG hat mindestens einen Komplementär und einen Kommanditisten. Vom Kommanditisten leitet sich die Bezeichnung Kommanditgesellschaft ab.

Die gesetzlichen Regelungen für die Kommanditgesellschaft betreffen im Wesentlichen die Rechtsstellung des Kommanditisten und verweisen im Übrigen auf die Vorschriften für die OHG. Die KG ist eine Sonderform der OHG.

Die KG tritt im Wirtschaftsleben häufig bei mittelständischen und bei Familienunternehmen in Erscheinung. Auf Grund der Möglichkeit zu bloßer kapitalmäßiger Beteiligung eignet sie sich aber auch für größere Unternehmen und Publikumsgesellschaften.

Die Entstehung der KG entspricht der Entstehung der OHG.

Entstehung der Gesellschaft

Die **Geschäftsführung** obliegt grundsätzlich den Komplementären. Die Kommanditisten sind von der Geschäftsführung ausgeschlossen, sie können auch Handlungen der persönlich haftenden Gesellschafter nicht widersprechen. Dies gilt jedoch nur für gewöhnliche Geschäfte, außergewöhnlichen Geschäften können die Kommanditisten dagegen widersprechen. Diese Regelung entspricht der grundsätzlichen Funktionsteilung in der Kommanditgesellschaft: Komplementäre machen die Gesellschafterstellung zu ihrer Berufsausübung, Kommanditisten beschränken sich auf die

Geschäftsführung und Vertretung

kapitalmäßige Beteiligung. Die KG wird grundsätzlich nur von den Komplementären **vertreten**, die Kommanditisten sind zur Vertretung der Gesellschaft nicht berechtigt. Von dieser Regelung kann im Gesellschaftsvertrag auch nicht mit Wirkung nach außen abgewichen werden. Einem Kommanditisten kann jedoch eine Vollmacht – auch Prokura – erteilt werden.

Für die Verbindlichkeiten der KG haftet die KG – wie die OHG – mit ihrem Gesellschaftsvermögen, da sie rechtlich selbstständig ist. Daneben haften auch die Gesellschafter der KG, dabei ist zwischen der Haftung der Komplementäre und der Kommanditisten zu unterscheiden. *Haftung*

Die Komplementäre haften wie die OHG-Gesellschafter, persönlich, unbeschränkt und gesamtschuldnerisch. Die Kommanditisten haften ebenfalls persönlich und gesamtschuldnerisch, jedoch nicht unbeschränkt, sondern nur bis zur Höhe ihrer (im Handelsregister eingetragenen) Einlage. Voraussetzung ist allerdings, dass die Einlage voll eingezahlt wurde. Der maximale Schaden für einen Kommanditisten besteht also im Verlust seiner Einlage.

Vom Gewinn erhalten Kommanditisten wie Komplementäre zunächst 4 % ihres Kapitalanteils, ein etwa verbleibender Restgewinn wird „angemessen" verteilt. Da das HGB keine Angabe darüber macht, was angemessen ist, muss der Gesellschaftsvertrag Angaben darüber enthalten. Auch die Verlustverteilung erfolgt im angemessenen Verhältnis. An dem Verlust nimmt der Kommanditist jedoch maximal bis zum Betrag seiner im Handelsregister eingetragenen Einlage teil. *Gewinn- und Verlustbeteiligung*

Kapitalgesellschaften
Bei den Kapitalgesellschaften steht nicht die Persönlichkeit der Gesellschafter, sondern deren **Kapitalbeteiligung** im Vordergrund. Kapitaleigentum und Unternehmensführung sind oft in verschiedenen Händen.

Wesentliche **Kennzeichen** von Kapitalgesellschaften sind:
- Kapitalgesellschaften besitzen eine eigene Rechtspersönlichkeit, sind damit rechtsfähig und können Träger von Rechten und Pflichten sein, also unter ihrem Namen Rechte erwerben und Verbindlichkeiten eingehen, Eigentum erwerben, vor Gericht klagen und verklagt werden. Sie sind juristische Personen des Privatrechts.
- Für die Verbindlichkeiten der Kapitalgesellschaften haftet lediglich das Gesellschaftsvermögen, nicht dagegen das Privatvermögen der Gesellschafter.
- Kapitalgesellschaften handeln durch gesetzlich bestimmte Organe, von denen die Geschäftsführung und die Vertretung wahrgenommen werden.
- Kapitalgesellschaften sind vom Bestand ihrer Gesellschafter unabhängig.

Die bedeutendsten Kapitalgesellschaften sind die Gesellschaft mit beschränkter Haftung (GmbH) und die Aktiengesellschaft (AG).

1. Gesellschaft mit beschränkter Haftung (GmbH)
Die GmbH ist eine Handelsgesellschaft mit eigener Rechtspersönlichkeit, die zu jedem gesetzlich zulässigen Zweck durch eine oder mehrere Personen errichtet werden kann und für deren Verbindlichkeiten den Gläubigern nur das Gesellschaftsvermögen haftet (§§ 1 und 13 GmbHG). *Wesen und Bedeutung*

Die GmbH ist nach den §§ 1 und 13 durch folgende Wesensmerkmale gekennzeichnet:

Das Unternehmen und sein Umfeld

- Sie ist eine Gesellschaft, die zu jedem (legalen) Zweck errichtet werden kann, und zwar durch eine (Ein-Mann-GmbH) oder mehrere Personen.
- Sie besitzt eine eigene Rechtspersönlichkeit und ist damit juristische Person des Privatrechts.
- Für ihre Verbindlichkeiten haftet den Gläubigern nur das Gesellschaftsvermögen.
- Sie ist immer Handelsgesellschaft.

Die GmbH kann nur durch ihre Organe handeln. Vorgeschriebene Organe der GmbH sind der oder die Geschäftsführer und die „Gesamtheit der Gesellschafter". Letztere tritt in der Regel als Gesellschafterversammlung in Erscheinung. Darüber hinaus kann sie auch einen Aufsichtsrat haben. Die Bestellung der oder des Geschäftsführer(s) kann im Gesellschaftsvertrag einstimmig oder außerhalb des Gesellschaftsvertrages durch Mehrheitsbeschluss der Gesellschafterversammlung vorgenommen werden.

Ab 500 Arbeitnehmern ist ein Aufsichtsrat zwingend vorgeschrieben.

Die GmbH ist die bei weitem häufigste Gesellschaftsform in Deutschland. Die **Haftungsbeschränkung** macht sie zu einer beliebten Rechtsform. Zudem kann die Geschäftsführung Dritten, also angestellten Geschäftsführern, übertragen werden. Häufig wird sie auch als Ein-Mann-GmbH errichtet, insbesondere dann, wenn der Alleingesellschafter zugleich Geschäftsführer ist. Weil die GmbH zu jedem beliebigen Zweck gegründet werden kann, eignet sie sich auch als Organisationsform von Verbänden, Forschungsinstituten usw.

Die GmbH entsteht als juristische Person erst mit ihrer Eintragung ins Handelsregister. Vor der Eintragung in das Handelsregister besteht sie als solche nicht, sondern nur als sogenannte Vor-GmbH. Bis zur Eintragung werden fünf **Gründungsstadien** durchlaufen:

Entstehung der Gesellschaft

- Abschluss eines (notariell beurkundeten) Gesellschaftsvertrages (sogenannte Satzung)
- Bestellung der Organe
- Aufbringung des Stammkapitals (mindestens 25.000 € in Geld und/oder in Sachwerten)

- Anmeldung in das Handelsregister
- Eintragung in das Handelsregister

Die **Führung der Geschäfte** der GmbH obliegt einem oder mehreren von den Gesellschaftern bestimmten Geschäftsführern. Geschäftsführer einer GmbH können Gesellschafter oder Dritte sein. Hat die GmbH mehrere Geschäftsführer, steht ihnen die Geschäftsführungsbefugnis im Zweifel gemeinschaftlich zu. Dabei sind sie grundsätzlich an die Weisungen der Gesellschafter gebunden; „Herr im Haus" sind also die Gesellschafter.

Geschäftsführung und Vertretung

Die GmbH wird durch einen oder mehrere Geschäftsführer **gesetzlich vertreten**. Hat die GmbH mehrere Geschäftsführer, dann vertreten sie die Gesellschaft im Zweifel gemeinschaftlich (Gesamtvertretung). Schließen die Geschäftsführer im Namen der GmbH Geschäfte ab, wird die GmbH berechtigt und verpflichtet. Die Vertretungsmacht der Geschäftsführer einer GmbH kann im Außenverhältnis nicht wirksam beschränkt werden. Haben die Gesellschafter die Vertretungsmacht des Geschäftsführers im Innenverhältnis beschränkt, wirkt sich dies auf das Außenverhältnis nicht aus. Allerdings kann sich der Geschäftsführer schadensersatzpflichtig machen.

Für die Verbindlichkeiten der GmbH haftet ausschließlich das Gesellschaftsvermögen. Damit ist nicht etwa nur das Stammkapital, sondern das gesamte Vermögen der GmbH gemeint, sei es durch Gewinne im Laufe der Zeit vervielfacht oder auch durch Verluste zusammengeschmolzen. Damit das Stammkapital auch erhalten bleibt, darf das zu seiner Erhaltung erforderliche Vermögen der Gesellschaft auch nicht an die Gesellschafter ausbezahlt werden. Da nur das GmbH-Vermögen haftet, haften die GmbH-Gesellschafter selbst nicht.

Haftung

Der Gewinn der GmbH wird im Verhältnis der Geschäftsanteile verteilt.

Gewinnverteilung

2. Aktiengesellschaft (AG)

Die Aktiengesellschaft ist eine Gesellschaft mit eigener Rechtspersönlichkeit und einem in Aktien zerlegten Grundkapital, für deren Verbindlichkeiten den Gläubigern nur das Gesellschaftsvermögen haftet (§ 1 AktG).

Wesen und Bedeutung

Die AG ist nach § 1 AktG demnach durch folgende drei **Wesensmerkmale** gekennzeichnet:
- Sie hat eine eigene Rechtspersönlichkeit, ist also juristische Person.
- Für ihre Verbindlichkeiten haftet den Gläubigern nur das Gesellschaftsvermögen.
- Sie hat ein in Aktien zerlegtes Grundkapital.

Wie die GmbH kann die AG nur durch ihre **Organe** handeln. Vorgeschriebene Organe der AG sind der Vorstand, der Aufsichtsrat und die Hauptversammlung. Der **Vorstand** leitet die AG in eigener Verantwortung. Bestellt und abberufen werden die Vorstandsmitglieder durch den Aufsichtsrat. Die Amtszeit des Vorstandes beträgt fünf Jahre. Der **Aufsichtsrat** kontrolliert die Tätigkeit des Vorstandes. Die Wahl der Aufsichtsratsmitglieder erfolgt grundsätzlich durch die Hauptversammlung. Auf Grund verschiedener Mitbestimmungsgesetze (BetrVG 1952, MitbestG 1976, Montan-MitbestG) – die für größere Aktiengesellschaften gelten – wird allerdings u. U. ein Teil der Aufsichtsratsmitglieder von den im Unternehmen beschäftigten Arbeitnehmern bestimmt. Die Amtszeit des Aufsichtsrats beträgt vier Jahre. Die **Hauptversammlung** ist die Versammlung der Gesellschafter (= Aktionäre). Hier üben die Gesellschafter ihre Rechte aus, beschließen über wichtige Grundfragen der AG.

Die AG ist – wie die GmbH – immer Handelsgesellschaft, auch wenn der Gegenstand des Unternehmens nicht im Betrieb eines Handelsgewerbes besteht.

Die Aktiengesellschaft ist die bevorzugte Rechtsform für Industrie-, Handels- und Verkehrsunternehmen mit großem Kapitalbedarf. Die Statistik zeigt, dass die AG der absoluten Zahl nach zwar eine relativ unbedeutende, dem repräsentierten Grundkapital nach dagegen eine vorherrschende Rolle im Wirtschaftsleben spielt. Seit 1995 besteht die von der Wirtschaft zunehmend wahrgenommene Möglichkeit, eine „Kleine AG" zu gründen.

Wesen und Bedeutung

Die AG entsteht als juristische Person wie die GmbH erst durch Eintragung in das Handelsregister, zu der sie verpflichtet ist. Bis dahin besteht (ähnlich wie bei der GmbH) eine Vor-AG.

Entstehung

Bis zur Eintragung werden folgende **Gründungsstadien** durchlaufen:
- Abschluss eines (notariell beurkundeten) Gesellschaftsvertrags (Satzung) durch den oder die Gründer
- Bestellung der Organe
- Erstellung eines Gründungsberichts und dessen Prüfung durch Vorstand und Aufsichtsrat
- Leistung der Einlagen (mindestens 50.000 € in Geld und/oder Sachwerten)
- Anmeldung zum Handelsregister
- Eintragung in das Handelsregister

Aktiengesellschaften entstehen meist nicht durch Neugründung, sondern durch Umwandlung eines bereits bestehenden Unternehmens.

Die **Geschäftsführung und die Vertretung** der AG werden vom Vorstand wahrgenommen. Der Vorstand kann aus einer oder mehreren Personen bestehen. Ist Letzteres der Fall, besteht Gesamtgeschäftsführungs- bzw. Gesamtvertretungsbefugnis. Vielfach ist jedoch eine Aufteilung der Verantwortungsbereiche in der Satzung vorgesehen.

Geschäftsführung und Vertretung

Der Vorstand leitet die AG in eigener Verantwortung, d. h., im Gegensatz zur GmbH-Geschäftsführung ist er nicht den Weisungen der Gesellschafter unterworfen. Der Umfang der Geschäftsführungsbefugnis erstreckt sich auf den gesamten Geschäftsbereich der AG. Als Geschäftsführungsbefugnisse obliegen dem Vorstand insbesondere die Buchführung, die Erstellung des Jahresabschlusses, die Berichterstattung an den Aufsichtsrat, die Vorbereitung und Ausführung von Beschlüssen der Hauptversammlung und die Einberufung der Hauptversammlung. Die Vorstandsmitglieder haben bei ihrer Geschäftsführung die Sorgfalt eines ordentlichen und gewissenhaften Geschäftsleiters walten zu lassen.

Die Vertretung der AG durch den Vorstand umfasst die gerichtliche und außergerichtliche Vertretung. Die Vertretungsbefugnis kann nach außen nicht wirksam beschränkt werden.

Für Verbindlichkeiten der AG haftet den Gläubigern nur das Gesellschaftsvermögen. Eine Haftung der Gesellschafter oder der Organe mit dem Privatvermögen ist ausgeschlossen. Daher muss wie bei der GmbH als Mindesthaftungsgrundlage das Grundkapital unbedingt erhalten werden. Die Sicherung des Grundkapitals erfolgt unter anderem durch folgende Maßnahmen: Verbot der Rückgewähr von Einlagen, Pflicht zur Bildung gesetzlicher Rücklagen, Verbot der Ausgabe von Aktien unter dem Nennwert.

Haftung

Die Anteile der Gesellschafter am Gewinn (Dividende) bestimmen sich grundsätzlich nach ihren Anteilen am Grundkapital.

Gewinnbeteiligung

3.6.3. Mitarbeiter des Kaufmanns

Beispiel: Die *Fly Bike Werke GmbH* beschäftigt regelmäßig ungefähr 40 Mitarbeiter, die bestimmte im Betrieb anfallende Arbeiten im Rahmen eines Arbeitsvertrages weisungsgebunden erledigen. Durch diese Aufgabenübertragung erweitert die Geschäftsleitung der *Fly Bike Werke GmbH* ihren eigenen Wirkungskreis und bedient sich außerdem der Sachkunde und Fähigkeiten anderer.

Arbeitsvertrag, vgl. Kapitel 7.3.3

Einen Überblick über die Mitarbeiter eines Kaufmanns verschafft die nachfolgende Darstellung.

Mitarbeiter des Kaufmanns

Das Unternehmen und sein Umfeld

In diesem Abschnitt geht es nur um diejenigen Mitarbeiter, die zur Leistung **kaufmännischer** Dienste **angestellt** sind und zur Erledigung der ihnen übertragenen Aufgaben **im Namen und für Rechnung des Kaufmanns** – also stellvertretend für ihn – handeln. Andere Hilfspersonen, wie z. B. der Kommissionär und der Handelsvertreter, werden im Kapitel 6.3.2 (Absatzmittler) dargestellt. Damit die Rechtshandlungen der Mitarbeiter rechtswirksam sind und sich ein betroffener Dritter auf ihre Gültigkeit verlassen kann, müssen diese Angestellten mit einer entsprechenden Vertretungsmacht (Vollmacht) ausgestattet sein.

Da für den Vertragspartner eines Kaufmanns nicht immer ersichtlich ist, ob und in welchem Umfang ein Mitarbeiter eine Vertretungsmacht besitzt, hat der Gesetzgeber drei handelsrechtliche Vollmachten mit gesetzlich umschriebenem Inhalt und Umfang geschaffen, die den Handelsverkehr erleichtern: die Prokura, die Handlungsvollmacht und die Ladenvollmacht.

Prokuristen

Der Prokurist ist ein rechtsgeschäftlich bevollmächtigter Stellvertreter des Kaufmanns, dessen Wirkungsbereich im Interesse der Rechtssicherheit nach außen durch **eine gesetzlich umschriebene umfangreiche Vertretungsmacht** – die Prokura – festgelegt ist.

Die Prokura kann nur von einem Kaufmann erteilt werden. Die Erteilung bedarf einer ausdrücklichen Erklärung, sie kann also nicht durch schlüssige Handlungen oder stillschweigendes Dulden entstehen. Die Prokura wird in das Handelsregister eingetragen, ihre Wirksamkeit ist allerdings von der Eintragung unabhängig.
Erteilung der Prokura

Die Prokura ermächtigt den Prokuristen zu allen Arten von gerichtlichen und außergerichtlichen Geschäften, die der Betrieb eines Handelsgewerbes mit sich bringt. Er kann also z. B. An- und Verkäufe tätigen, Personal einstellen und entlassen, Darlehen aufnehmen, Zahlungen entgegennehmen und Prozesse führen. Dabei wird die Vertretungsmacht nicht durch das konkret betriebene Handelsgeschäft beschränkt, sondern ausschlaggebend ist allein, dass die vom Prokuristen vorgenommenen Geschäfte in irgendeinem Handelsgeschäft geschehen können. Damit kann der Prokurist auch ungewöhnliche Geschäfte abschließen, sogar Geschäfte, die dem betreffenden Handelsgewerbe fremd sind.
Umfang und Grenzen der Prokura

Der Umfang der Prokura kann gegenüber Dritten – also im Außenverhältnis – nicht beschränkt werden. Das Gesetz schützt so das Vertrauen Dritter darauf, dass ein Prokurist zum Abschluss aller Geschäfte befugt ist, die dem Betrieb eines Handelsgewerbes zugerechnet werden können, und trägt somit der Rechtssicherheit und der Leichtigkeit des Handelsverkehrs Rechnung. Im Innenverhältnis – also zwischen Vollmachtgeber und Prokurist – ist eine Beschränkung dagegen zulässig.
Beschränkung der Prokura

Während der Prokura erteilende Kaufmann den Umfang der Prokura im Außenverhältnis selbst nicht beschränken kann, enthält das HGB demgegenüber einige Einschränkungen. So deckt die Prokura nicht den Verkauf und die Belastung von Grundstücken, es sei denn, dem Prokuristen wurde eine solche Befugnis gesondert erteilt. Dem Prokuristen fehlt außerdem die Vertretungsmacht zum Abschluss von Geschäften, welche zum privaten Bereich des Kaufmanns gehören. Ebenso wenig ist er berechtigt, die vom Gesetz dem Kaufmann persönlich zugewiesenen Geschäfte zu tätigen, wie etwa die Unterzeichnung des Jahresabschlusses oder eine weitere Prokuraerteilung. Schließlich ist der Prokurist auch nicht ermächtigt, Rechtsgeschäfte zu tätigen, welche den Bestand des Betriebes selbst verändern, wie beispielsweise die Aufnahme eines Teilhabers, die Einstellung oder Veräußerung des Gewerbebetriebs oder der Insolvenzantrag.

Bei der Prokura sind **drei Arten** zu unterscheiden: die Einzel-, Gesamt- und Filialprokura. Die **Einzelprokura** ist die umfassende Bevollmächtigung eines kaufmännischen Angestellten mit der Wirkung, dass dieser – abgesehen von den geschilderten Ausnahmefällen – sämtliche Rechtsgeschäfte vornehmen kann, die der Betrieb (irgend)eines Handelsgewerbes mit sich bringt. Diese Bevollmächtigung ist umfassend und kann deshalb in vielen Fällen unerwünscht sein.

Prokuraarten:
– *Einzelprokura*
– *Gesamtprokura*
– *Filialprokura*

Der Kaufmann kann, um sich vor den Gefahren der „unbeschränkten" Prokura zu schützen, auch mehrere Personen mit der Bestimmung zu Prokuristen berufen, dass sie nur zusammen handeln dürfen. In diesem Fall liegt eine **Gesamtprokura** vor.

Bei der **Filialprokura** handelt es sich um die Einschränkung der Prokura auf den Bereich einer Zweigniederlassung. Hier kann der Prokurist Erklärungen lediglich für den Filialbereich des Unternehmens abgeben, nicht dagegen für die Haupt- oder weitere Zweigniederlassungen.

Der Prokurist hat in der Weise zu zeichnen, dass er der Firma seinen Namen mit einem die Prokura andeutenden Zusatz beifügt. Dieser Zusatz lautet üblicherweise ppa. (= *per procura*).

Zeichnung des Prokuristen

Die Prokura erlischt insbesondere bei Widerruf durch den Kaufmann, bei Beendigung des zu Grunde liegenden Rechtsverhältnisses wie z. B. des Arbeitsvertrages, bei Insolvenz und Tod des Prokuristen (nicht aber des Geschäftsinhabers).

Erlöschen der Prokura

Arbeitsvertrag, vgl. Kapitel 7.3.3

Handlungsbevollmächtigte

Der Handlungsbevollmächtigte ist wie der Prokurist ein rechtsgeschäftlich bevollmächtigter Stellvertreter des Kaufmanns, allerdings mit einer **frei bestimm- und einschränkbaren Vertretungsmacht** – der sog. Handlungsvollmacht. Mit Ausnahme der Prokura ist jede Vollmacht, die ein Kaufmann im Rahmen seines Handelsgewerbes erteilt, Handlungsvollmacht.

Erteilung der Handlungsvollmacht

Die Handlungsvollmacht wird durch Erklärung gegenüber dem zu Bevollmächtigenden oder auch durch Erklärung gegenüber dem Dritten erteilt. Im Gegensatz zur Prokura kann sie auch durch einen Prokuristen oder einen anderen dazu Bevollmächtigten erteilt werden. Die Erklärung ist formfrei und kann auch durch schlüssiges Verhalten erfolgen, indem z. B. der Kaufmann einem Mitarbeiter einen Arbeitsplatz zuweist, der den Abschluss bestimmter Rechtsgeschäfte mit sich bringt. *Frau Nehmitz-Müller* – zuständige Sachbearbeiterin im Einkauf – hat also Handlungsvollmacht. Eine Eintragung der Handlungsvollmacht in das Handelsregister ist weder erforderlich noch möglich.

Der Umfang der Handlungsvollmacht wird durch den bestimmt, der die Vollmacht erteilt. Damit derjenige, der mit einem Handlungsbevollmächtigten Geschäfte abschließt, nicht von ungewöhnlichen Beschränkungen überrascht wird, hat die Handlungsvollmacht einen gesetzlich festgeschriebenen Mindestumfang. Je nach Umfang werden drei Arten der

Umfang und Grenzen der Handlungsvollmacht

Handlungsvollmacht unterschieden: General-, Art- und Spezialhandlungsvollmacht.

- Ist der Handlungsbevollmächtigte zu allen Geschäften ermächtigt, die zum Betrieb des betreffenden Handelsgewerbes gehören, hat er eine **Generalhandlungsvollmacht**. In diesem Fall ist er zur Vornahme aller Geschäfte berechtigt, die der Betrieb eines derartigen Handelsgewerbes gewöhnlich mit sich bringt. Er kann also nicht alle Geschäfte tätigen, die zu irgendeinem Handelsgewerbe gehören, vielmehr muss es sich um branchenübliche Geschäfte handeln, die im Rahmen des betreffenden Geschäftsbetriebs nicht ungewöhnlich sind.
- Ist der Handlungsbevollmächtigte zur Vornahme einer bestimmten zu einem Handelsgewerbe gehörenden Art von Geschäften bevollmächtigt, bezeichnet man seine Vollmacht als **Arthandlungsvollmacht**. In diesem Fall erstreckt sich die Vollmacht auf Geschäfte, welche die Vornahme von Geschäften dieser Art gewöhnlich mit sich bringt.
- Ist der Handlungsbevollmächtigte zu einem bestimmten einzelnen Geschäft bevollmächtigt, hat er eine **Spezialhandlungsvollmacht**. Seine Vollmacht ist auf Geschäfte beschränkt, welche die Vornahme eines solchen Geschäfts gewöhnlich mit sich bringt.

Arten der Handlungsvollmacht:
– Generalvollmacht
– Artvollmacht
– Spezialhandlungsvollmacht

Die verschiedenen Formen der Handlungsvollmacht ermächtigen den Handlungsbevollmächtigten grundsätzlich nur zur Vornahme solcher Geschäfte, die der Betrieb eines derartigen Handelsgewerbes oder die Vornahme derartiger Geschäfte gewöhnlich mit sich bringt. Ausgeschlossen sind demnach außergewöhnliche und branchenübliche Geschäfte. Das HGB nennt in § 54 II einen Katalog solcher außergewöhnlichen Rechtsgeschäfte, die vom Umfang der Handlungsvollmacht nicht gedeckt sind. Insbesondere ermächtigt sie nicht zur Veräußerung und Belastung von Grundstücken, zur Eingehung von Wechselverbindlichkeiten, zur Aufnahme von Darlehen und zur Prozessführung.

Da der Umfang der Handlungsvollmacht – im Gegensatz zur Prokura – also sehr unterschiedlich sein kann, darf sich der Dritte nicht darauf verlassen, dass die Vollmacht des Handlungsbevollmächtigten auch das betreffende Geschäft umfasst. Hat der Dritte sich allerdings von der Art der Handlungsvollmacht überzeugt, darf er darauf vertrauen, dass diese nicht ungewöhnlich beschränkt ist. Der Dritte braucht ungewöhnliche Beschränkungen nur gegen sich gelten zu lassen, wenn er sie kannte oder kennen musste, er also nicht gutgläubig ist.

Umgang der Handlungsvollmacht

Der Handlungsbevollmächtigte hat, wenn er in Vertretung handelt, einen Zusatz wie z. B. „in Vertretung" (i. V.) oder „im Auftrag" (i. A.) anzufügen. Er darf keinen Zusatz anfügen, der auf das Vorliegen einer Prokura hindeuten könnte.

Zeichnung des Handlungsbevollmächtigten

Die Handlungsvollmacht kann jederzeit widerrufen werden, sie erlischt insbesondere durch Beendigung des zu Grunde liegenden Rechtsverhältnisses, z. B. bei Kündigung.

Erlöschen der Handlungsvollmacht

Ladenangestellte

Das in Verkaufsstätten oder offenen Warenlagern – beispielsweise Kaufhäusern, Baumärkten, Möbel- und Teppichgeschäften – zur Beratung und Bedienung von Kunden eingesetzte kaufmännische Hilfspersonal wird im HGB als **Ladenangestellte** bezeichnet. Ladenangestellte sich nach dem

HGB zu solchen Verkäufen und Entgegennahmen (z. B. von Waren, Zahlungen, Mängelrügen; nicht Ankäufe!) ermächtigt, die in einem derartigen – dem Publikum offenen – Laden oder Warenlager gewöhnlich vorkommen. Der Grund für diese Regelung besteht darin, dass einem Dritten – Kunden, Lieferanten usw. – nicht zumutbar ist, festzustellen, ob und in welchem Umfang dem ihn bedienenden Ladenangestellten Vollmacht erteilt wurde.

Die Ladenvollmacht stellt damit einen Sonderfall der Handlungsvollmacht im Sinne einer Arthandlungsvollmacht dar. Ob der Kaufmann den Angestellten tatsächlich mit Vollmacht ausgestattet hat, ist im Außenverhältnis nur dann von Bedeutung, wenn der Geschäftspartner die fehlende Vollmacht kennt oder kennen musste.

Übersicht:

Kaufmann	betreibt ein Handelsgewerbe (§ 1 I HGB)		
	Kaufmannsarten	Istkaufmann § 1 HGB	
		Kannkaufmann § 2 und 3 HGB	
		Formkaufmann § 6 HGB	
		Scheinkaufmann § 5 HGB	
Firma	Name des Unternehmens		
	Firmengrundsätze	– Grundsatz der Firmenwahrheit – Grundsatz der Firmenbeständigkeit – Grundsatz der Firmeneinheit – Grundsatz der Firmenöffentlichkeit – Grundsatz der Firmenunterscheidbarkeit	
Handelsregister	öffentliches Verzeichnis		
	Abteilung A	Einzelkaufleute und Personengesellschaften	
	Abteilung B	Kapitalgesellschaften	
Rechtsformen der Unternehmen	Einzelunternehmen		
	Gesellschaften	Personengesellschaften	– GbR – OHG – KG – Stille Gesellschaft
		Kapitalgesellschaften	– AG – GmbH – e.G. – KGaA
Vollmachten	Prokura	– Einzelprokura – Gesamtprokura – Filialprokura	
	Handlungsbevollmächtigter	– Generalhandlungsvollmacht – Artvollmacht – Spezialhandlungsvollmacht	
	Ladenangestellte	Sonderform der Handlungsvollmacht im Sinne einer Arthandlungsvollmacht	

3.7 Wissens-Check

1. Das folgende Schaubild stellt die Aufbauorganisation der *OSZ-Systemmöbel GmbH* dar.

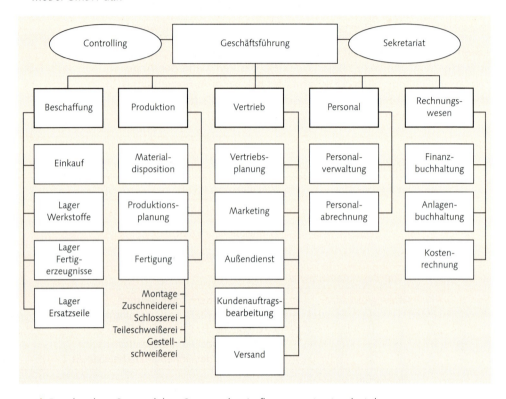

a) Beschreiben Sie, welches System der Aufbauorganisation bei der *OSZ-Systemmöbel-GmbH* vorliegt.
b) Erläutern Sie je zwei Vor- bzw. Nachteile, die mit diesem Organisationssystem verbunden sind.
c) Die Beschaffung des Unternehmens ist nach dem Objektprinzip gegliedert. Erläutern Sie dieses Organisationsprinzip am Beispiel der Abteilung Beschaffung.
d) Der Leiter der Beschaffung, *Herr Krause*, hat die Aufgaben einer Instanz wahrzunehmen. Welche Aufgaben sind dies?
e) *Frau Schulze* ist Sachbearbeiterin im Vertrieb. Sie nimmt die Stelle der Kundenauftragsbearbeitung wahr. Wie kommt es zur Stellenbildung innerhalb eines Unternehmens?
f) *Herr Meier* ist Controller in der *OSZ-Systemmöbel GmbH*. Welche Aufgaben hat er im Rahmen des Unternehmens zu erfüllen?
g) Nachdem der Auftrag in der Kundenauftragsbearbeitung mittels EDV-System erfasst wurde, wird er an *Herrn Keller* in der Materialdisposition „weitergeleitet".
ga) Welche Aufgabe hat *Herr Keller* im Rahmen der Materialdisposition zu erfüllen?
gb) Bei der Abwicklung des Geschäftsprozesses innerhalb des Unternehmens kommt es zu einer Vielzahl von Schnittstellen.
Welche Probleme können dadurch entstehen?

h) Der Geschäftsführer des Unternehmens, *Herr Walter*, will für das Unternehmens ein „Zielsystem" entwickeln. Was ist darunter zu verstehen?

i) Die *OSZ-Systemmöbel GmbH* stellt u. a. Stahlrohrtische her, die als Büromöbel Verwendung finden können. Ein Großhändler für Büromöbel bittet um ein verbindliches Angebot für den Stahlrohrtisch 450000, Abnahmemenge 20 Stück. Auf der Grundlage dieser Angaben macht ihm *Frau Schulze*, Sachbearbeiterin im Vertrieb, ein Preisangebot in Höhe von 150,- € pro Stück (Zieleinkaufspreis). Der Geschäftsführer des Büromöbel-Großhandels lehnt dieses Angebot mit dem Hinweis ab, dass er vergleichbare Stahlrohrtische von anderen Unternehmen bereits zu einem Preis von 120,- € beziehen kann. *Frau Schulze* deutet an, dass sie keine Möglichkeit sieht, dem Kunden preislich entgegenzukommen, denn bei 150,- € pro Tisch seien gerade die Selbstkosten gedeckt. Argumentieren Sie zu dem Problem der Preisbildung aus kosten- und kundenorientierter Sicht.

j) Die nachstehende Abbildung zeigt die Organisationssicht des Geschäftsprozesses „Kundenauftragsabwicklung".

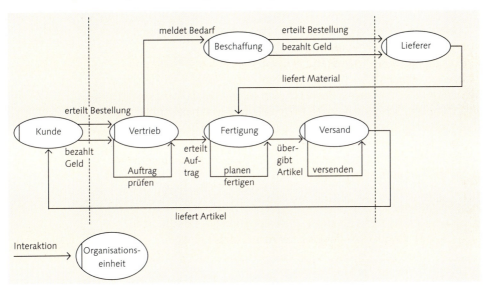

ja) Nennen Sie die Aufgabenträger, die an der Abwicklung des Kundenauftrages beteiligt sind.

jb) Welche der folgenden drei Aussagen ist richtig?

① Der abgebildete Geschäftsprozess stellt eine funktionsübergreifende Prozesskette dar.

② Der abgebildete Geschäftsprozess stellt eine funktionsbezogene Prozesskette dar.

③ Der abgebildete Geschäftsprozess stellt eine unternehmensübergreifende Prozesskette dar.

jc) Begründen Sie Ihre Antwort zu jb).

jd) Worin besteht die Leistung des Unternehmens und worin die Gegenleistung im Rahmen der Abwicklung eines Geschäftsprozesses?

k) Der Geschäftsprozess der „Kundenauftragsbearbeitung" in der *OSZ-Systemmöbel GmbH* ergibt sich aus der nachstehenden Prozesstabelle:

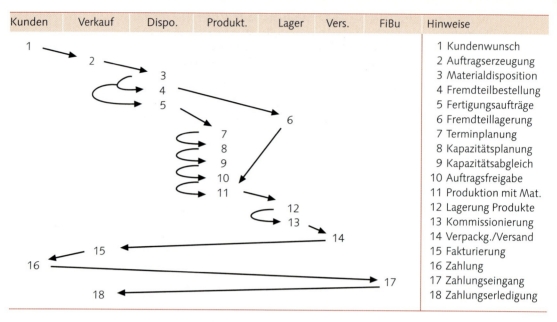

Aufgabe zur Verbindung der Ausbildung in den beiden Lernorten des dualen Systems, Betrieb und Schule:

„Verfolgen" Sie diese Prozesskette in Ihrem Ausbildungsbetrieb und erstellen Sie eine entsprechende Prozesstabelle. Präsentieren Sie das Ergebnis Ihrer betrieblichen Recherche vor Ihren Mitschülern. Achten Sie darauf, dass Sie keine betriebsinternen Unterlagen nach „außen" tragen, ohne dass Sie den für die Ausbildung in Ihrem Betrieb Verantwortlichen um Erlaubnis gefragt haben.

2. Lesen Sie sich den folgenden Artikel aufmerksam durch und beantworten Sie die nachstehenden Fragen:
   a) Welche Lehren können aus der ersten Phase der Internet-Euphorie gezogen werden?
   b) Welche Kriterien sind für eine E-Business-Strategie entscheidend?
   c) Für welche Produkte ist der Einsatz des Internets lohnend?

E-Business-Strategie - Teil I Grundlagen

(...) E-Business hat seine Kindheit hinter sich. Diese erste Phase dauerte etwa von Mitte der Neunzigerjahre bis Ende 2000 und war durch eine heute nicht mehr nachvollziehbare Euphorie gekennzeichnet, die zu den bekannten Exzessen bei Investitionen sowie an den Kapital- und Arbeitsmärkten führte.
Die erste Phase durchzog eine absurde Zahlengläubigkeit. Und auch heute kursieren noch allerlei fantastische, höchst widersprüchliche Prognosen. Diese Vorhersagen sind weitgehend aus der Luft gegriffen. Ein Beispiel: Eine Firma schätzt die Zahl der mobilen Internetnutzer für 2005 auf 17 Millionen, eine zweite auf 40 Millionen, eine dritte auf 161 Millionen. Was soll das? Keiner dieser Zukunftsdeuter hat die geringste Ahnung, wie viele Nutzer es in vier Jahren geben wird. (...) Die Lektion ist klar: Bauen Sie Ihre E-Strategie nicht auf dubiosen Zahlen und Prognosen auf, sondern versuchen Sie zu verstehen, was wirklich vorgeht, wo die Vorteile,

aber auch die Barrieren im E-Business für Ihren ganz speziellen Fall liegen. Nicht Scheinpräzision von Zahlen, sondern grundlegende Vorteile werden über den Erfolg Ihrer E-Business-Strategie entscheiden.

Wo liegen nun die großen Potenziale des E-Business? Und wo nicht? Was ist bei der Strategieformulierung besonders zu beachten? Zu diesen Fragen liefert die Internet-1.0-Phase konkrete Hinweise. Es gibt nur wenige grundlegende Fähigkeiten des Internets, diese sind
1. Verteilung digitaler Produkte an eine große Zahl von Kunden zu Kosten von Null,
2. Vernetzung einer großen Zahl von Nutzern miteinander,
3. Einzelansprache einer großen Zahl von Nutzern *(One-to-one-Marketing)*.

Demnach sind folgende Kriterien für Ihre E-Business-Strategie entscheidend:
– die Digitalisierbarkeit von Produkten und Prozessen,
– die Zahl der Nutzer,
– in ähnlichem Sinne Zahl und Größe der Transaktionen,
– die Bedeutung von Vernetzung,
– die Heterogenität der Nutzer sowie deren Identifizierbarkeit.

Für Produkte, die nicht oder nur zu geringen Anteilen digitalisierbar sind, hat das Internet eingeschränkte Bedeutung. Dazu gehören nahezu alle physischen Produkte, aber auch Dienstleistungen wie Tourismus, Rechtsberatung oder Altenpflege. Bei wenigen Kunden, typisch für viele industrielle Zuliefermärkte, bringt E-Business geringere Vorteile, ganz anders etwa bei einer großen Verbraucherbank, die pro Monat Millionen von Kontoauszügen an ihre Kunden verschickt. Bei vielen kleinen Transaktionen ist das Internet lohnender als bei wenigen großen. Eine überzeugende Illustration dieser einfachen Überlegungen bietet der Lebensmittelhandel per Internet. Wir wissen heute, dass es weitaus billiger ist, 10.000 Artikel in einen Lkw zu laden und an einen Punkt, einen traditionellen Laden, zu bringen, als 10.000 Lieferwagen zu 10.000 Haushalten zu schicken. Die wirkliche Musik des Internets kommt nur dann zur Geltung, wenn Produkte voll oder weitestgehend digitalisierbar sind und an eine möglichst große Zahl von Kunden geliefert werden. Die folgende Abbildung veranschaulicht diese grundlegenden Erkenntnisse zur E-Business-Strategie.

Quelle: Frankfurter Allgemeine Zeitung vom 12. Januar 2002, Autor: Prof. Dr. Hermann Simon, Simon, Kucher & Partners, Bonn

Beispiele: Produktivitätszuwächse durch das Internet

Kundenanzahl (ähnlicher Effekt: Anzahl von Transaktionen)		digital/digitalisierbar	nicht digital
	groß	RIESIG Private Banking Zeitungen/Musik	GERING Autos, Bücher, Gesundheitsdienste, Bildung
	gering	MITTEL Commercial Banking	SEHR GERING Autozulieferer Consulting

3. Der Kaufmann nach dem HGB
   a) Grenzen Sie die Begriffe „Gewerbe" und „Handelsgewerbe" voneinander ab.
   b) Wer ist Kaufmann i. S. des HGB und welche Kaufmannsarten werden unterschieden?
   c) Wodurch kann ein Kleingewerbetreibender die Kaufmannseigenschaft erwerben?
   d) Sind Kaufleute nur den Regelungen des HGB oder auch denen des BGB unterworfen?
4. Handelsregister
   a) Was ist ein Handelsregister und worüber gibt es Auskunft?
   b) Welchem Zweck dient das Handelsregister?
   c) Welche Möglichkeiten haben Dritte, von den Handelsregistereintragungen Kenntnis zu nehmen?
   d) Das Handelsregister besteht aus den Abteilungen A und B. Welche unterschiedlichen Eintragungen enthalten diese Abteilungen?
5. Für die unten stehenden Anmeldungen zur Eintragung ins Handelsregister ist festzustellen, ob diese Eintragungen
   ① deklaratorische Wirkung haben
   ② konstitutive Wirkung haben
   ③ nicht eintragungsfähig sind

   a) Der Leiter der Produktion, *Herr Rother*, wird zum Prokuristen der *Fly Bike Werke GmbH* ernannt.
   b) Erteilung einer Generalvollmacht an die Sachbearbeiterin *Frau Nemitz-Müller*.
   c) Erlangung der Kaufmannseigenschaft bei Kann- und Formkaufleuten.
   d) Erlangung der Kaufmannseigenschaft bei Istkaufleuten.
   e) Herabsetzung der Einlage eines Kommanditisten.
   f) Eintritt eines neuen Gesellschafters in die *Fly Bike Werke GmbH*.
6. Die Firma des Kaufmanns
   a) Was versteht man unter der Firma im handelsrechtlichen Sinn?
   b) Überprüfen Sie für die folgenden Fälle, ob die gewählte Firmenbezeichnung zulässig ist. Begründen Sie für den Fall der Unzulässigkeit, gegen welchen Firmengrundsatz jeweils verstoßen wurde.
   aa) Moritz Miraculix will ein Geschäft mit Zaubereiartikeln betreiben. Als Firma wählt er „Abrakadabra Zaubereiartikel".
   ab) Maximilian Müller stellt als Einzelunternehmer mit wenigen Mitarbeitern Kunststoffteile her. Er will sein florierendes Unternehmen als „Deutsche Kunststoffwerke Maximilian Müller" eintragen lassen.
   ac) Lehmann, Müller und Schulze schließen sich zu einer OHG zusammen. Diese soll als „Lehmann, Müller & Schulze" firmieren.
   c) Wolf gründet mit den Kommanditisten Lehmann und Meier eine Kommanditgesellschaft. Welcher Firmenname ist richtig?
   ca) Wolf & Co.
   cb) Lehmann & Co.
   cc) Meier & Co.
   cd) Wolf, Lehmann & Co.
   ce) Wolf, Meier & Co.
   cf) Lehmann, Meier & Co.
   cg) Wolf KG

7. Rechtsformen der Unternehmung
   a) Wie kommen Personengesellschaften zu Stande?
   b) Worin besteht der Unterschied zwischen Geschäftsführungsbefugnis und Vertretungsmacht eines Gesellschafters?
   c) Worin liegen Gemeinsamkeit und Unterschied einer OHG und einer KG?
   d) Wie regelt das Gesetz die Gewinnverteilung von OHG und KG?
   e) Was versteht man unter dem Stammkapital einer GmbH?
   f) Welche Organe hat die Aktiengesellschaft und welche Aufgaben übernehmen diese?

8. Überprüfen Sie die folgenden Aussagen auf ihre Richtigkeit. Welche Aussagen sind richtig?
   a) Die GbR und die OHG unterscheiden sich dadurch, dass die OHG im Gegensatz zur GbR eine juristische Person ist.
   b) Dem Teilhaber einer KG steht bei allen außergewöhnlichen Geschäften ein Widerspruchsrecht zu.
   c) Die selbstständige Prokuraerteilung durch einen OHG-Gesellschafter ist grundsätzlich nach außen wirksam.
   d) Die Hauptversammlung bestellt den Vorstand einer AG auf 5 Jahre.
   e) Bei der Gründung einer GmbH sind als Stammeinlagen nur Geldeinlagen zugelassen.
   f) Geschäftsführer einer GmbH können nur Gesellschafter sein.

9. Die unselbstständigen Hilfspersonen des Kaufmanns
   a) Wer ist Handlungsgehilfe i. S. des HGB und welche drei Arten von Handlungsgehilfen werden unterschieden?
   b) Wie werden die Handlungsvollmacht und die Prokura erteilt und wer ist zu ihrer Erteilung berechtigt?
   c) Entscheiden Sie für die folgenden Rechtshandlungen, ob diese von einem Handlungsbevollmächtigten bzw. einem Prokuristen ausgeführt werden können.
   ca) Bilanz unterschreiben
   cb) Eingehung von Wechselverbindlichkeiten
   cc) Grundstücke belasten
   cd) Entlassung eines Arbeitnehmers
   ce) Handlungsvollmacht erteilen
   cf) Aufnahme eines Kredites in Höhe von 50.000 €
   cg) Verkauf des Unternehmens
   ch) Entgegennahme einer Mängelrüge
   ci) Aufnahme eines Gesellschafters
   d) Welche Wirkung hat eine Beschränkung der Prokura?

10. Überprüfen Sie die folgenden Aussagen auf ihre Richtigkeit. Welche Aussagen sind richtig?
   a) Der Prokurist ist gesetzlicher Vertreter des Inhabers des Handelsgeschäfts.
   b) Prokura und Handlungsvollmacht unterscheiden sich dadurch, dass die Prokura umfassender ist als die Handlungsvollmacht.
   c) Die wirksam Prokuraerteilung setzt stets die Eintragung ins Handelsregister voraus.
   d) Eine Handlungsvollmacht kann grundsätzlich nur vom Inhaber des Handelsgeschäfts erteilt werden.
   e) Die Vertretungsmacht des Prokuristen kann rechtsgeschäftlich mit Wirkung gegenüber Dritten grundsätzlich nicht beschränkt werden.

4 Leistungserstellungsprozesse planen, steuern und kontrollieren

4.1 Kernprozesse der Leistungserstellung

Beispiel: Auch die *Fly Bike Werke* haben in den letzten Jahren mit zunehmender Konkurrenz auf ihren angestammten Absatzmärkten zu kämpfen. Billiganbieter aus Fernost und Osteuropa bieten Fahrräder 15 % preiswerter als das Unternehmen an, Zubehörartikel wie Fahrradanhänger und Bekleidung gehören zunehmend zum Sortiment von großen Handelsketten und immer mehr Reiseunternehmen aus der Sparte Fahrradreisen bieten ihre Produkte direkt potenziellen Kunden an.

Neue, innovative Sachgüter und Dienstleistungen sollen das Produktionsprogramm des Unternehmens abrunden, um das Wegbrechen traditioneller Absatzmärkte auszugleichen.

Auf Grund von Marktforschungsergebnissen schlägt die Absatzleitung vor, in Zukunft neue Modelle, wie z. B. Fitnessbikes oder Leichtlaufräder, zu produzieren und auf in- und ausländischen Märkten anzubieten.

Marktforschung, vgl. Kapitel 6.2.1

Die Sortimentsergänzung will wohl überdacht sein. Investitionen in Millionenhöhe sind erforderlich, bevor die ersten Modelle abgesetzt werden können.

Die Investitionen in neue Kapazitäten führen zu hohen finanziellen Belastungen. Die Herstellung neuer Produkte erfordert die Einstellung zusätzlicher Arbeitskräfte, die über teure Qualifizierungsmaßnahmen erst auf ihren neuen Job vorbereitet werden müssen.

Investitionen, vgl. Kapitel 8

Personalplanung, vgl. Kapitel 7.2.

Bevor eine endgültige Entscheidung getroffen werden kann, möchte die Geschäftsleitung von *Herrn Rother*, dem zuständigen Abteilungsleiter des Produktionsbereichs, wissen, welche Aufgaben aus seiner Sicht bei der Herstellung neuer Produkte anfallen werden.

Welche Prozesse fallen im Industriebetrieb an? Vergleichen Sie dazu das bereits in Kapitel 2.4 vorgestellte kundenorientierte Unternehmensmodell.

vgl. Kapitel 2.4

Ausgehend von einer grundlegenden Einteilung in Kernprozesse und Unterstützungsprozesse (Supportleistungen), sind im Rahmen der betrieblichen Leistungserstellung vor allem die folgenden zwei Kernprozesse von Bedeutung:

- **Leistung entwickeln** umfasst den gesamten Prozess der Produktentstehung.
- **Leistung herstellen** umfasst die Prozesse der Produktionsplanung und der Produktionssteuerung.

„Leistung entwickeln" und „Leistung herstellen" sind die Kernprozesse der Fertigungswirtschaft.

Die beiden Kernprozesse selbst lassen sich wiederum in eine Vielzahl von Teilprozessen und Aktivitäten untergliedern. Einen Überblick über die einzelnen Teilprozesse im Rahmen der Leistungserstellung gibt das nachfolgende Schaubild.

Kundenorientiertes Unternehmensmodell

Supportleistungen
- Strategie entwickeln
- Unternehmen steuern
- Finanz-Rentabilität und -Liquidität sicherstellen
- Personal betreuen
- Ressourcen bereitstellen
- Informationsversorgung sicherstellen

Kernleistungen

Leistungsangebot definieren	⇔ Leistung	
Leistung entwickeln	⇔ Design	K
Leistung herstellen	⇔ Produkt	U N D E
Leistung vertreiben	⇔ Angebot	
Leistung erbringen	⇔ Service	
Auftrag abwickeln	⇔ Auftrag	

Quelle: Gaitanides, Michael, u. a., Prozessmanagement, München 1994

Kernprozesse und Teilprozesse im Rahmen der Leistungserstellung

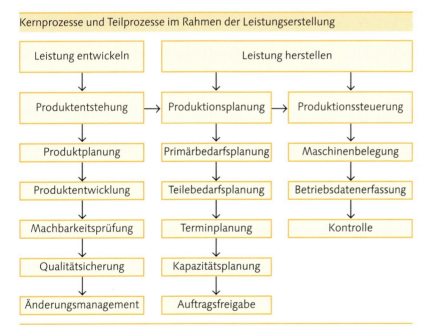

Die zieloptimale Gestaltung der einzelnen Prozesse gehört zum Aufgabenbereich des **Prozessmanagements**. Darunter ist im Wesentlichen die Analyse, Gestaltung, Planung, Beurteilung, Verbesserung und Erfolgskontrolle von Prozessen zu verstehen. Dies lässt sich nur dann erreichen, wenn sich Fachleute aus Technik und Produktion zusammensetzen. Insbesondere in der Fertigungswirtschaft ist die kontinuierliche Abstimmung zwischen den Bereichen Technik und Betriebswirtschaft unerlässlich für den reibungslosen Ablauf der einzelnen Prozesse, da nur so geklärt werden kann, was technisch machbar und wirtschaftlich vertretbar ist.

Aufgaben des Prozessmanagements

Beispiel: In den *Fly Bike Werken* treffen sich monatlich Technikexperten aus dem Fertigungsbereich mit betriebswirtschaftlich geschulten Fachleuten aus Organisation und Controlling. Gemeinsam beraten sie, wie sich der Fertigungsablauf so gestalten lässt, dass die Produktentwicklung verkürzt, die Produktionsplanung vereinfacht und der eigentliche Herstellungsprozess beschleunigt wird.

Produktentwicklung, vgl. Kapitel 4.2

Sie beschließen, frühzeitig Kunden und Lieferer in die Produktentwicklung einzubeziehen. Außerdem sollen möglichst standardisierte Teile verwendet werden, um den Beschaffungsprozess zu vereinfachen. Parallel dazu sollen fertigungssynchron, d. h. auf allen Stufen des Produktionsprozesses, begleitende Qualitätssicherungsmaßnahmen durchgeführt werden. Der Leiter Technik regt an, die Entwicklung, Arbeitsvorbereitung und Fertigung inhaltlich und zeitlich aufeinander abzustimmen.

Produktplanung, vgl. Kapitel 4.3

Qualitätssicherung, vgl. Kapitel 4.4

4.1.1 Merkmale des Leistungserstellungsprozesses

Wettbewerb und Fertigungswirtschaft

In den letzten Jahren hat sich die Wettbewerbssituation für viele Unternehmen drastisch verschärft. Kunden verlangen zunehmend, dass sie zwischen „individuellen" Ausstattungsvarianten wählen können. Das Sortiment (= Zusammenstellung der Produkte eines Unternehmens) muss in immer kürzeren Abständen aktualisiert und an die veränderten Kundenwünsche angepasst werden.

kundenindividuelle Massenproduktion (*mass costumization*), vgl. Kapitel 4.5.1

Beispiel: In den *Fly Bike Werken* wirken sich die Produktinnovationen zunächst auf die internen Prozesse der Leistungserstellung aus. Der Druck, permanent Produkte und Prozesse zu verbessern, nimmt zu.

vgl. Kapitel 6.2.2

Der Abbau von Personalkosten erscheint zunächst ungeeignet, denn dadurch kann sich das Unternehmen am Markt auch nicht besser positionieren. Die Geschäftsführung beschließt daher, die Leistungserstellungsprozesse so zu organisieren, dass sie im Wettbewerb auch in Zukunft bestehen können.

Zieldreieck im globalen Wettbewerb

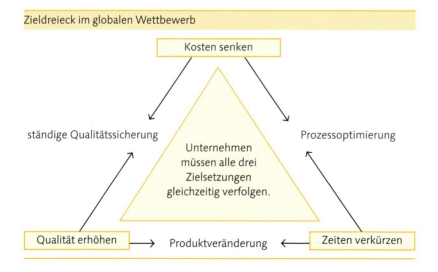

Zum Produktionsbegriff

Die Produktion von Sachgütern und Dienstleistungen gehört zu den Kernprozessen jedes Industrieunternehmens. Was aber genau kann man unter dem Begriff „Produktion" verstehen?

- Produktion (**weit** gefasst) ist die Transformation (Umwandlung) von Sachgütern und Dienstleistungen in andere Sachgüter und Dienstleistungen. In diesem Sinne zählt auch die Erstellung einer Steuererklärung zur Produktion: Betriebsmittel (wie PC) und menschliche Arbeit (in Form eines Steuerberaters) werden so kombiniert, dass eine Steuererklärung erstellt wird, die für den Auftraggeber zu einer möglichst niedrigen Steuerbelastung führt. *(Produktion im weiten Sinne)*

- Produktion (**eng** gefasst) ist die Transformation von Sachgütern in andere Sachgüter. Diese Definition liegt den weiteren Ausführungen zu Grunde, denn durch dieses Merkmal unterscheidet sich ein Industriebetrieb von Unternehmen anderer Wirtschaftsbranchen. In Industriebetrieben ist der Produktionsprozess – im Unterschied zu Handwerksbetrieben – weitgehend mechanisiert und basiert auf hoher Arbeitsteilung. *(Produktion im engen Sinne)*

Die betriebliche Produktion im engen Sinne stellt sich als ein **Transformationsprozess** dar, bei dem betriebliche Leistungsfaktoren (Input) in Sachgüter (Output) verwandelt werden. *(vgl. Kapitel 3.3.3 und 3.4.2)*

> **Beispiel:** Betriebliche Produktion als Transformationsprozess in den *Fly Bike Werken*
>
> - Die Erstellung von Sachgütern erfordert, dass Input in Form von menschlicher Arbeitskraft (z. B. Techniker, Ingenieure), Betriebsmitteln (z. B. Gebäude, Maschinen) und Werkstoffen (z. B. Rahmen, Sattel) über die Beschaffungsmärkte ins Unternehmen gelangen. Das Management des Unternehmens plant, organisiert und überwacht den Leistungserstellungsprozess.
> - Nicht alle produzierten Fahrräder können sofort abgesetzt werden. Je nach Marktlage müssen Produkte im Fertigwarenlager „geparkt" werden, d. h. der gesamte Output lässt sich in Absatz- und Lagerprodukte einteilen. *(Fertigwarenlager, vgl. Kapitel 5.5.1)*
>
> Der Transformationsprozess ist so zu gestalten, dass die Ziele **Effizienz** und **Effektivität** bestmöglich erfüllt werden. Dies bedingt zum einen, dass nur die Fahrräder zu produzieren sind, die der Kunde wünscht (Effektivität = „die richtigen Dinge tun"), und zum anderen, dass die Fahrradherstellung möglichst kostengünstig zu erfolgen hat (Effizienz = „die Dinge richtig tun").
>
> Der gesamte Produktionsprozess stellt sich somit als ein **Wertschöpfungsprozess** dar. Die Wertschöpfung (positive Differenz zwischen Leistungen und Kosten) besteht darin, dass die betrieblichen Leistungsfaktoren (Input) in Produkte (Output) höheren Wertes transformiert werden. *(Kosten und Leistungen, vgl. Teilband 2)*

Die Vorgabe: „Produziere möglichst effektiv und effizient" muss für jeden betrieblichen Funktionsbereich detailliert werden. Im Produktionsbereich führt dies zu folgenden **Planungs- und Kontrollaufgaben**:

- **Primärbedarfsplanung** (Planung des Produktionsprogramms nach Art, Menge und Qualität) *(Teilaufgaben der Produktionsplanung)*

- **Teilebedarfsplanung** (Planung des Werkstoffbedarfs und des Bedarfs an fertig bezogenen Teilen)
- **Terminplanung** (Planung der Fertigungstermine unter Berücksichtigung eventueller Kundenwunschtermine)
- **Kapazitätsplanung** (Planung des Betriebsmittel- und Personalbedarfs),
- **Planung des Fertigungsverfahrens**
- **Überwachung des Produktionsprozesses**
- produktionsbegleitende Durchführung von **Qualitätssicherungsmaßnahmen**

Die Planungsaufgaben müssen insbesondere berücksichtigen, dass heutzutage die meisten Märkte so genannte **Käufermärkte** sind. Zunehmende Konkurrenz auf den Weltmärkten, kürzer werdende Produktlebenszyklen, erhöhte Qualitätsanforderungen seitens der Kunden usw. haben dazu geführt, dass das Angebot von Sachgütern und Dienstleistungen die entsprechende Nachfrage übertrifft. Dies hat zur Konsequenz, dass sich Unternehmen gegenüber einer Vielzahl von Konkurrenten durchsetzen müssen, um ihre Produkte auf den relevanten in- und ausländischen Absatzmärkten veräußern zu können.

Wandel von Verkäufer- zu Käufermärkten

Produktlebenszyklus, vgl. Kapitel 4.2 und 6.2.2

Während in der Nachkriegszeit eine hohe Kapazitätsauslastung im Vordergrund der Überlegungen stand, haben seit Mitte der 60er-Jahre des 20. Jahrhunderts vor allem die Ziele Minimierung der Durchlaufzeiten, hohe Lieferbereitschaft und Termintreue sowie niedrige (Material- und Fertigprodukt-)Bestände stark an Bedeutung gewonnen.

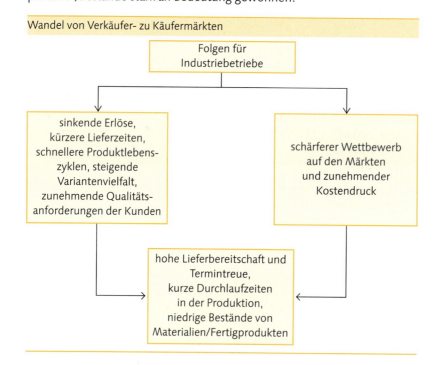

Ziele der Fertigungswirtschaft

Die wesentliche Aufgabe der Produktion ist die Planung, Durchführung und Kontrolle der Herstellung von Sachgütern; sie wird durch die **„sechs R der Produktion"** näher beschrieben. Demnach gilt es, die folgenden Kriterien bei der Produktion zu berücksichtigen:

die „sechs R der Produktion"

- die richtige Menge
- der richtigen Objekte
- am richtigen Ort
- zum richtigen Zeitpunkt
- in der richtigen Qualität
- zu den richtigen Kosten

Gerade im Produktionsbereich eines Unternehmens wird deutlich, dass **technische** und **betriebswirtschaftliche** Überlegungen häufig zu Meinungsverschiedenheiten darüber führen, was ein erfolgreiches Unternehmen ausmacht. Die Umwandlung von Sachgütern in andere Sachgüter erfolgt nach physikalischen, chemischen und biologischen Gesetzmäßigkeiten, für die spezialisierte Fachkräfte wie Ingenieure, Physiker, Chemiker und Biologen zuständig sind. Ausgangspunkt ihrer Arbeit ist die Forderung: „Stelle das Produkt mit den bestmöglichen Eigenschaften her!"

Gefragt ist – vor dem Hintergrund der Käufermärkte – nicht mehr unbedingt das technisch hochwertigste Produkt, sondern dasjenige, das die von den Kunden gewünschten Merkmale aufweist und auch von ihnen bezahlt wird. Daraus ergibt sich, dass die Herstellung von Sachgütern unter dem **Nebenziel** Minimierung der Produktionskosten durchzuführen ist.

> **Beispiel:** So kann z. B. ein DVD-Player, der nur die Grundfunktionen bietet, kommerziell gesehen wesentlich erfolgreicher sein als ein gleiches Gerät, das eine Menge von Zusatzfunktionen liefert, die aber vom Kunden als überflüssig angesehen und somit nicht bezahlt werden. Es wird nicht mehr gefragt: „Was wird ein Produkt kosten?", sondern „Was darf ein Produkt kosten?"

4.1.2 Abstimmung zwischen Absatz- und Produktionsprogramm

Wenn der Absatzplan Ausgangsbasis für den Produktionsplan ist, müssen Absatz und Produktion mengenmäßig und zeitlich aufeinander abgestimmt werden, damit unnötig hohe Kosten vermieden werden. Entspricht die hergestellte Menge immer der Absatzmenge? Aus dem betrieblichen Rechnungswesen wissen Sie, dass dies nur unter bestimmten Bedingungen der Fall ist, nämlich wenn

- alle selbst erstellten Erzeugnisse auch für den Absatz bestimmt sind (Bsp.: Bei Produktion von Maschinen für die eigene Nutzung ist die hergestellte Menge größer als die Absatzmenge),
- alle abzusetzenden Erzeugnisse auch selber produziert wurden (Bsp.: Beim Vertrieb von Handelswaren ist die Absatzmenge größer als die hergestellte Menge).

Die Abstimmung zwischen Produktion und Absatz gestaltet sich recht einfach, wenn der Absatz im Jahresverlauf konstant ist, denn dann entspricht die hergestellte der verkauften Menge. Was aber ist zu tun, wenn der Absatz mengen- und zeitmäßig im Jahresverlauf schwankt? Wie sind Absatz und Produktion zu **synchronisieren**? Drei grundsätzliche Möglichkeiten bieten sich an:

vgl. Kapitel 4.3.1

hergestellte Menge = Absatzmenge?

Synchronisation von Absatz und Produktion

Leistungserstellungsprozesse planen, steuern und kontrollieren

Varianten	Erläuterung
Lagerfertigung	Die Lagerfertigung findet sich vor allem im Konsumgüterbereich. Sie zeichnet sich dadurch aus, dass alle Kundenaufträge möglichst aus dem Absatzwarenlager bedient werden. Dies setzt voraus, dass auf Grund von Absatzprognosen bekannt ist bzw. geschätzt werden kann, wie viele Bestellungen pro Periode anfallen. Der Absatzbereich gibt die entsprechenden Werte an den Fertigungsbereich weiter. Aus dem Absatzprogramm wird dann das Produktionsprogramm abgeleitet. Wenn das Lager ausreichend gefüllt ist, kann der Kunde direkt beliefert werden. Nach der Auslieferung der Ware wird der Lagerbestand um die Liefermenge reduziert. Diese Form der Fertigung führt bei schwankenden Absatzmengen zeitweilig zu hohen Lagerbeständen und damit verbundenen Lagerkosten. Aufgabe des Prozessmanagements ist hier die kontinuierliche Überwachung der Lagerbestände und der Einsatz geeigneter Bestellverfahren. 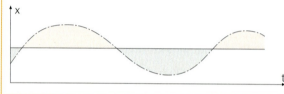
Auftragsfertigung	Die Auftragsfertigung findet man vor allem im Investitionsgüterbereich. Ein Produkt (z. B. hochwertige Werkzeugmaschine) wird erst dann gefertigt, wenn ein konkreter Kundenauftrag vorliegt. Das Hauptproblem bei dieser Fertigungsart liegt vor allem in der Sicherstellung kurzer Liefer- und Durchlaufzeiten. Hier bietet sich das *Simultaneous Engineering* an, bei dem Entwicklungs- und Konstruktionsarbeiten auf der einen und die eigentliche Herstellung auf der anderen Seite weitgehend parallel ablaufen. 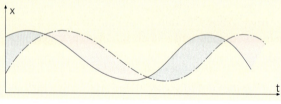
Programmfertigung	Die Programmfertigung stellt eine Mischform zwischen Lager- und Auftragsfertigung dar. So weit wie möglich werden ständig benötigte Standardteile auf Lager vorrätig gehalten und kundenauftragsabhängige Teile erst dann bestellt, wenn sie benötigt werden. Sie findet sich z. B. in der Auto- oder Fahrradindustrie, wo Produkte entsprechend den unterschiedlichen Kundenwünschen (z. B. Ausstattung, Farbe) gefertigt werden können. 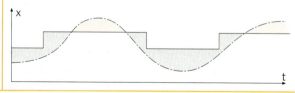

x = Menge in Stück
t = Zeitablauf
––– = geplanter Absatz
——— = geplante Produktion
▓ = Lagerzugang
░ = Lagerabgang

Ein weiteres Abstimmungsproblem zwischen Absatzmenge und Fertigungsmenge ergibt sich bei **mittel-** und **langfristiger Betrachtung** (Planungszeitraum ≥ 5 Jahre).

> **Beispiel:** Halbleiter-Industrie
>
> Bei der Planung der produzierenden und abzusetzenden Chips waren langfristig orientierte Schätzungen über die Absatzmenge in der Planung der Betriebsmittelkapazitäten zu berücksichtigen. Dies führte dazu, dass kurzfristig die aufgebauten Kapazitäten die anfänglichen Absatzmengen um ein Mehrfaches überstiegen. Die Entwicklung auf dem Halbleitermarkt zeigte, dass dies betriebswirtschaftlich sinnvoll war.

Der Aufbau zusätzlicher **Betriebsmittelkapazitäten** ist mit erheblichen Investitionen im Produktions- und Lagerhaltungsbereich verbunden. Die damit verbundenen Ausgaben führen zu hohen Fixkosten, die nur dann über Umsatzerlöse in das Unternehmen zurück fließen, wenn der ursprünglich geplante Beschäftigungsgrad erreicht bzw. – unter der Voraussetzung freier Kapazitäten – überschritten wird. Erweisen sich die prognostizierten Absatzmengen als zu optimistisch, sind die Betriebsmittelkapazitäten kurzfristig nicht abbaubar.

Betriebsmittelkapazitäten sind kurzfristig nicht auf- bzw. abzubauen.

4.1.3 Erstellung von Dienstleistungen

Die Struktur der deutschen Wirtschaft hat sich in den zurückliegenden Jahrzehnten tief greifend gewandelt. Die Wertschöpfungsanteile der Industrie sind zu Gunsten der Dienstleistungen immer stärker zurückgegangen.

Merkmale von Industrieunternehmen, vgl. Kapitel 3.1.2

Arbeitsmarkt: Damals – heute – morgen
Eine Projektion für Deutschland vom Institut für Arbeitsmarkt- und Berufsforschung
Zahl der Erwerbstätigen in Millionen

	1991	2000	2015
insgesamt	38,45	38,71	39,70
davon: Landwirtschaft	1,56	0,96	0,74
Industrie, Bergbau, Energie	11,32	8,52	7,29
Baugewerbe	2,80	2,76	2,15
Handel u.a.	6,91	7,73	8,05
Verkehr u.a.	2,42	2,10	2,08
Kreditwirtschaft	1,20	1,28	1,17
unternehmensbezogene Dienstleistungen	2,50	4,43	6,97
übrige Dienstleistungen	6,60	8,19	8,96
Staat	3,14	2,74	2,29

Dieser **Strukturwandel** findet in ganz Europa statt. Der Grund für diese Veränderung liegt darin, dass im Rahmen industrieller Leistungserstellung die produktbegleitenden Dienstleistungen einen immer höheren Anteil am gesamten Wertschöpfungsprozess erhalten. Der Dienstleistungssektor wird damit zum entscheidenden Wachstumsmotor einer Volkswirtschaft. Die

Bruttowertschöpfung
= Produktionswerte der Wirtschaftsbereiche
– Vorleistungen

Entwicklung von der „Industriegesellschaft" zur „Dienstleistungs-, Informations- oder Wissensgesellschaft" ist in vollem Gange. Dabei darf jedoch nicht übersehen werden, dass qualifizierte und wertschöpfungsintensive Dienstleistungen ohne wettbewerbsfähige Produktion nicht möglich sind.

Die Zukunft wirtschaftlicher Entwicklung in Deutschland liegt damit im so genannten tertiären Bereich. In der amtlichen Statistik (Statistisches Bundesamt) für die Bundesrepublik Deutschland wird zwischen den nachstehend aufgeführten drei Sektoren unterschieden:

Volkswirtschaftliche Sektoren	
primärer Sektor	– Land- und Forstwirtschaft – Tierhaltung und Fischerei
sekundärer Sektor	– Energiewirtschaft und Wasserversorgung, Bergbau – verarbeitendes Gewerbe – Baugewerbe
tertiärer Sektor	– Handel – Verkehrs- und Nachrichtenübermittlung – Kreditinstitute und Versicherungsgewerbe – Dienstleistungen von Unternehmen und freien Berufen – Organisationen ohne Erwerbscharakter und private Haushalte – Gebietskörperschaften und Sozialversicherung

Der tertiäre Sektor umfasst im Wesentlichen den Bereich der Dienstleistungserstellung und grenzt sich damit gegen den sekundären Sektor ab, der sich auf die Herstellung von Sachgütern bezieht. Dienstleistungen sind wirtschaftliche Güter, die in einem Produktionsprozess erzeugt werden, der den Schwerpunkt der nicht stoffumwandelnden Tätigkeit aufweist. Damit unterscheiden sich Dienstleistungen von Sachgütern durch ihren immateriellen Charakter.

Unterscheidung von Dienstleistungen und Sachgütertn

Dienstleistungsanbieter in einer Volkswirtschaft können allerdings die unterschiedlichsten Betriebe sein, denn Dienstleistungen werden nicht ausschließlich von den Dienstleistungsunternehmen des tertiären Sektors angeboten. Insbesondere Betriebe, deren Kerngeschäft im sekundären Sektor liegt, haben ihr Leistungsspektrum zunehmend um Dienstleistungen erweitert.

> Mit dem Strukturwandel und der Modernisierung der Industrie steigt der Bedarf an produktbegleitenden Serviceleistungen. (…) Viele industrielle Erzeugnisse lassen sich ohne begleitende Serviceleistungen nicht vermarkten, sodass ein wachsender Teil der Wertschöpfung neben der Herstellung des Produkts aus der begleitenden Servicedienstleistung besteht. Die abnehmende Zahl der in der industriellen Produktion Beschäftigten korrespondiert mit einer generellen Zunahme der in unternehmensnahen Dienstleistungen Beschäftigten. Im Maschinenbau beispielsweise zählen erweiterte Gewährleistungen, Montage, Wartung, Hotline-Dienste, Inspektion und Recyclingdienste zu den produktbezogenen Dienstleistungen. Zudem steigt die Nachfrage nach Beratungs-, Bildungs- und Forschungsdienstleistungen mit der Verbreitung neuer Technologien und dem Wettbewerbsdruck auf internationalen Märkten.
>
> Quelle: BMWi, Die deutsche Industrie, Berlin 2002

Beispiel: Neben der Fertigung von Fahrrädern bieten die *Fly Bike Werke* ihren Kunden so genannte Kundendienstleistungen an (z. B. Produktschulungen für den Groß- und Einzelhandel). Des Weiteren haben sie auch die Vermittlung von Radtouren bzw. Radreisen in ihr Absatzprogramm mit aufgenommen.

Klassifikation von Dienstleistungsanbietern

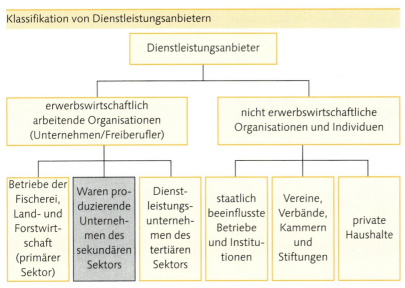

Quelle: Zapf, H., Industrielle und gewerbliche Dienstleistungen, Wiesbaden 1990, S. 61.

Darüber hinaus gehen Dienstleistungen zu einem erheblichen Anteil in industriell gefertigte Sachgüter ein. Welchen Umfang Produktions- und Dienstleistungsanteile am Endpreis eines Produktes haben können, geht aus dem nachstehenden Schaubild hervor.

Produktions- und Dienstleistungsanteile am Endpreis eines Autos (Pontiac LeMans)

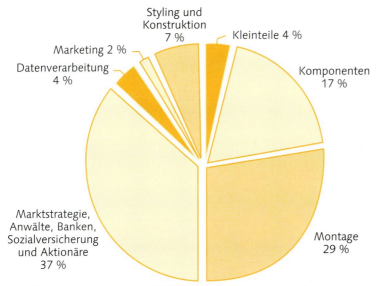

Nach: Bullinger, H.-J.; Brettreich-T., W.; Wiedmann, G., Herausforderungen für das Service-Management, in: Office Management, 45 Jg. (1997), Nr. 6, S. 12.

Leistungserstellungsprozesse planen, steuern und kontrollieren

> **Beispiel:** Dienstleistungsspektrum der *ThyssenKrupp AG* für die Automobilindustrie
>
> - Wartung, Inspektion, Instandhaltung, De- und Remontage von Maschinen, Anlagen, Produktionsstraßen
> - Vorrichtungs- und Werkzeugbau, Spezialmaschinenbau
> - Entlackung, Sonderlackierungen, Vergütung von Motorenteilen
> - innerbetriebliche Transporte, Lagermanagement
> - Gerüstdienstleistungen
> - Korrosions- und Feuerschutz, Isolierungen, Beschichtungen, Anstrich und Betonsanierung
> - Luft-, Wärme-, Elektro- und Gebäudeleittechnik
> - technisches, infrastrukturelles Gebäudemanagement
> - Rechenzentrumsbetrieb, Betrieb SAP/R3
> - „CASTRUM Sequence" – Supply Chain Management Software ermöglicht Systemlieferanten Produktion parallel zum Endmontageband, unterstützt taktgenaue Montage und sequenzgerechte Anlieferung der Systemmodule

www.thyssenkrupp.com

Supply Chain Management, vgl. Kapitel 5.1

Die wachsende Bedeutung des Dienstleistungsbereichs von Waren produzierenden Unternehmen erfordert ein spezielles **Dienstleistungsmanagement**. Es umfasst die Planung, Durchführung und Kontrolle von Maßnahmen zur Erstellung von Dienstleistungen sowie zur Sicherstellung dienstleistungsorientierten Verhaltens. Dabei bezieht sich der Begriff der Dienstleistung auch auf ein dienstleistungsorientiertes Verhalten der Mitarbeiter, sowohl in der Beziehung der Mitarbeiter untereinander als auch in der Beziehung zu den Kunden des Unternehmens. Die wesentliche Aufgabe des Dienstleistungsmanagements besteht in der Schaffung, Entwicklung und Aufrechterhaltung einer **dienstleistungsorientierten Unternehmenskultur**. Dazu bedarf es der Aufnahme der Dienstleistungsorientierung als zentralen Wert in die Unternehmensphilosophie und deren konsequente Umsetzung. Dies erfolgt u. a. durch eine Vorbildfunktion der Führungskräfte, Teamstrukturen und ein hohes Maß an Delegation.

Dienstleistungsmanagement

Unternehmenskultur, vgl. Kapitel 7.4.2

Zunehmender Wettbewerb und zunehmende Globalisierungstendenzen ziehen für viele Unternehmen neue Herausforderungen nach sich. Insbesondere müssen sie schneller und flexibler auf Marktänderungen reagieren und dabei gezielter auf Kundenbedürfnisse und -erwartungen eingehen. Folgerichtig wurde bereits vor Jahren eine verstärkte **Kundenorientierung** von der Mehrheit der deutschen Unternehmen als zentrale Unternehmensstrategie erkannt, jedoch sind in der Praxis Probleme bei der Umsetzung offensichtlich. Es steigt nicht nur die Zahl der pro Mitarbeiter zu betreuenden Kunden ständig, sondern es resultieren hohe Anforderungen und meist auch eine hohe Arbeitsbelastung der betreuenden Mitarbeiter. Auch nicht selten anzutreffende Schwierigkeiten bei der Einarbeitung neuer Mitarbeiter, die über wenig spezifische Erfahrung im Umgang mit den Kunden verfügen, tragen zusätzlich zur Verschärfung der Probleme bei.

kundennahe Prozesse aktiv gestalten

Für die Unternehmen reicht sicherlich die alleinige Festschreibung von Kundenorientierung in den Unternehmenszielen nicht aus, sondern es müssen begleitende **organisatorische** und **personelle Maßnahmen** durchgeführt werden. Kundenorientierung kann letztlich nur von fachlich, methodisch und sozial kompetenten Mitarbeitern umgesetzt werden.

Kundenorientierung, vgl. Kapitel 6.1

Übersicht:

Kernprozesse in der Fertigung	– Leistung entwickeln (= Produktentstehung) – Leistung erbringen (= Produktionsplanung und -steuerung)	
Aufgaben des Prozessmanagements	Analyse, Gestaltung, Planung, Beurteilung, Verbesserung und Erfolgskontrolle von Prozessen vor dem Hintergrund Käufermarkt	
Produktionsbegriff	weite Fassung	Transformation von Sachgütern und Dienstleistungen in andere Sachgüter und Dienstleistungen
	enge Fassung	Transformation von Sachgütern in andere Sachgüter
Transformationsprozess	Bestandteile	– Input – Wertschöpfung – Output
	Ziele	– Effizienz – Effektivität
	Aufgaben	– Primärbedarfsplanung – Teilebedarfsplanung – Terminplanung – Kapazitätsplanung – Planung des Fertigungsverfahrens – Überwachung des Produktionsprozesses – produktionsbegleitende Durchführung von Qualitätssicherungsmaßnahmen
Abstimmung zwischen Produktions- und Absatzprogramm	Basis	Produktionsmenge ist kleiner/gleich/größer als Absatzmenge
	kurzfristige Synchronisation (< 5 Jahre)	– Lagerfertigung – Auftragsfertigung – Programmfertigung
	mittel- und langfristige Synchronisation (≥ 5 Jahre)	Auf- und Abbau von Betriebsmittelkapazitäten
Dienstleistungserstellung	Dienstleistungen	– werden in einem nicht stoffumwandelnden Produktionsprozess erzeugt – haben immateriellen Charakter – werden zunehmend auch von Unternehmen des sekundären Sektors angeboten (z. B. Kundendienstleistungen, Marketing)
	Dienstleistungsmanagement	Planung, Durchführung, Kontrolle der Dienstleistungserstellung und des dienstleistungsorientierten Verhaltens der Mitarbeiter

4.2 Produktentstehungs- und -entwicklungsprozess

> **Beispiel:** *Herr Rother*, der Produktionsleiter der *Fly Bike Werke*, trifft sich jeden Montagmorgen mit seinen Abteilungsleitern, um offene Fragen zu besprechen und anstehende Probleme zu lösen. Zum heutigen Treffen bringt er den folgenden Ausschnitt aus einem Zeitungsartikel mit:

„Der Prozess der Produktentwicklung und -entstehung gewinnt im heutigen Wirtschaftsleben zunehmend an Bedeutung. (...) Wesentliches Ergebnis dieses Prozesses ist die Erstellung einer Produktspezifikation sowie eines funktionsfähigen Produktprototypen. Dieser dient als Grundlage für weitere Entwicklungs- und Konstruktionsarbeiten. (...) Die Produktentwicklung und -entstehung mündet letztlich in Vorgaben für die Produktionsprogrammplanung, die mit der Absatzplanung zu koordinieren ist. (...) Über allem darf aber Folgendes nicht vergessen werden: Schützen Sie Ihre Entwicklungsarbeit durch die Einreichung von Patenten, denn nur so ist sichergestellt, dass Ihre Produkte von Produktpiraten nicht straflos nachgebaut werden können."

Oldenburger Anzeiger, 15. Oktober 2001

Der Produktentstehungs- und -entwicklungsprozess ist der Ausgangspunkt im **Produktlebenszyklus**. Dieser stellt in idealtypischer Form die Entwicklung von Umsatz und Gewinn im Zeitablauf für Produkte und/oder Dienstleistungen dar. Im Zeitfortschritt werden sechs Phasen unterschieden:

Phasen des Produktlebenszyklus

- Entwicklungsphase
- Einführungsphase
- Wachstumsphase
- Reifephase
- Sättigungsphase
- Rückgangsphase

Produktlebenszyklus

Produktlebenszyklus und Marketingstrategie, vgl. Kapitel 6.2.2

U, G

| Entwicklungs-phase | Einführungs-phase | Wachstums-phase | Reifephase | Sättigungs-phase | Rückgangs-phase |

Marktzyklus

Umsatz

Gewinn

U = Umsatz, G = Gewinn   Zeit

Die Kosten der Produktentstehungs- und -entwicklungsphase gewinnen im Vergleich zu den zeitlich später anfallenden Herstellungs- und Entsorgungskosten zunehmend an Bedeutung.

Beispiel: Im IT-Bereich werden in dieser Phase bis zu 80 % der gesamten Kosten festgelegt. Besonders eindrucksvoll ist das Beispiel der Herstellung von CDs und DVDs. Eine CD bzw. DVD kostet in der Produktion nur wenige Cent. Bevor der Fertigungsprozess für diese innovativen Produkte industriell nutzbar gemacht werden konnte, waren Entwicklungskosten in Milliardenhöhe erforderlich. Auch im Pharmabereich vergehen lange Jahre (z. T. mehr als 10!) zwischen der Produktidee und der eigentlichen Fertigung von Medikamenten; nur große Unternehmen können die dabei anfallenden Forschungs- und Entwicklungskosten vorfinanzieren.

Wesentliches Ergebnis der Produktentstehungs- und -entwicklungsphase ist die Fertigstellung der **Produktspezifikation** und die Erstellung funktionsfähiger **Produktprototypen** durch die Mitarbeiter. Gerade in dieser Phase gibt es starke Berührungspunkte zwischen Technik und Betriebswirtschaft, zwischen technisch erwünschten und wirtschaftlich tragbaren Lösungen. Eine Vielzahl von betrieblichen Experten aus den Bereichen Finanzen, Versuchsplanung, Marketing, Konstruktion, Planung und Prototypenbau ist involviert. Der Produktentstehungs- und -entwicklungsprozess ist in den seltensten Fällen vorab planbar; typischerweise kommt hier das Instrument des Projektmanagements zur Anwendung.

Produktentstehungs- und -entwicklungsprozess

Kunde — Teilprozess 1 Produktplanung → Teilprozess 2 Produktentwicklung — Lieferer

Absatzmarktforschung, Produkteinführung, Produktänderung, Teileänderung

Ziel: Entwicklung konkurrenzfähiger Produkte

Verfahrensänderung, Werkzeugänderung, Materialänderung

Teilprozess 4 wirtschaftliche Machbarkeitsprüfung ← Teilprozess 3 technische Machbarkeitsprüfung

Von wem geht der Produktentstehungs- und -entwicklungsprozess aus? Im Regelfall kommt der Anstoß zur Produktentwicklung über Anforderungen seitens der **Kunden**. Um diese möglichst systematisch in Erfahrung zu bringen, bieten sich verschiedene Instrumente der **Absatzmarktforschung** an.

Absatzmarktforschung, vgl. Kapitel 6.2.1

Beispiel: Die *Fly Bike Werke* führen regelmäßige systematische Kundenbefragungen durch. Sie beauftragen zu diesem Zweck Marktforschungsinstitute, die pro Quartal die Kunden des Unternehmens befragen.

In den letzten Jahren verlangt ein zunehmender Anteil der Kunden qualitativ hochwertige Fahrräder in Leichtbauweise. 3-Gang-Schaltungen werden abgelehnt, weil sie als technisch veraltet gelten. Die Vorschläge werden sortiert, analysiert und ausgewertet. Sie werden im Anschluss daran in einem Lastenheft festgehalten. In diesem werden die Anforderungen an die Produktfunktionen (z. B. 10-Gang-Schaltung) und -merkmale (z. B. leichte Gängigkeit der Schaltung) gesammelt. Das Lastenheft dient somit als Dokumentation für alle weiteren Entwicklungsschritte.

Die **Produktplanung** hat in einer frühen Phase die Aufgaben, die vom Kunden geforderten Produkt- und Qualitätsmerkmale festzulegen. Hierfür erfolgt ein Abgleich zwischen Markterfordernissen (z. B. Verfügbarkeit eines Produktes in spätestens zwei Jahren) und grundlegender technischer sowie wirtschaftlicher Machbarkeit.
Produktplanung

An die Produktplanung („Was soll sein?") schließt sich die Phase **Produktentwicklung** an. Sie ist die Domäne der Techniker und Wissenschafter. Schrittweise werden die technischen Spezifikationen definiert, Problemlösungen gesucht und in einem fortlaufenden Prozess von Konzept- und Ideenentwicklung, Vorentwicklung, Grobentwicklung, Detailentwicklung, Konstruktion und Versuchsplanung schrittweise und immer mehr in die Einzelheiten gehend die Produkte entwickelt. Zunehmende Bedeutung gewinnt hierbei die Frage des späteren Recyclings sowie der Demontage von Produkten. Aber nicht jedes Unternehmen kann den gesamten Produktentstehungs- und -entwicklungsprozess in Eigenregie durchführen. Folge: Die Einbindung externer und interner Dienstleister ist gefragt. Externe Dienstleister sind z. B. Spezialisten für die Fertigung von Komponenten und Werkzeugen; interne Dienstleister sind u. a. die Beschaffungsabteilung und der Fertigungsbereich. Als Ergebnis der bisherigen Phasen ergibt sich eine Anzahl technisch realisierbarer Lösungsalternativen.

Seitenleiste: Produktentwicklung; Recycling, vgl. Kapitel 4.2.4

Nun muss im Rahmen einer **technischen Machbarkeitsprüfung** getestet werden, ob sich diese mit den betrieblichen Fertigungsverfahren bzw. über die Inanspruchnahme von Subunternehmern auch verwirklichen lassen. Jetzt schlägt die Stunde der Versuchsabteilung. Sie plant Versuche, führt sie anschließend durch, baut Prototypen und gibt als Arbeitsergebnis die Meldung an die Leiter Technik/Betriebswirtschaft, ob ein Produkt unter den gegebenen Bedingungen (z. B. Marktreife innerhalb eines Jahres) gefertigt werden kann oder nicht. An die technische schließt sich die **wirtschaftliche Machbarkeitsprüfung** an. Nun wird analysiert, ob die technisch machbaren Produkte auch innerhalb eines absehbaren Zeitraums am Markt einführbar sind und letztlich zu Gewinnen führen.

Seitenleiste: technische Machbarkeitsprüfung; wirtschaftliche Machbarkeitsprüfung

Als Querschnittsaufgaben, d. h. den gesamten Prozess durchziehende Maßnahmen fallen im Produktentstehungs- und -entwicklungsprozess **Qualitätssicherung** und **Änderungsmanagement** an. Was kann man sich darunter vorstellen?

> **Beispiel:** Die Kunden der *Fly Bike Werke* verlangen funktionstüchtige Fahrräder, die auch ästhetischen und modischen Anforderungen genügen. Der Preiswettkampf auf den nationalen und internationalen Märkten wird zunehmend härter. Um die Kosten im Zaum zu halten, wird auf allen Stufen des Produktionsprozesses die Qualität der gefertigten Fahrräder überprüft. Auch in der Verwaltung gewinnt die Forderung nach fehlerfreier Arbeit an Gewicht. Bei der Beschaffung werden nur Lieferer berücksichtigt, die fehlerfreie Teile zu günstigen Konditionen liefern.

Basis hierfür sind Verfahrens- und Arbeitsanweisungen („Was ist wie zu tun?") für die speziellen Abläufe, die immer öfter in einem unternehmensspezifisch erstellten Qualitätssicherungshandbuch dokumentiert werden. Die Sicherstellung der Produktqualität („Was?") sowie der Prozessqualität („Wie?") wird mit dem Begriff Qualitätssicherung (*Quality Engineering*) umschrieben. Das Änderungsmanagement deckt die unterschiedlichen Änderungsaufgaben im Rahmen der Produkteinführung bis hin zum Produktauslauf ab. Es managt die fertigungsbegleitende Verwaltung aller benötigten Teile und Komponenten sowie Verfahrens- und Werkzeugänderungen. Zu diesem Zweck werden Normen, Arbeitspläne, technische Spezifikationen, Stücklisten usw. zentral gespeichert und allen beteiligten Stellen zur Verfügung gestellt. Fassen wir die wesentlichen Kernfragen jedes Teilprozesses kurz zusammen:

Qualitätssicherung und Änderungsmanagement begleiten den Produktentstehungs- und Entwicklungsprozess als Querschnittsaufgaben.

Qualitätssicherung, vgl. Kapitel 4.4

Teilprozess	Kernfrage
Produktplanung	Welche neuen Produkte wünscht der Kunde?
Produktentwicklung	Welche Forschungs- und Entwicklungsarbeiten sind notwendig, um die Kundenwünsche in ein neues Produkt umzusetzen?
technische Machbarkeitsprüfung	Lassen sich alle technischen Lösungsalternativen technisch realisieren?
wirtschaftliche Machbarkeitsprüfung	Sind die technisch machbaren Lösungen wirtschaftlich zu vertreten?
Qualitätssicherung	Wie kann ich die Produkt- und Prozessqualität laufend überwachen?
Änderungsmanagement	Welche Anforderungen stellen Änderungen bei Teilen, Komponenten, Verfahren und Werkzeuge?

4.2.1 Forschung und Entwicklung

Forschung und Entwicklung sind die klassischen Aufgabengebiete von Wissenschaftlern und Technikern. Ihre Aufgabe umfasst einen hohen Anteil an Kreativität, da hier die Basis für innovative Produkte und Produktionsverfahren gelegt wird. Die Rolle von Forschung und Entwicklung ist in hohem Maße von der Unternehmens-Branche abhängig, in der es tätig ist.

Beispiele: Die EDV-Branche ebenso wie der Biotechnologiebereich leben von der systematischen Suche nach neuen Produkten und Dienstleistungen. Betrachten wir z. B. die Entwicklung auf dem Halbleitermarkt. Vor wenigen Jahren waren Prozessoren mit 133 Megahertz das technische „Nonplusultra". Nur zehn Jahre später, Mitte 2002, hat sich die Leistung der Prozessoren mehr als verzehnfacht.

In der Biotechnologie sind gentechnisch manipulierte Produkte ein Renner. Pflanzen werden so „designed", dass sie in klimatisch unterschiedlichen Regionen gleichermaßen gut wachsen.

Die Forschung und Entwicklung lässt sich in vier **Teilgebiete** aufsplitten: Grundlagenforschung, angewandte Forschung sowie in die Neu- und Weiterentwicklung. Worin unterscheiden sie sich voneinander?

Forschungs- und Entwicklungsmaßnahmen	
Aufgabengebiete	Schwerpunkte
Grundlagenforschung	Ziel: Gewinnung neuer wissenschaftlicher Erkenntnisse, die zunächst nicht für den praktischen Einsatz gedacht sind (Möglichkeiten der Kernfusion, Untersuchung der Supraleitungsfähigkeit von Werkstoffen beim absoluten Nullpunkt) Träger: Forschungsinstitutionen (z. B. Fraunhofer-Gesellschaft), technisch-wissenschaftliche Hochschulen (z. B. RWTH Aachen)
Angewandte Forschung	Ziel: Nutzung bereits vorhandener wissenschaftlicher Erkenntnisse, um neue Lösungen für technische Problemstellungen zu finden (z. B. Erhöhung der Wirksamkeit von Medikamenten durch schrittweise Abgabe der Wirkstoffe in den Blutkreislauf) Träger: unternehmenseigene Forschungsabteilungen (z. B. bei der *Bayer AG*), überbetriebliche Forschungsabteilungen (z. B. Forschungslabors der Baustoffindustrie)
Neuentwicklung	Ziel: Nutzung neuer Erkenntnisse/bisher nicht genutzter Erkenntnisse aus Grundlagenforschung und angewandter Forschung, um neue Produkte oder Prozesse herzustellen bzw. zu gestalten (z. B. Entwicklung eines neuen Verbrennungsmotors mit der Vorgabe, nicht mehr als 2,5 Liter auf 100 km zu verbrauchen) Träger: unternehmenseigene Entwicklungslabors (z. B. Motorenentwicklung bei der *Ford AG*)
Weiterentwicklung	Ziel: Nutzung bereits bisher eingesetzter Erkenntnisse, um Produkte bzw. Prozesse zu verbessern (z. B. Verbesserung der Windschlüpfrigkeit von Autokarosserien durch Testen von Rundungen im Windkanal) Träger: siehe Neuentwicklung

Forschung und Entwicklung: Mehr Geld für zündende Ideen

(...) Im Jahr 2000 gab die deutsche Wirtschaft über 41 Milliarden Euro für Forschung und Entwicklung aus – knapp ein Viertel mehr als noch 1997. Dabei haben die Unternehmen vor allem auf den Erfindergeist im eigenen Haus gesetzt: Rund 35 Milliarden Euro flossen an interne Labors. Der Rest ging an Think-Tanks und Forschungsstätten außer Haus. Ob interne oder externe Forschung: Meist geht es um handfeste Produkte. Denn gerade bei der Herstellung etwa von Autos oder Medikamenten ist es wichtig, „up to date" zu sein. So verwundert es nicht, dass mehr als 90 Prozent des gesamten FuE-Budgets der Unternehmen vom verarbeitenden Gewerbe aufgebracht werden: Die Industrie investierte im Jahr 2000 insgesamt schätzungsweise 37,9 Milliarden Euro in die interne und externe Forschung. Auf der Pole-Position der FuE-Ausgaben landete der Fahrzeugbau. Den Ingenieuren der Automobilbranche standen für die Entwicklung wirkungsvoller Bremssysteme, modernerer Elektronik, haltbarerer Karosserien und anderer Sicherheitsverbesserungen rund 16 Milliarden Euro zur Verfügung. Innerhalb des Dienstleistungssektors hat in den vergangenen Jahren vor allem der IT-Boom für ein wachsendes FuE-Engagement gesorgt. So entfielen zuletzt etwa zwei Drittel der Ausgaben von insgesamt rund 3,5 Milliarden Euro unter anderem auf die Programmierung neuer Software und Datenbanken sowie die Entwicklungsleistungen von Ingenieurbüros. (...) Forschten im Jahr 1997 noch knapp 20 Prozent aller Tüftler und Erfinder für Betriebe mit weniger als

500 Mitarbeitern, so verringerte sich dieser Anteil bis 1999 auf knapp 18 Prozent. Die Entwicklung zeigt, wie schwer es der Mittelstand hat, in die Sicherung seiner Zukunftsfähigkeit zu investieren. Vielen Firmen fehlt schlicht das Geld: Die kleinen Betriebe haben ihre Budgets für die Forschung seit 1997 zwar um 9,8 Prozent ausgeweitet – im Vergleich zu den „Großen", die ihre Etats gleich um rund 26 Prozent aufstockten, ist der Anstieg jedoch eher gering. Verstärkung für den Mittelstand könnte es von Studenten geben, die sich mit ihren Forschungsergebnissen selbstständig machen. Auch hier sorgen die Unternehmen dafür, dass der Erfindernachwuchs schon auf der Universität mit modernstem Gerät forschen kann: Im Jahr 2000 spendete die Wirtschaft rund 57,3 Millionen Euro für die Hochschulen.

Quelle: iwd 06/2002 vom 7. Januar 2002; www.iwkoeln.de

Forschungs- und Entwicklungsmaßnahmen erfordern u. a., dass
- die dafür notwendigen **finanziellen Mittel** über längere Zeiträume zur Verfügung gestellt werden können,
- deren Nutzung für einen gewissen Zeitraum vor unberechtigter Nachahmung **geschützt** wird,
- die **Prozessanforderungen** und die **Wirkungsbedingungen** neuer Produkte und Prozesse bekannt sind bzw. ermittelt werden können,
- ihre Gewinnung durch einen **effektiven IT-Einsatz** (z. B. CAD-Systeme) zeitlich beschleunigt wird,
- in Unternehmen kreative Denker Freiräume erhalten und eine dementsprechende **Unternehmenskultur** in möglichst allen Funktionsbereichen verankert wird,
- sie zügig im Rahmen der Produktentwicklung **umgesetzt** werden.

Investition und Finanzierung, vgl. Kapitel 8

CAD, vgl. Kapitel 4.6.2

Unternehmenskultur, vgl. Kapitel 7.4.2

Forschungs- und Entwicklungsmaßnahmen sind Investitionen in die Zukunft, vor allem in rohstoffarmen Ländern wie Deutschland. Aus diesem Grund ist die Politik aufgefordert, dementsprechende Infrastrukturmaßnahmen in Form von High-Tech-Parks, Forschungseinrichtungen, Hochschulen usw. zur Verfügung zu stellen bzw. deren Ansiedlung zu fördern. In Deutschland gehören die Bundesländer Baden-Württemberg, Berlin und Bayern zu den „Standorten" mit den höchsten Jahresausgaben für Forschung und Entwicklung je Einwohner.

4.2.2 Produktentwicklung

Die Produktentwicklung schließt unmittelbar an die **Produktplanung** an und beinhaltet die Phasen der **Produktkonzipierung** und **Produktkonstruktion**. Bezogen auf den Produktlebenszyklus, umfasst sie die Entwicklungsphase, die neben dem Marktzyklus den Produktlebenszyklus ausmacht. Die Steuerung des Marktzyklus gehört zum Aufgabengebiet der Vertriebsabteilung.

Produktlebenszyklus, vgl. Kapitel 4.2 und 6.2.2

Bestandteile des Produktlebenszyklus		
Entwicklungsphase	Produktplanung	
	Produktentwicklung	– Produktkonzipierung – Produktkonstruktion
Marktzyklus	Produkteinführung	– Einführungsphase
	Produktförderung	– Wachstumsphase – Reifephase
	Produktelimination	– Sättigungsphase – Rückgangsphase

Wodurch unterscheiden sich die einzelnen Bestandteile der Entwicklungsphase; durch welche Merkmale sind Produktplanung, -konzipierung und -konstruktion im Einzelnen gekennzeichnet?

– Im Rahmen der **Produktplanung** werden Aufgaben und die wichtigsten Funktionen des zu entwickelnden Produktes festgelegt. Auf der Basis einer Grobstudie wird ein Entwicklungsauftrag an interne (z. B. Entwicklungsabteilung) oder externe Stellen (z. B. Hochschullabors) erteilt. Üblicherweise wird dafür ein festes Budget vorgegeben, das – je nach Größe des Budgets und Dringlichkeit des Projektes – von einem eigens dafür abgestellten, qualifizierten Techniker/Wissenschaftler ständig überwacht wird.

Produktplanung

– In der Phase der **Produktkonzipierung** geht es zunächst darum, die Leistungsmerkmale weiter zu spezifizieren sowie Lösungsmöglichkeiten für die Umsetzung der Leistungsmerkmale zu finden. Anschließend werden beide Komponenten miteinander kombiniert. Hierfür eignen sich verschiedene Kreativitätstechniken wie Brainstorming, Wertanalyse, morphologischer Kasten usw.

Produktkonzipierung

– In der **Produktkonstruktion** wird das Produkt mit Hilfe von CAD-Systemen entworfen und ausgearbeitet. Zunächst muss dabei sichergestellt werden, dass alle Anforderungen an das Produkt technisch umgesetzt werden können, diese Umsetzung wirtschaftlich tragbar ist und bestehende Sicherheitsanforderungen (z. B. in Form von DIN-Normen usw.) beachtet werden. Ferner erfolgt die Festlegung genauer Maße, Oberflächenstrukturen usw.

Produktkonstruktion

CAD = Computer Aided Design, vgl. Kapitel 4.6.2

Konstruktion und anschließende Fertigung stehen in einem engen Verhältnis zueinander. Zum einen bestimmen die konstruktionstechnischen Merkmale die anzuwendenden Fertigungsverfahren, zum anderen müssen die Herstellungsverfahren geeignet sein, die Konstruktionsanforderungen umzusetzen.

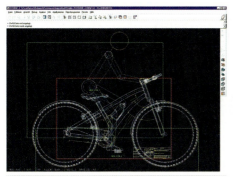

Produktkonstruktion mit Hilfe von CAD

Die Ergebnisse der Produktentwicklung spiegeln sich in folgenden Dokumenten wider, die als Ausgangsbasis für die Fertigung dienen:

- **Konstruktionszeichnung** (enthält alle technischen Spezifikationen)
- **Stückliste** (beinhaltet alle Einzelteile und Baugruppen, aus denen ein Erzeugnis zusammengesetzt ist)
- **Strukturbaum** (zeigt an, welche Erzeugnisbestandteile mit welchen Mengen in andere Erzeugnisbestandteile eingehen)
- **Arbeitsplan** (bestimmt u. a. die beschaffenden Rohmaterialien, die einzusetzenden Betriebsmittel, die vorzunehmenden Arbeitsgänge, die einzuhaltenden Produktionszeiten)

Strukturbaum eines Fahrrades, vgl. S. 131

4.2.3 Rechtsschutz von Erzeugnissen und Fertigungsverfahren

Forschungs- und Entwicklungskosten „rentieren" sich nur dann für ein Unternehmen, wenn sichergestellt werden kann, dass die daraus resultierenden Produkte und Produktionsverfahren von anderen Unternehmen nicht unrechtmäßig genutzt werden.

> **Beispiel:** Ein Unternehmen aus der Branche Informationstechnik entwickelt ein völlig neues Verfahren der Datenspeicherung, das gegenüber den bisherigen Verfahren zu einer wesentlich höheren Speicherdichte führt. Es reicht das neue Herstellungsverfahren zur Patentierung beim Europäischen Patentamt in München ein.

Welche **gewerblichen Nutzungsrechte** lassen sich unterscheiden? Im Wesentlichen handelt es sich um

- Patente (geregelt im Patentgesetz PatG),
- Gebrauchsmuster (geregelt im Gebrauchsmustergesetz GebrMG),
- Geschmacksmuster (geregelt im Geschmacksmustergesetz GeschmMG),
- Markenzeichen (geregelt im Markengesetz MarkenG),
- Gütezeichen (geregelt durch DIN-Normen, ISO-Normen etc.).

Ein **Patent** gewährt seinem Erfinder das alleinige Recht zur Nutzung seiner patentierten Erfindung (Produkt oder Herstellungsverfahren). Damit wird es Dritten (z. B. Konkurrenzunternehmen) verboten, die Erfindung gewerblich zu verwerten, sie dürfen das patentierte Erzeugnis weder herstellen, anbieten, in den Verkehr bringen, gebrauchen oder einführen.

Patent

Bei Missbrauch droht eine Freiheitsstrafe bis zu drei Jahren oder eine Geldstrafe. **Voraussetzungen** für die Erteilung eines Patents sind:
- Neuheit, d. h. etwas, was noch nicht zum derzeitigen Stand der Technik zählt
- erfinderische Tätigkeit
- gewerbliche Verwertbarkeit

Die Schutzdauer eines Patents beträgt 20 Jahre; für die Anmeldung, die Prüfung und die Gewährung des Patentrechtschutzes sind Gebühren fällig. Die Eintragung des Patents erfolgt beim Deutschen bzw. Europäischen Patent- und Markenamt in München. Wie läuft ein solches **Patentverfahren** in der Praxis ab?

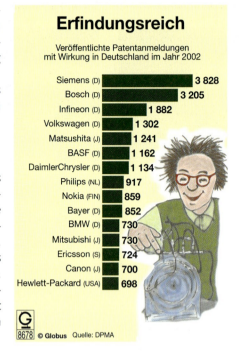

- Die Person bzw. das Unternehmen, das ein Patent einreichen möchte, prüft vorab, ob bereits gewerbliche Schutzrechte auf dem Produkt bzw. dem Herstellungsverfahren liegen. Nur dann, wenn dies nicht der Fall ist, können die nachfolgenden Schritte durchlaufen werden.
- Schriftlicher Antrag zur Erteilung eines Patents beim Patentamt, samt genauer Beschreibung sowie technischen Zeichnungen.
- Patentamt prüft, ob das angemeldete Produkt bzw. Herstellungsverfahren patentfähig ist (siehe obige Voraussetzungen).
- Wenn die Patentgebühren entrichtet wurden und das Vorliegen eines Patents bejaht wird, wird öffentlich die Anmeldung im Patentblatt bekannt gemacht.
- Eintragung des Patents in der Patentrolle, bei dieser handelt es sich um ein Verzeichnis aller erteilten Patente (Inhalt: Bezeichnung für das Patent, Name und Wohnort des Patentinhabers, Beginn, Ablauf und Erlöschen des Patentschutzes); Bekanntmachung im Patentblatt.

Ablauf eines Patentverfahrens

§§ 30 ff. PatG

Wie lässt sich das Patent **wirtschaftlich** durch seinen Inhaber **verwerten**? Der Patentinhaber kann eine Lizenz (= Recht, gegen Zahlung einer Gebühr eine Erfindung wirtschaftlich zu nutzen) an einen Produzenten vergeben. Im Endeffekt hat der Patentinhaber für die Dauer des Patentschutzes eine Art Monopolstellung im Hinblick auf die Verwertung seiner Erfindung. Andere Nutzungsmöglichkeiten sind die Veräußerung, Verpfändung, Vererbung oder Einlage des Patents in ein Unternehmen.

wirtschaftliche Verwertung eines Patents

Monopol, vgl. Kapitel 6.2.3

Bei einem **Gebrauchsmuster** („Minipatent") wird dem Erfinder die alleinige Befugnis zur Nutzung einer nicht patentfähigen Erfindung eingeräumt. Im Unterschied zum Patent werden beim Gebrauchsmuster geringere Anforderungen an die erfinderische Tätigkeit gestellt. Die Schutzdauer ist zunächst auf drei Jahre beschränkt (mit einer Verlängerungsoption für eine Gesamtdauer von zehn Jahren). Einzutragen ist das Gebrauchsmuster in die Gebrauchsmusterrolle beim Patent- und Markenamt.

Gebrauchsmuster

Ein **Geschmacksmuster** schützt die ästhetische Form sowie die Farbgebung eines Musters (zweidimensional) oder eines Modells (dreidimensional). Man erkennt es am typischen Copyright-Vermerk. Im Unterschied zu einem Patent sind bei einem Gebrauchsmuster die Kosten geringer, das Prüfverfahren einfacher und der Rechtsschutz einfacher erreichbar. Das Geschmacksmuster wird für fünf Jahre geschützt (mit einer Verlängerungsoption für eine Gesamtdauer von 20 Jahren). Seine Schutzwirkung beginnt mit der Eintragung im Musterregister des Patent- und Markenamtes.

Geschmacksmuster

Auch das **Markenzeichen** ist beim Patent- und Markenamt vor unberechtigter Nutzung durch andere einzutragen (Markenregister). Die Schutzwirkung beträgt zunächst zehn Jahre und kann im Anschluss daran für jeweils zehn weitere Jahre verlängert werden. Unter einer Marke versteht man ein Kennzeichen, das gewerblich genutzt wird, um Produkte oder Dienstleistungen voneinander unterscheiden zu können (z. B. Logo des Betriebssystems Windows).

Markenzeichen

Gütezeichen werden von Lieferern gleichartiger Waren geschaffen; sie beruhen auf freiwilligen Vereinbarungen, es handelt sich i. d. R. um Branchen- oder Verbandszeichen. Sie sichern dem Konsumenten zu, dass eine bestimmte Mindestqualität der Erzeugnisse sichergestellt wird und spielen vor allem bei der Gemeinschaftswerbung eine wichtige Rolle.

Gütezeichen

Bei allen gewerblichen Schutzrechten besteht die Gefahr der unberechtigten Nutzung durch Dritte. Immer mehr Fälschungen überschwemmen den deutschen Markt. Auch die strenge Gesetzeslage hilft in solchen Fällen nicht immer weiter. Denn zum einen muss das betroffene Unternehmen erst einmal von der Verletzung seines Rechts Kenntnis erhalten und zum anderen ist die Rechtsdurchsetzung mit hohen Kosten verbunden. Besonders häufig werden Textilien, Gebrauchsartikel oder Software gefälscht.

Die Verluste durch **„Produktpiraterie"** belaufen sich auf zweistellige Milliarden-Euro-Beträge. In Deutschland entstanden Unternehmen z. B. durch Software-Piraterie 2002 960 Millionen Euro Umsatzeinbußen.

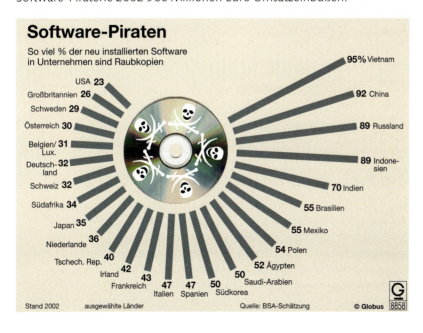

Leistungserstellungsprozesse planen, steuern und kontrollieren

4.2.4 Umweltmanagement und Fertigungswirtschaft

Insbesondere in der Fertigungswirtschaft gewinnen Fragen des **Umweltmanagements** zunehmend an Bedeutung. Dabei geht es darum, ökologisches Gedankengut in alle betrieblichen Entscheidungen mit einzubeziehen, mit dem Ziel, unerwünschte Umweltwirkungen zu reduzieren. In Fragen des Umweltmanagements sind viele Fachdisziplinen eingebunden: von Natur- und Ingenieurwissenschaften über Rechtswissenschaften und Betriebswirtschaftslehre bis hin zur Wirtschaftsethik und Politikwissenschaft. Das Umweltmanagement lässt sich unterteilen in die Bereiche Umweltschutz und Recycling.

Beim **Umweltschutz** geht es um die Reduzierung des Schadstoffausstoßes (z. B. in Form von Abwässern, giftigen Gasen usw.). Hierbei unterscheidet man zwischen Maßnahmen ohne gleichzeitige Senkung der eingesetzten Produktionsfaktoren (z. B. Einbau von Filteranlagen zur Rauchgasreinigung) und Maßnahmen bei gleichzeitiger Senkung der eingesetzten Inputfaktoren (z. B. Durchführung von Lackierarbeiten in Tauchbecken an Stelle von Spritzgussverfahren).

Zielsetzung des **Recyclings** ist die Einführung der Kreislaufwirtschaft durch Aufbereitung von Ausschuss (z. B. Abfällen und gebrauchten Produkten) sowie Rückführung derselbigen in den Produktionsprozess.

Kreislaufwirtschafts- und Abfallgesetz, vgl. Kapitel 5.6.2

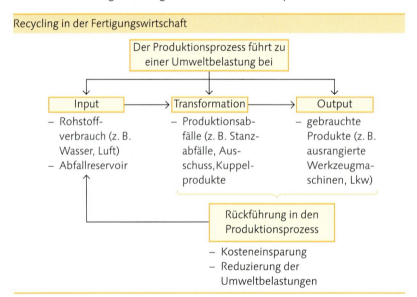

Recycling in der Fertigungswirtschaft

Beispiel: Vermeidung von Ausschuss in der Fertigungswirtschaft

- in der Forschung und Entwicklung durch die Entwicklung umweltschonender Produkte/Fertigungsverfahren oder durch Einbeziehung von Öko-Instituten, Forschungseinrichtungen mit ökologischer Ausrichtung
- direkt im Fertigungsprozess durch die Herstellung qualitativ hochwertiger Produkte mit langer Lebensdauer, die Minimierung von Abfällen, Abwässern und Emissionen sowie durch den Einsatz integrierter Fertigungsverfahren.

Forschung und Entwicklung, vgl. Kapitel 4.2.1

Übersicht:

Produktentstehungs- und -entwicklungs- prozess	– Produktplanung – Produktentwicklung – technische Machbarkeitsprüfung – wirtschaftliche Machbarkeitsprüfung – Änderungsmanagement und Qualitätssicherung als Querschnittsaufgaben
Forschung und Entwicklung	– Grundlagenforschung – Angewandte Forschung – Neuentwicklung – Weiterentwicklung
Produktentwicklung	beinhaltet Produktkonzipierung und Produktkonstruktion, ihre Ergebnisse münden in die Erstellung von Konstruktionszeichnungen, Stücklisten, Strukturbäumen und Arbeitsplänen
Rechtsschutz von Erzeugnissen und Fertigungsverfahren	– Patente und Gebrauchsmuster (für Erfindungen) – Geschmacksmuster (für Muster und Modelle) – Marken-/Gütezeichen (kennzeichnen Produkte/Dienstleistungen)
Umweltmanagement	– besteht aus Umweltschutz- und Recyclingmaßnahmen – bietet den Einstieg in die Kreislaufwirtschaft

4.3 Produktionsplanung und -steuerung

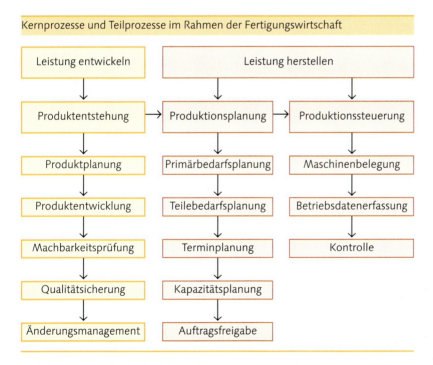

Kernprozesse und Teilprozesse im Rahmen der Fertigungswirtschaft

„Leistung herstellen" ist neben „Leistung entwickeln" der zentrale Kernprozess im Rahmen der Leistungserstellung. Im Einzelnen umfasst er die Prozesse der Produktionsplanung und Produktionssteuerung.

Produktionsplanung

- Jede Produktionsplanung beginnt mit der Planung des so genannten **Primärbedarfs**, d. h. dem Bedarf an verkaufsfähigen Erzeugnissen. *(Primärbedarfsplanung)*

- An die Ermittlung des Primärbedarfs schließt sich die **Teilebedarfsplanung** (Sekundär- und Tertiärbedarfsermittlung) an. Hierbei wird der Materialbedarf ermittelt, der zur Realisierung des Produktionsprogramms einer bestimmten Planungsperiode erforderlich ist. Geprüft wird ferner, ob die erforderlichen Teile auch im Lager vorrätig bzw. welche Teile in welcher Menge und eventuell zu welchem Termin vom Einkauf zu beschaffen sind. *(Teilebedarfsplanung)*

- Bei der **Terminplanung** wird ermittelt, wann z. B. spätestens mit der Produktion begonnen werden muss, um einen Kundenauftrag termingerecht zu erfüllen. *(Terminplanung)*

- Im Rahmen der **Kapazitätsplanung** wird festgestellt, ob die im Unternehmen vorhandenen Kapazitäten (z. B. Personal- und Betriebsmittelkapazitäten) ausreichen, um den Auftrag termingerecht zu erfüllen. *(Kapazitätsplanung)*

- Stehen alle erforderlichen Produktionsfaktoren im Unternehmen bereit, so können die erforderlichen Arbeitspapiere gedruckt und der **Auftrag** für die Fertigung **freigegeben** werden. *(Auftragsfreigabe)*

Produktionssteuerung

- Die Produktionssteuerung umfasst das Veranlassen, Überwachen und Sichern der Aufgabendurchführung hinsichtlich Menge, Termin, Qualität und Kosten. Es muss sichergestellt werden, dass alle Vorgaben der Produktionsplanung eingehalten werden. So müssen alle Arbeitsvorgänge im Sinne der Termin- und Kapazitätsplanung (z. B. **Maschinenbelegungsplanung**) pünktlich anfangen und auch pünktlich enden, damit der Auftragstermin eingehalten wird. *(Maschinenbelegung)*

- Aufgabengebiete der **Betriebsdatenerfassung (BDE)** sind z. B. die Lager- und Materialflusssteuerung einschließlich der Mengenerfassungen, die Arbeitsfortschritterfassung einschließlich der Zeiterfassung für die zu bearbeitenden Fertigungsaufträge und die Terminüberwachung. *(Betriebsdatenerfassung)*

- Im Rahmen der **Kontrolle** erfolgt z. B. die Qualitätssteuerung mit der Mengenerfassung nach „guten" und „schlechten" Teilen, die Erfassung der Daten für die Kostenrechnung als so genannte Ist-Rechnung sowie für eine Gegenüberstellung von Ist- und Soll-Kosten zur Ermittlung der Kostenabweichungen. *(Kontrolle)*

Im Anschluss sollen die auftragsabhängige und auftragsunabhängige Produktionsplanung erläutert werden.

4.3.1 Auftragsabhängige Produktionsplanung und -steuerung

Beispiel: Am Morgen des 5. Januar hat *Frau Ganser* einen Auftrag des Kunden *Nordrad GmbH* Rostock erhalten. Die *Nordrad GmbH* benötigt 170 Trekkingräder, Modell *Light*, Rahmenhöhe 56. Der Kunde wünscht eine Lieferung bis zum 10. März 04 (Wunschdatum).

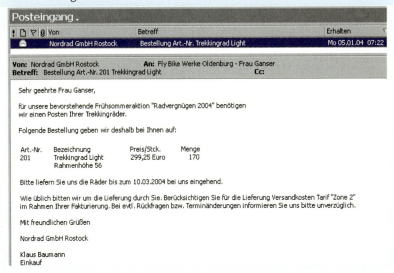

Frau Ganser erfasst zunächst den per E-Mail eingetroffenen Auftrag mit Hilfe des ERP-Systems Microsoft Navision Attain:

Auftragserfassung

Mit Hilfe des ERP-Systems prüft *Frau Ganser* die Machbarkeit des Termins (vgl. Kasten im rechten Maskenteil – im Feld „Berechnung mit Datum" erscheint das Ergebnis der Prüfung). Das ERP-System errechnet im Rahmen dieser Machbarkeitsprüfung, ob die gewünschten Waren bis zu dem vom Kunden gewünschten Termin bereitgestellt werden können. Beim vorliegenden Auftrag ist dieser Wunschtermin machbar. *Frau Ganser* trägt deshalb im Feld „Zugesagtes Lieferdatum" den Wunschtermin des Kunden ein. Nach der Auftragserfassung bestätigt *Frau Ganser* den Auftrag mit dem zugesagten Lieferdatum aus dem ERP-System heraus per E-Mail zurück an den Kunden.

Machbarkeitsprüfung

Leistungserstellungsprozesse planen, steuern und kontrollieren

Im Rahmen der Machbarkeitsprüfung muss das ERP-System auf der Grundlage vieler miteinander verknüpfter Teilprozesse die Bereitstellungszeit berechnen. Es handelt sich dabei um die Produktionsplanung, die abhängig von diesem Kundenauftrag ist (auftragsabhängige Produktionsplanung). Diese Planung erfolgt damit bei jedem Kundenauftrag erneut. Das Vorgehen wird nachfolgend im Überblick dargestellt.

ERP-System, vgl. Kapitel 1.7 und Kapitel 9

Das ERP-System nutzt im Rahmen der Machbarkeitsplanung u. a. folgende Daten:
- die Materialdispositionsdaten:
  z. B. Lagerbestände, Bedarf für andere Kunden,
- die Kostenrechnung:
  z. B. Kalkulation des Auftrages hinsichtlich der entstehenden Kosten,
- die Kapazitätsdaten:
  z. B. Daten zur Belegung der Produktionsmaschinen,
- die Artikeldaten:
  z. B. Angaben über die für ein Trekkingrad benötigten Teile,
- die Lieferantendaten:
  z. B. Angaben über die Lieferzeit der zu beschaffender Teile.

Kostenrechnung, vgl. Teilband 2

Da *Frau Ganser* vorwiegend den Kontakt zu den Kunden halten und diese beraten muss, beachtet Sie lediglich das Ergebnis der Machbarkeitsprüfung. Die genauen Detailangaben sowie daraus resultierende Folgeprozesse sind Aufgaben ihrer Kollegen in der Beschaffung und der Arbeitsvorbereitung. Da alle Mitarbeiter der *Fly Bike Werke* mit der ERP-Software Microsoft Navision Attain arbeiten, können sie sofort nach der Auftragserfassung mit aktuellen Daten die notwendigen Teilprozesse für die termingerechte Bereitstellung der Fahrräder planen und anstoßen. Die folgende Abbildung verdeutlicht den **Prozessaufbau:**

Beschaffung, vgl. Kapitel 5

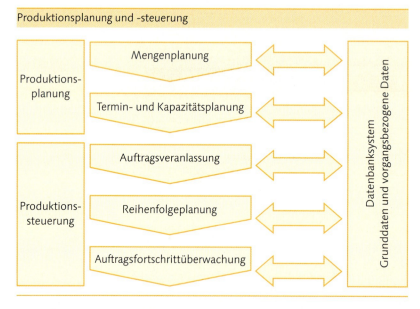

- Im Rahmen der **Produktionsplanung** werden die benötigten Mengen sowie die Start- und Endtermine der Produktion geplant.
- Die **Produktionssteuerung** löst den eigentlichen Produktionsprozess aus und überwacht ihn.

Bei der Machbarkeitsprüfung durchläuft das ERP-System nur den Teilprozess der Produktionsplanung (Mengen- sowie Termin- und Kapazitätsplanung).

Bezogen auf den Prozessablauf, stellt sich das Geschehen im Überblick wie folgt dar:

Prozessablauf

1 – Produktionsplanung

Erfassen des Kundenauftrages → Materialdisposition → Terminplanung → Planung Maschinenbelegung

Materialdisposition → Beschaffungsplanung

2 – Produktionssteuerung

Auftragsfreigabe → Materialentnahme → Produktion der Erzeugnisse und Qualitätskontrolle → Rückmeldungen

Auftragsfreigabe → Arbeitsplatzvorbereitung

Die Grafik zeigt, dass manche Prozessschritte parallel ablaufen. Eine genaue Ablaufplanung ist daher unverzichtbar.

Materialdisposition (Primär- und Sekundärbedarfsplanung)

Nachdem der Auftrag im Verkauf erfasst wurde, kann *Frau Nemitz-Müller* mit der Mengenplanung beginnen. Genau genommen übernimmt diese Arbeit jedoch das ERP-System automatisch im Hintergrund. *Frau Nemitz-Müller* hat vorwiegend die Aufgabe, die Ergebnisse zu kontrollieren und sie ggf. zu ergänzen. Grundlage für die Mengenplanung sind die Artikelstammdaten sowie die Lagerbestandsdaten.

Materialdisposition

> **Beispiel:** Ein Trekkingrad *Light* besteht aus einer Reihe von Teilen, die im Rahmen der Produktion zum Trekkingrad montiert werden. Die *Fly Bike Werke* beziehen viele Teile fremd und führen letztlich die Endmontage der bezogenen Teile durch.
>
> Hier wird unterstellt, dass die *Fly Bike Werke* das Trekkingrad in Form einer Endmontage erstellen, d. h. unterhalb des Endproduktes (Trekkingrad) existiert nur eine Ebene mit vorgefertigten von Lieferanten bezogenen Teilen (z. B. Rahmen, Sattel, Antrieb).

Leistungserstellungsprozesse planen, steuern und kontrollieren

Abbildung: Aufbau Artikel 201 Trekkingrad *Light*

Der zur Herstellung der Trekkingräder benötigte Materialbedarf wird in folgende Bedarfsarten unterschieden:

Bedarfsarten	
Primärbedarf	Bedarf an Endprodukten für einen anstehenden Planungszeitraum (z. B. 170 Trekkingräder)
Sekundärbedarf	Bedarf an Werkstoffen, Baugruppen, Einzelteilen für die Fertigung des Primärbedarfs (z. B. Räder, Lenker, Sättel oder Rahmen)
Tertiärbedarf	Bedarf an Hilfsmitteln, Betriebsstoffen und Verschleißwerkzeugen (z. B. Energie für die Maschinen, Verschleißwerkzeuge)

Frau Nemitz-Müller ruft die Artikel-Verfügbarkeitsmaske auf, um sich über die Dispositionssituation zu informieren. Das ERP-System gibt folgende Ergebnismaske aus:

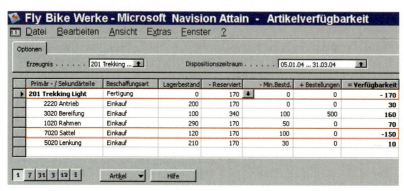

Frau Nemitz-Müller wertet die Maske aus:
1. In der ersten Spalte (links) werden die Teile des Primär- und Sekundärbedarfs gezeigt. Die Sekundärteile werden vom System eingerückt dargestellt.
2. Die Spalte „Beschaffungsart" gibt an, ob die jeweiligen Teile von den *Fly Bike Werken* produziert oder aber von Lieferanten fremdbezogen werden.

3. Die nächste Spalte gibt Auskunft über den aktuellen Lagerbestand.

4. In der Spalte „Reserviert" weist das ERP-System die für Kunden reservierten Artikel aus. In der aktuellen Situation werden 170 Trekkingräder reserviert (für die *Nordrad GmbH*). Da ein Trekkingrad aus einem Antrieb und einem Rahmen usw. besteht, werden für die Sekundärteile ebenfalls 170 Stück reserviert. Bei der Bereifung reserviert das Programm 340 Stück – pro Rad müssen zwei Räder berücksichtigt werden.

5. Das System weist in der nächsten Spalte einen Mindestbestand aus, sofern dieser für ein Produkt aus Sicherheitsgründen am Lager gehalten werden soll.

6. Die Spalte „Bestellungen" gibt Auskunft über Artikelzugänge aus Bestellungen, die in den nächsten Tagen eintreffen und damit bereits eingeplant werden können (= verfügbar).

7. Besonders beachtet *Frau Nemitz-Müller* die letzte Spalte „Verfügbarkeit". Sofern hier eine negative Zahl erscheint, muss produziert bzw. eingekauft werden. In der aktuellen Situation müssen 150 Sättel eingekauft und 170 Räder produziert werden.

Die ERP-Anwendung berechnet den verfügbaren Bestand nach einer einfachen Regel:

```
  Lagerbestand
− Reservierungen
− Mindestbestand
+ Bestellungen
= verfügbarer Bestand
```

Betrachtet man das Ergebnis nicht von der Bestands-, sondern von der Bedarfsseite, wird vom Bruttobedarf der zu beschaffende bzw. produzierende Nettobedarf abgeleitet:

```
  Bruttobedarf (Reservierungen)
− Lagerbestand
+ Mindestbestand
− Bestellungen
= Nettobedarf
```

Der Bruttobedarf ist also zunächst eine vorläufige Größe, die um diverse Bestände zum endgültigen Nettobedarf korrigiert wird.

Stückliste

Stückliste

Damit das ERP-System den Materialbedarf über die verschiedenen Stufen eines Produktes korrekt berechnet, benötigt das ERP-Programm eine Übersicht, welche die Struktur des Erzeugnisses veranschaulicht – die Stückliste. Auf Grundlage der Konstruktionszeichnungen werden Stücklisten erstellt. Stücklisten sind damit ein Bindeglied zwischen

− technisch orientierter Produktionsstruktur und
− kaufmännisch orientierter Materialverwaltung.

Je nach Verwendungszweck unterscheidet man verschiedene Arten von Stücklisten:

Grundformen der Stückliste	
Strukturstückliste	– vollständiger Ausweis aller Teile und Baugruppen sowie der Struktur – dient als Grundlage der Mengen- und Terminplanung
Baukastenstückliste	– zeigt nur den Aufbau einer Baugruppe – Gesamtaufbau des Produktes nicht erkennbar – beim Baukastenprinzip wichtig
Mengenstückliste	– Aufzählung der nötigen Mengen aller Teile und Baugruppen für ein Produkt – Struktur nicht erkennbar – dient als Grundlage bei der Materialbeschaffung

Die Stückliste für das Erzeugnis 201 Trekking *Light* ist im ERP-System hinterlegt, sodass das Programm bei der Bedarfsermittlung darauf automatisch zurückgreifen kann.

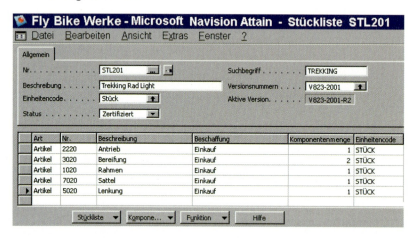

Frau Nemitz-Müller hat den notwendigen Materialbedarf kontrolliert. Sie ändert an den Vorschlägen des ERP-System nichts. Damit ist die Materialdisposition auf Basis der Stückliste und der Lagerbestände abgeschlossen.

Integrierte Termin- und Kapazitätsplanung

An die Materialdisposition schließt sich die Termin- und Kapazitätsplanung an. Im Beispiel werden vor allem drei Aspekte zu klären sein:

a) **Terminplanung**
Wann muss mit der Produktion der Trekkingräder spätestens begonnen werden, damit die Räder pünktlich an die *Nordrad GmbH* Rostock ausgeliefert werden können?

b) **Kapazitätsplanung**
Sind ausreichend Maschinen und Mitarbeiter (= Kapazitäten) vorhanden, um die Produktion auch realisieren zu können?

c) **Beschaffungsplanung Sekundärteile**
Wann müssen die Sättel beim Lieferanten bestellt werden, damit sie pünktlich zur Produktion der Trekkingräder in den *Fly Bike Werken* bereitstehen?

Termin- und Kapazitätsplanung

Beschaffung, vgl. Kapitel 5

Alle drei Fragestellungen erfordern eine genau aufeinander abgestimmte Planung. Nur so ist sichergestellt, dass der Kunde seine Waren pünktlich erhält.

Die Fragen a) und b) werden von der Arbeitsvorbereitung bearbeitet. Das Problem der Frage c) lässt sich nur in enger Zusammenarbeit von Arbeitsvorbereitung und Beschaffung lösen. Da die *Fly Bike Werke* mit dem ERP-System Microsoft Navision Attain arbeiten, kann sich *Herr Glaner* bei der Planung der Termine und der Kapazitätsbelegung auf diese Software stützen. Das ERP-System ermittelt dabei alle Werte in einem Durchgang. *Herr Glaner* hat die Aufgabe, die Ergebnisse zu kontrollieren und ggf. zu ergänzen. *Herr Thüne* aus der Beschaffung ruft die Ergebnisse der Planung ab und veranlasst ebenfalls mit Hilfe der ERP-Software die termingerechte Beschaffung der Sättel. Die Übersicht verdeutlicht das Vorgehen:

Deutlich sichtbar ist das parallele Vorgehen von Produktionsvorbereitung und Beschaffung. Eine genaue Planung im Vorfeld ist daher unverzichtbar.

Terminierungsarten

Damit ein ERP-System die Produktions- und Beschaffungstermine planen und aufeinander abstimmen kann, sind zwei grundsätzlich verschiedene Terminierungsregeln im Programm gespeichert. Unterschieden werden kann zwischen der Vorwärtsterminierung und der Rückwärtsterminierung.

Terminierungsarten:
– Vorwärtsterminierung
– Rückwärtsterminierung

Ausgangspunkt der **Vorwärtsterminierung** ist der Termin der Auftragserteilung. Man beginnt also in der Gegenwart zu planen und terminiert die Arbeitsvorgänge (AVO) in die Zukunft hinein. Auf diese Weise wird der **frühestmögliche Endtermin** eines Auftrages ermittelt.

Vorwärtsterminierung

– Vorteile: geringerer Zeitdruck, hohe Terminsicherheit
– Nachteil: längere unwirtschaftliche Liegezeiten, höhere Kapitalbindung

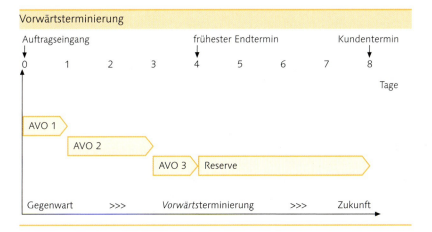

Leistungserstellungsprozesse planen, steuern und kontrollieren

Ausgangspunkt der **Rückwärtsterminierung** ist der Kundentermin. Man beginnt also in der Zukunft zu planen und terminiert die Arbeitsvorgänge (AVO) in die Gegenwart hinein. So wird der **spätestmögliche Starttermin** eines Auftrags ermittelt.

Rückwärtsterminierung

- Vorteile: Vermeidung von Liegezeiten, geringe Kapitalbindung
- Nachteile: hoher Termindruck, Störanfälligkeit, keine Reserven

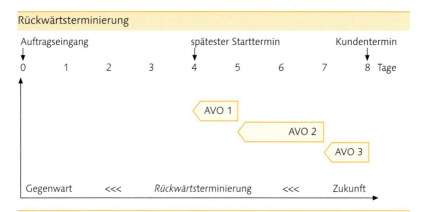

In der Praxis wird vorwiegend die Rückwärtsterminierung genutzt. Man möchte möglichst wenige Fertigerzeugnisse auf Lager haben, um Kapitalbindungskosten und das Lagerrisiko zu reduzieren.

Wenn *Herr Glaner* die integrierte Planungsfunktion des ERP-Systems aufruft, muss er dem Programm vorgeben, ob die Planung vorwärts oder rückwärts erfolgen soll:

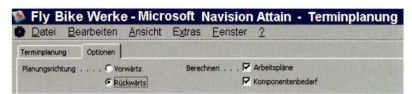

Herr Glaner hat sich für die Rückwärtsterminierung entschieden. Weiterhin gibt er dem ERP-Programm vor, die Arbeitspläne für den späteren Produktionsablauf zu terminieren (Ermittlung spätester Starttermin, Haken „Arbeitspläne") sowie die termingerechte Beschaffung der Komponenten darauf abzustimmen (Haken „Komponentenbedarf"). Auf dieser Basis kann dann die Produktion vorbereitet werden. *Herr Thüne* ist so auch in der Lage, die Sättel termingerecht beim Lieferanten zu bestellen.

Zeitarten der Terminierung

Mit den bisher genannten Daten alleine kann das ERP-System noch keine Terminierung planen. Folgende weitere Daten müssen bekannt sein:

Auftragszeit

Um die exakte Produktionszeit für die 170 Trekkingräder bestimmen zu können, sind zwei grundsätzlich verschiedene Zeitarten zu differenzieren:

Auftragszeit
– Rüstzeit
– Stückzeit

- **Rüstzeit:** Diese Zeitkomponente gibt an, wie viel Zeit im Rahmen der Auftragserledigung für das Vorbereiten des Arbeitsplatzes und das am Ende stehende Aufräumen benötigt wird (Vor- und Nachbereitung).

Diese Zeit fällt stets nur einmal pro Auftrag an, egal, wie viel Stück pro Auftrag gefertigt werden. Die **Rüstzeit** ist damit **mengenunabhängig**.
- **Stückzeit:** Diese Zeitkomponente informiert darüber, wie viel Minuten für die Produktion eines einzelnen Produktes benötigt werden. Diese Zeitkomponente fällt bei jedem einzelnen Stück erneut an. Die **Stückzeit** ist damit **mengenabhängig**.

Um die Produktionszeit für einen Auftrag wie z. B. für die 170 Trekkingräder zu ermitteln, kalkuliert man nach folgendem Schema:
Auftragszeit = Rüstzeit + (Auftragsmenge × Bearbeitungs- bzw. Stückzeit)

Im ERP-System sind folgende Zeitwerte für die Trekkingräder hinterlegt:

Arbeitsgangnr.	Beschreibung	Rüstzeit	Bearbeitungszeit
10	Trekkingrad montieren	60,00 Min.	21,00 Min.
20	Qualitätskontrolle	24,00 Min.	12,30 Min.
30	Verpackung	60,00 Min.	9,00 Min.

Als Auftragszeit für 170 Räder ergibt sich:
Rüstzeit   +   Menge × Bearbeitungszeit   = Auftragszeit
(60 + 24 + 60) + (170 × [21,00 + 12,30 + 9,00])   = 7.335 Min.

Wiederbeschaffungszeit der fremdbezogenen Teile

Die Sättel muss *Herr Thüne* von einem Lieferanten beschaffen. Für ihn ist wichtig zu wissen, wann mit der Produktion begonnen werden soll. Er muss dann die Sättel um die Lieferzeit entsprechend früher beim Lieferanten bestellen (Kreditor 44016).

Diese Vorlaufzeit wird auch Beschaffungszeit genannt. Sie ist ebenfalls im ERP-System hinterlegt. *Herr Thüne* muss die Sättel gemäß dem Systemdaten mindestens 8 Tage vor dem Produktionsbeginn bestellen (7 Tage Lieferzeit).

Standardarbeitszeiten (Plankapazitäten)

Um einen Produktionsauftrag terminieren zu können, muss bekannt sein, wie viele Minuten Maschinen und Mitarbeiter pro Tag für die Montage, Kontrolle und Verpackung der Produkte im Betrieb verfügbar sind. Diese Zeit nennt man Kapazitätsangebot bzw. Plankapazität.

Plankapazität

Die **Plankapazität** ist der Bestand an Betriebsmitteln und Mitarbeitern, der für die Durchführung von Arbeitsaufträgen zur Verfügung steht. Die Plankapazität wird stets als Zeitgröße angegeben (z. B. Std., Min.).

Für die *Fly Bike Werke* gilt eine Plankapazität von 480 Minuten/Tag/Arbeitsplatz (Arbeitszeit von 8:00 bis 16:00 Uhr). Diese Daten sind für jeden Arbeitsplatz im ERP-System hinterlegt.

Deutlich sichtbar sind die Arbeitswochen (Montag bis Freitag) und das Kapazitätsangebot pro Arbeitstag (siehe nächste Seite). An den Wochenenden wird keine Kapazität angeboten. Da noch keine Aufträge eingeplant sind, erscheinen in der Spalte „Zugewiesene Kapazität" nur Nullen. Folglich beträgt die Auslastung ebenfalls 0 %. Die Plankapazität lässt sich bei Microsoft Navision Attain in unterschiedlichen Zeithorizonten darstellen: 1 = Tag, 7 = Woche, 31 = Monat, 3 = Quartal, 12 = Jahr. Diese flexible Darstellung erleichtert *Herrn Glaner* die Planung.

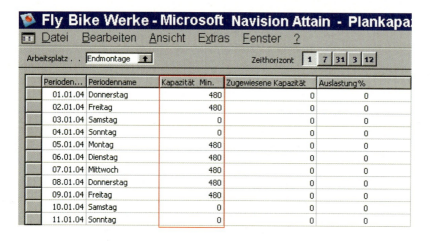

Grobterminierung

Auf der Basis der dargestellten Daten plant das ERP-System Microsoft Navision Attain den Produktionsablauf mit Start- und Endtermin sowie die darauf terminlich abgestimmte Beschaffung. Als Ergebnis wird folgende Plantafel ausgewiesen:

Grobterminierung

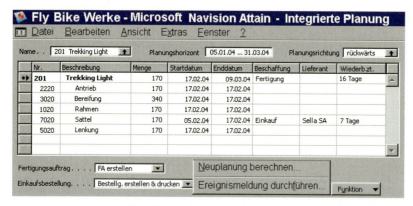

Herr Glaner prüft das Planungsresultat und kommt zu folgenden Ergebnissen:

1. **Spätester Produktionsbeginn**
   Die Produktion muss spätestens am 17. Februar 04 beginnen, damit die Räder am 9. März 04 fertig sind. So können die Produkte am 10. März 04 zum Kunden geschickt werden. Unterstellt wird, dass der Transport zum Kunden am 10. März 04 realisierbar und der Auftrag somit termingerecht lieferbar ist (von Oldenburg nach Rostock).
2. **Spätester Bestelltermin für Sekundärteile**
   Alle Sekundärteile müssen am 17. Februar 04 für die Produktion bereitstehen. Bei Sekundärteilen, die ausreichend am Lager sind (vgl. Materialdisposition), stimmen Start- und Enddatum überein. Es muss keine Vorlaufzeit für die Beschaffung berücksichtigt werden. Ganz anders ist die Situation bei den Sätteln. Diese sind von *Herrn Thüne* spätestens am 5. Februar 04 beim Lieferanten zu bestellen.

Um die ermittelten Termine besser nachvollziehen zu können, soll das Terminierungsergebnis der ERP-Software transparent gemacht werden. Basis hierfür ist ein Kalenderauszug.

Zunächst muss die Auftragszeit von 7.335 Minuten auf Tage umgerechnet werden:

$$\frac{7.335 \text{ Minuten Auftragszeit}}{480 \text{ Minuten/Tag}} = 15{,}28125 \text{ Tage, d.\,h. 16 angefangene Tage}$$

Das System terminiert vom 9. März 04 um 16 Tage zurück (Rückwärtsterminierung). Dabei werden nur Arbeitstage berücksichtigt, d. h. Wochenendtage zählen nicht mit. Der 9. März 04 zählt bereits mit, da an diesem Tage noch produziert werden kann. Als spätestmöglicher Produktionsstart ergibt sich der 17. Februar 04.

Die Sättel müssen einen Tag vor Produktionsbeginn eintreffen, um den Produktionsbeginn nicht zu gefährden. Das ERP-System terminiert vom 16. Februar 04 um 7 Tage rückwärts. Die Beschaffungszeit beginnt am 6. Februar 04. *Herr Thüne* muss also am 5. Februar 04 seine Bestellung aufgeben, um die Waren am 16. Februar 04 zu erhalten. *Herr Glaner* ist mit dem Ergebnis zufrieden und übernimmt es, indem er die Funktion „Ereignismeldung durchführen" wählt. Durch diese Ereignismeldung wird auch *Herr Thüne* über das Planungsergebnis informiert. Er kann nun die Bestellung termingerecht auslösen und die Lieferung überwachen.

Feinterminierung (Maschinen- bzw. Arbeitsplatzbelegung)
Neben der groben Terminierung plant das ERP-System weiterhin die minutengenaue Belegung der Arbeitsplätze mit den zu erledigenden Aufgaben. Diesen Planungsvorgang nennt man Feinterminierung. Hieraus werden u. a. Dienstpläne abgeleitet. Das ERP-System schlägt auf Basis der Rückwärtsterminierung folgende Feinterminierung vor:

Feinterminierung

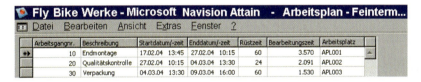

Herr Glaner analysiert den Vorschlag. Es wird deutlich, dass das System die Arbeitsgänge lückenlos aneinander reiht, d. h., der Endtermin des vorangehenden Produktionsschrittes ist der Starttermin des nachfolgenden Arbeitsganges (z. B. Wechsel Arbeitsgang-Nr. 10 auf 20).

Möchte man zwischen den Arbeitsgängen zur Sicherheit Übergangszeiten einplanen, so müsste *Herr Glaner* den Vorschlag dahingehend ändern. Das ERP-System berechnet dann die Feinterminierung unter Berücksichtigung der Übergangszeiten neu. Auch könnte *Herr Glaner* den ganzen Auftrag am 17. Februar 04 bereits um 8:00 Uhr beginnen lassen, sofern keine anderen Arbeiten um diese Uhrzeit anstehen. Würde man dann die Feinterminierung neu berechnen, wäre der Auftrag am 9. März 04 schon deutlich früher fertig; es ergäben sich kleinere Puffer bis zur Auslieferung an den Kunden.

Bei der Feinterminierung müssen also die Produktionsaufträge (= Kapazitätsnachfrage) mit den Arbeitsplätzen (= Kapazitätsangebot) abgeglichen werden. Diese Arbeit wird bis heute i. d. R. manuell gemacht. Nur so kann eine Vielzahl von Sonderfällen Berücksichtigung finden. Das ERP-System leistet also quasi die Vorarbeit, der Mitarbeiter optimiert in Abhängigkeit von der Situation den Vorschlag manuell zur endgültigen Feinterminierung.

Kapazitätsabgleich

Die vorhandene Kapazität stellt das **Kapazitätsangebot** dar. Die zu fertigenden Aufträge stellen die **Kapazitätsnachfrage** dar. Durch einen Vergleich von Kapazitätsangebot und -nachfrage wird festgestellt, ob Anpassungs- bzw. Abgleichsmaßnahmen nötig sind.

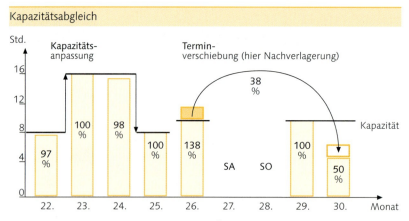

Kapazitätsabgleich

Maßnahmen: – Kapazitätsanpassung durch Überstunden, Doppelschichten
– Vor- bzw. Nachverlagerung von Auftragsterminen

Herr Glaner belässt den Vorschlag zur Feinterminierung wie vom ERP-System gemacht. Damit werden die Produktionsaufträge den Kapazitäten zugewiesen. Nach der Zuweisung gibt das System folgende Information aus:

Perioden...	Periodenname	Kapazität Min.	Zugewiesene Kapazität	Auslastung %
17.02.04	Dienstag	480	480	100
18.02.04	Mittwoch	480	480	100
19.02.04	Donnerstag	480	480	100
20.02.04	Freitag	480	480	100
21.02.04	Samstag	0	0	0
22.02.04	Sonntag	0	0	0

Die Kapazitäten sind voll belegt, die Auslastung beträgt 100 %. Wenn die *Fly Bike Werke* noch weitere Aufträge in dem gezeigten Zeitraum produzieren möchten, muss die Kapazität angepasst werden.

Parallel zur Produktionsplanung realisiert *Herr Thüne* die Beschaffung der Sättel. Dieser Teilprozess wird mit dem entsprechenden Modul der ERP-Software Microsoft Navision Attain koordiniert (Modul Kreditoren und Einkauf).

Auftragsfreigabe

Auftragsfreigabe

Die Auftragsfreigabe löst den eigentlichen Produktionsvorgang aus. Ausgangspunkt der Auftragsfreigabe sind drei wichtige Unterlagen:

- **Produktionsauftrag:** Was wird wann gefertigt?
- **Materialschein**: Welche Sekundärteile werden dem Lager entnommen?
- **Lohnschein:** Wie lange haben Mitarbeiter im Rahmen des Fertigungsauftrages gearbeitet?

Herr Glaner vergewissert sich zunächst über das ERP-System am 16.03.04, ob die Sättel auch termingerecht eingetroffen sind. Dies ist der Fall. Dann druckt er die drei relevanten Belege aus, um so die Produktion am nächsten Tag anzustoßen.

Das Druckmenü zeigt die drei Belegarten (vgl. Maske nebenstehend).

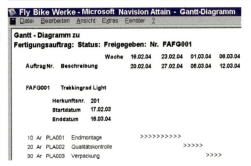

Zusätzlich kann der Produktionsvorgang in einfacher Form visualisiert werden (Gantt-Diagramm). Deutlich sichtbar ist die lückenlose Reihenfolge der Arbeitsgänge.

Der Produktionsvorgang kann bei Vorliegen der Belege beginnen.

Rückmeldung mit Betriebsdatenerfassung (BDE)

Im Rahmen der Produktion müssen die Mitarbeiter für spätere Analysen fortlaufend sämtliche Materialbewegungen sowie die Anfangs- und Endzeiten von Arbeitsgängen protokollieren. Diese Protokollvorgänge nennt man Betriebsdatenerfassung, kurz BDE. Früher nutzten die Mitarbeiter für das Protokollieren von Warenbewegungen die Materialscheine. So wurde jede Lagerentnahme von Sekundärteilen auf den zugehörigen Materialscheinen festgehalten und später gebucht. Ähnlich verwendete man die Lohnscheine, um den Anfang und das Ende eines Arbeitsganges zu dokumentieren. Die Betriebsdatenerfassung ermittelt damit den tatsächlichen Materialverbrauch und die tatsächliche benötigte Arbeitszeit, also Ist-Werte.

Heute kommen BDE-Terminals zum Einsatz. An diesen Datenerfassungsstationen ziehen die Mitarbeiter in der Produktion Chipkarten durch eine Leseeinheit und geben dann die nötigen Informationen ein.

BDE-Erfassungsstation

In den Abbildungen sind eine BDE-Erfassungsstation sowie die BDE-Buchung zum Abschluss des Arbeitsganges „Endmontage" zu sehen. Laut BDE-Buchung ist die Endmontage planmäßig verlaufen. Die Buchung führte der Mitarbeiter *Peter Schulz* durch.

Die erfassten Daten werden von der BDE-Software in die ERP-Software Microsoft Navision Attain zurückgegeben. Dieser Vorgang heißt Rückmeldung. Die **Rückmeldungen** stellen damit die Ist-Situation der Produktion dar. Unterschieden werden folgende Rückmeldungsarten:

1. **Rückmeldungen „Material"**
   Bei dieser Rückmeldung dokumentiert man die vom Lager entnommenen Sekundärteile (z. B. Sättel, Lenker) und die auf Lager genommenen Fertigteile (Trekkingräder).
2. **Rückmeldungen „Arbeitszeiten"**
   Diese Rückmeldungsart dokumentiert die tatsächlichen Start- und Endtermine der Arbeitsgänge.

BDE-Erfassungsstation

Zum Abschluss wird der Produktionsauftrag als „fertig" gemeldet. Damit sind die vom Kunden gewünschten Erzeugnisse in ausreichender Menge am Lager. *Herr Glaner* kann sich jederzeit über das ERP-System über den Stand der Produktionsaufträge und deren Fertigstellung informieren.

Nach der Fertigmeldung des Produktionsauftrages führt *Herr Glaner* einen **Soll-Ist-Vergleich** durch, um die Einhaltung der Plandaten zu prüfen. Zur Analyse nutzt er die Fertigungsauftragsstatistik, die vom ERP-System fortlaufend mitgeführt wird.

Soll-Ist-Vergleich (Vor- und Nachkalkulation)

Fly Bike Werke - Microsoft Navision Attain - FA-Statistik

	Soll-Kosten	Ist-Kosten	Abw. %	Abweichung
Materialeinzelkosten	19.720,00	19.720,00	0	0,00
Materialgemeinkosten	1.311,38	1.311,38	0	0,00
Fertigungseinzelkosten	2.445,00	2.445,00	0	0,00
Fertigungsgemeinkosten	13.692,00	13.692,00	0	0,00
Herstellkosten	37.168,38	37.168,38	0	0,00
Kapazitätsbedarf (Min.)	7.335	7.335	0	

Die Kalkulation prüft den Fertigungsauftrag bis zu den Herstellkosten. Zu Grunde liegen die Zuschlagssätze der *Fly Bike Werke* laut BAB (MEK: 116,00 Euro/Stück, MGK: 6,5 %, FEK: 20,00 Euro/Stunde, FGK 560 % gemittelt).

Herr Glaner prüft den Soll-Ist-Vergleich und stellt fest, dass es während der Produktion keine Abweichungen gegeben hat. Die Werte der Ist-Spalte stellen das Resultat der BDE-Rückmeldungen dar. Insofern ist diese Statistik ein wichtiges Instrument des Produktions- und damit Prozesscontrollings.

Nachdem der Auftrag fertig gemeldet wurde, kann die Ware nun termingerecht mit den entsprechenden Versandpapieren (Lieferschein, Rechnung) an den Kunden verschickt werden. Diesen Vorgang löst *Frau Ganser* aus. Die Versandpapiere und die anschließende Rechnungserstellung (Fakturierung) realisiert sie mit Hilfe des ERP-Systems.

Versand

Fakturierung

Damit schließt sich der Kreis des Geschäftsprozesses genau dort, wo er begann, d. h. im Verkauf bzw. beim Kunden. Als Fazit können zwei Aspekte festgehalten werden:

Fazit

1. Die auftragsabhängige Produktionsplanung stellt ein komplexes Planungsproblem dar, das auf der Basis von teilweise parallel verlaufenden Teilprozessen basiert. Damit ist eine genaue und verlässliche Planung unverzichtbar.

2. Ein ERP-System wie Microsoft Navision Attain erleichtert den Mitarbeitern die Arbeit und beschleunigt den Planungsprozess erheblich. Mitarbeiter werden durch diese Systeme allerdings nicht überflüssig. Ihr Aufgabengebiet verschiebt sich vielmehr weg von Routineaufgaben hin zu Kontroll- und Koordinierungsaufgaben. Insofern ist der Umgang mit einem ERP-System heute und in Zukunft für angehende Kaufleute so unverzichtbar wie der Umgang mit dem Taschenrechner. Eine ERP-Qualifikation sollte deshalb zwingender Bestandteil jeder kaufmännisch orientierten Ausbildung sein.

4.3.2 Auftragsunabhängige Produktionsplanung und -steuerung

Absatzprogrammplanung (Primärbedarfsplanung)

Der Primärbedarf im Rahmen der auftragsunabhängigen Produktionsplanung wird durch das aus dem Absatzprogramm abgeleitete Produktionsprogramm bestimmt:

Das Produktionsprogramm (Primärbedarf) leitet sich aus dem Absatzprogramm ab.

	Vom Absatzprogramm zum Primärbedarf	
	Absatzprogramm	Bedarf an verkaufsfähigen Enderzeugnissen und Ersatzteilen für den Absatz an die Kunden des Unternehmens bzw. zum Auffüllen des Fertigwarenlagers
–	Handelswaren Fertigwarenlagerbestände bereits in der Produktion befindliche Mengen	
+	Sicherheitsbestand an Fertigerzeugnissen	
=	**Primärbedarf**	aktuelles operatives Produktionsprogramm: Arten und Mengen der effektiv zu fertigenden Enderzeugnisse in der Betrachtungsperiode – z.B. Monat oder Jahr

Beispiel: Absatzprogramm der *Fly Bike Werke*

- **Produktionsprogramm**
  Fahrräder: City-Räder, Mountainbikes, Rennräder, Jugendräder, Trekkingräder
- **Handelswaren**
  Fahrradbekleidung, Fahrradzubehör, Fahrradanhänger
- **Dienstleistungen**
  Vermittlung von Fahrradreisen

Das Absatzprogramm der *Fly Bike Werke* umfasst nicht nur die Herstellung verschiedener Fahrradmodelle, sondern auch den Vertrieb von Handelswaren und Dienstleistungen. Das Produktionsprogramm ist also nur ein Teil des gesamten Absatzprogramms, da z. B. die Handelswaren von anderen Herstellern bezogen und die Dienstleistungen in Form von Fahrradreisen nur vermittelt werden.

Die **Unsicherheit** der Absatzprogrammplanung besteht darin, dass bei der Ermittlung des Primärbedarfs z. B. für den Planungszeitraum eines Jahres zu Beginn des Jahres noch keine Aufträge zur Auslastung der vorhandenen Kapazität vorliegen. Der vorhandene Auftragsbestand reicht vielleicht sogar nur für die nächsten drei Monate. Es muss also eine **Vorhersage** darüber erfolgen, wie hoch der Absatz von Produkten für das nächste Jahr voraussichtlich sein wird. Diese Prognose ist unter Umständen mit erheblichen Unsicherheiten belastet, die mit der Länge des Planungszeitraumes anwachsen.

Beispiel: Absatzprognose bei den *Fly Bike Werken*

Herr Gerland, der Leiter des Vertriebs, ist dafür zuständig, die Absatzprognose zu erstellen. Er ist sich seiner Verantwortung für das gesamte Unter-

nehmensgeschehen bewusst, denn auf den von ihm vorausgesagten Absatzzahlen bauen alle weiteren Planungen auf, z. B. die gesamte Materialbedarfsplanung.
- Liegen die prognostizierten Absatzzahlen zu hoch, so werden eventuell von *Herrn Thüne*, dem Leiter des Einkaufs, Materialmengen beschafft, die überhaupt nicht benötigt werden. Die Bindung finanzieller Mittel in dieser Höhe wäre dann nicht erforderlich gewesen, die Lagerhaltungskosten belasten die Kalkulation der Erzeugnisse.
- Liegen die prognostizierten Zahlen dagegen zu niedrig, können eventuell eingehende Kundenaufträge nicht zu den gewünschten Terminen erfüllt werden und die Kunden „wandern" zur Konkurrenz ab.

Das Produktionsprogramm setzt sich aus **prognostizierten** und **erteilten Aufträgen** zusammen. Für die erteilten Aufträge liegen z. B. bereits abgeschlossene Verträge vor, die prognostizierten Aufträge dagegen müssen erst ermittelt werden. Für die Ermittlung der prognostizierten Aufträge bietet sich z. B. die Freihandmethode, die Mittelwertbildung und die exponentielle Glättung an. Basis derartiger Prognosen sind im Fall der auftragsunabhängigen Produktionsprogrammplanung Absatzzahlen aus zurückliegenden Perioden. Will man auch zukünftige Kundenaufträge in die Prognose mit einbeziehen, bietet es sich an, Anfragen und bereits unterbreitete Angebote zu berücksichtigen.

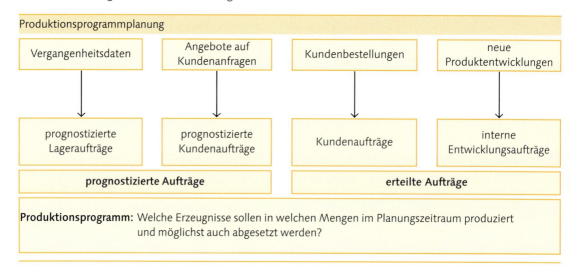

Teilebedarfsplanung (Sekundär- und Tertiärbedarfsermittlung)

Die programmorientierte Methode ist ein exaktes Verfahren der Bedarfsermittlung, das auf dem Produktionsprogramm basiert. Im Produktionsprogramm ist der Primär- oder Marktbedarf in Form von prognostizierten und bereits erteilten Aufträgen vorgegeben. Multipliziert man den Primärbedarf mit dem Bedarf je Erzeugniseinheit, erhält man den **Sekundärbedarf**. Um diese Berechnung durchzuführen, benötigt man jedoch eine genaue Aufstellung aller in einem Erzeugnis befindlichen Materialien. Eine solche Aufstellung wird als **Stückliste** bezeichnet.

Formen von Stücklisten, vgl. Kapitel 4.3.1

Um den Zusammenhang zwischen der Absatzprogrammplanung und der Materialbedarfsplanung herzustellen, wird das bereits oben entwickelte Schema aufgegriffen und weitergeführt:

Vom Absatzprogramm zum Nettotertiärbedarf

	Absatzprogramm	Bedarf an verkaufsfähigen Enderzeugnissen und Ersatzteilen für den Absatz an die Kunden des Unternehmens bzw. zum Auffüllen des Fertigwarenlagers
−	Handelswaren Fertiglagerbestände bereits in der Produktion befindliche Mengen	
+	Sicherheitsbestand an Fertigerzeugnissen	
=	**Primärbedarf**	aktuelles operatives Produktionsprogramm: Arten und Mengen der effektiv zu fertigenden Enderzeugnisse in der Betrachtungsperiode – z. B. Monat oder Jahr
→	Ableitung der in das Produkt eingehenden Verbrauchsfaktoren (Materialmengen) – programmorientierte (deterministische) Verfahren (Stücklistenverfahren/Vorlaufverschiebung) – verbrauchsorientierte (stochastische) Verfahren (Prognose aus Vergangenheitswerten)	
→	**Bruttosekundärbedarf**	Bedarf an Rohstoffen, Zwischenteilen und Baugruppen zur Produktion des Primärbedarfs
−	Materiallagerbestände Werkstattbestand (bereits in der Produktion befindliche freie (Bau-)Teile) Bestellbestand (bereits bestellte, aber noch nicht gelieferte Materialien)	
+	reservierter Bestand (vorgemerkte Mengen für Aufträge aus letzten Perioden) Sicherheitsbestand an Rohstoffen und (Bau-)Teilen	
=	**Nettosekundärbedarf**	nach Durchführung des Lagerabgleichs effektiv bereitzustellende Einsatzmaterialien; die Bereitstellung kann dabei extern (Beschaffung am Markt) oder intern (Eigenfertigung) erfolgen; Entscheidung über die Fertigungstiefe (Problem der taktischen Planung)
→	**Bruttotertiärbedarf**	Ableitung der nicht in das Produkt eingehenden Verbrauchsfaktoren (Betriebsstoffe und Verschleißwerkzeuge) i.d.R. durch verbrauchsorientierte (stochastische) Verfahren, die aber bei der Fertigung zur Erstellung des Primärbedarfs notwendig sind
−	Lagerbestände an Hilfs- und Betriebsstoffen Werkstattbestand Bestellbestand	
+	reservierter Bestand, Sicherheitsbestand	
=	**Nettotertiärbedarf**	effektiv bereitzustellende Hilfs- und Betriebsstoffe

Die **programmorientierte (determinstische) Disposition** wird auch als plan- oder bedarfsgesteuerte Disposition bezeichnet. Bei diesem Verfahren spielen **Planvorgaben** aus der **Fertigung** und dem **Vertrieb** eine zentrale Rolle. Die plangesteuerte Disposition ist sinnvoll, wenn der Materialbedarf auf Basis mittel- oder langfristiger Verbrauchsperioden ermittelt werden kann. Dabei werden als Kriterien Vergangenheitsbedarfe, bekannte Aufträge und der geschätzte Zukunftsbedarf berücksichtigt.

Leistungserstellungsprozesse planen, steuern und kontrollieren

Voraussetzung für den erfolgreichen Einsatz der plangesteuerten Disposition ist eine rollierende Planung und die intensive Abstimmung und Integration von Absatz-, Produktions- und Beschaffungsplanung.

Beispiel: Plangesteuerte Materialdisposition in den *Fly Bike Werken*

In den *Fly Bike Werken* finden regelmäßige Planungsrunden statt (Montags- oder Freitagsrunde). Dabei ist es erforderlich, dass Vertreter der gesamten logistischen Kette mit am Tisch sind. Der größte Teil der Komponenten, die zur Herstellung der Fahrräder erforderlich sind, wird von ausgewählten Lieferern fremdbezogen. Lediglich Gabel und Rahmen werden in Eigenfertigung hergestellt. In einem anschließenden Montagevorgang werden die fremdbezogenen und eigengefertigten Komponenten zum fertigen Fahrrad montiert. Zur plangesteuerten Materialdisposition wird zunächst die Komponentenliste herangezogen. Diese Komponentenliste enthält neben der Komponenten-Nr. die Bezeichnung der Komponente, die jeweilige Mengenangabe, den Namen des Lieferers bei Fremdbezug und den Einstandspreis zur Berechnung der Materialeinzelkosten.

Für die Komponente „**Sattel**" soll eine terminierte Brutto-Netto-Bedarfsrechnung durchgeführt werden.

– Die **Bruttobedarfsrechnung** ist die Umsetzung des Fertigungsprogramms in Bestell- und Fertigungsaufträge für Rohmaterial, Teile und Baugruppen ohne Berücksichtigung der Bestände.
– Die **Nettobedarfsrechnung** ist die Umsetzung des Fertigungsprogramms in Bestell- und Fertigungsaufträge für Rohmaterial, Teile und Baugruppen mit Berücksichtigung der Bestände.

Folgende Daten stehen zur Verfügung: Ausgangsbasis für die Disposition ist zunächst der **Primärbedarf** (abgeleitet aus der Absatzprognose für 2004).

Absatzprognose 2002 Modell *Light*/Trekking (in Stück)

	Jan	Feb	März	Apr	Mai	Jun	Jul	Aug	Sep	Okt	Nov	Dez	insg.
2004	217	367	517	517	433	300	217	133	167	250	306	328	3.752

Die **Erzeugnisstruktur** ist dem nachstehenden Schaubild zu entnehmen, sie zeigt verkürzt (einstufig) den Strukturaufbau des Fahrrades. Alle Komponenten, außer dem Rahmen, werden fremdbezogen. Es wird nur die letzte Stufe vor der Endmontage gezeigt:–

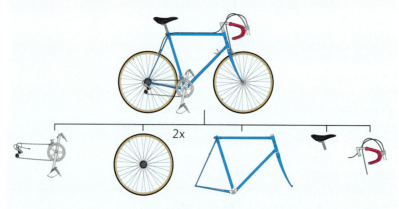

Komponentenliste für Trekking-Modell *Light*
Erzeugnis 201

Technische Spezifikationen gemäß Vereinbarungen
mit den Lieferern und den Fly Bike Werken

Set-Nr. Fly Bike	Komponentengruppen	Damen Trek TR	Teile	Anbieter	Einstandspreis geplant in €
1020	Rahmen	CrMo A, Trek	Eigenfertigung	Fly Bike Werke	11,29
1520	Gabel	CrMo A, Trek	Eigenfertigung	Fly Bike Werke	2,85
2020	Räder und Schaltung	Trek TR-Räder Trek TR-Nabenschaltung	VR „28" mit Paraflex-Nabe HR „28" mit Dax 7-Gang TR Nabenschaltung Kette, Schaltgriff (rechts) Lenkergriff (links), Bowdenzüge	Dax	39,01
2220	Antrieb	Trek TR-Antrieb	TR-Tretlager, TR-Innenlager, TR-Kurbelgarnitur, TR-Pedale 2 St.	Tamino Dax	11,00
2520	Bremsen	Trek TR-Bremsen	Tamino Gardena TR-M3-System, Bremsgriffe und Bowdenzüge	Tamino	9,60
3020	Bereifung	Trek TR-Bereifung	Felgenband, grau, 2 St. Reifen, TR-All Terrain 2 St. Schlauch mit Ventil 2 St.	Schwalle Continent	7,40
4020	Beleuchtung	Trek TR-Beleuchtung	Felgendynamo, Scheinwerfer Trek TR, Rücklicht Trek TR, Lichtkabelsatz schwarz, Reflektoren gem. StVZO	Cycle-Tools International Union Elektro	7,10
5020	Lenkung	Trek TR-Lenkung	City-Trekking, satinsilber Vorbau Alu-Trek, Steuersatz Trek	Ruhrwerke Frikawerke	8,20
6020	Ausstattung 1 (Metall)	Trek TR-Ausstattung 1	Trinkflaschenhalter, Gepäckträger, Ständer, Glocke	Cycle-Tools Ruhrwerke	5,60
6520	Ausstattung 2 (Kunststoff)	Trek TR-Ausstattung 2	Kettenschutz: Kunststoffkasten, schwarz/transp. Schutzbleche, schwarz Luftpumpe, schwarz Trinkflasche, schwarz	Cycle-Tools International Kunststoffwerke	3,60
7020	Sattel	Trek TR-Sattelset D	Gel „soft" mit Elastometer-Federung, Sattelstütze	Sella	5,36
8020	Kleinteileset	Trek TR-Kleinteile	Muttern, Schrauben, Unterlegscheiben usw.	Köller	1,90
8520	Abzüge	Trek TR-Abzüge	Abzügeset FBW, „Light"	W. Krause	1,95
9020	Verpackung 1	Trek TR-Verpackung	Stülpkarton	apv	1,00
9520	Verpackung 2	Trek TR-Verpackung	Klarsichthüllen, Polybeutel	Kunststoffwerke	0,14
Summe Materialeinzelkosten					116,00
Geplante Materialeinzelkosten					116,00
Differenz					0,00

Zur Absicherung gegen Terminverzögerungen des Lieferers bzw. unvorhergesehene Abweichungen im Verbrauch wird im Beispiel mit einem **Sicherheitsbestand** von 500 Sätteln geplant.

– **Offene Bestellungen** berücksichtigen im Planungszeitraum bereits an Lieferer erteilte Bestellungen.
– **Reservierungen** beziehen sich auf Bedarfsmengen für andere Modelle des Unternehmens, die dieselben Komponenten zur Herstellung verwenden.
– Die Materialbedarfsplanung soll auch Aussagen über Bedarfs- und Ablieferungszeitpunkte ermitteln. Hierzu ist neben Mengenbeziehungen auch die Beschreibung der Zeitbeziehungen zwischen den einzelnen Teilen und Baugruppen notwendig. Diese Zeitbeziehung wird auch als

Vorlaufzeitstruktur bezeichnet; sie ergibt sich aus der Erzeugnisstruktur: So muss z. B. der Sattel einen entsprechenden Zeitraum früher beschafft und auch die Endmontagezeit einbezogen werden, damit die Trekkingräder zum gewünschten Zeitpunkt an die Kunden ausgeliefert werden können. Aus Gründen der Vereinfachung wird im Beispiel eine Vorlaufzeit von einem Monat je Erzeugnisstufe unterstellt.

Die folgende Tabelle zeigt einen Ausschnitt aus der **Lagerbestandsdatei** für die betreffende Komponente.

Lagerbestandsdatei	
Artikel 7020	Sattel Trek TR-Sattelset D Gel „soft" mit Elastometer-Federung, Sattelstütze
Lagerbestand lt. Inventur	800 Stück
Sicherheitsbestand	500 Stück
Offene Bestellungen	– Februar: 500 Stück – April: 650 Stück – Juni: 400 Stück – Oktober: 300 Stück
Reservierungen	– Februar: 400 Stück – März: 800 Stück – Juni: 600 Stück – August: 400 Stück
Vorlaufverschiebung	– 1 Monat

Unter Berücksichtigung der oben bereits allgemein dargestellten Vorgehensweise ergibt sich für die Komponente „Sattel" des Modells *Light*/Trekking für das Jahr 2004 der folgende **Nettosekundärbedarf**:

Terminierte Brutto-Netto-Bedarfsrechnung Modell *Light*/Trekking 2004 (vereinfachte Darstellung)

Sättel (in Stück)	Jan	Feb	März	Apr	Mai	Jun	Jul	Aug	Sep	Okt	Nov	Dez
Primärbedarf	217	367	517	517	433	300	217	133	167	250	306	328
Bruttosekundärbedarf	217	367	517	517	433	300	217	133	167	250	306	328
– Lagerbestand	800	583	500	500	583	500	500	500	500	500	550	500
– offene Bestellungen		500		650		400				300		
+ Reservierungen		400	800			600		400				
+ Sicherheitsbestand	500	500	500	500	500	500	500	500	500	500	500	500
Nettosekundärbedarf	– 83	184	1.317	– 83	350	500	217	533	167	– 50	256	328
Vorlaufverschiebung		184	1.317	– 83	350	500	217	533	167	– 50	256	328

Der Nettosekundärbedarf ergibt die Menge an Sätteln, die unter Berücksichtigung der Vorlaufzeit vom Einkauf beschafft werden muss, um die Produktion des Primärbedarfs in den einzelnen Monaten sicherzustellen. Ein negativer Nettobedarf bedeutet, dass keine Bestellung ausgelöst werden muss. Die erforderlichen Bestellmengen könnten unter wirtschaftlichen Gesichtspunkten zu so genannten optimalen Bestellmengen zusammengefasst werden.

Optimale Bestellmenge, vgl. Kapitel 5.2.2

Die **verbrauchsgesteuerte Disposition** wird auch als bestandsgesteuerte Disposition bezeichnet. Dieses Dispositionsverfahren wird häufig eingesetzt, wenn ohne Bezug auf einen festen Produktionsplan disponiert wird und wenn der künftige Bedarf auf Basis des **buchmäßigen Lagerbestandes** ermittelt werden kann, eventuell korrigiert um Reservierungen und offene Bestellungen.

Die verbrauchsgesteuerte (bestandsgesteuerte) Disposition orientiert sich am buchmäßigen Lagerbestand.

Der Vorteil der verbrauchsgesteuerten Disposition liegt in einem geringen Dispositionsaufwand, wobei Unsicherheiten durch Sicherheitsbestände kompensiert werden können. Die Voraussetzungen für den erfolgreichen Einsatz sind eine stets aktuelle und korrekte Lagerbestandsfortschreibung und eine enge Kopplung zwischen Disposition und Lagerbestandsführung. Die Zielsetzung liegt in der termingerechten Erteilung von Bestellungen, sodass bis zur Verfügbarkeit jede Bedarfsanforderung erfüllt werden kann. Sinnvollerweise werden so genannte C-Güter (Verbrauchsmaterial) verbrauchsgesteuert disponiert, z. B. beim Trekkingrad die im Kleinteileset enthaltenen Muttern, Unterlegscheiben und Schrauben. Bei der verbrauchsgesteuerten Disposition wird zwischen dem Bestellpunkt- und dem Bestellrhythmusverfahren unterschieden.

Bestandsplanung und -führung, vgl. Kapitel 5.5

vgl. ABC-Analyse 5.2.2

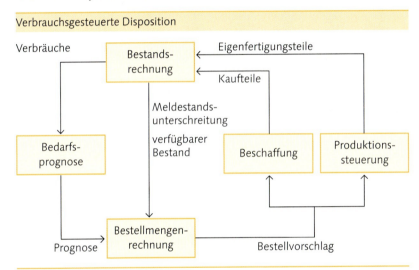

Verbrauchsgesteuerte Disposition

Das **Bestellpunktverfahren** (Mengensteuerung) wird auch als Meldebestandsverfahren bezeichnet. Dabei ist der Bestellpunkt bzw. Meldebestand diejenige Bestellmenge, die erforderlich ist, um den Bedarf abzudecken, der zwischen der Bestellauslösung und der Bereitstellung im Lager voraussichtlich auftreten wird. Bei jedem Lagerabgang wird geprüft, ob der Zeitpunkt für die Nachbestellung erreicht ist. Die neue Lieferung muss im günstigsten Fall am Lager sein, wenn der Sicherheitsbestand gerade erreicht ist. Der Meldebestand errechnet sich wie folgt:

Lager, vgl. Kapitel 5.5

$$\text{Meldebestand} = \frac{\text{Verbrauch}}{\text{Periode}} \times \text{Beschaffungszeit} + \underbrace{\frac{\text{Verbrauch}}{\text{Periode}} \times \text{Sicherheitszeit}}_{\text{Sicherheitsbestand}}$$

Die **Beschaffungszeit** umfasst den Zeitraum von der Bedarfsauslösung bis zum Eintreffen des Teils im Lager bzw. bei der verbrauchenden Stelle.

Die Beschaffungszeit gliedert sich in eine interne und eine externe Zeit. Die **interne Zeit** umfasst den Zeitraum vom Erkennen des Bedarfs bis zur Bestellauslösung im Einkauf sowie den Zeitraum vom Eintreffen des Materials im Wareneingang bis zur Verfügungstellung im Lager bzw. an der verbrauchenden Stelle. Die **externe Zeit** umfasst den Zeitraum des Postweges für die Bestellung und die Lieferzeit einschließlich Transportzeit

interne und externe Komponenten der Beschaffungszeit

Voraussetzungen für den Einsatz des Bestellpunktverfahrens sind:
1. die ständige Überprüfung, ob der Bestand kleiner als der Bestellpunkt ist
2. wenn ja, Auslösung einer Bestellung über die optimale Bestellmenge
3. Der Einsatz von EDV ist zwingend notwendig.

Voraussetzungen für den Einsatz des Bestellpunktverfahrens

Beispiel: Bestellpunktverfahren in den *Fly Bike Werken*

Auszug aus der Komponentenliste Modell *Light*/Trekking

Set-Nr. Fly Bike	Komponentengruppen	Damen Trek TR	Teile	Anbieter	Einstandspreis geplant in €
9020	**Verpackung 1**	Trek TR-Verpackung	Stülpkarton	apv	1,00

Der Komponentenliste ist zu entnehmen, dass die *Fly Bike Werke* regelmäßig Verpackungsmaterial benötigen. Auf der Grundlage der Absatzprognose für das Jahr 2004 kann für das Modell *Trekking*/Light mit einer Absatzmenge von 3.752 Fahrrädern gerechnet werden. Da die Verpackung auch noch für andere Modelle verwendet wird, plant das Unternehmen, auch unter Berücksichtigung einer bestimmten Ausschussquote, eine jährliche Verbrauchsmenge dieser Kartonart in Höhe von 15.000 Stück. Auf der Grundlage des Betriebskalenders wird mit 250 Arbeitstagen pro Jahr gerechnet. Die Beschaffungszeit für die Kartons beträgt fünf Tage; wegen der Verbrauchsschwankungen im Ablauf des Jahres wird mit einer Sicherheitszeit von vier Tagen gerechnet. Die Kartons sollen u. a. wegen ihres geringen Wertes verbrauchsorientiert (nach dem Bestellpunktverfahren) disponiert werden. Der aktuelle Lagerbestand beträgt 720 Stück. Der Höchstbestand soll 1.000 Stück nicht überschreiten.

$$\text{Meldebestand} = \frac{\text{Verbrauch}}{\text{Periode}} \times \text{Beschaffungszeit} + \underbrace{\frac{\text{Verbrauch}}{\text{Periode}} \times \text{Sicherheitszeit}}_{\text{Sicherheitsbestand}}$$

$$\text{Durchschnittlicher Verbrauch pro Tag} = \frac{15.000 \text{ Stück}}{250 \text{ Tage}} = 60 \text{ Stück}$$

$$\begin{aligned}\text{Meldebestand} &= 60 \text{ Stück} \times 5 \text{ Tage} + 60 \text{ Stück} \times 4 \text{ Tage} \\ &= 300 \text{ Stück} + 240 \text{ Stück} \\ &= 540 \text{ Stück}\end{aligned}$$

Ist der aktuelle Lagerbestand von 720 Stück auf 540 Stück gesunken, so muss eine Bedarfsmeldung ausgelöst werden, damit die Materialversorgung des Betriebes für dieses Teil gesichert ist. Sollte es zu Lieferungsverzögerungen oder zu einem erhöhten Verbrauch dieses Teils kommen, so ist eine Sicherheitszeit von vier Tagen bzw. ein Sicherheitsbestand von 240 Stück eingeplant. Die Bestellmenge sollte höchstens 760 Stück betragen, damit aus Gründen der zur Verfügung stehenden Lagerkapazität und der Lagerkosten der Höchstbestand von 1.000 Stück nicht überschritten wird.

Bestellpunktverfahren

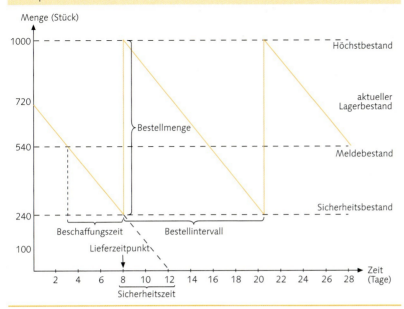

Lagerhaltungsstrategien beim Bestellpunktverfahren

Prinzip: konstante Menge	Wenn der verfügbare Bestand den Bestellpunkt erreicht oder unterschreitet, wird eine konstante Menge nachbestellt.
Prinzip: Minimum-Maximum	Wenn der verfügbare Bestand den Bestellpunkt erreicht oder unterschreitet, wird dieser bis zu einer Obergrenze aufgefüllt. Durch die Festlegung dieser Obergrenze werden unnötig hohe Materialvorräte verhindert (s. Beispiel).

Beim **Bestellrhythmusverfahren** (Terminsteuerung) erfolgt eine Bestandskontrolle oder Nachbestellung in **zyklischen Intervallen**. Es ermöglicht koordinierte Bestellungen (verschiedene Lagerartikel vom gleichen Lieferer) und orientiert sich am Lieferer- oder Produktionsrhythmus.

Beispiel: Bestellrhythmusverfahren in den Fly Bike Werken

Auszug aus der Komponentenliste Modell *Light*/Trekking

Set-Nr. Fly Bike	Komponentengruppen	Damen Trek TR	Teile	Anbieter	Einstandspreis geplant in €
9520	**Verpackung 2**	Verpackung	Klarsichthüllen, Polybeutel	Kunststoffwerke	0,14

Für die Verpackung Klarsichthüllen ergibt sich ein jährlicher Verbrauch in Höhe von 48.000 Stück. Unter Berücksichtigung des Betriebskalenders wird von 250 Arbeitstagen ausgegangen. Der durchschnittliche Verbrauch je Arbeitstag beträgt somit 192 Stück (48.000 Stück/250 Arbeitstage).

Die Beschaffungszeit soll acht Tage und die Sicherheitszeit drei Tage betragen. Der Höchstbestand wird mit 10.000 Stück angesetzt. Der aktuelle Lagerbestand beträgt 5.000 Stück.

Leistungserstellungsprozesse planen, steuern und kontrollieren

Meldebestand = 192 Stück × 8 Tage + 192 Stück × 3 Tage
= 1.536 Stück + 576 Stück
= 2.112 Stück

Der Bestand wird in konstanten Intervallen von zehn Tagen überprüft. Bei Erreichen des Meldebestandes bzw. bei seiner Unterschreitung wird der Bestand bis zum Höchstbestand aufgefüllt.

Bei strikter Anwendung des Bestellrhythmusverfahrens würde am 10. Tag keine Bestellung erfolgen, denn der Lagerbestand liegt noch über dem Meldebestand. Erst bei Erreichen des Meldebestandes (2.112 Stück) würde eine Bestellung ausgelöst werden. Dadurch wäre nicht mehr sichergestellt, dass der vorhandene Lagerbestand (einschließlich des Sicherheitsbestandes) ausreicht, den Verbrauch während der Beschaffungszeit abzudecken. Aus diesem Grund erfolgt eine Bestellung am 10. Tag, die Lieferung erfolgt dann noch so rechtzeitig (am 18. Tag), dass der Sicherheitsbestand nicht „angegriffen" werden muss. In derselben Weise wird am 40. Tag verfahren. Sollte für die Überprüfung der Lagerbestände eine Zeitspanne anfallen, die ins Gewicht fällt, so müsste sie für die Berechnung des Bestellpunktes zur Beschaffungszeit hinzugerechnet werden.

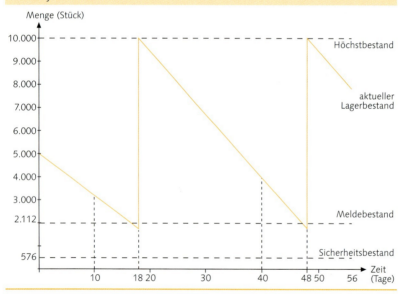

Bestellrhythmusverfahren

Lagerhaltungsstrategien beim Bestellrhythmusverfahren	
Prinzip: konstante Intervalle	Wenn Lagerbewegungen stattgefunden haben, wird in konstanten Intervallen nachbestellt und bis zum Höchststand aufgefüllt.
Prinzip: konstante Intervalle/ konstante Menge	Der Bestand wird in konstanten Intervallen überprüft. Wird der Bestellpunkt (annähernd) erreicht oder unterschritten, dann wird eine konstante Menge nachbestellt.
Prinzip: konstante Intervalle/ Minimum-Maximum	Der Bestand wird in konstanten Intervallen überprüft. Wird der Bestellpunkt (annähernd) erreicht oder unterschritten, dann wird bis zum Höchstbestand aufgefüllt. vgl. Beispiel oben

Das Bestellrhythmusverfahren hat gegenüber dem Bestellpunktverfahren den Vorteil, dass sehr schnell erkannt wird, ob z. B. ein bestimmter Rohstoff schon längere Zeit keine Bewegungen aufweist und damit eventuell als so genannte „Lagerhüter" aus dem Lager herausgenommen werden muss. Die verbrauchsgesteuerte Disposition wird häufig bei C-Teilen verwendet, während A-Teile plangesteuert disponiert werden. Für die Disposition von B-Teilen kommen prinzipiell beide Verfahren zum Einsatz.

Vorteil des Bestellrhythmusverfahrens

ABC-Analyse, vgl. Kapitel 5.2.2

Disposition ABC-Teile		
A-Teile	Basis: Stücklistenauflösung	plangesteuerte Disposition
B-Teile	nach Zweckmäßigkeit	beide Verfahren
C-Teile	Basis: Prognoserechnung oder Schätzung	verbrauchsgesteuerte Disposition

Beispiel: Anhand des gesamten Strukturaufbaus eines Fahrrades wird abschließend deutlich, welchen Rechenaufwand eine Materialdisposition für das gesamte Absatz- und Produktionsprogramm der *Fly Bike Werke* erfordern würde, wenn man sich im Unternehmen nicht auf ein modernes DV-System stützen könnte. Bei kompletter Eigenfertigung aller Komponenten würde die Erzeugnisgliederung fünf Stufen (einschließlich der Stufe des Fertigerzeugnisses) umfassen. Eine terminierte Netto-Bedarfsrechnung wäre entsprechend tief zu gliedern, unter Berücksichtigung der erforderlichen Vorlaufverschiebungen.

Eigenfertigung und Fremdfertigung, vgl. Kapitel 4.5.1

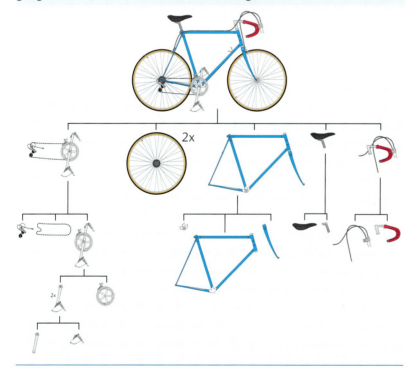

Leistungserstellungsprozesse planen, steuern und kontrollieren

Übersicht:		
Zusammenhang zwischen Absatzprogramm und Primärbedarf	Der Primärbedarf im Rahmen der auftragsunabhängigen Produktionsplanung wird durch das aus dem Absatzplan abgeleitete Produktionsprogramm bestimmt.	
Auftragsarten	prognostiziert	Aufträge, für die erst eine Vorhersage durchgeführt werden muss
	erhalten	Aufträge, für die bereits abgeschlossene Verträge vorliegen
Bedarfsarten	Primärbedarf	akuelles operatives Produktionsprogramm: Arten und Mengen der effektiv zu fertigenden Enderzeugnisse in der Betrachtungsperiode – z. B. Monat oder Jahr)
	Nettosekundärbedarf	nach Durchführung des Lagerabgleichs effektiv bereitzustellende Einsatzmaterialien
	Nettotertiärbedarf	nach Durchführung des Lagerabgleichs effektiv bereitzustellende Hilfs- und Betriebsstoffe
Dispositionsarten	verbrauchsgesteuert	bestandsgesteuerte Disposition, die sich am Lagerbestand orientiert
	programmgesteuert	bedarfsgesteuerte Disposition, bei der Planvorgaben aus der Fertigung und dem Vertrieb eine zentrale Rolle spielen

4.4 Qualitätssicherung

Beispiel: In den letzten Jahren drängen immer mehr asiatische Fahrradproduzenten mit Billigprodukten auf den deutschen Fahrradmarkt. Diese sind im Vergleich zu den Produkten der *Fly Bike Werke* erheblich preiswerter. Die Geschäftsführung des Unternehmens macht sich Gedanken darüber, wie der eigene Marktanteil gehalten und eventuell ausgebaut werden kann. Um zuverlässige Daten zu erhalten, wird ein Marktforschungsinstitut mit der Durchführung einer Kundenbefragung beauftragt. Wesentliches Ergebnis dieser Studie ist, dass die Produkte der *Fly Bike Werke* qualitativ bedeutend hochwertiger sind als die ausländischen Fahrräder. Die Kundenzufriedenheit sinkt sowohl bei einem „Zuwenig" an Qualität als auch indirekt (über den Preis) bei einem „Zuviel" an Qualität. Es wird beschlossen, den Qualitätsgesichtspunkt in zukünftigen Werbekampagnen verstärkt in den Vordergrund zu stellen. Leitmotto: „Qualität hat ihren angemessenen Preis!"

In Zeiten zunehmender Globalisierung müssen sich nationale Produkte in immer stärkerem Maße in ihrer Qualität mit internationalen Produkten messen lassen. Ursprünglich wurde der **Qualitätsbegriff** vor allem mit dem der Qualitätskontrolle gleichgestellt, d. h. der Qualitätsprüfung nach Abschluss der Produktfertigung. Nach modernem Verständnis durchzieht die Qualitätsforderung alle Funktionen eines Unternehmens und umfasst somit sämtliche Stationen im „Lebenszyklus" eines Produktes. Die DIN 55300, Teil 11, definiert Qualität als „… die Gesamtheit von Eigenschaften

Globalisierung, vgl. Kapitel 2.3

Qualität nach DIN

und Merkmalen eines Produkts oder einer Tätigkeit, die sich auf deren Eignung zur Erfüllung gegebener Erfordernisse bezieht". Die Qualität eines Gutes hängt demzufolge sowohl von der **technischen Beschaffenheit** als auch von den Anforderungen bzw. **Ansprüchen an die Nutzung** ab. Beide Kriterien führen dazu, dass Qualität zu einem subjektiven Begriff wird.

> **Beispiel:** In den *Fly Bike Werken* beginnt die Qualitätssicherung bereits bei der Materialbeschaffung. Nur solche Lieferer werden berücksichtigt, die fehlerfreie Produkte über einen längeren Zeitraum geliefert haben. In der Produktion finden sich fertigungsbegleitende Maßnahmen in allen Teilprozessen. Kunden werden laufend gebeten, die Qualität der gelieferten Fahrräder zu beurteilen. Auf den Internetseiten des Unternehmens gibt es einen separaten Fragebogen, der speziell diesem Gesichtspunkt gewidmet ist.

Beschaffung, vgl. Kapitel 5

Qualität orientiert sich demzufolge an den Wünschen und Vorstellungen der Kunden, nicht etwa der Produzenten. Für diese umfassende und kundenbezogene Sicht der Qualitätssicherung hat sich der Begriff **Total Quality Management** (TQM) herausgebildet. TQM beinhaltet drei Dimensionen, die sich in der folgenden Reihenfolge herausgebildet haben:

kundenorientierter Qualitätsbegriff

- **Ergebniskontrolle**: Mess- und Prüfvorgänge sollen herausfinden, ob das bezogene bzw. hergestellte Produkt den technischen und funktionalen Vorgaben und Wünschen des Kunden entspricht. Ist dies nicht der Fall, so muss nachgearbeitet bzw. über Garantieleistungen Ersatz beschafft werden. Beides führt zu einer Erhöhung der Kosten, d. h. zu einem verringerten Gewinn.
- **Total Quality Control** (TQC): Qualität muss nicht nur laufend nachträglich festgestellt, sondern „proaktiv" von vornherein und fertigungssynchron „hineinproduziert" werden. Dieses Konzept der Fehlervermeidung bezeichnet man als „Null-Fehler-Strategie". Diese soll prozessbegleitend erfolgen durch Wareneingangskontrollen in der Beschaffung, Kontrolle der einzelnen Arbeitsschritte (durch spezielle Qualitätsbeauftragte ebenso wie durch jeden Mitarbeiter) in der Produktion und im Absatz.
- **Total Quality Management** (TQM): Neben TQC soll ein umfassendes Qualitätsbewusstsein aller Mitarbeiter auf allen Unternehmensebenen erreicht werden, im Rechnungswesen beispielsweise gemessen durch die Anzahl der Fehlbuchungen, im Vertrieb durch die Anzahl der Kundenreklamationen. Im Idealfall ist jeder Mitarbeiter für die Ergebnisse seiner Arbeit verantwortlich und muss Abweichungen zwischen der geforderten und der erreichten Qualität vertreten und letztlich auch abstellen können.

Das TQM geht von der Überlegung aus, dass der (interne und externe) Kunde die Messlatte für die zu erbringende Leistung setzt. Deming, ein führender amerikanischer Wissenschaftler auf dem TQM-Gebiet, hat die darauf basierenden Konsequenzen in einer Reaktionskette dargestellt.

Reaktionskette von Deming vgl. nächste Seite

Qualität wird zunehmend zu einem **Wettbewerbsfaktor**, der häufig über die Berücksichtigung von Unternehmen in Ausschreibungen entscheidet. 1987 veröffentlichte die *International Organization for Standardization* (ISO) die Normenreihe **ISO 9000–9004**, die unverändert vom Deutschen

Institut für Normung (DIN) übernommen wurde. Sie umfassen weitgehend branchenneutral und sehr allgemein Regeln für den Aufbau von Qualitätssicherungssystemen, die den Prinzipien von TQC und TQM entsprechen. Aufbau, Anwendung und Dokumentation eines Qualitätssicherungssystems werden durch ein entsprechendes Zertifikat nachgewiesen; dieses eignet sich sehr gut als Verkaufsargument für Werbezwecke und Öffentlichkeitsarbeit.

Öffentlichkeitsarbeit, vgl. Kapitel 6.3.1

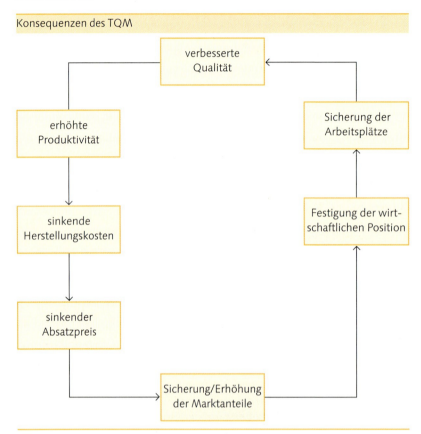

Konsequenzen des TQM

Zur Ausstellung dieser Zertifikate ist in Deutschland die **Deutsche Gesellschaft für Zertifizierung von Qualitätssicherungssystemen mbH** (DGQM) berechtigt. Vor dem Hintergrund des Prozessdenkens wurden diese Vorschriften Anfang 2001 angepasst. Die Qualitätsprüfung erfolgt auf der Grundlage der folgenden Schritte:

DIN ISO 9000er-Serie	
ISO 9004 (1. Teil)	Qualitätsmanagement/Elemente eines Qualitätssicherungssystems (QS)
ISO 9000	Basisangaben = Leitfaden zu Auswahl und Anwendungsvoraussetzungen der Reihe
ISO 9001	Design, Produktion, Montage
ISO 9002	Produktion und Montage
ISO 9003	Qualitätsendprüfung
ISO 9004 (2. Teil)	Dienstleistungen

4.5 Rahmenbedingungen der Leistungserstellung

Die Rahmenbedingungen der Leistungserstellung werden zum einen bestimmt durch die langfristige strategische und taktische Planung der Produktion und zum anderen durch die organisatorischen Strukturen der Produktion einschließlich der Fähigkeit des Betriebs, sich hinsichtlich der durch den betrieblichen Leistungsprozess entstehenden Kosten an Veränderungen des Beschäftigungsgrades anpassen zu können. Vor diesem Hintergrund sollen im Folgenden eine Typisierung von Fertigungsverfahren und der Einfluss der Kostenstruktur auf den Kernprozess der betrieblichen Leistungserstellung dargestellt werden.

4.5.1 Fertigungsverfahren

Um Fertigungsprozesse sinnvoll planen, steuern und kontrollieren zu können, sind neben einer Vielzahl von Arbeitsplätzen die für die Fertigung benötigten Betriebsmittel in Form von Gebäuden, Maschinen und Werkzeugen so zu organisieren, dass eine „funktionierende Fabrik" entsteht. Welche Betriebsmittel und Fertigungsverfahren werden in den *Fly Bike Werken* eingesetzt und wie werden sie organisiert?

> **Beispiel:** Ein Fahrrad durchläuft in der Fertigung die folgenden Arbeitsschritte:

In der **Rohfertigung** werden für die Herstellung von Rahmen und Gabeln Rohre aus Stahl oder Aluminium mit Hilfe vollautomatisierter Anlagen geschnitten. Rahmen und Gabeln werden robotergeschweißt, aber auch teilweise im Handschweißverfahren hergestellt. Daneben gibt es Rahmen und Gabeln, die im Lötofen gefertigt werden. Neben diesen eigengefertigten Komponenten werden auch komplette Rahmen und Gabeln als Kaufteile fremdbezogen.

Fertigungsverfahren in den Fly Bike Werken, vgl. S. 138–139

In der **Richterei/Sandfunker** erfolgt das Richten der Rahmen und Gabeln manuell auf einer Werkbank oder einem Richtautomaten (Anlöten/Vorbereiten der Rahmen abhängig von Lackiervariante, Oberflächenvorbehandlung der Rahmen/Gabeln). Die Kaufrahmen und -gabeln werden hauptsächlich direkt in der Lackierabteilung eingesetzt.

In der **Lackierung** wird eine drei- oder vierfache Beschichtung der Rahmen vorgenommen.
– Grundlack: CLP- über ESTA-Scheibe, HRO-KTL-Lackierung (Innen- und Außenbeschichtung)
– Decklack: über ESTA-Scheibe
– Effekte: Handspritzstände
– Klarlack: über ESTA-Scheibe

Die **Vormontage** umfasst verschiedene Arbeitsstationen:
– Alle Rahmen/Gabeln werden mit Dekoren (nass) versehen. Teilweise werden Dekore unter Klarlack eingesetzt.
– Die lackierten Rahmen/Gabeln werden in maschinell unterstützter Handarbeit zusammengebaut (Rahmen und Gabelbau inklusive Steuersätze/Innenantriebe/ Beleuchtung).

- Die Komponenten (Lenker, Lenkergriffe, Schalt-, Bremshebel usw.) werden zu einer Baugruppe zusammengebaut (Handarbeit).
- In der Spannerei erfolgt der Zusammenbau der Laufräder in den Arbeitsschritten Einwerfen (Handarbeit), Nippeln (maschinell unterstützte Handarbeit), Zentrieren (Zentrierroboter), Bereifen (Bereifungsrutschen; Gruppenarbeit).

Die **Endmontage** findet an Montagebändern statt. Die Baugruppen/Anbauteile werden bandweise bereitgestellt und am Band zusammengebaut in maschinell unterstützter Handarbeit (Elektro-, Luftschrauber). Zum Teil werden Montagebänder mit automatischer Rückführung der Montagewagen eingesetzt.

Verpackung: Kundenabhängig werden die Fahrräder in Kartons gestülpt oder in Folie verpackt.

In den *Fly Bike Werken* kommen verschiedene Anlagen und Fertigungsverfahren zum Einsatz: An technischen Anlagen und Maschinen werden u. a. Rohrschneideanlagen, Universalroboter, Werkbänke, Schleifmaschinen, Schweißmaschinen, Montagebänder und Lackierautomaten eingesetzt. An Fertigungsverfahren finden sich z. B. Fließ- bzw. Gruppenfertigung, Werkstattfertigung, Serienfertigung und Einzelfertigung.

Werkstatt-, Fließ- und Gruppenfertigung gehören zu den so genannten **Organisationstypen** der Fertigung. Die Unterscheidung nach dem Organisationstyp erfolgt unter dem Gesichtspunkt der Anordnung der Betriebsmittel im Fertigungsprozess. Diese kann sich am Verrichtungs- oder Objektprinzip orientieren.

Die Anordnung der Betriebsmittel bestimmt den Organisationstyp der Fertigung.

Serien- und Einzelfertigung zählen zu den **Produktionstypen** der Fertigung. Die Unterscheidung nach dem Produktionstyp erfolgt unter dem Gesichtspunkt der Wiederholung gleicher oder ähnlicher Erzeugnisse.

Die Wiederholung gleicher oder ähnlicher Erzeugnisse bestimmt den Produktionstyp der Fertigung.

Organisationstypen der Fertigung
Nach der Anordnung der Betriebsmittel unterscheidet man zwischen verrichtungs- und objektorientierter Organisation der Fertigung.

- **Die Werkstatt-/Werkbankfertigung** findet vorwiegend in Handwerksbetrieben Anwendung, d. h., eine Werkstatt ist ein mit verschiedenen Maschinen ausgestatteter Raum, in dem die erforderlichen Bearbeitungen vorgenommen werden. Die Werkstattfertigung ist nach dem Verrichtungsprinzip organisiert, d. h., Maschinen gleicher oder ähnlicher Verrichtung werden räumlich zusammengefasst (Werkstatt im industriellen Sinn). Die Fertigung ist hier nach Fertigungstechnologien organisiert, d. h., Arbeitssysteme, die gleichartige Arbeitsgänge durchführen können, werden vereint, die Standorte der Maschinen bestimmen den Fertigungsablauf.

Bei der Werkstattfertigung bestimmen die Standorte der Maschinen den Fertigungsablauf.

Die Schweißerei oder die Lackiererei sind Beispiele für den Organisationstyp der Werkstattfertigung. Da die Arbeitsgänge bei der Werkstattfertigung zeitlich nicht genau aufeinander abgestimmt werden können, sind Lager für Rohmaterial, Halbfertig- und Fertigerzeugnisse nötig. Die Fertigung erfolgt entsprechend der im Arbeitsplan aufgeführten Reihenfolge, wobei die Werkstücke auftragsweise von Werkstatt zu Werkstatt transportiert werden müssen. Wegen der fehlenden Abstimmung der Bearbeitungs- und Transportzeiten kann es zu Wartezeiten vor den Maschinen und zu hohen Werkstattbeständen kommen. Trotz hoher Aufwendungen für Planung und Steuerung entstehen lange Durchlaufzeiten und eine unbefriedigende Termintreue. Aus Wettbewerbsgründen müssen Unternehmen zunehmend Lieferzeiten reduzieren und kurze Durchlaufzeiten realisieren. Die Durchlaufzeit (auftragsbezogen) ist die Zeitspanne, die zwischen dem Beginn der Fertigung und deren Ende liegt. Der Kostendruck zwingt Unternehmen dazu, niedrige Umlaufbestände und damit möglichst wenig Kapital im Fertigungsprozess zu binden. Deshalb findet die Werkstattfertigung nur noch Anwendung bei der Einzelfertigung, wo es auf hohe Flexibilität in der Fertigungstechnologie ankommt.

Materialfluss in Abhängigkeit von der Organisationsstruktur der Fertigung

Zur Fertigung der Produkte P1, P2 und P3 ist die Reihenfolge der auszuführenden Arbeitsgänge in folgender Weise festgelegt:
- P1: Sägen – Drehen – Lackieren – Montieren
- P2: Sägen – Fräsen – Schleifen – Galvanisieren
- P3: Drehen – Lackieren – Montieren

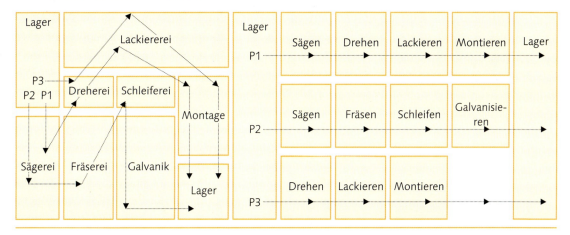

- **Fließfertigung**: Wenn man kurze Durchlaufzeiten haben will, muss man die Werkstücke zum Fließen bringen, d. h. die Fertigung nach dem Objektprinzip organisieren. Dies geschieht dadurch, dass man die Arbeitssysteme entsprechend den nötigen Arbeitsgängen laut Arbeitsplan anordnet und lose oder fest miteinander verbindet. Voraussetzung ist die Abstimmung der Bearbeitungszeiten an den einzelnen Arbeitssystemen und der Einsatz von zuverlässigen Maschinen. Gelingt die Abstimmung aus technischen Gründen nicht vollständig, entstehen an den nicht ausgelasteten Arbeitssystemen unerwünschte Leerzeiten, weil das langsamste Arbeitssystem die Ausbringung bestimmt. Dies ist der Grund dafür, dass Fließsysteme immer maßgeschneidert werden müssen.

Bei der Fließfertigung bestimmt der Fertigungsablauf die Standorte der Maschinen.

Das **Fließband**, eine Sonderform der Fließfertigung, ist die älteste Form der Fließfertigung. Dass es noch heute Fließbänder gibt, ist ein Beweis, dass sie sich bewährt haben. Fließbänder werden seit Beginn der Massenfertigung in der Endmontage eingesetzt. Insbesondere anspruchsvolle und teure Produkte bestehen aus mehr als tausend Einzelteilen und mehr als hundert Baugruppen, die in nur schwer und aufwändig automatisierbaren Fügeprozessen zusammengesetzt werden müssen.

Rohfertigung: vollautomatisierte Rohrschneideanlage

Rohfertigung: Rahmen schweißen (Schweißroboter)

Rahmenrohbau

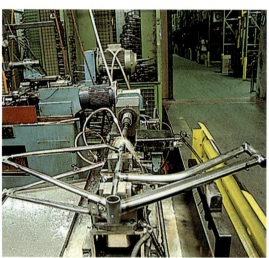
Richterei: Nachbearbeitung des Rahmenrohbaus (fräsen)

Klarlackiererei (vollautomatisierte Lackieranlage)

Rahmen und Schutzbleche in der Abdunstzone

Rahmen dekorieren

Anordnung der Rahmen für die Montage

Vormontage: Steuerkopfschalen eindrücken

Vormontage: Sättel montieren

Endmontage: Kettengarnitur montieren

Kettentransportsystem mit verpackten Fahrrädern

Auge, Hand und Gehirn eines Menschen sind nur schwer ersetzbar, und noch schwieriger ist das Mitdenken der Mitarbeiter bei sich ändernden Umständen zu ersetzen. Das Fließband wird weiter bestehen, weil es durch wechselnden Personaleinsatz flexibel ist, weil Fügeprozesse nicht qualitätskritisch sind und weil das Fließband die Grundforderungen an die Fertigung erfüllt: schnelle Durchlaufzeiten, niedrige Kosten und Flexibilität.

Fließfertigung in der Automobilindustrie: Opel-Werke 1924 und DaimlerChrysler 1999

— Die **Gruppenfertigung** kombiniert Elemente der Werkstatt- und der Fließfertigung. Das Ziel besteht darin, für ein zu bearbeitendes Werkstück eine Komplettbearbeitung zu erreichen. So ist z. B. in den *Fly Bike Werken* die Endmontage nach diesem Prinzip organisiert, d. h., jedes Mitglied der Gruppe ist dafür zuständig, eine bzw. mehrere Komponenten zu montieren. Die Reihenfolge der Arbeitsschritte wird durch den Montageplan vorgegeben. Beispiel dafür ist die im Foto auf S. 139 dargestellte Montage der Kettengarnitur.

Bei der Gruppenfertigung werden verschiedene Arbeitsplätze zusammengefasst.

Produktionstypen der Fertigung

Unter dem Gesichtspunkt der Wiederholung gleicher oder ähnlicher Erzeugnisse wird zwischen Einzel-, Massen-, Serien-, Sorten- und Chargenfertigung unterschieden:

— Bei der **Einzelfertigung** wird ein einzelnes Erzeugnis gefertigt. Hierbei kann zwischen Kundenproduktion *(make to order)* und Marktproduktion *(make to stock)* unterschieden werden. Bei Marktproduktion muss die Nachfrage geschätzt werden. Um das Risiko, die falschen Erzeugnisse zu produzieren, zu minimieren, wird meist die Montage kundenorientiert *(assemble to order)* durchgeführt.

— In **Massenfertigung** werden Erzeugnisse ein und derselben Art in hoher Stückzahl gefertigt (z. B. Güter der Energieversorgung), in der Regel für einen anonymen Markt.

— Bei der **Sortenfertigung** werden Erzeugnisse gefertigt, die z. B. in der Art der verwendeten Stoffe, ihrer Verarbeitung oder ihren Abmessungen nicht erheblich voneinander abweichen (z. B. Stahlprofile, Biersorten)

— Bei der **Chargenfertigung** werden Erzeugnisse einer Art gemeinsam bearbeitet und weisen dadurch – produktionsbedingt und nicht vermeidbar – Unterschiede gegenüber einer anderen Charge auf (z. B. Holzerzeugnisse, Zigarren).

- Die **Serienproduktion** ist der am weitesten verbreitete Produktionstyp. Hier werden mehrere Varianten eines Grundtyps in unterschiedlichen Mengen gefertigt, sodass Menschen und Maschinen flexibler arbeiten und der Fertigungsprozess bei der Umstellung von einer Variante auf eine andere unterbrochen werden muss. Dies führt dazu, dass die Losgrößen und die Termine einzeln geplant werden müssen. Zugleich ergibt sich eine deutlich höhere Komplexität bei der Realisierung von Automatisierungsvorhaben. Die Fertigung der verschiedenen Modellvarianten bei den *Fly Bike Werken* ist hierfür ein gutes Beispiel.

Organisations- und Produktionstypen sind **miteinander gekoppelt**. Eine Massenfertigung nach dem Fließprinzip sollte z. B. so gestaltet werden, dass möglichst für ein Grunderzeugnis mit wenigen Varianten eine Fließfertigung eingerichtet wird. Kurze Durchlaufzeiten und wenig Stillstandzeiten für Umrüstungen sind die Folge. Das Material kann maschinell transportiert werden und die Steuerung bezieht sich nur noch auf die Reihenfolge der Aufträge mit großer Stückzahl. Zu beachten ist, dass die Fertigungsanlagen nach dem Fließprinzip nicht zu lang werden, weil sonst die Gefahr des Ausfalls der gesamten Fertigungsanlage wegen des Ausfalls nur eines Arbeitssystems zunimmt. Eine solche Kettenreaktion ist unerwünscht und kann durch gesteuerte Puffer vermieden werden.

Flexibilisierung der Fertigungsstrukturen

Die Wettbewerbssituation hat sich in den letzten Jahren für viele Unternehmen drastisch verschärft. Die Kunden verlangen zunehmend, dass sie zwischen „individuellen" Ausstattungsvarianten eines Produktes wählen können. Das Produktsortiment muss in immer kürzeren Abständen aktualisiert und an die veränderten Kundenwünsche angepasst werden. Auf Grund der Vielfalt der Kundenwünsche ist es erforderlich, unterschiedliche Varianten eines Produktes zu fertigen. Die **zunehmende Variantenzahl** führt dazu, dass immer geringere Losgrößen produziert werden müssen. Unter einer **Losgröße** ist die Anzahl eines einheitlichen Produktes zu verstehen, die ohne Unterbrechung auf einer Produktionsanlage hergestellt werden kann.

Durch Flexibilisierung der Fertigungsstrukturen soll eine häufigere Umstellung der Produktionsanlagen erreicht werden, ohne dass dabei die Kosten der hergestellten Produkte so stark ansteigen, dass das Unternehmen nicht mehr wettbewerbsfähig ist. Die Variantenvielfalt führt darüber hinaus zu einer erhöhten Teilevielfalt und stellt damit erhöhte Anforderungen an die Materialdisposition und an die Lagerhaltung. Des Weiteren werden die in der Produktion auszuführenden Arbeitsgänge zahlreicher und die Steuerung der Fertigung wird zunehmend komplexer.

Lagerhaltung, vgl. Kapitel 5.5.1

Unter **Flexibilität** wird hier die Fähigkeit eines Unternehmens verstanden, sich mit seiner Fertigungsstruktur an die beschriebenen Veränderungen des Absatzmarktes anzupassen. Diese Fähigkeit ist davon abhängig, ob die zur Herstellung von verschiedenen Produktvarianten auszuführenden Arbeitsgänge auf unterschiedlichen Wegen die Fertigung durchlaufen können. Bei einer **objektorientierten** Fertigungsorganisation ermöglicht die starre Produktionsstruktur nur einen Weg im Ablauf des Materialflusses. Bei der **verrichtungsorientierten** Fertigungsorganisation sind die unterschiedlichsten Wege für die einzelnen Produktvarianten möglich.

Flexibilisierung in Abhängigkeit vom Organisationstyp

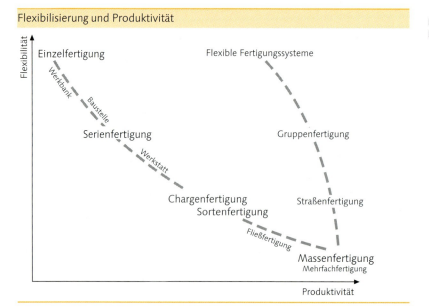

Flexibilisierung und Produktivität

Zwischen der Flexibilität der Produktionsstruktur und der **Produktivität** eines Unternehmens besteht ein enger Zusammenhang. Die Produktivität ist von den eingesetzten Arbeitskräften und Maschinen sowie von der verwendeten Fertigungstechnologie und der Fertigungstiefe abhängig. Die Arbeitsproduktivität wird als Quotient von produzierter Menge eines bestimmten Produktes und der Zahl der dafür eingesetzten Arbeitsstunden berechnet. Zwischen der Arbeitsproduktivität und der Flexibilität besteht ein Zielkonflikt, d. h., die Erhöhung der Flexibilität eines Unternehmens führt häufig zu einem Sinken der Arbeitsproduktivität. Beim Produktionstyp der Einzelfertigung kann sich ein Unternehmen im Rahmen der Werkstatt-/Werkstättenfertigung den individuellen Kundenwünschen besser anpassen als bei der Massenfertigung unter Einsatz der Fließfertigung. Die Arbeitsproduktivität ist dagegen bei der Einzelfertigung niedriger als bei der Massenfertigung.

Arbeitsproduktivität, vgl. Kapitel 3.2.2

Bei der Entwicklung und Vermarktung neuer Erzeugnisse ist es empfehlenswert, sich nicht nur an den bestehenden Fertigungseinrichtungen zu orientieren, sondern auch über neue **Strukturen und Technologien** in der Fertigung nachzudenken. Am besten tut man das, wenn man zusammen mit der Produktentwicklung die Weichen für neue Erzeugnisse stellt. Folgende Beispiele bieten Ansätze für eine stärkere Flexibilisierung und Kostenersparnis in der Fertigung:

Produktentwicklung, vgl. Kapitel 4.2.2

– Die **Typung** ist die Vereinheitlichung ganzer Erzeugnisse und Aggregate mit dem Ziel der Kostensenkung in Logistik, Fertigung und Absatz. Die Typung kann sowohl innerbetrieblich als auch überbetrieblich erfolgen.

Rationalisierung, vgl. Kapitel 4.6

- Bei der Gruppenfertigung verzichtet man für die Fertigung von mittleren und kleinen Mengen auf die vollständige Automatisierung und setzt auf Bearbeitungszentren, in denen man Teilefamilien, also Grundteile und Varianten, herstellt. Bei der **Teilefamilienfertigung** werden Bearbeitungszentren für Teile gleicher Bauart zu „Produktionsinseln" zusammengefasst, auf denen flexibel und Personal sparend unterschiedliche Varianten einer Teilefamilie hergestellt werden. Dadurch werden mehrere Arbeitsgänge auf den Bearbeitungszentren durchgeführt und die Fertigung nach dem Werkstattprinzip organisiert bei gleichzeitiger Delegation von mehr Verantwortung an die Mitarbeiter in der Fertigung. Somit realisiert man die Prinzipien von JIT-Fertigung und *Lean Production*.

   JIT und Lean Production, vgl. Kapitel 4.6.2

- Um der Komplexität der Produktion entgegenzuwirken, wird in vielen Unternehmen versucht, bereits in der Produktentwicklung die **Verwendung von Standard-/Gleichteilen** einzuplanen und die Konstruktion zu vereinfachen. Darüber hinaus setzt die Variantenbildung erst auf einer sehr späten Produktionsstufe ein und die Zahl der Varianten wird begrenzt. Einheitliche Produktionsprozesse (z. B. Fließ- und Fließbandfertigung) werden entkoppelt und unterschiedliche Organisationsformen der Fertigung neben- bzw. nacheinander eingesetzt.

- Bei der **Fertigungstiefenoptimierung** wird der beste Zulieferer für Einzelteile oder Aggregate gesucht, der in Konkurrenz zur Eigenfertigung steht. Dies führt zur Konzentration der Fertigung auf die Kernteile, die die Funktionalität und die Akzeptanz des Produktes ausmachen.

Beispiel: Die Fertigungstiefe bei den *Fly Bike Werken* ist ganz erheblich dadurch reduziert worden, dass der größte Teil der Komponenten, die zur Herstellung eines Fahrrades erforderlich sind, von ausgewählten Lieferern fremdbezogen werden. Lediglich Rahmen und Gabel werden zumindest für die meisten Modelle noch in Eigenfertigung hergestellt. Der Strukturbaum eines Fahrrades (siehe Seite 131) bringt diesen Sachverhalt deutlich zum Ausdruck.

- Die Probleme, die bei der Einzelfertigung z. B. im Hinblick auf relativ geringe Rationalisierungsmöglichkeiten auftreten, können u. a. durch den Einsatz **flexibler Fertigungssysteme** gemildert werden. Wenn die Automatisierung so weit geht, dass auch der Materialfluss zwischen den Maschinen rechnergesteuert abläuft (über so genannte CNC-Maschinen), kann man im System Puffer auf- und abbauen und beim Ausfall einer Maschine eine Ersatzmaschine einsetzen.

   CNC = *computerized numerical control*; programmierbar bzw. von Rechnern gesteuert

- Dass Massenproduktion und Berücksichtigung individueller Kundenwünsche kein Gegensatz sein müssen, zeigt das Konzept der **kundenindividuellen Massenproduktion** *(mass customization)*.

Die Individualisierung der Nachfrage nimmt in vielen Investitions- und Konsumgütermärkten stetig zu. Alte Massenmärkte teilen sich in immer kleinere Marktsegmente. In der Folge werden viele Unternehmen gezwungen, zusätzliche Varianten anzubieten, um die individuellen Wünsche der Kunden zu erfüllen. Doch trotz vermeintlich flexibler Systeme steigen die Anpassungskosten drastisch, die notwendige Flexibilität

Leistungserstellungsprozesse planen, steuern und kontrollieren

kann dennoch nicht geliefert werden. Die Lösung heißt kundenindividuelle Massenproduktion oder Mass Customization: Diese Strategie stellt für jeden Kunden genau das Produkt bereit, welches er wünscht – zum Preis eines vergleichbaren Standardprodukts. So können die Vorteile einer massenhaften Produktion mit denen einer kundenindividuellen Einzelfertigung verbunden werden. Mass Customization schafft die vielfach diskutierte simultane Umsetzung von Kostenführerschaft und Differenzierung. Die Wirkung: individuelle Produkte in Massenmärkten – bei gleichen oder sogar sinkenden Kosten. Möglich wird dies durch die intelligente Verbindung moderner Produktionstechnologien mit der Konzeption des Electronic Commerce. Denn letztendlich ist die effiziente Abwicklung der Informationsbeziehungen zwischen Hersteller und Abnehmer für ein erfolgreiches Mass-Customization-Konzept verantwortlich. Mass Customization kann so als wichtige Anwendung des Electronic Commerce gesehen werden. Zusammen mit ihrem marketingtechnischen Pendant, dem 1to1 – oder Relationship-Marketing bildet Mass Customization darüber hinaus viele Potenziale zum Aufbau dauerhafter Wettbewerbsvorteile.

Quelle: www.mass-customization.de

Beispiel: Im Online-Shop *Dolzer* können Maßhemden in höchster Qualität für 49 € bestellt werden. Die Auswahl bezüglich der verschiedenen Ausstattungsoptionen und Schnitte der Hemden ist bei *Dolzer* nicht sehr groß, ermöglicht aber dem Hersteller eine effizientere Fertigung und günstige Preise. Ziel der maßgeschneiderten Massenfertigung ist die Erstellung von Produkten in so vielen Varianten, dass die Wünsche jedes relevanten Kunden erfüllt werden. Diese zunehmende Individualisierung von Produkten stellt die Hersteller von Werkzeugmaschinen und Fertigungssystemen vor neue Herausforderungen.

www.dolzer.de

– Auch die Entscheidung für eine Eigen- oder Fremdfertigung, kurz **Make-or-Buy-Entscheidung**, wird bereits in der Entwicklungsphase neuer Produkte beeinflusst. Die Festlegung des Werkstoffes und der Toleranzen, die man auf den Zeichnungen sehen kann, bestimmen weitgehend die Fertigungstechnologie. Das heißt, mit der Einführung andersartiger Werkstoffe, z. B. beim Wechsel von einem Blechteil auf ein Kunststoffteil, ergibt sich die Notwendigkeit, Fertigungskapazitäten verfügbar zu machen. Teile mit engen Fertigungstoleranzen verlangen die Überprüfung der Machbarkeit auf bestehenden Maschinen und Anlagen.

Konstrukteure sind wichtige Leute, weil sie an neuen Produkten, an der Zukunft des Unternehmens arbeiten. Sie arbeiten unter technischen Sachzwängen und mit Vorgaben der Unternehmensleitung bezüglich Funktionalität und Kosten neuer Produkte. Für den Konstrukteur sind bei gegebener Funktionalität der günstigste Werkstoff und die entsprechende Fertigungstechnik verpflichtend. Insbesondere erfolgreiche Unternehmen haben den Prozess der Make-or-Buy-Entscheidung optimiert, denn es geht hier um langfristig wirkende strategische Fragen bezüglich Absatz, Abhängigkeiten, Kostenstrukturen und Technologieführerschaft, und nicht um kurzfristige Kostenvorteile.

Beispiel: In den *Fly Bike Werken* werden regelmäßig Make-or-Buy-Entscheidungen gefällt. Dabei sind die folgenden Fragen zu beantworten:

- Wie kann man sich besser technologisch von seinen Wettbewerbern abheben?
- Wie kann man die Zusammenarbeit der Entwicklung mit der Fertigung im Hause oder den Lieferern besser gestalten?
- Kann eine störende Abhängigkeit von den vorgesehenen Lieferern entstehen?
- Wie verändert sich bei einer Make-or-Buy-Entscheidung die Kostenstruktur der Fertigung?
- Entsteht bei Eigenfertigung ein technologischer Vorteil für das Unternehmen?

Make-or-Buy, vgl. Teilband 2

Optimale Losgröße

Die mit der Vielfalt der Kundenwünsche zunehmende Variantenvielfalt führt unter fertigungstechnischen Aspekten zu sinkenden Losgrößen, d. h. zu einer sinkenden Zahl von einheitlichen Produkten, die ohne Unterbrechung auf einer Produktionsanlage hergestellt werden können. Die Produktionsanlage muss deshalb beim Wechsel von einer Variante auf eine andere Variante des Produktionsprogramms umgestellt (umgerüstet) werden. Dadurch entstehen so genannte **Rüstkosten**, z. B. in Form von Lohnkosten für den Mitarbeiter, der diesen Umrüstvorgang vornimmt, und in Form von Stillstandskosten, da mit der Maschine während des Rüstvorgangs nicht produziert werden kann. Diese Kosten treten je Fertigungslos einmal auf, sie sind unabhängig davon, wie viele Stück pro Los gefertigt werden (Auflagenhöhe). Man bezeichnet sie deshalb auch als **auflagefixe Kosten**. Damit diese Kosten möglichst gering gehalten werden, ist es sinnvoll, die Umstellung der Produktionsanlage nicht zu häufig vorzunehmen, die Zahl der Fertigungslose möglichst gering zu halten bzw. die Auflagenhöhe möglichst groß zu planen.

Die Losgröße ist die Anzahl eines einheitlichen Produktes, die ohne Unterbrechung auf einer Produktionsanlage hergestellt werden kann.

vgl. auch 4.5.2

Neben den Rüstkosten sind aber noch die Kosten zu berücksichtigen, die dadurch anfallen, dass z. B. die produzierten Teile nicht sofort weiterverarbeitet oder die Fertigerzeugnisse nicht sofort verkauft werden, sondern in einem Zwischenlager bzw. in einem Absatzlager aufbewahrt werden müssen. In diesen Fällen fallen **Lagerkosten** an, und zwar in Form von Lagerhaltungskosten (z. B. Miete, Strom, Lagereinrichtung, Personal) und in Form von Zinskosten für das im Lager gebundene Kapital. Diese Kosten sind **auflagenvariabel**, d. h., sie steigen und fallen mit wachsender und fallender Auflagenhöhe.

Lagerhaltung, vgl. Kapitel 5.5.1

Rüstkosten und Lagerkosten verlaufen in Abhängigkeit von der Zahl der Lose entgegengerichtet, d. h., eine große Anzahl von Losen führt zu hohen Rüstkosten, aber zu geringen Lagerkosten. Die **optimale Losgröße** (wirtschaftliche Losgröße) ist die Zahl an Fertigungslosen bzw. die Auflagenhöhe, bei der die Summe aus Rüstkosten und Lagerkosten minimal ist.

Die optimale Losgröße ist die Auflagenhöhe, bei der die Summe aus Rüstkosten und Lagerkosten minimal ist.

Beispiel: In den *Fly Bike Werken* werden Stahlrahmen robotergeschweißt, aber auch teilweise im Handschweißverfahren hergestellt. Das Produktionsprogramm des Unternehmens umfasst zwölf verschiedene Fahrradmodelle. Für jedes Modell und für jede Modellvariante werden unterschiedliche Rahmen benötigt, die alle mit Hilfe derselben Roboter gefertigt werden. Wird die Fertigung von einem Modell auf ein anderes umgestellt, muss auch die Fertigungsanlage umgerüstet werden.

Für das Modell *Light*/Trekking soll die optimale Losgröße ermittelt werden. Aus der Primärbedarfsplanung ist bekannt, dass 3.600 Stück dieses Modells im Jahr 2003 abgesetzt wurden. Wir gehen davon aus, dass diese Menge auch tatsächlich produziert worden ist. Die Herstellkosten für den Rahmen betragen 50,00 €. Von der Controlling-Abteilung ist ermittelt worden, dass Rüstkosten in Höhe von 250 € zu berücksichtigen sind. Von dieser Abteilung wird außerdem ein Lagerkostensatz in Höhe von 20 % vorgegeben (Lagerhaltungskostensatz = 12 %; Zinskosten = 8 %). Damit stehen alle Daten zur Verfügung, um die optimale Losgröße zu ermitteln.

1	2	3	4	5	6	7	8
Lose	Losgröße = Auflagenhöhe in Stück	Rüstkosten in €	Durchschnittlicher Lagerbestand in Stück	Durchschnittlicher Lagerbestandswert in €	Lagerkosten in €	Gesamtkosten in €	Kosten/Stück in € (aufgerundet)
	3.600/Spalte 1	250 × Spalte 1	Spalte 2/2	Spalte 4 × 50,00 €	20 % von Spalte 5	Spalte 3 + Spalte 6	Spalte 7/ 3.600
1	3.600	250,00	1.800	90.000,00	18.000,00	18.250,00	5,07
2	1.800	500,00	900	45.000,00	9.000,00	9.500,00	2,64
3	1.200	750,00	600	30.000,00	6.000,00	6.750,00	1,88
4	900	1.000,00	450	22.500,00	4.500,00	5.500,00	1,53
5	720	1.250,00	360	18.000,00	3.600,00	4.850,00	1,35
6	600	1.500,00	300	15.000,00	3.000,00	4.500,00	1,25
7	514	1.750,00	257	12.857,14	2.571,43	4.321,43	1,20
8	450	2.000,00	225	11.250,00	2.250,00	4.250,00	1,18
9	400	2.250,00	200	10.000,00	2.000,00	4.250,00	1,18
10	360	2.500,00	180	9.000,00	1.800,00	4.300,00	1,19
11	327	2.750,00	164	8.181,82	1.500,00	4.386,36	1,22

In *Spalte 1* wird die Zahl der alternativ zu wählenden Lose eingegeben. Dividiert man die Jahresproduktionsmenge von 3.600 Stück durch die Losanzahl, so ergibt sich in *Spalte 2* die jeweilige Auflagenhöhe. Die Rüstkosten in *Spalte 3* werden ermittelt, indem die auflagenfixen Kosten in Höhe von 250 € mit der jeweiligen Loszahl multipliziert werden. Der durchschnittliche Lagerbestand in *Spalte 4* wird als einfacher Durchschnittswert zwischen Lageranfangsbestand und Lagerendbestand berechnet. Es wird davon ausgegangen, dass der Lagerbestand auf null sinkt, bevor aus der Fertigung eine Auffüllung des Lagers stattfindet (in der Höhe abhängig von der jeweiligen Losgröße). Dividiert man die jeweilige Losgröße durch 2, so ergibt sich der durchschnittliche Lagerbestand. Multipliziert man den jeweiligen durchschnittlichen Lagerbestand mit den Herstellkosten für einen Rahmen in Höhe von 50,00 €, so ergeben sich die durchschnittlichen Lagerbestandswerte *(Spalte 5)*. Für die Lagerkosten wird ein Lagerkostensatz von 20 %, bezogen auf die jeweiligen durchschnittlichen Lagerbestandswerte, in Ansatz gebracht *(Spalte 6)*. Die Gesamtkosten in *Spalte 7* errechnen sich aus der Summe der Werte aus den Spalten 3 und 6. Werden die jeweiligen Gesamtkosten durch die Jahresproduktionsmenge von 3.600 Stück geteilt, so erhält man die Gesamtkosten je Stück *(Spalte 8)*.

Ergebnis: Das Minimum der Gesamtkosten je Stück liegt zwischen einer Losgröße von 450 und 400 Stück bzw. einer Losanzahl zwischen 8 und 9.

Das tabellarische Ergebnis kann genauer bestimmt werden, indem die folgende Formel verwendet wird:

$$\text{Optimale Losgröße} = \sqrt{\frac{200 \times \text{auflagenfixe Kosten} \times \text{Jahresproduktionsmenge}}{\text{Herstellkosten/Stück} \times \text{Lagerkostensatz}}}$$

$$= \sqrt{\frac{200 \times 250 \times 3.600}{50{,}00 \times 20}}$$

$$= 424{,}26$$

Wird die Jahresproduktionsmenge durch die optimale Losgröße dividiert, so erhält man die Anzahl der Lose, die zu fertigen ist, um die Gesamtkosten pro Stück zu minimieren:

$$\text{Losanzahl} = \frac{3.600}{424{,}26} = 8{,}49 \text{ Lose}$$

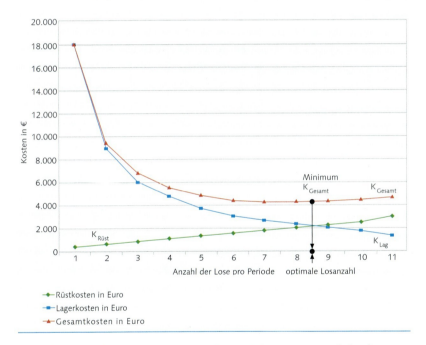

In der betrieblichen Praxis ist es allerdings nicht immer möglich, die optimale Losgröße zu fertigen. Dies hat verschiedene Ursachen:

- Der Jahresbedarf an Fertigerzeugnissen liegt im Vorhinein nicht fest, sondern beruht auf mit Unsicherheiten behafteten Prognosen.
- Der Marktzins unterliegt im zeitlichen Ablauf eines Jahres Schwankungen, sodass der Lagerkostensatz verändert werden müsste.
- Die Lagerkapazitäten sind durch die Festlegung eines Höchstbestandes häufig begrenzt, sodass es bei Fertigung der optimalen Losgröße zu Engpässen bei der Lagerhaltung kommen könnte.

Dies führt dazu, dass in der Praxis häufig auf die Fertigung der optimalen Losgröße verzichtet wird, insbesondere dann, wenn die Absatzmenge im Jahresverlauf starke Schwankungen aufweist, wie es beim Modell

Light/Trekking der Fall ist. Das Modell hat jedoch einen hohen Erklärungswert für die Kostenproblematik, die immer dann entsteht, wenn durch erhöhte Variantenvielfalt eine häufige Umstellung der Produktionsanlage erforderlich wird.

4.5.2 Kosten und betriebliche Leistungserstellung

Bei der betrieblichen Leistungserstellung entstehen durch den Verbrauch von Produktionsfaktoren Kosten. Aufgabe der Kosten- und Leistungsrechnung ist es, diese präzise zu ermitteln, um z. B. Angaben über die Kosten machen zu können, die für eine Leistungseinheit entstanden sind. Da sich jede industrielle Produktion auf der Grundlage technologischer Regeln vollzieht, wird sich ein Industrieunternehmen dafür interessieren müssen, welche Beziehungen zwischen den mengenmäßig ausgebrachten Produkten und den mengenmäßig eingesetzten Produktionsfaktoren bestehen und wie sich diese Zusammenhänge beschreiben lassen.

Kosten- und Leistungsrechnung, vgl. Teilband 2

Auf dem mengenmäßigen Faktoreinsatz baut die Ermittlung der entstandenen **Kosten** auf, denn aus dem Produkt von Menge und Preis der eingesetzten Produktionsfaktoren ergibt sich der kostenorientierte Wert eines Produktes. Auf diese Weise können z. B. die Material- und die Fertigungskosten ermittelt werden. Diesen Kosten wird die **Leistung** gegenübergestellt, die das Ergebnis des betrieblichen Leistungsprozesses darstellt. Die Leistung umfasst die Menge der in einer Abrechnungsperiode hergestellten Produkte bzw. Dienstleistungen, die ebenfalls mit entsprechenden Preisen bewertet werden. Nicht alle Leistungen werden auch innerhalb einer Abrechnungsperiode abgesetzt (verkauft), der nicht verkaufte Teil geht ins Lager für Fertigerzeugnisse. Auch diese Mengen müssen mit entsprechenden Preisen bewertet werden. Durch Gegenüberstellung von Kosten und Leistungen einer Abrechnungsperiode kann das so genannte **Betriebsergebnis** ermittelt werden:

Kosten sind in Geldeinheiten bewertete Ressourcenverbrauche.

Leistungen sind in Geldeinheiten bewertete Gütererstellungen.

Lagerhaltung, vgl. Kapitel 5.5.1

Das Betriebsergebnis wird durch Gegenüberstellung von Kosten und Leistungen ermittelt.

Beispiel: Für das Modell *Light*/Trekking setzt sich im Jahr 2003 das Betriebsergebnis aus folgenden Zahlen zusammen:

Umsatzerlöse	631.647 €
– Kosten	741.590 €
Betriebsergebnis	– 109.943 €

Lagerleistungen für das Modell *Light*/Trekking wurden in 2003 nicht erbracht. Per Saldo liegt eine Bestandsminderung an fertigen und unfertigen Erzeugnissen dieses Modells in Höhe von 46.656 € vor, die in den Kosten berücksichtigt wurde.

Für das Modell *Light*/Trekking ist im Jahr 2003 ein negatives Betriebsergebnis erwirtschaftet worden. Im Rahmen einer Analyse von Kosten und Leistungen für dieses Modell müsste festgestellt werden, wo detailliert die Gründe für dieses Ergebnis zu suchen sind.

Aufgaben der Kostenrechnung

Preiskalkulation und Preisbeurteilung	Kontrolle der Wirtschaftlichkeit
– Bestimmung von Preisuntergrenzen im Absatzbereich – Bestimmung von Preisobergrenzen im Beschaffungsbereich – Bestimmung von Verrechnungspreisen für interne Leistungen – Mitwirkung bei der Bestimmung von Verkaufspreisen	– Kontrolle von Kostenarten und Kostenstruktur durch Zeit-, Betriebs- und Soll-Ist-Vergleich – Wirtschaftlichkeitskontrollen für Abteilungen bzw. Verantwortungsbereiche
Informationen für Entscheidungsrechnungen	**Erfolgsermittlung und Bestandsbewertung**
Kostenvergleichsrechnungen für – die Verfahrenswahl – Make-or-Buy-Entscheidungen – Planung und Analyse des Produktions- und Absatzprogramms	– Kurzfristige, differenzierende Erfolgsrechnung (z. B. Artikelerfolgsrechnung) – Lagerbestandsbewertung von fertigen und unfertigen Erzeugnissen sowie von selbst erstellten Anlagen

Erwerbswirtschaftlich orientierte Betriebe wie die *Fly Bike Werke* orientieren sich am Prinzip der Gewinnmaximierung. Dazu müssen sie wirtschaftlich handeln, indem sie für die Herstellung einer bestimmten Produktmenge versuchen, die kostenminimale Kombination an Produktionsfaktoren (Faktorkombination) zu wählen (Minimalprinzip). Dies erfolgt nicht nur für ein Produkt des Unternehmens, sondern für die gesamte Produktpalette. Im Rahmen der Kostenträgerzeitrechnung wird dem Mengengerüst (Faktoreinsätze) ein Wertgerüst (Faktorpreise) angegliedert und damit Voraussetzung geschaffen, sich am Prinzip der Wirtschaftlichkeit zu orientieren.

Kostenträgerzeitrechnung, vgl. Teilband 2

$$\text{Wirtschaftlichkeit} = \frac{\text{Leistungen}}{\text{Kosten}}$$

Beispiel: Bezogen auf die vorliegenden Zahlen, ergibt sich für das Modell *Light*/Trekking folgende Kosten-Wirtschaftlichkeit:

$$\text{Wirtschaftlichkeit} = \frac{631.647\,€}{741.590\,€} \approx 0{,}85$$

Bei einem positiven Betriebsergebnis wäre die Kosten-Wirtschaftlichkeit >1.

Die Kostenträgerzeitrechnung gibt Aufschluss über die Zusammensetzung der einzelnen Kostenarten, die zum negativen Betriebsergebnis für das Modell *Light*/Trekking geführt haben. Die Gesamtkosten setzen sich aus folgenden Beträgen zusammen:

Kostenträgerzeitrechnung

	Materialkosten	366.165 €
	davon – Materialeinzelkosten	340.975 €
	– Materialgemeinkosten	25.190 €
+	Fertigungskosten	235.355 €
	davon – Fertigungseinzelkosten	50.760 €
	– Fertigungsgemeinkosten	184.595 €
=	Herstellkosten der Fertigung	601.520 €
+	Bestandsminderungen	46.656 €
=	Herstellkosten des Umsatzes	648.176 €
+	Verwaltungsgemeinkosten	32.117 €
+	Vertriebsgemeinkosten	56.797 €
+	Sondereinzelkosten des Vertriebs	4.500 €
=	Selbstkosten des Umsatzes	741.590 €

Stellt man zwischen den einzelnen Kostenpositionen Relationen her, so lässt sich leicht feststellen, wie hoch der prozentuale Anteil der einzelnen Kostenarten an den Gesamtkosten ist:

Selbstkosten des Umsatzes	100,00 %
davon	
– Materialkosten	49,38 %
– Fertigungskosten	31,74 %
– Bestandsminderungen	6,29 %
– Verwaltungsgemeinkosten	4,33 %
– Vertriebsgemeinkosten	7,66 %
– Sondereinzelkosten des Umsatzes	0,60 %

Auf die Materialkosten entfallen fast 50 % der Gesamtkosten (Materialeinzelkosten = 340.975 €; Materialgemeinkosten = 25.190 €). Kostensenkungsmaßnahmen sollten hier ansetzen, insbesondere bei den Materialeinzelkosten.

Beschaffungsprozesse und Kosten, vgl. Kapitel 5.2.2

Im Fertigungsbereich liegt das Kostensenkungspotenzial bei den Fertigungsgemeinkosten (184.595 €), die Fertigungseinzelkosten (50.760 €) sind relativ gering.

Um das Ziel der Kostenminimierung verfolgen zu können, müssen die **Kosteneinflussgrößen** sichtbar gemacht und ihre Auswirkungen auf die Höhe der Kosten aufgezeigt werden. Das Erkennen der Kosteneinflussgrößen ist die Voraussetzung dafür, dass im Rahmen der Leistungserstellung immer die Faktorkombinationen gewählt werden, die ein bestimmtes Produktionsergebnis mit den geringsten Kosten verwirklicht (Minimalkostenkombination).

Kosteneinflussgrößen wirken sowohl auf das Mengengerüst (Faktoreinsätze) als auch auf das Wertgerüst (Faktorpreise). Insbesondere die hergestellten Produktmengen zählen zu den Kosteneinflussgrößen. Hierbei muss untersucht werden, welche Beziehungen zwischen den **hergestellten Produktmengen** und den Kosten für den Faktorverbrauch bestehen.

Produktmenge als Kosteneinflussgröße

Die Geschäftsführung eines Industrieunternehmens interessiert sich für bestimmte Kostenverläufe, z. B. die Gesamtkosten, die Stückkosten, die variablen und fixen Kosten. Hier interessiert die Abhängigkeit der Kosten vom so genannten **Beschäftigungsgrad**:

Beschäftigungsgrad als Kosteneinflussgröße

$$\text{Beschäftigungsgrad} = \frac{\text{tatsächlich genutzte Kapazität} \times 100}{\text{vorhandene Kapazität (optimale Kapazität)}}$$

Kapazität ist das Leistungsvermögen einer technischen oder wirtschaftlichen Einheit pro Zeiteinheit. Die **technische Kapazität** gibt das maximale, die **wirtschaftliche Kapazität** das optimale Leistungsvermögen an. Die **optimale Kapazität** ist die Kapazität, bei der die Kosten pro Stück minimal sind.

In Abhängigkeit vom Beschäftigungsgrad unterscheidet man variable und fixe Kosten:
- **Variable Kosten** sind beschäftigungsgradabhängige Kosten.
- **Fixe Kosten** sind beschäftigungsgradunabhängige Kosten.

Gesamt- und Stückkostenverläufe

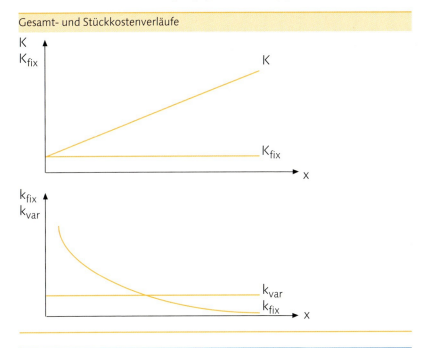

Gesamtkostenverlauf:
$K = K_{fix} + x \cdot K_{var}$

Stückkostenverlauf:
$k = K/x$

Beispiel: Die variablen Selbstkosten/Stück ergeben sich aus der nachstehenden Aufstellung.

Materialeinzelkosten	116,00 €
variable Materialgemeinkosten	5,80 €
variable Materialkosten	121,80 €
Fertigungseinzelkosten	14,10 €
variable Fertigungsgemeinkosten	7,05 €
variable Fertigungskosten	21,15 €
variable Verwaltungsgemeinkosten	7,16 €
variable Vertriebsgemeinkosten	10,00 €
variable Selbstkosten	160,11 €
Zielverkaufspreis	175,46 €

Leistungserstellungsprozesse planen, steuern und kontrollieren

Der **Deckungsbeitrag**/Stück (db) ergibt sich aus folgender Rechnung:

Zielverkaufspreis	175,46 €
− variable Selbstkosten	160,11 €
Deckungsbeitrag/Stück (db)	15,35 €

Das Modell *Light*/Trekking trägt bei jedem verkauften Fahrrad mit 15,35 € zur Deckung der fixen Kosten bei. Das reicht offensichtlich aus, das Modell weiterhin im Produktions- und Absatzprogramm zu halten, obwohl es ein negatives Betriebsergebnis erwirtschaftet.

Preise und Konditionen vgl. Kapitel 6.2.3

Der **Gesamtdeckungsbeitrag** (DB) des Modells ergibt sich aus dem Produkt des Deckungsbeitrags/Stück (db) und dem Absatz in der zu betrachtenden Periode. In 2003 wurde das Modell *Light*/Trekking 3.600-mal verkauft.
Der Gesamtdeckungsbeitrag (DB) beträgt 3.600 · 15,35 € = 55.260,00 €.

Auflagendegression

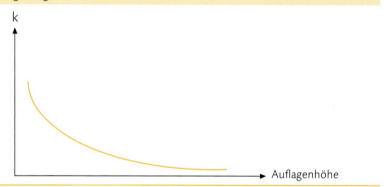

Stückkostenverlauf:
$k = K/x$

Anlagendegression (Kostenvergleichsrechnung zwischen zwei Maschinen)

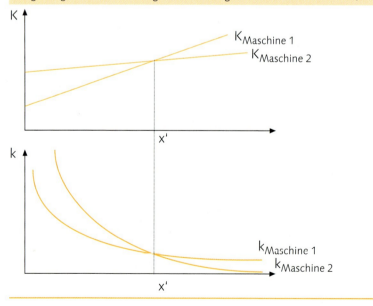

Ein hoher Anteil variabler Kosten an den gesamten Selbstkosten macht es Betrieben aus Kostengesichtspunkten relativ einfach, sich an Beschäftigungsschwankungen anzupassen. Der so genannte **Degressionseffekt** der fixen Kosten wirkt sich dann nicht sehr stark auf die Veränderung der Kosten pro Stück aus. Von **Auflagendegression** spricht man, wenn im Rahmen der Serienfertigung eine Produktionsanlage von einem Produkt auf ein anderes umgestellt wird. Es entstehen auflagefixe Kosten, d. h. Kosten, die durch das Auflegen einer Losgröße anfallen.

Optimale Losgröße, vgl. Kapitel 4.5.1

Der Betrieb hat eine Vielzahl von Möglichkeiten, sich Beschäftigungsschwankungen anzupassen:

1. **zeitliche Anpassung**: Feierschichten oder Kurzarbeit
2. **intensitätsmäßige Anpassung**: z. B. durch höhere oder geringere Leistungsabgabe (z. B. bei Elektrizitätswerken)
3. **quantitative Anpassung**: z. B. durch Stilllegung von Betriebsanlagen, Entlassung von Arbeitskräften

Personalfreisetzung, vgl. Kapitel 7.6

Neben der Beschäftigung gibt es weitere Kosteneinflussgrößen, z. B. die Betriebsgröße, das Fertigungsprogramm oder die Organisation des Fertigungsablaufs. Alle Kosteneinflussgrößen lassen sich letztlich auf die drei wesentlichen **Hauptbestimmungsfaktoren** Faktorpreise, Faktorqualität und Faktorproportionen zurückführen.

Übersicht:		
Fertigungverfahren	Organisationstypen	Anordnung der Betriebsmittel nach dem Verrichtungs- oder nach dem Objektprinzip – Werkstättenfertigung – Fließfertigung – Gruppenfertigung
	Produktionstypen	Unterscheidung der Fertigungstypen unter dem Gesichtspunkt der Wiederholung gleicher oder ähnlicher Erzeugnissse – Einzelfertigung – Massenfertigung – Sortenfertigung – Chargenfertigung – Serienfertigung
Losgröße		Anzahl eines einheitlichen Produkts, die ohne Unterbrechung auf einer Anlage hergestellt werden kann
Optimale Losgröße		Auflagenhöhe, bei der die Summe aus auflagefixen Rüstkosten und auflagevariablen Lagerkosten minimal ist
Kosten		entstehen durch den bewerteten Verbrauch von Produktionsfaktoren zum Zweck der betrieblichen Leistungserstellung innerhalb einer Abrechnungsperiode
Betriebsergebnis		Differenz zwischen Leistungen (Absatzleistungen + Lagerleistungen) und Kosten
Kosten in Abhängigkeit vom Beschäftigungsgrad		– variable Kosten (beschäftigungsgradabhängige Kosten) – fixe Kosten (beschäftigungsgradunabhängige Kosten)
Zwecke der Kostenrechnung		– Preiskalkulation und Preisbeurteilung – Informationen für Entscheidungsrechnungen – Erfolgsermittlung und Bestandsbewertung – Kontrolle der Wirtschaftlichkeit
Kostenverläufe		– Gesamtkosten: variable und fixe Gesamtkosten – Stückkosten: variable und fixe Stückkosten

4.6 Rationalisierung

Beispiel: Der Produktionsleiter der *Fly Bike Werke*, Herr Rother, ist Mitglied im RKW, dem Rationalisierungskuratorium der deutschen Wirtschaft. Auf dem heutigen Treffen hält der Referent einen Vortrag über die wirtschaftlichen Vorteile der Rationalisierung im Fertigungsbereich. Er erläutert seine Ausführungen anhand eines Beispiels aus der EDV-Branche.

„Die *Doll AG* vertreibt hochwertige Arbeitsplatzrechner über das Internet. Die Produkte werden aus Kostengründen erst nach Eingang von Aufträgen zeitnah gefertigt. Ein Kunde bestellt mit Hilfe eines computergestützten Formulars fünfzig PCs des Typs *Calculate Fast Plus*. Dieser Auftrag wird automatisch analysiert; die notwendigen Produktionsdaten (Erzeugnisart, Menge, Liefertermin usw.) werden automatisch an das Produktionsplanungs- und -steuerungssystem (PPS) übermittelt. Dort werden die auf einer unternehmensweit abrufbaren Datenbank abgelegten Arbeitspläne und Stücklisten in den PPS-Rechner geladen und nach verschiedenen Produktionskennwerten (z.B. benötigte Bauteile, geplante Montagezeiten usw.) ausgewertet. Anschließend werden die Daten automatisch an das Lagerverwaltungssystem weitergeleitet, das auf Grund der Lagerbestandsdaten den aktuellen Fehlbedarf an Erzeugnissen bzw. Komponenten ermittelt und an das PPS-System rückmeldet. Daraufhin werden die erforderlichen Fertigungsaufträge erstellt und an die Maschinen (z.B. numerisch gesteuerte Werkzeugmaschinen, Montageroboter) weitergegeben. Die Maschinen werden vom CAD-System (Konstruktions- und Montagedaten) sowie vom PPS-System (Arbeitspläne) aktiviert, mit den erforderlichen Fertigungsdaten versorgt und gesteuert. Rohteile und Material werden den Maschinen automatisch vom Hochregallager, das in Form eines „chaotischen" Lagers organisiert ist, über voll automatisierte Handling-Systeme zugeführt. Das CAQ-System führt an jedem der Geräte Funktionstests aus, wertet sie aus und löst gegebenenfalls Nacharbeiten aus, wenn bestimmte Fehlertoleranzen überschritten werden. Ziel der Produktion ist die Null-Fehler-Strategie. Nach Fertigstellung der Produktionsaufträge wird eine Mitteilung an den Spediteur generiert und anschließend über Datenfernübertragung an diesen übermittelt. Dessen Auftragsbestätigung wird computergestützt gespeichert. Sie dient als Überwachungsinstrument, um später den geplanten mit dem tatsächlichen Lieferdatum zu vergleichen. Der Lieferschein wird erstellt; über automatische Transportsysteme werden die bestellten Erzeugnisse bereitgestellt. Parallel dazu wird über eine Schnittstelle zwischen PPS- und einem angeschlossenen Fakturasystem die Rechnung ausgestellt. Die Vorgänge werden in der Kostenrechnung und in der Finanzbuchhaltung erfasst. Nach Auslieferung kontrolliert ein *Cash-Management*-System den ordnungsgemäßen Eingang des Rechnungsbetrages. Durch diese Form der Abwicklung liegen bei der *Doll AG* die Auftragsabwicklungskosten um 50 % unter denen vergleichbarer PC-Hersteller."

Herr Rother möchte wissen, ob sich diese Form der Auftragsabwicklung auch in den *Fly Bike Werken* Gewinn bringend einsetzen lässt. Ihn interessieren dabei insbesondere die folgenden Gesichtspunkte:

– Was versteht man unter Rationalisierung, welche Ziele werden mit ihr verfolgt?

- Welche Formen der Rationalisierung gibt es und was sind ihre Ansatzpunkte?
- Zählen auch Qualitätssicherungsmaßnahmen zur Rationalisierung?
- Wie lässt sich der „Rationalisierungserfolg" zahlenmäßig erfassen?
- Sind mit Rationalisierungsmaßnahmen auch Nachteile verbunden und wenn ja: welche?

4.6.1 Grundlagen der Rationalisierung

Rational handeln im ursprünglichen Sinne bedeutet vernünftig handeln. Was ist damit gemeint? Im Wesentlichen ist damit das ökonomische Prinzip angesprochen. Es existiert in zwei Ausprägungen, dem Minimal- und dem Maximalprinzip.

> **Beispiel:** Die *Fly Bike Werke* möchten 1.000 Fahrräder des Modells *Glide*/City mit einem möglichst geringen Material-, Personal- und Finanzaufwand produzieren. Hier wird nach dem Minimalprinzip verfahren, d.h., ein gegebener Output (hier: Fahrräder) ist mit einem möglichst geringen Input (hier: Material-, Personal- und Finanzaufwand) zu erreichen.
>
> Wenn mit einem gegebenen Input ein möglichst hoher Output erreicht werden soll, liegt das Maximalprinzip vor.
>
> Häufig hört man folgende Aussage: Erreiche einen möglichst hohen Output mit einem möglichst niedrigen Input. Schön wär's, aber wenn Sie diese Aussage durchdenken, müsste es möglich sein, die Weltbevölkerung mit Hilfe der Ernte aus einem Blumentopf zu versorgen.
>
> Fazit: Eine der Größen Input bzw. Output muss gegeben sein, die jeweils andere Größe wird gesucht.

Minimalprinzip

Maximalprinzip

Im Bereich der Fertigung wird der **Rationalisierungsbegriff** wie folgt verwendet: Unter Rationalisierung versteht man alle Maßnahmen, um die Arbeit zu erleichtern, die Leistung zu steigern sowie die Kosten zu senken. Im Einzelnen werden die nachstehend aufgeführten **Ziele** verfolgt:

Rationalisierungsbegriff

Ziele der Rationalisierung

Merkmale	Erläuterung
Erhöhung der Produktivität und Wirtschaftlichkeit	Betriebsmittel, Werkstoffe und menschliche Arbeitskraft sollen möglichst ergiebig eingesetzt werden. Auf Grund der Käufermärkte (und der Steuerung des Unternehmens über die Absatzzahlen!) herrscht im Produktionsbereich vor allem das Minimalprinzip vor.
Verbesserung der Qualität der Erzeugnisse	Diese Zielsetzung lässt sich ebenfalls aus der Situation der Käufermärkte ableiten. Produkte (ebenso wie Dienstleistungen) werden nur dann vom Kunden (aus dem Konsumgüter- ebenso wie aus dem Investitionsgüterbereich) erworben, wenn sie fehlerfrei funktionieren, den gesetzlichen Vorschriften entsprechen und zugleich einen Nutzen stiften.
Humanisierung der Arbeitsbedingungen	Hierunter versteht man die bestmögliche, menschengerechte und menschenwürdige Gestaltung der Arbeitsbedingungen. Diese Zielsetzung gewinnt gerade in Zeiten des Facharbeitermangels an Bedeutung.

Leistungserstellungsprozesse planen, steuern und kontrollieren

4.6.2 Ansatzpunkte für Rationalisierungsmaßnahmen

Alle Rationalisierungsmaßnahmen gehen von folgender Grundüberlegung aus: Ein einzelner Arbeitnehmer ist nicht mehr in der Lage, alle anfallenden Aufgaben zu erledigen. Zum einen nehmen die qualitativen Anforderungen zu, zum anderen sind die zu produzierenden Erzeugnisse innerhalb eines engen Zeitfensters herzustellen. Die Arbeit ist mit anderen Worten zwischen verschiedenen Personen aufzuteilen (**Arbeitsteilung**). Dabei lassen sich zwei Grundformen unterscheiden:

Arbeitsteilung, vgl. Kapitel 2.4

– Arbeitsteilung als **Mengenteilung**: Sie liegt vor, wenn der Umfang einer Aufgabe so groß wird, dass sie von den bisher dafür eingesetzten Arbeitskräften nicht oder nicht mehr rechtzeitig erledigt werden kann. Dies erfordert den Einsatz zusätzlicher Arbeitskräfte. Was sind die Folgen, wenn diese nicht zur Verfügung gestellt werden können? Kunden wandern zur Konkurrenz ab; die Qualität der Produkte wird schlechter; Konventionalstrafen fallen an, wenn Aufträge trotz Terminvereinbarung nicht rechtzeitig abgearbeitet werden können, usw.

Grundformen der Arbeitsteilung

Qualitätssicherung, vgl. Kapitel 4.4

– Arbeitsteilung als **Artteilung**: Eine Arbeitsaufgabe wird in Teilaufgaben zerlegt. Dadurch sinken die Einarbeitungszeiten bei Neueinstellungen und die Umstellung auf ständig neue Arbeitsgänge entfällt. Ein berühmtes Beispiel ist das von **Adam Smith** erwähnte Stecknadelbeispiel: Ein Arbeitnehmer kann pro Tag nur zwei Nadeln herstellen. Erfolgt eine Spezialisierung, lassen sich pro Tag 48.000 Nadeln herstellen.

> Nehmen wir daher als Beispiel lieber ein recht unscheinbares Gewerbe, aber eins, auf dessen Arbeitsteilung bereits sehr oft hingewiesen worden ist, nämlich die Stecknadelmanufaktur. Ein Arbeiter, der zur Herstellung von Stecknadeln (die Arbeitsteilung hat heute ein selbstständiges Gewerbe daraus gemacht) nicht angelernt wäre, der also mit dem Gebrauch der dazu verwendeten Maschinen (zu deren Erfindung wahrscheinlich eben dieselbe Arbeitsteilung Anlass gegeben hat) nicht vertraut wäre, könnte selbst bei äußerster Anstrengung täglich gerade noch eine, sicherlich jedoch keine zwanzig Nadeln herstellen.
> Bei der jetzigen Herstellungsart ist nicht nur das Ganze ein selbstständiges Gewerbe, sondern es zerfällt wiederum in eine Anzahl Zweigbetriebe, von denen die meisten wieder in sich selbstständig sind. Der eine Arbeiter zieht den Draht, ein anderer streckt ihn, ein dritter schneidet ihn ab, ein vierter spitzt ihn zu, ein fünfter schleift ihn am oberen Ende, damit der Kopf angesetzt werden kann. Die Anfertigung des Kopfes macht wiederum zwei oder drei verschiedene Tätigkeiten erforderlich: das Ansetzen desselben ist eine Arbeit für sich, das Weißglühen der Nadeln ebenso, ja sogar das Einwickeln der Nadeln in Papier bildet eine selbstständige Arbeit. Auf diese Weise zerfällt die schwierige Aufgabe, eine Stecknadel herzustellen, in etwa achtzehn verschiedene Teilarbeiten, die in manchen Fabriken alle von verschiedenen Händen ausgeführt werden, während in anderen zuweilen zwei oder drei derselben von einem Arbeiter allein besorgt werden. Ich habe eine kleine Manufaktur dieser Art gesehen, in der nur zehn Mann beschäftigt waren und folglich einige zwei oder drei verschiedene Arbeiten zu übernehmen hatten. Obgleich sie nun sehr arm und infolgedessen mit den nötigen Maschinen nur ungenügend versehen waren, so konnten sie doch, wenn sie tüchtig dranhielten, an einem Tage

> zusammen etwa zwölf Pfund Stecknadeln anfertigen. Ein Pfund enthält über viertausend Nadeln mittlerer Größe. Diese zehn Arbeiter konnten demnach täglich über achtundvierzigtausend Nadeln herstellen.
>
> Quelle: Smith, A., Natur und Ursache des Volkswohlstandes (deutsch mit Kommentar von F. Bühler), Leipzig 1933, S. 6 f.

Die Ansatzpunkte für Rationalisierungsmaßnahmen sind vielfältig. Sie umfassen sowohl **Einzelmaßnahmen** wie Normung oder Typung als auch **ganzheitliche Ansätze** wie *Computer Integrated Manufacturing (CIM)* und *Just in Time (JIT)*.

Einzelmaßnahmen

Einzelmaßnahmen knüpfen an die Erzeugnisse bzw. die Fertigungsverfahren an. Hierzu zählen Normung, Typung, Baukastensystem und Rationalisierungsinvestitionen.

- Unter **Normung** versteht man die Vereinheitlichung von Einzelteilen, Fertigungsmaterial, Werkzeugen oder einfachen Erzeugnissen. Ihre Festlegung erfolgt national durch das Deutsche Institut für Normung (DIN) in Zusammenarbeit mit den jeweiligen Fachnormenausschüssen (FNA) und international durch die **International Organization for Standardization (ISO)**. Alle Normteile erhalten ein DIN-Zeichen und eine DIN-Nummer. Bezüglich ihres Inhalts unterscheidet man zwischen **Sicherheitsnormen** (zur Abwendung von Gefahren, z. B. das CE-Zeichen), **Qualitätsnormen** (sie legen wesentliche Produkteigenschaften fest, z. B. Härtegrad von Werkzeugen), **Maßnormen** (um den Austausch bzw. die Kombination von Teilen zu gewährleisten, z. B. Steckergrößen bei Elektroteilen) und **Verständigungsnormen** (sie ermöglichen die eindeutige und schnelle Verständigung). *Normung*

- Die Vereinheitlichung von Enderzeugnissen bezeichnet man als **Typung**, z. B. bei Waschmaschinen, Fotoapparaten. Erst durch die Typung lassen sich die (stück-)kostensenkenden Effekte der Serien- und Massenfertigung nutzen. Gründe dafür sind z. B., dass die Vereinheitlichung hinsichtlich Art, Größe und Ausführung den Einsatz von Spezialmaschinen ermöglicht und die Umstellzeiten beim Wechsel der Produktion von einem Gut zum anderen verringert. *Typung — Fertigungsverfahren, vgl. Kapitel 4.5.1*

- Die Kombination von Normung und Typung bei mehrteiligen, komplexen Baugruppen (z. B. Industrieschränken, Motoren) bezeichnet man als **Baukastensystem**. Dadurch wird der Fertigungsbetrieb in die Lage versetzt, individuelle Kundenwünsche zu befriedigen, ohne die Produktionsverfahren aufwändig umstellen zu müssen. *Baukastensystem*

> **Beispiel:** Welche Einzelmaßnahmen finden wir bei den *Fly Bike Werken* vor?

Im Bereich der Konstruktion und Entwicklung werden u. a. genormte Schrauben und Muttern verwendet. Dies bedeutet für den Konstrukteur im Endeffekt, dass er auf die Ergebnisse anderer Konstrukteure zurückgreifen kann und sich seine Entwicklungsarbeit dadurch beschleunigt. In der Montage werden vereinheitlichte Werkzeuge verwendet, z. B. Vierkantschlüssel und Sechskantschrauben. Zugekaufte Artikel, wie Fahrradbekleidung, genügen hohen Qualitätsanforderungen, die durch Prüfsiegel dokumentiert sind. Da die Qualitätsmerkmale bei Schrauben, Muttern und Spezialwerkzeugen bekannt sind, kann auf eine aufwändige Beschaffungsmarktforschung verzichtet werden. Ein Wechsel von einem Lieferer zu einem anderen wird erleichtert, wenn beide die gleichen Normteile verwenden. Durch die Vereinheitlichung von Endprodukten sinken die Produktions- und Lagerkosten, was zu einer Verringerung des Lagerrisikos führt. Die Kalkulation wird genauer. Die Werbung wird effektiver, da diese die Qualität der gefertigten und bezogenen Markenartikel betont.

Beschaffungsmarktforschung, vgl. Kapitel 5.3.1

- Bei **Rationalisierungsinvestitionen** geht es letztlich um die Frage, ab welcher Produktionsmenge welche Maschinen eingesetzt werden.

Rationalisierungsinvestitionen

Beispiel: In einem Unternehmen stellt sich die Frage, welche der beiden folgenden Anlagen zur Herstellung eines Spezialwerkzeuges eingesetzt werden soll. Als Entscheidungsgrundlage liegen folgende Daten vor:

Produktionsanlage	eins	zwei
Fixkosten pro Jahr	80.000 €	120.000 €
variable Stückkosten	5 €	1 €

Pro Geschäftsjahr lassen sich 20.000 Einheiten absetzen. Bei welcher Produktionsmenge x sind beide Produktionsverfahren gleich teuer? Die Lösung ergibt sich durch Gleichsetzung der beiden Kostenfunktionen (Eins: $80.000 + 5x = 120.000 + 1x$) und Auflösung der Gleichung nach x. Als Ergebnis erhalten wir 10.000 Einheiten. Damit ist die Produktionskapazität zu 50 % ausgelastet (10.000/20.000 = 0,5 = 50 %). Liegt die Produktion unter 10.000 Einheiten, ist Maschine eins kostengünstiger, liegt sie über 10.000 Einheiten, ist Maschine zwei kostengünstiger.

Ganzheitliche Rationalisierungsmaßnahmen

Ganzheitliche Rationalisierungskonzepte beziehen sich auf die Produktionsverfahren und deren Abbildung durch rechnergestützte Modelle. Zu den wichtigsten Ansätzen zählen das *Computer Integrated Manufacturing* (CIM) sowie das *Just-in-Time-*Konzept (JIT-Konzept).

Computer Integrated Manufacturing (CIM)

Das CIM-Konzept ist ein unternehmensweiter EDV-Ansatz für alle Prozesse im gesamten Beschaffungs-, Produktions- und Absatzbereich. Es setzt sich aus den Basiskomponenten Grunddatenverwaltung, Produktionsplanung- und -steuerung (PPS) sowie den verschiedenen *Computer-Aided-*Techniken (= CA-Techniken zusammen).

- Im Rahmen der **Grunddatenverwaltung** geht es primär um die Erfassung von Stammdaten. Dazu zählen u. a. die verschiedenen Formen der Stücklisten, Arbeitspläne, Konstruktions- und Geometriedaten, Betriebsmittel, Werkzeuge, Liefererverzeichnisse etc. Die zentrale Verwaltung und Speicherung der Stammdaten ermöglicht die möglichst redundanzfreie Speicherung dieser Informationen, den Ausschluss von Fehleingaben bei der Pflege dieser Daten etc.
- **PPS-Systeme** sind EDV-Systeme, die durch geeignete Informationssammlung sowie -aufbereitung und -bereitstellung den Produktionspla-

vgl. ausführlich Kapitel 4.3.1

nungs- und -steuerungsprozess unterstützen und damit eine mengen-, termin- und kapazitätsgerechte Fertigungsorganisation gewährleisten sollen. PPS-Systeme decken dabei die betriebswirtschaftliche Seite der Produktionsautomatisierung ab.

– Durch die **CA-Techniken** wird die technische Seite der Produktionsautomatisierung abgedeckt. Sie steuern den Betrieb von numerisch gesteuerten Maschinen und Transporteinrichtungen für Wareneingang, Lager, Fertigung und Versand. **CAD**-Systeme *(Computer Aided Design)* bieten EDV-Unterstützung im Konstruktions- und Entwurfsbereich beispielsweise durch computerunterstütztes technisches Zeichnen, Normteilbibliotheken, Zeichnungsverwaltung und automatische Stücklistengenerierung. Mit Hilfe von **CAE** *(Computer Aided Engineering)* werden Computersimulationen ermöglicht. Die Planung von Arbeitsabläufen und -terminen erfolgt im Rahmen des **CAP** *(Computer Aided Planning)*. **CAM** *(Computer Aided Manufacturing)* steuert und überwacht den Einsatz der im Fertigungsprozess eingesetzten Betriebsmittel. **CAQ**-Systeme *(Computer Aided Quality Assurance)* schließlich unterstützen die Qualitätskontrolle beispielsweise durch Stichprobenauswahl, Entwicklung von Prüfverfahren, und Messdatenauswertung.

CA-Techniken

Beispiel: Im Rahmen des CAP werden u. a. Programme für numerisch gesteuerte Werkzeugmaschinen (CNC-Maschinen) erstellt. Die Programmierung setzt dabei verbale Formulierungen zunächst in Entscheidungstabellen um. In diesen werden Bedingungen und Maßnahmen als Wenn-dann-Tabellen in Tabellenform verknüpft. Auf der Maschine 7612 soll ein Werkstück gefertigt werden. Folgende Werte sind dabei zu beachten: „Fertige ein Werkstück auf der Maschine 7612, wenn die Höhe kleiner als 3, die Breite kleiner als 20 und die Länge kleiner als 50 ist. In diesem Fall ist das Ausgangsmaterial A zu verwenden." Diese Formulierung wird anschließend von dem zuständigen Meister der Arbeitsplanung in eine Entscheidungstabelle umgesetzt.

CNC = computerized numerical control; programmierbar bzw. vom Rechner gesteuert

		Regel 1	Regel 2	Regel 3	Regel 4
Wenn-Teil	Höhe	< 3	< 6	≥ 3	
	Breite	< 20	≥ 20		
	Länge	< 50	< 50	< 50	≥ 50
Dann-Teil	Ausgangsmaterial	A	B	C	D
	Werkzeugmaschine	7612	7613	7614	7615

Nun liegen alle notwendigen Angaben vor, um die CNC-Werkzeugmaschinen zu programmieren. Ein CNC-Programm enthält alle technologischen und geometrischen Informationen, um das Werkzeug herstellen zu können. Die Programmierung kann per Hand oder durch spezielle Programmiersprachen erfolgen.

Werden die genannten Systeme (Grunddatenverwaltung, PPS, CA-Techniken) rechnergestützt integriert und mit weiteren Systemen z. B. der Außendienststeuerung (z. B. Tourenplanung von Vertretern), der Unternehmensplanung (z. B. Management-Informationssysteme), des Rechnungswesens (z. B. Finanzbuchhaltungssysteme) gekoppelt, so entsteht daraus ein **unternehmensweites CIM-System**. Ziel eines solchen Systems ist die durchgängige DV-Unterstützung aller betrieblichen Abläufe beginnend bei der Konstruktion und Produktentwicklung über die Materialwirtschaft, Logistik, Arbeitsvorbereitung, Produktion bis zum Marketing und Vertrieb. Diese Funktionen sind eingebettet in die unternehmensweite strategische Planung, in die Finanzplanung und in das Rechnungswesen.

Produktentwicklung, vgl. Kapitel 4.2.2

Rechnungswesen, vgl. Teilband 2

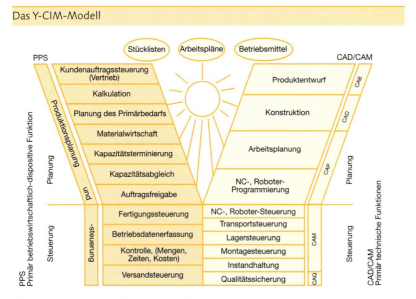

Das Y-CIM-Modell

Quelle: Scheer, August-Wilhelm, Sander, Jörg, PPS-Trainer, Berlin 1997

Just in Time in der Fertigungswirtschaft

Just in Time (JIT) steht für „Produzieren auf Abruf". Zu jeder Zeit und auf allen Fertigungs- bzw. Logistikstufen eines Unternehmens wird gerade nur so viel beschafft, hergestellt und geliefert, wie aktuell zur Produktion bzw. zum Verkauf notwendig ist. Rohmaterial-, Zwischen- und Fertigwarenlager lassen sich damit – bis auf Sicherheitsreserven – reduzieren bzw. entfallen ganz. Diese Strategie verfolgt die Zielsetzung, über eine synchrone Steuerung der Arbeitsabläufe bzw. Prozesse vom Lieferer bis zum Kunden Kosten- bzw. Produktivitätsvorteile und daraus resultierend auch Ertrags- und Gewinnvorteile zu verwirklichen. Außerdem sollen durch die Reduzierung der Lagerbestände in der eigenen JIT-Beschaffung und -produktion wie auch beim Kunden (JIT-Vertrieb) die Lagerkosten gesenkt werden.

Lagerhaltung, vgl. Kapitel 5.5.1

Die Steuerung der Abläufe lässt sich zentral oder dezentral organisieren.

– Bei **zentraler** Steuerung werden auf Grund eines eigenen Halbjahres- oder Jahresprogramms oder einer Bedarfsplanung des Kunden die notwendigen Materialflüsse aufgezeichnet, berechnet und anschließend optimiert. Die rechnergestützte Abbildung dieser Vorgänge erfolgt im Rahmen eines PPS-Systems.

Materialfluss, vgl. Kapitel 3.4.2

– Bei **dezentraler** Steuerung übernehmen die einzelnen Fertigungs- bzw. Logistikstellen die Materialdisposition in Eigenregie. Wie lässt sich hierbei die informationstechnische Abstimmung zwischen den beteiligten Stellen organisieren? Als Antwort auf diese Frage hat sich ein aus Japan kommendes Verfahren durchgesetzt: KANBAN (dt: „Karte" oder

„Schild"). Nach dem Holprinzip meldet in einem mehrstufigen Produktions- bzw. Materialflussprozess (inner- und auch zwischenbetriebliche Logistikkette) zunächst die am Ende der Kette stehende Stelle bei der ihr vorgelagerten Stelle den Materialbedarf durch einen speziellen Informationsträger, die KANBAN-Karte, an. Diese Stelle wiederum meldet ebenso bei jeder vorgelagerten Stelle ihren Bedarf an, sodass sich dieser Prozess wie in einem Wasserfall von oben nach unten von der „Endstufe" der Logistikkette (der Vertrieb bzw. bei zwischenbetrieblichem JIT der Endkunde) bis hin zur Rohmaterialbereitstellung fortsetzt. In entgegengesetzter Richtung zu dieser Informationskette erfolgt dann der Materialfluss.

Sowohl die zentrale, als auch die dezentrale Synchronisation im Rahmen der JIT-Strategie verlangt eine informationstechnische Kopplung von Zulieferern und Verwendern von Material (z. B. über das Internet oder ein Extranet). Auch die KANBAN-Karte wird heute im Allgemeinen elektronisch geführt. Damit gewährleistet ist, dass die verschiedenen Telekommunikationssysteme, die am Markt angeboten werden, ihre Dispositions-Nachrichten gegenseitig „verstehen", gibt es mittlerweile unternehmens- und branchenübergreifende Standards von Datenübertragungsprotokollen wie beispielsweise EDIFACT oder X400.

Dass sich JIT noch nicht überall durchgesetzt hat, hat verschiedene Gründe: Die Überwälzung der Lagerkosten auf die Lieferer vermindert Preissenkungsspielräume in der Beschaffung; unter Gesamtkostenaspekten muss JIT damit nicht unbedingt wirtschaftlicher sein. Da durch JIT die Zahl der Transporte zunimmt, wird ein „Verkehrsinfarkt auf der Straße" befürchtet. Der Produktionsablauf wird damit anfälliger gegenüber Störungen in der Teilezufuhr, was erhebliche Kosten verursachen kann. Die Bahn AG versucht hier in die Bresche zu springen und JIT vermehrt über den Verkehrsweg Schiene abzuwickeln.

Grenzen des JIT-Prinzips

Lean Management
Lean bedeutet schlank, Lean Management steht also für ein „schlankes" Management, das der Verbesserung von Produktivität und Wirtschaftlichkeit dient. Ein Unternehmen ist schlank, wenn die Anzahl der Hierarchieebenen und die Anzahl der administrativen Stellen möglichst gering ist. Als Unternehmensphilosophie hat es wesentlichen Einfluss auf den Erfolg eines Unternehmens. Ausgangspunkt der *Lean-Management*-Bewegung war eine Untersuchung des *Massachusetts Institute of Technology (MIT)*, das Anfang der Neunziger-Jahre des vergangenen Jahrhunderts Unternehmen der Automobilindustrie in 14 Ländern miteinander verglich. Die japanischen (und koreanischen) Autoproduzenten unterschieden sich in folgenden Punkten von entsprechenden europäischen und amerikanischen Unternehmen: höhere Produktqualität, höherer Anteil von Gruppenarbeit, niedrigere Lagerbestände, kürzere Lieferzyklen, niedrigere Fertigungskosten, flexibleres Eingehen auf Kundenwünsche und flachere Hierarchien. Als Grundprinzipien des *Lean Managements* kristallisierten sich drei Gesichtspunkte heraus:

— Das **Kaizen-Prinzip**, das in allen Unternehmensbereichen, d. h. nicht nur in der Fertigung, permanente Veränderungen in kleinen Schritten anstrebt (Kai = Wandel, zen = das Gute).

Grundprinzipien des Lean Managements

- Das **Prinzip des Total Quality Managements**, das eine absolute Fehlerfreiheit bei der Durchführung aller Unternehmensprozesse, verbunden mit einer weitgehenden Mitarbeiterqualifizierung, fordert.
- Das **Just-in-Time-Prinzp**, das auf einer produktionssynchronen und kostengünstigeren Materialbeschaffung sowie einem schnellen Fertigungsfluss basiert.

> **Beispiel:** Die *Fly Bike Werke* versuchen die Gedanken des *Lean Managements* durch folgende Forderungen in den Köpfen aller Unternehmensbeteiligten zu verankern: Alle Unternehmensangehörigen sind aktiv, leistungsfreudig, haben Spaß an aktiver Gestaltung und planen im Voraus (proaktives Denken). Die Mitarbeiter sollen durch ihre Arbeit weder über- noch unterfordert werden; alle menschlichen Ressourcen („Muskeln, Hirn und Wille") sollen erschlossen werden (Potenzialdenken). Die Mitarbeiter sind offen gegenüber Neuem und anpassungsfähig (sensitives Denken). Sie handeln vernetzt und systemorientiert, denken systemübergreifend über ihren eigenen Aufgabenbereich hinaus und sind in Rückkopplungsschleifen eingebunden (ganzheitliches Denken). Sie vermeiden Verschwendung, sind produktiv und sparsam (Handeln nach dem ökonomischen Prinzip).

Dieser Ansatz setzt auf der einen Seite natürlich sehr viel Engagement vom Mitarbeiter voraus; auf der anderen Seite muss bei allen (bisherigen!) Vorgesetzten das Verständnis dafür aufgebracht werden, dass sie einen Teil ihrer Kompetenzen an Untergebene abgeben müssen. Selbstverständlich gibt es weiterhin auch in schlanken Unternehmen Gruppenleiter; diese sind jedoch nicht die „Chefs" der Gruppe, sondern haben nur eine spezielle Aufgabe (z. B. Koordination, Information). Entscheidungen, vor allem in der Produktion, sind idealerweise von der gesamten Gruppe zu treffen.

4.6.3 Nachteilige Auswirkungen der Rationalisierung

Rationalisierungsmaßnahmen führen zweifelsohne zu einer kostengünstigeren Produktion und tragen damit zu einer Erhöhung der Wirtschaftlichkeit und Rentabilität bei. Trotzdem wird die Rationalisierung nicht nur als vorteilhaft betrachtet.

Personalfreisetzung, vgl. Kapitel 7.6

- Moderne Fertigungsverfahren führen zu einem **Personalabbau** vor allem gering qualifizierter Hilfskräfte. Daraus folgt, dass alle Arbeitskräfte im Fertigungsbereich ständig fortgebildet werden müssen, um mit neuen technologischen Anforderungen Schritt halten zu können. Dies setzt eine hohe Lernbereitschaft und ein steigendes Maß an Flexibilität, verbunden mit der Fähigkeit, in Teams zu arbeiten, voraus. Dieser Trend setzt sich auch in der Büroarbeit durch, wo die dort Beschäftigten vor allem beim Einsatz von DV-Systemen zusätzliche Kenntnisse benötigen.
- Rationalisierungsmaßnahmen verlangen einen hohen Kapitaleinsatz, den nicht jedes Unternehmen verkraftet. Dadurch wächst die **Gefahr wirtschaftlicher Konzentration**, da nur so die enormen Investitionen aufgebracht werden können. Die Konzentration kann den wirtschaftlichen Wettbewerb einschränken, wenn nicht entsprechende rechtliche Beschränkungen ergriffen werden.

– Hohe Produktionszahlen setzen voraus, dass die gefertigten Erzeugnisse auch abgesetzt werden, was nur durch den verstärkten Einsatz von Werbemaßnahmen erreicht werden kann. Verbraucherschützer fürchten hier eine **Manipulation der Verbraucher**, da Bedürfnisse künstlich erzeugt werden.

Werbemaßnahmen, vgl. Kapitel 6.3.1

4.7 Wissens-Check

1. Die *Frischluft AG* hat sich auf die Herstellung von Klimageräten spezialisiert. Mit den Geräten hat sie bisher vor allem Arztpraxen, medizinische Massagepraxen und Rechtsanwaltkanzleien ausgestattet. Zunehmend werden die Geräte auch von Privathaushalten abgenommen. Dem Unternehmen ist eine Fortentwicklung ihres bisher produzierten Klimagerätes gelungen, das ihr Marktvorteile verschafft.
Die Geschäftsleitung ruft die Abteilungsleiter zu einer Lagebesprechung zusammen. Auf die günstige Situation soll mit Investitionen in den Bau einer neuen Produktionsanlage reagiert werden, auf der ausschließlich das neu entwickelte Produkt produziert werden soll. Drei Produktionsverfahren mit einer jeweiligen Kapazität von 10.000 Geräten pro Jahr stehen zur Auswahl:

Verfahren 1: Die fixen Kosten betragen 0,75 Mio. € (jährlich), die variablen Kosten je Stück 1.750 €.
Verfahren 2: Fixe Kosten fallen in Höhe von 2 Mio. € (jährlich) an, die variablen Kosten je Stück betragen 1.500,00 €.
Verfahren 3: Mit diesem Verfahren würde die Fertigung automatisiert. Die fixen Kosten betragen 4,95 Mio. € (jährlich), die variablen Kosten je Stück nur noch 1.100 €.

a) Stellen Sie rechnerisch fest, ab welcher Produktionsmenge mit Verfahren 3 kostengünstiger als mit Verfahren 2 gearbeitet werden kann.
b) Erstellen Sie eine Grafik, in der der Gesamtkostenverlauf der drei Verfahren dargestellt wird.
c) Begründen Sie, warum bei Verfahren 1 die variablen Kosten 1.750 €/Stück, bei Verfahren 3 jedoch nur noch 1.100,- €/Stück betragen. (Unterstützen Sie die Begründung mit Hilfe von zwei konkreten Beispielen.)
d) Der Verkaufsleiter berichtet, dass er auf Grund von Markterkundungen in den nächsten fünf Jahren mit der folgenden Absatzentwicklung für das neu entwickelte Gerät rechnet (Zahlen in Tausend):

2004	2005	2006	2007	2008
5	7	9	10	10

Voraussetzung für diese Entwicklung ist, dass der technische Vorsprung gehalten werden kann. Der Marktpreis für ein Klimagerät soll 2.500 € betragen. Ermitteln Sie das Betriebsergebnis in den einzelnen Jahren unter Einsatz von Produktionsverfahren 3.

2. Kostenarten
a) Aus der Buchhaltung der *WEMA GmbH* sind folgende Kostenarten zu entnehmen: Gehälter, Materialkosten, Energiegrundgebühren, Telefongesprächsgebühren, Versicherungen, Miete.

Prüfen Sie, ob es sich bei den genannten Kostenarten um fixe oder variable Kosten handelt.

b) Die betriebswirtschaftliche Auswertung für die abgelaufenen zwei Monate ergeben bei der *WEMA GmbH* folgende Daten:

	Monat 1	Monat 2
Kapazität (Tische/Monat)	11.200	11.200
Preis (€/Tisch)	180 €	180 €
Beschäftigungsgrad (%)	85 %	72 %
Gesamtkosten €	752.160 €	667.712 €

Bereiten Sie die Entscheidungsfindung der Geschäftsleitung durch die Ermittlung der nachfolgenden Größen vor:

ba) die Anzahl der tatsächlich hergestellten Tische in den beiden Monaten,
bb) die Erlöse (E) der beiden Monate; dabei ist zu unterstellen, dass die gemäß Beschäftigungsgrad produzierten Mengen auch verkauft wurden;
bc) die jeweiligen Monatsgewinne,
bd) die gesamten Stückkosten für jeden Monat (k),
be) die variablen Stückkosten (k_{var}),
bf) die Fixkostenanteile (K_{fix}) an den Gesamtkosten pro Monat.
c) Erläutern Sie die Fixkostendegression am Beispiel der *WEMA GmbH* aus Aufgabe 2b).
d) Unterscheiden Sie zwischen Stückkosten und Gesamtkosten.

3. Im Monat Januar des Jahres 1999 stellt die *Zentgraf GmbH* 500 Kugelhähne her. Die Kalkulation für einen Kugelhahn ergibt die folgenden Werte:

Herstellkosten	200,00 €
Selbstkosten	240,00 €
Verkaufspreis	350,00 €

Von den 500 im Monat Januar hergestellten Kugelhähnen werden 400 Stück verkauft. Die restlichen 100 Stück gehen ins Lager für Fertigerzeugnisse. Berechnen Sie das Betriebsergebnis.

4. Die *Krause GmbH*, ein Zulieferbetrieb der Automobilindustrie, fertigt verschiedene Kunststoffteile und Baugruppen aus Kunststoff. Die Kunststoffteile werden einheitlich in Fließfertigung hergestellt, die komplexen Baugruppen werden gemäß den Kundenvorgaben in Gruppenfertigung zusammengebaut.

a) Erläutern Sie die wichtigsten organisatorischen Merkmale, nach denen der Fertigungsablauf der Kunststoffteile und der Baugruppen gestaltet ist.
b) Erläutern Sie je einen Vorteil für die beteiligten Arbeitnehmer und für die *Krause GmbH*, der mit dem Einsatz der Gruppenfertigung verbunden ist.
c) Auf einer Spritzgussmaschine können in einer Stunde maximal 1.500 Stück gefertigt werden. Zurzeit werden im Durchschnitt 1.300 Stück produziert. Die Maschine läuft 300 Stunden im Monat. Die fixen Kosten der Maschine betragen 20.000 € im Monat. Der Materialverbrauch verursacht 0,10 € pro Stück, der Arbeitslohn pro Stück 0,02 €. Das Stück wird zu 0,19 € verkauft.

ca) Wie viel Prozent beträgt der Beschäftigungsgrad?

cb) Wie viel Euro betragen die Kosten pro Stück, wie viel Euro die Gesamtkosten an diesem Arbeitsplatz pro Monat?

cc) Wie viel Euro betragen die Gesamtkosten pro Stück an diesem Arbeitsplatz bei einem Beschäftigungsgrad von 70 %?

cd) Erläutern Sie an diesem Beispiel die Fixkostendegression.

5. Die *Schultz GmbH*, Rostock, weist für die Geschäftsjahre 2002 und 2003 folgende Zahlen aus:

	Jahr 2002	Jahr 2003
Ertrag	22.570.760 €	23.625.870 €
Aufwand	19.890.630 €	21.350.820 €
Eigenkapital	16.345.900 €	17.125.690 €
Fremdkapitalzinsen	1.320.100 €	9.332.400 €
Gesamtkapital	40.000.000 €	120.000.000 €
Produktions- und Absatzmenge	50.000 Stück	80.000 Stück
geleistete Arbeitsstunden	1.100	1.200
Maschinenlaufstunden	2.000	2.000
Umsatz	75.220.000 €	81.111.360 €

a) Ermitteln Sie folgende Kennzahlen:

aa) Arbeitsproduktivität

ab) Betriebsmittelproduktivität

ac) Wirtschaftlichkeit

ad) Eigenkapitalrentabilität

ae) Gesamtkapitalrentabilität

af) Umsatzrentabilität

b) Berechnen Sie für o. g. Kennzahlen die prozentualen Veränderungen gegenüber dem Vorjahr.

c) Welche Gründe könnten für die Abweichungen zwischen den Geschäftsjahren 2002 und 2003 verantwortlich sein?

6. Bedarfsplanung

a) Unterscheiden Sie kurz mögliche Bedarfsarten im Rahmen der Produktionsplanung.

b) Die *SYSTEMA GmbH* stellt Stahlrohrregale her. Der Kundenauftrag Nr. 1762 lautet über 120 Stahlrohrregale (Auftragseingang: 17. 4.). Das Teil Regalboden geht mit 5 Stück in das Stahlrohr-Regal ein. Die Lieferung dieses Kundenauftrages wurde für den 15. 5. zugesagt.

Die Lagerabteilung gibt an, dass 218 Regalböden am 19. 4. geliefert werden, davon 34 für den Kundenauftrag Nr. 1749. Per 17. 4. gibt das EDV-Lagersystem folgende Informationen für die Regalböden hinsichtlich des vorhandenen Lagerbestandes an:

Anfangsbestand 1. 1.:	186 Stck.
Zugänge bis 17. 4.:	818 Stck.
Materialentnahmen bis 17. 4.:	540 Stck.
Reservierungen bis 17. 4.:	317 Stck.

Weitere Lagerbewegungen, abgesehen von den nachfolgenden, sind nicht zu berücksichtigen!

Monteure, die z. Zt. beim Kunden *DFO/HANSA-Linie AG*, Rostock, Regale montieren, haben für den 18. 4. eine Teile-Retour in Höhe von 24 Regalböden fest zugesagt. Laut Lagerkontrolle per 17. 4. sind sieben Regalböden des Lagerbestandes aus Qualitätsgründen unbrauchbar. Es ist ein Montageausschuss von 2 % auf den Bruttobedarf zu berücksichtigen. Weitere Reservierungen o. ä. fallen bis zum 15. 5. nicht mehr an. Ermitteln Sie für den Kundenauftrag Nr. 1762 den Brutto- und den Nettobedarf an Regalböden per 19. 4.

7. Die *Combi-Data AG*, Berlin produziert unterschiedliche Datenträger für die Computer- und Unterhaltungsbranche, z. B. Disketten, CD-ROM-Rohlinge, Minidiscs, Musikkassetten und Videobänder mit unterschiedlichen Laufzeiten. Die *Combi-Data AG* sieht sich dabei mit ihrem Angebot einer Vielzahl von gleichermaßen guten Konkurrenten gegenüber. Die Produkte werden auf einer teilweise automatisierten Produktionsstraße hergestellt, wobei im Rahmen der Produktion zwischen den einzelnen Losen erhebliche Umrüstarbeiten notwendig sind. Für die Produktionsmitarbeiter herrscht an der Produktionsstraße aus Qualitätsgründen kein Taktzwang.

Für die Produktion von Magnetbandkassetten beschafft die *Combi-Data AG* schon seit Jahren die Plastikgehäuse von der *Plastik-Company GmbH*, München. Die Teilestammdatei liefert zu den Plastikgehäusen folgende Informationen:

- Artikel-Nr.: MBGH7310 schwarz
- Durchschn. Jahresbedarf: 26.880 Stück
- Bestellzyklus: alle 24 Tage
- Einstandspreis: 6,00 €
- Lagerhaltungskostensatz: 25 %

Die Bestellkosten je Bestellvorgang belaufen sich auf 80 €. Die Geschäftsleitung möchte zur Vereinfachung der Bestellorganisation den Bestellzyklus auf 45 Tage erhöhen.

Prüfen Sie bitte rechnerisch, ob diese Erhöhung aus Kostengesichtspunkten zu empfehlen ist. Analysieren Sie außerdem Ihr Ergebnis in Bezug auf die Veränderungen der jeweils beteiligten Kostenarten.
Hinweis: Das Jahr wird aus Vereinfachungsgründen mit 360 Tagen gerechnet. Es wird ein gleichmäßiger Lagerabgang unterstellt. Ihr Ergebnis sollte bitte rechnerisch nachvollziehbar zu Stande kommen.

8. Welche Stücklistenart stellt die Grundlage für alle anderen Arten von Stücklisten dar?
    a) Baukastenstückliste
    b) Fertigungsstücksliste
    c) Konstruktionsstückliste einschließlich -zeichnung
    d) Strukturstückliste

9. Ein Bürocomputer hat folgende (vereinfachte) Erzeugnisstruktur: (Großbuchstaben = Baugruppen; Mengenangaben: z. B. T1: 1 usw. = ein Stück Teil Nr. 1)

Fertigungsstufe

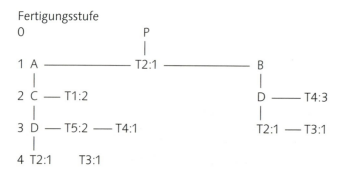

a) Erklären Sie, welche Vorgänge dieser hier vorliegenden Erzeugnisstruktur vorangingen. Beachten Sie dabei bitte die richtige zeitliche Reihenfolge.
b) Erstellen Sie die Strukturstückliste für das Erzeugnis P.
c) Erstellen Sie die Mengenstückliste. Geben Sie zusätzlich an, für welchen Vorgang die Mengenstückliste im Rahmen der Kundenauftragsabwicklung wichtig ist.
d) Erstellen Sie die Baukastenstückliste für die Baugruppe C.

10. Tanja, Tom und Thomas – drei Industriekaufleute im 3. Lehrjahr – unterhalten sich über ihre Ausbildungsbetriebe:

Tanja: Ich bin in einer mittelständischen Papierfabrik beschäftigt. Dort stellen wir u. a. Kopierpapier in fünf unterschiedlichen Qualitätsstufen her. Diese unterscheiden sich im Wesentlichen durch das Papiergewicht pro 100 Gramm. Den Absatzbedarf können wir recht zuverlässig aus den Ergebnissen unserer Marktforschungsabteilung bestimmen.
Tom: Mein Ausbildungsbetrieb ist ein Zulieferbetrieb für die optoelektronische Industrie. Wie stellen jährlich ca. 500 hochwertige Apparate her. Wir haben langfristige Lieferverträge abgeschlossen, sodass wir einen Auftragsbestand von sechs Monaten in unseren Büchern haben.
Thomas: Wir liefern Sondermaschinen im sechsstelligen Eurobereich. Bei uns sind nur 15 Personen beschäftigt, die sich vor allem aus Fachleuten aus dem Ingenieursbereich zusammensetzen. Es ist klar, dass wir nicht auf Vorrat produzieren können, dafür ist der Kapitalbedarf zu groß.

a) In der Fertigung unterscheidet man verschiedene Fertigungsverfahren. Was versteht man unter dem Produktionstyp und von welchen Faktoren ist er abhängig?
Worin unterscheiden sich Produktions- und Organisationstyp?
b) Welche grundsätzlichen Produktionstypen lassen sich unterscheiden? Stellen Sie Ihr Arbeitsergebnis in Form einer Grafik übersichtlich dar.
c) Worin unterscheiden sich Partie- und Chargenfertigung?
d) Welche personellen Anforderungen ergeben sich bei Einzel- bzw. Massenfertigung an die Mitarbeiter in der Produktion?

11. Ein Hersteller von Werkzeugmaschinen benötigt von dem Teil M3278 (Verschraubung) folgenden Bruttobedarf:

Periode:	1	2	3
Bruttobedarf:	400	800	700

Hinzu kommen in jeder Periode 15 % Zusatzbedarf für Ausschuss/Ersatzbedarf. Der Lagerbestand beträgt momentan (Periode 1) 1.500 Stück. Davon sind in der Periode 1 für den Auftrag Nr. 741-1R 550 Stück reserviert. In Periode 3 sind für den Auftrag Nr. 329-3R 350 Stück reserviert. Weitere Reservierungen sind in den drei Perioden nicht vorhanden. Aus Fertigungsaufträgen sind in den Perioden 2 und 3 jeweils 200 Stück, aus Bestellungen in der Periode 1 und 2 jeweils 100 Stück Zugang fest zu erwarten. In jeder Periode ist aus Sicherheitsgründen ein nicht anzutastender Mindestbestand (= eiserne Reserve) von 100 Stück am Lager zu halten. Aus lager- und liefertechnischen Gründen ist eine Vorlaufverschiebung von einer Periode zu berücksichtigen.

    a) Erläutern Sie, was man unter einer Vorlaufverschiebung versteht.
    b) Berechnen Sie den Nettobedarf der drei Perioden unter Berücksichtigung der erforderlichen Vorlaufverschiebung.
    c) Wie wirkt sich die Berücksichtigung bzw. das Halten eines Mindestbestandes auf den Nettobedarf aus?

12. Welche der folgenden Aussagen sind richtig, welche sind falsch?
    a) Der Primärbedarf umfasst den Bedarf an Fertigerzeugnissen.
    b) Der Bedarf an Ersatzteilen gehört zum Sekundärbedarf.
    c) Der Primärbedarf tritt am Absatzmarkt auf. Er wird durch Absatzmarkt und Produktionsprogramm bestimmt.
    d) Der Sekundärbedarf umfasst den Bedarf an Hilfs- und Betriebsstoffen.
    e) Der Tertiärbedarf umfasst den Bedarf an Hilfs- und Betriebsstoffen sowie an Verschleißwerkzeugen.
    f) Der Bruttobedarf ist der Gesamt- oder Periodenbedarf ohne Berücksichtigung von Lagerbeständen.
    g) Determinierte Verfahren zur Bedarfsrechnung sind bedarfsorientiert und basieren auf Fertigungsvorschriften und -aufträgen.

13. Situation: Sie arbeiten in der *Rotkohl AG*, einem rheinischen Hersteller hochwertiger Konserven. Die Verpackungsabteilung ist mit mehreren Universalaggregaten ausgestattet, da bei einem Sortenwechsel (z. B. zwischen dem Verpacken von Kohl bzw. Rüben) eine Umrüstung erforderlich ist. Der Jahresbedarf an zu verpackenden Rotkohlkonserven beträgt 25.000 Dosen. Für einen Rüstvorgang entstehen Kosten in Höhe von 16.800 €. Für die Lagerung von 1.000 Dosen entstehen dem Unternehmen jährlich 3.000 € Lager- und Zinskosten.

    a) Ermitteln Sie auf der Basis folgender Tabelle die optimale Losgröße:

Anzahl der Lose	Losgröße in Stück	Rüstkosten in €	Lager-/Zinsk. in €	Gesamt-Kosten
1				
2				
3				
4				
5				

    b) Stellen Sie die Ergebnisse aus a) in Form einer Grafik dar; die X-Achse enthält die Anzahl der Lose, die Y-Achse die angefallenen Kosten.
    c) Berechen Sie die optimale Losgröße mit Hilfe der Andler'schen Losgrößenformel.
    d) Von welchen Annahmen geht die klassische Losgrößenformel aus?
    e) Nennen und erläutern Sie drei mögliche Gründe, die die *Rotkohl AG* veranlassen könnten, von der optimalen Losgröße abzuweichen.

5 Beschaffungsprozesse planen, steuern und kontrollieren

5.1 Beschaffung als Unterstützungsprozess

Als **Beschaffung im weiten Sinne** wird die kostenoptimale Bereitstellung **aller Einsatzfaktoren** bezeichnet, die zur betrieblichen Leistungserstellung erforderlich sind. Beschaffungsobjekte können Materialien, Güter des Sachanlagevermögens, Rechte, Dienstleistungen, Finanzmittel und Personal sein. Beschaffung im Sinne der Materialwirtschaft beschäftigt sich mit der Beschaffung der **zur Produktion erforderlichen Einsatzfaktoren**, d. h. Materialien, Teilen und Baugruppen.

Beschaffung im weiten Sinne

Anlagevermögen, vgl. Teilband 2

Beschaffung im Sinne der Materialwirtschaft

Unterstützungprozesse (Supportleistungen) unterstützen die Kernprozesse eines Unternehmens durch Versorgungs- und Steuerungsleistungen. Im kundenorientierten Unternehmensmodell zählen die Beschaffungsprozesse zu den kernprozessunterstützenden Prozessen. Die wesentliche Aufgabe der Beschaffung besteht darin, die erforderlichen Ressourcen für die Kernleistungen bereitzustellen. So werden z. B. für den Kernprozess „Leistung herstellen" Werkstoffe benötigt, die in einem Transformationsprozess zur Herstellung verkaufsfähiger Produkte führen.

Unterstützungs- und Kernprozesse, vgl. Kapitel 3.3.2

Leistungserstellung, vgl. Kapitel 4

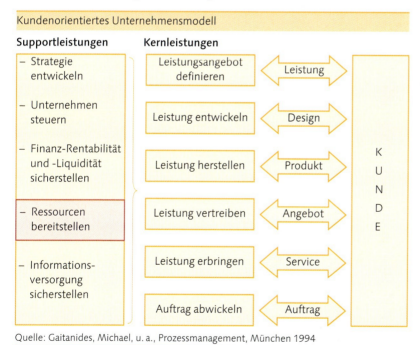

Quelle: Gaitanides, Michael, u. a., Prozessmanagement, München 1994

Beschaffungsprozesse beinhalten die folgenden Teilprozesse:

- Die Suche nach **neuen Bezugsquellen** hat in den Unternehmen einen großen Stellenwert. Mit dieser Thematik beschäftigt sich die **Beschaffungsmarktforschung**, die zunehmend mit moderner Informations- und Kommunikationstechnik durchgeführt wird (z. B. Internet-Einkaufs-

Bezugsquellenermittlung, vgl. Kapitel 5.3

plattformen). Die Ermittlung potenzieller Lieferer ist die Voraussetzung für die anschließende Liefererbewertung. Die **Liefererbewertung** umfasst die Analyse der Kriterien, nach denen mögliche Lieferer auszuwählen sind: über die bisher gemachten positiven und negativen Erfahrungen mit den Lieferern (z. B. Liefertreue), deren technischen Leistungsfähigkeit (z. B. Materialqualität) bis hin zu den Preisen sowie Lieferungs- und Zahlungsbedingungen.

– An die Liefererbewertung schließt sich die **Bestellabwicklung** an. Ausgehend von den mit den Lieferern geschlossenen **Verträgen**, gehören hierzu alle zur Vertragserfüllung gehörenden Schritte, die sicherstellen, dass die zu beschaffenden Materialien so rechtzeitig im Unternehmen eintreffen, dass der Produktionsablauf nicht gefährdet wird. Ferner sind die gegenüber dem Lieferer entstandenen Verbindlichkeiten durch die Abwicklung des **Zahlungsverkehrs** zu erfüllen. Treten **Leistungsstörungen** auf, müssen sie im Rahmen gesetzlicher Regelungen behoben werden.

Bestellungen abwickeln, vgl. Kapitel 5.4

– Sind die zu beschaffenden Materialien im Unternehmen eingetroffen, sind verschiedene Aufgaben der **Bestandsplanung** und **-führung** wahrzunehmen. Hierzu zählen die **Lagerhaltung**, die **Lagerorganisation** und die Analyse von **Lagerkennzahlen**. Auf die Bedeutung der Materialdisposition im Zusammenhang von Bedarfs-, Bestands- und Bestellrechnung ist bereits ausführlich im Rahmen der Leistungserstellung hingewiesen worden.

Bestandsplanung und -führung, vgl. Kapitel 5.5

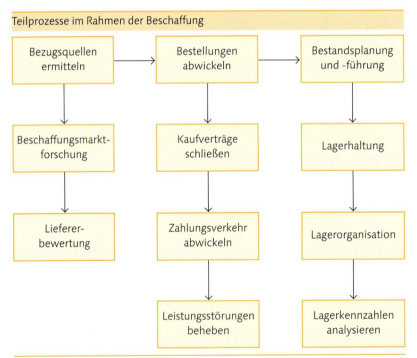

Teilprozesse im Rahmen der Beschaffung

Das betriebliche **Umweltmanagement** durchzieht die Teilprozesse der Beschaffung als Querschnittsfunktion und umfasst zum einen die umweltverträgliche Handhabung von Gefahrstoffen und zum anderen Konzepte der betrieblichen Abfallwirtschaft.

Umweltmanagement und Beschaffung, vgl. Kapitel 5.6

Eine weitere Querschnittsfunktion im Bereich der Beschaffungsprozesse übernimmt die **Beschaffungslogistik**. Ihre Aufgabe ist es, als Teil des unternehmensübergreifenden Logistikprozesses die betrieblichen Informations-, Material- und Werteflüsse zu optimieren, auch unter Einsatz moderner Beschaffungskonzepte wie z. B. *Just in Time* und *Supply Chain Management*.

Just in Time in der Fertigungswirtschaft, vgl. Kapitel 4.6.2

Beim *Supply Chain Management* werden alle Aktivitäten von der Rohstoffbeschaffung bis zum Verkauf eines Produkts an den Endkunden koordiniert und in einen nahtlosen Prozess integriert.

Beschaffungsprozesse schließen unmittelbar an die Ermittlung des Primärbedarfs und die Nettobedarfsrechnung für den Sekundär- und Tertiärbedarf an. Damit besteht ein unmittelbarer **Prozesszusammenhang** zwischen den Kernprozessen im Absatz, in der Leistungserstellung und den unterstützenden Prozessen der Beschaffung.

Prozesszusammenhang

Prozesszusammenhang	
Primärbedarfsermittlung	Produktionsprogrammplanung auf Basis prognostizierter Absatzzahlen → Absatzprozesse
Sekundär- und Tertiärbedarsermittlung	Ermittlung des Bedarfs an – Rohmaterial, Teilen und Baugruppen – effektiv bereitzustellenden Hilfs- und Betriebsstoffen unter Berücksichtigung der jeweiligen Bestände → Leistungserstellungsprozesse
Beschaffung der zur Produktion erforderlichen Einsatzfaktoren	→ Beschaffungsprozesse

Im Bereich der Beschaffung werden auch häufig die Begriffe Materialwirtschaft, Beschaffungslogistik und Einkauf verwendet. Eine klare begriffliche Abgrenzung ist allerdings problematisch bzw. sind Überschneidungen nicht zu vermeiden, wenn die Begriffe verwendet werden, um unterschiedliche Sichtweisen deutlich zu machen. Wird die **Funktion** der Beschaffung im Sinne der Aufbauorganisation in den Mittelpunkt der Betrachtung gestellt, so werden die Begriffe der Materialwirtschaft und des Einkaufs verwendet, soll die **Prozessorientierung** der Beschaffung hervorgehoben werden, so bietet sich der Begriff der Beschaffungslogistik an.

Aufbauorganisation, vgl. Kapitel 3.5

5.2 Beschaffungsprozesse und Materialwirtschaft

5.2.1 Zielhierarchie, Zielkategorien und Zielkonflikte

Sachziele ergeben sich aus dem Sachauftrag des Unternehmens, der in der Herstellung von Gütern und Dienstleistungen besteht. **Formalziele** beziehen sich auf den zu erreichenden Erfolg eines Unternehmens. Aus den übergeordneten Unternehmenszielen werden die nachgeordneten Bereichs- bzw. Abteilungsziele abgeleitet, es entsteht so eine **Zielhierarchie**.

Sach- und Formalziele, vgl. Kapitel 3.2

Das Sachziel des Bereichs Materialwirtschaft besteht darin, das Unternehmen sicher mit Material zu versorgen. Das Formalziel kommt dadurch zum Ausdruck, dass die Materialversorgung möglichst kostengünstig erfolgen sollte. Die Entsorgung des Materialabfalls sollte unter Beachtung ökologischer Gesichtspunkte vorgenommen werden. Damit sind **drei Zielkategorien** angesprochen:

Zielkategorien in der Materialwirtschaft	
Versorgungsziele	– kurze Lieferzeiten – hohe Termintreue – sichere Bezugsquellen – Flexibilität
Kostenreduzierungsziele	– niedrige Bezugskosten (niedrige Bestellkosten, niedrige Einstandspreise) – niedrige Lagerkosten (geringe Lagerbestände) – niedrige Fehlmengenkosten – kurze Durchlaufzeiten
Qualitätsverbesserungsziele	– lieferseitige Qualität der Materialien – hohe Umweltverträglichkeit

Beispiel: Betrachten wir diese Zielkategorien der Materialwirtschaft in den *Fly Bike Werken*.

– Hinter der Versorgungszielsetzung verbirgt sich die Forderung, den Bedarfsträgern, d. h. der Produktion, die benötigten Materialien zum **gewünschten Termin** und zu möglichst **kurzen Lieferzeiten** zur Verfügung zu stellen (operative Lieferbereitschaft). Auf Grund der dynamischen Entwicklungen auf den Absatz- und Beschaffungsmärkten geht es langfristig darum, die **Sicherheit der Lieferquellen** sicherzustellen (strategische Lieferbereitschaft). Dies bedeutet, sich schnell und effektiv sowohl an Änderungen des Bedarfs als auch an Änderungen auf den Beschaffungsmärkten einstellen zu können (**Flexibilität**).   *Versorgungsziele*

– Vor allem im Niedrigpreissektor kalkulieren die Fly Bike Werke mit niedrigen Handelsspannen. Um sich gegen die Konkurrenz aus Osteuropa und Fernost durchsetzen zu können, achtet die Einkaufsabteilung auf **günstige Einstandspreise**. Neben den Anschaffungskosten sind aber auch noch andere Kosten zu berücksichtigen. Zu diesen zählen die **Bestellkosten** (z. B. für die Materialdisposition, den Transport, die Materialprüfung), die **Lagerhaltung** (z. B. für die Lagerräume, das Lagerpersonal, die Abschreibungen auf die Lagereinrichtungen) oder die **Fehlmengenkosten** (z. B. für die Beschaffung zusätzlicher Materialien beim Ausfall eines Lieferers, die Zahlung von Eilfrachten oder die Zahlung von Konventionalstrafen, wenn sich die Auslieferung fest zugesagter Absatzprodukte wegen Materialausfalls verzögert).   *Kostenreduzierungsziele*

Bezugskalkulation, vgl. Kapitel 5.4.1

Lagerhaltung, vgl. Kapitel 5.5.1

Bei den *Fly Bike Werken* hat sich herausgestellt, dass nur ca. 20 % der **Durchlaufzeit** auf die eigentliche Fertigung entfallen. Der Rest entfällt auf Transport- und Liegezeiten. Um den Materialdurchfluss zu beschleunigen, regt der Abteilungsleiter Einkauf an, die Materialien produktionssynchron *(just in time)* zu beschaffen. Er erhofft sich dadurch – neben der Beschleunigung der Durchlaufzeit – eine Reduzierung der Materialbestände und somit eine Verringerung der Kapitalbindungszeit. Um dieses optimale Bestandsmanagement zu ermöglichen, müssen die Materialströme und Bestände durch moderne Kommunikationstechniken überwacht werden.   *Just in Time in der Fertigungswirtschaft, vgl. Kapitel 4.6.2*

– Vor dem Hintergrund der Entwicklung von Verkäufer- zu Käufermärkten sind Kunden nur dann bereit, Geld für Produkte auszugeben, wenn diese der gewünschten **Qualität** entsprechen. Die Fertigung der *Fly Bike Werke* ist darauf angewiesen, dass die gelieferten Bauteile und Komponenten sowohl möglichst leicht als auch langlebig sind. Aus diesem Grund haben die *Fly Bike Werke* ab 2001 von allen Lieferern eine Zertifizierung nach den Qualitätsnormen der ISO 9000 in der Fassung 2000 gefordert und erhalten. Dadurch sollen die Qualitätskosten in Form von Fehlerverhütungskosten, Prüfkosten und Fehlerkosten minimiert werden.

Qualitätsverbesserungsziele

Auf Grund von Marktforschungsergebnissen ist bekannt, dass die Kunden der *Fly Bike Werke* zunehmend sowohl auf die Verwendung **umweltfreundlicher Materialien** als auch auf eine **umweltfreundliche Entsorgung** gebrauchter Fahrräder Wert legen. Infolgedessen ist u. a. die Fertigung auf die Lieferung schadstoffarmer Werkstoffe angewiesen. Durch die Verwendung geschlossener Lackierautomaten sollen Lackstoffe so eingesetzt werden, dass Bodenbelastungen vermieden werden. Außerdem sollen umweltgefährdende Stoffe und Abfälle sicher gelagert werden können.

Marktforschung, vgl. Kapitel 6.2.1

Umweltschutz, vgl. Kapitel 5.6

Die allgemein formulierten **Oberziele** der Materialwirtschaft müssen in Unterziele für einzelne Unternehmensbereiche bzw. einzelne Abteilungen konkretisiert werden. Bei der Formulierung der **Unterziele** sollte angestrebt werden, in Flexibilität und Zeitersparnis zu investieren statt in Lagerbestände. Ein für die Abteilung Einkauf formuliertes Ziel könnte z. B. lauten, enger mit einem wichtigen Lieferer im Bereich der Produkt- und Prozessentwicklung zusammenzuarbeiten und mehr Beschaffungsvolumen, im Sinne einer *Single-Sourcing*-Strategie, bei ihm zu bündeln. Das spezifische Know-how des Lieferers ließe sich dadurch nutzen und der Einstandspreis der einzukaufenden Materialien senken.

Abteilung, vgl. Kapitel 3.5

Singel-Sourcing = Konzentration bei der Beschaffung einer Materialart, einem Teil oder einer Baugruppe auf einen einzigen Lieferer

Im Rahmen eines so entstehenden Zielsystems muss sowohl eine Abstimmung zwischen einzelnen Unternehmensbereichen bzw. Abteilungen erfolgen als auch zwischen den Zielen selbst. Geschieht dies nicht, kann es zu **Zielkonflikten** kommen. Zielkonflikte entstehen immer dann, wenn innerhalb eines Zielsystems ein Ziel nur zu Lasten eines anderen Ziels erreicht werden kann.

Betriebliches Zielsystem, vgl. Kapitel 3.2

Zielkonflikte in der Beschaffung	
hohe Lieferbereitschaft versus niedrige Lagerkosten	Eine hohe Lieferbereitschaft erfordert hohe Sicherheitsbestände, um auch plötzlich auftretende Kundenwünsche schnell befriedigen zu können. Dies führt zu einer Erhöhung der Lagerkosten in Form von Personalkosten oder Zinskosten (durch eine steigende Kapitalbindung).
günstige Einstandspreise versus niedrige Materialbestände	Günstige Einstandspreise lassen sich, außer im Fall von Beschaffungsmonopolen, nur dann erreichen, wenn große Materialbestände erworben werden, denn erst dann gewähren Lieferer hohe Rabatte und Skonti. Dadurch erhöhen sich allerdings die Kapitalbindungskosten; außerdem besteht die Gefahr von Materialverlusten in Form von Diebstahl oder Verringerung der Materialqualität durch zu lange Lagerzeiten.
günstige Einstandspreise versus hohe Umweltverträglichkeit	Die Beschaffung umweltverträglicher Materialien erfordert erhöhte, d. h. kostenträchtige Aktivitäten im Rahmen der Beschaffungsmarktforschung. Zudem sind zumindest zurzeit umweltfreundliche Materialien i. d. R. teurer als herkömmliche Materialien.

5.2.2 Beschaffungsprozesse und Kosten

Kostenstruktur

Beispiel: Anfang 2004 trifft sich die Geschäftsleitung der *Fly Bike Werke* mit den Abteilungsleitern, um gemeinsam die Ergebnisse des abgelaufenen Geschäftsjahres zu besprechen. Der Geschäftsführer, *Herr Peters*, legt folgende Zahlen vor, die von seinem Controller, *Herrn Steffes*, zusammengestellt wurden.

vgl. Gewinn- und Verlustrechnung der *Fly Bike Werke* S. 14

	31.12.2002	31.12.2003	Veränderung (in % zum Vorjahr)
Betriebsergebnis (BE)	532.006,25 €	377.615,95 €	– 29,02 %
Jahresüberschuss (JÜ)	300.000,00 €	200.000,00 €	– 33,33 %
Materialaufwand (MA)	3.471.300,00 €	4.306.488,30 €	+ 24,06 %
Gesamtleistung (GL)	6.021.000,00 €	6.836.755,50 €	+ 13,55 %
Umsatzrendite (JÜ/GL)	4,98 %	2,93 %	– 41,16 %
Umsatzrendite (BE/GL)	8,84 %	5,52 %	– 37,56 %

Alle Beteiligten sind sich darüber einig, dass im folgenden Geschäftsjahr das Ruder herumgerissen werden muss. Die dafür erforderlichen Maßnahmen allerdings werden kontrovers diskutiert. Vor allem zwischen den Leitern der Abteilung Einkauf, *Herrn Thüne*, und der Abteilung Vertrieb, *Herrn Gerland*, kommt es zu einer angeregten Diskussion.

Hr. Thüne: Also, Herr Kollege, Sie müssen im nächsten Geschäftsjahr mehr verkaufen.

Hr. Gerland: Da haben Sie wohl Recht. Aber schauen Sie doch erst mal, dass Sie Ihre Abteilung kostenmäßig besser in den Griff kriegen. Der Materialaufwand ist enorm gestiegen. Wenn Sie preiswerter einkaufen, dann können wir billiger produzieren und anschließend auch preiswerter verkaufen. Ihre Abteilung ist, so gesehen, erst mal der Flaschenhals.

Hr. Thüne: Die Überlegungen, die Sie anstellen, sind vollkommen korrekt. Sie unterstellen mir aber indirekt, dass wir nicht in der Lage sind, unseren Laden zu organisieren. Wissen Sie, auch der Einkauf kann an der Preisschraube nicht unbegrenzt drehen. Unsere Beschaffungsprozesse sind bereits sehr effizient. Aber auch wir können Preissteigerungen auf den relevanten in- und ausländischen Märkten nur sehr begrenzt beeinflussen.

Preispolitik, vgl. Kapitel 6.2.3

Hr. Steffes: Meine Herren, ich mache Ihnen einen Vorschlag. Lassen sie uns doch nächste Woche erneut zusammensetzen. Bis dahin ermittle ich gerne, wie sich unser Betriebsergebnis für 2004 voraussichtlich ändern wird, wenn wir sowohl unsere Materialkosten um 5 % senken als auch unsere Gesamtleistung um 5 % erhöhen. Aber bereits jetzt kann ich Ihnen versichern, dass eine 1 %ige Senkung der Materialkosten das Betriebsergebnis stärker erhöht als ein 1 %iger Anstieg der Umsatzerlöse.

Um das Ziel der Kostenminimierung zu erreichen, ist es erforderlich, die Kostenstruktur, sowohl hinsichtlich der Gesamtkosten des Unternehmens als auch bezüglich der Kosten je Produkt, aufzudecken. Die von *Herrn Peters* vorgelegten Zahlen belegen, dass der Materialaufwand innerhalb eines Jahres um rund 24 % gestiegen ist, während sich die Gesamtleistung um rund 13,5 % erhöhte.

Kosten und betriebliche Leistungserstellung, vgl. Kapitel 4.5.2

Bezogen auf das Modell *Light*/Trekking, wurde für das Jahr 2003 die folgende Kostenstruktur ermittelt:

Selbstkosten des Umsatzes	100,00 %
davon	
– Materialkosten	49,38 %
– Fertigungskosten	31,74 %
– Bestandsminderungen	6,29 %
– Verwaltungsgemeinkosten	4,33 %
– Vertriebsgemeinkosten	7,66 %
– Sondereinzelkosten des Umsatzes	0,60 %

Kostensenkungsmaßnahmen sollten dort ansetzen, wo der größte Effekt zu erwarten ist, d. h. insbesondere bei den Materialkosten, die fast 50 % der Gesamtkosten ausmachen. Eine Senkung der Materialkosten um 5 % entspricht einer Kosteneinsparung von ca. 215.325,00 €.

Das Betriebsergebnis könnte hierdurch von 377.615,95 € auf 592.940,95 € verbessert werden.

Bei einer Gesamtleistung von 6.836.755,50 € bedeutet dies eine Erhöhung der Umsatzrendite (BE/GL) von 5,52 % auf 8,67 %, also eine Steigerung von 57,07 %. Dieser Effekt wäre nicht in diesem Ausmaß gegeben, wenn es gelänge, die Leistung um 5 % zu erhöhen.

ABC-Analyse

Um Kostensenkungsmaßnahmen bei der Materialbeschaffung sinnvoll einleiten zu können, sollte überprüft werden, bei welchen Beschaffungsobjekten sich diese Maßnahmen besonders lohnen. Hilfestellung dabei können die ABC- und die XYZ-Analyse geben.

Die ABC-Analyse geht von dem Grundgedanken aus, dass einem relativ kleinen **Mengenanteil** (z. B. bestimmte Bauteile) einer Gesamteinheit (z. B. Fahrrad) ein relativ hoher **Wertanteil** gegenübersteht. Lässt sich dieser relativ kleine Mengenanteil ermitteln, so ist es möglich, den hohen Wertanteil im Sinne einer beabsichtigten Vorgehensweise zu beeinflussen. Diese Vorgehensweise erlaubt eine Konzentration auf das Wesentliche, was einer wichtigen logistischen Grundeinstellung entspricht. Die klassische ABC-Einteilung sieht wie folgt aus:

Die ABC-Analyse dient der Identifikation von Materialien, die einen geringen Mengenanteil, aber einen hohen Wertanteil beanspruchen.

ABC-Einteilung		
Kategorien	Wertanteil	Mengenanteil
A-Güter	70 % – 80 % des Gesamtwertes	geringer Anteil
B-Güter	15 % – 20 % des Gesamtwertes	30 % – 50 % der Gesamtmenge
C-Güter	5 % – 10 % des Gesamtwertes	40 % – 50 % der Gesamtmenge

Beschaffungsprozesse planen, steuern und kontrollieren

Bei der obigen Zuordnung der Mengen- und Wertanteile zu den drei Kategorien handelt es sich lediglich um Anhaltspunkte, die betriebsindividuell präzisiert vorgenommen werden.

Die Kategoriebildung und die sich daraus ergebenden Konzentrationsschwerpunkte können im Rahmen der Bedarfsermittlung zu dem Ergebnis führen, dass aus Gründen der Wirtschaftlichkeit

Wirtschaftlichkeit, vgl. Kapitel 4.5.2

- A-Artikeln in erhöhtem Maße Aufmerksamkeit zu schenken ist,
- C-Gütern nicht im gleichen Ausmaß Beachtung zu geben ist und
- B-Güter eine Zwischenstellung einnehmen.

Diese Ergebnisse können zu folgenden Handlungsweisen führen:

Umgang mit A- und C-Gütern	
Artikel	Handlungsweise
A-Güter	– intensive Beschaffungsmarktanalysen – gründliche Kostenanalysen – exakte Bedarfsermittlung – durchdachte Bestellvorbereitungen – intensive Bestandsrechnung – genaue Bestandsüberwachung – strenge Handhabung der Sicherheits- und Meldebestände – geringe Bestellhäufigkeit bei hoher Abrufhäufigkeit – kurze Lagerreichweiten *(just in time)*
C-Güter	– vereinfachte Bestellabwicklung – einfache Bestandsüberwachung – vereinfachte Disposition – einfache Lagerbuchführung – verstärkte Automatisierung bei allen Vorgängen

Vorgehensweise der ABC-Analyse:

1. Erfassen der Mengen und Preise je Materialart
2. Ermittlung der Verbrauchswerte je Materialart
3. Sortieren der Verbrauchswerte vom höchsten bis zum niedrigsten Wert
4. Kumulieren der Verbrauchswerte
5. Ermittlung des prozentualen Anteils des Verbrauchswerts je Materialart am Gesamtverbrauchswert
6. Klassifizierung der Rangfolge A-B-C
7. Zuordnung des Mengenverbrauchs je Materialart in der Reihenfolge der sortierten Verbrauchs**werte**
8. Kumulieren der Verbrauchs**mengen** je Materialart
9. Ermittlung des prozentualen Mengenverbrauchs je Materialart am gesamten Mengenverbrauch

Beispiel: Materialverbrauch für die Montage von Trekkingrädern über einen Planungszeitraum von einem Jahr:

Position	Menge	Preis in €	Verbrauchswert in €
1000	100.000	1,53	153.000,00
1500	37.500	9,19	344.625,00
2200	180.000	0,51	91.800,00
2500	105.000	18,41	1.933.050,00
3000	250.000	1,43	357.500,00
4000	10.000	10,23	102.300,00
5000	20.000	20,45	409.000,00
6000	55.000	2,56	140.800,00
6500	175.000	0,72	126.000,00
7000	97.500	19,50	1.901.250,00

Auswertungen:

Position	Verbrauchswert in €	kumulierter Wert in €	in %	Klasse	Menge	kumulierte Menge	in %
2500	1.933.050,00	1.933.050,00	34,77	A	105.000	105.000	10,19
7000	1.901.250,00	3.834.300,00	68,97	A	97.500	202.500	19,66
5000	409.000,00	4.243.300,00	**76,33**	A	20.000	222.500	**21,60**
3000	357.500,00	4.600.800,00	82,76	B	250.000	472.500	45,87
1500	344.625,00	4.945.425,00	88,96	B	37.500	510.000	49,58
1000	153.000,00	5.098.425,00	**91,71**	B	100.000	610.000	**59,22**
6000	140.800,00	5.239.225,00	94,24	C	55.000	665.000	64,56
6500	126.000,00	5.365.225,00	96,51	C	175.000	840.000	81,55
4000	102.300,00	5.467.525,00	98,35	C	10.000	850.000	82,52
2200	91.800,00	5.559.325,00	**100,0**	C	180.000	1.030.000	**100,0**

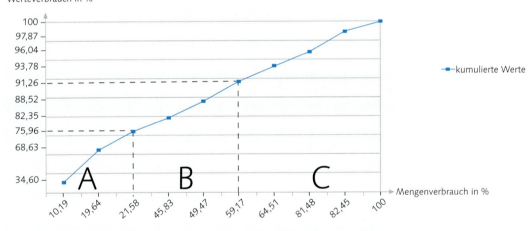

Die ABC-Analyse führt zu dem Ergebnis, dass 21,60 % des Mengenverbrauchs ein wertmäßiger Verbrauch von 76,33 % gegenübersteht (Klasse A). Des Weiteren werden 37,62 % (59,22 % − 21,60 %) der Mengen mit einem Wert von 15,38 % (91,71 % − 76,33 %) ausgewiesen (B-Güter). 40,78 % (100 % − 59,22 %) der Mengen entsprechen einem Wert von 8,29 % (100 % − 91,71 %) und stellen die C-Güter dar. Fazit: Güter der Wertklasse A sind die aufwändigsten. Beim Einkauf dieser Güter ist besonders auf günstige Preise, Rabattstaffelung und Zahlungsbedingungen sowie auf niedrige Lagerbestände zu achten.

Anwendungsbereich der ABC-Analyse			
Beschaffungs-funktion	mögliche Auswahlkriterien	Behandlung der A-Teile	Behandlung der C-Teile
Disposition	– Wert – Fehlmengenrisiko	– programmorientierte Bedarfsrechnung – aufwändige Bestellrechnung – niedrige Sicherheitsbestände – kurzer Anlieferungsrhythmus	– verbrauchsorientierte Bedarfsrechnung – vereinfachte Bestellrechnung – hohe Sicherheitsbestände – langer Anlieferungsrhythmus
Beschaffungs-marktforschung	– Wert – Konjunktur- und Substitutionssensibilität	– Beobachtung aller Objekte – Benutzung vieler Informationsquellen	starke Beschränkung in den Objekten und Informations-quellen
Wertanalyse	– Wert – Substitutionssensibilität	Durchführung	keine Durchführung
Bestell-abwicklung	– Wert – Fehlmengenrisiko	– gründliche Bestellvorbereitung und -durchführung – strenge Terminkontrolle – genaue Rechnungsprüfung – exakte Qualitäts- und Quantitätsprüfung	– vereinfachte Bestell-abwicklung – Einschränkung oder Verzicht auf Terminkontrollen, Rechnungsprüfung, Qualitätsprüfung

XYZ-Analyse

Die ABC-Analyse ist der Ausgangspunkt für weitere Entscheidungen und Analysen. Neben Mengen und Werten können auch so genannte XYZ-´Kriterien zur unterschiedlichen Behandlung von Anteilen am Gesamtbedarf herangezogen werden. Da die XYZ-Analyse Materialien hinsichtlich ihrer **Verbrauchstruktur** oder ihrer **Beschaffungskriterien** untersucht, ist es wichtig, die Verbrauchstruktur oder Beschaffungskriterien der einzelnen Materialarten zu kennen. Solche Einteilungskriterien können wichtige Entscheidungshilfen für Dispositionsmaßnahmen sein.

Das Ergebnis der ABC-Analyse kann als Grundlage für eine XYZ-Analyse dienen. Mögliche Klassifizierungen hierbei sind:

Klassifizierung	Erklärung	
X-Güter	Materialien, die Konstanz im Verbrauch aufzeigen	Verbrauchstruktur
Y-Güter	Materialien, deren Verbrauch steigend oder fallend ist oder saisonalen Schwankungen unterliegt	
Z-Güter	Materialien, deren Verbrauch unregelmäßig oder zufallsverteilt läuft	

Klassifizierung	Erklärung	
X-Güter	Materialien, die leicht beschaffbar sind	Beschaffungskriterien
Y-Güter	Materialien, die nicht leicht beschaffbar sind	
Z-Güter	Materialien, die sehr schwer beschaffbar sind	

Kombination der ABC- mit der XYZ-Analyse			
Wert-Vorhersage-Genauigkeit	A-Teile	B-Teile	C-Teile
X-Teile	deterministische Sekundärbedarfsermittlung und terminbezogene Beschaffungsauslösung	fallweise wie A- oder C-Teile	stochastische Sekundärbedarfsermittlung und terminbezogene Beschaffungsauslösung
Y-Teile	deterministische Sekundärbedarfsermittlung und bestands- und bedarfsbezogene Beschaffungsauslösung	fallweise wie A- oder C-Teile	stochastische Sekundärbedarfsermittlung und termin- und/ oder bestandsbezogene Beschaffungsauslösung
Z-Teile	deterministische Sekundärbedarfsermittlung und bedarfsbezogene Beschaffungsauslösung	fallweise wie A- oder C-Teile	stochastische und/oder deterministische Sekundärbedarfsermittlung und bedarfs- und/oder bestandsbezogene Beschaffungsauslösung

Preisstruktur-Analyse

Um die Kalkulation des Lieferers nachvollziehen zu können, sollte der **Einstandspreis** eines Beschaffungsobjektes untersucht werden. Die Kosten- und Gewinnbestandteile des entsprechenden Gutes werden dabei nach Einzel- und Gemeinkostenanteilen analysiert. In der Praxis wird die Preisstruktur-Analyse meist als Vollkostenrechnung durchgeführt. Alle fixen und variablen Kosten werden so auf das Beschaffungsobjekt umgelegt. Sollen nur die variablen Kosten berücksichtigt werden, so kommt die Teilkostenrechnung zur Anwendung.

Vollkosten-/Teilkostenrechnung, vgl. Teilband 2

Beispiel: Auszug aus der Komponentenliste des Modells *Light*/Trekking

Set-Nr. Fly Bike	Komponentengruppe	Damen Trek TR	Teile	Anbieter	Einstandspreis geplant in €
2220	Antrieb	Trek TR-Antrieb	TR-Tretlager, TR-Innenlager, TR-Kurbelgarnitur, TR-Pedale 2 St. Dax	Tamino	11,00

Der Einstandspreis der Komponente 2220 (Antrieb) beträgt laut Komponentenliste 11,00 €. Wenn der Zulieferer (Tamino oder Dax) eine Preiserhöhung ankündigt mit der Begründung, die eigenen Kosten seien gestiegen, dann kann die Berechtigung der Preiserhöhung vom Einkäufer nur dann überprüft werden, wenn ihm die Kostenstruktur des Zulieferers bekannt ist. Preiserhöhungen auf den Rohstoffmärkten bzw. Tariflohnerhöhungen kann man dem Wirtschaftsteil der Tageszeitung entnehmen. Ob ein Preisaufschlag tatsächlich berechtigt ist, kann der Einkäufer allerdings nur nachvollziehen, wenn er weiß, wie hoch der prozentuale Anteil der Material- bzw. der Lohnkosten an den gesamten Selbstkosten des einzukaufenden Produktes ist.

Optimale Bestellmenge

Um das Formalziel der kostengünstigen Beschaffung realisieren zu können, müssen die Material-, Bestell- und Lagerkosten optimiert werden. Diese Kostengrößen sind abhängig von den folgenden Faktoren:

- Die **Materialkosten** sind abhängig davon, wie groß die Bestellmenge ist. Die Bewertung der beschafften Materialien erfolgt über die jeweiligen Einstandspreise.

- Die **Bestellkosten** setzen sich aus den anteiligen Personal- und Sachkosten des Einkaufs, der Wareneingangs- und der Rechnungsprüfung zusammen (z. B. Gehälter für die Sachbearbeiter im Einkauf, Kosten für verbrauchtes Büromaterial, Kosten der Datenverarbeitung). Sie sind unabhängig von der Höhe der jeweiligen Bestellmenge (bestellfixe Kosten), aber in ihrem Gesamtbetrag abhängig von der Anzahl der Bestellungen einer Abrechnungsperiode.
- **Lagerkosten** sind z. B. abhängig von der Höhe des im Lager gebundenen Kapitals und der Höhe des anzusetzenden Marktzinssatzes.

Lagerkennzahlen, vgl. Kapitel 5.5.3

Beispiel: Berechnung der optimalen Bestellmenge in den *Fly Bike Werken*

Set-Nr. Fly Bike	Komponentengruppe	Damen Trek TR	Teile	Anbieter	Einstandspreis geplant in €
2520	Bremsen	Trek TR-Bremsen	Tamino Gardena TR-M3-Systeme, Bremsgriffe und Bowdenzüge	Tamino	9,60

Dem Auszug aus der obigen Komponentenliste für das Modell *Light/Trekking* ist zu entnehmen, dass die *Fly Bike Werke* Bremsen für die von ihnen zu produzierenden Fahrräder einkaufen. Die Bremsen werden als Baugruppe von zwei Lieferern bezogen und für verschiedene Fahrradmodelle verwendet.

Im Rahmen einer Bedarfsermittlung ist festgestellt worden, dass der jährliche Verbrauch 12.000 Stück beträgt. Der Einstandspreis pro Stück ergibt sich aus der Komponentenliste mit 9,60 €. Die Controlling-Abteilung gibt für die Höhe der bestellfixen Kosten einen Betrag von 300 € vor und einen Lagerkostensatz von 20 %.

Zur Ermittlung der optimalen Bestellmenge wird in derselben Art und Weise vorgegangen, wie es bereits bei der Ermittlung der optimalen Losgröße im vorherigen Kapitel geschehen ist.

Optimale Losgröße, vgl. Kapitel 4.5.1

$$\text{Optimale Bestellmenge} = \sqrt{\frac{200 \times \text{bestellfixe Kosten} \times \text{Jahresverbrauchsmenge}}{\text{Einstandspreis/Stück} \times \text{Lagerkostensatz}}}$$

$$= \sqrt{\frac{200 \times 300 \times 12.000}{9,60 \times 20}}$$

Andler-Formel

$$= 1.936,49 \text{ Stück}$$

$$\text{Anzahl der Bestellungen} = \frac{12.000 \text{ Stück}}{1.936,49 \text{ Stück}} = 6,1968 \text{ Bestellungen}$$

Ergebnis: Die optimale Bestellmenge liegt also, rechnerisch ermittelt, bei ca. 1.937 Stück. Es sollten danach pro Jahr zwischen sechs und sieben Bestellungen aufgegeben werden, um die benötigte Anzahl an Bremsen einzukaufen.

Zusammenhang zwischen Anzahl der Bestellungen und Lagerkosten, vgl. Kapitel 5.5.3

1	2	3	4	5	6	7	8
Anzahl der Bestellungen	Bestellmenge in Stück	Bestellkosten in €	durchschnittlicher Lagerbestand in Stück	durchschnittlicher Lagerbestandswert in €	Lagerkosten in €	Gesamtkosten in €	Kosten/Stück in € (aufgerundet)
	12.000/Spalte 1	300 x Spalte 1	Spalte 2/2	Spalte 4 x 9,60 €	20 % von Spalte 5	Spalte 3 + Spalte 6	Spalte 7/12.000
1	12.000	300,00	6.000	57.600,00	11.520,00	11.820,00	0,99
2	6.000	600,00	3.000	28.800,00	5.760,00	6.360,00	0,53
3	4.000	900,00	2.000	19.200,00	3.840,00	4.740,00	0,40
4	3.000	1.200,00	1.500	14.400,00	2.880,00	4.080,00	0,34
5	2.400	1.500,00	1.200	11.520,00	2.304,00	3.804,00	0,32
6	2.000	1.800,00	1.000	9.600,00	1.920,00	3.720,00	0,31
7	1.714	2.100,00	857	8.228,57	1.645,71	3.745,71	0,31
8	1.500	2.400,00	750	7.200,00	1.440,00	3.840,00	0,32
9	1.333	2.700,00	667	6.400,00	1.280,00	3.980,00	0,33

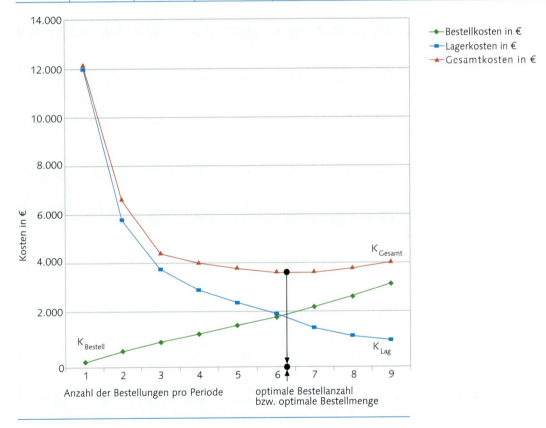

Die Anwendung des Modells der optimalen Bestellmenge in der Praxis scheitert häufig daran, dass von einer Reihe von **Voraussetzungen** ausgegangen wird, die in der betrieblichen Realität so nicht gegeben sind. Hierzu zählen z. B. ein konstanter Verbrauch, ein konstanter Lagerhaltungs- und Marktzinssatz sowie mengenunabhängige Preise und fixe Bestellkosten.

Anwendungsvoraussetzungen

Auch wenn die Voraussetzungen für die Anwendbarkeit des Modells gegeben wären, so bereitet schon die **Ermittlung der Kostengrößen** „Bestellkosten" und „Lagerkosten" in der Praxis große Schwierigkeiten.

Probleme bei der Ermittlung der Kostengrößen

- Die Ermittlung der **Bestellkosten** setzt voraus, dass der Betrieb über das geeignete Instrumentarium der Logistikkosten- und Leistungsrechnung zur Steuerung von Geschäftsprozessen (hier des Beschaffungsprozesses) verfügt.

- Der **Lagerkostensatz** ist nicht nur der Kapitalzinssatz, der aus jeder Tageszeitung abzulesen ist, sondern er wird in seiner Höhe u. a. durch die Lagerungs-, Qualitätskontroll-, Verpackungs- und die Wareneingangskosten bestimmt.

Von Bedeutung ist die nach der Andler-Formel berechnete optimale Bestellmenge für den Betrieb nur dann, wenn man die weiteren **kostenmäßigen Konsequenzen** abschätzen kann. So ist es eventuell erforderlich, bei Vorliegen einer hohen optimalen Bestellmenge die Lagerkapazitäten für die entsprechenden Materialien zu erhöhen. Diese Erhöhung kann jedoch meist nur langfristig erfolgen und sie ist mit erheblichen Investitionen verbunden. Unabhängig von der direkten praktischen Anwendbarkeit ist das Modell jedoch sehr gut geeignet, um wichtige Kostenstrukturen bei der Abwicklung von Beschaffungsprozessen aufzudecken.

Investition, vgl. Kapitel 8

5.2.3 Organisation der Materialwirtschaft

Zentrale oder dezentrale Leitung der Materialwirtschaft

Die Teilprozesse der Beschaffung werden im Rahmen der Aufbauorganisation eines Unternehmens von verschiedenen Abteilungen durchgeführt, z. B.
- dem Einkauf,
- der Arbeitsvorbereitung,
- dem Lager.

Aufbauorganisation vgl. Kapitel 3.5

Um die Vielzahl der Teilprozesse bzw. Aktivitäten auf gemeinsame Zielsetzungen hin auszurichten (z. B. Kostensenkung, Minimierung der Durchlaufzeiten), ist ein Leitungssystem zu schaffen, das die **Aufgabe der Koordination** übernimmt. Von besonderer Bedeutung ist dabei die Frage, ob die Koordination einer oder mehreren Instanzen zugeordnet wird.

Koordination im Rahmen des Beschaffungsprozesses bedeutet z. B., dass alle Teilprozesse bzw. Aktivitäten so aufeinander abzustimmen sind, dass die Beschaffungszeit für einzukaufende Werkstoffe möglichst gering ist. Dazu ist es erforderlich, dass eine enge Zusammenarbeit zwischen dem Einkauf, der Arbeitsvorbereitung und dem Lager erfolgt.

Werden die Koordinierungsaufgaben der Materialwirtschaft einer einzigen Instanz übertragen, so spricht man von einer **„zentralen Leitung** der Materialwirtschaft". Der Vorteil einer solchen organisatorischen Regelung besteht vor allem in der Möglichkeit, dass die oft unterschiedlichen Interessen der verschiedenen Stellen und Abteilungen im Materialwirtschaftsbereich ausgeglichen und im Hinblick auf die Erreichung einer gemeinsamen Zielsetzung aufeinander abgestimmt werden können.

zentrale Leitung der Materialwirtschaft

Stellen und Abteilungen, vgl. Kapitel 3.5

Zentrale Leitung der Materialwirtschaft

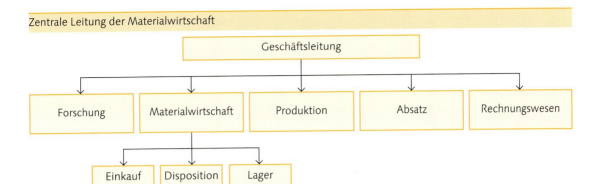

Werden die Koordinierungsaufgaben mehreren Instanzen zugewiesen, die jeweils für einzelne Stellen bzw. Abteilungsbereiche der Materialwirtschaft zuständig sind, so wird diese Organisation als „**dezentrale Leitung** der Materialwirtschaft" bezeichnet.

dezentrale Leitung der Materialwirtschaft

Die Schwierigkeit besteht darin, dass eine eindeutige Aufgliederung der Koordinierungsfunktionen auf die verschiedenen Instanzen erfolgen muss. Darüber hinaus erschwert ein derartiges Leitungssystem eine umfassende Koordination aller Teilprozesse der Beschaffung. Diese Gesamtkoordination ist jedoch für die Ausrichtung des Unternehmens an stellen-, abteilungs- und unternehmensübergreifenden Prozessen von besonderer Bedeutung.

Von besonderer Problematik ist die Abstimmung zwischen dem kaufmännischen und dem technischen Ressort eines Unternehmens.

Dezentrale Leitung der Materialwirtschaft

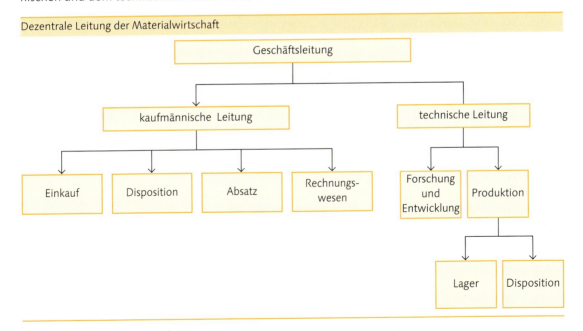

Beschaffungsprozesse planen, steuern und kontrollieren

Innere Organisation des Einkaufs

> **Beispiel:** Der Einkauf unter der Leitung von *Herrn Thüne* ist für die Beschaffung aller zur Montage der einzelnen Fahrradmodelle erforderlichen Komponenten zuständig. Damit sind die wichtigsten Beschaffungsobjekte des Einkaufs bestimmt. Die auszuführenden Funktionen bzw. Verrichtungen werden durch die Teilprozesse der Beschaffung bestimmt: Bezugsquellenermittlung, Bestellabwicklung, Bestandsplanung und -führung.

– Die Aufgabenteilung zwischen *Herrn Thüne* und *Frau Nemitz-Müller* könnte nach dem Objektprinzip in der Weise geregelt sein, dass die Hauptkomponenten von *Herrn Thüne* beschafft werden (z. B. Rahmen und Gabeln) und alle anderen Teile (z. B. Bremsen, Bereifung, Beleuchtung) von *Frau Nemitz-Müller*. *Herr Thüne* bzw. *Frau Nemitz-Müller* würde dann für alle ihnen zugeordneten Komponenten die Teilprozesse Bezugsquellenermittlung, Bestellabwicklung und Bestandsplanung und -führung übernehmen.

Aufgabenteilung nach dem Objektprinzip

– Die Aufgabenteilung könnte aber auch nach dem Funktionsprinzip erfolgen: *Herr Thüne* übernimmt die Teilprozesse Bezugsquellenermittlung und Bestandsplanung und -führung für alle zu beschaffenden Komponenten, *Frau Nemitz-Müller* übernimmt den Teilprozess Bestellabwicklung für alle zu beschaffenden Komponenten.

Aufgabenteilung nach dem Funktionsprinzip

Objektprinzip und Funktionsprinzip, vgl. Kapitel 3.5.1

Zentralisation von Objekten

	Herr Thüne	Frau Nemitz-Müller
Beschaffungsobjekte	Rahmen, Gabeln, Räder, Schaltung, Antrieb	Bremsen, Bereifung, Beleuchtung, Lenkung, Ausstattungen 1, 2
Verrichtungen/ Teilprozesse	Bezugsquellenermittlung	Bezugsquellenermittlung
	Bestellabwicklung	Bestellabwicklung
	Bestandsplanung und -führung	Bestandsplanung und -führung

Zentralisation von Verrichtungen

	Herr Thüne	Frau Nemitz-Müller
Verrichtungen/ Teilprozesse	Bezugsquellenermittlung	Bestellabwicklung
	Bestandsplanung und -führung	
Beschaffungsobjekte	Rahmen, Gabeln, Räder, Schaltung, Antrieb	Rahmen, Gabeln, Räder, Schaltung, Antrieb
	Bremsen, Bereifung, Beleuchtung, Lenkung, Ausstattungen 1, 2	Bremsen, Bereifung, Beleuchtung, Lenkung, Ausstattungen 1, 2

Beim **Objektprinzip** führt der Mitarbeiter (Aufgabenträger) alle Teilprozesse des gesamten Beschaffungsprozesses aus, er hat den Überblick über den Gesamtprozess. Er spezialisiert sich hinsichtlich der Beschaffungsobjekte

Vor- und Nachteile beider Organisationsprinzipien

auf einige Komponenten, über die er spezielle Produktkenntnisse hat. Beim **Funktionsprinzip** führt der Mitarbeiter nur bestimmte Teilprozesse des gesamten Beschaffungsprozesses aus, er ist aber für das gesamte Spektrum der Beschaffungsobjekte zuständig. Eine Abstimmung (Koordination) zwischen den Mitarbeitern ist notwendig.

Übersicht:	
Zielkategorien der Materialwirtschaft	– Versorgungsziele – Kostenreduzierungsziele – Qualitätsverbesserungsziele
Zielkonflikte	– hohe Lieferbereitschaft und geringe Lagerkosten – günstige Einstandspreisen und niedrige Materialbestände – günstige Einstandspreise und hohe Umweltverträglichkeit
Beschaffungsprozesse und Kosten	Methoden zur Kostensenkung – ABC-Analyse – XYZ-Analyse – Preisstruktur-Analyse – Ermittlung der optimalen Bestellmenge
Organisation der Materialwirtschaft	– zentrale Organisation – dezentrale Organisation
Organisation des Einkaufs	– objektorientierter Einkauf – funktionsorientierter Einkauf

5.3 Bezugsquellenermittlung

5.3.1 Beschaffungsmarktforschung

Beschaffungsmarktforschung ist das planmäßige Sammeln und Aufbereiten von beschaffungsrelevanten Informationen einschließlich der zuverlässigen Prognose über Entwicklungen mit dem Ziel, die Beschaffungsmärkte transparenter zu machen. Marktzustände sollen analysiert und Marktentwicklungen und -bewegungen beobachtet werden. Die Marktforschung (sowohl die Beschaffungs- als auch die Absatzmarktforschung) hat eine zeitpunktbezogene (statische) und eine zeitraumbezogene (dynamische) Komponente. Von **Marktforschung** spricht man, wenn der Markt systematisch untersucht wird; zur Anwendung kommen hier mathematisch-statistische Verfahren. Die **Markterkundung** erfolgt unregelmäßig und ohne den Einsatz wissenschaftlich-systematischer Methoden.

Marktforschung, vgl. Kapitel 6.2.1

Lange Zeit ist den Beschaffungsmärkten und ihrer Erforschung in Theorie und Praxis zu wenig Beachtung geschenkt worden. In den Einkaufsabteilungen der Unternehmen ging man davon aus, dass die Anbieter von Produkten mit ihren Marketing-Maßnahmen schon dafür sorgen würden, dass die erforderliche Markttransparenz hergestellt wird. Heute wird sowohl in der betriebswirtschaftlichen Literatur als auch in den Unternehmen dem Beschaffungswesen allgemein und der Beschaffungsmarktforschung insbesondere **größere Aufmerksamkeit** gezollt, was vor allem durch folgende Entwicklungen bedingt ist:

- **Ausweitung der Beschaffungsmärkte** (regional und warenmäßig): *(Auslandsmärkte)*
  Im Hinblick auf die geografische Reichweite der Beschaffungsmarktforschung wird zwischen Binnenmarktforschung und Importmarktforschung unterschieden. Erfolgreiches Einkaufen von Materialien ist ohne eine intensive Erforschung der Auslandsmärkte nicht mehr möglich. Durch die fortschreitende wirtschaftliche Integration, den Abbau nationaler Zollschranken und die Entwicklung des modernen Verkehrs- und Nachrichtenwesens (z. B. Logistik und Internet) haben sich die Beschaffungsmärkte ständig ausgeweitet.

- **Dynamische Veränderungen von Marktlage und Marktstruktur:** *(Vormärkte)*
  Der unmittelbar zu untersuchende Beschaffungsmarkt wird durch andere ihm vorgelagerte Märkte in seiner Entwicklung beeinflusst und sollte deshalb bei wichtigen Einkaufsteilen nicht außer Acht gelassen werden. Veränderungen auf diesen Vormärkten führen häufig zu Veränderungen auf den eigenen Beschaffungsmärkten. Ein konkretes Beispiel hierfür ist der Markt für Rohöl. Veränderungen auf diesem Markt (hinsichtlich angebotener Menge und Weltmarktpreis) haben erhebliche Auswirkungen auf alle Unternehmen, die von diesem Rohstoff direkt oder auch indirekt abhängig sind.

- **Veränderte Aufgabenstellung des Einkäufers:** *(Substitutionsgütermärkte)*
  An die Produkt- und Marktkenntnisse des Einkäufers werden insbesondere dann hohe Anforderungen gestellt, wenn er versucht, neue Produkte und neue Problemlösungen dem eigenen Unternehmen zugänglich zu machen. Für die Suche nach Substitutionsgütern benötigt der Einkäufer ein erhöhtes technisches Verständnis und Wissen, das nicht unbedingt immer vorhanden ist. Eine weitere Schwierigkeit ergibt sich dadurch, dass der Einkäufer bei seiner täglichen Arbeit nicht automatisch mit den Substitutionsgütermärkten in Berührung kommt.

  Substitutionsgüter = Güter, die die bisher im Unternehmen eingesetzten Güter ersetzen sollen

Um den Beschaffungsmarkt für ein bestimmtes Material in seinen Zusammenhängen und Wechselbeziehungen durchschaubar zu machen, sind unterschiedliche Daten und Informationen zusammenzutragen, die sich auf folgende **Untersuchungsobjekte** beziehen:

Untersuchungsobjekte der Beschaffungsmarktforschung

- **Das zu beschaffende Produkt:** *(das Produkt)*
  Die jeweilige Bedeutung der Untersuchungsobjekte kann von Markt zu Markt sehr unterschiedlich sein. Produktinformationen können sich z. B. auf die Materialqualität beziehen, die Zusammensetzung aus Teilen und Baugruppen, die chemischen, physikalischen oder technischen Eigenschaften und Besonderheiten. Darüber hinaus ist es auch wichtig, sich Informationen darüber zu verschaffen, in welchem Produktionsverfahren das entsprechende Produkt hergestellt wird. Weiterhin muss sich der Beschaffungsmarktforscher darüber informieren, welche Entwicklungstendenzen sich hinsichtlich des technischen Fortschritts auf dem Gebiet der Herstellungsverfahren abzeichnen. Der Einkäufer muss außerdem wissen, wie das Material im eigenen Betrieb be- bzw. verarbeitet wird und welche Schwierigkeiten bzw. technischen Probleme dabei auftreten.

  Fertigungsverfahren, vgl. Kapitel 4.5.1

- **Strukturelle Besonderheiten der Angebots- und Nachfrageseite:** *(Angebots- und Nachfragestruktur des Beschaffungsmarktes)*
  Bei der Untersuchung der Marktstruktur muss sowohl auf die Angebots- als auch auf die Nachfrageseite geachtet werden. Bezogen auf die Ange-

botsseite werden Informationen über die Qualität, die zur Verfügung stehenden Quantitäten, die Konkurrenzsituation unter den Anbietern sowie die geografische Verteilung des Angebots benötigt. Für die Nachfrageseite des Beschaffungsmarktes ergeben sich ähnliche Informationsbedürfnisse. Es ist zu ermitteln, welche und wie viele konkurrierende Abnehmer neben dem eigenen Unternehmen auf dem Beschaffungsmarkt in Erscheinung treten und welchen Anteil ihr Materialverbrauch am Gesamtmarkt ausmacht.

- **Entwicklungstendenzen des Marktes:** *Marktentwicklung*
Durch die laufende Beobachtung der Entwicklungstendenzen auf den jeweiligen Beschaffungsmärkten ist es dem Einkäufer möglich, das Marktgeschehen im Zeitablauf zu betrachten, z. B. ob jahreszeitlich bedingte Schwankungen auftreten, wie es bei landwirtschaftlichen Rohstoffen der Fall ist. Bedingt durch die jeweilige Konjunkturlage, kann es zu Veränderungen bei der Beschaffungssituation kommen, z. B. dass in der Phase des konjunkturellen Aufschwungs mit steigenden Preisen, verlängerten Lieferfristen, Vernachlässigung der Liefertreue zu rechnen ist. In Zeiten des konjunkturellen Abschwungs dagegen gibt es kaum Schwierigkeiten, die benötigten Mengen zu beschaffen, die Einkäufer können bessere Konditionen aushandeln.

- **Leistungsfähigkeit der möglichen Lieferer:** *Eignung des Lieferers*
Soll die Eignung des Lieferers beurteilt werden, müssen differenzierte Informationen über seine wirtschaftliche und technische Leistungsfähigkeit beschafft werden. *Liefererbewertung, vgl. Kapitel 5.3.2*

- **Entwicklung des Marktpreises:**
Der Beschaffungspreis spielt bei den meisten Einkaufsentscheidungen eine wichtige Rolle. Eine Vielzahl von Faktoren beeinflusst den Preis, z. B. die Zahl der auf dem Markt befindlichen Anbieter und Nachfrager oder die Qualität *Preisentwicklung*

Preisbildung, vgl. Kapitel 6.2.3

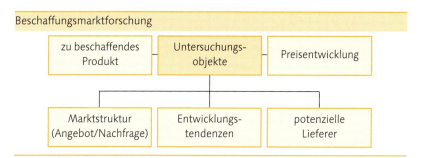

Beispiel: *Herr Thüne,* der Einkaufsleiter der *Fly Bike Werke,* sucht einen neuen Zulieferer für Fahrradbeleuchtungen. Dazu ruft er die Internetadresse von „Wer liefert Was" auf. *Herr Thüne* wird darüber informiert, dass er zwischen 307.356 Firmen aus 10 Ländern und zusätzlich 102.483 exportorientierten Firmen aus Finnland, Frankreich, Großbritannien, Italien und Schweden auswählen kann. Da *Herr Thüne* einen Zulieferer in Deutschland sucht, wählt er aus den möglichen Ländern Deutschland aus. Da die Namen möglicher Zulieferer ihm unbekannt sind, gibt er das Produkt ein, nach dem er sucht, hier also Fahrradbeleuchtung. Unter diesem Suchbegriff wird ihm eine mögliche Adressen angeboten.

web.wlwonline.de

Beschaffungsprozesse planen, steuern und kontrollieren

5.3.2 Liefererbewertung

Kriterien

Bei der Wahl des geeigneten Lieferers sind die Kriterien **Preis, Qualität** und **Service** gleichermaßen wichtig. Die Auswahl zwischen bestehenden und/oder neuen Lieferern lässt sich am einfachsten mit Hilfe einer Checkliste bewerkstelligen. Diese enthält alle wesentlichen Punkte, die beachtet werden müssen. In der Praxis existiert hierzu eine Fülle verschiedener Vorschläge.

Die Liefererauswahl lässt sich in zwei Stufen untergliedern. In der ersten Stufe wird über die Aufnahme eines neuen Lieferers in den Liefererstamm entschieden. Das bedeutet, dass ein neuer Lieferer für eine definierte Produktgruppe freigegeben werden soll. Dieser Prozess kennzeichnet die **strategische Liefererauswahl**, weil hierbei die Erfolgspotenziale der Zusammenarbeit erkannt und nutzbar gemacht werden. Die zweite Stufe, die **operative Liefererauswahl**, entscheidet über den Bezug eines konkreten Artikels im Rahmen der Disposition oder der operativen Beschaffung.

strategische und operative Liefererauswahl

Angebotsvergleich, vgl. Kapitel 5.4.1

Checkliste Liefererbewertung	
Kriterium	Beispiele
Qualität	– Wurde das Unternehmen zertifiziert? – Auf welche Produkte ist das Unternehmen spezialisiert? – Welche Maschinen/Technologien werden eingesetzt?
Service	– Bietet der Lieferer eigene Entwicklungsleistungen an? – Wie hoch sind die Kapazitätsreserven des Lieferers? – Wie sind die Lieferzeiten? – Werden die Liefertermine eingehalten? – Kann per Internet kommuniziert werden?
Preis	– Erstellt der Lieferer wettbewerbsfähige Angebote bzgl. Stückpreis, Werkzeugkosten und Gesamtkosten? – Ist auch bei Kleinserien das Preisniveau konkurrenzfähig? – Gibt der Lieferer Richtpreise bei Neuentwicklungen an?
Sonstiges	– Welche Referenzen kann der Lieferer vorweisen? – Ist der Lieferer auf Messen vertreten (wenn ja, auf welchen)? – Wie steht es um die Liquidität und Bonität des Lieferers?

Der Prozess der **strategischen Liefererauswahl** vollzieht sich, entsprechend dem auf S. 189 dargestellten Trichtermodell, in fünf Schritten.

Prozess der strategischen Liefererauswahl

1. Liefereridentifikation: Durch die Liefereridentifikation soll der Kreis der möglichen Zulieferunternehmen systematisch eingeschränkt werden, ohne schon eine Aussage über spezifische Anforderungen zu erstellen. Als Abgrenzungskriterien (Filter) dienen das Beschaffungsobjekt inkl. Qualitätsanforderungen, die jeweilige Branche und technologische Fertigungsverfahren, die der Zulieferer beherrscht.

Fertigungsverfahren, vgl. Kapitel 4.5.1

2. Lieferereingrenzung: Ziel der Lieferereingrenzung ist es, mit den verbleibenden Zulieferern der Identifikationsphase in Kontakt zu treten, um detailliertere Informationen zu erhalten. Die Kontaktaufnahme und Informationssammlung liefert nur dann vergleichbare und aussagekräftige Ergebnisse, wenn sie auf Basis eines standardisierten Prozesses erfolgt. Dazu bedient sich das Beschaffungsmanagement einer schriftlichen Befragung mit einem standardisierten Fragebogen, der Liefererselbstauskunft. Unabhängig von der inhaltlichen Bewertung des zurückgesandten Fragebogens, ist bereits die Antwortschnelligkeit, Präzision und Vollständigkeit ein Indiz für das Interesse des Lieferers. Eine weitere Methode der Kontaktaufnahme ist der Liefererbesuch durch Mitarbeiter aus dem Beschaffungsbereich. Damit bekundet ein Abnehmer sein Interesse am Lieferer und kann im Gegenzug einen detaillierten Einblick in betriebsinterne Prozesse erwarten. Die hierbei aufgebauten persönlichen Kontakte spielen eine wesentliche Rolle in der späteren Verhandlung und Pflege der Beziehungen. Die Besuche sollten, wie die Selbstauskunft, gut vorbereitet und standardisiert werden.

3. Liefererauswahl: Basierend auf der Bedarfsanforderung, der Kontaktaufnahme und eigenen Marktbeobachtungen werden in einem weiteren Schritt zwei bis vier Lieferer ausgewählt, mit denen Vergabeverhandlungen geführt werden. Zur Selektion bieten sich verschiedene Methoden an, z. B. die bereits oben dargestellte Formulierung einer Checkliste oder die Nutzwertanalyse.

Marktbeobachtung, vgl. Kapitel 6.2.1

Nutzwertanalyse, vgl. nächste Seite

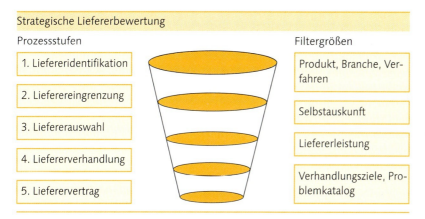

Strategische Liefererbewertung

Prozessstufen:
1. Liefereridentifikation
2. Lieferereingrenzung
3. Liefererauswahl
4. Liefererverhandlung
5. Lieferervertrag

Filtergrößen:
- Produkt, Branche, Verfahren
- Selbstauskunft
- Liefererleistung
- Verhandlungsziele, Problemkatalog

4. Liefererverhandlung: Mit den besten Lieferern der Auswahlphase wird nun verhandelt, um bei einzelnen Vergleichskriterien Verbesserungen zu erzielen. Die Verhandlung bedingt eine intensive sachliche, organisatorische, taktische und persönliche **Vorbereitung** aller beteiligter Mitarbeiter. Während der sachlichen Vorbereitung werden zunächst die Verhandlungsziele definiert und gewichtet. Anschließend wird für jedes Ziel eine fundierte Argumentationskette aufgebaut, die zur Durchsetzung der Ziele im Gespräch dient. Zusätzlich sollten die Verhandlungsziele und die Kostensituation der Lieferer prognostiziert werden, um Gegenargumente zu finden. Auf die Vorbereitung folgt die **Durchführung** der Verhandlung. Sie beginnt damit, dass dem Lieferer ein Vertragsangebot übermittelt wird. Dieses Angebot wird vom Lieferer sorgfältig geprüft und mit seinen Verkaufbedingungen abgestimmt. Dabei ergeben sich unterschiedliche Positionen zwischen Lieferer und Abnehmer, die in der Verhandlung aufgelöst werden müssen. Der Lieferer kann dazu dem Abnehmer einen Problemkatalog zur Vorbereitung der ersten Gesprächsrunde senden. Die Beschaffung entwickelt auf Basis des Kataloges Lösungsstrategien und Argumente. In der gemeinsamen Verhandlungsrunde wird dann versucht, die konträren Vorstellungen über den Verkauf bzw. über den Einkauf aufeinander abzustimmen und möglichst nahe an die Preisuntergrenze des Lieferers heranzu-

Verhandlungsziele z. B.: Bedarfsspezifikation und -menge, Preisobergrenze

kommen. Sollte es zu keiner Einigung kommen, so wird eine weitere Verhandlungsrunde angesetzt, die ebenfalls sorgfältig vorzubereiten ist. In der **Nachbereitung** der Verhandlung werden alle Ergebnisse dokumentiert und die Vertragsunterzeichnung vorbereitet. Zusätzlich sollten die in der Verhandlung aufgetretenen Probleme analysiert und bewertet werden, um aus den Fehlern zu lernen.

5. Lieferervertrag: Die letzte Phase der strategischen Liefererauswahl ist der Abschluss eines Liefervertrages. Hierbei werden Rahmenvereinbarungen getroffen, die über einen längeren Zeitraum Gültigkeit haben.

Kaufverträge schließen, vgl. Kapitel 5.4.1

Liefererauswahl mit der Nutzwertanalyse

Die Nutzwertanalyse ist ein erprobtes Mittel, das gerne bei der Liefererbewertung verwendet wird. Ausgangsbasis ist das Vorliegen verschiedener **Kriterien**, die zur Beurteilung herangezogen werden. Ein Teil dieser Merkmale lässt sich zahlenmäßig ausdrücken (z. B. Stückpreis), ein anderer Teil nicht (z. B. Vorliegen von Referenzen). Sollen alle Kriterien berücksichtigen werden, so müssen sie miteinander vergleichbar gemacht werden, um anschließend ein Gesamturteil zu ermitteln. Im Einzelnen sind folgende **Schritte** durchzuführen.

- **Festlegung** und **Strukturierung** der Zielkriterien: z. B. Qualität, Service, Preis, Sonstiges
- **Gewichtung** der Zielkriterien: z. B. Qualität = 35 %, Service = 20 %, Preis = 30 %, Sonstiges = 15 %. Die Summe der Gewichte muss immer 100 % betragen.
- **Teilnutzenbestimmung:** Für jede Alternative wird durch Bewertung des Zielerfüllungsgrades ermittelt, in welchem Maße sie die Kriterien erfüllt, z. B. 3 Punkte = sehr gut; 2 Punkte = gut; 1 Punkt = gar nicht. Der Teilnutzen jedes Kriteriums ergibt sich aus der Multiplikation von Gewicht und Zielerfüllungsgrad.
- **Nutzwertermittlung** für jede Alternative durch Addition der Teilnutzen
- **Beurteilung** der Vorteilhaftigkeit, d. h. Auswahl der Alternative mit dem höchsten Nutzwert

Die Gewichte zeigen die Bedeutung der einzelnen Alternativen an.

Beispiel: *Herr Thüne hat zwei Angebote für die Lieferung von Beleuchtungssystemen eingeholt, die er mit Hilfe der Nutzwertanalyse vergleichen möchte. Er trifft seine Entscheidung auf der Basis der folgenden Tabelle, aus Vereinfachungsgründen setzt er 100 % mit 100 Punkten an.*

Zielkriterium	Gewicht	Lieferer 1 Zielerfüllungsgrad	Teilnutzen	Lieferer 2 Zielerfüllungsgrad	Teilnutzen
Qualität	35	3	3 × 35 = 105	2	2 × 35 = 70
Service	20	2	2 × 20 = 40	3	3 × 20 = 60
Preis	30	2	2 × 30 = 60	3	3 × 30 = 90
Sonstiges	15	1	1 × 15 = 15	2	2 × 15 = 30
Summen	100		220		250

Im Ergebnis weist Lieferer 2 die höchste Punktzahl und damit auch den höchsten Nutzwert auf.

Bei der Interpretation von Nutzwertanalysen ist zu beachten, dass
- die Festlegung der Zielkriterien von Unternehmen zu Unternehmen unterschiedlich sein kann und im Regelfall auch ist,
- Zielkriterien in der Regel weiter untergliedert werden müssen,
- Zielkriterien inkl. der dazugehörigen Gewichte im Zeitverlauf auf ihre Schlüssigkeit überprüft und gegebenenfalls angepasst werden müssen.

Übersicht:	
Beschaffungsmarktforschung	planmäßiges Sammeln und Aufbereiten von beschaffungsrelevanten Informationen sowie Erstellen von Prognosen über zukünftige Entwicklungen mit dem Ziel, die Beschaffungsmärkte transparenter zu machen
	Untersuchungsobjekte – Beschaffungsprodukt – Marktstruktur (Angebots-/Nachfrageseite) – Entwicklungstendenzen – potenzielle Lieferer – Preisentwicklung
Kriterien der Liefererbewertung	– Qualität – Preis und Konditionen – Service – Sonstiges, z. B. Bonität
Prozessstufen der strategischen Liefererbewertung	Lieferer identifizieren, eingrenzen, auswählen, Verhandlungen führen, Vertrag schließen (Rahmenvereinbarungen)
Nutzwertanalyse	Methode der Liefererbewertung, um unterschiedliche Kriterien vergleichbar zu machen

5.4 Bestellungen abwickeln

Die *Fly Bike Werke GmbH* ist ein Produktionsbetrieb, der Produktionsfaktoren auf Beschaffungsmärkten bezieht und die Fertigprodukte über Absatzmärkte veräußert. In diesem Zusammenhang haben auch rechtliche Gegebenheiten eine erhebliche Bedeutung, wie z. B. Fragen zum Vertragsschluss, zu Rechten und Pflichten der Vertragspartner und zur Erfüllung von Verträgen. Schließlich kann es auch zu Störungen bei der Vertragserfüllung kommen. In diesem Abschnitt soll der Rechtsrahmen des Vertragsschlusses und seiner Erfüllung näher beleuchtet werden.

Störungen bei der Vertragserfüllung, vgl. Kapitel 5.4.7 und 6.5

5.4.1 Zustandekommen von Kaufverträgen

Beispiel: Im Rahmen der Disposition eines Auftrags über 170 Trekkingräder stellt die zuständige Sachbearbeiterin im Einkauf – *Frau Nemitz-Müller* – fest, dass noch 4000 m Stahlrohre beschafft werden müssen. Sie schickt Anfragen an Unternehmen, die als Lieferer in Frage kommen. Innerhalb der folgenden Woche treffen verschiedene Angebote ein. Diese müssen sorgfältig geprüft werden, bevor ein Kaufvertrag geschlossen wird.

Der **Kaufvertrag** ist – wie jeder andere Vertrag auch – eine Vereinbarung, durch den sich die am Vertrag beteiligten Personen zum Austausch von Leistung und Gegenleistung rechtlich verpflichten. Die *Stahlwerke Tissen*

AG (Verkäufer) verpflichtet sich z. B., dem Käufer Stahlrohre zu einem bestimmten Preis zu liefern und das Eigentum daran zu verschaffen, während die *Fly Bike Werke GmbH* (Käufer) den Preis vollständig und pünktlich zu zahlen und die Stahlrohre abzunehmen hat.

Das Zustandekommen von Verträgen – und damit auch von Kaufverträgen – wird im § 151 S. 1 BGB wie folgt beschrieben:

> **§ 151 S. 1 BGB**
> Der Vertrag kommt durch die Annahme des Antrags zu Stande […].

Antrag und Annahme sind Willensäußerungen, die auf die Herbeiführung einer Rechtsfolge gerichtet sind. Ein Vertrag besteht aus **übereinstimmenden wechselseitigen Willenserklärungen** zweier (oder mehrerer) Personen. Die zeitlich zuerst abgegebene Willenserklärung, die zum Vertragsschluss führen kann, bezeichnet man als **Antrag**, die zeitlich später abgegebene und auf den Antrag bezogene als **Annahme**.

In der Wirtschaftssprache wird ein Antrag häufig auch als Angebot bezeichnet.

Die Vertragspartner treten sich – nach ihrer rechtlichen und wirtschaftlichen Stellung unterschieden – als Verbraucher, Unternehmer und Kaufmann gegenüber.

- **Verbraucher** ist jede natürliche Person, die ein Rechtsgeschäft zu einem Zweck abschließt, der weder ihrer gewerblichen noch ihrer selbstständigen beruflichen Tätigkeit zugerechnet werden kann.

  Verbraucher, vgl. § 13 BGB

- **Unternehmer** ist eine natürliche oder juristische Person oder eine rechtsfähige Personengesellschaft, die bei Abschluss eines Rechtsgeschäfts in Ausübung ihrer gewerblichen oder selbstständigen beruflichen Tätigkeit handelt. Unter den Begriff des Unternehmers fallen insoweit auch die freien Berufe (Ärzte, Rechtsanwälte u. Ä.), die kein Gewerbe im Sinne des Handelsrechts betreiben.

  Unternehmer, vgl. § 14 BGB

  Personengesellschaft, vgl. Kapitel 3.6.2

- **Kaufmann** ist, wer ein Handelsgewerbe betreibt.

  Kaufmann, vgl. §§ 1 ff. HGB; vgl. Kapitel 3.6.1

Die *Fly Bike Werke GmbH* ist demnach Unternehmer und gleichzeitig Kaufmann. Unternehmer- und Kaufmannseigenschaft müssen nicht zwangsläufig zusammenfallen. So sind beispielsweise Angehörige der freien Berufe Unternehmer im Sinne des BGB, aber keine Kaufleute. Kaufleute sind jedoch **immer** gleichzeitig Unternehmer.

Handeln beide Vertragspartner als Verbraucher oder „nur" als Unternehmer, so spricht man von einem **bürgerlichen Kauf**. Hier finden die allgemeinen Vorschriften zum Kaufvertrag (§§ 433 ff. BGB) Anwendung.

bürgerlicher Kauf

Ist nur eine Vertragspartei Kaufmann und ist der Vertragsabschluss für sie ein Handelsgeschäft (hierfür besteht nach § 344 HGB eine Vermutung), so liegt ein **einseitiger Handelskauf** vor. Sind dagegen beide Vertragsparteien Kaufleute, besteht ein **zweiseitiger Handelskauf**.

einseitiger und zweiseitiger Handelskauf

Ist der Verkäufer ein Unternehmer und der Käufer ein Verbraucher und handelt es sich bei dem Kaufgegenstand um eine bewegliche Sache, so liegt ein **Verbrauchsgüterkauf** vor. Allerdings liegt kein Verbrauchsgüterkauf vor, wenn gebrauchte Sachen in öffentlichen Versteigerungen verkauft werden, an denen der Verbraucher persönlich teilnehmen kann.

Eine Sache (§ 90 BGB) ist ein räumlich abgegrenzter Gegenstand. Eine bewegliche Sache ist die Sache, die weder Grundstück noch Grundstücksbestandteil ist. Tiere sind keine Sachen.

Bürgerlicher Kauf, Handelskauf und Verbrauchsgüterkauf			
Verkäufer ist \ Käufer ist	Verbraucher	Unternehmer (nicht gleichzeitig Kaufmann)	Kaufmann
Verbraucher	bürgerlicher Kauf	bürgerlicher Kauf	einseitiger Handelskauf
Unternehmer (nicht gleichzeitig Kaufmann)	Verbrauchsgüterkauf (falls bewegliche Sache)	bürgerlicher Kauf	einseitiger Handelskauf
Kaufmann	einseitiger Handelskauf und Verbrauchsgüterkauf (falls bewegliche Sache)	einseitiger Handelskauf	zweiseitiger Handelskauf

Neben den allgemeinen Bestimmungen über den Kauf gelten für den Verbrauchsgüter- und den Handelskauf spezielle Regelungen. Für den Verbrauchsgüterkauf finden sich diese in den §§ 474 – 479 BGB und für den Handelskauf in den §§ 373 – 381 HGB.

Verbrauchsgüterkauf, vgl. Kapitel 6.5.3

Beispiel: Es ergeben sich unterschiedliche Rechtsfolgen, falls *Frau Nemitz-Müller* als Privatperson – also in der Funktion eines Verbrauchers – einen Sattel für ihr Fahrrad kauft (Verbrauchsgüterkauf) oder in ihrer Funktion als Erfüllungsgehilfe für das Unternehmen, bei dem sie beschäftigt ist (zweiseitiger Handelskauf).

Antrag

Ein Antrag ist eine **einseitige, empfangsbedürftige Willenserklärung**, die mit Rechtsbindungswillen – also verbindlich – auf einen Vertragsschluss gerichtet ist. Sie wird erst mit ihrem Zugang wirksam. Dabei müssen die wesentlichen Vertragsbestandteile (Parteien, Leistung und Gegenleistung) so genau bestimmt bzw. bestimmbar sein, dass die Annahme des Antrags durch bloßes „Ja" erfolgen kann.

Wesen des Antrags

Anzeigen in Zeitungen, Prospekte, Preislisten und Anfragen sind keine Anträge, sie sind lediglich Aufforderungen an andere, ihrerseits Anträge zu unterbreiten. Sie enthalten eine Aufforderung zur Abgabe eines Angebots. Möglich sind jedoch so genannte „Angebote an die Allgemeinheit", z. B. durch das Aufstellen von Waren- oder Dienstleistungsautomaten. Der Vertrag kommt durch **schlüssiges Verhalten** (Geldeinwurf) zu Stande, ohne dass es noch der Abgabe ausdrücklicher Erklärungen bedarf.

Aufforderung zur Abgabe eines Angebotes

Angebot an die Allgemeinheit

Unterbreitet eine Person einer anderen einen Antrag, der auf den Abschluss eines Vertrages zielt, so ist sie an den Antrag gebunden, falls die Gebundenheit nicht durch entsprechende **Freizeichnungsklauseln** – wie z. B. „Angebot freibleibend", „ohne Obligo" – ausgeschlossen wurde (§ 145 BGB). Auch für den Fall, dass keine Freizeichnungsklauseln verwendet werden, ist der Antrag zeitlich nur begrenzt wirksam, da anderenfalls die Handlungsfreiheit des Antragenden unzumutbar eingeschränkt wäre.

Bindung an den Antrag

Die Dauer der Bindung hängt zunächst davon ab, ob der Antragende für die Annahme eine Annahmefrist gesetzt hat. Hat er eine **Frist gesetzt**, so ist er für die Dauer der gesetzten Frist gebunden (§ 148 BGB). Hat er **keine Frist gesetzt**, richtet sich die Dauer der Bindung danach, ob der Antrag unter Anwesenden oder unter Abwesenden (z. B. schriftlich) abgegeben wurde. Unter Anwesenden ist der Antragende für die Dauer der Unterredung (§ 147 I BGB), unter Abwesenden bis zu dem Zeitpunkt gebunden, in wel-

Dauer der Bindung

chem der Antragende den Eingang der Annahme unter regelmäßigen Umständen erwarten kann (§ 147 II BGB).

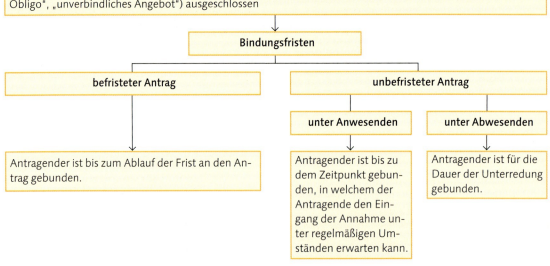

Bindung an den Antrag § 145 ff.

Der Antragende ist an seinen Antrag gebunden.
Ausnahme: Der Antragende hat die Bindung durch Freizeichnungsklauseln (z. B. „Angebot freibleibend", „ohne Obligo", „unverbindliches Angebot") ausgeschlossen

Bindungsfristen

- **befristeter Antrag**: Antragender ist bis zum Ablauf der Frist an den Antrag gebunden.
- **unbefristeter Antrag**
  - **unter Anwesenden**: Antragender ist bis zu dem Zeitpunkt gebunden, in welchem der Antragende den Eingang der Annahme unter regelmäßigen Umständen erwarten kann.
  - **unter Abwesenden**: Antragender ist für die Dauer der Unterredung gebunden.

Fristbeginn und **Fristende** bestimmen sich nach den §§ 187 I, § 188 I und § 193 BGB wie folgt:
- Die Frist beginnt mit Beginn des Tages (0 Uhr). Der Tag, in dessen Lauf das für den Fristbeginn maßgebliche Ereignis fällt, wird nicht mitgerechnet, der folgende Tag ist der erste Tag der Frist. Geht einem Käufer ein Antrag zu, beginnt die Annahmefrist an dem Tag, der dem Tag des Zugangs des Antrags folgt (§ 187 I BGB).
- Die Frist endet mit Ablauf des letzten Tages (24 Uhr) der Frist (§ 188 I BGB).
- Fällt das Ende der Frist auf einen Samstag, Sonntag oder staatlichen Feiertag, so tritt an seine Stelle der folgende Werktag (§ 193 BGB).

Bei der Bemessung der Frist nach § 147 II BGB ist die Beförderungszeit des Antrags und der Annahmeerklärung sowie eine angemessene Frist zur Überlegung anzusetzen. Dies sind die regelmäßigen Umstände i. S. d. § 147 II BGB.

Annahme

Ein Vertrag kommt durch Annahme des Antrags zu Stande. Die Annahme ist in der Regel gegenüber dem Antragenden zu erklären und, wie der Antrag, damit eine **empfangsbedürftige Willenserklärung**, die zu ihrer Wirksamkeit des Zugangs bedarf.

Wesen der Annahme

Gibt jemand keine Erklärung ab, schweigt er also, kommt kein Vertrag zu Stande. **Schweigen** ist (von Ausnahmefällen abgesehen) weder Zustimmung noch Ablehnung; wer schweigt, gibt überhaupt keine Willenserklärung ab.

Eine Ausnahme gilt für das Schweigen auf ein **kaufmännisches Bestätigungsschreiben**. Da solchen Schreiben Vertragsverhandlungen vorausgegangen sind, kommt der Vertrag in diesem Fall mit dem Inhalt des Bestätigungsschreibens zu Stande, falls die absendende Partei davon ausgehen kann, dass ihr Schreiben den Inhalt dieser Vertragsverhandlungen wieder-

kaufmännisches Bestätigungsschreiben

gibt. Will der Empfänger (soweit er Kaufmann ist) den Vertragsabschluss verhindern, muss er dem Bestätigungsschreiben widersprechen. Schweigt er, kommt der Vertrag zu Stande.

In Ausnahmefällen kommt ein Vertrag auch ohne Annahme des Antrags zu Stande. Dies ist der Fall, wenn nach der Verkehrssitte eine solche Erklärung nicht zu erwarten ist, z. B. briefliche Bestellung eines Hotelzimmers.

Ein Vertrag kommt nur zu Stande, wenn der Antrag rechtzeitig und unverändert angenommen wird. Die verspätete Annahme des Antrags gilt nach § 150 I BGB als neuer Antrag, die modifizierte Annahme nach § 150 II BGB als Ablehnung, verbunden mit einem neuen Antrag.

Annahme des Antrags

Annahme des Antrags

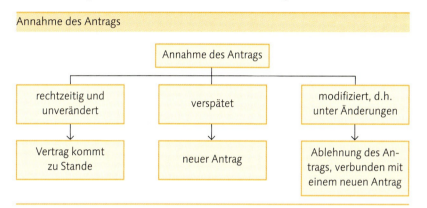

Angebotsvergleich

Beispiel: Nach der Prüfung der Vertragsbedingungen muss *Frau Nemitz-Müller* nun einen Angebotsvergleich erstellen und eine Entscheidung treffen. Folgende Angebote stehen den *Fly Bike Werken* zur Wahl:

Artikel 1034020	Stahlrohre, Außendurchmesser 34 mm, Wandstärke 2,00 mm für Eigenfertigung			
Lieferer-Nr.	-	-	60002	60001
Lieferer	Frankenstahl GmbH & Co. KG	Metallwerke GmbH	Mannes AG	Stahlwerke Tissen AG
Listeneinkaufspreis	3,70 €/m	3,90 €/m	3,80 €/m	4,00 €/m
Menge	4.000 m	4.000 m	4.000 m	4.000 m
Liefererrabatt	ab 1.000 m 15 %	ab 1.000 m 8 %, ab 2000 m 11 %	ab 1.000 m 5 %, ab 2.000 m 10 %	ab 2.000 m 15 %
Zahlungskonditionen	innerhalb von 10 Tagen 3 % Skonto, Ziel 30 Tage	innerhalb von 14 Tagen 2,5 % Skonto, rein netto 30 Tage	innerhalb von 10 Tagen 3 % Skonto, Ziel 30 Tage	Zahlungsziel 8 Tage, kein Skonto
Bezugskosten	Transportkostenpauschale für FBW 1.200,00 €	Transportkostenanteil der FBW 5 % vom Zieleinkaufspreis	Anlieferungspauschale für FBW 1.000,00 €	ab 5.000,00 € Auftragswert Lieferung frei Lager FBW
Lieferfrist	7 Tage	4 Tage	6 Tage	4 Tage
weitere Kriterien aus den internen Dispositionsunterlagen	keine Erfahrungswerte	keine Erfahrungswerte	hohe Qualität, sehr zuverlässig	hohe Qualität, sehr zuverlässig

Bei einem Angebotsvergleich sind verschiedene vorliegende Angebote von den Disponenten oder Einkäufern nach festgelegten Bewertungskriterien zu vergleichen. Erst danach kann eine Entscheidung zu Gunsten eines Anbieters gefällt werden, die unter wirtschaftlichen Gesichtspunkten erfolgen sollte. Grundsätzlich ist der Bezugspreis als **quantitatives Kriterium** ein zentraler Entscheidungsfaktor für oder gegen ein Angebot. Hierbei ist eine exakte Bezugspreiskalkulation durchzuführen. Häufig existieren jedoch **qualitative Bewertungskriterien**, die unterschiedlich stark zu berücksichtigen sind. Je nach Situation kann z. B. eine schnelle Lieferung oder die Qualität der zu beschaffenden Güter wichtiger sein als der Bezugspreis. Solche qualitativen Kriterien lassen sich zunächst nicht in Geldeinheiten ausdrücken, können aber später Folgekosten verursachen.

quantitative Bewertungskriterien

Zu den **qualitativen Kriterien** eines Angebots zählen:
- Qualität der angebotenen Produkte
- schnelle und verlässliche Lieferzeiten
- Zahlungskonditionen, z. B. Zahlungsziele
- Gewährleistung bei Sachmängeln
- Erfahrungswerte, z. B. aus langfristigen Geschäftsbeziehungen

qualitative Bewertungskriterien

Beispiel: *Frau Nemitz-Müller* kommt zu folgender Lösung des Angebotsvergleichs:

Lieferer	Frankenstahl GmbH & Co. KG	Metallwerke GmbH	Mannes AG	Stahlwerke Tissen AG
Listeneinkaufspreis	14.800,00 €	15.600,00 €	15.200,00 €	16.000,00 €
– Liefererrabatt	2.220,00 €	1.716,00 €	1.520,00 €	2.400,00 €
= Zieleinkaufspreis	12.580,00 €	13.884,00 €	13.680,00 €	13.600,00 €
– Liefererskonto/ Liefererbonus	377,40 €	347,10 €	410,40 €	kein Skonto
= Bareinkaufspreis	12.202,60 €	13.536,90 €	13.269,60 €	13.600,00 €
+ Bezugskosten	1.200,00 €	694,20 €	1.000,00 €	keine Bezugskosten
= Bezugspreis	13.402,60 €	14.231,10 €	14.269,60 €	13.600,00 €
Lieferzeit	7 Tage	4 Tage	6 Tage	4 Tage

Die *Frankenstahl GmbH & Co. KG* kommt als neuer Lieferer zunächst in die engere Wahl: Bezogen auf den Bezugspreis, hat der Anbieter das günstigste Angebot formuliert. Allerdings hat die *Frankenstahl GmbH & Co. KG* eine vergleichsweise lange Lieferzeit von sieben Tagen. Darüber hinaus liegen den *Fly Bike Werken* keine Erfahrungswerte hinsichtlich Qualität und Zuverlässigkeit vor. Aus diesen Gründen scheidet dieser Anbieter aus.

Die *Metallwerke GmbH* kommt bereits auf Grund des hohen Bezugspreises als neuer Lieferer nicht in die engere Wahl. Positiv zu bewerten ist zwar die kurze Lieferzeit, allerdings haben die *Fly Bike Werke* auch mit diesem Anbieter noch keine Erfahrungen gemacht.

Die *Mannes AG* ist den *Fly Bike Werken* seit Jahren als qualitativ hochwertiger und zuverlässiger Lieferer bekannt. Bezogen auf den Listeneinkaufspreis, legt die *Mannes AG* das zweitgünstigste Angebot vor; allerdings gewährt der Anbieter den niedrigsten Rabatt und verlangt relativ hohe Bezugskosten, sodass der Bezugspreis von allen eingeholten Angeboten der höchste ist. Außerdem soll die Lieferzeit sechs Tage betragen. Aus diesen Gründen scheidet auch die *Mannes AG* aus.

Damit fällt die Entscheidung zu Gunsten der *Tissen AG*, die zwar einen etwas höheren Bezugspreis als der günstigste Anbieter aufweist, jedoch bereits in 4 Tagen liefern kann. Außerdem ist die *Tissen AG* bereit, ab einem Auftragswert von 5.000,00 € an die *Fly Bike Werke* frei Lager zu liefern. Auch im Hinblick auf Qualität und Zuverlässigkeit haben die *Fly Bike Werke* stets positive Erfahrungen mit diesem Anbieter gemacht.

5.4.2 Vertragsabschluss durch einen Stellvertreter

> **Beispiel:** *Frau Nemitz-Müller* bestellt im Rahmen ihrer Tätigkeit als Einkäuferin der *Fly Bike Werke GmbH* die benötigten Stahlrohre bei der *Stahlwerke Tissen AG*.

Die *Fly Bike Werke GmbH* tätigt im Einkauf Geschäfte durch ihre Sachbearbeiterin *Frau Nemitz-Müller*. Die Einschaltung eines Dritten beim Vertragsschluss nennt das Gesetz **Stellvertretung**, sie ist in den §§ 164 ff. BGB geregelt.

> **§ 164 BGB**
>
> (1) Eine Willenserklärung, die jemand innerhalb der ihm zustehenden Vertretungsmacht im Namen des Vertretenen abgibt, wirkt unmittelbar für und gegen den Vertretenen. Es macht keinen Unterschied, ob die Erklärung ausdrücklich im Namen des Vertretenen erfolgt oder ob die Umstände ergeben, dass sie in dessen Namen erfolgen.

Die beteiligten Personen und ihre Rechtsbeziehungen
Die Stellvertretung setzt drei Beteiligte voraus: den **Vertreter**, der für einen anderen handelt; den **Vertretenen**, für den der Vertreter Erklärungen abgibt, sowie den **Dritten**, mit dem der Vertreter für den Vertretenen Rechtsgeschäfte tätigt. Das Rechtsgeschäft kommt auf Grund der Stellvertretung nicht zwischen dem Vertreter und dem Dritten, sondern zwischen dem Vertretenen und dem Dritten zu Stande. Die Rechtsbeziehung zwischen dem Vertretenen und dem Vertreter – dem in der Regel ein Arbeits-, Dienst-, Werk- oder Geschäftsbesorgungsvertrag zu Grunde liegt – bezeichnet man als **Innenverhältnis**, die Beziehung zwischen dem Vertreter und dem Dritten als **Außenverhältnis**.

Die Berechtigung des Vertreters, für den Vertretenen zu handeln, bezeichnet man als **Vertretungsmacht**. Ist sie rechtsgeschäftlich erteilt, spricht man – wie sich aus § 166 II 1 BGB ergibt – von einer **Vollmacht**. Die Bevollmächtigung erfolgt durch (grundsätzlich formlose) Erklärung des Vertretenen gegenüber dem Vertreter (Innenvollmacht) oder gegenüber dem Dritten, dem gegenüber die Vertretung stattfinden soll (Außenvollmacht). Der Vertretene wird auch als **Vollmachtgeber**, der Vertreter als **Bevollmächtigter** bezeichnet.

Die Stellvertretung kann auch durch Gesetz begründet werden. So bestimmt das Gesetz Eltern zu gesetzlichen Vertretern ihres Kindes. Der Geschäftsführer ist gesetzlicher Vertreter der GmbH.

Beschaffungsprozesse planen, steuern und kontrollieren

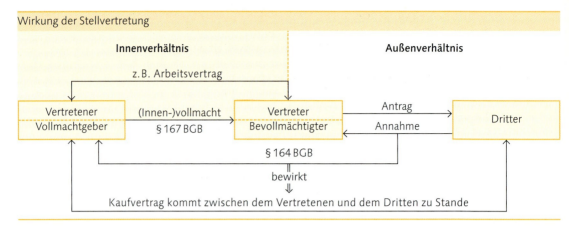

Voraussetzungen einer wirksamen Stellvertretung

Damit jemand wirksam als Vertreter für einen anderen handeln kann, müssen drei Voraussetzungen erfüllt sein:

1. Der Vertreter muss eine **eigene Willenserklärung** abgeben („Ich erkläre …") und nicht nur eine fremde Erklärung übermitteln („Ich soll ausrichten, dass …"). Das Erfordernis der eigenen Willenserklärung unterscheidet den Stellvertreter vom Boten, der lediglich eine fremde Willenserklärung übermittelt. Der Bote hilft also beim „Transport" einer fremden Willenserklärung, während der Stellvertreter eine eigene Willenserklärung abgibt.

   Bote

2. Der Vertreter muss erkennbar im **Namen des Vertretenen** auftreten. Der Stellvertreter kann den Vertretenen also nur dann wirksam vertreten, wenn er seine eigene Willenserklärung im Namen des Vertretenen abgibt. Dabei ist nicht unbedingt erforderlich, dass der Stellvertreter das eigene Handeln in fremdem Namen ausdrücklich mitteilt. Vielmehr ist ausreichend, dass sich dies aus den Umständen des Einzelfalls ergibt. Hiervon ausgenommen sind die so genannten Bargeschäfte des täglichen Lebens.

   Bei Bargeschäften des täglichen Lebens (z. B. Brötchenkauf, Zeitschriftenkauf) muss der Vertreter nicht deutlich machen, für wen er handelt.

3. Der Vertreter muss innerhalb der ihm zustehenden **Vertretungsmacht** (Vollmacht) **handeln**. Liegen die Voraussetzungen der Stellvertretung vor, ist ausschließlich der Vertretene aus dem geschlossenen Vertrag berechtigt und verpflichtet.

Vertretung ohne Vertretungsmacht

Probleme aus der Stellvertretung können sich ergeben, wenn ein Vertreter ohne Vertretungsmacht handelt. Dies ist der Fall, wenn er keine Vollmacht besitzt oder aber diese überschreitet. § 177 I BGB bestimmt, dass ein Vertrag, den jemand – ohne eine entsprechende Vertretungsmacht zu haben – schließt, den Vertretenen nicht bindet. Es steht ihm aber frei, das Geschäft durch Genehmigung an sich zu ziehen, wenn er es für vorteilhaft erachtet. Der ohne Vertretungsmacht geschlossene Vertrag ist zunächst also nicht nichtig, sondern schwebend unwirksam. Wird die Genehmigung erteilt, wird der Vertrag wirksam, wird sie nicht erteilt, wird er endgültig unwirksam und der Vertreter haftet nach § 179 BGB.

Der **Umfang der Haftung** des Vertreters ohne Vertretungsmacht ist davon abhängig, inwieweit er den Mangel kannte.

- Kannte der Vertreter ohne Vertretungsmacht das Fehlen der Vertretungsmacht, kann der Vertragspartner (Dritter) vom Vertreter nach seiner Wahl Erfüllung des Vertrages oder Schadensersatz verlangen (§ 179 I BGB).
- Kannte der Vertreter ohne Vertretungsmacht das Fehlen der Vertretungsmacht nicht, so haftet der Vertreter dem Dritten für den Vertrauensschaden. Dies bedeutet, dass der Dritte verlangen kann, so gestellt zu werden, als ob der Vertrag nicht geschlossen worden wäre (§ 179 II BGB).
- Die Haftung des Vertreters ohne Vertretungsmacht ist wegen mangelnder Schutzbedürftigkeit des Dritten ausgeschlossen, wenn dieser das Fehlen der Vertretungsmacht kannte oder hätte kennen müssen (§ 179 III BGB).

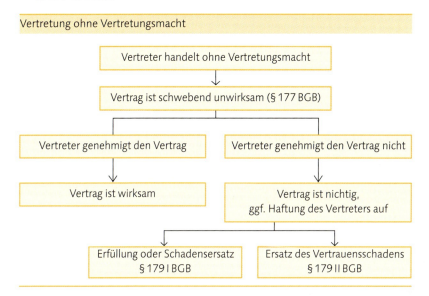

Die **Vollmacht erlischt durch Widerruf**, mit dem Erlöschen des zu Grunde liegenden Rechtsverhältnisses, mit dem Eintritt eines etwa festgelegten Endigungsgrundes oder mit dem Tod des Vollmachtgebers (aber: Vollmacht über den Tod hinaus möglich).

5.4.3 Vertragsschluss bei Verwendung Allgemeiner Geschäftsbedingungen (AGB)

Begriff und Bedeutung der AGB

Eine besondere Bedeutung haben im Rahmen der Abwicklung von Kaufverträgen die **Allgemeinen Geschäftsbedingungen (AGB)**. Hierunter versteht man „alle für eine Vielzahl von Verträgen vorformulierten Vertragsbedingungen", die eine Vertragspartei (man bezeichnet diese als Verwender) der anderen Vertragspartei bei Abschluss des Vertrages stellt (§ 305 I BGB). Dabei ist es gleichgültig, ob die Bestimmungen einen gesonderten Bestandteil des Vertrages bilden oder als so genanntes „klein Gedrucktes" in die Vertragsurkunde selbst aufgenommen werden. Entscheidend ist, ob die Vertragsbestimmungen immer wieder inhaltlich unverändert und dem Vertragspartner einseitig vorgegeben werden, ohne

Definition AGB

dass dieser auf den Inhalt Einfluss nehmen kann. Daraus ergibt sich, dass keine AGB vorliegen, wenn die Vertragsbedingungen zwischen den Vertragsparteien im Einzelnen ausgehandelt worden sind (§ 305 I 3 BGB).

Allgemeine Geschäftsbedingungen sind aus dem heutigen Geschäftsleben nicht mehr wegzudenken. Sie schaffen für denjenigen, der sie verwendet, für häufig abgeschlossene Verträge eine einheitliche und detaillierte Regelung der Rechtsbeziehungen und **vereinfachen** dadurch **den Geschäftsverkehr**. Teilweise sind sie sogar unentbehrlich, wenn beispielsweise für den gewünschten Vertragstyp eine gesetzliche Regelung nicht vorhanden ist (z. B. beim Leasing-, Factoring oder Franchise-Vertrag), nicht ausreicht oder wegen geänderter wirtschaftlicher Gegebenheiten nicht passt. Sie ermöglichen es außerdem, unbestimmte **Rechtsbegriffe zu konkretisieren,** indem z. B. „angemessene Fristen" durch AGB genau bestimmt werden. Auf der anderen Seite besteht die Gefahr, dass der AGB-Verwender den anderen Teil durch das „klein Gedruckte" benachteiligt. Deshalb hat der Gesetzgeber Grenzen für die Anwendung von AGB gesetzt.

Gründe für die Verwendun von AGB

Leasing = mittel- und langfristige Überlassung von Investitions- und Konsumgütern gegen Zahlung eines Mietzins

Franchise, vgl. Kapitel 6.3.2

Wirksamwerden von AGB

Wie auch andere vertragliche Bestimmungen, werden AGB nicht automatisch Inhalt eines Vertrages, sie müssen **beim Vertragsschluss** in den Vertrag **einbezogen** werden. Die Anforderungen an diese Einbeziehung sind unterschiedlich streng, je nachdem, ob die AGB gegenüber einem Verbraucher oder gegenüber einem Unternehmer angewendet werden sollen. Im Geschäftsverkehr mit einem Verbraucher sind nach § 305 II BGB folgende Einbeziehungsvoraussetzungen erforderlich:

- Der Verwender muss die andere Vertragspartei **beim Vertragsabschluss ausdrücklich** auf die AGB **hinweisen**. Nicht ausreichend ist, wenn der Verwender seine AGB auf der Rückseite des Angebotsschreibens abgedruckt hat, auf der Vorderseite aber nicht darauf hinweist. Auch ein Hinweis nach Vertragsabschluss, etwa auf dem Lieferschein oder auf der Rechnung, genügt nicht. Fehlt ein persönlicher Kontakt zu dem Kunden, wie etwa bei Parkhäusern, Ladengeschäften, in denen Massenartikel verkauft werden, u. a., so genügt ausnahmsweise der sichtbare Aushang am Ort des Vertragsabschlusses.
- Ferner muss der AGB-Verwender der anderen Vertragspartei die Möglichkeit verschaffen, **in zumutbarer Weise** vom Inhalt der AGB **Kenntnis nehmen** zu können. Dies wird in der Regel dadurch erreicht, dass dem Kunden AGB vorgelegt werden. Ob er sie dann tatsächlich liest, bleibt ihm überlassen.
- Schließlich muss der Vertragspartner des Verwenders mit der **Geltung der AGB einverstanden** sein, was immer dann der Fall ist, wenn er sich bei Vorliegen der anderen beiden zuvor genannten Voraussetzungen auf den Vertragsschluss einlässt.

Diese Erfordernisse finden **keine Anwendung** auf AGB **gegenüber Unternehmern** (§ 310 I BGB). Bei ihnen kann der besondere Schutz entfallen, weil sie mit der Existenz und der Verwendung von AGB rechnen müssen. Hier ist es ausreichend, dass der Kunde die Einbeziehungsabsicht von AGB seitens des Vertragspartners erkennen kann und dem nicht widerspricht. Aus Gründen der Rechtssicherheit ist jedoch auch hier ein ausdrücklicher Hinweis auf die AGB-Verwendung empfehlenswert.

Es ist Erfahrungssache, dass kaum jemand die AGB gründlich studiert, zumal bei Vertragsabschluss dazu häufig die Zeit fehlt. Der Vertragspartner muss darauf vertrauen können, dass in den AGB lediglich die „üblichen Dinge stehen". Deshalb werden ungewöhnliche oder überraschende Klauseln nicht Bestandteil des Vertrages, auch wenn die AGB an sich wirksam in den Vertrag einbezogen worden sind (§ 305 c I BGB). Überraschende Klauseln sind Bestimmungen, die so ungewöhnlich sind, dass der Vertragspartner mit ihnen nicht zu rechnen braucht.

Inhaltskontrolle von AGB

Sind AGB rechtswirksam in den Vertrag einbezogen worden, unterliegen die einzelnen Klauseln, soweit sie Rechtsvorschriften ändern oder diese ergänzen, einer **Inhaltskontrolle**. Gegenstand ist die Prüfung, ob die Klauseln den Kunden unangemessen benachteiligen, Ziel einer AGB-Kontrolle ist der **Verbraucherschutz**. § 307 BGB legt den Prüfungsmaßstab für eine richterliche Inhaltskontrolle von AGB fest. Danach sind solche Bestimmungen unwirksam, die den Vertragspartner unangemessen benachteiligen.

Eine Aufzählung besonders typischer Benachteiligungsfälle – so genannte Klauselverbote – enthalten die §§ 308 und 309 BGB. Soweit keine der 24 dort genannten zahlreichen Klauseln vorliegt, kommt § 307 BGB als so genannte Generalklausel zur Anwendung. Grundsätzlich kann gesagt werden, dass eine Klausel umso eher unwirksam ist, je stärker sie von der gesetzlichen Regelung abweicht.

Eine Generalklausel ist eine Rechtsnorm, die nur einen allgemeinen Grundsatz aufstellt und die konkrete Bestimmung im Einzelfall den Gerichten überlässt.

Sind AGB gegenüber einem Unternehmer verwendet worden, gelten die §§ 308 und 309 BGB nicht, wohl aber der § 307, d. h., es muss also nur geprüft werden, ob eine unangemessene Benachteiligung vorliegt.

Sind einzelne Klauseln nicht wirksam, so bleibt der Vertrag grundsätzlich wirksam, nur ohne die nicht wirksamen AGB-Klauseln (§ 306 BGB). An Stelle der nicht wirksamen Klauseln gelten die gesetzlichen Regelungen.

5.4.4 Rechtliche Folgen des Kaufvertragsabschlusses

Der Gläubiger ist kraft eines Schuldverhältnisses berechtigt, von dem Schuldner eine Leistung zu fordern (§ 241 I BGB). Mit dem Abschluss des Kaufvertrages entsteht ein vertragliches Schuldverhältnis, das für beide Vertragspartner Leistungspflichten begründet, deshalb ist der Kaufvertrag auch ein **Verpflichtungsgeschäft**. Wozu sich die Vertragsparteien verpflichten, wird entweder von den Vertragspartnern vereinbart oder gesetzlich bestimmt. Als vertragstypische Pflichten (Hauptpflichten) beim Kaufvertrag bestimmt das BGB:

> **§ 433 BGB**
>
> (1) Durch den Kaufvertrag wird der Verkäufer einer Sache verpflichtet, dem Käufer die Sache zu übergeben und das Eigentum an der Sache zu verschaffen. Der Verkäufer hat dem Käufer die Sache frei von Sach- und Rechtsmängeln zu verschaffen.
> (2) Der Käufer ist verpflichtet, dem Verkäufer den vereinbarten Kaufpreis zu zahlen und die gekaufte Sache abzunehmen.

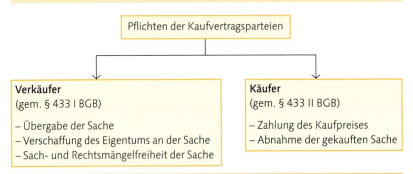

Jeder Pflicht der einen Partei entspricht umgekehrt ein Anspruch der anderen Vertragspartei, welchen der Verpflichtete zu erfüllen hat. Dabei wird derjenige, der die Pflicht zu erfüllen hat, als **Schuldner** und derjenige, der einen Anspruch hat, als **Gläubiger** bezeichnet. Im Kaufvertrag ist somit jede Partei gleichzeitig Gläubiger und Schuldner. Der Verkäufer ist beispielsweise Schuldner hinsichtlich der Lieferung und Übereignung der Sache, er ist aber zugleich auch Gläubiger hinsichtlich der Kaufpreiszahlung.

Der Kaufvertrag ist ein **gegenseitiger Vertrag**. Gegenseitige Verträge zeichnet aus, dass Leistungen nur gegeben werden, weil Gegenleistungen erwartet werden. Der Käufer bezahlt, weil er die Ware erhält, der Verkäufer liefert nur, weil er den Kaufpreis erhält.

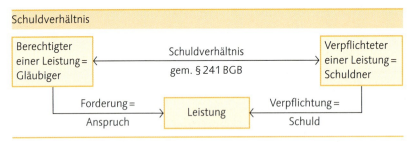

5.4.5 Vertragserfüllung

Ein Schuldverhältnis erlischt, wenn die geschuldete Leistung an den Gläubiger bewirkt wird (§ 362 I BGB). Dieses Bewirken der geschuldeten Leistung in der richtigen Art und Weise, am richtigen Ort und zur rechten Zeit nennt man **Erfüllung**.

Vertragserfüllung durch den Verkäufer
Die **Verkäuferpflichten** richten sich zunächst danach, ob er eine Sache oder ein Recht verkauft. Im Folgenden wird zur Vereinfachung nur der Sachkauf beschrieben. Nach § 433 II BGB muss der Verkäufer dem Käufer beim Sachkauf das Eigentum an der Sache verschaffen und sie ihm übergeben, dabei muss die Sache frei von Sach- und Rechtsmängeln sein. Die Pflicht zur **Übergabe der Sache** (Besitzverschaffung) bedeutet, dass der Verkäufer den Käufer auch zum Besitzer machen muss. Die Übertragung des Besitzes ist in den §§ 854 ff. BGB geregelt. **Besitz** an einer Sache bedeutet die willentliche tatsächliche Herrschaft über eine Sache.

Der Verpflichtung zur Übergabe der Sache kommt der Verkäufer in der Regel dadurch nach, dass er dem Käufer den unmittelbaren Besitz an der Sache verschafft, d. h. seine tatsächliche Herrschaft über die Sache aufgibt und sie dem Käufer einräumt.

Die **Eigentumsverschaffungspflicht** bedeutet, dass der Verkäufer den Käufer zum neuen Eigentümer machen muss. Die Übertragung von Eigentum an beweglichen Sachen ist in den §§ 929 ff. BGB geregelt.

Im Normalfall befindet sich die **Sache im Besitz des Eigentümers**, er ist damit unmittelbarer Besitzer. Der Erwerber erwirbt in diesem Fall das Eigentum durch Einigung über den Eigentumswechsel und Übergabe der Sache (§ 929 S. 1 BGB). Es kommt vor, dass sich die Sache, an der das Eigentum übertragen werden soll, **bereits im Besitz des Käufers** befindet. Der Käufer ist unmittelbarer Besitzer. Hier genügt die bloße Einigung über den Eigentumswechsel (§ 929 S. 2 BGB).

unmittelbarer Besitzer

Möglich ist auch, dass der **Verkäufer** selbst **nicht im Besitz der Sache** ist, sondern ein Dritter. In diesem Fall müssen sich Käufer und Verkäufer über den Eigentumswechsel einigen und der Verkäufer muss den Herausgabeanspruch (aus § 985 BGB) an den Käufer abtreten (§ 931 BGB). Dadurch wird der mittelbare Besitz auf den Erwerber übertragen. Schließlich kann auch vereinbart werden, dass der **Verkäufer im Besitz der Sache** bleiben soll. Die Übergabe kann in diesem Fall durch die Vereinbarung eines Besitzmittlungsverhältnisses ersetzt werden. Der Verkäufer bleibt unmittelbarer Besitzer, besitzt die Sache nunmehr aber als Verwahrer für den Erwerber. Dieser wird zum Eigentümer und mittelbaren Besitzer.

mittelbarer Besitzer

Das Besitzmittlungsverhältnis (auch Besitzkonstitut) ist das Verhältnis zwischen mittelbarem und unmittelbarem Besitzer, das den unmittelbaren Besitzer auf Zeit zum Besitz berechtigt oder verpflichtet.

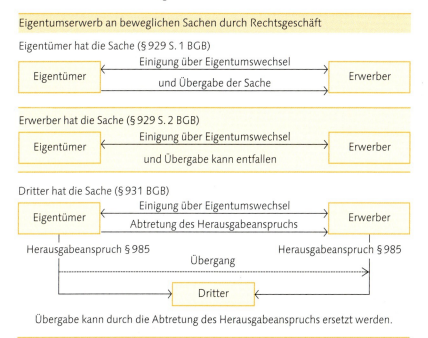

Beschaffungsprozesse planen, steuern und kontrollieren

Die **Eigentumsübertragung bei Grundstücken** (unbeweglichen Sachen) erfolgt durch Einigung über den Eigentumsübergang vor einem Notar (Auflassung) und die Eintragung ins Grundbuch (§§ 929, 873 BGB).

Eigentumserwerb an Grundstücken

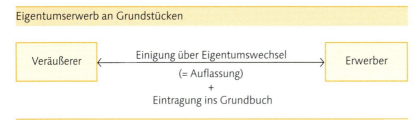

Der Verkäufer muss seine Leistung auch zur vereinbarten **Leistungszeit** erbringen. Sind keine Vereinbarungen getroffen worden, ist er im Zweifel zur sofortigen Leistung berechtigt und verpflichtet.

Der **Leistungsort**, also der Ort, an dem der Schuldner seine Leistungsverpflichtung zu erfüllen hat, ist grundsätzlich der Wohnort oder die gewerbliche Niederlassung des Schuldners. Man spricht in diesem Zusammenhang auch von einer **Holschuld** des Gläubigers. Der Gläubiger, beim Kaufvertrag also der Käufer, muss den Kaufgegenstand beim Schuldner, dem Verkäufer, abholen.

Durch Parteivereinbarung kann aber auch etwas anderes vereinbart werden, beispielsweise, dass der Verkäufer verpflichtet ist, die Kaufsache zu überbringen. In einem solchen Fall handelt es sich um eine Bringschuld des Verkäufers. Sowohl bei der Holschuld als auch bei der **Bringschuld** treffen der Erfolg – die Übergabe des Kaufgegenstandes – und die Leistungshandlung an einem Wohnort, nämlich dem Wohnort des Schuldners, zusammen.

Leistungsort und Erfolgsort können aber auch auseinander fallen. So etwa, wenn die Vertragsparteien vereinbaren, dass der Verkäufer den Kaufgegenstand an den Käufer schicken soll. In diesem Fall handelt es sich um eine **Schickschuld**. Der Verkäufer nimmt die Leistungshandlung, die Versendung der Ware, an seinem Wohnort vor; der Leistungserfolg, die Übergabe der Ware an den Käufer, tritt jedoch erst am Wohnort des Gläubigers ein.

Der Verkäufer hat die verkaufte Sache schließlich auch **frei von Sach- und Rechtsmängeln** zu übereignen und zu übergeben. Was ein Sachmangel ist, ergibt sich aus § 434 BGB. Bei der Lektüre von § 434 I BGB ist man etwas überrascht, denn man erfährt zunächst über „Negativbeschreibungen", in welchen Fällen kein Sachmangel vorliegt. Formuliert man diese „Negativbeschreibungen" positiv, so liegt ein **Sachmangel** vor,

1. wenn die Kaufsache bei Gefahrübergang nicht die vereinbarte Beschaffenheit hat,
2. wenn sich die Sache nicht für die vertraglich vorausgesetzte Verwendung eignet oder
3. wenn sich die Sache nicht für die gewöhnliche Verwendung eignet und nicht die Beschaffenheit aufweist, die der Käufer üblicherweise erwarten konnte.

Darüber hinaus liegt ein Sachmangel gemäß § 434 II und III BGB vor,

4. wenn die vereinbarte Montage durch den Verkäufer oder dessen Erfüllungsgehilfen unsachgemäß durchgeführt worden ist,
5. wenn bei einer zur Montage bestimmten Sache die Montageanleitung mangelhaft ist; es sei denn, die Sache ist fehlerfrei montiert worden, oder
6. wenn der Verkäufer falsch, d. h. eine andere Sache, oder zu wenig geliefert hat.

Mögliche Sachmängel nach § 434 BGB	
Mängel in der Beschaffenheit*	Abweichungen der tatsächlichen von der vereinbarten Beschaffenheit (§ 434 I 1)
	keine Eignung der Sache für die nach dem Vertrag vorausgesetzte Verwendung´ (§ 434 I 2 Nr. 1)
	keine Eignung der Sache für die gewönliche Verwendung; dies bedeutet: Aufweisen einer Beschaffenheit, die bei Sachen der gleichen Art unüblich ist und die der Käufer nach Art der Sache nicht erwarten kann (§ 434 I 2 Nr. 2)
	Zu der Beschaffenheit i. S. d. § 434 I S. 2 Nr. 2 gehören auch Eigenschaften, die der Käufer nach öffentlichen Äußerungen des Verkäufers, des Herstellers oder seines Gehilfen insbesondere in der Werbung oder bei Kennzeichnung, über bestimmte Eigenschaften der Sache erwarten kann (§ 434 I 3).
Montagemängel	unsachgemäße Montage durch den Verkäufer oder seinen Erfüllungsgehilfen, wenn die Montage nach dem Vertrag vereinbart ist (§ 434 II 1)
	unsachgemäße Montage auf Grund mangelhafter Montageanleitung (so genannte IKEA-Klausel (§ 434 II 2)
Mängel der Lieferung	Lieferung einer anderen Sache (§ 434 III)
	Lieferung einer zu geringen Menge (§ 434 III)

* Die Mängel in der Beschaffenheit stehen nicht gleichrangig nebeneinander, vielmehr besteht unter ihnen eine Hierarchie, derart, dass § 434 I 2 Nr. 1 und Nr. 2 nur anzuwenden sind, wenn nicht bereits § 434 I 1 anzuwenden ist.

Was ein **Rechtsmangel** ist, ergibt sich aus § 435 BGB. Ein Rechtsmangel liegt vor, wenn die Kaufsache nicht frei von Rechten Dritter ist, z. B. die Sache dem Verkäufer nicht gehört. Kein Rechtsmangel liegt also vor, wenn die Kaufsache frei von Rechten Dritter ist.

Vertragserfüllung durch den Käufer
Der Käufer ist nach § 433 II BGB zur Zahlung des Kaufpreises und zur Abnahme der Sache verpflichtet.

Der Kaufpreis bildet die Gegenleistung – das Entgelt – für den Kaufgegenstand. Bei der **Kaufpreisschuld** handelt es sich um eine Geldschuld, die grundsätzlich bar zu erfüllen ist. Barzahlung bedeutet Übereignung von Geldscheinen und/oder Geldstücken nach den sachenrechtlichen Vor-

Zahlungsverkehr, vgl. Kapitel 5.4.6

schriften der §§ 929 ff. BGB. Abweichende Vereinbarungen vom Grundsatz der Barzahlung sind möglich und bei größeren Kaufabschlüssen oder ständigen Geschäftsbeziehungen sogar üblich. Gibt der Verkäufer auf der Rechnung seine Kontoverbindung(en) an, so liegt darin die Einwilligung, dass der Käufer den Kaufpreis überweisen kann.

Auch für die Geldschuld gilt: Leistungsort ist grundsätzlich der Wohnort des Schuldners, beim Kauf also der Wohnsitz des Käufers (§ 269 I, 270 IV BGB). Die Geldschuld ist aber nicht Holschuld, sondern Schickschuld, mit der Besonderheit, dass der Schuldner (Käufer) die Gefahr der Übermittlung trägt. Man bezeichnet die Geldschuld deshalb auch als „**modifizierte Schickschuld**".

Geldschuld

Bei der Überweisung ist die Kaufpreisforderung mit erfolgter Gutschrift auf dem Konto des Verkäufers erfüllt. Der Käufer hat dem Gläubiger das Geld auf eigene Kosten und Gefahr zu übermitteln. Kommt das Geld nicht beim Gläubiger an, muss der Schuldner noch einmal zahlen.

Die Zahlung des Kaufpreises wird grundsätzlich mit Abschluss des Vertrags fällig. Jedoch ist der Käufer nicht verpflichtet vorzuleisten, sondern muss nur „**Zug um Zug**" gegen Übereignung des Kaufgegenstandes zahlen (§ 320 I BGB). In der Wirtschaftspraxis ist die Vereinbarung von Zahlungszielen üblich. Für die Rechtzeitigkeit der Leistung ist grundsätzlich die vom Schuldner geschuldete Leistungshandlung und nicht der Leistungserfolg maßgebend. Bei Zahlung durch Überweisung ist die Leistungshandlung rechtzeitig erbracht, wenn die Überweisung am Fälligkeitstag vom Geldinstitut noch ausgeführt werden kann.

Die **Abnahme** ist die körperliche Entgegennahme der Kaufsache. Der Verkäufer hat Anspruch darauf, dass der Käufer an der Abwicklung des Kaufvertrages mitwirkt und ihn somit von seiner Pflicht befreit, für die Erhaltung und Aufbewahrung der Kaufsache zu sorgen.

Beim **zweiseitigen Handelskauf** unterliegt der Käufer bei der Warenannahme darüber hinaus zusätzlich einer **Untersuchungs- und Rügeobliegenheit** (§ 377 ff. HGB). Unterlässt der Kaufmann die unverzügliche Untersuchung und Rüge mangelhafter Ware, verliert er seine Gewährleistungsansprüche gegenüber dem Verkäufer.

Obliegenheit ist das Rechtsgebot in einem Interesse. Sie steht im Gegensatz zur Verpflichtung. Grundsätzlich steht dem Träger der Obliegenheit ihre Wahrung frei, doch hat er die Folgen der Nichtbeachtung selbst zu tragen. Der Gegner kann ihre Erfüllung nicht verlangen. Ihre Verletzung begründet auch keinen Schadensersatzanpruch.

5.4.6 Zahlungsverkehr abwickeln

Beispiel: Im Rahmen der Bestellabwicklung ergibt sich für die *Fly Bike Werke* täglich eine Fülle von Zahlungsverpflichtungen gegenüber Zulieferern, wie z. B. der *Stahlwerke Tissen AG* auf Grund des geschlossenen Kaufvertrages über Stahlrohr.

Je nachdem, welches Zahlungsmittel gewählt wird, ändert sich auch die **Zahlungsart**.
- Benutzt man Bargeld zur Begleichung einer Schuld, spricht man von **Barzahlung**.
- Bei der **halbbaren Zahlung** wird Bargeld in Buchgeld umgewandelt oder umgekehrt. Auch hier können verschiedene Zahlungsarten gewählt werden.

Barzahlung

halbbare Zahlung

– Bei der **unbaren (bargeldlosen) Zahlung** erfolgt die Zahlung alleine durch Buchgeld, d. h., der Zahlungsempfänger erhält eine Gutschrift auf sein Konto und beim Zahlenden erfolgt eine Abbuchung. Dabei können verschiedene Verfahren genutzt werden.

bargeldlose Zahlung

Die geeignete Zahlungsart ist abhängig von den **Ansprüchen**, die man an sie stellt. Hier stehen Schnelligkeit der Zahlung gegen Sicherheit und ein guter Überblick über den Kontostand gegen Flexibilität. Ein wichtiges Kriterium sind natürlich auch die **Kosten** des Zahlungsverkehrs. Sie entstehen durch den Zahlungsverkehr selbst, z. B. Kontoführungsgebühren, Beiträge für die Nutzung von Kreditkarten. Sie können aber auch bei Verlust oder Diebstahl von Geld und Geldersatzmitteln entstehen. Das Risiko bei Bargeld ist hier höher, weil der Verlust nicht versichert ist, auf der anderen Seite entstehen durch die Versicherung, z. B. gegen den Verlust von Kreditkarten, natürlich auch Kosten, die sich in den Beiträgen niederschlagen. Nicht zuletzt muss darauf geachtet werden, dass der Verwaltungsaufwand für den Zahlungsverkehr möglichst gering gehalten wird, da hier Personalkosten anfallen. So kann die Nutzung des Datenaustausches für ein Unternehmen durchaus sinnvoll sein, obwohl dafür u. U. erst eine geeignete EDV-Anlage angeschafft werden muss (Investitionskosten).

Kriterien für die Wahl der geeigneten Zahlungsart

Barzahlung

Eine Bezahlung kann persönlich durch den Zahlungspflichtigen oder durch einen von ihm beauftragten Boten erfolgen. Eine **Quittung** gilt als Beleg dafür, dass die Rechnung bezahlt worden ist.

Folgende Bestandteile sollte eine Quittung enthalten:
1. den Betrag in Ziffern und Buchstaben („€ 126,45" und „einhundertsechsundzwanzig")
2. den Namen des Zahlenden („Dr. Claudia Maas")
3. den Ort und den Tag der Ausstellung („Köln, den 5. 1. 2004")
4. den Zahlungsgrund („Rechnungs-Nr. 115486 vom 5. Jan. 2004")
5. die Empfangsbestätigung („… dankend erhalten")
6. die Unterschrift des Empfängers

Nicht nur die Quittung kann als Beleg für die geleistete Zahlung dienen. Auch ein Kassenbon der Registrierkasse oder der Quittungsvermerk auf einer Rechnung sind Beweise für die Bezahlung eines Betrages. Die Barzahlung verliert immer mehr an Bedeutung, denn sie ist unpraktisch und mit den meisten Risiken verbunden, da bei Diebstahl niemand haftet.

Halbbare Zahlung

Halbbare Zahlung bedeutet, dass eine Partei bar zahlt oder Bargeld empfängt, während die andere Partei die Zahlung oder den Zahlungseingang bargeldlos abwickelt. Voraussetzung ist, dass der Zahlende **oder** der Zahlungsempfänger ein Konto bei einem Kreditinstitut besitzt.

Der **Zahlschein** kann zur Überweisung von Barbeträgen auf ein Girokonto benutzt werden. Bei der Verwendung des Zahlscheines ist es notwendig, dass der **Empfänger** ein Konto besitzt. Bei der Zahlung eines Betrages mittels Zahlschein wird am Kassenschalter eines Kreditinstituts der Betrag bar eingezahlt. Mit der Einzahlung muss ein Zahlschein abgegeben werden, auf dem der Empfänger der Zahlung und das Konto des Empfängers mit Nennung des kontoführenden Kreditinstituts und der Bankleitzahl einge-

Zahlschein

Beschaffungsprozesse planen, steuern und kontrollieren

tragen werden. Der Zahlschein besteht je nach Kreditinstitut aus zwei oder drei Teilen – in jedem Fall erhält der Einzahlende einen Durchschlag als Beleg und Nachweis für seine Einzahlung.

Dagegen ist es bei der Verwendung des **Barschecks** notwendig, dass der **Schuldner**, der den Betrag zu zahlen hat, ein Konto bei einem Kreditinstitut besitzt. Das Konto muss entweder ein entsprechendes Guthaben aufweisen oder dem Kontoinhaber muss ein Kreditspielraum eingeräumt worden sein.

Barscheck

Ein Scheck muss folgende **gesetzlichen Bestandteile** enthalten. Sie sind im Artikel 1 des Scheckgesetzes festgelegt:

gesetzliche Bestandteile des Schecks

1. die Bezeichnung „Scheck" im Text der Urkunde, in der Sprache, in der sie ausgestellt ist („… gegen diesen Scheck …")
2. die unbedingte Anweisung, eine bestimmte Geldsumme zu zahlen („Zahlen Sie …" und Euro-Betrag in Buchstaben, im Beispiel „zweitausendachthundert")
3. den Namen des bezogenen Kreditinstitutes, das auszahlen soll (im Beispiel: Bank in Neuhausen)
4. die Angabe des Zahlungsortes (im Beispiel: Neuhausen)
5. die Angabe des Tages und Ortes der Ausstellung (im Beispiel: Neuhausen, 28.1.2004)
6. die Unterschrift des Ausstellers (im Beispiel: Helga Schöll)

Fehlt auch nur eins der vorgenannten Bestandteile, so ist der Scheck nicht gültig.

Die Scheckformulare beinhalten neben den gesetzlich vorgeschriebenen auch **kaufmännische Angaben**, die die Abwicklung des Scheckverkehrs erleichtern. Fehlt eine dieser kaufmännischen Angaben, wird der Scheck dadurch jedoch nicht ungültig.

kaufmännische Bestandteile des Schecks

Die kaufmännischen Bestandteile des Schecks:

7. die Guthabenklausel („… aus meinem/unserem Guthaben …")
8. der Scheckbetrag in Ziffern (im Beispiel: „2.800,–")
9. Name des Zahlungsempfängers mit der Überbringerklausel („an … oder Überbringer", im Beispiel: an Autohaus Müller)
10. die Schecknummer (im Beispiel: 67890123)
11. die Kontonummer (im Beispiel: 9876543210)
12. die Bankleitzahl (im Beispiel: 12345678)

Sollte sich auf dem Scheckformular eine Abweichung zwischen dem Betrag in Ziffern (siehe Nr. 8) und dem ausgeschriebenen Betrag (siehe Nr. 2) ergeben, so gilt nach Artikel 9 des Scheckgesetzes der mit Buchstaben geschriebene Betrag.

Ein Scheck muss bei Sicht, d. h. wenn der Inhaber ihn am Schalter des Kreditinstituts vorlegt, eingelöst werden. Es bleibt daher ohne Wirkung, wenn ein Scheck vordatiert wird, d. h. am Tag der Ausstellung ein späteres Datum als das des Ausstellungstages eingetragen wird. Die Einlösung verweigern darf das Kreditinstitut dagegen, wenn die Einlösefristen (Frist ab Ausstellungsdatum) überschritten sind. In der Regel werden Schecks aber auch nach dieser Frist eingelöst, sofern der Aussteller den Scheck nicht widerrufen hat.

Einlösefristen für Schecks:

- für Inlandschecks 8 Tage
- für Schecks, die innerhalb Europas ausgestellt sind, 20 Tage
- für Schecks, die in nicht europäischen Ländern ausgestellt sind, 70 Tage

Wird der Scheck nicht eingelöst, weil das Konto des Ausstellers kein entsprechendes Guthaben aufweist bzw. der Kreditrahmen des Ausstellers nicht ausreicht, kann der Inhaber sich die Nichteinlösung von dem Kreditinstitut bescheinigen lassen und vom Aussteller (bzw. von demjenigen, der ihm den Scheck gegeben hat) die Erstattung des Scheckbetrages und der durch die Nichteinlösung entstandenen Kosten verlangen.

Geht ein Barscheck verloren oder wird er gestohlen, muss der Verlust unverzüglich dem ausstellenden Kreditinstitut gemeldet und der Scheck gesperrt werden und anschließend beim zuständigen Amtsgericht die Kraftloserklärung des Schecks beantragt werden. Wird der Scheck zwischenzeitlich eingelöst, übernimmt die Bank, außer bei eigenem Verschulden, keine Haftung.

Bargeldloser Zahlungsverkehr
Die in den folgenden Abschnitten vorgestellten Formen des bargeldlosen Zahlungsverkehrs kommen sowohl bei zweiseitigen als auch zunehmend bei einseitigen Handelsgeschäften zur Anwendung. Insbesondere der Einsatz elektronischer Zahlungsverfahren findet bei Verbrauchsgüterkäufen zunehmende Verbreitung. Voraussetzung für die Teilnahme am bargeldlosen Zahlungsverkehr ist, dass der Zahlende und der Zahlungsempfänger ein Konto bei einem Kreditinstitut haben.

Einen **Verrechnungsscheck** darf ein Kreditinstitut nur bargeldlos, durch „Verrechnung", einlösen (Art. 39 Abs. 2 Scheckgesetz). Das bedeutet, dass der Betrag des Verrechnungsschecks von dem Konto des Scheckausstellers auf das Konto des Schecküberbringers überwiesen wird. Für diese Zahlungsform wird ein Barscheck verwendet. Der Barscheck wird durch den quer über die Vorderseite gesetzten Vermerk **„Nur zur Verrechnung"** oder aber auch durch einen gleichbedeutenden Vermerk zum Verrechnungsscheck. Der Verrechnungsscheck ist ein relativ sicheres Zahlungsmittel, da in Zweifelsfällen der Weg vom Zahlenden zum Zahlungsempfänger zurückverfolgt werden kann.

Verrechnungsscheck

Die **Überweisung** (entweder beleghaft oder elektronisch) ist in Deutschland eines der häufigsten Zahlungsmittel. Eine Überweisung ist die Anweisung eines Kontoinhabers an sein Kreditinstitut, einen bestimmten Betrag von seinem Konto auf das Konto des Zahlungsempfängers zu übertragen. Bei der Überweisung per Beleg erhält ein Kreditinstitut einen ausgefüllten Überweisungsvordruck mit der Unterschrift des Zahlenden. Voraussetzung für die Abbuchung ist, dass das Konto des Zahlenden ein Guthaben aufweist oder, wenn dieses nicht der Fall ist, dem Kontoinhaber die Überziehung des Kontos bis zu einer bestimmten Höhe eingeräumt worden ist. Das Kreditinstitut, das mit der Überweisung des Betrages beauftragt wurde, leitet dann den Betrag an die Bank des Zahlungsempfängers weiter, die dann die Gutschrift auf das Konto des Empfängers vornimmt.

Überweisung

Die Banküberweisung besteht in der Regel aus einem zweiteiligen Durchschreibeformular:

- Das Original des Überweisungsformulars erhält das Kreditinstitut, bei dem das Konto des Zahlenden geführt wird.
- Die erste Durchschrift erhält der Zahlende als Quittung.

In den meisten Kreditinstituten besteht die Möglichkeit, einen Überweisungsautomaten zu nutzen. Ein Überweisungsformular ist dann nicht mehr vonnöten. Unternehmen nutzen bei der Abwicklung von Zahlungsvorgängen häufig Verfahren der modernen Datenkommunikation (**elektronische Überweisung**).

Eine besondere Form der Überweisung ist der **Dauerauftrag**. Mit ihm weist der Zahlende sein Kreditinstitut an, Zahlungen, die in gleicher Höhe und zu gleichen Terminen zu leisten sind, für ihn automatisch zu tätigen. Das Kreditinstitut führt diese Zahlungen bis auf Widerruf aus. Ein Dauerauftrag eignet sich für Zahlungen wie z. B. Mieten, Kredit- und Versicherungsraten, Sportvereine usw. Daueraufträge können vom Auftraggeber gelöscht werden, indem die beauftragte Bank benachrichtigt wird.

Dauerauftrag

Für Beträge, die in ihrer Höhe häufig unterschiedlich sind, aber regelmäßig wiederkehren, eignet sich das **Lastschriftverfahren**. Das Lastschriftverfahren eignet sich z. B. für Gas-, Strom- und Wasserkosten. Man unterscheidet beim Lastschrifteinzugsverfahren zwischen dem Einzugsermächtigungsverfahren und dem Abbuchungsauftragsverfahren.

Lastschriftverfahren

- Beim **Einzugsermächtigungsverfahren** ermächtigt der Zahlungspflichtige den Zahlungsempfänger, per Lastschrift einzuziehen. Innerhalb von sechs Wochen nach der Belastung des Kontos des Zahlungspflichtigen besteht ein Widerrufsrecht.

Einzugsermächtigungsverfahren

- Beim **Abbuchungsauftragsverfahren** hat der Zahlungspflichtige seinem Kreditinstitut schriftlich mitgeteilt, dass Lastschriften eines bestimmten Zahlungsempfängers bis zu einer bestimmten Höhe abgebucht werden dürfen, der Zahlungsempfänger veranlasst dann die Abbuchung. Dieser Abbuchungsauftrag kann jederzeit widerrufen werden.

Abbuchungsauftragsverfahren

Mit **Sammelüberweisungen** können Überweisungen an mehrere Zahlungsempfänger zusammengefasst werden. Auf dem Kontoauszug des Zahlenden erscheint nur ein Lastschriftbetrag. Das Verwenden von Sammelüberweisungen hat den Vorteil, dass Schreib- und Büroarbeiten verringert und Buchungskosten gespart werden. Sammelüberweisungen eignen sich z. B. für das Zahlen mehrerer Rechnungen oder für Lohnzahlungen an verschiedene Lohn- oder Gehaltsempfänger.

Sammelüberweisungen

Eilüberweisungen werden im Überweisungsverkehr der Kreditinstitute wesentlich schneller durchgeführt als normale Überweisungen. Der Geldbetrag ist sofort nach dem Eintreffen der Gutschriftsanzeige für den Zahlungsempfänger verfügbar. Die Kreditinstitute berechnen für Eilüberweisungen zusätzliche Gebühren.

Eilüberweisungen

Elektronischer Zahlungsverkehr
Kreditkarten (z. B. American Express, Visa, Diners Club, Eurocard) werden bei der entsprechenden Kreditkartenorganisation beantragt, die die Kreditwürdigkeit prüft und dann über die Vergabe entscheidet. Der Kreditkar-

Kreditkarten

teninhaber muss der Kreditkartenorganisation eine Einzugsermächtigung für sein Konto geben, damit Beträge, die er mit der Kreditkarte bezahlt, abgebucht werden können.

Inhaber einer Kreditkarte können überall dort, wo die entsprechende Kreditkarte akzeptiert wird (im In- und Ausland), bargeldlos für Waren oder Dienstleistungen zahlen. Dafür zahlen sie eine Gebühr (Jahresbeitrag) an die Kreditkartenorganisation. Der zu zahlende Betrag wird dem Geschäft, dem Reiseunternehmen, der Fluggesellschaft, dem Hotel, den Autovermietungen oder -werkstätten usw. von den Kreditkartengebern erstattet, die wiederum das Konto des Kreditkarteninhabers bei dessen Kreditinstitut belasten. Dies erfolgt in der Regel elektronisch oder mittels einer mechanischen Vorrichtung, die Identifikationsmerkmale der Karte auf einen Beleg überträgt, auf dem zusätzlich der Rechnungsbetrag und das Rechnungsdatum eingetragen werden. Der Karteninhaber (Kunde) muss den Beleg unterschreiben und erhält einen Durchschlag als Quittung.

Das Geschäft muss den Beleg bei der Kreditkartenorganisation zur Gutschrift des Rechnungsbetrages auf sein Konto einreichen. Dafür müssen allerdings Gebühren durch den Einreicher entrichtet werden, weshalb die Zahlung mit Kreditkarte häufig erst ab einem bestimmten Mindestbetrag akzeptiert wird.

Zu beachten ist, dass unter dem Begriff „Kreditkarte" verschiedene Abrechnungsmodalitäten gegenüber dem Karteninhaber verstanden werden. Man unterscheidet:

- **debit card**: Hierbei handelt es sich um eine Karte, bei der Zahlungen sofort vom Konto (entweder Girokonto oder Guthabenkonto für die Karte) abgebucht werden, wenn die Karte eingesetzt wird.
- **charge card**: Die getätigten Umsätze werden hier gesammelt und gemeinsam (z. B. einmal pro Monat) fällig. Die gesamte Summe aller getätigten Käufe wird dann auf einmal vom Konto abgebucht.
- **credit card**: Die *credit card* ist die „klassische" Form der Kreditkarte und besonders in den angloamerikanischen Ländern beheimatet. Da man dort so etwas wie einen Dispokredit auf dem Girokonto oft nicht kennt, wird die Karte als Kreditmittel benutzt. Getätigte Umsätze sind ab Entstehungszeitpunkt oder (meist) ab der monatlichen Rechnung zu verzinsen und ganz oder in Raten zu begleichen. Auf den nicht bezahlten Teil der Verbindlichkeiten werden Sollzinsen berechnet.

Arten von Kreditkarten

Die Verwendung der Kreditkartennummer, um im Internet elektronisch einzukaufen, ist noch mit gewissen Risiken verbunden. Der Händler bleibt hinter seinen Internetseiten anonym und ist nicht überprüfbar. Daher besteht das Risiko, dass ein unseriöser Anbieter im Internet übermittelte Kreditkartennummern für eigene Einkäufe verwendet. Darüber hinaus besteht immer die Möglichkeit, dass Hacker unverschlüsselte Kreditkartennummern elektronisch ausfindig machen und missbrauchen. Die Konzeption neuer **Verschlüsselungstechnologien** ermöglicht jedoch allmählich einen immer sichereren Kreditkartenkauf im Internet. Mit Hilfe dieser Technologie werden Bestellung und Kreditkartennummer verschlüsselt und an den Händler verschickt. Der Händler selbst kann die Kreditkartennummer nicht entschlüsseln, er hängt lediglich ein digitales Zertifikat mit seinen eigenen Daten an die Bestellung. Gemeinsam werden die Daten an

Einsatz von Kreditkarten im E-Commerce

die Zentrale des Anbieters des entsprechenden elektronischen Zahlungssystems (meist ein Bankinstitut oder eine andere vertrauenswürdige Institution) weitergeleitet. Die Zentrale signalisiert der Bank, dass die Daten in Ordnung sind und die Zahlung veranlasst werden kann. Das Kreditkartenkonto des Kunden wird mit dem entsprechenden Betrag belastet. Der Händler kann die Ware ausliefern.

Neben der Kreditkarte gibt es auf dem deutschen Markt folgende elektronische Zahlungsverfahren:

sonstige elektronische Zahlungsverfahren

Elektronische Zahlungsverfahren	
Electronic cash (POS *point of sale*)	– Zahlung mit ec-Karte – Legitimation über PIN (*personal identification number*) mit direkter Verbindung zur Autorisierungszentrale der zuständigen Bank – Verkäufer trägt Systemkosten – Zahlungsgarantie für Verkäufer
POZ (point of sale ohne Zahlungsgarantie)	– Zahlung mit ec-Karte – Legitimation über Unterschrift des Kunden – elektronische Abfrage der Sperrdatei der Banken (Abfrage prüft Eintragung über Kartensperrung, -verlust oder -diebstahl) – Verkäufer trägt Kosten der Sperrdateiabfrage – keine Zahlungsgarantie für Verkäufer
ELV (elektronisches Lastschriftverfahren)	– Zahlung mit ec-Karte, von den Banken nicht offiziell unterstützt – keine Abfrage bei zuständiger Bank, ggf. Abfrage bei hausinterner Sperrdatei der Handelskette – Bankdaten des Magnetstreifens werden eingelesen und Lastschrift mit Einzugsermächtigung dem Kunden zur Unterschrift vorgelegt – keine Zahlungsgarantie für Verkäufer
GeldKarte (Pay-before-Karte)	– Zahlung erfolgt aus einer vorher aufgeladenen „elektronischen Geldbörse" – Legitimation über Besitz der Karte – Verkäufer trägt Autorisierungsentgelt – Zahlungsgarantie für den Verkäufer

Nutzung moderner Datenkommunikation im Zahlungsverkehr
In zunehmendem Maße rationalisieren die Geschäftsbanken die Durchführung des Zahlungsverkehrs. Sie nutzen moderne Kommunikationsmedien, um Bearbeitungsschritte auf den Kunden zu verlagern und die Verarbeitung von Transaktionen zu beschleunigen.

Beim **Telefonbanking** können die meisten Bankgeschäfte (Überweisung, Abfrage von Kontoständen, Kartensperrung) – unabhängig von der Geschäftszeit – per Telefon erledigt werden. Ein Sprachcomputer wandelt die akustischen Signale der menschlichen Stimme in elektronische Signale um. Die Girokonto-Nr. muss so nicht mehr eingegeben werden, sondern wird automatisch im EDV-System der Bank abgespeichert. Um die Sicherheit zu gewährleisten, erhält der Kunde eine persönliche Geheimzahl bzw. ein Kodewort.

Telefonbanking

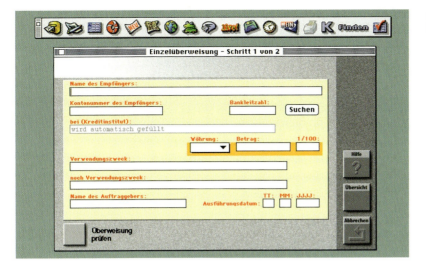

Onlinebanking: Einzelüberweisung

Beim **Onlinebanking** kann der Bankkunde sich per Internet jederzeit und unabhängig von der Geschäftszeit von einem beliebigen PC mit Internetanschluss über den Kontostand informieren und in der Regel Überweisungen, Daueraufträge, Lastschriften und andere Bankgeschäfte tätigen. Auf dem PC-Bildschirm erscheint ein eingescanntes Formular, das genau wie ein reales Überweisungsformular – eben nur per Tastatur – ausgefüllt wird. Um die Sicherheit zu gewährleisten, wird der Zugang zum Konto bei der elektronischen Bank im Internet durch die Eingabe einer persönlichen Identifikations-Nr. (PIN) geschützt. Darüber hinaus wird jede Transaktion (z. B. eine Überweisung) einmalig durch die Eingabe einer Transaktionsnummer (TAN) gesichert.

Onlinebanking

Beispiel: Datenaustausch bei Zahlungsaus- und -eingängen der *Fly Bike Werke*

Datenaustausch

Im Rahmen der Terminüberwachung werden in den *Fly Bike Werken* regelmäßig Vorschläge für **Zahlungsausgänge** elektronisch erstellt. Zweimal wöchentlich überprüft und genehmigt der Verwaltungsleiter, *Herr C. Steffes*, die Zahlungsvorschlagsliste und gibt sie frei. Die Daten der Zahlungsvorschlagsliste werden anschließend per Datenfernübertragung direkt an die Hausbank der *Fly Bike Werke* übermittelt. Die Bank führt jetzt die Überweisung der Beträge an die Kreditoren der *Fly Bike Werke* durch, indem sie die Daten in ihre EDV-Anlage einliest und elektronisch auf den Bankkonten der Kreditoren verbucht bzw. an die Kreditinstitute der Kreditoren überweist. Beim Datenaustausch zwischen dem Unternehmen und der Bank entfällt das aufwändige Ausfüllen von Überweisungsformularen. Übertragungsfehler werden weit gehend vermieden.

Bei **Zahlungseingängen** wird analog verfahren: Die Hausbanken erhalten täglich jede Menge Zahlungseingänge für die *Fly Bike Werke*, zum großen Teil auch per Überweisungsträger, die die *Fly Bike Werke* zusammen mit der Ausgangsrechnung an die Kunden verschicken. Dort sind bereits die Kunden-Nr., Rechnungs-Nr. und der Betrag aufgedruckt. Die Bank schreibt die Rechnungsbeträge den Bankkonten der *Fly Bike Werke* gut und liest zusätzlich die Kunden-Nr. und die Rechnungs-Nr. ein. Die Daten werden per Fernübertragung in die Buchhaltung der *Fly Bike Werke* überspielt. Das Finanzbuchhaltungssystem der *Fly Bike Werke* sucht in den Daten zunächst nach der Kunden-Nr., die der Nummer des Debitorenkontos zugeordnet wird. In einem zweiten Schritt werden Betrag und Rechnungs-Nr. elektronisch abgeglichen. Stimmen die Daten überein, wird die Buchung automatisch durchgeführt. Das Finanzbuchhaltungssystem übernimmt auch die so genannte Auszifferung: Bei Rechnungsausgang wird die Forderung gegenüber dem Kunden im Soll seines Debitorenkontos, bei Zahlungseingang wird der Betrag im Haben verbucht. Damit genau feststeht, dass die Zahlung zu der Forderung gehört, wird hinter beiden Beträgen dieselbe Ziffer vermerkt. Durch den direkten Datenaustauch hat sich auch das Verbuchen von Zahlungseingängen erheblich beschleunigt und das Risiko von Übertragungsfehlern verringert.

5.4.7 Störungen bei der Erfüllung des Kaufvertrages

In den meisten Fällen werden Kaufverträge problemlos abgewickelt: Der Verkäufer liefert zum vereinbarten Zeitpunkt die vereinbarte Ware mangelfrei, der Käufer nimmt die Lieferung an und zahlt den vereinbarten Kaufpreis. Mitunter tragen Verkäufer und Käufer durch ihr Verhalten auch zu Leistungsstörungen bei, indem sie die ihnen obliegenden Verpflichtungen zu spät, nicht oder schlecht erfüllen. Es kommt zu **Leistungsstörungen**. Dabei unterscheidet man die drei Fallgruppen: Unmöglichkeit, Verzug und Schlechtleistung.

Zahlungsverzug und Nichtannahme der Leistung, vgl. Kapite 6.5

Im Rahmen der Beschaffungsplanung interessieren uns vor allem die Leistungsstörungen, die durch ein Fehlverhalten des Verkäufers eintreten können. Dabei wird die Darstellung auf die Leistungsstörungen beschränkt, die in der Praxis am häufigsten eintreten. Dies sind der Lieferungsverzug sowie die mangelhafte Lieferung im Rahmen der Schlechtleistung.

Lieferungsverzug

Beispiel: Zwischen der *Fly Bike Werke GmbH* und der *Stahlwerke Tissen AG* wurde am 23. Juli 2004 ein Kaufvertrag über 4.000 m Stahlrohr der Spezifikation „34 mm × 2 mm Rundrohr, GrMoB" geschlossen. Vereinbart

Im allgemeinen Sprachgebrauch wird beim Lieferungsverzug auch von Nicht-Rechtzeitig-Lieferung gesprochen.

wurde, dass die Lieferung spätestens bis zum 31. Juli 2004 während der üblichen Geschäftszeiten erfolgen soll. Die *Stahlwerke Tissen AG* hält den vereinbarten Liefertermin nicht ein. Die *Fly Bike Werke GmbH* kann deshalb mit der Fertigung ihrer Fahrradrahmen nicht beginnen. Aus diesem Grunde muss sie einem Großkunden Schadensersatz leisten. Außerdem entgehen ihr Einnahmen.

Welche Rechte kann die *Fly Bike Werke GmbH* gegenüber der *Stahlwerke Tissen AG* geltend machen?

Zu den Verpflichtungen, die der Verkäufer durch den Abschluss eines Kaufvertrages eingeht, gehört die fristgerechte Erbringung der vereinbarten Leistung. Wird diese vom Verkäufer nicht oder nicht termingerecht erbracht, so spricht man vom **Lieferungsverzug**.

Kaufvertrag, vgl. Kapitel 5.4.1

Rechte des Käufers bei Lieferungsverzug

1. Schadensersatz neben der Leistung

Wie die Übersicht zeigt, ist die Folge eines verschuldeten Lieferungsverzugs zunächst („vorrangig") immer ein Schadensersatz wegen Verzögerung der Leistung, der neben dem Erfüllungsanspruch geltend gemacht werden kann. Dieser Schadensersatzanspruch wird daher auch Schadensersatz neben der Leistung genannt. Der Vorrang ergibt sich daraus, dass Schadensersatz statt der Leistung, Ersatz vergeblicher Aufwendungen und Rücktritt den erfolglosen Ablauf einer vom Gläubiger zu setzenden angemessenen Frist voraussetzen.

Die **zentrale Norm** für Schadensersatzansprüche wegen Leistungsstörungen ist § 280 I BGB. Dort heißt es:

§ 280 BGB

(1) Verletzt der Schuldner eine Pflicht aus dem Schuldverhältnis, so kann der Gläubiger Ersatz des hierdurch entstandenen Schadens verlangen. Dies gilt nicht, wenn der Schuldner die Pflichtverletzung nicht zu vertreten hat.

Ein Schadensersatzanspruch durch den Käufer ist demnach an das Vorliegen der folgenden **vier Voraussetzungen** geknüpft:

1. Bestehen eines Schuldverhältnisses
2. Pflichtverletzung des Schuldners
3. Durch die Pflichtverletzung muss ein Schaden entstanden sein.
4. Vertretenmüssen des Schuldners

Mit dem **Bestehen eines Schuldverhältnisses** meint die Vorschrift in erster Linie Verträge. Im Beispiel hat die *Fly Bike Werke GmbH* mit der *Stahlwerke Tissen AG* einen Kaufvertrag geschlossen.

Eine **Pflichtverletzung des Schuldners** liegt vor, wenn der Schuldner eine Haupt- oder Nebenpflicht aus dem Vertragsverhältnis oder aus einem sonstigen Schuldverhältnis ganz oder teilweise nicht erbracht hat. Die *Stahlwerke Tissen AG* hat hier als Schuldner der Stahlrohre ihre Pflicht aus dem Schuldverhältnis Kaufvertrag verletzt, da sie den vereinbarten Liefertermin nicht einhält.

Der durch eine Pflichtverletzung zu ersetzende **Schaden** umfasst nur diejenigen Vermögensnachteile, die ursächlich dadurch entstehen, dass nicht rechtzeitig, sondern verspätet erfüllt wird. Grundsätzlich ist der Gläubiger so zu stellen, wie er bei rechtzeitiger Leistung des Schuldners stehen würde. Der zu ersetzende Schaden umfasst auch den entgangenen Gewinn.

Vertretenmüssen bedeutet hier das Gleiche wie Verschulden. Grundfall des Vertretenmüssens ist das eigene Verschulden des Schuldners auf Grund von Vorsatz oder Fahrlässigkeit (§ 276 I 1 BGB). Der Schuldner kann die Nichtleistung aber auch ohne eigenes Verschulden zu vertreten haben. So bestimmt § 276 I 1, 2. Halbsatz, dass sich eine strengere oder mildere Haftung aus anderen Bestimmungen oder auch aus dem Inhalt des Schuldverhältnisses, insbesondere aus der Übernahme einer Garantie oder eines Beschaffungsrisikos durch den Schuldner, ergeben kann. Weiterhin haftet der Schuldner auch für das Verschulden seiner Erfüllungsgehilfen und gesetzlichen Vertreter (§ 278 I BGB).

Das Vertretenmüssen wird nach dem Gesetzeswortlaut vermutet. Die Vermutung des Verschuldens ist jedoch durch den Schuldner widerlegbar, es liegt also an ihm, zu beweisen, dass ihn kein Verschulden trifft. Diese so genannte **Beweislastumkehr** liegt darin begründet, dass es für den Gläubiger schwerer ist, dem Schuldner ein Fehlverhalten nachzuweisen, als für den Schuldner, die Vermutung zu widerlegen. Die *Stahlwerke Tissen AG* hat die Verzögerung der Leistung also zu vertreten.

§ 280 II BGB bestimmt, dass bei einem Schadensersatzanspruch wegen Verzögerung der Leistung **zusätzlich** die Norm § 286 BGB „Verzug des Schuldners" heranzuziehen ist. Für den Eintritt des Verzugs werden dort **vier Voraussetzungen** genannt:

1. Fälligkeit der Leistung
2. eventuell Mahnung
3. Nichtleistung des Schuldners trotz Fälligkeit und ggf. Mahnung
4. Vertretenmüssen des Schuldners

Die **Fälligkeit einer Leistung** bemisst sich nach der Leistungszeit. Nach § 271 BGB ist zunächst die Parteivereinbarung maßgebend. Fehlt eine solche und ist die Zeit auch nicht „aus den Umständen zu entnehmen", kann der Gläubiger „die Leistung sofort verlangen, der Schuldner kann sie sofort bewirken" (§ 271 I BGB).

Die Fälligkeit allein führt noch nicht zum Verzug. Hierzu bedarf es zusätzlich der **Mahnung**. Diese ist eine Aufforderung des Schuldners an den Gläubiger, die geschuldete Leistung zu bewirken. Ihrer Rechtsnatur nach ist sie eine einseitige empfangsbedürftige Erklärung. Da sie für den Schuldner Warnfunktion hat, muss sie die Aufforderung zur Leistung bestimmt und eindeutig enthalten. Dem Schuldner muss erkennbar sein, dass das Ausbleiben der Leistung Folgen haben werde.

Eine Leistungsklage ist die auf eine Leistung des Schuldners gerichtete Klage.

Mit einem Mahnverfahren, das vom Amtsgericht durchgeführt wird, hat der Gläubiger die Möglichkeit, seine Geldforderung schnell und kostensparend einzutreiben.

Der Mahnung gleichgestellt ist die Erhebung der Leistungsklage und – bei Entgeltforderungen – die Zustellung eines Mahnbescheides im Mahnverfahren (§ 286 I 2 BGB).

In bestimmten Fällen kommt der Schuldner auch ohne Mahnung in Verzug. Die Sachverhalte, bei denen eine Mahnung entbehrlich ist, ergeben sich aus § 286 II Nr. 1 bis Nr. 4 BGB.

Entbehrlichkeit der Mahnung	
Der Mahnung bedarf es nicht, wenn ...	Erläuterung, Beispiele:
... für die Leistung eine Zeit nach dem Kalender bestimmt ist (Nr. 1)	– 15. März 2004 – Mitte des Monats – 5. Kalenderwoche – Heiligabend
... der Leistung ein Ereignis vorauszugehen hat und eine angemessene Zeit für die Leistung in der Weise bestimmt ist, dass sie sich von dem Ereignis nach dem Kalender berechnen lässt (Nr. 2)	– 7 Tage nach Abruf – zwei Wochen nach Bestellung – vier Monate nach Kündigung
... der Schuldner die Leistung ernsthaft und endgültig verweigert (Nr. 3)	In diesem Fall wäre eine Mahnung zwecklos.
... aus besonderen Gründen unter Abwägung der beiderseitigen Interessen der sofortige Eintritt des Verzugs gerechtfertigt ist. (Nr. 4)	Pflichten, deren Erfüllung offensichtlich besonders eilig ist.

Im vorliegenden Fall kommt die *Stahlwerke Tissen AG* auch ohne Mahnung in Verzug, da für die Zeit der Leistung eine Zeit nach dem Kalender („bis zum 31. Juli 2004") bestimmt ist.

Eine **Nichtleistung** liegt vor, wenn der Schuldner trotz Fälligkeit und Möglichkeit seine Leistung nicht erbringt. Das heißt, Unmöglichkeit schließt den Verzug aus.

> **Beispiel:** Somit sind alle in den §§ 280 I und 286 BGB genannten (7 bzw. 8) Voraussetzungen erfüllt, sodass die *Fly Bike Werke GmbH* den Ersatz des Verzögerungsschadens verlangen kann. Der zu ersetzende Schaden umfasst den an einen Großkunden geleisteten Schadensersatz sowie den entgangenen Gewinn. Daneben bleibt die *Stahlwerke Tissen AG* zur Leistung verpflichtet.

Darüber hinaus wird mit dem Eintritt des Verzuges die Haftung des Schuldners nach § 287 BGB erweitert. Er haftet nun für jede Fahrlässigkeit und hat sogar die durch Zufall eintretende Unmöglichkeit zu vertreten.

2. Schadensersatz statt der Leistung oder Ersatz vergeblicher Aufwendungen

> **§ 281 BGB**
>
> (1) Soweit der Schuldner die fällige Leistung nicht oder nicht wie geschuldet erbringt, kann der Gläubiger unter den Voraussetzungen des § 280 I Schadensersatz statt der Leistung verlangen, wenn er dem Schuldner eine angemessene Frist zur Leistung [...] bestimmt hat.

Als Rechtsfolge gewährt § 281 BGB also der *Fly Bike Werke GmbH* einen **Schadensersatz statt der Leistung**, wenn sie der *Stahlwerke Tissen AG* eine Nachfrist zur Leistung gesetzt hat und diese erfolglos verstrichen ist. Zusätzlich müssen die Voraussetzungen des § 280 I BGB vorliegen, sodass insgesamt folgende **sechs Voraussetzungen** erfüllt sein müssen:

1. Bestehen eines Schuldverhältnisses
2. Pflichtverletzung des Schuldners — Voraussetzungen des § 280 I BGB
3. Durch die Pflichtverletzung muss ein Schaden entstanden sein
4. Vertretenmüssen des Schuldners
5. Nachfristsetzung (aber: evtl. entbehrlich nach § 281 II BGB) — Voraussetzungen des § 281 I BGB
6. erfolgloser Fristablauf

Auf die **Nachfristsetzung** kann verzichtet werden, wenn der Schuldner die Leistung ernsthaft und endgültig verweigert oder wenn besondere Umstände vorliegen, die eine sofortige Geltendmachung des Schadens rechtfertigen (§ 281 II BGB). Verlangt der Gläubiger Schadensersatz statt der Leistung, so kann er – im Unterschied zum Schadensersatz neben der Leistung – die Leistung nicht mehr verlangen (§ 281 IV BGB).

Als Alternative zum Schadensersatz statt der Leistung kann der Käufer unter den zusätzlichen Voraussetzungen des § 284 BGB auch den **Ersatz vergeblicher Aufwendungen** verlangen. Hierunter fallen Aufwendungen, die der Käufer im Vertrauen auf die Leistung gemacht hat, die also nutzlos wären, wenn die Leistung ausbleibt.

3. Rücktritt vom Vertrag

Zentrale Anspruchsgrundlage für den Rücktritt ist § 323 BGB. In Absatz 1 werden **vier Rücktrittsvoraussetzungen** für nicht bzw. nicht rechtzeitig erbrachte Leistungen genannt:

Rücktrittsvoraussetzungen

1. gegenseitiger Vertrag
2. Nichtleistung des Schuldners trotz Fälligkeit und Möglichkeit
3. Nachfristsetzung
4. erfolgloser Ablauf der Frist

Der Rücktritt ist eine **einseitige empfangsbedürftige Willenserklärung** und erfolgt durch die Erklärung gegenüber dem Vertragspartner (§ 349 BGB). Das Vertragsverhältnis wird beendet und für die Zukunft in ein Rückgewährschuldverhältnis bezüglich der bereits ausgetauschten Leistungen umgewandelt. Der Gläubiger wird also so gestellt, als ob er sich mit dem Schuldner niemals eingelassen hätte. Die Erklärung des Rücktritts ist dem Gläubiger nur anzuraten, wenn er vom Vertrag wieder loskommen möchte. Im Unterschied zu den Schadensersatzansprüchen ist beim Rücktritt **kein Verschulden des Schuldners** erforderlich.

Wesen des Rücktritts

Mangelhafte Lieferung

Da es zu den vertragstypischen Pflichten des Verkäufers gehört, dem Käufer die Sache frei von Sach- und Rechtsmängeln zu verschaffen, ist jede mangelhafte Lieferung eine Pflichtverletzung. Daraus folgt, dass jede mangelhafte Lieferung zugleich eine Nichterfüllung des Kaufvertrages bedeutet und den Erfüllungsanspruch des Käufers zunächst bestehen lässt.

Sach- und Rechtsmängel, vgl. Kapitel 5.4.5

Die Rechte und Ansprüche, die sich für den Käufer aus dieser Pflichtverletzung des Verkäufers ergeben, sind in § 437 BGB aufgeführt. Dies sind die bereits bekannten Rechte bzw. Ansprüche auf Schadensersatz, Ersatz vergeblicher Aufwendungen und Rücktritt. Hinzu kommen – als spezielle kaufrechtliche Rechtsfolgen – die Rechte auf Nacherfüllung und Minderung. Einen Überblick über die in § 437 genannten Käuferrechte verschafft die folgende Darstellung:

Spezielle kaufrechtliche Rechtsfolge: Nacherfüllung und Minderung

Rechte des Käufers bei Lieferung mangelhafter Ware

vorrangige Rechte

- Nacherfüllung nach Wahl des Käufers
  - Beseitigung des Mangels (Nachbesserung) § 439 BGB
  - Lieferung einer mangelfreien Ware (Ersatzlieferung) § 439 BGB

- Schadensersatz neben der Leistung (etwa Ersatz eines Mangelfolgeschadens) § 280 I BGB

nachrangige Rechte

grundsätzlich nur nach Fristsetzung und erfolglosem Fristablauf möglich

- Rücktritt § 323 BGB
- oder alternativ
- Minderung § 441 BGB
- Schadensersatz statt der Leistung (auch neben Rücktritt zulässig, § 325 BGB) § 281 i. V. m. § 280 BGB
- oder alternativ
- Ersatz vergeblicher Aufwendungen § 284 BGB

1. Recht auf Nacherfüllung

Ist der Mangel behebbar, so kann der Käufer der mangelhaften Sache zunächst – nämlich vorrangig – nur die Nacherfüllung mit dem Ziel der Mangelbeseitigung verlangen. Der Verkäufer erhält dadurch eine zweite Chance, den Vertrag ordnungsgemäß zu erfüllen. Dabei kann der Käufer zwischen der Beseitigung desP Mangels (**Nachbesserung**) und der Lieferung einer mangelfreien Sache (**Ersatzlieferung**) wählen. Der Verkäufer hat die zum Zwecke der Nacherfüllung erforderlichen Aufwendungen zu tragen.

Der Verkäufer kann jedoch die vom Käufer gewählte Form der Nacherfüllung verweigern, wenn diese für ihn mit unverhältnismäßigen Kosten verbunden ist. Dann hat der Käufer auf die andere Form der Nacherfüllung Anspruch. Verweigert der Verkäufer auch diese, kann der Käufer die nachrangigen Rechte geltend machen. Dasselbe gilt auch, wenn die dem Käufer zustehende Art der Nacherfüllung fehlschlägt oder dem Käufer unzumutbar ist. Ist ein zusätzlicher Schaden entstanden, kann der Käufer neben allen anderen Rechten immer auch **Schadensersatz neben der Leistung** unter den Voraussetzungen des § 280 I BGB verlangen.

Beschaffungsprozesse planen, steuern und kontrollieren

2. Rücktritt vom Vertrag oder Minderung

Die nachrangigen Rechte und Ansprüche des Käufers bei der Lieferung einer mangelhaften Sache entsprechen überwiegend denjenigen des Lieferungsverzugs. Hinzu kommt das Recht auf Minderung als Alternative zum Rücktritt. Allerdings ist der **Rücktritt** des Käufers ausgeschlossen, wenn der Mangel geringfügig – also unerheblich – ist. **Minderung** bedeutet, dass der Kaufpreis der Sache um den Betrag herabgesetzt wird, um den der Mangel den Wert der Sache, gemessen am Kaufpreis, mindert. Sie wird in der Regel verlangt, wenn die Sache nur geringe Mängel aufweist. Da die Minderung eine Alternative zum Rücktritt darstellt, hat die Minderung die gleichen Voraussetzungen wie der Rücktritt. Ein Unterschied besteht jedoch insofern, als die Minderung auch bei geringfügigen Mängeln möglich ist.

Voraussetzungen des Rücktritts und der Minderung bei mangelhafter Lieferung	
Voraussetzungen des Rücktritts bei mangelhafter Lieferung	– gegenseitiger Vertrag – Vorliegen eines erheblichen Sachmangels bei Übergabe an den Käufer – Nachfristsetzung (evt. entbehrlich) – erfolgloser Fristablauf – Erklärung des Rücktritts gegenüber dem Verkäufer
Voraussetzungen der Minderung bei mangelhafter Lieferung	– gegenseitiger Vertrag – Vorliegen eines (auch nur geringfügigen) Sachmangels – Nachfristsetzung (evt. entbehrlich) – erfolgloser Fristablauf – Erklärung der Minderung gegenüber dem Verkäufer

Ausnahmsweise ist eine **Fristsetzung** durch den Käufer **entbehrlich**, wenn
– der Verkäufer die Nacherfüllung ernsthaft und endgültig verweigert,
– die Nacherfüllung gescheitert ist,
– die Nacherfüllung unzumutbar ist,
– besondere Umstände den sofortigen Rücktritt oder die sofortige Minderung rechtfertigen.

3. Schadensersatz statt der Leistung oder Ersatz vergeblicher Aufwendungen

Einen Schadensersatzanspruch statt der Leistung bzw. einen Ersatz vergeblicher Aufwendungen kann der Käufer unter den gleichen Voraussetzungen wie beim Lieferungsverzug geltend machen.

Haftungsausschluss des Verkäufers

Mitunter kann es jedoch möglich sein, dass der Verkäufer nicht haftet. Zu denken ist zunächst an einen vertraglichen **Ausschluss der Haftung** durch Individualvereinbarung oder durch eine AGB-Klausel. In diesem Fall bestimmt das Gesetz, dass der Haftungsausschluss des Verkäufers nur dann nicht greift, wenn der Verkäufer den Mangel arglistig verschwiegen oder eine Garantie für die Beschaffenheit der Sache übernommen hat. Des Weiteren kann die Haftung des Verkäufers für einen Mangel der Kaufsache gesetzlich ausgeschlossen sein, wenn der Käufer den Mangel bei Vertragsabschluss kannte oder er ihm infolge grober Fahrlässigkeit unbekannt geblieben ist (§ 442 BGB).

Übersicht:

Antrag	einseitig, empfangsbedürftige Willenserklärung		
	Freizeichnungsklausel	– Angebot freibleibend – ohne Obligo – unverbindlich	
Annahme	empfangsbedürftige Willenserklärung		
Angebotsvergleich	Bewertung vorliegender Angebote nach festgelegten quantitativen und qualitativen Bewertungskriterien		
	Bezugskalkulation (quantitatives Kriterium)	Listenkaufpreis – Liefererrabatt = Zieleinkaufspreis – Liefererskonto/-bonus = Bareinkaufspreis + Bezugskosten = Bezugspreis (Einstandspreis)	
	qualitative Kriterien	– Qualität der Ware – Lieferzeiten – Zahlungskonditionen – Gewährleistung – Erfahrungswerte	
Allgemeine Geschäftsbedingungen (AGB) (§§ 305-310 BGB)	für eine Vielzahl von Verträgen vorformulierte Vertragsbedingungen, die eine Vertragspartei (Verwender) der anderen Vertragspartei bei Abschluss eines Vertrages stellt		
	Inhaltskontrolle (§ 307 BGB)	Bestimmungen der AGB sind unwirksam, wenn sie den Käufer entgegen den gesetzlichen Regelungen unangemessen benachteiligen.	
Pflichten aus einem Kaufvertrag	Verkäufer (gem. § 433 I BGB)	– Übergabe der Sache – Verschaffung des Eigentums an der Sache – Sach- und Rechtsmängelfreiheit der Sache	
	Käufer (gem. § 433 II BGB)	– Zahlung des Kaufpreises – Abnahme der gekauften Sache	
Sachmängel	- Mängel in der Beschaffenheit (§ 434 I BGB) - Montagemängel (§ 434 II BGB) - Mängel der Lieferung (§ 434 III BGB)		
Lieferungsverzug	Rechte des Käufers	ohne Fristsetzung	Schadensersatz neben der Leistung (§§ 280 I, II i. V. m. 286 I, II, IV BGB)
		mit Fristsetzung	– Schadensersatz statt Leistung oder Ersatz vergeblicher Aufwendungen (§§ 280 III i.V.m. 281 bzw. 284 BGB) und/oder – Rücktritt vom Vertrag (§ 323 BGB)
Mangelhafte Lieferung	Rechte des Käufers	vorrangiges Recht	Nacherfüllung (Nachbesserung oder Ersatzlieferung) (§ 439 BGB)
		nachrangiges Recht	– Rücktritt (§ 323 BGB) oder Minderung (§ 441 BGB) – Schadensersatz statt der Leistung (§ 281 i. V. m. § 280 BGB) – Ersatz vergeblicher Aufwendungen (§ 284 BGB)
		Neben diesen Rechten ist ggf. Schadensersatz neben der Leistung (§280 I BGB) möglich.	

5.5 Bestandsplanung und -führung

Beispiel: Die Geschäftsführung der *Fly Bike Werke* plant in den nächsten Jahren die Errichtung einer neuen Produktionsstätte in Leipzig, um von dort aus den osteuropäischen Markt beliefern zu können. Dabei stellt sich u. a. auch die Frage, wo die Material- und Absatzlager errichtet werden sollen. Zur Debatte stehen die Alternativen einer Lagerung im Stammwerk oder einer Lagerung vor Ort. Als oberste Zielsetzungen werden die Sicherung der Verfügbarkeit der Güter zum Bedarfszeitpunkt bei gleichzeitiger Minimierung der Lagerkosten sowie der Kapitalbindung vorgegeben. Für die nächste Abteilungsleiterbesprechung soll der Produktionsleiter, *Herr Rother*, eine Entscheidungsvorlage zum Thema Lagerhaltung erstellen.

5.5.1 Lagerhaltung

Aufgaben und Funktionen der Lagerhaltung

Im Rahmen der Lagerhaltung fallen verschiedene Aufgaben an: allgemeine Lagerverwaltungsaufgaben einschließlich der Lagerbuchführung, die Sicherstellung, dass alle Materialien/Absatzgüter rechtzeitig zur Verfügung stehen, die Durchführung der Materialannahme und Qualitätskontrolle, die Ein-, Um- und Auslagerung von Materialien und Absatzgütern, die Ausgabe von Material an nachgelagerte Fertigungsstellen, die Pflege der Lagergüter, die Optimierung der Lagerbestände unter betriebswirtschaftlichen Gesichtspunkten. Dabei erfüllen Lager verschiedene Funktionen.

Aufgaben im Rahmen der Lagerhaltung

Warenannahme im Eingangslager (links) und Kommissionierung für einen Kundenauftrag im Handlager (rechts) der *Fly Bike Werke*

– **Zeitüberbrückungsfunktion:** Beschaffung, Produktion und Absatz lassen sich weder zeitlich noch mengenmäßig vollständig aufeinander abstimmen, d. h. synchronisieren. Vor diesem Hintergrund dienen Materiallager als Puffer. Die Fertigung muss sich darauf verlassen können, dass die von ihr benötigten Bedarfsmengen jederzeit zur Verfügung stehen, und zwar unabhängig davon, wann die entsprechenden Materialien beschafft wurden. Im Produktionsbereich finden sich so genannte Zwischenlager, wenn Arbeitsplätze mit unterschiedlich hohen Kapazitäten miteinander verbunden werden oder um kurzfristige Produktions-

Zeitüberbrückungsfunktion

schwankungen „abzufedern". Im Absatzbereich „puffern" sie die kontinuierliche Produktion mit der diskontinuierlichen Lieferung und gewährleisten eine ständige Lieferbereitschaft.

- **Sicherungsfunktion:** Transportstörungen, Lieferzeitüberschreitungen, Streiks und ungeplante Mehrverbräuche sind Beispiele für unvorhergesehene Liefer- oder Bedarfsschwankungen. Als notwendige Konsequenz sind Sicherheitsbestände einzuplanen, die die Schwankungen ausgleichen.

    Sicherungsfunktion

- **Spekulationsfunktion:** Materialpreise unterliegen häufigen Schwankungen. Wenn steigende Preise vorauszusehen sind, bietet es sich an, Materialien in größeren Mengen einzukaufen, als dies fertigungstechnisch notwendig wäre. Dabei lassen sich als positiver Nebeneffekt auch Mengenrabatte ausnutzen. Die Einsparung an Materialkosten ist allerdings mit einer Erhöhung der Lagerkosten zu verrechnen.

    Spekulationsfunktion

- **Veredelungsfunktion:** Insbesondere im Lebensmittelbereich (z. B. Käse, Wein) erfahren Materialien durch Reifungsprozesse eine nicht unerhebliche Wertsteigerung. In der Fertigung spricht man in diesem Zusammenhang von einer Umformungsfunktion. Häufig müssen halbfertige Erzeugnisse erst auskühlen, aushärten usw., bevor sie weiterverarbeitet werden können.

    Veredelungs-/Umformungsfunktion

- Handelt ein Industrieunternehmen zusätzlich mit Handelswaren, erfüllen Lager eine **Aussortierungsfunktion**. Lagerhaltung dient hier der Sortierung von Sammellieferungen oder z. T. der Präsentation von Waren.

    Aussortierungsfunktion

> **Beispiel:** In den *Fly Bike Werken* darf der Fertigungsprozess nicht ins Stocken geraten. Aus diesem Grund werden fremdbezogene Rahmen schon drei Monate vor ihrer Montage eingekauft (Zeitüberbrückungsfunktion). Die Überlastung der Straßen führt dazu, dass auch in den *Fly Bike Werken* der JIT-Gedanke nicht vollständig verwirklicht werden kann. Um mögliche Produktionsverzögerungen aufzufangen, werden Sicherheitslager für Reifen angelegt (Sicherungsfunktion). Preissteigerungen für Schaltungen führten im vergangenen Geschäftsjahr dazu, dass 2.500 Schaltungen „auf Vorrat" beschafft wurden (Spekulationsfunktion). Ein Teil der Fahrradbekleidung soll in Zukunft über einen Fabrikverkauf veräußert werden (Aussortierungsfunktion).

Lagerarten
Lager lassen sich nach verschiedenen Kriterien unterscheiden:

- Bezogen auf die Baulichkeiten finden sich Freilager und geschlossene Lager. **Freilager** nehmen Waren auf, die witterungsunempfindlich sind, z. B. Sand. Geschlossene Lager, z. B. für Stahlträger, bieten Schutz gegen Witterungseinflüsse. Bei den **geschlossenen Lagern** unterscheidet man zwischen **eingeschossigen** Lagern (Höhe ca. 5 m, z. B. für Maschinen), **mehrgeschossigen** Lagern (befinden sich auf mehreren Geschossebenen, z. B. für Stoffballen), **Stapellagern** (werden in mehreren Schichten übereinander auf Paletten gelagert, z. B. für Elektrogeräte) und **Hochregallagern** (Höhe: ca. 12 m; automatische Regalförderanlagen, z. B. für mechanische Bauteile). Je größer ein Lager ist, desto höher sind die Aufwendungen für Investitionen, Lagerüberwachung usw.

    Unterscheidung nach Baulichkeiten

Hochregallager mit Lagerplatznummern (links) und vollautomatisiertes Hochregallager (rechts) in den *Fly Bike Werken*

– Nach dem **Lagerstandort** unterscheidet man zentrale und dezentrale Lager. **Zentrale Lager** nehmen alle Materialien/Waren eines Unternehmens an einem Ort auf. Sie eignen sich vor allem bei geringer Entnahmehäufigkeit und geringen Entnahmemengen. Von **dezentralen Lagern** spricht man, wenn ein Unternehmen die Materialien/Waren an verschiedenen Orten lagert. Sie eignen sich vor allem bei hoher Entnahmehäufigkeit und hohen Entnahmemengen. Bei einer gemischten Lagerung finden sich sowohl dezentrale Lager als auch ein Zentrallager.

Unterscheidung nach dem Lagerstandort

– Die Frage nach den **Eigentumsverhältnissen** führt zu Eigen- und Fremdlagern. **Eigenlager** sind in den eigenen Geschäftsräumen untergebracht und bieten dadurch den Vorteil, dass sie nach eigenen Vorstellungen gestaltet werden können; außerdem ist ein direkter Zugriff möglich. Ein **Fremdlager** befindet sich in den Räumen eines fremden Lagerhalters (z. B. Spedition, Lagerhausgesellschaft). Sie sind in der Regel kostengünstiger als ein Eigenlager und bergen ein geringes Investitionsrisiko. Außerdem übernimmt der Lagerhalter „Zusatzaufgaben" wie z. B. Lagerbuchführung, Versicherung und Bestandskontrolle. Eine besondere Form sind die **Konsignationslager**: Hierbei handelt es sich um Lager, die von Lieferern bei ihren Kunden eingerichtet und mit Gütern versorgt werden. Die Ware stellt ein Kommissionsgut dar.

Unterscheidung nach den Eigentumsverhältnissen

Beispiel: Kostenvergleich zwischen Eigen- und Fremdlager

Bei einer Eigenlagerung fallen jährlich 250.000 € fixe Kosten an. Die variablen Kosten pro Tonne eingelagerten Materials belaufen sich auf 500 €. Bei einer Fremdlagerung verlangt eine Lagerhausgesellschaft 1.000 € je Tonne eingelagerten Materials. Ab welcher Menge ist die Eigenlagerung kostengünstiger?

Gesamtkosten bei Eigenlagerung = Gesamtkosten bei Fremdlagerung
$$250.000 + 500 x = 1.000 x$$
$$x = 500$$

Bei einer einzulagernden Menge von 500 Tonnen sind beide Lagervarianten gleich teuer, ab einer Menge von 500 Tonnen pro Jahr ist die Eigenlagerung gegenüber der Fremdlagerung kostengünstiger. Bei der Entscheidung für oder gegen ein Eigenlager sind allerdings noch andere Faktoren zu beachten, wie z. B. Höchstlagermenge und Zugriffshäufigkeit.

– Lager finden sich in verschiedenen Funktionsbereichen des Unternehmens. Im Beschaffungsbereich unterscheidet man zwischen **Eingangslager** (zur Aufnahme der gelieferten Waren), **Werkstoff-/Vorproduktlager** (zur Einlagerung von Roh-, Hilfs- und Betriebsstoffen sowie Vorprodukten), **Handelswarenlager** (für Waren, die unbearbeitet weiterveräußert werden), **Ersatzteillager** (für Instandhaltungswerkzeuge und -material) und **Büromateriallager** (für alle Materialien, die in der Verwaltung benötigt werden). Im Fertigungsbereich finden wir **Handlager** (zur Aufnahme von Materialien, die an den einzelnen Arbeitsplätzen benötigt werden), **Zwischenlager** (zur Einlagerung von halbfertigen Erzeugnissen, die am nächsten Arbeitsplatz weiterverarbeitet werden) und **Werkzeuglager** (enthalten Werkzeuge, die am jeweiligen Arbeitsplatz gebraucht werden). Im Absatzbereich findet man **Fertigwarenlager** (enthält die fertigen, verkaufsfähigen Produkte) und **Versandlager** (hier werden die fertigen Produkte einschließlich der dazu benötigten Versandpapiere und Verpackungen gelagert).

Unterscheidung nach betrieblichen Funktionsbereichen

5.5.2 Lagerorganisation

Was ist an einem Lager zu organisieren, Hauptsache, man findet alles rechtzeitig, oder? Genau an diesem Punkt scheiden sich in der Praxis die Auffassungen darüber, wie man ein Lager zweckmäßig organisiert. Folgende Überlegungen sind anzustellen:

– Nach welchen Prinzipien wird ein Lager organisiert?
– Wie erfolgt die Lagerplatzzuordnung?
– Wie baut man eine effektive Lagernummernverwaltung auf?

Bei den **Organisationsprinzipien** finden sich die Grundvarianten der Organisation nach dem Arbeitsfluss und der Organisation in Lagerzonen.

Organisationsprinzipien

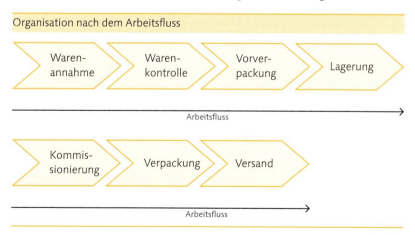

Beschaffungsprozesse planen, steuern und kontrollieren

Bei der Organisation in **Lagerzonen** stellt sich die Frage, nach welchen Kriterien die Lagerzonen eingerichtet werden sollen. In Frage kommen u. a. die Merkmale

Organisation in Lagerzonen

- Art des Lagergutes (Waren einer Warengruppe lagern zusammen),
- Wert des Lagergutes (hochpreisige Waren lagern an übersichtlichen Stellen),
- Zugriffshäufigkeit des Lagergutes (Artikel, die am häufigsten verlangt werden, lagern in Griffnähe),
- Transporteigenschaften des Lagergutes (schwere Waren lagern unten, leichte oben),
- Reihenfolge der Materialausgabe (neue Ware wird hinter der alten eingelagert oder die zuletzt eingelagerte Ware wird zuerst wieder ausgelagert).

Die Einlagerung der Materialien/Waren erfolgt nach einem Lagerplan, in dem die **Lagerplatzzuordnung** festgelegt wird. Der Lagerplan enthält eine Übersicht über die Anordnung der Lagerstellen sowie die Lagerwege.

Lagerplatzzuordnung

- Bei der festen Zuordnung wird jedes Teil nach einem vorgegebenen System immer am gleichen Platz eingelagert (**Festplatzsystem**). Für jeden Lagerplatz wird eine feste Lageradresse vergeben. Durch dieses System ist gewährleistet, dass die Lagergüter schnell aufgefunden werden können. Nachteilig wirkt sich aus, dass für jede Materialart immer die maximal einzulagernde Menge an Platz reserviert werden muss. Um das Auffinden der Lagergüter zu erleichtern, werden diese mit Balkencodes versehen, sodass sie mit Hilfe eines Barcodelesers erfasst werden können.

Festplatzsaystem

- Bei der freien Zuordnung kann die gesamte Lagerfläche von jedem Lagergut genutzt werden; d. h., es wird gerade der Platz belegt, der gerade frei ist (**chaotische Lagerhaltung**). Hierbei kann der Lagerplatz optimal ausgenutzt werden. Das Auffinden der Lagergüter lässt sich allerdings nur dann gewährleisten, wenn die aktuelle Lagerplatzbelegung jederzeit per EDV überprüft werden kann.

chaotische Lagerhaltung

Wenn jedes Lagergut seinen eigenen Lagerplatz erhält, muss sichergestellt werden, das dieser jederzeit eindeutig identifiziert werden kann. Eine **Lagerplatznummer** besteht aus mindestens drei Angaben: Regalnummer, Regaletage und Stellplatz. Darüber hinaus müssen auch die **Lagergüter** eindeutig durch eine Nummer identifiziert und klassifiziert werden können.

> **Beispiel:** Für die Fertigung in den *Fly Bike Werken* muss ständig eine größere Menge an Rahmen (RA) und Sätteln (SÄ) vorrätig gehalten werden. Das Lager besteht aus fünf Gängen (A–E), die durch Nebengänge in Zonen (1–5) aufgeteilt sind. Jede Zone hat fünf Regalfächer, in denen je 10 Rahmen bzw. 20 Sättel eingelagert werden können. Im Lager treffen 600 Sättel ein, zwei Stunden später 200 Rahmen.

- Wie unterscheidet sich das Festplatzsystem von der chaotischen Lagerhaltung?
- Wie viele Regalfächer können nach Einlagerung jeweils noch belegt werden?
- Welche EDV-technischen Voraussetzungen werden an die chaotische Lagerhaltung gestellt?
- Welchen Aufbau hat die Lagerplatznummer?

Beim **Festplatzsystem** werden die Gänge A–B für die Rahmen und die Gänge C–D für die Sättel reserviert. Es ergibt sich folgende Lagerbelegung:

Festplatzsystem

	A	B	C	D	E
1	RA		SÄ	SÄ	frei
2	RA		SÄ		frei
3	RA		SÄ		frei
4	RA		SÄ		frei
5			SÄ		frei

Da die Gänge A–D für die Lagergüter Rahmen und Sättel reserviert werden müssen, bleiben nur noch fünf Zonen in Gang E zu je fünf Regalfächern frei, d.h. insgesamt 25 Regalfächer. Für die Rahmen und Sättel ergeben sich folgende Lagerplatznummern:

Festplatzsystem

Gang	Zone	Regalfach
A–B	1–10	1–50
C–D	1–10	1–50

Bei der **chaotischen Lagerhaltung** werden die Regalfächer wie folgt belegt:

Chaotische Lagerhaltung

	A	B	C	D	E
1	SÄ	SÄ	frei	frei	frei
2	SÄ	RA	frei	frei	frei
3	SÄ	RA	frei	frei	frei
4	SÄ	RA	frei	frei	frei
5	SÄ	RA	frei	frei	frei

Durch die Einlagerung der Sättel und Rahmen werden 10 von insgesamt 25 Zonen belegt. Es verbleiben 15 Zonen à 5 Regalfächer, d.h., es können noch insgesamt 75 Regalfächer für die Einlagerung anderer Artikel in Anspruch genommen werden. Der zur Verfügung stehende Anteil des Lagerraums bei der chaotischen Lagerhaltung ist erheblich höher als beim Festplatzsystem. Die chaotische Lagerhaltung setzt eine perfekte Überwachung der Lagerbelegung durch die EDV sowie eine funktionierende Lagersteuerung voraus. Eine Fehleingabe im EDV-System hat zur Folge, dass das Lagergut nur sehr schwer wieder aufgefunden werden kann, denn nur der Computer kennt den jeweiligen Lagerort.

5.5.3 Lagerkennzahlen

Auch die Lagerhaltung unterliegt dem **Wirtschaftlichkeitsprinzip**, d. h., die Lagerhaltung ist so kostengünstig wie möglich zu gestalten. Welche Kosten fallen eigentlich im Lager an?

Lagerkosten		
Betriebsmittel	– Zinsen – Abschreibungen – Instandhaltung	– Transport – Energie – Versicherung
Personal und Verwaltung	– Löhne – Gehälter – Sozialaufwendungen	– Büromaterial – EDV – Kommunikation
Lagergüter	– Zinsen für das gebundene Kapital – Kosten des Bestandsrisikos (z. B. Diebstahl, Verderb und Schwund) – Warenpflege	

Bevor wir uns mit den Lagerkennzahlen im Einzelnen beschäftigen, sehen wir uns an, welche **Bestandsarten** im Lager vorzufinden sind:

- Der **Mindestbestand** ist der Bestand, der nur in Notfällen (z. B. ausgefallene Lieferung, Lieferverzögerung) unterschritten werden darf; er wird auch als eiserner Bestand bezeichnet. Er gewährleistet bei „Störungen", dass die Produktion ständig mit den benötigten Materialien versorgt wird.
- Der **Meldebestand** ist der Bestand, bei dem neues Material bestellt werden muss, um das Lager wieder aufzufüllen.
- Der **Höchstbestand** gibt an, welche Materialmenge maximal eingelagert werden kann.

Bedarfsermittlung, vgl. Kapitel 4.3.2

In der Praxis werden die folgenden **Lagerkennzahlen** verwendet:

- durchschnittlicher Lagerbestand
- durchschnittliche Lagerdauer
- Umschlagshäufigkeit
- Lagerzinssatz und Lagerzinsen

Ausgangsgröße für alle weiteren Berechnungen ist der **durchschnittliche Lagerbestand** (Ø LB). Hier finden sich verschiedene Varianten.

durchschnittlicher Lagerbestand

Basisformeln für den durchschnittlichen Lagerbestand (Ø LB)		
Variante	Formel	Erläuterung
Jahresanfangsbestand (AB) Jahresendbestand (EB)	$\dfrac{AB + EB}{2}$	ungenau
Jahresanfangsbestand (AB) 12 Monatsendbestände (EB)	$\dfrac{AB + 12 \cdot EB}{13}$	genauer als erste Variante, aber Mindestbestand wird nicht berücksichtigt
Bestellmenge (BeM) Mindestbestand (MiB)	$\dfrac{BeM}{2} + MiB$	am besten geeignet bei konstantem Lagerabgang, berücksichtigt eisernen Bestand

Die **Umschlagshäufigkeit** (UH) gibt an, wie oft der durchschnittliche Lagerbestand in einem Jahr umgesetzt wurde. Die Berechnung kann sowohl auf Mengenbasis als auch auf Wertbasis (d. h. als Produkt aus Menge und Stückpreis) erfolgen. Sie wird ermittelt, indem man den Jahresverbrauch durch den durchschnittlichen Lagerbestand teilt. Je niedriger der durchschnittliche Lagerbestand ist, desto höher ist die Umschlagshäufigkeit. Bei der Interpretation ist der Zusammenhang zur Kapitalbindung zu berücksichtigen: Je höher die Umschlagshäufigkeit, desto niedriger das im Lager gebundene Kapital. Und dieses gebundene Kapital könnte bei einer Anlage auf der Bank Zinsen erbringen.

Umschlagshäufigkeit

$$\text{Umschlagshäufigkeit} = \frac{\text{Jahresverbrauch}}{\varnothing \text{ Lagerbestand}}$$

Aus der Umschlagshäufigkeit lässt sich die **durchschnittliche Lagerdauer** (Ø LD in Tagen) errechnen, indem man 360 (Tage) durch die Umschlagshäufigkeit teilt. Die durchschnittliche Lagerdauer gibt an, wie lange die Materialien im Durchschnitt im Lager verbleiben, bevor sie verbraucht werden. Je kürzer dieser Zeitraum ist, desto besser, denn desto kürzer ist auch die Kapitalbindungsdauer. Die durchschnittliche Lagerdauer ist umso geringer, je höher die Umschlagshäufigkeit ist.

durchschnittliche Lagerdauer

$$\varnothing \text{ Lagerdauer} = \frac{360 \text{ (Tage)}}{\text{Umschlagshäufigkeit}}$$

Die Kosten (in Form von entgangenen Zinsen), die für das in den Lagergütern gebundene Material entstehen, werden mit Hilfe des **Lagerzinssatzes** (LZS) ermittelt. Dazu dividiert man den Jahreszinssatz durch die Umschlagshäufigkeit. Je höher die Umschlagshäufigkeit, desto niedriger ist der Lagerzinssatz.

Lagerzinssatz

$$\text{Lagerzinssatz} = \frac{\text{Jahreszinssatz}}{\text{Umschlagshäufigkeit}}$$

Aus dem Lagerzinssatz lassen sich mit Hilfe der Zinsformel und des Wertes des durchschnittlichen Lagerbestandes die **Lagerzinsen** (LZ) berechnen.

Lagerzinsen

$$\text{Lagerzinsen} = \frac{\text{Wert des } \varnothing \text{ Lagerbestandes} \times \text{Lagerzinssatz}}{100}$$

Der **durchschnittliche Lagerbestand** zählt zu den zentralen Kennzahlen einer wirtschaftlichen Lagerhaltung. Gelingt es, den durchschnittlichen Lagerbestand zu verringern, hat das folgende Konsequenzen:

der durchschnittliche Lagerbestand als zentrale Lagerkennzahl

- Umschlagshäufigkeit steigt
- durchschnittliche Lagerdauer verringert sich
- Kapitalbindungsdauer und Kapitalbedarf vermindern sich
- Lagerzinssatz und Lagerzinsen werden geringer
- Gefahr von Lagerrisiken (z. B. durch Schwund, Diebstahl etc.) sinkt
- sonstige Lagerkosten (z. B. für Warenpflege, Warenversicherung) fallen

Im Extremfall wäre dem Unternehmen mit einer JIT-Strategie am besten gedient, da dann ein Lagerbestand kaum noch vonnöten ist. Dies setzt voraus, dass die Lieferungen pünktlich eintreffen. Entscheidungen, die in der Materialdisposition getroffen werden, haben direkte Auswirkungen auf die Wirtschaftlichkeit der Lagerhaltung. Zwischen der **Höhe der Bestellmenge** und den **Lagerkennzahlen** bestehen die folgenden Zusammenhänge.

Optimale Bestellmenge, vgl. Kapitel 5.2.2

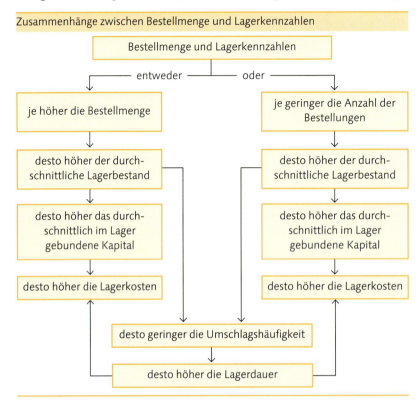

Beispiel: Lagerkennzahlen der *Fly Bike Werke* für Artikel 7060 (Sattel für Mountainbike *Constitution*)

- Anschaffungskosten je Stück   25,00 €
- Jahresverbrauch   1.350 Stück
- Jahresanfangsbestand   260 Stück
- Jahresendbestand   298 Stück
- Jahreszinssatz   10 %

Ø Lagerbestand	Ø LB = $\dfrac{260 + 298}{2}$	279 Stück
Umschlagshäufigkeit	UH = $\dfrac{1.350}{279}$	4,838
Ø Lagerdauer	Ø LD = $\dfrac{360 \text{ (Tage)}}{4,838}$	74,411 (Tage)
Lagerzinssatz	LZS = $\dfrac{10}{4,838}$	2,067 %
Lagerzinsen	LZ = $\dfrac{279 \times 25,00 \times 2,067}{100}$	144,17 €

Übersicht:			
Lagerfunktionen	– Zeitüberbrückungsfunktion – Spekulationsfunktion – Aussortierungsfunktion – Sicherungsfunktion – Veredelungsfunktion		
Lagerarten	Baulichkeit	Freilager	
		geschlossene Lager – eingeschossig – Stapellager – mehrgeschossig – Hochregallager	
	Lagerstandort	– zentrale Lagerung – dezentrale Lagerung – gemischte Lagerung	
	Eigentumsverhältnis	– Eigenlager – Fremdlager – Konsignationslager	
	betriebliche Funktionsbereiche	Beschaffung – Eingangslager – Handelswarenlag. – Büromateriallager – Werkstofflager – Vorproduktlager – Ersatzteillager	
		Fertigung – Handlager – Zwischenlager – Werkzeuglager	
		Absatz – Fertigwarenlager – Versandlager	
Lagerorganisation	Organisations- prinzipien	– Arbeitsfluss – Lagerzonen	
	Lagerplatzzuordnung	– Festplatzsystem – chaotische Lagerhaltung	
Lagerkennzahlen	– durchschnittlicher Lagerbestand – durchschnittliche Lagerdauer – Umschlagshäufigkeit – Lagerzinssatz – Lagerzinsen		

Beschaffungsprozesse planen, steuern und kontrollieren

5.6 Umweltmanagement und Beschaffung

Beispiel: Auf der heutigen Abteilungsleiterbesprechung steht u.a. der Tagesordnungspunkt „Kosteneinsparungen im Beschaffungsbereich" an, da gegenwärtig die Materialkosten in den *Fly Bike Werken* rund die Hälfte der Gesamtkosten ausmachen. Aus diesem Blickwinkel wirken sich Einsparungen in der Beschaffung wesentlich stärker aus als in anderen Bereichen. *Herr Thüne* will zur nächsten Besprechung Vorschläge zur Rationalisierung unterbreiten. Der Produktionsleiter, *Herr Rother*, merkt an, dass in den vergangenen Wochen sehr positive Erfahrungen mit einer neuen Serie umweltfreundlicher Lacke und Lösungsmittel gemacht wurden. Aus seiner Sicht kann er nur empfehlen, diese Produkte weiter einzusetzen. *Herr Thüne* verspricht, dass Einsparungen im Materialbereich nicht zu Lasten der Umwelt oder des Arbeitsschutzes gehen werden. Für die nächste Sitzung plant er, folgende Punkte anzusprechen:

— Welche Materialien werden im Betrieb verwendet?
— Wo bestehen Einsparungsmöglichkeiten bei der Beschaffung und Lagerung, welche Schwerpunkte sollten gesetzt werden?
— Wie ist der Umweltschutzgedanke in der Materialwirtschaft der *Fly Bike Werke* verankert?

5.6.1 Materialien im Industriebetrieb

In Industriebetrieben findet sich eine Fülle von Materialien, die zur Herstellung benötigt bzw. mit denen gehandelt wird. Worin unterscheiden sich diese Stoffe und welche Einteilungsmerkmale gibt es?

Materialarten	
Einteilung	Beispiele
technische Kriterien	— fertigungstechnische Beziehung zum Erzeugnis — Entsorgungsgüter
wirtschaftliche Kriterien	— Fortschritt in Richtung auf das Fertigerzeugnis — Herkunft und Lagerung — Wert der Einsatzgüter — Vorhersagbarkeit des Materialverbrauchs
verrechnungstechnische Kriterien	— Art der Zurechnung auf die Kostenträger — Abhängigkeit von der Beschäftigung

Technische Kriterien
— Nach der fertigungstechnischen Beziehung zum Erzeugnis unterscheidet man zwischen **Roh-, Hilfs- und Betriebsstoffen**.

Roh-, Hilfs-, Betriebsstoffe, vgl. Kapitel 3.4.2

— Bezogen auf die Entsorgungsgüter wird unterschieden zwischen Abfällen, die beseitigt werden, und Abfällen, die weiterverwertet werden. Bei **Abfällen**, die **beseitigt** werden, handelt es sich um Rückstände, die im Produktionsprozess anfallen und die anschließend vom Unternehmen keiner weiteren Verwertung zugeführt werden können (z. B. Teerstoffe bei der Rohölerzeugung). Im Unterschied dazu werden **verwertbare Abfälle** (z. B. Metallspäne) im Rahmen des Recyclings wieder in den Produktionsprozess zurückgeführt.

Betriebliches Abfallwirtschaftskonzept, vgl. Kapitel 5.6.2

Wirtschaftliche Kriterien

- Im Hinblick auf den Fortschritt in Richtung auf das Fertigerzeugnis unterscheidet man zwischen Fertigungsausgangsstoffen, Halbzeugen, unfertigen Erzeugnissen, Fremdteilen und Handelswaren. **Fertigungsausgangsstoffe** sind Stoffe, die abgebaut, angebaut, gezüchtet oder gefördert werden (z. B. Eisen, Erdöl). Bei **Halbzeugen** handelt es sich um handelsüblich vorgeformte Rohstoffe (z. B. Stanzbleche). Die nächste Stufe stellen die **unfertigen Erzeugnisse** dar; sie sind bereits bearbeitet worden, aber noch nicht verkaufsfähig (z. B. Schmiedestücke). **Fremdteile** werden von außerhalb des Unternehmens bezogen und im Unternehmen weiter be- und verarbeitet (z. B. Autovergaser), im Unterschied zu **Handelswaren**, bei denen keine weitere Be- und Verarbeitung erfolgt (z. B. Fahrradradios).
- Fertigungsteile, Lagerteile und Kaufteile sind Beispiele für eine Materialeinteilung in Bezug auf Herkunft und Lagerung. **Fertigungsteile** werden vom Unternehmen selbst hergestellt (z. B. Karosserien im Automobilbau). Von **Lagerteilen** spricht man, wenn es sich um fremdbezogene Teile handelt, die wegen ihrer Bedeutung ständig auf Lager gehalten werden (z. B. Wohnzimmerschränke in einem Möbelkaufhaus). Im Unterschied zu den Lagerteilen werden **Kaufteile** nur bei Bedarf gekauft (z. B. Skibekleidung in einem Sportgeschäft).

    Lagerhaltung, vgl. Kapitel 5.5.1

- Nach dem Wert der Einsatzgüter lassen sich **A-Teile**, **B-Teile** und **C-Teile** unterscheiden.

    ABC-Analyse, vgl. Kapitel 5.2.2

- Das Kriterium Vorhersagbarkeit des Materialverbrauchs führt zu der Einteilung von **X-Teilen**, **Y-Teilen** und **Z-Teilen**.

    XYZ-Teile, vgl. Kapitel 5.2.2

Die beiden letzten Kriterien sind vor allem im Rahmen der Kosten- und Leistungsrechnung von Bedeutung. Nach der Art der Zurechnung auf die Kostenträger werden **Einzel- und Gemeinkostenmaterial**, nach der Abhängigkeit von der Beschäftigung werden **direkte Materialien** und **indirekte Materialien** unterschieden.

Kosten- und Leistungsrechnung vgl. Kapitel 4.5.2 und ausführlich Teilband 2

Beispiel: Klassifizierung von Materialien in den *Fly Bike Werken*

Einteilungsmerkmal	Einteilungen	Beispiele
fertigungstechnische Beziehung zum Erzeugnis	Rohstoffe Hilfsstoffe Betriebsstoffe	Bleche Schrauben Schmiermittel
Entsorgungsgüter	Abfälle zur Beseitigung Abfälle zur Verwertung	Verpackungen Schleifspäne
Fortschritt in Richtung auf das Fertigerzeugnis	Fertigungsausgangsstoffe Halbzeuge unfertige Erzeugnisse Fremdteile Handelswaren	nicht bekannt Stahlrohr Rahmen Sättel Fahrradbekleidung
Herkunft und Lagerung	Fertigungsteile Lagerteile Kaufteile	Rahmen Federgabeln Fahrradbekleidung

Wert der Einsatzgüter	A-Teile B-Teile C-Teile	Spezialrahmen Räder Schrauben
Vorhersagbarkeit des Materialverbrauchs	X-Teile Y-Teile Z-Teile	Sättel Fahrradbekleidung Flaschenhalter
Art der Zurechnung auf die Kostenträger	Einzelmaterial Gemeinkostenmaterial	Sättel Schmiermittel
Abhängigkeit von der Beschäftigung	direktes Material indirektes Material	Federgabeln Reinigungsmittel

5.6.2 Umweltrechtliche Rahmenbedingungen

In Industrieunternehmen gewinnt der Umweltschutz in allen betrieblichen Bereichen zunehmend an Bedeutung. Folgende Gründe haben zu dieser Entwicklung geführt:

- strenge Umweltschutzgesetzgebung (z. B. technische Anleitung Luft für Rauchgase)
- steigendes Umweltbewusstsein der Verbraucher (z. B. Forderung nach der Reduzierung von Verpackungsmüll)
- großes Interesse der Öffentlichkeit an betrieblichen Umweltfragen (z. B. Ersatz von Atomenergie durch alternative Energieträger wie Sonne und Luft)
- abnehmende Lebensqualität auf Grund bisheriger Transportsysteme (z. B. zunehmende Staus auf den Autobahnen durch Lkw-Straßenverkehr)

Rechtliche Bestimmungen zu umweltrelevanten Themen finden sich auf Bundesebene in einer Vielzahl von Einzelgesetzen. Die Zielsetzungen dieser Gesetze orientieren sich im Wesentlichen an den folgenden Gesichtspunkten:

- Schutz der Mitarbeiter und Mitarbeiterinnen, die mit umweltgefährdenden Stoffen in Berührung kommen
- Reduzierung des Abfallaufkommens
- verbesserte Rohstoffausnutzung und damit veränderter Materialeinkauf
- positives Firmenimage durch umweltorientiertes Verhalten
- Wettbewerbsvorsprung im Vergleich zu Konkurrenzbetrieben der gleichen Wirtschaftsbranche
- vorausschauende Kalkulation der Entsorgungskosten

Ziele von Umweltgesetzen

Verfassungsrechtlich ist der Umweltschutz in Art. 20a des GG verankert. Die **Einzelgesetze** des deutschen Umweltrechts sind überwiegend auf die drei Umweltmedien (Boden, Wasser, Luft) und sonstige Umweltteilbereiche (Kernenergie) ausgerichtet. Im Wesentlichen gliedert sich das Umweltrecht in die Bereiche: Bodenschutz-, Wasserschutz-, Immissionsschutz-, Abfall-, Chemikalien- und Naturschutzrecht. Die Einzelgesetze sollen in Zukunft in einem Umweltgesetzbuch vereinheitlicht werden. Das Leitgesetz der Entsorgungsproblematik stellt das **Kreislaufwirtschafts- und Abfallgesetz** dar. Daneben existiert eine Reihe weiterer Gesetze,

umweltrechtliche Regelungen

Verordnungen und Verwaltungsvorschriften, die für das betriebliche Umweltmanagement von Bedeutung sind. Ordnungspolitisch lassen sich die relevanten Regelwerke untergliedern in: EU-, Bundes-, Länder- und Kommunalrecht.

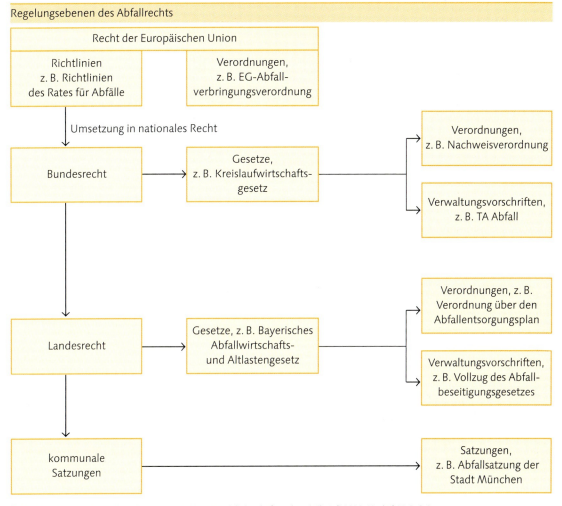

Nach: Albrecht, Gesetzliche Regelungen, in: WEKA Materialwirtschaft und Logistik, Juli 1999, Kapitel 10.2, S. 3

Gefahrstoffverordnung und Chemikaliengesetz

In Industriebetrieben werden zur Herstellung viele verschiedene krankheitserregende Stoffe eingesetzt (z. B. Lacke, Öle, Schmiermittel). Nicht immer ist es möglich, den Einsatz dieser Stoffe zu vermeiden. Wie schützt man Arbeitnehmer vor den damit verbundenen gesundheitsgefährdenden Auswirkungen dieser Gefahrstoffe? Herzstück des Schutzes der Arbeitnehmer ist das Chemikaliengesetz in Verbindung mit der Gefahrstoffverordnung.

— Das **Chemikaliengesetz** dient sowohl dem Gesundheitsschutz als auch dem Umweltschutz. Es bestimmt u.a., dass neue Stoffe nur nach Prüfung ihrer Eigenschaften und behördlicher Genehmigung auf den Markt gebracht werden dürfen, gefährliche Stoffe zu kennzeichnen sind, die Herstellung und Verwendung gefährlicher Stoffe durch besondere Verord-

Chemikaliengesetz

nungen beschränkt werden kann und zum Schutz der Beschäftigten beim Umgang mit gefährlichen Stoffen besondere Maßnahmen zu treffen sind.

- Die **Gefahrstoffverordnung** beschränkt sich auf den Umgang mit gefährlichen Stoffen am Arbeitsplatz. Sie regelt u.a., dass gefährliche Stoffe sicher verpackt und besonders gekennzeichnet werden müssen. Auf der Grundlage der Gefahrstoffverordnung besteht eine Überwachungs- und Ermittlungspflicht für alle gesundheitsschädlichen Gefahrstoffe, deren Auftreten am Arbeitsplatz nicht sicher auszuschließen ist. Welche Konsequenzen ergeben sich daraus für den Beschaffungsprozess? Beim Einsatz gefährlicher Stoffe müssen deren Wirkungseigenschaften genau bekannt sein. Auskünfte darüber gibt der Betriebsarzt oder die Berufsgenossenschaft. Soweit wie möglich sind im nächsten Schritt die gesundheitsgefährdenden Stoffe durch weniger gefährliche Einsatzstoffe zu ersetzen. Die Gefahrstoffverordnung ist ein gutes Beispiel für die Berührungspunkte zwischen Arbeitsschutz und Umweltschutz.

Gefahrstoffverordnung

Betriebliches Abfallwirtschaftskonzept

Im Mittelpunkt der betrieblichen Abfallwirtschaft steht die Forderung, Abfälle so weit wie möglich zu vermeiden. Man spricht hier auch von der „**Abfalltriade**" des Kreislaufwirtschafts- und Abfallgesetzes (KrW-/AbfG). Sie lässt sich durch die Kernpunkte „Abfallvermeidung", „Abfallverwertung" und „Abfallbeseitigung" kennzeichnen.

Rückstände im Unternehmen	
verwertbare Reststoffe und Sonderabfälle (z. B. harte Lackreste)	Verpackungen (z. B. Pappe, Styropor)
Sonderabfälle (z. B. feuchte Lackiereiabfälle)	sonstige Gewerbeabfälle (z. B. ausgehärtete Kunststoffe)

Abfallvermeidung: Achtet ein Unternehmen darauf, dass Abfall erst gar nicht entsteht, dann werden im Unternehmen keine Kosten verursacht und der Umwelt keine Schäden zugefügt. Deshalb hat das Konzept der Abfallvermeidung höchste Priorität, da es die Ursachen ausschaltet und nicht nur die Wirkung mindert. Das Konzept der Abfallvermeidung hat dabei eine quantitative und eine qualitative Komponente. Die **quantitative Komponente** bezieht sich auf die Senkung der Abfallmenge durch Vermeidungsstrategien, wie z. B. die anlageninterne Kreislaufführung, statistische Prozesskontrolle der Fertigung oder abfallarme Produktgestaltung. Die **qualitative Komponente** beruht auf der Substitution von Materialien zu Gunsten ökonomisch und ökologisch besserer Varianten. Ziel ist es, gemäß Kreislaufwirtschafts- und Abfallgesetz (KrW-/AbfG) die Schädlichkeit des Abfalls zu senken. Bei den verschiedenen Vermeidungsstrategien und Substitutionsmöglichkeiten ist auf eine langfristige und vorausschauende Planung zu achten, da sich die Investitionen in weniger Abfall amortisieren müssen. In die Wirtschaftlichkeitsrechnung solcher Projekte sollen aber auch weiche Faktoren wie gestiegenes Umweltbewusstsein und höhere gesetzliche Anforderungen integriert werden.

Abfallvermeidung

KrW-/AbfG

Abfallverwertung: Der Abfallverwertung ist gemäß KrW-/AbfG der Vorrang vor der Beseitigung zu geben. Abfallbesitzer sind verpflichtet sind, ihre Abfälle stofflich oder energetisch zu verwerten, sofern dies technisch und wirtschaftlich zumutbar ist. Das Primat der Verwertung entfällt, falls die Beseitigung umweltverträglicher ist. Der Verwertung vorgelagert ist die **Abfallvorbehandlung**, welche die Aktivitäten Erfassen, Sammeln, Aufbereiten und Lagern einschließt. Die Vorbehandlung wird mit technischen Verfahren realisiert, wie z. B. Pressung, Bündelung, Klärung oder Zentrifugierung.

Beispiel: Die Abfalltriade in den *Fly Bike Werken*

Abfallvermeidung	umweltfreundlichstes Verhalten, das darauf zielt, Rohstoffe und Energie von vornherein einzusparen; dadurch entstehen keine Kosten für die Verwertung oder Entsorgung, z. B. Einsatz von Pappe statt Styropor, Aushärtenlassen feuchter Lackreste
Abfallverwertung	Durch das getrennte Sammeln verschiedener Reststoffe soll deren Rückführung in den Wirtschaftskreislauf ermöglicht werden, z. B. Abgabe von Papier und Pappe an den Altstoffhändler, Rückführung von Styropor an die Recyclingfirma.
Abfallbeseitigung	Deponierung, Verbrennung oder Endlagerung aller nicht mehr vermeidbaren oder verwertbaren Reststoffe, z. B. Deponierung ausgehärteter Lackiereriabfälle

Der Begriff **Verwertung** (synonym Recycling) ist im KrW-/AbfG definiert als Gewinnung von Stoffen oder Energie aus Abfällen. Die **stoffliche Verwertung** (Stoff-Recycling) bezeichnet das Verfahren der Substitution von Rohstoffen durch Stoffgewinnung aus Abfällen (sekundärer Rohstoff). Eine **energetische Verwertung** (Energie-Recycling) beinhaltet den Einsatz von Abfällen als Ersatzbrennstoff. Die durch das Recycling verursachten Kosten lassen sich in zwei Bestandteile gliedern: Die einmaligen Kosten entstehen auf Grund der Projektierung und Errichtung von Anlagen. Dagegen verkörpern die laufenden Kosten die Erhaltung der Betriebsbereitschaft und vorbereitende Maßnahmen, wie z. B. Sortierung oder Lagerung.

Abfallbeseitigung: Abfälle, die nicht verwertet werden können, sind gemäß KrW-/AbfG so zu beseitigen, dass das Wohl der Allgemeinheit nicht beeinträchtigt wird. Grundsätzlich sind die Abfälle vom Erzeuger bzw. Besitzer selbst zu verwerten oder zu beseitigen. Von dieser **Selbstentsorgungspflicht** gibt es jedoch eine Reihe von Ausnahmen. Prinzipiell unterscheidet man dabei zwischen privaten Haushalten und sonstigen Abfallbesitzern.

Abfallbeseitigung

Selbstentsorgungspflicht

Abfälle zur Beseitigung aus privaten Haushalten müssen den öffentlich-rechtlichen Entsorgungsträgern (ÖRE) überlassen werden **(Überlassungspflicht)**. Die Abfälle zur Verwertung sind ebenfalls dem ÖRE zu überlassen, sofern eine Eigenverwertung (z. B. Kompostierung) nicht möglich oder beabsichtigt ist. Abfälle zur Beseitigung der sonstigen Abfallbesitzer (z. B. Industrie, Handel) sind entweder an die ÖRE abzugeben oder vom Besitzer selbst zu beseitigen. Die Selbstentsorgungspflicht kann durch eine Andienungspflicht der Bundesländer für besonders überwachungsbedürftige Abfälle eingeschränkt werden. Die Abfälle zur Verwertung unterliegen keinen Überlassungspflichten. Es gilt die allgemeine **Selbstverwertungspflicht**, die nur in wenigen Fällen durch landesrechtliche Andienungspflichten eingeschränkt wird. Für die Industrie ergibt sich dadurch die Möglichkeit, Abfälle in Eigen- oder Fremdregie beseitigen zu lassen. Die nach dem KrW-/AbfG zur Beseitigung Verpflichteten dürfen sachkundige und zuverlässige Dritte mit der Erfüllung ihrer Pflichten beauftragen. Die Verantwortung verbleibt jedoch, bis auf wenige Ausnahmen im KrW-/AbfG, stets beim Auftraggeber.

Überlassungspflicht

Selbstverwertungspflicht

Bevor die eigentliche Beseitigung der Abfälle erfolgen kann, muss in Analogie zur Verwertung meist eine **Vorbehandlung** stattfinden. Ziel der Vorbehandlung ist es, die Menge und Schädlichkeit des Abfalls zu reduzieren. Dieses Aufgabenspektrum beinhaltet: thermische Verfahren (Pyrolyse, Müllverbrennung), biologisch-mechanische Verfahren (Abwässerklärung) und chemisch-physikalische Verfahren (Flotation, Zentrifugieren).

Auf Grund des hohen Gefährdungspotenzials gelten für besonders überwachungsbedürftige Abfälle spezielle Nachweispflichten hinsichtlich Art, Menge, beabsichtigter und durchgeführter Beseitigung. Gemäß KrW-/AbfG und weiterer relevanter Umweltgesetze sind in der Bundesrepublik u. a. die folgenden **Methoden zur Abfallbeseitigung** zugelassen:

- Lagerung des Abfalls auf Deponien (Hausmüll-, Mono-, Sonderabfall- und Untertagedeponien)
- Verbrennung des Abfalls in Müllverbrennungsanlagen
- Einleitung flüssiger Rückstände in Gewässer
- Emission von gasförmigen Rückständen in die Atmosphäre

Beispiel: Aus der Zielsetzung „Abfallvermeidung" lässt sich ableiten, dass bereits bei der Materialbeschaffung auf Umweltaspekte Rücksicht genommen werden muss. Dies ist leichter gesagt als getan, aber es existiert eine Reihe von Maßnahmen, die die o.g. Zielsetzung fördern. In den *Fly Bike Werken* gibt es hierzu eine Checkliste, die u. a. die folgenden Punkte umfasst:

- Fordere bei Lieferern und Herstellern ökologisch vertretbare Produkte, z. B. lösungsmittelfreie Lacke, Kleber und Leime, wasserlösliche Farben, Recyclingpapier etc.
- Verlange für die Anlieferung wieder verwendbare/wieder verwertbare Verpackungen, die das Zeichen „Grüner Punkt" tragen.
- Bestehe auf Produkten ohne umweltgefährdende Inhaltsstoffe; diese müssen das Umweltzeichen „Blauer Engel" tragen (weil „Mehrwegflasche", „quecksilberarm" etc.)
- Strebe die Großabnahme von Roh-, Hilfs- und Betriebsstoffen an, denn dies spart Kosten und bietet Ansatzpunkte für die Gewährung von Mengenrabatten.
- Verwende energiesparende Maschinen, Geräte und Leuchtmittel, z. B. Energiesparlampen, sensorgesteuerte Wasserventile.
- Rüste den Fuhrpark mit kraftstoffsparenden Fahrzeugen aus, z. B. Pkw mit 5-Gang-Getriebe, Tempomat, KAT.
- Stelle den innerbetrieblichen Transport auf gas- oder elektrobetriebene Fahrzeuge, z. B. Gabelstapler, Hubwagen, um.

Übersicht:		
Umweltrechtliche Bestimmungen	– „Umweltschutz" Art. 20a GG – Bodenschutz, Wasserschutz, Immissionsschutz, Naturschutz – Chemikaliengesetz, Gefahrstoffverordnung – KrW-/AbfG („Abfalltriade")	
Abfallvermeidung	– quantitative Aufgabe: Senkung der Abfallmenge – qualitative Aufgabe: Substitution von Materialien zu Gunsten ökonomisch und ökologisch besserer Varianten	
Abfallverwertung (Recycling)	– stoffliche Verwertung – energetische Verwertung	
Abfallbeseitigung	– Lagerung auf Deponien – Verbrennung – Einleitung flüssiger Rückstände in Gewässer – Emission gasförmiger Rückstände in die Atmosphäre	
Materialarten: technische Kriterien	fertigungstechnische Beziehung zum Erzeugnis	Roh-, Hilfs-, Betriebsstoffe
	Entsorgungsgüter	zu beseitigende/ verwertbare Abfälle
	Fortschritt in Richtung Fertigerzeugnis	Fertigungsausgangsstoffe, Halbzeuge, unfertige Erzeugnisse, Fremdteile, Handelswaren
	Herkunft und Lagerung	Fertigungsteile, Lagerteile, Kaufteile
	Wert	ABC-Teile
	Materialverbrauch	XYZ-Teile
	Zurechnung auf Kostenträger	Einzel-, Gemeinkostenmaterialien
	Abhängigkeit von der Beschäftigung	direkte, indirekte Materialien

5.7 Wissens-Check

1. Eine Bedarfsanalyse der Werkstoffe (M1 bis M6) des Nebenlagers ergab folgende Ergebnisse:

Materialnummer	Jahresbedarf (Stück)	Wert (€/Stück)
M1	6.150	13,00
M2	8.200	1,00
M3	7.380	36,00
M4	12.300	3,00
M5	2.050	33,00
M6	4.920	41,00

Führen Sie eine ABC-Analyse in tabellarischer Form durch. Beachten Sie dabei die folgenden Angaben zu den Schranken:
- A-Schranke: bis 75 % des Jahreswertes
- B-Schranke: bis 95 % des Jahreswertes
- C-Schranke: über 95 % des Jahreswertes

2. Im Rahmen der verbrauchsorientierten Disposition soll die optimale Bestellmenge für einen Repetierfaktor ermittelt werden.

   a) Berechnen Sie die optimale Bestellmenge mit Hilfe der Tabellenkalkulation. Die Tabelle wurde bereits begonnen. Notieren Sie die notwendigen Formeln für die grau unterlegten Zellen unter Angabe der jeweiligen Zelladresse.

	A	B	C	D	E	F	G	H
1	Ermittlung der optimalen Bestellmenge							
2								
3	Jahresbedarf in Stück				3000	Stück		
4	Kosten je Bestellung in €				200	€		
5	Lagerhaltungskostensatz vom Ø Lagerwert:				20	Prozent		
6	Einstandspreis in €/Stck.				100	€		
7								
8								
9	Bestell-	Bestell-	Ø Lager-	Bestell-	Lager-	Gesamt-		
10	häufigkeit	menge	bestand	kosten	kosten	kosten		Minimum Gesamtkosten
11	1							
12	8							
13	12							
14	17							
15	20							
16	28							

   b) Ermitteln Sie die mathematisch exakte optimale Bestellmenge und interpretieren Sie das Ergebnis in Hinblick auf dessen betriebsrealistische Umsetzung.

   c) Beurteilen Sie das Modell zur Ermittlung der optimalen Bestellmenge kritisch.

3. Abgrenzung Verbrauchsgüterkauf – Handelskauf

   a) Grenzen Sie den Handelkauf und den Verbrauchsgüterkauf voneinander ab.

   b) In welchen Fällen liegt kein Verbrauchsgüterkauf vor?

4. Zustandekommen von Verträgen

   a) Verträge kommen durch zwei übereinstimmende Willenserklärungen zustande. Was versteht man in diesem Zusammenhang unter einem Antrag?

   b) Was versteht man unter Freizeichnungsklauseln? Geben Sie ein Beispiel.

c) Bis zu welchem Zeitpunkt ist der Anbieter an seinen an Antrag unter Anwesenden bzw. unter Abwesenden gebunden?
  d) Wie ist eine Vertragsannahme unter Abänderung des Antrags, wie eine verspätete Annahme des Antrags rechtlich zu beurteilen?
5. Vertragsabschluss durch einen Stellvertreter
  a) Welche Voraussetzungen müssen vorliegen, damit eine wirksame Stellvertretung vorliegt?
  b) Wie kann die Vollmacht erteilt werden?
  c) Wodurch unterscheidet sich der Stellvertreter vom Boten?
  d) Wann spricht man von einem Vertreter ohne Vertretungsmacht?
6. Allgemeine Geschäftsbedingungen
  a) Was sind Allgemeine Geschäftsbedingungen?
  b) Wie werden AGB Bestandteil eines Vertrages?
  c) Prüfen Sie die Wirksamkeit der folgende AGB-Klauseln mit Hilfe des BGB.
  ca) „Während der Lieferzeit entstehende Preiserhöhungen unserer Hersteller berechtigen uns jederzeit zur Weitergabe an die Kunden."
  cb) „Die zum Zwecke der Nacherfüllung erforderlichen Aufwendungen sind vom Käufer zu tragen."
  cc) „Die vereinbarten Preise beinhalten die gesetzliche Umsatzsteuer. Skonto gewähren wird nur aufgrund besonderer Vereinbarungen."
  cd) Wie ist das Verhältnis von Individualabreden beim Vertragsschluss und AGB geregelt?
7. Rechtliche Folgen des Kaufvertragsabschlusses und Vertragserfüllung
  a) Nennen Sie die Pflichten des Verkäufers und des Käufers aus dem Kaufvertrag.
  b) Begründen Sie, warum es bei einem Kaufvertrag immer zwei Gläubiger und zwei Schuldner geben muss.
  c) Unter welchen Voraussetzungen ist eine geschuldete Leistung erfüllt?
  d) Wodurch erwirbt der Käufer einer gekauften Sache im Normalfall das Eigentum an einer beweglichen Sache?
8. Störungen bei der Erfüllung von Verträgen
  a) Nennen Sie die Voraussetzungen für den Eintritt des Lieferungsverzuges.
  b) Eine Warensendung, die Ende Juni hätte geliefert werden sollen tritt erst am 12. Juli bei der *Fly Bike Werke GmbH* ein. Da diese die Waren aber inzwischen günstiger beschaffen konnte, ist sie (ohne vorherige Mahnung oder Fristsetzung) bereits am 7. Juli vom Vertrag zurückgetreten und verweigert deshalb die Annahme.
  Kann die *Fly Bike Werke GmbH* die Annahme der Ware zu Recht verweigern?
  c) Liefert der Verkäufer mangelhafte Ware, so hat der Käufer vorrangig nur das Recht auf Nacherfüllung.
  ca) Erläutern Sie, was man darunter versteht.
  cb) Welchen Vorteil hat diese Regelung für den Verkäufer.
  cc) Welche nachrangigen Ansprüche und Rechte hat der Käufer gegenüber dem Verkäufer?
9. Der Vertrieb der *Spree-Maschinenbau-GmbH* führt zur Kontrolle der Lieferabwicklung im Monat September nachstehende Übersicht:

Lfd. Nr.	Kd.-Nr.	Teile-Nr.	Menge	Wunschtermin	bestätigter Termin	Lieferung
1	9051	KM 15	15	03.09.XY	03.09.XY	03.09.XY
2	1284	XL 2	10	03.09.XY	03.09.XY	05.09.XY
3	9051	KM 11	5	03.09.XY	04.09.XY	04.09.XY
4	4458	NX 26	18	03.09.XY	06.09.XY	06.09.XY
5	9112	XS 24	24	05.09.XY	07.09.XY	10.09.XY
6	9255	XT 500	11	10.09.XY	10.09.XY	10.09.XY
7	9243	RS 75	13	13.09.XY	13.09.XY	13.09.XY
8	9558	KT 40	13	14.09.XY	17.09.XY	17.09.XY
9	9675	RT 80	20	17.09.XY	17.09.XY	17.09.XY
10	9685	PD 5	12	19.09.XY	21.09.XY	21.09.XY
11	1704	RT 44	23	21.09.XY	21.09.XY	21.09.XY
12	2578	XS 24	14	24.09.XY	26.09.XY	26.09.XY

a) Bestimmen Sie für die *Spree-Maschinenbau-GmbH*:
aa) die Lieferfähigkeit
ab) die Liefertreue
b) Um die Lieferfähigkeit und die Liefertreue zu verbessern, will die *Spree-Maschinenbau-GmbH* ein unternehmensübergreifendes Logistiksystem aufbauen. Erklären Sie, was unter Logistik zu verstehen ist.
c) Während in der Vergangenheit für die Bauteile der *Spree-Maschinenbau-GmbH* Vorratshaltung betrieben wurde, hat sich die Geschäftsleitung neuerdings für eine fertigungssynchrone Anlieferung dieser Teile entschieden.
ca) Nennen Sie zwei Anlässe, die die Geschäftsleitung zu dieser Entscheidung bewegt haben könnten.
cb) Kennzeichnen Sie zwei mögliche Probleme, die sich für die *Spree-Maschinenbau-GmbH* aus der lagerlosen Beschaffung ergeben könnten.
cc) Die Einführung der fertigungssynchronen Anlieferung hat dazu geführt, dass sich bei konstantem Periodenumsatz die Umschlaghäufigkeit um 20 % steigern ließ. Begründen Sie, warum die Erhöhung der Umschlaghäufigkeit als Erfolg der betrieblichen Logistik bewertet werden kann.
d) Bei der Abwicklung von Kundenaufträgen entstehen entlang der logistischen Kette drei Gruppen von Logistikkosten. Nennen und beschreiben Sie diese Kosten.
e) Um den Erfolg eines Logistik-Systems zu messen, werden Logistikkosten und Logistikleistung einander gegenübergestellt. Nennen und beschreiben Sie vier Merkmale, durch die die Logistikleistung eines Unternehmens bestimmt wird.
10. Die *Plasti-Flex AG* in Berlin produziert Menüschalen und Kaffeetassen bzw. -becher aus einer standardisierten Spritzgussrohmasse für große Produzenten der Nahrungsmittelindustrie. Diese Produkte werden auf einer durchgehend automatisierten Fertigungsstraße im Spritzgussverfahren bei festem Zeittakt hergestellt. Dabei muss die Fertigungsstraße beim Fertigungswechsel von einem zum anderen Produkt nur unwesentlich umgestellt werden: Es erfolgen lediglich Angaben zur neuen Rohmasseeinspritzmenge und Formgussänderung per Tastatureingabe. Die Produktionsmaschinen justieren sich daraufhin in Sekundenschnelle automatisch bezogen auf die neuen Produktionserfordernisse.

a) Für die Produktion der Menüschalen beschafft die *Plasti-Flex AG* unter anderem Spritzgussrohmasse. Das Warenwirtschaftssystem gibt folgende Informationen zu diesem Rohstoff aus:
– Art. Nr./Bezeichnung: R7812 Spritzgussrohmasse neutral
– Meldebestand (Einheiten) 14.000
– Lieferzeit (Tage) 45
– Mindestbestand (Einheiten) 1.550

Reicht der Mindestbestand aus, wenn pünktlich bei Erreichen des Meldebestandes der Auftrag an den Lieferer erteilt wurde, die Lieferung sich aber um 4 Tage verzögert? Begründen Sie Ihre Antwort rechnerisch nachvollziehbar. *Hinweis:* Über den gesamten Betrachtungszeitraum wird ein regelmäßiger Verbrauch unterstellt.

b) Den Rohstoff R7812 Spritzgussrohmasse neutral beschafft die *Plasti-Flex AG* stets in Höhe der optimalen Bestellmenge. Erläutern Sie, was man unter der optimalen Bestellmenge versteht. Beziehen Sie dabei in Ihre Erläuterungen die für diese Thematik relevanten Kostenarten mit ein. Nennen Sie abschließend zwei Prämissen, die im Rahmen der optimalen Bestellmenge vorausgesetzt werden.

11. Ein Unternehmen bezieht aus der Toskana 500 Flaschen Wein zu 6,50 € je Flasche. Es werden 5 % Mengenrabatt gewährt, gleichzeitig werden 1 % des Zieleinkaufspreises als Verpackungskosten berechnet. Die Frachtkosten von Italien bis zur deutsch-schweizerischen Grenze betragen 140,00 €, Zollgebühren fallen nicht an, die Frachtkosten bis nach Stuttgart betragen noch 40,00 €. An Gebühren für die Ausstellung der Lieferpapiere fallen insgesamt 25,00 € an. Wie hoch ist der Einstandspreis für eine Flasche Wein?

12. Über die Bestandshaltung eines Pkw-Herstellers liegen die folgenden Daten vor (in Mio. €):

Jahr	Vorräte an Roh-, Hilfs- und Betriebsstoffen in Mio. €		eingekaufte Roh-, Hilfs- und Betriebsstoffe in Mio. €	Lagerkosten in Mio. €
	AB	EB		
2002	140	160	3.000	30
2003	200	180	10.000	47,5

Berechnen Sie für 2002 und 2003
a) den Lagerkostensatz,
b) die Umschlagshäufigkeit,
c) die Lagerdauer.

13. Die Änderung der Umschlagshäufigkeit ist u.a. darauf zurückzuführen, dass die Automobilindustrie in der Zwischenzeit bei bestimmten Autoteilen zu einer fertigungssynchronen und somit lagerlosen Beschaffung übergegangen ist. Dieses Beschaffungsverfahren ist Teil der auch in
anderen Unternehmensbereichen verfolgten *Just-in-Time*-Strategie. Damit ist die Anlieferung des richtigen Materials mit richtiger Qualität in richtiger Reihenfolge zur richtigen Zeit am richtigen Ort ohne Zwischenlagerung gemeint. Ziel dieser Strategie ist es, die Lagerkosten zu senken und eine möglichst kurze Durchlaufzeit für die Herstellung eines Pkws zu erreichen.

a) Für welche Autoteile (z. B. Bremsbeläge, Lichtmaschine, Zündkerze usw.) ist Ihrer Meinung nach eine fertigungssynchrone Beschaffung nach dem JIT-Prinzip empfehlenswert?

b) Zu welcher Materialgruppe im Rahmen der ABC-Analyse gehören die von Ihnen vorgeschlagenen Autoteile?

c) Bei einigen der JIT-fähigen Autoteile hat der PKW-Hersteller die Reichweite des Lagerbestandes von einem halben Monat (1990) auf einen halben Tag (2000) verringert. Welche Vor- und Nachteile ergeben sich daraus für den Pkw-Hersteller?

d) Ziel der fertigungssynchronen Beschaffung nach dem JIT-Prinzip sollte nicht die Verlagerung von Kosten auf den Lieferer, sondern die Kostenvermeidung zum Nutzen von Lieferer und Abnehmer sein. Welche Voraussetzungen müssen für diese Kostenvermeidung erfüllt sein? Welche Vor- und Nachteile ergeben sich daraus für den Lieferer?

e) Es wird behauptet, dass die möglichen Kostensenkungen zu Gunsten von Lieferer und Abnehmer mit einer Zunahme der so genannten sozialen Kosten, die betriebswirtschaftlich nicht erfasst werden, einhergehen. Nehmen Sie zu dieser Behauptung Stellung.

f) Bei einigen Vorräten, für die der Pkw-Hersteller ein eigenes Lager unterhält (z. B. Ersatzteile für Produktionsanlagen), wurde vom Festplatzsystem zum Freiplatzsystem (chaotische Lagerhaltung) übergegangen.
Erläutern Sie die Unterschiede zwischen diesen beiden Lagermethoden. Welche Voraussetzungen müssen für die Anwendung des Freiplatzsystems erfüllt sein?

g) Aufgabe der betrieblichen Logistik ist es, alle Lager-, Transport- und Bearbeitungsvorgänge im Betrieb sowie zwischen Lieferern und Kunden so aufeinander abzustimmen, dass ein reibungsloser Material- und Informationsfluss unter größtmöglicher Vermeidung von Lagerbeständen an Werkstoffen, Halbfertigerzeugnissen und Fertigerzeugnissen garantiert wird. Als Maßstab für den Erfolg von Logistik und JIT-Strategie in einem Unternehmen wird folgende Kennzahl vorgeschlagen:

$$\text{Umschlagshäufigkeit} = \frac{\text{Jahresumsatz}}{\text{Summe aller Vorräte}}$$

14. Optimale Bestellmenge

Eine Textilmaschinenfabrik benötigt für die Produktion den Werkstoff Z 3042. Der Materialdisponent will für diesen Werkstoff die Beschaffungsmenge des nächsten Jahres planen und dabei gleichzeitig festlegen, welche Bestellmenge am kostengünstigsten ist. Hierfür stehen ihm die Zahlen der Bestandsrechnung des letzten Jahres zur Verfügung. (Das Jahr wird mit 48 Kalenderwochen angesetzt.)

Artikel: Z 3042
Höchstbestand: 4.500 kg
Meldebestand: 2.500 kg

Tag	Eingang (kg)	Ausgang (kg)	Bestand (kg)
01.01.			3.200
19.01.		600	2.600
10.02.		700	1.900

→

Datum	Zugang	Abgang	Bestand
05.03.		850	1.050
25.03.	2.400		3.450
28.03.		800	2.650
20.04.		750	1.900
15.05.		600	1.300
01.06.	2.400		3.700
04.06.		550	3.150
26.06.		700	2.450
18.07.		800	1.650
06.08.	2.400		4.050
10.08.		900	3.150
05.09.		800	2.350
27.09.		800	1.550
19.10.	2.400		3.950
20.10.		850	3.100
08.11.		700	2.400
23.11.		750	1.650
10.12.		900	750
18.12.	2.400		3.150
31.12.			3.150

Für die zu treffenden Entscheidungen stehen dem Disponenten neben den Daten der Bestandsführung die folgenden Angaben zur Verfügung:
Lagerhaltungskostensatz: 20 %
Einstandspreis/kg: 25,00 €
bestellfixe Kosten: 300,00 €

a) Berechnen Sie:
aa) den durchschnittlichen Verbrauch/Kalenderwoche
ab) den durchschnittlichen Lagerbestandswert
ac) die Lagerdauer
ad) die Zinsen für das durchschnittlich im Lager gebundene Kapital (kalkulatorischer Zinssatz = 10 %)

b) Der Disponent will überprüfen, ob die Bestellmenge in Höhe von 2.400 kg optimal ist, d. h., er will die Bestellmenge ermitteln, bei der die Beschaffungskosten/kg am geringsten sind.

ba) Zu diesem Zweck benötigt er Vergleichswerte. Er entscheidet sich für folgende Alternativen: 1, 5, 7, 10, 15, 20 Bestellungen pro Jahr, auf die er das Beschaffungsvolumen des gesamten Jahres verteilt. Es wird zur Vereinfachung unterstellt, dass der Betrieb ohne Sicherheitsbestand arbeitet. Verwenden Sie für die Vergleichsrechnung die Tabellenvorlage unten.

bb) Berechnen Sie die Auswirkungen, die sich aus der Entscheidung für die optimale Bestellmenge auf die Umschlagshäufigkeit, die Lagerdauer und die Zinsen für das im Lager gebundene Kapital ergeben.

Tabellenvorlage zur Ermittlung der optimalen Bestellmenge

Anzahl der Bestellungen	Alternative Bestellmenge	Durchschnittlicher Lagerbestandswert (€)	Lagerkosten im Jahr (€)	Bestellfixe Kosten (300 €)	Lagerkosten + bestellfixe Kosten	Kosten/kg/ Jahr (€)

6 Absatzprozesse planen, steuern und kontrollieren

6.1 Kernprozesse im Absatzbereich

Im Bereich der Absatzwirtschaft werden vor allem vier unternehmerische Kernleistungen angesprochen: Leistungsangebote werden definiert, Leistungen werden vertrieben, Leistungen werden erbracht und Aufträge abgewickelt. Im Folgenden werden die genannten Kernleistungen der Absatzwirtschaft ausführlich dargestellt.

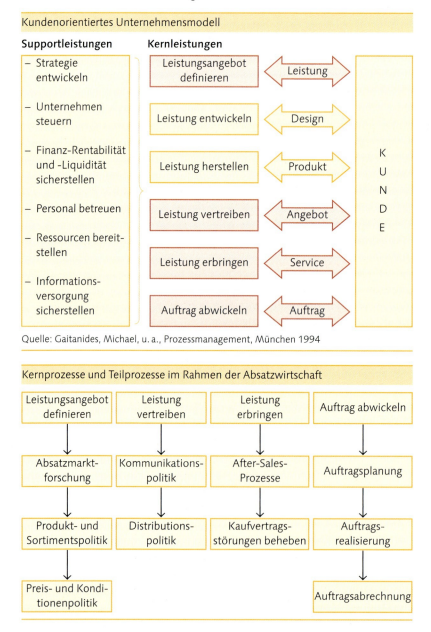

Quelle: Gaitanides, Michael, u. a., Prozessmanagement, München 1994

Die Geschäftsprozesse eines Unternehmens lassen sich in Kernprozesse und Unterstützungsprozesse (Supportprozesse) unterscheiden. Wenn man unterstellt, dass Kernprozesse als Prozesse definiert werden können, die

- einen wahrnehmbaren Kundennutzen haben,
- auf Grund der unternehmensspezifischen Nutzung von Ressourcen einmalig sind,
- von anderen Unternehmen nicht imitierbar sind und
- von keinem anderen Unternehmen substituiert werden können,

besteht die Absatzwirtschaft aus folgenden Kernprozessen, die sich in verschiedene Teilprozesse untergliedern:

- **Leistungsangebot definieren:** Ausgangspunkt der Definition eines Leistungsangebotes ist die **Absatzmarktforschung**, deren Aufgabe es ist, die Wünsche und Erwartungen der Kunden in Erfahrung zu bringen. Darauf aufbauend ist es das Ziel der **Produkt- und Sortimentspolitik**, die im Sortiment befindlichen Produkte zu verbessern und Grundlagen für die Entwicklung neuer Produkte zu schaffen. Im Rahmen der **Preis- und Konditionenpolitik** werden Preise kalkuliert, festgelegt und differenziert. *(Leistungsangebot definieren, vgl. Kapitel 6.2)*

- **Leistung vertreiben:** Aufgabe der **Kommunikationspolitik** ist es, bereits vorhandene oder zukünftige Kunden mit Informationen über das Leistungsangebot und das Unternehmen zu versorgen. Immer häufiger wird die internationale Wettbewerbsfähigkeit eines Unternehmens auch daran gemessen, wie schnell eine Ware zu einem günstigen Preis auch in die entlegensten Bereiche der Erde geliefert werden kann. Auf Seiten eines Unternehmens kann in diesem Bereich eine Kundenzufriedenheit nur dann erreicht und gehalten werden, wenn die entsprechenden Logistikprozesse im Rahmen der **Distributionspolitik** permanent neu überdacht und verbessert werden. *(Leistung vertreiben, vgl. Kapitel 6.3)*

- **Leistung erbringen:** In Zeiten vergleichbarer Leistungen und einer hohen internationalen Wettbewerbsintensität kann sich ein Unternehmen nicht mit der Erstellung einer Leistung und deren Transport zum Kunden zufrieden geben. Gerade in den letzten Jahren sind daher die so genannten **After-Sales-Prozesse** zu wichtigen Handlungsfeldern der Absatzwirtschaft geworden. Hierbei geht es darum, dem Kunden glaubhaft deutlich zu machen, dass seine Interessen und Wünsche bei der Leistungserstellung berücksichtigt werden und dass die Aufgabe eines Unternehmens nicht mit dem Verkauf einer erstellten Leistung abgeschlossen ist. Dies schließt sowohl Kundendienstleistungen als auch das Beheben eventuell auftretender **Kaufvertragsstörungen** mit ein. *(Leistung erbringen, vgl. Kapitel 6.4)* *(Kaufvertragsstörungen, vgl. Kapitel 5.4.7 und 6.5)*

- **Auftragsabwicklung:** Ausgehend von einem Kundenauftrag, werden in einem Industriebetrieb Prozesse angestoßen, die verschiedene organisatorische Funktionsbereiche eines Unternehmens betreffen. Ausgangs- und Endpunkt des gesamten Prozesses Auftragsabwicklung ist jedoch der direkte Kontakt zum Kunden und damit der Bereich der Absatzwirtschaft, wo eingangs die Auftragsbearbeitung und abschließend der Versand der erstellten Leistung erfolgt. Die Auftragsabwicklung ist damit ein **funktionsübergreifender Prozess**, dessen Aufgabe darin besteht, unter Einbeziehung verschiedener betrieblicher Bereiche den Kundenauftrag in der vorgegebenen Zeit, der vereinbarten Qualität *(Auftragsabwicklung, vgl. Kapitel 6.5)* und der bestellten Menge zu erledigen. Dabei sind Schnittstellen sowohl zum Kunden und zum Lieferer als auch zu den übrigen betrieblichen Geschäftsprozessen zu überwinden. Da bei der Auftragsabwicklung verschiedene organisatorische Bereiche in die Geschäftsprozesse eingebunden sind, ist es notwendig, dass Informationen über den aktuellen Stand der Auftragsabwicklung für alle Beteiligten verfügbar sind. Aus diesem Grunde haben sich in vielen Unternehmen EDV-Systeme durchgesetzt, die diese Voraussetzungen erfüllen.

Auftragsabwicklung (Organisationssicht)

```
                    meldet Bedarf        erteilt Bestellung
                           ┌──────────→ Beschaffung ─────────────→ Lieferer
                           │             bezahlt Geld
                           │
                           │                liefert Material
                           │             ←──────────────────────
        erteilt Bestellung │                    ↓
  Kunde ────────────→ Vertrieb      Fertigung      Versand
        be-          Auftrag   erteilt  planen  über-  versenden
        zahlt        prüfen    Auf-     fertigen gibt
        Geld                   trag             Artikel
        ←─────────────────────────────────────────────
                           liefert Artikel
```

Interaktion ──→ ◯ Organisations-einheit

Alle genannten Kernleistungen haben den Zweck, Neukunden zu akquirieren und die Zufriedenheit der bereits vorhandenen Kunden zu halten bzw. zu vergrößern. Dabei sind folgende Aspekte von besonderer Bedeutung: Das Suchen und Binden von Kunden an ein Unternehmen ist in Zeiten eines in vielen Marktbereichen ausgeprägten Käufermarkts eine der wichtigsten Aufgaben eines Unternehmens und somit eine wichtige Aufgabe im Rahmen der Absatzwirtschaft. Um diese Aufgabe zu lösen, muss ein Unternehmen in allen Bereichen größte Anstrengungen unternehmen, um die Kundenwünsche und -erwartungen zu erkennen und durch seine Leistungen eine größtmögliche **Kundenzufriedenheit** zu erzeugen.

Wandel von Verkäufer- zu Käufermärkten, vgl. Kapitel 4.1.1

Kundenzufriedenheit

Kundenerwartungen

Die **Erwartungen** der Kunden an ein Unternehmen sind in den letzten Jahren immer weiter angewachsen. Einige Ursachen hierfür sind in der globalisierten Wirtschaft, der gestiegenen Wettbewerbsintensität auf

Globalisierung, vgl. Kapitel 2.3

vielen Märkten sowie der Vergleichbarkeit der klassischen unternehmerischen Leistungen (Produktion und Vertrieb) zu sehen. Da die Kunden sich in diesem Zusammenhang immer häufiger auf Käufermärkten bewegen und hier einen zunehmenden Einfluss auf die Unternehmen und ihre Leistungen haben, müssen Letztere durch optimierte Geschäftsprozesse und immer umfangreichere Leistungsangebote versuchen, ihre Waren zu verkaufen.

Geht man davon aus, dass ein Kunde nur dann dauerhaft einem Unternehmen verbunden bleibt, wenn er über ein gewisses Maß an Zufriedenheit verfügt, muss es eine der vorrangigen Aufgaben eines Unternehmens sein, die Zufriedenheit durch eine breite Palette an (Dienst-)Leistungen für den Kunden zu erzeugen und zu erhalten. Ziel aller Geschäftsprozesse in einem Unternehmen muss daher die Zufriedenheit des Kunden sein. Ein Kunde ist dann mit einem Unternehmen zufrieden, wenn er sich in seinen Erwartungen positiv bestätigt oder gar übertroffen fühlt. Die Erwartungen, die der Kunde gegenüber einem Unternehmen und dessen Leistungen hat, können in so genannte Grundanforderungen, Leistungsanforderungen und Begeisterungsanforderungen differenziert werden.

Bei den **Grundanforderungen**, die zugleich als Anforderungen an ein Produkt verstanden werden müssen, handelt es sich um Kundenerwartungen, die zumeist als Selbstverständlichkeiten angesehen werden können. So erwartet ein Kunde von einem neuen Fahrrad, dass es beim Kauf vollständig montiert ist. Jeder Hersteller oder Händler, der diese Leistung erbringt, wird kaum mit einer erhöhten Zufriedenheit rechnen können. Jeder Verkäufer, der diese Anforderung des Kunden allerdings nicht erfüllt, wird mit einer hohen Unzufriedenheit des Kunden, der die Montage nun selbst übernehmen muss, konfrontiert.

Grundanforderungen der Kunden

Bei den **Leistungsanforderungen** handelt es sich um Erwartungen des Kunden, die zumeist messbar sind und bei Nichterfüllung zu einer großen Unzufriedenheit beim Kunden führen. Die Zufriedenheit eines Kunden bezieht sich in diesem Bereich im Wesentlichen auf folgende Variablen:

Leistungsanforderungen der Kunden

- **Liefertreue:** Die Auftragserfüllung findet zu dem Termin statt, der vom Auftragnehmer zugesagt und bestätigt wurde.
- **Lieferzeit:** Die Zeitspanne zwischen dem Datum der Auftragserteilung und der Auftragserfüllung ist im Wettbewerbsvergleich konkurrenzfähig und entspricht den Kundenerwartungen.
- **Lieferfähigkeit:** Der vom Kunden gewünschte Termin für die Bereitstellung einer Leistung kann vom Auftragnehmer gehalten werden.
- **Lieferqualität:** Die vom Kunden gewünschte Qualität einer Leistung wird vom Auftraggeber fehlerfrei ausgeführt.
- **Flexibilität:** Änderungen von Kundenwünschen in Bezug auf Leistungsmengen, -ausstattungen, -terminen usw. können vom Auftraggeber berücksichtigt werden.
- **Informationsbereitschaft:** In allen Phasen der Auftragsabwicklung ist der Auftragnehmer in der Lage, dem Kunden Auskunft über seinen Auftrag zu geben.

Bei den **Begeisterungsanforderungen** handelt es sich um Kundenerwartungen, die über das im Geschäftsverkehr Übliche und Selbstverständliche hinausgehen. Werden die Kundenerwartungen hier erfüllt, so führt dies zu einer erheblichen Kundenzufriedenheit.

Begeisterungsanforderungen der Kunden

Variablen der Kundenzufriedenheit

```
                    Grundanforderungen
    Leistungs-                              Begeisterungs-
  anforderungen                             anforderungen

  Liefer-                                       Liefertreue
  qualität

  Informations-             →         ←         Lieferzeit
  bereitschaft

  Flexibilität                                  Lieferfähigkeit

                    Kundenzufriedenheit
```

Was bedeutet in diesem Zusammenhang Kundenorientierung? Betriebe, die auf ihren Märkten erfolgreich sein wollen, müssen sich an den Interessen und Erwartungen ihrer (potenziellen) Kunden orientieren. Die Erwartungen der Kunden müssen im Rahmen der Absatzmarktforschung ermittelt und ständig auf dem aktuellen Stand gehalten werden. Dies ist umso wichtiger, je mehr diese Unternehmen auf Märkten mit einer hohen Wettbewerbsintensität tätig sind. Hierbei kann es jedoch auch immer wieder zu innerbetrieblichen Interessenkonflikten führen, die dann besonders stark sind, wenn eine kostenintensive Kundenakquise den Interessen einer strikten Kostenorientierung zuwiderläuft.

Absatzmarktforschung, vgl. Kapitel 6.2.1

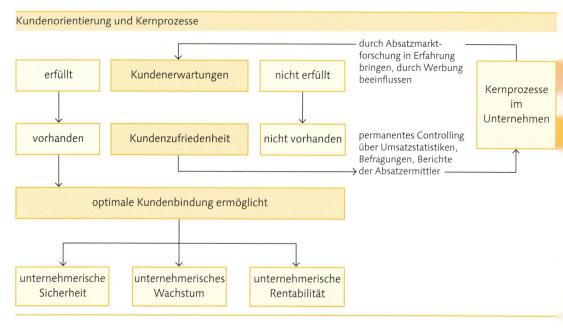

Da nicht alle Unternehmen über entsprechendes Personal oder Finanzmittel verfügen, werden Zufriedenheitsdaten auch kommerziell vertrieben. So werden über das „Deutsche Kundenbarometer" regelmäßig branchenübergreifend **Qualitäts-** und **Zufriedenheitsdaten** unter anderem zu folgenden Bereichen ermittelt und verkauft:

Personalmanagement, vgl. Kapitel 7

Investition und Finanzierung, vgl. Kapitel 8

- Zufriedenheit mit den Leistungen bestimmter Anbieter
- Begründungen für abgegebene Zufriedenheitsurteile
- Zufriedenheit mit einzelnen ausgewählten Leistungsfaktoren
- Intensität und Dauer der Kundenbeziehungen

Beispiel: Nachdem die *Fly Bike Werke* in den letzten Jahren mit ihrem bestehenden Sortiment am Markt gute Erfolge erzielen konnten, sind die Aussichten für die Zukunft noch unsicher. Auf Grund umfangreicher Werbeaktionen, einer günstigen demografischen Entwicklung sowie einer steigenden Kaufkraft im Bereich der angesprochenen Käufer-Zielgruppen sind für die Kinderräder Modell *Twist* und *Cool* sowie für das City-Rad Modell *Glide* zwar Steigerungen in den Absatzzahlen zu erwarten, die Trendforscher sehen die deutsche Fahrradproduktion insgesamt jedoch weiter im Rückwärtsgang. Die Geschäftsleitung beauftragt daher die Verantwortlichen im Bereich Absatz, hier genauere Daten zu recherchieren und der Unternehmensführung einen Bericht über die weitere Vorgehensweise zusammenzustellen. Ziel soll es sein, die vorhandenen Umsätze und Marktanteile auszubauen und von dem steigenden Marktvolumen zu partizipieren. Nach einer längeren Besprechung hat der Abteilungsleiter *Herr Gerland* einen Plan für die weitere Vorgehensweise entwickelt. Auf einer Flipchart-Wand befinden sich folgende Aufgaben:

- **Absatzmarktforschung:** Welche Fahrradtypen werden auf dem deutschen Markt nachgefragt? Wie viele dieser Fahrräder werden in Deutschland, wie viele im Ausland gefertigt? Wie viele der deutschen Haushalte verfügen bereits über ein Fahrrad und wie hat sich dieser Fahrradbestand in den letzten Jahren entwickelt?

vgl. Kapitel 6.2.1

- **Produkt- und Sortimentspolitik:** An welcher Stelle des Produktlebenszyklus befinden sich unsere einzelnen Artikel?

vgl. Kapitel 6.2.2

- **Preis- und Konditionenpolitik:** Wurden in der Vergangenheit alle Möglichkeiten der Preiskalkulation sowie der Konditionenpolitik ausgeschöpft?

vgl. Kapitel 6.2.3

- **Kommunikationspolitik:** Welche Werbemittel und Werbeaussagen wollen wir einsetzen? Werden alle Möglichkeiten der Verkaufsförderung und des Direktmarketings ausgeschöpft?

vgl. Kapitel 6.3.1

- **Distributionspolitik:** Welche weiteren Möglichkeiten des Vertriebs unserer Fahrräder über Absatzmittler gibt es noch?

vgl. Kapitel 6.3.2

Unter dem Begriff **Marketing** werden grundsätzlich alle auf Kundenbedürfnisse gerichteten Tätigkeiten zusammengefasst, die darauf abzielen, auf kreative, produktive und Gewinn bringende Art eine Beziehung zum Markt herzustellen. Marketing entscheidet somit über die Ausrichtung des Unternehmens am Markt, über die Fragen, welche Produkte in welcher Art und Qualität für welche Käufergruppen wann und wie oft und zu welchem Preis angeboten werden sollen. Da diese Entscheidungen wichtige Weichenstellungen für ein Unternehmen bedeuten, gehören diese Leistungsprozesse zu den **Managementprozessen**.

Marketing als Managementprozess

Managementprozesse werden in der Regel von der Unternehmensleitung entschieden und kontrolliert.

Die Unternehmen bedienen sich zu diesem Zwecke einer Reihe verschiedener absatzpolitischer Instrumente, die das Unternehmen dabei unterstützen, das **Leistungsangebot** zu **definieren** und zu **vertreiben**. Diese Instrumente werden in den folgenden zwei Abschnitten ausführlich dargestellt.

Leistungsangebot definieren, vgl. Kapitel 6.2

Leistung vertreiben, vgl. Kapitel 6.3

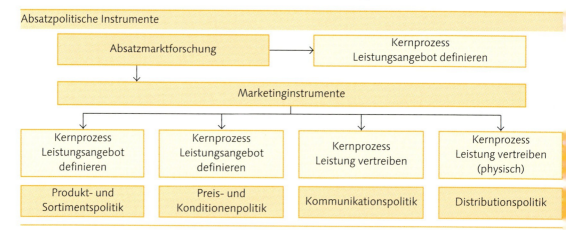

6.2 Leistungsangebot definieren

6.2.1 Absatzmarktforschung

Unternehmen müssen, wenn sie den Markt und seine Entwicklung richtig einschätzen wollen, permanent über die Bedingungen und Veränderungen auf den Absatz- und Beschaffungsmärkten informiert sein. So ist es kaum vorstellbar, dass ein Unternehmen seine Preise drastisch anhebt, wenn alle verfügbaren Informationen über den Absatzmarkt klar erkennen lassen, dass die Käufer bereits bei einem geringen Anstieg des Preises den Kauf dieses Produktes verweigern. Ebenso benötigt man z. B. für die Frage, ob ein Produkt überhaupt entwickelt und hergestellt werden soll, Informationen über das Marktpotenzial eines solchen Produktes.

Beschaffungsmarktforschung, vgl. Kapitel 5.3.1

Absatzmarktforschung		
Begriff	Erläuternde Fragestellung	Beispiel
Marktpotenzial	Wie viele Einheiten eines Produktes können auf einem Markt abgesetzt werden, wenn alle denkbaren Käufer über das erforderliche Einkommen verfügen und zum Kauf des Produktes bereit sind?	Die Anzahl der Personen, die theoretisch ein Fahrrad kaufen könnten, stellt das Marktpotenzial für Fahrräder dar.
Absatzpotenzial	Welchen Anteil an einem Marktpotenzial glaubt ein Unternehmen insgesamt zu erreichen?	Die *Fly Bike Werke GmbH* könnte nach eigenen Schätzungen im Jahr 2004 ca. 35.000 Fahrräder herstellen und absetzen.
Marktvolumen	Wie viele wirtschaftliche Güter werden innerhalb einer Periode in einem Markt tatsächlich verkauft oder sollen zukünftig verkauft werden?	Im Jahre 2003 betrug die Inlandslieferung (heimische Produktion plus Importe minus Exporte) 5,3 Mio. Fahrräder. Dies war das Marktvolumen für 2003.
Marktanteil	Wie groß ist der Anteil, ausgedrückt in Prozent vom Marktvolumen, den ein Unternehmen am Marktvolumen in einer Periode hat?	Bezogen auf das Jahr 2003, betrug der Marktanteil der *Fly Bike Werke GmbH* 0,01 %.

Unternehmen brauchen daher in vielen Situationen verlässliche Informationen. An diese einfache Feststellung schließt sich die Frage an, mit Hilfe welcher Methoden diese Informationen beschafft werden können.

Methoden der Marktforschung

Beispiel: In der *Fly Bike Werke GmbH* ist man sich einig, dass auch bei der Herstellung von Fahrrädern Informationen über die Absatz- und Beschaffungsmärkte von existenzieller Bedeutung sind. Die Wünsche der Kunden unterliegen oftmals Schwankungen, auf die die Produkt- und Sortimentsplanung reagieren muss. Außerdem ist es, z. B. aus Gründen einer immer härter werdenden nationalen und internationalen Konkurrenz, sehr wichtig, die Veränderungen auf dem Beschaffungsmarkt, z. B. für Stahlrohre oder Hilfsstoffe der Fertigung, aufmerksam zu verfolgen. Über die Notwendigkeit der Verfügbarkeit dieser Informationen ist man sich also einig, die Frage, wie man aber an solche Informationen kommen kann, bleibt zu klären. Ein Blick auf die Theorie zeigt, dass allgemein zwischen mehreren Methoden der Marktforschung unterschieden wird. Allgemein lassen sich die Methoden der Marktforschung anhand der folgenden Ausgangsfragen erschließen:

– Über welche Teile des Marktes sollen Informationen beschafft werden?
– Über welchen Zeitraum soll sich die Informationsbeschaffung erstrecken?
– Über wen oder was soll sich die Untersuchung erstrecken?
– Durch wen erfolgt die Informationsbeschaffung?
– Wie sind die vorhandenen Informationen in die Geschäftsprozesse zu integrieren?

Bedarfs-, Konkurrenz- und Absatzforschung

Untersucht man gezielt den Nachfrager mit seinen Wünschen, spricht man von der **Bedarfsforschung**. Stehen die Konkurrenten mit ihren Vorgehensweisen im Vordergrund, handelt es sich um die **Konkurrenzforschung**. Will man die Auswirkungen der absatzpolitischen Instrumente (Produkt- und Sortiments-, Preis- und Konditionen-, Kommunikations- und Distributionspolitik) untersuchen, so ist man im Bereich der **Absatzforschung** tätig.

Formen der Marktforschung

Formen der Marktforschung		
Bedarfsforschung	Konkurrenzforschung	Absatzforschung
– Anzahl der möglichen Kunden – Kaufkraft der bisherigen und möglichen Kunden – Konsumverhalten – Intensität des Bedarfs	– Anzahl und Größe der Konkurrenten – Marktanteil der Konkurrenten – Verhalten der Konkurrenten (Werbung, Absatzmethoden, Preis- und Produktpolitik)	– Bekanntheitsgrad der Werbung – Verbreitungsgrad der eigenen Produkte – Vollständigkeit des Sortiments hinsichtlich Sortimentsbreite und -tiefe

Ein Volk von Schnäppchenjägern

Steigende Preissensibilität und sinkende Markenbindung – das ist die ernüchternde Bilanz zu deutschen Shoppingtrends an der Schwelle zum neuen Jahrtausend. Das schon immer stark ausgeprägte Preisbewusstsein der deutschen Konsumenten hat sich in den letzten Jahren weiter verstärkt. (…) Das ergab eine aktuelle Eigenstudie der GfK Marktforschung zum „Verbraucher 2000". (…) Die Markentreue geht seit Jahren langsam zurück. Zwar verhält sich die Mehrheit auch heute noch gegenüber ihren Stamm-Marken sehr loyal, doch im Verlauf der vergangenen Dekade ist der Anteil der bekennenden Markentreuen kontinuierlich von 66 Prozent auf 60 Prozent gesunken. Dementsprechend werden auch die Qualitätsunterschiede zwischen verschiedenen Markenprodukten von immer weniger Befragten als gravierend eingeschätzt. Im Übrigen verbesserte sich das Image der preisgünstigen Handelsmarken in den letzten sechs Jahren beachtlich. Ihre Qualität wird derzeit von sieben unter zehn Befragten als den Markenprodukten ebenbürtig beurteilt – 1994 waren es erst 53 Prozent gewesen.

Die Vorliebe für günstigere Preise geht aber nicht mit einer neuen Welle der Bescheidenheit einher. Ganz im Gegenteil: Beim Thema „Konsumfreude" bahnt sich eine Wende an. Die durch die wirtschaftliche Flaute erzwungene Zurückhaltung der letzten Jahre hat offensichtlich einen Gegentrend im Kopf der Verbraucher ausgelöst. Der GfK-Indikator für Konsumexpansion befindet sich momentan auf einem Höhenflug.

Quelle: GfK Marktforschung 2000, www.marketing-marktplatz.de/set/Studienarchiv.htm, Juni 2001

Marktanalyse und Marktbeobachtung

Bei der Informationsbeschaffung kann es sinnvoll sein, zwischen einer kurzfristigen und einer langfristigen Datenerhebung zu unterscheiden. Wird Marktforschung mit dem Ziel betrieben, über Entwicklungen und Veränderungen auf den Märkten ständig unterrichtet zu sein, spricht man von **Marktbeobachtung**. Als Untersuchungsmethode wird hier z. B. das **Panel** eingesetzt. Hierbei wird ein gleich bleibender (abgegrenzter) Personenkreis über einen längeren Zeitraum immer wieder befragt. Mit dem Panel ist daher eine Änderung von Einstellungen und/oder Verhaltensweisen der beteiligten Personen zu überprüfen.

Die Marktbeobachtung ist auf einen längeren Zeitraum ausgelegt.

Sollen Marktdaten dagegen zu einem bestimmten Stichtag erhoben werden (einmalige Datenerhebung), handelt es sich um eine **Marktanalyse**. Bei der Marktanalyse werden die erforderlichen Daten mit Hilfe der **Beobachtung**, **Befragung** oder des **Experiments** gewonnen. Befragungen werden schriftlich, mündlich (Interview) oder telefonisch durchgeführt und sind das wohl wichtigste Instrument der Marktanalyse. Als ein Sonderfall der Befragung gilt die **Omnibusbefragung**. Hierbei wird ein ausgewählter Personenkreis einmalig zu verschiedenen Themen befragt.

Die Marktanalyse ist auf einen kürzeren Zeitraum (Stichtag) ausgelegt.

Bei einem **Testmarkt** wird ein Produkt in einem räumlich begrenzten Gebiet auf den Markt gebracht. Dieses Gebiet wird speziell aus dem Gesamtmarkt ausgesondert und verspricht ähnliche Reaktionsmuster zu produzieren wie dieser. Der Hauptvorteil des Testmarktes ist, dass man bei beschränktem Risiko so nahe an die Wirklichkeit herankommt wie nur möglich. Die Nachteile des Testmarktes sind, dass er teuer ist und viel Zeit erfordert. Um gültige Resultate zu erbringen, muss der Testmarkt je nach Umschlagsgeschwindigkeit des Testproduktes mindestens sechs bis zwölf Monate dauern. Im Übrigen wird auch die Konkurrenz den Testmarkt scharf beobachten und unter Umständen mit einer eigenen Initiative darauf reagieren.

Testmarkt

In der Praxis gehen die Marktanalyse und die Marktbeobachtung meist ineinander über, da ein Unternehmen für seine Entscheidungen sowohl an langfristigen Entwicklungen als auch an aktuellen Informationen interessiert ist. Zudem lassen sich meist nur durch eine Kombination dieser beiden Forschungsmethoden Markt- und Absatzprognosen erstellen. Eine **Marktprognose** stellt eine Trendvorhersage der zukünftigen Marktentwicklung dar. Ebenfalls als Ergebnis von Marktanalyse und Marktbeobachtung erstellt eine Unternehmung die **Absatzprognose**. Sie gibt Auskunft über die Höhe des erwarteten betrieblichen Absatzes.

Marktprognose

Absatzprognose, vgl. Kapitel 4.3.2

Ökoskopische und demoskopische Marktforschung
Je nachdem, ob sich eine Marktforschung auf eine Sache oder eine Person bezieht, unterscheidet man die ökoskopische und die demoskopische Marktforschung. Bei einer **ökoskopischen Marktforschung** stehen das Produkt und seine Eigenschaften im Mittelpunkt der Untersuchung. Hier könnte z. B. die Qualität eines Gutes untersucht werden. Bei der **demoskopischen Marktforschung** dagegen steht der Mensch im Mittelpunkt der Untersuchungen. Hier werden Verhaltensmuster oder -entwicklungen von Verbrauchern oder Unternehmen ermittelt.

ökoskopische Marktforschung

demoskopische Marktforschung

Informationsgewinnung durch Primär- und Sekundärforschung
Greift ein Unternehmen auf betriebseigene Daten oder extern vorhandene Informationsquellen zurück, spricht man von **Sekundärforschung** . Mögliche Hilfsmittel der Sekundärforschung können sein: Umsatzstatistiken, Vertreterberichte oder Fachzeitschriften. Sollen jedoch aktuelle und bisher nicht bekannte Daten beschafft werden, müssen diese speziell vom Unternehmen selbst oder von einem Marktforschungsinstitut erhoben werden. Hierbei spricht man dann von einer **Primärforschung**. Marktbeobachtung und Marktanalyse sind Methoden der Primärforschung.

Sekundärforschung, auch Schreibtischforschung oder desk research genannt

Primärforschung, (auch Feldforschung oder field research genannt)

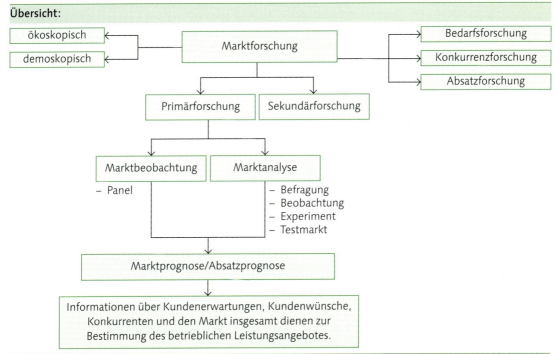

Übersicht:

Absatzprozesse planen, steuern und kontrollieren

6.2.2 Produkt- und Sortimentspolitik

> **Beispiel:** Bei der Analyse der Kundenwünsche der *Fly Bike Werke* zeigt sich seit einigen Monaten eine Verlagerung der Interessen weg vom Fahrrad der unteren Preisklasse hin zu höherwertigen Fahrrädern. Auch scheinen immer mehr Marktdaten darauf hinzudeuten, dass der Produktlebenszyklus des Fahrrades entgegen früheren Befürchtungen seinen Höhepunkt bislang noch nicht überschritten hat. Stattdessen zeichnet sich deutlich der Trend zum „Zweitfahrrad" ab, das nicht nur als universelles Fortbewegungsmittel genutzt wird, sondern spezielle Kundenwünsche berücksichtigen soll. Diese und andere Informationen haben Auswirkungen auf die Produkt- und Sortimentspolitik eines Unternehmens. Die Verantwortlichen in den *Fly Bike Werken* müssen diese Entwicklungen daher sehr sorgfältig analysieren und entsprechend reagieren, um in Zukunft keine Marktanteile an Konkurrenten zu verlieren. Fragen der Produkt- und Sortimentspolitik sind somit als Kernprozesse auf der obersten Hierarchieebene, der Führungsebene, angesiedelt.
> Ziel ist es, dem Kunden ein Verkaufssortiment anzubieten, das seinen Bedürfnissen und Erwartungen, z. B. in Bezug auf Qualität, Preis und Lieferzeit, entspricht.

> **Die Generation Mountainbike tritt ab**
> Steile Pisten? Schweißnasse Hemden? Sehnsucht nach knöcheltiefem Schlamm? Das war einmal. „Die Generation Mountainbike gibt's nicht mehr", sagt der Fahrradkaufmann Stefan Plath vom Berliner „Bike-Market". „Der Fahrradfahrer wird erwachsen." (…) Um die Kunden bei Laune zu halten, hat sich die Fahrradindustrie etwas einfallen lassen, was dem neuen Bedürfnis der früheren Querfeldeinfahrer entgegenkommt: Fitnessbikes. Das klingt immer noch sportlich, geht schon mehr in Richtung Jane-Fonda-Aerobik-Kurs. (…) „Das Fitnessbike ist ein ganz neues Konzept", schwärmt Siegfried Neuberger vom Zweirad-Industrie-Verband. Darin versuchen die Hersteller, die Vorteile verschiedener Fahrradtypen in einem einzigen Modell zu verschmelzen. Das Ergebnis liegt „irgendwo zwischen Mountainbike, Rennrad und Trekkingrad", sagt Neuberger. Auf die Idee gekommen sind die Designer der Stuttgarter Fahrradfirma Paul Lange, die vor allem als Importeur von hochwertigen Shimano-Schaltungen bekannt ist. Die Kreativen wollten einen sportlichen Rahmen, der in Richtung Rennrad geht, aber einen geraden Lenker hat, weil das bequemer ist. Die Rennrad-Schaltung ist trotzdem geblieben. Das neue Rad sollte außerdem sehr leicht sein und – wie ein Mountainbike – in der Grundausstattung kein Schutzblech und keine feste Beleuchtung haben. „Es soll ein Fahrrad sein für Leute, die im Winter ins Fitnessstudio gehen und im Sommer auf der Straße trainieren wollen", sagt Zweirad-Experte Neuberger.
> Quelle: Der Tagesspiegel vom 14. April 2002; Autorin: Maren Peters

Die menschlichen Bedürfnisse sind einem ständigen Wandel unterworfen. Modische Erscheinungen, veränderte Einstellungen, sich wandelnde Einkommensverhältnisse und anderes mehr bewirken, dass sich die Bedarfsstruktur und somit die Güternachfrage verändert. Auf diese Nachfrageverschiebung müssen die Unternehmen reagieren, wollen sie weiter am Markt erfolgreich sein. Sie sind daher gezwungen, ihre Produkte und ihr Sortiment den sich ständig verändernden Nachfrageverhältnissen anzupassen. Die Aufgaben der Produkt- und Sortimentspolitik sind

- die permanente Verbesserung der bereits im Sortiment befindlichen Produkte sowie
- die Entwicklung neuer, marktrelevanter Produkte.

Aufgaben der Produkt- und Sortimentspolitik

Unter einem **Sortiment** versteht man die Gesamtheit aller von einem Unternehmen angebotenen Güter. Hierbei kann man die Dimensionen Sortimentsbreite, Sortimentstiefe und Sortimentsumfang unterscheiden:

Dimensionen des Sortiments

- Die **Sortimentsbreite** gibt die Anzahl der verschiedenen Produktgruppen an (in den *Fly Bike Werken* z. B. Fahrräder, Fahrradzubehör, Fahrradbekleidung und Radreisen).
- Die **Sortimentstiefe** nennt die Anzahl der Sorten je Produktgruppe (z. B. unterschiedliche Fahrradmodelle).
- Der **Sortimentsumfang** gibt die Anzahl der verschiedenen Artikel in einem Betrieb an (durchschnittliche Breite × durchschnittliche Tiefe).

Von einer **Sortimentserweiterung** spricht man, wenn in ein bestehendes Sortiment neue Produkte aufgenommen werden. Hierbei ist es unerheblich, ob diese Produkte aus einer Produktinnovation oder einer Produktdiversifikation stammen.

Sortimentserweiterung

Von einer **Sortimentsbereinigung** spricht man, wenn ein Produkt aus Umsatz-, Image- oder Deckungsbeitragsüberlegungen aus dem Sortiment herausgenommen wird.

Sortimentsbereinigung

Ausgewählte Sortimentstrategien		
Universalprodukt Auf den Märkten wird ein Produkt angeboten, das sich an den Durchschnittsverbraucher richtet. („Ein Produkt für alle!", z. B. Brettspiel „Mensch ärgere dich nicht!")	Vorteile – Erreichen einer großen Zielgruppe – Kosten der Herstellung lassen sich minimieren.	Nachteile – kein spezielles Eingehen auf Kundenwünsche – erhöhter Konkurrenzdruck, Substitutionsgefahr
Produktspezialisierung Spezialisierung auf ein Produkt, das eine bestimmte Kundengruppe anspricht („Ein Produkt für wenige!", z. B. Spielkonsole „Play Station")	Vorteile – hohe Marktanteile durch gezieltes Eingehen auf spezielle Kundenwünsche – Erlöse lassen sich maximieren.	Nachteile große Abhängigkeit von einer relativ kleinen Zielgruppe
Marktsegmentierung Unterschiedliche Spezialprodukte werden auf verschiedenen Teilmärkten angeboten. („Unterschiedliche Produkte für unterschiedliche Kunden!", z. B. Spieleangebot für Jugendliche, Spieleangebot für Erwachsene)	Vorteile gezieltes Eingehen auf spezielle Kundenwünsche auf verschiedenen Teilmärkten	Nachteile – Sortiment ist schwer zu überschauen. – relativ hohe Kosten

Grundsätzlich muss man sich bei der Gestaltung des Sortiments permanent Gedanken darüber machen, welche Teilbereiche des Marktes bearbeitet werden sollen. Man spricht in diesem Zusammenhang auch von einer **Marktsegmentierung**. Als Marktsegmentierung wird jede Strategie bezeichnet, die einen Gesamtmarkt in Teilmärkte aufteilt. Grundlage für

Marktsegmentierung

Absatzprozesse planen, steuern und kontrollieren

die Marktsegmentierung ist in der Regel die Absatzmarktforschung. Sie liefert die entsprechenden Informationen, um eine Strategie zu entwickeln, die die effektive und Gewinn bringende unternehmerische Bearbeitung der angestrebten Segmente erlaubt.

Absatzmarktforschung, vgl. Kapitel 6.2.1

Marktsegmentierung kann nach verschiedenen **Kriterien** erfolgen. Die wichtigsten Kriterien ergeben sich aus

Kriterien der Marktsegmentierung

- sozialer Schichtung und verfügbarem Einkommen („Einkommenspyramide") und
- dem Lebensstadium und daraus abgeleiteten Kaufverhalten. Ein bekanntes Beispiel ist das von Murphy und Staples entwickelte Familienzyklus-Modell:

Lebensstadium	Kauf- und Verhaltensmuster
Junggesellenstadium Junge, allein stehende Menschen	wenige finanzielle Verpflichtungen, Meinungsführer in Bezug auf Modetrends, freizeitorientiert; gekauft werden: Küchengrundausstattungen, Grundmobiliar, Autos, Kleidung, Urlaubsreisen, Stereoanlagen
Frisch verheiratet Jung und noch ohne Kinder	finanziell relativ gut gestellt, relativ höchste Erwerbsrate bei Gebrauchsgütern, die dem Einrichten der Wohnung dienen, relativ hohe Mietausgaben
„Volles Nest I" Das jüngste Kind ist unter sechs Jahren	flüssige Mittel knapp, Unzufriedenheit mit Lebensstandard im Vergleich zu Familien ohne Kinder, Tendenz zu demonstrativem Konsum, stark umworbene Produkte werden bevorzugt gekauft: Kindermöbel, Tiefkühltruhen, Geschirrspüler, Kinderspielzeug, Grillgeräte
„Volles Nest II" Das jüngste Kind ist sechs Jahre oder älter	finanziell wieder besser gestellt, häufig beide Elternteile wieder erwerbstätig, Beeinflussung durch die Werbung ist weniger stark; gekauft werden: Lebensmittel, Fahrräder, Musikinstrumente
„Volles Nest III" Ältere Ehepaare mit abhängigen Kindern	finanziell noch besser gestellt, beide Elternteile erwerbstätig, Kinder beginnen z. T. zu arbeiten, schwer beeinflussbar durch Werbung; gekauft werden: Ersatzbeschaffungen und Erweiterung der Wohnungseinrichtung, persönlicher Bedarf der Eltern wieder im Vordergrund
„Leeres Nest I" Ältere Ehepaare, Kinder aus dem Haus, Eltern noch berufstätig	hohes Einkommen, hochwertiger Konsum, kein Interesse an neuen Produkten; gekauft werden: organisierte Urlaubsreisen, Bücher, Gesundheitsprodukte
„Leeres Nest II" Ältere Ehepaare, Kinder aus dem Haus, Eltern im Ruhestand	spürbarer Einkommensrückgang, Sicherung des Eigenheimes; gekauft werden: medizinische Vorrichtungen sowie gesundheits- und schlaffördernde Mittel
Alleinstehend, im Ruhestand	gleicher oder höherer Bedarf an medizinischer Versorgung und gleiche Produktansprüche wie die anderen Gruppen im Ruhestand, starker Einkommensrückgang, besonderes Aufmerksamkeits-, Zuneigungs- und Sicherheitsbedürfnis

Nach: Murphy, Patrick E., Staples, William A., „A Modernized Family Life Cycle", in: Journal of Consumer Research, Juni 1979

Weitere Segmentierungskriterien sind:
- geografische Variablen (z. B. Staat, Land, Region)
- demografische Variablen (z. B. Alter, Geschlecht, Schulbildung)
- psychografische Variablen (z. B. Lebensstil, Persönlichkeitsmerkmale)
- Verhaltensmerkmale (z. B. Kaufanlass, Markentreue)

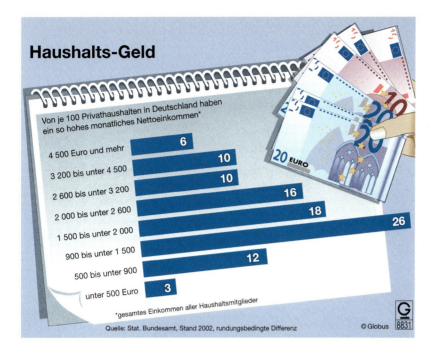

Produktlebenszyklus

Für ein Produkt bedeuten Nachfrageveränderung in der Regel eine Veränderung bei den Verkaufs- und Umsatzzahlen, die im sog. Produktlebenszyklus deutlich wird. Ein Produktlebenszyklus ist die grafische Darstellung der Phasen im Leben eines Produktes anhand der Umsätze und Gewinne dieses Produktes. Im Idealfall kann man folgende Phasen unterscheiden: Entwicklung, Einführung, Wachstum, Reife, Sättigung und Rückgang. Die Einführungs- bis Rückgangsphase bezeichnet man auch als Marktzyklus.

Produktlebenszyklus, vgl. Kapitel 4.2

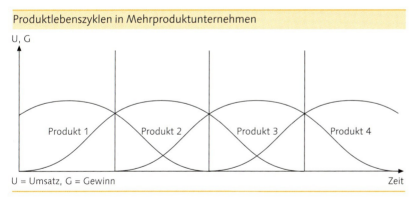

Ein Unternehmen muss im Verlauf des Produktlebenszyklus versuchen, seine hohen Aufwendungen im Bereich der Forschung und Entwicklung durch geringe Produktionskosten, eine möglichst lang andauernde Gewinnzone sowie ständig neue Produkte auszugleichen. Geht man davon aus, dass ein Unternehmen **mehrere Produkte** am Markt platziert und dass sich die einzelnen Produkte in **verschiedenen Phasen** des Lebenszyklus befinden, so macht das Unternehmen gleichzeitig in einigen Produktbereichen möglicherweise Verluste (Entwicklung und Einführung) und in anderen Gewinne (Wachstum, Reife, Sättigung).

Absatzprozesse planen, steuern und kontrollieren

Zusammenhang von Produktlebenszyklus und Marketing

	Einführung	Wachstum	Reife & Sättigung	Rückgang
Umsatzvolumen	gering	schnell ansteigend	Spitzenabsatz	rückläufig
Kostenmerkmale	hohe Kosten pro Kunde	durchschnittliche Kosten pro Kunde	niedrige Kosten pro Kunde	niedrige Kosten pro Kunde
Gewinne	negativ	steigend	hoch	fallend
Kunden	Innovatoren	Frühadopter	breite Mitte	Nachzügler
Konkurrenten	keine oder wenige	Zahl der Konkurrenten & Intensität der Konkurrenz nimmt zu	gleich bleibend, dem Markt entsprechend, Tendenz nach unten	Zahl der Konkurrenten nimmt ab
Operative Marketingziele	Produkt bekannt machen, Erstkäufe herbeiführen	größtmöglicher Marktanteil (maximale Marktpenetration)	größtmöglicher Gewinn bei gleichzeitiger Sicherung des Marktanteiles	Kostensenkung und „Absahnen"
Produktpolitik	ein Grundprodukt anbieten	Produktvarianten (Differenzierung), Serviceleistungen und Garantien anbieten	Marken und Modelle diversifizieren	Artikel mit negativem Deckungsbeitrag eliminieren
Preispolitik	auf maximalen Wert für den Nutzer orientiert	je nach Penetrationsstrategie, viele Alternativen	Preis wie Konkurrenz oder niedriger (fester Marktpreis)	Preissenkungen
Distributionspolitik	Distributionsnetz selektiv aufbauen	Distributionsnetz verdichten	Distributionsnetz weiter verdichten	Distributionsnetz selektiv nach Deckungsbeitrag auslichten
Kommunikationspolitik	Produkt bei Frühadoptern und im Handel bekannt machen	Produkt im Massenmarkt bekannt machen	Unterscheidungsmerkmale und Vorteile der Marke betonen	Erhaltungswerbung nur noch für die treuesten Kunden
Verkaufsförderung	mit intensiver Verkaufsförderung Erstkäufe anregen	Aufwand senken, hohe Nachfrage voll ausnutzen	Aufwand erhöhen, Anreize zum Markenwechsel geben	auf ein Minimum herunterfahren

Quelle: Kotler/Bliemel, Marketing Management, Stuttgart 1995, S. 586.

Produktstrategien

Wie kann aber der Käufer herausfinden, in welcher Phase des Lebenszyklus sich ein Produkt befindet? Grundsätzlich kann er dies an der Werbe- oder Anpreisungsweise erkennen. Große Hinweise mit dem Vermerk „Neu" deuten auf eine **Produktneuheit** (Einführungsphase), Hinweise wie „noch leckerer, noch besser, verbesserte Qualität, technisch auf dem neuesten Stand" deuten auf eine **Veränderung** bestehender Produkte (Sättigungsphase) hin. „Kramecke, Ausverkauf" oder andere Hinweise lassen darauf schließen, dass ein Produkt aus dem Sortiment **herausgenommen** wird (Rückgangsphase).

Die Aufnahme neuartiger Produkte als Ergebnis eigener oder fremder Forschungs- und Entwicklungstätigkeit wird **Produktinnovation** genannt (Beispiel: CD-Player, Mikrowelle, Digitalkamera, DVD).

Produktinnovation

Wird das bisherige Sortiment durch Produktgruppen erweitert (Joghurt und trinkbarer Fruchtjoghurt) oder werden völlig neue Produkte hinzugefügt, spricht man von **Produktdifferenzierung** oder **-diversifikation**.

Produktdifferenzierung/ -diversifikation

Die **Produktvariation** beinhaltet eine oftmals nur im **Detail** vorgenommene Veränderung der bisher am Markt verkauften Produkte, ohne die Absatzprogrammtiefe zu verändern. (Beispiel: Airbag beim Automobil). Hierbei können folgende Veränderungen erfolgen:

Produktvariation

- **physikalische Veränderung**: Austausch und/oder Veränderung bisheriger Materialien; Beispiel: Verpackungsmaterial aus Altpapierrecycling statt PVC
- **funktionale Veränderung**: Vereinfachung der Handhabung, Erhöhung der Sicherheit des Produktes; Beispiel: Vereinfachung der Programmierbarkeit von Videorekordern durch einen Nummern-Code
- **ästhetische Veränderung**: Aktualisierung von Form, Farbe und Stil entsprechend dem aktuellen Trend; Anpassung an den aktuellen Geschmack bei Lebensmitteln oder Parfums; Beispiel: Eine Weinsorte wird mit einem aufwändig bunten Design auf den Markt gebracht, ein Erfrischungsgetränk wird mit verschiedenen neuen Geschmacksrichtungen angeboten.
- **Produktnamenveränderung**: Anpassung der Marke an den Zeitgeist; farbige oder grafische Neugestaltung des Firmenlogos; Beispiel: Veränderung des Namens „Raider" in „Twix"; Veränderung des ZDF-Logos.

Das endgültige Herausnehmen einzelner Produkte oder Produktgruppen aus dem Sortiment bezeichnet man als **Produktelimination**. Dies ist dann denkbar, wenn

Produktelimination

- bei einem Produkt Umsatz oder Gewinne deutlich zurückgehen,
- sich die Kundenwünsche ändern,
- sich gesetzliche Vorschriften ändern,
- ein Produkt ein negatives Image hat (zu billig, zu wenig Umweltschutz, zu konservativ).

Vor dem Herausnehmen der Produkte sind folgende Fragen zu klären:

- In welcher Phase des Lebenszyklus befindet sich das Produkt?
- Deckt das Produkt mit seinen Verkaufserlösen noch die Kosten?
- Trägt das Produkt zur Attraktivität des Gesamtprogramms bei?
- Bestehen zwischen dem problematischen Produkt und anderen Produkten Komplementärbeziehungen?

Neben den genannten Produktstrategien ist zudem die Erscheinungsform eines Produktes und somit die **Produktgestaltung** von besonderer Bedeutung. Die Produktgestaltung ist die Festlegung der Erscheinungsform eines Produktes z. B. hinsichtlich Form, Qualität und Verpackung. Von besonderer Bedeutung ist die Produktgestaltung deshalb, weil der Konsument von heute nicht mehr nur seine Grundbedürfnisse, sondern vielfach auch seine Kultur- und/oder Luxusbedürfnisse verwirklicht sehen will. Somit spielen als **Kaufmotive** zunehmend Prestige, Status oder Macht eine Rolle. Die Unternehmen versuchen daher, durch die Aufmachung ihres Produktes auf diese Kaufmotive einzugehen.

Produktgestaltung

Produktentwicklung, vgl. Kapitel 4.2.2

Von der Produktidee zur Markteinführung

Der Weg eines Produktes bis zur Markteinführung erfolgt im Idealfall in fünf Stufen.

Ideensammlung: Unternehmen entwickeln und sammeln permanent neue Ideen für Produktinnovationen. Anregungen hierzu erhalten Sie unter anderem über ihre Außendienstvertreter vom Groß- und Einzelhandel, von Kunden, eigenen Mitarbeitern oder Konkurrenzprodukten.

Ideensammlung

> **Beispiel:** Der Geschäftsführer der *Fly Bike Werke, Herr Peters,* hat bei seinem letzten Urlaub in den USA zahlreiche Informationen über die Fahr- und Kaufgewohnheiten der amerikanischen Konsumenten im Bereich des Fahrrades gesammelt. Einige dieser Erfahrungen will er auch in Deutschland umsetzen.
>
> Der Vertriebsleiter, *Herr Gerland,* hat auf verschiedenen Fahrradmessen neue Anregungen zur Verbesserung der technischen Ausstattung der Fahrräder der *Fly Bike Werke* sammeln können.

Ideenauswahl: Nicht alle eingehenden Ideen können auch realisiert werden. Die Ursachen hierfür können zum einen auf die hierzu anfallenden Kosten, auf rechtliche Beschränkungen auf Grund bestehender Patente oder Lizenzen sowie auf geringe Markt- oder Absatzpotenziale zurückzuführen sein. Das Unternehmen ist daher gezwungen, aus der Vielzahl vorhandener Ideen die auszuwählen, die in der aktuellen Situation besonders erfolgversprechend sind.

Ideenauswahl

Patente, vgl. Kapitel 4.2.3

> **Beispiel:** Die Idee der Vertriebsabteilung, die Rennräder der eigenen Produktion künftig mit einer neuen und extrem leistungsfähigen Gangschaltung auszustatten, scheitert an den hohen Beschaffungskosten für die Schaltungen in Japan. Der Vorschlag, für alle Fahrräder künftig neue Werkstoffe zu verwenden, die extrem belastbar und erheblich leichter sind als die herkömmlichen Materialien, findet die Zustimmung der Geschäftsleitung und soll baldmöglichst umgesetzt werden.

Entwicklung: Nach der Ideenauswahl erfolgt in eigenen oder betriebsfremden Einrichtungen die Entwicklung der ausgewählten Produkte. Hinweise über die Erwartungen möglicher Käufer in Bezug auf Form, Farbe, Geschmack, Qualität oder technische Ausstattung erhalten die Entwickler von den Ergebnissen der Markforschung.

Produktentwicklung

> **Beispiel:** Die Produktionsabteilung erhält den Auftrag, ein völlig neues Fahrradmodell, das den gehobenen Ansprüchen der Kunden entsprechen soll, zu entwickeln.

Pretest: Bevor die Markteinführung eines Produktes erfolgen kann, werden in der Regel verschiedene Testpersonen über ihre Meinung zu den Produktneuentwicklungen befragt. Dies kann in Testlabors oder durch Befragungen geschehen. Mit Hilfe der Aussagen der Testpersonen ist es möglich, Schwachstellen des neuen Produktes oder aber der Werbung für dieses Produkt herauszufinden. Ist dieser vor der Produkteinführung stattfindende Test erfolgreich, kann die Markteinführung erfolgen.

Pretest

> **Beispiel:** Die Geschäftsleitung der *Fly Bike Werke* will ein neues Kinderfahrrad vor der Markteinführung auf seine Tauglichkeit prüfen und beauftragt 50 Testpersonen vor der Serienfertigung, die Belastbarkeit der neuen Fahrräder in einem zweiwöchigen Test zu prüfen.

Markteinführung: Das neue Produkt wird mit Hilfe einer flankierenden Werbekampagne in den Markt eingeführt.

Markteinführung

Übersicht:		
Sortiment	Breite	Anzahl der Produktgruppen
	Tiefe	Anzahl der Sorten je Produktgruppe
	Umfang	Breite · Tiefe
Sortimentstrategien	– Universalprodukt – Produktspezialisierung – Marktsegmentierung	
Segmentierungs- kriterien	– soziale Schichtung und verfügbares Einkommen – Familienzyklus – geografische Kriterien – demografische Kriterien u. a.	
Produktlebenszyklus	– veranschaulicht Nachfrageentwicklung nach einem Produkt in Abhängigkeit von Umsatz und Gewinn – Phasen: Entwicklung, Einführung, Reife, Sättigung, Rückgang – Marketingstrategie muss sich anpassen	
Produktstrategien	– Produktinnovation – Produktdifferenzierung/-diversifikation – Produktvariation – Produktelimination – Produktgestaltung	
von der Produktidee zur Markteinführung	– Ideensammlung – Ideenauswahl – Entwicklung – *Pretest* – Markteinführung	

6.2.3 Preis- und Konditionenpolitik

Die Preis- und Konditionenpolitik eines Unternehmens gehört zu den wichtigsten Komponenten im Bereich des Marketings.

Aufgaben der Preis- und Konditionenpolitik

– Einerseits will ein Unternehmen im Sinne der **Gewinnmaximierung** möglichst hohe Verkaufserlöse erzielen, um die Gewinnspanne (Differenz zwischen Aufwand und Ertrag) zu vergrößern.
– Andererseits sollte ein Unternehmen jedoch keine Preise verlangen, die gegenüber seinen Mitbewerbern einen **Wettbewerbsnachteil** bedeuten.

Die Preis- und Konditionenpolitik besteht somit aus allen Entscheidungen, die die Preisbildung auf dem Markt beeinflussen. Im Rahmen der betrieblichen Geschäftsprozesse entscheidet dieser Bereich der Absatzwirtschaft entscheidend mit darüber, wie gut sich die betrieblichen Leistungen beim Kunden verkaufen lassen bzw. ob ein potenzieller Kunde überhaupt auf ein Angebot eines Unternehmens reagiert. Bei der Preis- und Konditionenpolitik lassen sich grundsätzlich die Preisbildung und die Preisdifferenzierung unterscheiden.

Preisbildung

Faktoren der Preisbildung

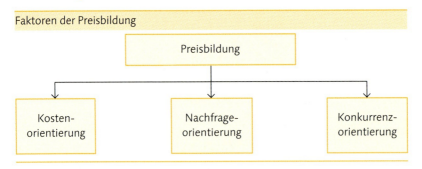

Kostenorientierung

Beispiel: Die *Zweiradhandelsgesellschaft* bereitet den für die Kostenrechnung zuständigen Sachbearbeitern bei den *Fly Bike Werken* einiges Kopfzerbrechen. Nachdem der erste Auftrag über 170 Trekkingräder Modell *Light* abgewickelt wurde, stellt die *Zweiradhandelsgesellschaft* einen neuen, größeren Auftrag über 500 Mountainbikes Modell *Unlimited* in Aussicht.

In der Kostenkalkulation wurden für das Mountainbike Modell *Unlimited* bislang 595,43 € als Umsatzerlöse pro Stück veranschlagt. Die *Zweiradhandelsgesellschaft* ist jedoch nur dann bereit, den Auftrag zu vergeben, wenn der Preis 500,00 € je Rad beträgt.

Sollen die *Fly Bike Werke* diesen Auftrag annehmen?

Anfrage	500 Mountainbikes *Unlimited*
variable Selbstkosten je Stück	360,00 €
bisheriger Zielverkaufspreis	595,43 €
neuer Zielverkaufspreis	500,00 €

Die Frage, ob die *Fly Bike Werke* auf die Preisforderung der *Zweiradhandelsgesellschaft* eingehen sollen, hängt wesentlich davon ab, ob mit dem neuen Verkaufspreis ein positiver Deckungsbeitrag erwirtschaftet wird.

Kosten und betriebliche Leistungserstellung, vgl. Kapitel 4.5.2

Deckungsbeitrag, vgl. Teilband 2

Der Deckungsbeitrag je Stück beträgt im obigen Beispiel 140 € (neuer Verkaufspreis − variable Selbstkosten je Stück = 500 € − 360 €). Der Gesamtdeckungsbeitrag des Auftrages beträgt insgesamt 70.000 € (500 Stück × 140 €/Stück).

Der Auftrag über 500 Mountainbikes würde damit in Höhe von 70.000 € zur Deckung der fixen Kosten beitragen. Die Voraussetzung für eine Annahme ist jedoch, dass noch freie Fertigungskapazitäten zur Verfügung stehen, d. h. der Beschäftigungsgrad unter 100 % liegt.

Der Deckungsbeitrag/Stück (db) und der Gesamtdeckungsbeitrag aller Modelle (DB) ist der folgenden Übersicht (Geschäftsjahr 2003) zu entnehmen:

Modell	1 City		2 Trekking			3 Mountain			4 Rennräder		5 Kinder	
	Glide	Surf	Light	Free	Nature	Dispo	Constitution	Unlimited	Fast	Superfast	Twist	Cool
ZielVp	141,51	158,49	175,46	205,59	263,50	227,42	357,40	595,43	761,02	1.358,80	114,87	153,53
– var. Selbstk.	135,00	140,00	160,11	180,00	210,00	180,00	270,00	360,00	450,00	720,00	125,00	130,00
= db	6,51	18,49	15,35	25,59	53,50	47,42	87,40	235,43	311,02	638,80	-10,13	23,53
db relativ (zum Vp)	4,60%	11,67%	8,75%	12,45%	20,30%	20,85%	24,45%	39,54%	40,87%	47,01%	-8,82%	15,33%
Rangfolge	11	9	10	7	5	6	4	3	2	1	12	8
Absatz	4.950	4.500	3.600	3.780	900	1.800	1.350	1.620	720	180	6.000	4.800
= DB	32.224,50	83.205,00	55.260,00	96.730,20	48.150,00	85.356,00	117.990,00	381.396,60	223.934,40	114.984,00	-60.780,00	112.944,00
Rangfolge	11	8	9	6	10	7	3	1	2	4	12	5
DB Gruppe	115.429,50		200.140,20			584.742,60			338.918,40		52.164,00	
DB Untern.						1.291.394,70						

Alle Modelle, mit Ausnahme des Kinderrades *Twist*, erwirtschaften einen positiven **Deckungsbeitrag**, sodass den gesamten Fixkosten ein Gesamtdeckungsbeitrag in Höhe von 1.291.394,70 € gegenübersteht.

Stellt man den gesamten Kosten die gesamten Leistungen innerhalb einer Abrechnungsperiode gegenüber, so erhält man das Betriebsergebnis.

Jedoch nicht alle Modelle erwirtschaften ein positives **Betriebsergebnis**. Wie wir bereits in Kapitel 4.5.2 gesehen haben, sind die Selbstkosten z. B. für das Trekkingrad *Light* höher als die Verkaufserlöse. Die Zahlen entstammen der in der Kostenrechung erstellten Kostenträgerzeitrechnung.

> Betriebsergebnis, Kostenträgerzeitrechnung, vgl. Teilband 2

Aus kostenorientierter Sicht kann sich die Preispolitik eines Unternehmens an den Vollkosten bzw. den Teilkosten orientieren. Bei der Orientierung an den Vollkosten muss der Verkaufspreis so hoch liegen, dass er die Selbstkosten und einen „angemessenen" Gewinnzuschlag abdeckt. Bei der Orientierung an den Teilkosten muss der Verkaufspreis so hoch liegen, dass ein positiver Deckungsbeitrag erwirtschaftet wird. Die Preisuntergrenze ist erreicht, wenn der Verkaufspreis den variablen Selbstkosten entspricht.

Bei Mehrproduktunternehmen wird häufig eine **Mischkalkulation** durchgeführt. Produkte mit höheren Gewinnen sollen die Kosten der an den Preisuntergrenzen verkauften Produkte auffangen. Dies trifft z. B. für die Modelle der Produktgruppe Mountainbikes und Rennräder zu, mit denen ein positives Betriebsergebnis erwirtschaftet wird.

Nachfrageorientierung

Die Nachfragefunktion besagt, dass die Nachfrage bei einem niedrigen Güterpreis hoch und bei einem hohen Güterpreis niedrig ist. Dieser Grundzusammenhang sagt jedoch noch nichts über die Stärke der Nachfrageveränderung bei einer Preisänderung aus.

Dieser als **Nachfrageelastizität** bezeichnete Zusammenhang kann in verschiedenen Formen vorkommen. Die Preiselastizität der Nachfrage misst die Reaktionsempfindlichkeit der Nachfrage auf Preisveränderungen. Sie ist ein Maßstab dafür, um wie viel sich bei einer gegebenen Nachfragefunktion die nachgefragte Menge eines Gutes ändert, wenn sich dessen Preis um einen bestimmten Betrag verändert.

> Nachfrageelastizität

Die Elastizität der Nachfrage wird mit folgender Formel berechnet:

$$\text{Elastizität der Nachfrage (En)} = \frac{\text{Mengenänderung in \%}}{\text{Preisänderung in \%}}$$

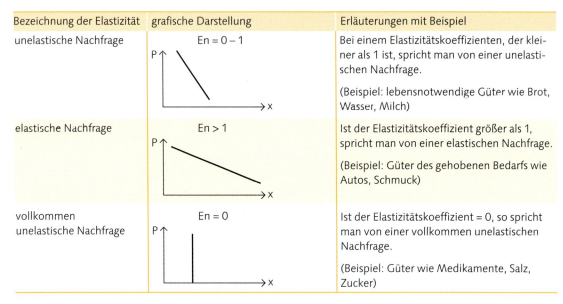

Für den Anbieter ist die Kenntnis von der Stärke sowie der Art der Elastizität von entscheidender Bedeutung, kann er doch mit den entsprechenden Informationen die Nachfrageentwicklung seiner eigenen Produkte im Zuge eigener oder fremder Preisveränderungen in etwa vorausberechnen.

Im Einzelnen kann man sagen:

- Auf Märkten mit unelastischer Nachfrage führen Preissenkungen zu einer Nachfrageerhöhung, die prozentual geringer ist als die prozentuale Preissenkung. Umsatzeinbußen wären die Folge.

Beispiel: Eine 30%ige Preissenkung des Kinderrades Modell *Cool* führt zu einer 12%igen Nachfrageausweitung. Der Umsatz als Produkt aus verkaufter Menge und Verkaufspreis sinkt. Eine 20%ige Preissteigerung des Trekkingrades Modell *Light* führt zu einem 10%igen Nachfragerückgang; der Umsatz steigt.

- Trifft der Marktpreis eine elastische Stelle der Nachfragekurve, werden die Nachfrager auf eine Preiserhöhung mit einer drastischen Nachfrageeinschränkung reagieren.

Beispiel: Die *Fly Bike Werke* erhöhen die Preise für Ersatzteile ihrer Fahrradmodelle plötzlich um 20%. Folge: 40% der Kunden wandern zur Konkurrenz ab. Auf Preissenkungen dagegen wird mit einer größeren Nachfrage reagiert. Die *Fly Bike Werke* senken die Preise für das Rennrad Modell *Superfast* um 10%. Folge: Die Nachfrage nach diesem Modell nimmt um 15% zu.

- Ist eine Nachfrage **vollkommen unelastisch**, so reagieren die Nachfrager überhaupt nicht auf Preisänderungen. Die Nachfrage bleibt hierbei konstant.

Unternehmen können die Kenntnisse über die Zusammenhänge bei der Preiselastizität der Nachfrage gezielt nutzen, um ihre Umsätze und Gewinne zu steuern. So wird eine Preisstrategie, die auf steigende Preise abzielt, wahrscheinlich zu einem Umsatzrückgang führen. Bei günstiger Vorgehensweise kann der Gewinn aber trotz sinkender Umsätze weiter zunehmen. Auch der umgekehrte Fall ist denkbar: So kann ein Unternehmen mit Hilfe einer aggressiven Preissenkungsstrategie seine Umsätze erhöhen und hierbei sinkende Gewinne in Kauf nehmen. Letzterer Fall war vor einigen Jahren im Bereich der Telekommunikation zu beobachten, als die Anbieter ihre Kompetenz und Marktstellung durch Nutzer- und Umsatzzahlen dokumentieren wollten und hierbei eingeplant wurde, dass die Gewinne für eine gewisse Zeit zurückgingen.

Weitere Möglichkeiten nachfrageorientierter Preisbildung sind:	
target pricing (costing)	Vom erzielbaren Marktpreis aus wird versucht, die Kosten so weit zu senken, dass ein entsprechender Gewinn erzielt werden kann.
penetration policy	Der Preis, der die schnellste Marktdurchdringung garantiert, wird festgelegt. Man sichert sich sofort einen großen Marktanteil, bevor die Konkurrenz kommt.
skimming policy	Preis wird so hoch angesetzt, dass man „absahnen" kann. Zielt auf hohe Kaufkraft der Zielgruppe ab, um so schnell wie möglich die Entwicklungskosten amortisieren zu können. Entspricht einer Hochpreispolitik, nur möglich, wenn ein Angebotsmonopol vorhanden ist.

Konkurrenzorientierung

Die konkurrenzorientierte Preispolitik richtet sich nach dem zahlenmäßigen Verhältnis von Anbietern und Nachfragern auf dem jeweiligen Markt. Verschiedene Wissenschaftler haben zur Darstellung dieses Sachverhaltes ein **Marktformenschema** entwickelt, welches eine Vielzahl denkbarer Kombinationen von Anbietern und Nachfragern veranschaulicht.

Grundsätzlich sind auf der Anbieterseite verschiedene Konstellationen möglich. Man spricht von einem **Monopol**, wenn auf einem (Teil-)Markt nur ein Anbieter und somit keine Konkurrenz vorhanden ist. Diese Marktform ist prinzipiell unerwünscht, weil sie die Preisbildung nach Angebot und Nachfrage erheblich behindern kann. Befinden sich auf einem (Teil-)Markt einige wenige Anbieter, so spricht man von einem **Oligopol**. Das Oligopol ist die vorherrschende Marktform einer modernen Wirtschaft. Steht sich auf einem (Teil-)Markt eine große Zahl von Anbietern und Nachfragern gegenüber, spricht man von einem **Polypol**.

Marktformenschema			
	viele Anbieter	wenige Anbieter	ein Anbieter
viele Nachfrager	zweiseitiges Polypol (vollkommener Markt)	Angebotsoligopol	Angebotsmonopol
wenige Nachfrager	Nachfrageoligopol	zweiseitiges Oligopol	beschränktes Angebotsmonopol
ein Nachfrager	Nachfragemonopol	beschränktes Nachfragemonopol	zweiseitiges Monopol (unvollkommener Markt)

Das Verhalten anderer Anbieter beeinflusst ebenfalls die Preisbildung. Geht man davon aus, dass die Unternehmen auf den heutigen Märkten in einem oftmals harten Konkurrenzkampf stehen und sich täglich dem Wettbewerb um Kunden stellen müssen, so ist anzunehmen, dass sie sich nur durch Preiszugeständnisse, hohe Qualität und Flexibilität durchsetzen können. Dies erfordert jedoch eine andauernde Einsatzbereitschaft sowie Zugeständnisse bei der Gewinnerzielung. Es ist daher kaum verwunderlich, dass die Unternehmen nach Möglichkeiten suchen, dem permanenten und harten Wettbewerb und damit dem ständigen Existenzrisiko zu entgehen.

Dies führt dazu, dass es in der wirtschaftlichen Realität nicht den **vollkommenen Markt**, der zur Erklärung des Marktgeschehens theoretisch unterstellt wird, gibt. Viele Unternehmen versuchen vielmehr, durch absatzpolitische Maßnahmen (Heterogenität der Güter, Preisdifferenzierung, Produktgestaltung, Werbung u. a. m.) einen **unvollkommenen Markt** zu schaffen, Marktanteile zu erhalten und auszubauen und die Konkurrenz so weit wie möglich auszuschalten. Es kommt hierbei zu Marktformen, die den Wettbewerb beeinträchtigen können. In jedem Fall gehört auch die Analyse der Konkurrenzsituation sowie die Frage, wie ein Unternehmen auf diese Situation reagiert, zu den strategischen Führungsprozessen eines Unternehmens.

Preisdifferenzierung

Beispiel: Der Geschäftsführer der *Fly Bike Werke*, *Herr Peters*, will den Verkauf von Fahrrädern in weitere europäische Nachbarländer ausdehnen. Bisher beschränkte sich der Verkauf ins Ausland auf Belgien, die Niederlande, Österreich und die Schweiz. In Zukunft sollen sich die Marketing-Aktivitäten auch auf Frankreich und Italien richten. *Herr Peters* beschafft sich wichtige Informationen über die zukünftigen Absatzmärkte, wie z. B. die Konkurrenzsituation einschließlich der jeweiligen Marktanteile und das Preisgefüge. Ihm ist nach Sichtung der Marktforschungsergebnisse klar, dass er die Preisgestaltung im Hinblick auf die möglichen Exportländer überdenken muss, d. h., dass die Verkaufspreise der einzelnen Modelle in den Zielmärkten gegenüber denen des heimischen Marktes zu differenzieren sind.

Von einer Preisdifferenzierung ist die Rede, wenn ein bestimmtes Produkt in einer anderen Region oder einem anderen Land zu verschiedenen Preisen angeboten wird. Allgemein werden verschiedene Arten der Preisdifferenzierung unterschieden:

- Von einer **zeitlichen** Preisdifferenzierung spricht man, wenn ein Produkt zu verschiedenen Zeiten mit unterschiedlichen Preisen angeboten wird. Als Beispiele sind hierbei die Tages- und Nachtstrompreise oder die unterschiedlichen Telefontarife zu nennen.
- Bei der **räumlichen** Preisdifferenzierung werden gleichartige Produkte in verschiedenen Regionen zu verschiedenen Preisen angeboten. Diese Preisdifferenzierung berücksichtigt die unterschiedliche Verteilung der Kaufkraft und ist zum Beispiel bei Medikamenten, Lebensmitteln oder Wohnungsmieten zu beobachten.
- Die **persönliche** Preisdifferenzierung ist dort vorhanden, wo verschiedene Alters- oder Kundengruppen gleichartige Güter zu unterschied-

Arten der Preisdifferenzierung

lichen Preisen kaufen können. Diese Art der Differenzierung ist zum Beispiel beim Tarifsystem der Deutschen Bahn AG (Senioren- und Familientarife) oder bei der Preisdifferenzierung zwischen Klein- und Großverbrauchern zu beobachten.
- Die **sachliche** Preisdifferenzierung ist dort zu erkennen, wo gleichartige Produkte unter verschiedenen Namen und/oder Verpackungen verkauft werden. Dies ist in den letzten Jahren insbesondere beim Verkauf der „No-Name-Produkte" (z. B. bei Lebensmitteln) zu beobachten. Hierbei werden oftmals Markenartikel unter einem völlig unbekannten Namen verkauft.

Beispiel: Ob die Preisdifferenzierung nach Absatzmengen für ein Unternehmen zum gewünschten Erfolg führt, z. B. zur Erhöhung des Gewinnes, kann nur dann entschieden werden, wenn entsprechende Informationen über die Kostenstruktur des jeweiligen Produktes vorliegen. Für ein Produkt, dass z. B. an Groß- und an Kleinabnehmer verkauft wird, liegen folgende Daten vor:

	Kleinabnehmer	Großabnehmer
Nettoverkaufspreis	6,00 €	4,80 €
Variable Kosten/Stück	4,00 €	4,00 €
Deckungsbeitrag/Stück	2,00 €	0,80 €

Befindet sich das Unternehmen bereits in der Gewinnzone und stehen noch weiter Produktionskapazitäten zur Verfügung, so erhöht jedes Produkt, das an den Großabnehmer verkauft wird, den Gewinn um 0,80 €/Stück, obwohl im Vergleich zum Kleinabnehmer ein um 20 % gesenkter Preis verlangt wird. Der höhere Gewinn wird jedoch nur dann erzielt, wenn die Kleinabnehmer wegen des höheren Preises nicht zur Konkurrenz abwandern.

Entscheidungen über Art, Umfang und Dauer von Preisdifferenzierungen werden in vielen – vor allem kleineren und mittleren Unternehmen – von den Geschäftsleitungen durch Führungsprozesse vorstrukturiert und von den Abteilungen auf den Ebenen der Kernprozesse und Aktivitäten/Tätigkeiten umgesetzt.

Führungsverhalten, vgl. Kapitel 7.4.1

Übersicht:

Faktoren der Preisbildung	Kostenorientierung	Decken die Erlöse die Gesamtkosten? Ziel: Erreichen der Gewinnschwelle $E(x) > K(x)$
	Nachfrageorientierung	Wie reagiert die Nachfrage bezogen auf Preisveränderungen? – unelastische Nachfrage – elastische Nachfrage – vollkommen unelastische Nachfrage
	Konkurrenzorientierung	Welche Marktstrukturen existieren? – Monopol – Oligopol – Polypol
Preisdifferenzierung	– zeitlich – räumlich – persönlich – sachlich	

6.3 Leistung vertreiben

6.3.1 Kommunikationspolitik

Die Kommunikationspolitik unterstützt den Vertrieb von Leistungen eines Unternehmens, indem sie mit gezielten **Informationen** eine direkte Verbindung zum Absatzmarkt herstellt. Ziel der Kommunikationspolitik ist es, den potenziellen Käufer über das Unternehmen sowie über die von diesem Unternehmen angebotenen Produkte zu informieren und ihn letztlich zu einer vom Unternehmen gewünschten Entscheidung – in der Regel eine Kaufentscheidung – zu veranlassen.

Die Kommunikationspolitik unterstützt den Vertrieb mit Informationen über das Leistungsangebot, die die potenziellen Käufer erreichen.

Die Kommunikationspolitik bedient sich dazu absatzpolitischer Instrumente wie Absatzwerbung, Verkaufsförderung *(Sales Promotion)*, Öffentlichkeitsarbeit *(Public Relations)* und Direktmarketing.

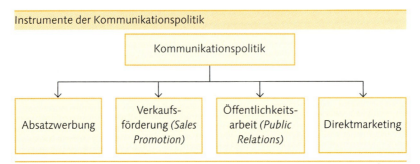

Instrumente der Kommunikationspolitik

Absatzwerbung

Absatzwerbung – im allgemeinen Sprachgebrauch „Werbung" genannt – ist die von einem Unternehmen bewusst geplante und gesteuerte Form der Käuferbeeinflussung, um die unternehmerischen Absatzziele zu verwirklichen. Das Unternehmen bedient sich zur Erreichung dieser Absicht verschiedener Werbearten, Werbegrundsätze sowie unterschiedlicher Werbeträger und -mittel. Erfolgreiche Werbung liegt vor, wenn die entsprechenden Werbeziele mit einem vertretbaren Werbeetat erreicht wurden.

Die Absatzwerbung erfüllt für viele Unternehmen der Wirtschaft gerade heute enorm wichtige Aufgaben. Auf vielen Märkten – man denke nur an den Auto- oder den Haushaltselektronikmarkt – ist das (potenzielle) Angebot an Waren größer als die Nachfrage und die Märkte sind auf Grund der Versorgung der Konsumenten mit derartigen Gütern meist gesättigt. Auf solchen **Käufermärkten**, auf denen der Verbraucher Menge, Preis und Qualität der Waren durch seine Kaufentscheidungen in weiten Teilen mitbestimmen kann, müssen Unternehmen auf sich aufmerksam machen, wollen sie ihre Produkte verkaufen. Es genügt daher heute nicht mehr allein, ein Produkt zu entwickeln und auf den Markt zu bringen; es wird vielmehr immer wichtiger, dass der Anbieter sein Produkt unmittelbar in den Aufmerksamkeitsbereich des Verbrauchers bringt. Die Bedeutung der Werbung kann grundsätzlich auf folgende allgemeine Formel gebracht werden: „Werbung entscheidet über den Erfolg, fehlende Werbung fördert den Misserfolg." Auch wenn diese Formel zu allgemein formuliert ist, zeigen die Umsätze der Werbeunternehmen, dass Werbung von den Unternehmen als immer wichtiger angesehen wird.

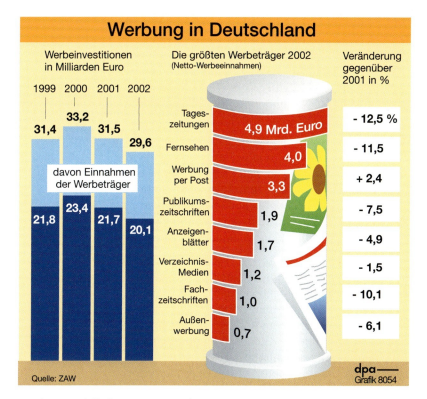

Werbung erfüllt für ein Unternehmen verschiedene Funktionen. Bezogen auf mögliche Formalziele der Unternehmung, sind hier vor allem die folgenden Funktionen zu nennen.

Formalziele, vgl. Kapitel 3.2.1

Gewinnung neuer Kunden: Das Gewinnen neuer Kunden, die Kundenakquisition, ist eine der zentralen Aufgaben der Werbung. Besondere Bedeutung erhält diese Aufgabe bei der Gründung eines Unternehmens. Hier muss sich das Unternehmen erst auf dem Markt bekannt machen und seine Produkte gegen die Konkurrenz der bereits etablierten Firmen verkaufen. Denkbar wäre dies auch bei der Erschließung neuer Märkte für ein Unternehmen, welches bereits mit anderen Produkten am Markt aktiv ist. Das Gewinnen neuer Kunden geht möglicherweise aber auch aus anderen veränderten Sachzielen der Unternehmung hervor. So kann das Unternehmen eine Umsatzsteigerung oder eine Ausweitung von Marktanteilen zum Ziel haben und dies durch Werbung fördern wollen.

Sachziele, vgl. Kapitel 3.2.1

Bindung von Stammkunden: Hat es ein Unternehmen geschafft, Verbraucher zum Kauf seines Produkts zu bewegen, ist es von großer Wichtigkeit, diese Kunden über einen möglichst langen Zeitraum zu binden. Hier hat die Werbung die Aufgabe, ein positives Produktimage, mit dem sich die Kunden identifizieren können, zu erzeugen. Dies kann z. B. durch die Vermittlung eines Lebensgefühls (Abenteuerlust, Freiheit), einer garantierten Produktqualität oder der Exklusivität des umworbenen Produkts erfolgen. Die Bearbeitung von Aufträgen der Stammkundschaft ist für ein Unternehmen auch aus Sicht der Geschäftsprozesse von großer Bedeutung. Hier sind die Geschäftsprozesse für beide Seiten transparent und eingefahren, die Kundenwünsche und -erwartungen sind dem Unternehmen bekannt und die Kundenzufriedenheit steht im Regelfall auf einem breiten Fundament.

Markteinführung neuer Produkte: Ein Produkt kann nur dann verkauft werden, wenn die potenziellen Kunden über die Existenz dieses Produktes informiert werden. Werbung muss in diesem Sinne daher den Namen sowie Informationen über den Hersteller und das Produkt selbst zur Verfügung stellen. In der Praxis geschieht dies meist durch Sonderverkaufsveranstaltungen, Präsentationen auf Messen oder Informationen der eingesetzten Absatzmittler.

Absatzmittler, vgl. Kapitel 6.3.2

Das Wecken neuer Bedürfnisse ist eine wichtige Aufgabe des Unternehmens. Da die Grundbedürfnisse in unserem Land weitestgehend gedeckt sind, kommt es für die Unternehmen darauf an, den Kauf von Kultur- und Luxusgütern für den Konsumenten interessant zu machen. Die Werbung versucht hierbei, dem Verbraucher seine latenten Bedürfnisse bewusst zu machen und bei diesem den Kaufwunsch nach dem umworbenen Produkt auszulösen. So können Werbespots unbewusste Bedürfnisse bewusst machen.

Die oben behandelten Funktionen stellen nur eine mögliche Auswahl dar. In der Werbepraxis werden meist mehrere Funktionen gleichzeitig verfolgt. So kann die Werbung für die neue Kollektion eines etablierten Herstellers für Fahrräder zugleich auf das Gewinnen neuer Kunden, auf die Bindung der Stammkundschaft, die Markteinführung des neuen Produkts als auch auf das Wecken latenter Bedürfnisse ausgerichtet sein. Die Kunst der „Werbemacher" ist es, möglichst viele Unternehmensziele mit einer Werbebotschaft anzusprechen.

Umschlag eines Werbekatalogs der *Fly Bike Werke*

Werbung orientiert sich neben den Formalzielen zudem auch stark am **Lebenszyklus** des Produktes. Mit der Einführungsphase muss das neue Produkt bekannt gemacht werden. Hierzu ist eine Werbung erforderlich, die Kundenwünsche weckt und Produkt- und Unternehmensinformationen verbreitet. Werbung in dieser Phase nennt man **Einführungswerbung**. Ziel des Unternehmens muss es sein, nach der Einführungsphase die produktbezogenen Umsätze zu erhöhen. Daher muss die Werbung gewährleisten, dass der Bekanntheitsgrad des Produktes erhöht wird, Kunden von der Konkurrenz abgeworben und neue Kunden hinzugewonnen werden. Werbung in diesem Kontext wird allgemein als **Expansionswerbung** bezeichnet. Irgendwann zeichnet sich für ein Produkt eine Marktsättigung ab. Um die hiermit verbundene Stagnation der Umsätze möglichst lange aufzuhalten, muss die **Stabilisierungswerbung** jetzt darauf ausgerichtet sein, Kunden zu halten und Angebote der Konkurrenz abzuwehren. Ein ähnliches Ziel hat auch die **Erinnerungswerbung**. Hierbei sollen den momentanen, aber auch den früheren Kunden die Leistungen des Unternehmens in Erinnerung gebracht und somit weitere Käufe ausgelöst werden.

Werbung in Abhängigkeit vom Produktlebenszyklus

Produktlebenszyklus, vgl. Kapitel 4.2 und 6.2.2

Werbearten

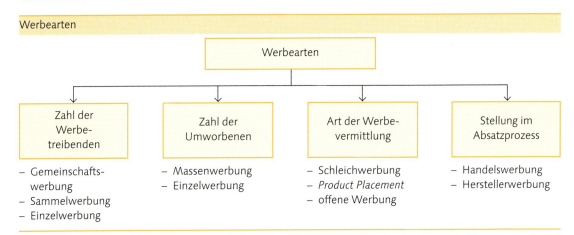

Werbearten nach der Zahl der Werbetreibenden

Je nachdem, wie viele Unternehmen in welcher Form werben, unterscheidet man Einzel-, Sammel- und Gemeinschaftswerbung.

- **Einzelwerbung:** Bei der Einzelwerbung bemüht sich ein Unternehmen **alleine** um die Bekanntmachung seiner Produkte.

Einzelwerbung

Beispiel: Die *Fly Bike Werke GmbH* wirbt unter Nennung ihres Namens in der Beilage einer Tageszeitung für ihr Fahrradsortiment.

- **Sammelwerbung (Kollektivwerbung):** Führen mehrere Unternehmen ihre Werbeaktionen gleichzeitig durch, spricht man von Kollektivwerbung. Diese kann sowohl als Sammel- oder als Gemeinschaftswerbung vorkommen. Werden die werbetreibenden Unternehmen dem Kunden **namentlich bekannt** gemacht, spricht man von Sammelwerbung.

Sammelwerbung

Beispiel: Die deutschen Fahrradhersteller werben unter namentlicher Nennung gemeinsam für heimische Fahrräder „Made in Germany".

– **Gemeinschaftswerbung (Kollektivwerbung):** Treten die beteiligten Unternehmen **nicht namentlich** in Erscheinung, spricht man von Gemeinschaftswerbung. Geworben wird hierbei für das Leistungsangebot einer Branche oder eines Wirtschaftszweiges. Durchgeführt werden diese Aktionen z. B. von Industrie- oder Fachverbänden.

Gemeinschaftswerbung

> **Beispiel:** „Die Milch macht´s!" oder „Wir von der Fahrradindustrie!"

Werbearten nach der Zahl der Umworbenen

Wird der einzelne Kunde direkt und persönlich angesprochen, spricht man von einer **Einzelwerbung**. Dies kann durch einen persönlichen Werbebrief oder Vertreterbesuche erfolgen.

Einzelwerbung

Werden von einem oder mehreren Unternehmen aber alle Kunden zugleich angesprochen, so nennt man dies **Massenwerbung**. Massenwerbung erfolgt in der Regel über die Massenmedien Zeitung, Zeitschrift, Radio und Fernsehen. Der Kunde wird hierbei nicht persönlich, sondern als anonyme Person angesprochen.

Massenwerbung

Werbearten nach der Art der Werbevermittlung

Werbung erscheint dem Kunden nicht nur in den Bereichen der Massenmedien. Immer häufiger ist auch in beliebten Unterhaltungssendungen oder Fernsehserien Werbung versteckt vorhanden.

– Von einer **offenen Werbung** spricht man, wenn Werbung in den Bereichen, in denen der Konsument dies erwartet – Werbeblöcke im Fernsehen oder Werbeblock im Radio – erscheint. Der Werbetreibende zahlt hierbei für die Inanspruchnahme der entsprechenden Medien.

offene Werbung

– Treten Unternehmensvertreter, Schauspieler oder Fußballer jedoch in einer Fernsehsendung auf und stellen sie in einem begleitenden Interview ihre neuen Produkte vor, spricht man von einer **Schleichwerbung**. Hierbei nutzt der Werbetreibende unentgeltlich und ohne vorherige Absprache das entsprechende Medium.

Schleichwerbung

– Seit einigen Jahren ist eine weitere Werbeart verbreitet: das **Product Placement**. Bei dieser Werbeart werden in Fernsehserien oder Spielfilmen die Produkte von Firmen bewusst so platziert, dass sie vom Zuschauer sofort erkannt werden. Die Unternehmen, die von dieser Art der Werbung Gebrauch machen, bezahlen für diese Werbung und hoffen auf Grund der Tatsache, dass das Produkt scheinbar zufällig in den Aufmerksamkeitsbereich des Betrachters rückt, auf eine zunehmende Bekanntheit und steigende Absatzzahlen.

Product Placement

> **Beispiele:** In einem Spielfilm fährt der Hauptdarsteller ein Fahrrad der *Fly Bike Werke*. Bei einer bekannten Fernsehserie sitzen die Darsteller am Frühstückstisch und verzehren hierbei Wurst, Margarine und Milch von bekannten Herstellern.

Werbearten nach der Stellung der Werbenden im Absatzprozess

Die Absatzwege eines Produktes können direkt vom Hersteller zum Verbraucher oder vom Hersteller über verschiedene Handelsstufen zum Verbraucher verlaufen. Je nachdem, welcher dieser Absatzwege gewählt wird, kann die Frage, wer die Werbung veranlasst und finanziert, unterschiedlich beantwortet werden.

Wird die Produktwerbung durch den Hersteller selbst veranlasst, finanziert und durchgeführt, spricht man von einer **Herstellerwerbung**. Liegt der genannte Aufgabenbereich jedoch im Entscheidungsbereich des Handels, nennt man dies **Handelswerbung**.

Hersteller- und Handelswerbung

Beispiel: Die *Fly Bike Werke GmbH* führt eine eigene Werbeaktion für ihre Fahrräder durch (Herstellerwerbung). Die *Matro AG* wirbt für verschiedene Limonadensorten eines bestimmten Herstellers (Handelswerbung).

Werbeplanung

Werbung muss, will sie erfolgreich sein, richtig geplant werden. Die Unternehmen können bei ihrer Werbeplanung einerseits auf Erfahrungen der bisherigen Werbung zurückgreifen, andererseits stellt die Psychologie ihnen wichtige Kenntnisse über die **Wirkung von Werbebotschaften** auf den Menschen zur Verfügung. Aus den bisherigen Werbeerfahrungen wurde die so genannte **AIDA-Formel** entwickelt. Sie dient als ein Orientierungsraster dafür, wie erfolgreiche Werbung aussehen sollte.

Die AIDA-Formel besagt, wie die Werbung wirken soll.

AIDA-Formel	
Attention	Die Werbebotschaft soll die Aufmerksamkeit des potenziellen Käufers erwecken.
Interest	Der potenzielle Käufer soll für das Produkt interessiert werden.
Desire	Beim potenziellen Käufer soll ein Kaufwunsch ausgelöst werden.
Action	Der potenzielle Käufer soll das Produkt tatsächlich nachfragen.

Neben dieser Formel sollten bei der Planung erfolgreicher Werbung bestimmte Grundsätze beachtet werden.

- **Werbewirksamkeit:** Die gesetzten Werbeziele sollen durch die Werbung auch erreicht werden. Werbeinhalt und Werbemittel müssen so ausgewählt werden, dass sie die Konsumenten entsprechend der angestrebten Zielsetzung beeinflussen. Hierzu gehören u. a. die Wahl der Farbe, des Textes und der Bilder. Eine Werbung, die den Bekanntheitsgrad des Produktes zwar erhöht, die potenziellen Käufer jedoch nicht überzeugt und zum Kauf bewegt, hat ihre Wirkung verfehlt.
- **Werbewirtschaftlichkeit:** Der angestrebte Werbeerfolg sollte mit einem für die Unternehmung vertretbaren Werbeetat erreicht werden können. Problematisch ist allerdings die Messung des Werbeerfolges, da Absatzveränderungen in der Regel schwer einer bestimmten Werbemaßnahme zuzuordnen sind.
- **Werbeklarheit:** Die Werbeaussage muss klar und leicht verständlich sein und das Produkt von der Konkurrenz abgrenzen.

Grundsätze der Werbeplanung

Beispiel: Das Fahrradmodell „A" soll vom Image her nicht mit dem Konkurrenzmodell der Firma „B" verwechselt werden.

- **Werbewahrheit:** Die Werbung soll sachlich richtig informieren und nicht täuschen oder irreführen.

Die konkreten **Schritte einer Werbemaßnahme**, die zur Realisierung der unternehmerischen Absatzziele beschritten werden sollen, werden durch die eigentliche Werbeplanung festgelegt. Hier wird konkret die Abfolge der Vorgehensweisen „geplant".

Die Werbeplanung legt die konkreten Schritte einer Werbemaßnahme fest.

- **Werbeziele festlegen:** Ganz zu Beginn der Produktwerbung müssen sich die Verantwortlichen in einem Unternehmen die Frage stellen, **warum** sie werben wollen, d. h., sie müssen sich über die Ziele der Werbemaßnahme klar werden. Diese Frage zielt zugleich auf die unternehmerischen Formalziele. Hierunter fallen Ziele wie die Gewinnmaximierung, die Kostendeckung, die Ausweitung des Marktanteils oder die bestmögliche Auslastung der betrieblichen Kapazitäten. Die Entscheidung für eines oder mehrerer dieser Unternehmensziele stellt zugleich die Weichen für die weitere Vorgehensweise bei der Werbeplanung.

  Formalziele, vgl. Kapitel 3.2

- **Werbegegenstand bestimmen:** Viele Unternehmen stellen heute eine Vielzahl von Produkten für Konsum- und Produktionsgütermärkte her. Vor der Festlegung der eigentlichen Werbebotschaft und der Bestimmung der Werbesubjekte muss genau bestimmt werden, **welches Produkt** umworben werden soll. Die Entscheidung hierfür hängt auch von der Stellung der einzelnen Produkte im jeweiligen Produktlebenszyklus ab.

  Produktlebenszyklus, vgl. Kapitel 4.2 und 6.2.2

> **Beispiel:** Bei der *Fly Bike Werke GmbH* wird überlegt, ob eine Werbeaktion für die klassischen Modelle oder für eine völlig neue Kollektion durchgeführt werden soll.

- **Werbezielgruppe festlegen:** Ein Unternehmen muss sich vor der Realisierung einer Werbekampagne genau überlegen, **welchen Personenkreis** sie umwerben will. Eine Werbung für ein Herztonikum hätte bei Kleinkindern ebenso wenig Sinn wie eine Werbung für modernen Abfahrtski bei Rentnern. Werbung, die die falsche Zielgruppe erreicht, bedeutet eine Verschwendung finanzieller Mittel. Es kommt daher darauf an, die gewünschte Zielgruppe möglichst direkt und ausschließlich durch eine geeignete Kombination von Streukreis, Streuzeit sowie grafischer und textlicher Gestaltung anzusprechen.

- **Werberegion bestimmen:** Nicht jede Werbung soll in einem größeren Umkreis erscheinen. Der lokale Supermarkt wird seine Produkte nicht weit über die Stadtgrenzen hinaus anpreisen wollen und der Autohändler in Düsseldorf ist kaum an einer Werbung in ganz Deutschland interessiert. Es kommt daher darauf an, den **Werberadius** an das Produkt sowie an die Werbeziele anzupassen.

- **Werbebotschaft formulieren:** Die Werbebotschaft in ihrer grafischen, akustischen oder textlichen **Gestaltung** gehört mit zur wichtigsten Überlegung bei der Werbeplanung. Bei der heutigen Flut verschiedenster Werbung entscheiden oftmals Kleinigkeiten darüber, ob eine Werbung Beachtung findet oder ob sie gar nicht zur Kenntnis genommen wird. Da die Unternehmen dies genau wissen, oftmals aber nicht in der Lage sind, professionelle Werbung im eigenen Hause zu machen, werden für viele Werbebotschaften Werbebüros eingeschaltet. Diese kreieren das gesamte Werbekonzept und können mitunter eine enorme Wirkung erzielen.

- **Werbemittel festlegen:** Mit der Festlegung der Werbemittel und -träger bestimmt das Unternehmen, auf **welche Weise** die Informationen dem Kunden vorgestellt werden sollen. Als **Werbeträger**, also als Vermittlung und Transportmedien, stehen z. B. Zeitungen, Zeitschriften, Rundfunk und Fernsehen zur Verfügung. Die **Werbemittel** dienen dagegen der Durchführung der Werbung. So kann über den Werbeträger „Fernsehen" das Werbemittel „Werbespot" gesendet werden, um ein Produkt dem Kunden vorzustellen.

- **Werbezeit abstimmen:** Die Werbe- oder Streuzeit sagt aus, an welchem **Zeitpunkt** die Werbung in dem entsprechenden Medium erscheinen soll. Durch die richtige Wahl des Werbezeitpunktes kann der Werbeerfolg maßgeblich beeinflusst werden. So würde es wenig Sinn machen, bereits im Juni für Weihnachtsgeschenke zu werben oder im Dezember Sonnenschirme anzupreisen. Die Werbeplanung muss daher den effektivsten Zeitpunkt für eine Werbekampagne genau planen. Dies kann je nach Produkt im zeitlichen Rahmen eines Jahres (z. B. Sommermode), eines Monats, einer Woche oder sogar eines Tages erfolgen und wird in einem Mediaplan in der Regel für ein Jahr festgelegt.

- **Werbeerfolg messen:** Ein Werbeerfolg tritt in der Regel erst dann ein, wenn durch die aufgewendeten Mittel eine Absatz- und/oder Imagesteigerung zu erkennen ist. Für einen Werbetreibenden besteht das Problem der **Werbeerfolgskontrolle** aber darin, dass er nicht genau feststellen kann, ob die durchgeführte Werbung Ursache für veränderte Umsatzentwicklungen ist oder ob andere Faktoren (z. B. Preis, Qualität, Konkurrenz) hierauf einen Einfluss hatten. Der **wirtschaftliche Werbeerfolg** wird durch die Werberendite (Quotient aus Umsatzzuwachs und Werbekosten) berechnet.

Weitere absatzfördernde Mittel der Kommunikationspolitik

Kaufentscheidungen von Kunden sowie die Zufriedenheit der Kunden mit dem Unternehmen und seinen Produkten müssen sorgfältig vorbereitet und gefördert werden. Es ist daher wichtig, an vielen Stellen der Geschäftsprozesse auf diese Ziele hinzuarbeiten. Wichtige Instrumente zur Erreichung dieser Ziele sind neben der Werbung die Öffentlichkeitsarbeit *(Public Relations)*, die Verkaufsförderung *(Sales Promotion)* sowie das Direktmarketing.

Aufgabe der **Öffentlichkeitsarbeit** *(Public Relations, kurz: PR)* ist es, das Unternehmensbild *(Image)* in der Öffentlichkeit positiv aufzubauen, zu pflegen und zu erhalten. Hierzu kann ein Unternehmen z. B. folgende Maßnahmen ergreifen:

- PR-Anzeigen in den Medien schalten
- PR-Veranstaltungen wie einen „Tag der offenen Tür" durchführen
- sich an Stiftungen beteiligen oder für bestimmte Zwecke spenden

Öffentlichkeitsarbeit fördert das positive Image des Unternehmens.

- Pressekonferenzen abhalten
- Kontakte zu Journalisten fördern

Verkaufsförderung *(Sales Promotion)* hat die Aufgabe, den Absatz zu steigern, indem sie die am Verkauf beteiligten Gruppen (Absatzorgane, Handel und Käufer) informiert, unterstützt und motiviert. Die folgende Tabelle stellt mögliche Zusammenhänge in diesem Bereich dar:

Verkaufsförderung unterstützt die am Verkauf beteiligten Gruppen.

Verkaufsförderung	
Außendienstpromotion	– Schulungen über das Unternehmen, die Produkte und den Markt – Motivation durch Vergütungssysteme
Händlerpromotion	– Ausbildung und Information des Handels – Beratung des Handels bei der Gestaltung der Verkaufsräume
Kundenpromotion	– Information der Kunden durch Warenprobe, Informationsbroschüren – Motivation durch Gewinnspiele, Zugaben

Beim **Direktmarketing** versuchen Unternehmen, ihre Produkte durch den kombinierten Einsatz von Werbung und Verkaufsförderung, jedoch **ohne** den Einsatz von **Absatzmittlern** zu verkaufen. Diese Art des Marketings hat gerade in den letzten Jahren durch die Entwicklungen im Bereich der Telekommunikation enorme Zuwächse zu verzeichnen.

Absatzmittler, vgl. Kapitel 6.3.2

Beim **TV-Direktmarketing**, welches vornehmlich bei den Privatsendern durchgeführt wird, können Interessenten am Ende eines Werbefilms eine dort angegebene Telefonnummer wählen und das Produkt dort sofort bestellen. Dass dieses Verfahren dem Direktmarketing zuzuordnen ist, erkennt man daran, dass der Sprecher ausdrücklich darauf hinweist, dass die Produkte nicht im Handel, sondern nur unter der angegebenen Telefonnummer erhältlich sind.

Beim **Telefonmarketing** rufen beauftragte Mitarbeiter Kunden an, um mit diesen Verträge abzuschließen oder um diese mit Produkten des Unternehmens vertraut zu machen. Die Kunden werden hierbei über Produkte und Produktneuheiten informiert und sollen per Telefon Kaufverträge abschließen. Auf Grund der rechtlichen Bestimmungen in Deutschland dürfen jedoch keine Neukunden ohne deren Genehmigung angerufen werden. Zudem ist das Telefonmarketing mit Kunden, zu denen Geschäftsbeziehungen bestehen, nur dann erlaubt, wenn diese Geschäftsbeziehungen nicht zu lange zurückliegen. In der Praxis ist das Telefonmarketing vor allem in den Bereichen verbreitet, in denen dauerhafte Geschäftsbeziehungen bestehen, also zwischen Unternehmen.

Neben diesen beiden Instrumenten sind in der Praxis noch weitere Formen des Direktmarketings vertreten. So machen viele Firmen Gebrauch von Kaufofferten **per Anschreiben**. Hierbei übersenden sie Produktproben oder Werbefilme mit Kaufangeboten an potenzielle Kunden. Die Adressen der Empfänger stammen dabei aus Unternehmenskarteien oder von Adressenanbietern.

Rechtliche Rahmenbedingungen

In den Medien tauchen ab und zu Berichte darüber auf, dass Unternehmen Werbeaktionen untersagt werden, weil sie z. B. ihre Konkurrenten in ein schlechtes Licht rücken oder weil sie ihren Kunden im Falle eines Kaufs Zugaben in Form von Rabatten oder Werbegeschenken versprechen, die nicht erlaubt sind. Diese Meldungen machen deutlich, dass auch die Werbung einer Vielzahl gesetzlicher Regelungen unterworfen ist.

Das **Gesetz gegen unlauteren Wettbewerb** (UWG) behandelt die Frage, wie weit ein Unternehmer im Wettstreit mit seinen Konkurrenten gehen kann, ohne den Weg des „fairen Wettbewerbs" zu verlassen. Es ist somit ein Gesetz, welches den Verbraucher indirekt dadurch schützt, dass es den Wettbewerb zwischen den einzelnen Anbietern regelt. Grundsätzlich wird hierbei zwischen **Verstößen gegen die guten Sitten**, **irreführenden Angaben** und **progressiver Kundenwerbung** unterschieden. Je nach der Bedeutung derartiger Handlungen können Unterlassungsaufforderungen oder Strafandrohungen erfolgen.

Seit dem 1. Januar 2002 haben die kaufvertraglichen Regelungen des **BGB** im Rahmen der **Schlechtleistung** auch Auswirkungen auf die Werbung: Der Verkäufer muss in Zukunft genau aufpassen, welche **Werbung** er für sein Produkt macht. Wenn die Angaben in der Werbung **nicht stimmen**, kann der Käufer das Produkt zurückgeben und sein Geld zurückverlangen. Wenn ein Autohändler z. B. damit wirbt, dass sein Auto maximal 3 Liter pro 100 km verbraucht, der tatsächliche Verbrauch aber sehr viel höher ist, muss er das Auto zurücknehmen. Bislang galten solche scharfen Regeln nur bei Bankgeschäften oder Urlaubsreisen. In der Werbung wird vieles versprochen und wenig gehalten. Das soll sich nun ändern: Halten die Produkte nicht, was in der Werbung beschrieben wurde, dürfen die Kunden reklamieren. Wenn zum Beispiel ein Auto mehr Benzin verbraucht als in der Anzeige ausgewiesen, so ist dies ein Sachmangel. Auch hier gibt es natürlich eine Grauzone: Atmosphärische Beschreibungen wie „die zarteste Versuchung" werden sicherlich auch in Zukunft möglich sein.

Schlechtleistung (mangelhafte Lieferung), vgl. Kapitel 5.4.7

Übersicht:

Funktionen der Werbung	bezogen auf die Formalziele des Unternehmens	– Gewinnung neuer Kunden – Bindung von Stammkunden – Markteinführung neuer Produkte – Wecken neuer Bedürfnisse
	bezogen auf den Produktlebenszyklus	– Einführungswerbung (Einführung) – Expansionswerbung (Reife) – Statilisierungswerbung (Sättigung) – Erinnerungswerbung (Rückgang)
Werbearten	– Zahl der Werbetreibenden: Einzelwerbung, Sammelwerbung, Gemeinschaftswerbung – Zahl der Umworbenen: Einzelwerbung, Massenwerbung – Art der Vermittlung: offene Werbung, Schleichwerbung, *Product Placement* – Stellung im Absatzprozess: Herstellerwerbung, Handelswerbung	
Werbeplanung	Grundsätze erfolgreicher Werbung	– bezogen auf die Werbewirkung: AIDA-Formel – Werbewirksamkeit, Werbewirtschaftlichkeit, Werbeklarheit, Werbewahrheit

→

	Schritte bei der Realisierung einer Werbemaßnahme	Werbeziele festlegen, Werbegegenstand bestimmen, Werbezielgruppe festlegen, Werberegion bestimmen, Werbebotschaft formulieren, Werbemittel festlegen, Werbezeit abstimmen, Werbeerfolg messen
sonstige Instrumente der Kommunikationspolitik	– Öffentlichkeitsarbeit *(Public Relations)*: Image des Unternehmens fördern – Verkaufsförderung *(Sales Promotion)*: am Verkauf beteiligte Gruppen unterstützen – Direktmarketing: Absatzförderung ohne Absatzmittler	
rechtliche Rahmenbedingungen	Gesetz gegen den unlauteren Wettbewerb (UWG)	– Verstoß gegen die guten Sitten – irreführende Angaben – progressive Kundenwerbung
	Bürgerliches Gesetzbuch (BGB)	nicht eingehaltenes Werbeversprechen = Sachmangel § 434 BGB

6.3.2 Distributionspolitik (Absatzlogistik)

Die Distributionspolitik befasst sich im Absatzbereich mit der Frage, wie, durch wen und womit der Kunde die Ware oder Dienstleistung erhält. Dies betrifft sowohl die **physische Verteilung** als auch Fragen, ob die Ware beispielsweise über den **Fachhandel**, über eigene **Vertreter** oder im **Direktversand** verkauft wird. Alle Maßnahmen im Rahmen der Auswahl der Absatzkanäle sowie der Aufgabenverteilung zwischen Unternehmen und Absatzmittlern werden ebenso wie die physische Distribution zum **Distributions-Mix** gerechnet. Bei allen Überlegungen im Bereich der Absatzlogistik müssen unter anderem folgende Aspekte genau beachtet werden:
– Wie groß sind Umsatz, Gewinn und Marktanteil beim jeweiligen Vorhaben?
– Wie groß sind die betriebswirtschaftlich vertretbaren Vertriebskosten?
– Wie groß ist die Kooperationsbereitschaft des Handels?

Im Hinblick auf das Leistungsangebot sind im Bereich der Absatzlogistik folgende Entscheidungsfelder zu beachten:
– **Produktbezogenes Entscheidungsfeld:** Erklärungsbedürftigkeit des Produktes, Bedarfshäufigkeit beim Verbraucher, Transportempfindlichkeit
– **Konsumentenbezogenes Entscheidungsfeld:** Zahl der potenziellen Kunden, geografische Verteilung der Kunden, Einkaufsgewohnheiten der Kunden, Aufgeschlossenheit gegenüber verschiedenen Verkaufsmethoden (z. B. Direktverkauf)
– **Konkurrenzbezogenes Entscheidungsfeld:** Zahl der Mitbewerber, Art der Konkurrenzprodukte, Distributionsmethoden der Konkurrenz, Stärken und Schwächen des Angebotes gegenüber der Konkurrenz

Entscheidungsfelder der Distributionspolitik

- **Unternehmensbezogenes Entscheidungsfeld:** Größe des Unternehmens, Finanzkraft des Unternehmens, Erfahrungen des Unternehmens
- **Rechtliches Entscheidungsfeld:** Konfliktvermeidung bei den Absatzwegen (Schutz der Vertriebswege), Festlegung der Rechte und Pflichten von Herstellern und Händlern, vertragliche Regelungen über die Ausgleichsansprüche von Handelsvertretern bei Abbruch der Geschäftsbeziehungen.

Die Qualität der Distributionspolitik eines Unternehmens hat auch Einfluss auf das Käuferverhalten und die Marktentwicklung. Wird die Kundenzufriedenheit durch eine optimale Organisation der betrieblichen Güterverteilung bestätigt oder kann diese sogar erhöht werden, wird sich das Käuferverhalten positiv entwickeln – die Kundenbindung bleibt stark oder wird erhöht – und das Unternehmen kann seine Position auf dem Markt erhalten oder sogar verstärken.

Einfluss der Distributionspolitik auf die Kundenzufriedenheit

Sind die Kunden mit der entsprechenden Distributionsleistung eines Unternehmens jedoch nicht zufrieden, sinkt die Bereitschaft der Kunden, hier Waren zu ordern, die Markt- und Wettbewerbsposition des Unternehmens sinkt. Dieser Zusammenhang führt dazu, dass auch im Bereich der Distributionspolitik durch die betrieblichen Führungskräfte ein permanenter Soll-Ist-Vergleich zwischen den betrieblichen Zielen und den tatsächlichen Entwicklungen stattfindet.

Absatzorganisation

Die Absatzorganisation beantwortet die Frage, wie ein Unternehmen seinen Absatz organisiert. Grundsätzlich kann der Absatz eines Unternehmens nach der inneren und der äußeren Organisation unterschieden werden.

Die **innere Absatzorganisation** zeigt, nach welchen Kriterien der Absatzbereich **innerhalb** eines Unternehmens organisiert ist. Man unterscheidet hierbei grundsätzlich eine produkt-, funktions-, kunden- oder gebietsorientierte Absatzorganisation.

innere Absatzorganisation

> **Beispiel:** Bei einer gebietsorientierten Absatzorganisation kann unterschieden werden nach Inland/Ausland oder bestimmten Ländern, Regionen, Kontinenten usw.

Die **äußere Absatzorganisation** beantwortet die Frage, wie ein Unternehmen den Absatz seiner betrieblichen Leistungen zwischen dem Unternehmen und dem Kunden organisiert. Hier wird generell zwischen einem **zentralen** und einem **dezentralen** Vertrieb unterschieden. Während die Verteilung der wirtschaftlichen Güter bei einem zentralen Vertrieb von einer Stelle aus erfolgt, werden die Leistungen bei einem dezentralen Vertrieb mit Hilfe eines Filialnetzes über Auslieferungslager oder Reisende abgesetzt.

äußere Absatzorganisation

Lagerhaltung, vgl. Kapitel 5.5.1

Absatzwege

Der Absatzweg behandelt die Frage, auf welche Weise eine betriebliche Leistung ihren Kunden erreicht. Unterschieden wird der direkte und der indirekte Absatz. Beim **direkten Absatzweg** verteilt ein Unternehmen seine Güter mit Hilfe eigener Absatzorgane. Dies kann z. B. durch eigene Filialen, Reisende oder Vertragshändler gewährleistet werden. Beim **indirekten**

direkte und indirekte Absatzwege

Absatz schaltet ein Unternehmen bei der Verteilung dagegen betriebsfremde Absatzorgane ein. So kann der Großhandel die Waren des Herstellers übernehmen und über den Einzelhandel an den Endverbraucher weitergeben. In der Praxis müssen Unternehmen die Vor- und Nachteile direkter und indirekter Absatzwege gegeneinander abwägen.

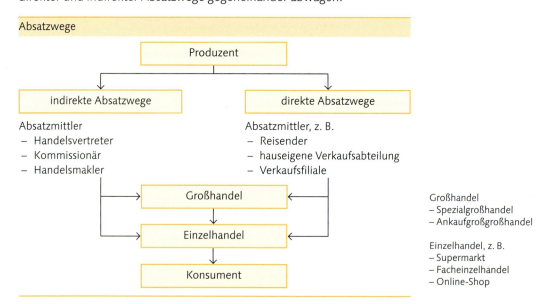

Absatzwege

Vorteile des direkten Absatzes	Vorteile des indirekten Absatzes
direkter Kontakt zum Kunden; Möglichkeit, schnell auf Kundenwünsche und -anregungen zu reagieren	Aufgabenteilung bei der Warendistribution; hierdurch Entlastung des Herstellers
Einsparung von Kosten für unternehmensfremde Absatzorgane	Ausnutzen der Vorteile des Handels (Bsp. Präsenz in vielen Orten, intensive Kundenbetreuung)
Absatzpolitik liegt alleine in der Hand des Unternehmens (Preise, Konditionen, Werbung)	gezieltes Ausnutzen der Stärken des Handels (Zeitausgleichsfunktion, Raumüberbrückungsfunktion, Sortimentsbildungsfunktion)

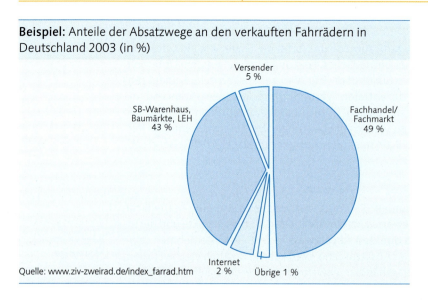

Beispiel: Anteile der Absatzwege an den verkauften Fahrrädern in Deutschland 2003 (in %)

Quelle: www.ziv-zweirad.de/index_farrad.htm

Absatzmittler

Absatzmittler sind Personen, die im Bereich der Warendistribution tätig sind und somit einen erheblichen Anteil am Wertschöpfungsprozess der Absatzwirtschaft haben. Sie können im direkten und indirekten Absatzweg eingesetzt werden.

Mitarbeiter des Kaufmanns, vgl. Kapitel 3.6.3

Nach § 93 HGB ist der **Handelsmakler** eine Person, die es gewerbsmäßig übernimmt, Verträge über die Anschaffung und Veräußerung von Waren, Wertpapieren, Versicherungen und anderes mehr zu vermitteln. Handelsmakler sind somit in fremdem Namen und auf fremde Rechnung tätig. Sie schließen mit ihren Kunden Maklerverträge ab und erhalten einen Maklerlohn, der auch als Courtage bezeichnet wird und im Regelfall je zur Hälfte vom Käufer und Verkäufer aufgebracht werden muss. Vertraglich sind auch andere Regelungen möglich.

Der **Kommissionär** ist nach § 383 HGB eine Person, die es gewerbsmäßig übernimmt, Waren oder Wertpapiere auf Rechnung eines anderen (Kommittent) in eigenem Namen zu kaufen oder zu verkaufen. Somit unterscheidet man die Einkaufs- und die Verkaufskommissionäre. Allen Verkaufskommissionsgeschäften ist gemeinsam, dass bei ihnen der Kommittent die Kommissionswaren in das Kommissionslager des Kommissionärs einlagert. Der Kommissionär wird somit Besitzer der Ware, der Kommittent ist jedoch nach wie vor Eigentümer. Wird die Ware nicht oder nur teilweise verkauft, so gibt der Kommissionär die Ware an den Kommittenten zurück; eine Bezahlung der Restware erfolgt nicht. Für seine Leistungen erhält der Kommissionär eine Provision und ggf. eine zusätzliche Delkredereprovision, die sein Risiko eines Zahlungsausfalls ausgleichen soll. Zudem hat er das Recht auf Erstattung seiner Auslagen.

Ein **Handelsvertreter** ist nach § 84 HGB eine Person, die als selbstständiger Gewerbetreibender ständig damit betraut ist, für ein Unternehmen Geschäfte zu vermitteln oder in dessen Namen abzuschließen. Handelsvertreter sind in fremdem Namen auf fremde Rechnung tätig. Die Aufgaben des Handelsvertreters überschneiden sich in vielen Fällen mit denen des Reisenden. Der Handelsvertreter kann zudem aber auch für an-

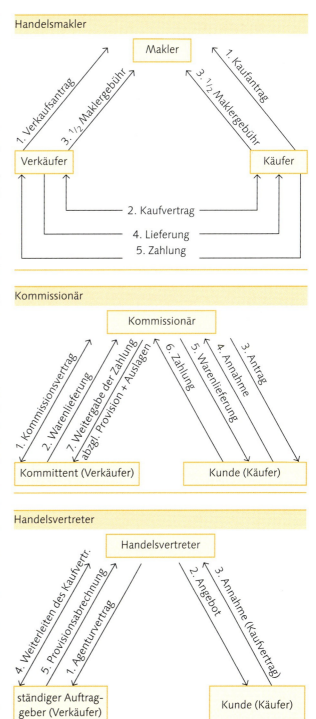

Absatzprozesse planen, steuern und kontrollieren

dere Unternehmen tätig werden, wenn hierbei das Wettbewerbsverbot nicht betroffen ist. Finanziell hat der Handelsvertreter Anspruch auf einen Abschluss- bzw. Vermittlungsprovision, eine Delkredereprovision und eine Ausgleichsanspruch in dem Fall, dass der Agenturvertrag endet und der Auftraggeber weitere Geschäfte mit den Kunden tätigt. Anders als beim Handelsmakler ist der Handelsvertreter somit für einen längeren Zeitraum für ein Unternehmen tätig.

Der **Reisende** ist nach § 55 HGB eine Person, die bevollmächtigt wird, für das Unternehmen, in dem sie tätig ist, vermittelnd oder abschließend tätig zu werden. Der Reisende ist im Namen und auf Rechnung seines Arbeitgebers tätig. Die finanzielle Abgeltung seiner Leistungen erfolgt in der Regel durch ein Fixum, eine Provision sowie eine Spesenvergütung.

Absatzmittler				
	Reisender	Handelsvertreter	Kommissionär	Handelsmakler
allgemeine Einordnung	direkter Absatzweg	indirekter Absatzweg	indirekter Absatzweg	indirekter Absatzweg
Stellung zum Arbeitgeber	– kfm. Angestellter im Rahmen eines Arbeits- (Dienst-) Vertrages – unselbstständig/ Angestellter	– Vertreter mit einem Agenturvertrag über einen längeren Zeitraum – selbstständiger Kaufmann	– Kaufmann, der fallweise oder dauerhaft für seinen Auftraggeber tätig wird – selbstständiger Kaufmann	– Kaufmann, der fallweise für seinen Auftraggeber tätig wird – selbstständiger Kaufmann
Aufgaben	– Vermittlung bzw. Abschluss von Kaufverträgen – Entgegennahme von Zahlungen (Inkasso-Vollmacht) – Entgegennahme von Mängelrügen	– Pflicht zur Bemühung – zur Benachrichtigung – zur Sorgfalt – Verschwiegenheit	– vertragliche Vereinbarungen über: – Gehorsamspflicht – Schadensersatzpflicht – Anzeigepflicht – Rechenschaftspflicht	– vertragliche Vereinbarungen über: – Sorgfaltspflicht – Tagebuchführung – Auskunft
	Reisender	Handelsvertreter	Kommissionär	Handelsmakler
mögliche Vollmachten	– Vertretungsvollmacht – Abschlussvollmacht – Vollmacht zur Zahlungsannahme	– Vermittlungsvollmacht – Abschlussvollmacht	Abschlussvollmacht	Vermittlungsvollmacht
Bedeutung	– flexibler Einsatz vor Ort – direkte Nähe zum Kunden	Einsatz für kleinere Firmen, die keinen eigenen Außendienst haben	– kennen den Markt – für den Kommissionär kein Warenrisiko, da Warenrückgabe möglich	wichtige Rolle als Effekten-, Waren-, Versicherungs- und Schiffsmakler
Sonstiges	festes Gehalt + Umsatzprovision	Unterscheidung nach Tätigkeits- und Aufgabengebiet	– Einkaufskommissionär – Verkaufskommissionär	– Warenmakler – Wertpapiermakler – Grundstücksmakler

Absatzhelfer

Neben den eigentlichen Absatzmittlern sind verschiedene Absatzhelfer damit beschäftigt, die Verteilung der Waren vom Hersteller auf Händler und Endverbraucher zu organisieren und durchzuführen. Zu den wichtigsten von ihnen zählen der Frachtführer, der Spediteur und der Lagerhalter. Die genannten Absatzhelfer sind im Regelfall keine betriebseigenen Mitarbeiter; sie sind dennoch mit ihren Leistungen an den Wertschöpfungsprozessen der Absatzwirtschaft beteiligt.

- **Frachtführer:** Frachtführer nach §§ 425 ff. HGB ist, wer gewerbsmäßig die Beförderung von Gütern zu Lande und auf dem Wasser durchführt. Grundlage seiner Tätigkeit ist ein Frachtvertrag zwischen ihm und dem Versender. *(§§ 425 ff. HGB)*

> **Beispiel:** Eisenbahnen, Unternehmen des gewerblichen Güterverkehrs, Unternehmen der Binnenschifffahrt, Luftverkehrsgesellschaften

- **Spediteur:** Spediteur nach §§ 407 ff. HGB ist, wer gewerbsmäßig in eigenem Namen die Versendung von Gütern durch Frachtführer für Rechnung des Versenders besorgt. Grundlage ist ein Speditionsvertrag zwischen ihm und dem Versender. Der Spediteur ist in der Regel Vermittler von Frachtverträgen, tritt aber auch häufig selbst als Frachtführer auf. Ist er nur Vermittler, schließt er mit dem Versender einen Speditionsvertrag und mit dem Frachtführer einen Frachtvertrag ab. *(§§ 407 ff. HGB)*

- **Lagerhalter:** Lagerhalter nach §§ 416 ff. HGB ist, wer gewerbsmäßig die Einlagerung und Aufbewahrung von Gütern für andere Personen übernimmt. Der Lagerhalter stellt für die eingelagerte Ware einen Lagerschein aus. Dieser Schein stellt ein Warenwertpapier dar, da jeder rechtmäßige Besitzer des Scheins auch über die Ware verfügen kann. Lagerhalter stellen ihre Lagerhäuser für Spediteure und Frachtführer sowie für Versender zur Verfügung. Sie werden von diesen für die Zwischenlagerung von Waren genutzt. *(§§ 416 ff. HGB)*

Franchising

Eine besondere und immer beliebtere Zusammenarbeit im Bereich des Leistungsvertriebs ist das so genannten Franchising. Am Beispiel von McDonalds soll dieses Vertriebssystem genauer erklärt werden. Beim Franchising erlaubt der Franchise-Geber (hier die Firma McDonalds) einem Franchise-Nehmer (z. B. Herrn Müller), Namen, Marken und Ausstattung von McDonalds gegen eine Franchise-Gebühr zu verwenden. Zugleich übernimmt die Firma McDonalds die Bekanntmachung seiner Produkte auf den entsprechenden Märkten; Herr Müller hat somit keine Werbeausgaben.

Vorteile für den Franchise-Geber: verringerte Personalkosten, eine weite Verbreitung der Produkte, Verkauf von Produkten an den Franchise-Nehmer, Gebühreneinnahmen durch den Franchise-Vertrag. *(Vorteile für Franchise-Geber und Franchise-Nehmer)*

Vorteile für den Franchise-Nehmer: Verkauf einer bekannten Marke, keine Kosten für die Markteinführung und -werbung, rechtlich selbstständiges Arbeiten und unterstützende Service-Leistungen durch den Franchise-Geber.

Franchising – Handel mit System

Das Franchising hat sich zu einem Renner unter den Vertriebsformen im Einzelhandel entwickelt. Der Franchise-Verbund übernimmt für die Unternehmer einen Teil der Steuerungsaufgaben und macht das geschäftliche Risiko kalkulierbarer. Einige Systeme sind mittlerweile zu wahren Flaggschiffen der deutschen Einzelhandelsflotte geworden. Der Einzelhandel ist derzeit kein verlockendes Pflaster für Unternehmer: Das unsichere Wirtschaftsklima und die verhaltenen Einkommenssteigerungen der vergangenen Jahre haben die Kauflust der deutschen Konsumenten erheblich gebremst. Stagnierende Umsätze waren die Folge. (…) Kein Wunder also, dass das Franchising als Vertriebsform im Einzelhandel floriert. Das jedenfalls ist dem neuesten Franchise-Report Handel des Kölner Handelsjournals zu entnehmen: Allein im Bereich Wohnungseinrichtung, Bau und Garten gibt es 50 nennenswerte Franchise-Systeme mit mehr als 2.700 Betrieben. Dabei finden sich in allen Branchengruppen echte Flaggschiffe des deutschen Einzelhandels:

Wohnung, Bau und Garten
Gerade diese Branchen bauen auf das Konzept des Franchising. Die Baumärkte gehören zu den umsatzstärksten Franchise-Betrieben. Eine der Erfolgsgeschichten schreiben die Profi-Baumärkte. Seit der ersten Lizenzvergabe im Jahr 1995 sind unter dem Dach der Essener Zentrale 75 Betriebe zusammengekommen, die im vergangenen Jahr einen Umsatz von durchschnittlich fast 4,1 Mio. € erwirtschafteten. Um an diesem Erfolg teilhaben zu können, müssen die Lizenz-Nehmer eine Einstiegsgebühr von 10.225 € sowie eine Umsatzbeteiligung von 1,3 Prozent an die Zentrale berappen.

Bekleidung, Uhren und Schmuck
Manche Unternehmer brauchen gar nicht erst die rosarote Brille aufzusetzen, um den Erfolg ihres Franchise-Systems zu erblicken: Die im Jahr 1969 gegründete Apollo-Optik GmbH hat neben ihren 138 eigenen Betrieben seit 1987 auch 89 Franchise-Nehmer an Bord ihres Unternehmens geholt. Mittlerweile erwirtschaften diese einen Jahresumsatz von insgesamt 30,68 Mio. € Dafür sind sie verpflichtet, mindestens 80 Prozent ihrer Einkäufe bei der Zentrale zu tätigen. Entschädigt werden sie durch eine besonders breite Leistungspalette, zu der auch Finanzierungshilfen gehören.

Nahrungs- und Genussmittel
Bereits seit 1974 setzt die Firma Eismann auf die Vorzüge des Franchisings. Ihre 1.450 Verkaufsfahrer sind sämtlich als eigenständige Franchise-Nehmer unterwegs. Mit deren Gesamtumsatz von zuletzt 357,9 Mio. € hat sich der Lieferant von Tiefkühlkost eiskalt an die Spitze der Franchise-Systeme in der Nahrungsmittelbranche gesetzt.

Körperpflege und Gesundheit
Mit Franchising hat sich auch Ayk Beauty Sun einen Platz an der Sonne gesichert. Seit 1992 hat die EHV, ein Hersteller von medizinisch-technischen Geräten, ein Franchise-Netz von inzwischen fast 350 Sonnenstudios aufgebaut. Im Durchschnitt erbrachte die künstliche Bräune zuletzt einen Jahresumsatz von über 306.775 €. Die Lizenznehmer müssen allerdings tief in die Tasche greifen, bevor sie sich im unternehmerischen

Erfolg sonnen können: Investitionen zwischen 153.388 und 230.081 € sowie ein Eigenkapital von 76.694 € gehören zu den Lizenzkonditionen. Dafür winkt eine rekordverdächtige Umsatzrendite von 36 Prozent.

Die Zahl der Franchise-Systeme dürfte in Zukunft noch weiter zunehmen: Nach einer Umfrage des Handelsjournals rechnen 70 Prozent der Einzelhändler mit einer weiterhin wachsenden Bedeutung des Franchisings. Jeder vierte der befragten unabhängigen Geschäftsbesitzer wäre bereit, einen Franchise-Laden als zweites Standbein zu betreiben. Immerhin 17 Prozent könnten sich sogar vorstellen, ihr eigenes Ruder aus der Hand zu geben, um bei einem Franchise-Geber an Bord zu gehen.

Quelle: Institut der deutschen Wirtschaft, iwd 51/1998

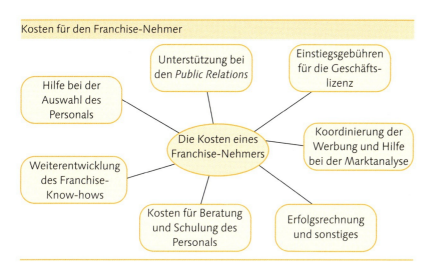

6.4 Leistung erbringen

After-Sales-Prozesse setzen, zeitlich gesehen, nach dem erfolgten Kauf eines Produktes ein und beinhalten jegliches Bemühen eines Unternehmens, den Kunden durch eine umfassende Betreuung in seiner Kaufentscheidung zu bestätigen, Kundenzufriedenheit zu erzeugen und den Kunden so zu weiteren Käufen bei dem betreffenden Unternehmen zu überzeugen.

Die so genannte **After-Sales-Kommunikation** hat vor allem in den letzten Jahren bei vielen Unternehmen erheblich an Bedeutung gewonnen und sogar die früher dominierende Pre-Sales-Kommunikation in ihrer Bedeutung übertroffen.

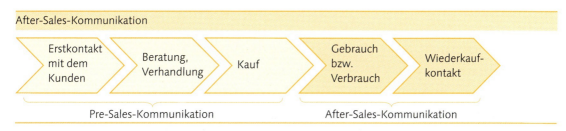

Absatzprozesse planen, steuern und kontrollieren

Die Gründe für diese Entwicklung liegen vor allem in der Tatsache, dass heute viele Märkte zu den Käufermärkten zählen. Da die natürliche Kundenbindung in dieser Situation hoher Wettbewerbsintensität nicht automatisch hoch ist, müssen die Unternehmen über die „Kundenpflege" nach dem Kauf dafür sorgen, dass der Kundenkontakt erhalten bleibt und es zu einem Wiederkaufkontakt kommt. Zudem gilt die Regel: Es kostet fünfmal mehr, einen neuen Kunden zu gewinnen, als eine bestehende Kundenbeziehung zu halten. Darüber hinaus sind zufriedene Kunden, die sich auch nach dem Kauf von „ihren Unternehmen" gut betreut und „verstanden" fühlen, gerne bereit, für ein Unternehmen als so genannte „Missionare" kostenlos zu werben und neue Kunden für ein Produkt zu interessieren. After-Sales-Kommunikation trägt – wenn sie richtig durchgeführt wird – entscheidend zur Kundenzufriedenheit, zur Kundenbindung und zur Kundenakquisition bei.

Damit die After-Sales-Kommunikation ihre gewünschten Ziele erreichen kann, müssen verschiedene Überlegungen angestellt werden. So müssen die Geschäftsprozesse eines Unternehmens daraufhin untersucht werden, an welcher Stelle welche Instrumente wie und mit welchem Ziel eingesetzt werden sollen. Grundsätzlich können bei der After-Sales-Kommunikation folgende **Ziele** unterschieden werden:

Ziele der After-Sales-Kommunikation

Kaufbestätigung für den Kunden: Viele Kunden verspüren nach ihrem Kauf eine gewisse Unsicherheit, ob die Entscheidung für ein bestimmtes Produkt richtig war. Diese Unsicherheit, die in Fachkreisen auch als kognitive Dissonanz bezeichnet wird, kann von einer After-Sales-Politik, die den Kunden in seinem Kauf bestätigt, reduziert werden. Denkbar wäre es, dass ein Unternehmen seine Kunden über eine geeignete Werbung oder die Zusendung von Glückwunschpäckchen zu ihrem Kauf beglückwünscht und ihnen das Gefühl vermittelt, sie hätten sich begründet und zu Recht für den Kauf entschieden.

Kaufbestätigung für den Kunden

Informationen zur Vertiefung des **Produktnutzens**: Viele Produkte sind heute sehr komplex, multifunktional und oftmals auch so technisch, dass es vielen Kunden nicht leicht fällt, diese Produkte effektiv einzusetzen. So könnte es dem Käufer einer hochwertigen Digitalkamera nicht geläufig sein, dass er seine Fotos am PC nachträglich bearbeiten kann; er könnte zudem nicht wissen, dass er von seinen digitalen Bildern auch Papierabzüge machen lassen kann, usw. After-Sales-Bemühungen können hier ansetzen und den Kunden über sinnvolle Bedienungsanleitungen, Service-Hotlines usw. auch nach seinem Kauf noch betreuen.

Informationen zur Vertiefung des Produktnutzens

Gewinnung zusätzlicher **Informationen** über den **Kunden**: Unternehmen sind bestrebt, möglichst viele Daten über ihre Kunden zu sammeln. Aus Gründen des Datenschutzes sind diese Möglichkeiten oftmals eingeschränkt. Kundenbefragungen, ein gut durchgeführtes Beschwerdemanagement, das Einrichten von Kundenforen im Internet oder andere Maßnahmen ermöglichen die Erweiterung der Kundeninformationen auch nach dem Kauf eines Produktes.

Gewinnung zusätzlicher Informationen über den Kunden

Auslösen einer positiven **Mund-zu-Mund-Propaganda**: Marktforscher gehen davon aus, dass eine positive Mund-zu-Mund-Propaganda erheblich effektiver ist als eine umfassende Werbung an „jedermann". Dies liegt vor allem daran, dass man einer vertrauten Person, die in einem persönlichen

Auslösen einer positiven Mund-zu-Mund-Propaganda

Gespräch, einem Brief oder einer Mail einen Kauftipp gibt, mehr Glauben schenkt als der Werbeabteilung eines Unternehmens. Aufgabe der After-Sales-Politik ist es in diesem Zusammenhang, diese positive Propaganda durch gezielte Maßnahmen in Gang zu setzen und zu stimulieren. Marketing-Initiativen wie „Kunden werben Kunden", häufig verbunden mit Werbegeschenken, sind Beispiele für solche Maßnahmen.

Integration des Kunden in den Prozess der Leistungserstellung: Beispiele in verschiedenen Unternehmen haben gezeigt, dass es sinnvoll und auch Kosten sparend sein kein, den Kunden direkt an der Entwicklung eines Produktes zu beteiligen. Im Ergebnis führt dies dazu, dass der Kunde bei einem Kauf „sein" Produkt kauft und dass durch die frühzeitige Einbindung der Kunden in Forschung und Entwicklung die Gefahr von Flops zurückgeht.

Integration des Kunden in den Prozess der Leistungserstellung

Erhöhung der **Wiederkaufsrate**: Kunden, die sehr zufrieden mit einem Produkt und den sonstigen Leistungen eines Unternehmens sind, sind bereit, sich auch künftig für ein Produkt dieses Unternehmens zu entscheiden. Kundenzufriedenheit und Kundenbindung sind somit Ziele, die in der unternehmerischen Ziele-Hierarchie an oberster Stelle stehen sollten. After Sales muss mit seinen Aktivitäten dazu beitragen, die Zufriedenheit des Kunden zu erhöhen und die Kundenbindung sicherzustellen, damit sich die Wiederkaufsrate auf einem hohen Niveau bewegt.

Erhöhung der Wiederkaufsrate

Reaktivierung von **Altkunden**: Kunden, die vor einigen Monaten oder Jahren bereits Produkte bei einem Unternehmen gekauft haben, können durch After-Sales-Maßnahmen an diesen Kauf erinnert werden. Der wiederhergestellte Kundenkontakt kann dann im Idealfall zu einem Wiederkauf führen.

Reaktivierung von Altkunden

Werbung von **Neukunden** durch andere Kunden: Zufriedene Kunden können neue Kunden werben. Diese Feststellung ist nicht neu, wird aber von den After-Sales-Bemühungen immer häufiger bewusst genutzt.

Werbung von Neukunden durch andere Kunden

Kunden, die mit einer verkäuferischen Leistung nicht einverstanden sind, sind geneigt, sich beim Verkäufer zu beschweren. Da in einem solchen Fall die Kundenzufriedenheit in Gefahr ist und die Ziele der After-Sales-Politik gefährdet sind, muss das betreffende Unternehmen ein effektives und glaubwürdiges **Beschwerdemanagement** installieren, das dem Kunden das Gefühl gibt, mit seiner Beschwerde verstanden zu werden.

Beschwerdemanagement

Absatzprozesse planen, steuern und kontrollieren

6.5 Leistungsstörungen im Rahmen der Auftragsabwicklung

> **Beispiel:** Trotz permanenter Bemühungen der *Fly Bike Werke GmbH*, Geschäftsprozesse zu planen und zu steuern, ist es in der letzten Zeit zu Störungen bei der Auftragsabwicklung gekommen, weil Kunden
> - den vereinbarten Kaufpreis nicht oder nicht rechtzeitig zahlten,
> - die angebotene Leistung nicht annahmen oder
> - im Rahmen des Verbrauchsgüterkaufs von ihrem Rückgriffsrecht gegenüber der *Fly Bike Werke GmbH* Gebrauch machten.

Während im Kapitel 5.4.7 die Rede von Leistungsstörungen war, deren Ursachen im Verhalten der Verkäufer (also der Lieferer der *Fly Bike Werke GmbH*) lagen, sollen in diesem Kapitel die Leistungsstörungen thematisiert werden, die in den Verantwortungsbereich der Käufer fallen. Dies sind der **Zahlungsverzug** und der **Annahmeverzug**. Darüber hinaus sollen jene Störungen in der Auftragsabwicklung thematisiert werden, die dadurch ausgelöst werden, dass ein Letztverkäufer gegenüber seinem Lieferer (also der *Fly Bike Werke GmbH*) Rückgriffsrechte aus der Mängelgewährleistung geltend macht, weil ein Verbraucher die gelieferte (mangelhafte) Ware reklamiert hat.

6.5.1 Zahlungsverzug

> **Beispiel:** Die *Zweiradhandelsgesellschaft* bestellte am 7. Januar 2004 telefonisch bei der *Fly Bike Werke GmbH* Fahrräder im Gesamtwert von 14.395,00 €. Die *Zweiradhandelsgesellschaft* erhielt die Lieferung mit Rechnung am 17. Januar 2004. Ein Zahlungsziel wurde nicht gewährt.
>
> Welche Rechte hat die *Fly Bike Werke GmbH*, wenn die Rechnung am 4. März 2004 beglichen wird?

Rechte des Verkäufers gegenüber dem Käufer bei Zahlungsverzug
Mit dem Abschluss des Kaufvertrages hat sich der Käufer verpflichtet, den Kaufpreis zu zahlen. Wurde vertraglich kein Zahlungstermin vereinbart, ist die Zahlung sofort fällig. Wurde ein Zahlungstermin oder ein Zahlungsziel vereinbart, ist die Zahlung spätestens zu diesem Termin bzw. am letzten Tag der Frist fällig. Zahlt der Kunde nicht rechtzeitig, hat der Verkäufer die gleichen Rechte wie der Käufer beim Lieferungsverzug, also den Anspruch bzw. das Recht auf

- Schadensersatz neben der Leistung,
- Schadensersatz statt der Leistung oder alternativ Ersatz vergeblicher Aufwendungen sowie
- Rücktritt vom Vertrag.

Demzufolge entsprechen die Voraussetzungen der gewünschten Rechtsfolgen beim Zahlungsverzug auch denen des Lieferungsverzuges. Für das Vertretenmüssen des Schuldners beim Zahlungsverzug gilt jedoch, dass er jede Leistungsverzögerung zu vertreten hat, einen Entlastungsbeweis also nicht erbringen kann. „Geld hat man zu haben."

Als Schadensersatz wegen Verzögerung der Leistung kommen Kosten in Betracht, die dem Käufer durch die Verzögerung der Zahlung ab dem Verzug entstehen. Dies sind beispielsweise Mahnkosten, Rechtsanwaltskosten oder die Kosten eines Inkassobüros.

Darüber hinaus – also **zusätzlich** – hat der Gläubiger einen Anspruch auf **Verzugszinsen** (§ 288 BGB). Dabei hängt die Höhe des Verzugszinssatzes von der Rechtsstellung der am Rechtsgeschäft beteiligten Personen ab. Sofern an diesem ein Verbraucher beteiligt ist, beträgt der Verzugszinssatz für das Jahr fünf Prozentpunkte über dem Basiszinssatz; ist kein Verbraucher beteiligt, ist die Entgeltforderung mit acht Prozentpunkten über dem Basiszinssatz zu verzinsen.

In beiden Fällen handelt es sich um einen (fiktiven) Mindestschaden, der ohne einen konkreten Schadensnachweis geltend gemacht werden kann. Zweck dieser Regelung ist die Erleichterung der Schadensabwicklung und die Einwirkung auf den säumigen Schuldner zur beschleunigten Vertragserfüllung. Die verspätete Zahlung soll sich für ihn nicht „lohnen".

Information zum Basiszinssatz
- Ein im Zuge der Euro-Einführung vom Gesetzgeber geschaffener „künstlicher" Zinssatz, der seit dem 1. Januar 1999 als Bezugsgröße an die Stelle des bis dahin geltenden Diskontsatzes trat und in gesetzlichen Regelungen und Verträgen als Bezugsgröße verwendet wird.
- § 247 I 1 BGB bestimmt als Ausgangsprozentsatz des Basiszinssatzes 3,62 %. Er wird jedoch an die Entwicklungen am Geldmarkt angepasst und jeweils zum 1. Januar und 1. Juli neu berechnet.
- Die Deutsche Bundesbank ermittelt den Basiszinssatz und gibt ihn im Bundesanzeiger bekannt.

Entgeltforderungen ≠ Geldforderungen

Entgeltforderungen sind Geldforderungen zur Vergütung einer Leistung.
Geldforderungen sind die in Geld zu erfüllenden Forderungen. Bsp.: Anspruch auf Auszahlung eines Kredits = Geldforderung
Anspruch auf Zinsen als Vergütung für die Kreditbereitstellung = Entgeltforderung

http://basiszinssatz.info

Basiszinssatz am 1. Januar 2004: 1,14 %

Verzinsung von Geldschulden während des Verzugs

Der Gläubiger kann

- **ohne** einen konkreten Schadensnachweis
  - nach § 288 I BGB Vorzugszinsen verlangen
- **mit** einem konkreten Schadensnachweis
  - nach § 288 II BGB höhere Zinsen als Vorzugszinsen verlangen; z. B. auf Grund einer vertraglichen Vereinbarung
  - nach § 288 IV BGB einen weiteren (Zins-)Schaden ersetzt verlangen; z. B. durch Aufwendung von Kreditzinsen

Nicht ausgeschlossen ist die Geltendmachung höherer Zinsen, wenn dies von den Vertragsparteien vereinbart wurde (§ 288 III BGB), sowie die Geltendmachung eines weiteren (Zins-)Schadens, wenn der Gläubiger zum Beispiel einen Bankkredit aufnehmen musste, für den er 14 % zu zahlen hat oder ihm (sonst erhaltene) Anlagezinsen entgangen sind (§ 288 IV BGB). Diese Zinsverluste müssen jedoch vom Gläubiger konkret dargelegt und bewiesen werden. Zweck dieser Regelung ist vor allem der Schutz des Gläubigers vor Vermögensnachteilen durch Ausgleichsanspruch auf geleistete Zinszahlungen und Verlust von (sonst erhaltenen) Anlagezinsen.

Die **Voraussetzungen** für den Anspruch auf Verzugszinsen sind der Eintritt des Verzugs (nach § 286 BGB) sowie das Vorliegen einer Geldschuld.

Der Zeitraum, für den Zinsen zu zahlen sind, beginnt mit dem Tag, an dem der Verzug eintritt, und endet mit Ablauf des Tages, an dem der Schuldner leistet (zahlt). Bei der Ermittlung des Zeitraums sind reale Tage und Monate zu Grunde zu legen.

Eine Besonderheit gibt es für den Eintritt des Verzug von Entgeltforderungen. Der Schuldner kommt gem. § 286 III BGB **„automatisch" in Verzug**, wenn er nicht innerhalb von 30 Tagen nach Fälligkeit und Zugang einer Rechnung oder gleichwertigen Zahlungsaufstellung leistet.

Eine Mahnung oder ein kalendermäßig bestimmter Fälligkeitstermin ist hier nicht erforderlich. Dem Gläubiger steht es jedoch frei, durch eine Mahnung einen früheren Verzugseintritt herbeizuführen. Zu beachten ist aber, dass der automatische Verzugseintritt gegenüber einem Schuldner, der Verbraucher ist, nur dann eintritt, wenn er darauf in der Rechnung oder Zahlungsaufstellung besonders hingewiesen worden ist. Da es sich bei der 30-Tage-Frist um eine Tagesfrist – und nicht um einen Monat oder vier Wochen handelt – muss auch hier ausgezählt werden.

> **Beispiel:** Die *Zweiradhandelsgesellschaft* befindet sich seit dem 17. Februar 2004 auch ohne Mahnung mit ihrer Zahlung in Verzug. Der Verzug endet 17 Tage später am 4. März 2004, da die *Zweiradhandelsgesellschaft* an diesem Tag leistet.
>
> Die *Fly Bike Werke GmbH* kann also, ohne einen konkreten Schadensnachweis führen zu müssen, Verzugszinsen in Höhe von 61,28 € verlangen. Ein Schadensersatz neben der Leistung sowie die nachrangigen Rechte auf Schadensersatz statt der Leistung, Ersatz vergeblicher Aufwendungen und Rücktritt vom Vertrag können nicht geltend gemacht werden.

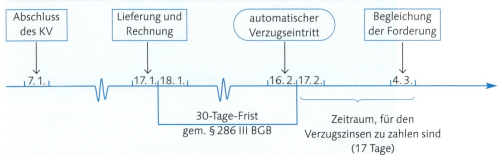

zu Grunde gelegter Zinssatz: 1,14 % + 8 % = 9,14 %

$$Z = \frac{K \times p \times t}{100 \times 365} \qquad \frac{14.395 \times 9{,}14 \times 17}{100 \times 365} = 61{,}28 \,€$$

Bei der Berechnung wird von den realen Tagen und Monaten ausgegangen, daher muss in der Zinsformel auch mit 365 Tagen gerechnet werden. Grundsätzlich ist aber eine Berechnung nach der kaufmännischen Zinsformel mit 360 Tagen möglich.

Handelsgeschäft, vgl. Kapitel 5.4.1

Kaufleute untereinander sind darüber hinaus berechtigt, für ihre Forderungen aus beiderseitigen Handelsgeschäften vom Tage der Fälligkeit an Zinsen zu verlangen (§ 352 HGB). Die Höhe dieses so genannten **Fälligkeitszinssatzes** beträgt 5 % (§ 352 HGB). Die *Fly Bike Werke GmbH* kann von der *Zweiradhandelsgesellschaft* also für den Zeitraum vom 18. Januar 2004 bis 16. Februar 2004 zusätzlich Fälligkeitszinsen in Höhe von 59,98 € verlangen.

6.5.2 Nichtannahme der Leistung

> **Beispiel:** Ein Spediteur der *Fly Bike Werke GmbH* muss unverrichteter Dinge umkehren und die 50 bestellten Mountainbikes wieder mitnehmen, weil er das Zentrallager der *Südrad e. G.* zum vereinbarten Lieferzeitpunkt verschlossen vorfindet.

Mit dem Abschluss des Kaufvertrages hat sich die *Fly Bike Werke GmbH* verpflichtet, der *Südrad e. G.* die Mountainbikes zu übergeben und das Eigentum an diesen zu verschaffen. Die *Fly Bike Werke GmbH* kann ihre Pflichten aus dem Kaufvertrag aber nicht erfüllen, da die *Südrad e. G.* die Leistung nicht annimmt. Da der Verkäufer (Schuldner) die Leistungsstörung nicht zu vertreten hat, kommt er auch nicht in Lieferungsverzug. Demgegenüber gerät der Gläubiger (Käufer) in Verzug, da er die vertragsgemäß angebotene Leistung nicht annimmt (§ 293 BGB). Man nennt diesen Verzug auch **Gläubiger- oder Annahmeverzug**.

Lieferungsverzug, vgl. Kapitel 5.4.7

Der Annahmeverzug setzt voraus, dass
- der Schuldner (Verkäufer) zur Leistung (schon) berechtigt war (§ 271 II BGB),
- dem Schuldner die Leistung möglich war (§ 297 BGB) und
- der Schuldner die Leistung so angeboten hat, wie sie zu bewirken war, also am rechten Ort, zur rechten Zeit und in der richtigen Art und Weise (§ 294 BGB).

Da die *Fly Bike Werke GmbH* alle diese Voraussetzungen erfüllt und die *Südrad e. G.* die Ware nicht angenommen hat, befindet sich die *Südrad e. G.* in Annahmeverzug. Auf ein Verschulden des Gläubigers (Käufers) kommt es nicht an. Der Annahmeverzug führt nicht dazu, dass der Schuldner (Verkäufer) von seiner Leistungspflicht befreit wird. Der Gesetzgeber verbessert allerdings seine Rechtsstellung in mehrfacher Hinsicht, wobei zu unterscheiden ist, ob ein bürgerlicher Kauf oder ein Handelskauf vorliegt.

Rechte des Verkäufers beim Gläubigerverzug	
bürgerlicher Kauf und Handelskauf	– Bestehen auf Abnahme der Ware (§ 433 II BGB) – Ersatz der Mehraufwendungen, die durch das erfolglose (Erst-)Angebot, die Aufbewahrung und die Erhaltung des geschuldeten Gegenstandes entstanden sind (§ 304 BGB)
bürgerlicher Kauf	– Hinterlegung von hinterlegungsfähigen Sachen (Geld, Urkunden, Kostbarkeiten) (§§ 372, 378 BGB) – Nach Androhung: Selbsthilfeverkauf von hinterlegungsunfähigen Sachen entweder im Wege der öffentlichen Versteigerung oder durch freihändigen Verkauf (§§ 383, 384, 385 BGB)
Handelskauf	– Hinterlegung der Waren an jedem sicheren Ort, z. B. in einem öffentlichen Lagerhaus (§ 373 I HGB) – Nach Androhung: Selbsthilfeverkauf entweder im Wege der öffentlichen Versteigerung oder durch freihändigen Verkauf (§ 373 II, III, V HGB)

Darüber hinaus tritt für den Verkäufer eine **Haftungserleichterung** ein. Er hat für die Zeit des Gläubigerverzugs nur noch Vorsatz und Fahrlässigkeit zu vertreten (§ 300 I BGB). Wird der zu liefernde Gegenstand in dieser Zeit durch Umstände beschädigt, die man dem Verkäufer nur als leichte Fahrlässigkeit zur Last legen kann, trägt der Käufer das Risiko.

Mit dem Abschluss des Kaufvertrages ist der Käufer nicht nur berechtigt, die Leistung (Ware) zu verlangen, vielmehr schuldet er gleichzeitig deren Abnahme, damit der Verkäufer sich von seiner Leistungspflicht befreien kann. In der Regel handelt es sich bei der Abnahmepflicht um eine Nebenpflicht, mitunter aber auch um eine Hauptpflicht, insbesondere dann, wenn der Verkäufer ein besonderes Interesse an der Weggabe der Ware hat und dem Käufer dies erkennbar war (z. B. bei Lagerräumung oder leicht verderblicher Ware).

Wenn der Käufer die vom Verkäufer bereitgestellte und vertragsgemäße Ware nicht oder nur verspätet abnimmt, kommt er neben dem Gläubigerverzug gleichzeitig in den Schuldnerverzug, falls die Voraussetzungen des § 286 BGB (Verzug des Schuldners) vorliegen. Der Verkäufer kann demnach neben den Rechten aus dem Gläubigerverzug auch die Rechte aus dem Schuldnerverzug (z. B. Schadensersatz neben der Leistung) geltend machen, wenn die entsprechenden Voraussetzungen vorliegen. Vom Vertrag zurücktreten kann der Verkäufer allerdings nur dann, wenn die Abnahme der Ware eine Hauptpflicht ist.

6.5.3 Besonderheiten beim Verbrauchsgüterkauf

Beispiel: Die *Zweiradhandelsgesellschaft* verkauft dem Privatkunden Meier am 1. Juni 2004 ein Trekkingrad Modell *Light* zum Preis von 500,00 €. Die *Zweiradhandelsgesellschaft* hatte von der *Fly Bike Werke GmbH* 50 solcher Trekkingräder am 1. März 2004 geliefert bekommen. Am 1. September 2004 erscheint Meier mit dem Fahrrad bei der *Zweiradhandelsgesellschaft* und bemängelt, dass das Beleuchtungssystem nicht mehr funktioniert. Meier verlangt Nachbesserung von der *Zweiradhandelsgesellschaft*, welche das Fahrrad repariert und am 15. September 2004 mangelfrei zurückgibt. Die Reparaturkosten belaufen sich auf 75,00 €. Die *Zweiradhandelsgesellschaft* verlangt nun Ersatz der Aufwendungen von der *Fly Bike Werke GmbH*.

Nachbesserung, vgl. Kapitel 5.4.7

Der so genannte Letztverkäufer in einer Lieferkette – d. h. diejenige Person, die an einen Verbraucher verkauft hat – ist beim Verbrauchsgüterkauf im Verhältnis zum gewöhnlichen Kaufrecht stärker belastet. Denn liegt ein Verbrauchsgüterkauf vor, gelten neben den „allgemeinen" kaufrechtlichen Vorschriften der §§ 433 ff. BGB ergänzend die **Sondervorschriften** der §§ 474–479 BGB, durch die der Verbraucher besonders geschützt wird. Diese Sondervorschriften werden im Folgenden dargestellt.

Verbrauchsgüterkauf, vgl. Kapitel 5.4.1

Gefahrübergang beim Versendungskauf (§ 474 II BGB)
Normalerweise geht die Gefahr bei einem Verbrauchsgüterkauf mit Übergabe an den Frachtführer/Spediteur auf den Käufer über. Dies gilt beim Versendungskauf nicht. Hier kommt die allgemeine Regelung des § 446 BGB zur Anwendung, welche als Zeitpunkt des Gefahrübergangs die Übergabe der Sache an den Käufer festlegt. Bestellt der Käufer (Verbraucher) eine bewegliche Sache, z. B. bei einem Versandhaus, reist die Sache auf Gefahr des Unternehmers. Wird die Sache durch Zufall (d. h. weder durch Verschulden des Unternehmens noch des Verbrauchers) zerstört, muss der Verbraucher den Kaufpreis nicht zahlen.

Verbot abweichender Regelungen zum Nachteil des Verbrauchers (§ 475 BGB)

Wichtigste Besonderheit des Verbrauchsgüterkaufs ist, dass die Parteien die Ansprüche und Rechte des Käufers, insbesondere die Gewährleistungsrechte des Käufers, nicht ausschließen oder einschränken können, weder durch Individualvereinbarung noch durch Allgemeine Geschäftsbedingungen. Die Vertragsfreiheit ist aus Gründen des Verbraucherschutzes insofern eingeschränkt. Eine Ausnahme besteht für den Schadensersatzanspruch, den die Vertragsparteien ausschließen oder einschränken können. Der Verkäufer muss jedoch gegebenenfalls Beschränkungen für Allgemeine Geschäftsbedingungen beachten (§§ 307–309 BGB).

Allgemeine Geschäftsbedingungen, vgl. Kapitel 5.4.3

Die Gewährleistungsfrist für neue Sachen darf vertraglich nicht auf weniger als zwei Jahre und für gebrauchte nicht auf weniger als ein Jahr verkürzt werden.

Beweislastumkehr (§ 476 BGB)

Grundsätzlich muss der Käufer – den im Regelfall nur schwer nachweisbaren Umstand – beweisen, dass ein Mangel der Kaufsache bereits bei deren Übergabe vorlag.

Beim Verbrauchsgüterkauf ist das anders: Die Beweislast bei Mängeln wird in den ersten sechs Monaten der zwei Jahre laufenden Gewährleistungsfrist auf den Verkäufer übertragen, d. h., es wird zu Gunsten des Verbrauchers vermutet, dass ein Mangel, der innerhalb von sechs Monaten seit Gefahrübergang auftritt, bereits bei Gefahrübergang vorhanden war. Die praktische Bedeutung dieser Vorschrift, die die Beweislast umkehrt, ist groß. Zwar hat der Verkäufer die Möglichkeit, diese Vermutung zu widerlegen, allerdings wird ihm dies meist nicht gelingen.

Die Vermutung, dass die Sache bei Übergabe bereits einen Mangel hatte, gilt nicht, wenn sie mit der **Art der Sache** oder der **Art des Mangels** unvereinbar ist. Zur Fallgruppe „Art der Sache" zählen vor allem gebrauchte Sachen, zur Fallgruppe „Art des Mangels" verderbliche Waren und Tierkrankheiten.

Sonderbestimmungen für Garantien (§ 477 BGB)

Gewährt ein Unternehmer einem Verbraucher eine Garantie, muss diese einfach und verständlich abgefasst sein. Der Verbraucher soll vor einer Irreführung durch unklar formulierte Garantiebedingungen des Unternehmers geschützt werden. Die Garantie muss enthalten:

- einen Hinweis auf die gesetzlichen Rechte des Verbrauchers sowie darauf, dass sie durch die Garantie nicht eingeschränkt werden
- den Inhalt der Garantie und alle wesentlichen Angaben, die für die Geltendmachung der Garantie erforderlich sind, insbesondere die Dauer, den räumlichen Geltungsbereich des Garantieschutzes sowie Namen und Anschrift des Garantiegebers.

Erfüllt die Garantieerklärung diese Voraussetzungen nicht, ist die Garantieverpflichtung trotzdem wirksam, denn sonst könnte sich der Unternehmer seinen Verpflichtungen gegenüber dem Verbraucher entziehen.

Rückgriff des Letztverkäufers in der Lieferkette

Da der Letztverkäufer in einer Lieferkette nicht immer die Mangelhaftigkeit der Kaufsache verursacht hat, für den Mangel an der Kaufsache aber haften muss, stellen die §§ 478, 479 BGB ihm und allen weiteren Gliedern in der Vertriebskette erleichterte Rückgriffsrechte gegenüber dem Lieferanten zur Seite. Hierdurch soll sichergestellt werden, dass die wirtschaftlichen Folgen einer mangelhaften Lieferung beim Verursacher des Mangels und nicht bei der letzten Handelsstufe landen. Dies wiederum nützt auch dem Verbraucher, da die Bereitschaft seines Verkäufers, auf Grund mangelhafter Lieferung entstehende Käuferrechte zu erfüllen, steigt, wenn der Letztverkäufer bei seinem Lieferanten Regress nehmen kann.

mangelhafte Lieferung, vgl. Kapitel 5.4.7

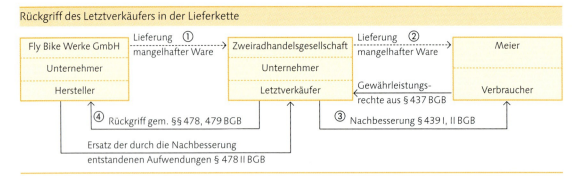

Für die Rückgriffnahme des Letztverkäufers und weiterer Glieder in einer Lieferkette gelten folgende Sonderregelungen:

1. Keine Fristsetzung (§ 478 I BGB)
Falls der Unternehmer (Letztverkäufer) die Sache auf Grund ihrer Mangelhaftigkeit (nach Rücktritt des Verbrauchers) zurücknehmen musste oder der Verbraucher den Kaufpreis gemindert hat, muss der Unternehmer für die ihm im Rahmen des Rückgriffs gleichfalls zustehenden Rechte (aus § 437 BGB) gegenüber seinem Lieferanten keine Nachfrist setzen. Er kann also unmittelbar, nachdem er die Sache zurückgenommen hat, gleichfalls zurücktreten, ohne dass es einer sonst erforderlichen Nachfristsetzung bedarf. Die Vorschrift gilt nicht, wenn der Letztverkäufer die Sache freiwillig zurückgenommen hat, etwa aus Kulanzgründen.

2. Aufwendungsersatz ohne Verschulden (§ 478 II BGB)
Wurde der Letztverkäufer vom Verbraucher auf Nacherfüllung in Anspruch genommen, kann er gegenüber seinem Lieferanten Ersatz der dabei entstandenen Aufwendungen verlangen. Dies sind insbesondere Transport-, Wege-, Arbeits- und Materialkosten. Trägt der Unternehmer die Aufwendungen allerdings nur aus reiner Kulanz, hat er keinen Aufwendungsersatzanspruch gegenüber seinem Lieferanten.

Nacherfüllung, vgl. Kapitel 5.4.7

3. Beweislastumkehr auch zwischen Unternehmern (§ 478 III BGB)
Sämtliche Rechte des Letztverkäufers gegenüber seinem Lieferanten setzen einen Mangel der Kaufsache voraus. Dessen Vorliegen hat grundsätzlich der Letztverkäufer als Käufer zu beweisen. Auch zu Gunsten des Unternehmers im Verhältnis zu seinem Lieferanten wird vermutet, dass der Mangel bereits bei Gefahrenübergang vorgelegen hat, wenn er sich innerhalb der ersten sechs Monate nach Übergabe der Sache zeigt.

4. Kurze Verjährung des Aufwendungsersatzanspruchs (§ 479 I BGB)
Aufwendungsersatzansprüche verjähren in zwei Jahren nach Ablieferung der Sache an den jeweiligen Käufer. Gemeint ist damit die Ablieferung der Sache durch den Lieferanten an den Unternehmer oder an den sonstigen Käufer innerhalb der Lieferkette bei längeren Lieferketten.

5. Besondere Ablaufhemmung (§ 479 II BGB)

Die in den §§ 437 Nr. 1 und 3 und § 478 II BGB genannten Ansprüche des Unternehmers gegen seinen Lieferanten verjähren frühestens zwei Monate nach dem Zeitpunkt, zu dem der Unternehmer die Ansprüche des Verbrauchers erfüllt hat.

Die Anwendung dieser fünf Sonderregelungen setzt voraus, dass
- am Ende der Lieferkette ein Verbrauchsgüterkauf steht und im Übrigen lediglich Unternehmer beteiligt sind,
- es sich bei der Kaufsache um eine neu hergestellte bewegliche Sache handelt und
- die gesetzlichen Voraussetzungen für die jeweiligen Rechte bzw. Ansprüche des Verbrauchers vorliegen.

6.6 Wissens-Check

1. Ein Monopolist bietet nur einen Artikel an. Für seine Kostenkalkulation stehen ihm die in der Tabelle aufgeführten Zahlen zur Verfügung.

absetzbare Menge	Preis je Stück	Umsatz	fixe Kosten	variable Kosten	Gesamtkosten	Verlust (−) bzw. Gewinn (+)
5.000	10,00	50.000,00	10.000,00	25.000,00	35.000,00	+ 15.000,00
6.000	9,50		10.000,00			
7.000	9,00		10.000,00			
8.000	8,50		10.000,00			
9.000	8,00		10.000,00			
10.000	7,50		10.000,00			
11.000	7,00		10.000,00			
12.000	6,50		10.000,00			
13.000	6,00		10.000,00			
14.000	5,50		10.000,00			

a) Vervollständigen Sie die oben stehende Tabelle in den Spalten „Umsatz, variable Kosten, Gesamtkosten und Gewinn/Verlust".
b) Stellen Sie Ihre Rechenergebnisse auf Millimeterpapier grafisch dar.
c) Geben Sie die Gewinnschwelle für die oben genannte Konstellation an.

2. Die Geschäftsleitung der *Fly Bike Werke* entscheidet auf der Grundlage neuester Marktforschungsergebnisse, dass die Werbestrategie des Unternehmens in Zukunft mehr auf die Zielgruppe der einkommensstarken Singles ausgerichtet werden soll. Die Vertriebsabteilung erhält die Aufgabe, auf der Grundlage vorgegebener Rahmenbedingungen einen Werbebrief zu entwickeln.

Rahmendaten zur Zielgruppe:
- männliche und weibliche Singles im Alter zwischen 20 und 35 Jahren
- Die Zielgruppe verfügt über ein monatliches Einkommen zwischen 1.000 und 2.000 €.
- Der Preis des Fahrrades soll zwischen 500 und 700 € liegen.
- Der potenzielle Kunde legt großen Wert auf eine gehobene und umfangreiche Ausstattung.
- Die Fahrradkomponenten sollen vom Kunden individuell zusammengestellt werden können.

- Die Fahrräder sollen im Einzelhandel und per Internet verkauft werden.

a) Entwerfen Sie eine Skizze, in der Sie die Geschäftsprozesse dieses Auftrages grafisch darstellen. Erläutern Sie Ihre Arbeitsergebnisse.

b) Erstellen Sie eine Werbeanzeige, die auf die Rahmendaten der Zielgruppe abgestimmt ist.

3. Der Zentralverband der deutschen Werbewirtschaft (ZAW) erstellt jedes Jahr einen Bericht, in dem er Beschwerdefälle gegen verschiedene Werbedarstellungen auflistet. Ihnen liegen drei derartige Beschwerdefälle aus dem Jahre 2002 vor. Diskutieren Sie die Beschwerdegründe und überlegen Sie, wie der ZAW diese Fälle bewertet haben könnte.

a) Baumarkt – Frauendiskriminierung
Ein Baumarkt warb in einer Beilagenwerbung mit einer tief dekolletierten Frau und dem Werbespruch „Viel Holz vor der Hütte – tolle Preise für knallharte Kerle".
Mehrere Beschwerdeführer waren über diese Werbung empört, da sie diskriminierend und herabwürdigend in Bezug auf Frauen sei.

b) Zeitschrift – Gewalt
Ein Verlag warb in einem TV-Spot für seine Fernsehzeitschrift. Gezeigt wurde ein Mädchen, das mit unsicherer Stimme ein Weihnachtslied sang und dann von einer Männerhand brutal ein Etikett auf den Mund geklebt bekam.
Mehrere Beschwerdeführer waren der Auffassung, der Inhalt des Werbespots wirke gewaltverharmlosend und verstoße gegen die „Verhaltensregeln des Deutschen Werberats für die Werbung mit und vor Kindern in Hörfunk und Fernsehen" (strafbare Handlungen nicht als nachahmenswert darstellen).

c) Lotteriegesellschaft – Männerdiskriminierung
Eine staatliche Lottogesellschaft schaltet Anzeigen mit der Abbildung der Rückansicht eines nackten Mannes, vor dem eine bekleidete Frau steht, ihre Augen auf seinen Genitalbereich gerichtet, mit der Schlagzeile „Alle Kugeln im ordnungsgemäßen Zustand?"
Die Beschwerdeführer empfanden die Anzeige als Diskriminierung, da sie einen sexbezogenen Inhalt aufweise und den Mann geschlechtsspezifisch herabwürdige.

4. Bei der Betriebsbesichtigung in einem großen Unternehmen erklärt der Vertreter der Marketingabteilung, dass die Bedarfs-, Konkurrenz- und Absatzforschung für ein Unternehmen von großer Bedeutung sei. Auf die entsprechenden Nachfragen der Zuhörer erklärt der Referent, welche Aufgaben die einzelnen Forschungsfelder haben. Ordnen Sie die folgenden Begriffe den Aussagen a) bis g) zu.

① Bedarfsforschung
② Konkurrenzforschung
③ Absatzforschung

a) Untersuchung der Kaufkraft der privaten Haushalte

b) Befragungen über das Alter, die Einkommensverhältnisse und die Ausbildung der Nachfrager

c) Untersuchungen über die Wirkung eines gesendeten Werbespots bei den Nachfragern

d) Sammeln von Daten über die Preisgestaltung eines konkurrierenden Unternehmens

e) Beobachtung der Kaufgewohnheiten der Kunden
f) Untersuchungen über die eigenen Marktanteile an einem Produkt
g) Befragung bei den Endverbrauchern, warum sie ein bestimmtes Produkt kaufen

5. In der Absatzwirtschaft werden verschiedene absatzpolitische Instrumente unterschieden. Ordnen Sie die folgenden Begriffe den Aussagen a) bis e) zu.
   ① Produkt- und Sortimentspolitik
   ② Kommunikationspolitik
   ③ Preispolitik
   ④ Distributionspolitik
   a) Festlegung und Entwicklung des Absatzprogramms
   b) Festlegung der inneren Absatzorganisation, der Vertriebs- und Absatzwege
   c) Festlegung von Preisen und Konditionen
   d) Planung und Durchführung von Absatz- und Meinungswerbung
   e) Beobachtung des Produktlebenszyklus

6. In einem Supermarkt sucht *Fritz Seiber* nach seiner Lieblingslimonade, die er sich seit über zehn Jahren regelmäßig dort kauft. Er muss aber feststellen, dass das Warenregal an dieser Stelle heute leer ist. Auf die Nachfrage beim Filialleiter des Supermarktes erfährt *Fritz*, dass das Produkt „seinen Produktlebenszyklus" durchlaufen habe und nun nicht mehr verkauft wird. *Fritz* ist verwundert. Ein Lebenszyklus bei Waren? Helfen Sie ihm, die einzelnen Zusammenhänge zu verstehen, und geben Sie an, welche Aussagen richtig und welche falsch sind.
   a) Ein Produktlebenszyklus stellt die Zusammenhänge von Zeit und Umsatz- bzw. Gewinnentwicklung für ein bestimmtes Produkt grafisch dar.
   b) Produktlebenszyklen lassen sich nur bei besonders wertvollen Produkten nachweisen.
   c) Ein Produktlebenszyklus besteht aus den Phasen Entwicklung, Einführung, Wachstum, Reife, Sättigung und Rückgang.
   d) In der Einführungsphase erreicht der Umsatz sein Maximum.
   e) Die Rückgangsphase geht mit einem starken Umsatzrückgang einher; der Unternehmer ist hier oftmals gezwungen, das Produkt vom Markt zu nehmen.

7. Die *Copyfix AG* vertreibt den hochwertigen Schwarz-Weiß-Kopierer *Copy I*, der mit einer Anzahl von Vertriebsmitarbeitern im Inland an den Facheinzelhandel verkauft wird. Bei einem Preis von 3.000,00 € werden zur Zeit 43.000 Kopierer pro Jahr verkauft. Auf der Grundlage von Marktforschungsergebnissen kann mit folgenden Reaktionen der Nachfrage auf Preisänderungen (bei sonst gleichen Bedingungen) gerechnet werden:
   – Bei einem Preis von 3.150,00 € beträgt die mögliche Absatzmenge 38.000 Stück pro Jahr.
   – Bei einem Preis von 2.850,00 € beträgt die mögliche Absatzmenge 50.000 Stück pro Jahr.

   Das Marktvolumen teilt sich die *Copyfix AG* mit vier weiteren Konkurrenten, der Marktanteil beträgt bei allen Anbietern ca. 20 %. Der *Copy I* wird auf einer Fertigungsstraße gefertigt, die eine Kapazität von 50.000 Kopierern pro Jahr hat. Die Kostenrechnung liefert bei einer derzeitigen Produktion von 43.000 Stück die folgenden Daten (in Tausend €):

Materialkosten	23.600,00
Fertigungskosten	63.295,00
Verwaltungskosten	17.600,00
Vertriebskosten	7.650,00
Selbstkosten	112.145,00

Bei den Materialkosten sind 17.500,00 € Materialeinzelkosten, Fertigungseinzelkosten sind in einer Höhe von 35.990,00 € angefallen, die Sondereinzelkosten des Vertriebes betragen 3.500,00 €. Der Rest der gesamten Selbstkosten sind Fixkosten.

a) Berechnen Sie die Preiselastizitäten der Nachfrage bei einer Preiserhöhung von 3.000,00 € auf 3.150,00 € und bei einer Preissenkung von 3.000,00 € auf 2.850,00 €.

b) Berechnen Sie die Stück- und die Gesamtdeckungsbeiträge in allen drei Preissituationen.

c) Welche Folgerungen hinsichtlich der anzustrebenden Preispolitik ergeben sich für die *Copyfix AG* aus den Berechnungen zu b) unter dem erwerbswirtschaftlichen Ziel der Gewinnmaximierung? (Berechnen Sie dazu auch den Gewinn in allen drei Situationen.)

d) Der Vorstand der *Copyfix AG* plant, im nächsten Jahr einen in der Entwicklung befindlichen Farbkopierer zu einem Preis von 4.500,00 € auf den Markt zu bringen. Die Kosten für die Produktentwicklung werden auf 10 Mio. € veranschlagt. Für die Markteinführung sind weitere 1,5 Mio. € aufzuwenden. Die variablen Stückkosten wurden in einer Vorkalkulation mit 2.400,00 € ermittelt. Die Unternehmensleitung erwartet, dass am Ende der Einführungsphase der neue Artikel einen Deckungsbeitrag in Höhe von 1 Mio. € abwirft. Über den Deckungsbeitrag von 1 Mio. € hinaus soll das neue Produkt die produktspezifischen Fixkosten (Entwicklungskosten, Kosten der Markteinführung) hereinbringen. Wie viele Farbkopierer muss das Unternehmen am Ende der Einführungsphase absetzen, um das gesetzte Ziel zu erreichen?

8. In welchen Fällen gerät der Schuldner mit seiner Zahlung in Verzug?
   a) Lieferung am 31.03.
   Rechnungszugang am 01.04. (Zahlung sofort fällig);
   Mahnung vom 11.04., Zugang am 14.04.
   b) Lieferung am 31.03.
   Rechnungszugang 01.04. (Zahlung sofort fällig),
   Mahnung vom 09.05., Zugang am 12.05.
   c) Lieferung am 30.04.
   Rechnungszugang am 02.05. (Zahlung sofort fällig)
   Mahnung vom 20.06., Zugang am 23.06.
   d) Lieferung am 31.03.
   Rechnungsdatum 03.04.
   Rechnungszugang am 04.04. (fällig 20 Tage nach Rechnungszugang)
   Mahnung vom 07.05., Zugang am 08.05.

9. Die *Fly Bike Werke GmbH* lieferte der *Fahrradhandelsgesellschaft* am 15. März zehn Fahrräder zum Gesamtpreis von 3.000,00 €. Mit der Lieferung wurde auch die Rechnung übergeben, welche weder eine Zahlungsvereinbarung noch einen Fälligkeits- oder Verzugshinweis

enthielt. Die Fahrradhandelsgesellschaft beglich den Rechnungsbetrag am 17. Juni per Überweisung. Der Betrag ging am 21. Juni auf dem Konto der *Fly Bike Werke GmbH* ein. Da die *Fly Bike Werke GmbH* auf Verzugszinsen nicht verzichten möchte, bittet sie ihren Auszubildenden A, ein entsprechendes Anschreiben zu formulieren. A setzt nur sehr lückenhaft folgendes Schreiben auf:

> Sehr geehrte Damen und Herren,
>
> wir haben Ihnen am 15. März auf Grund Ihres Auftrags zehn Fahrräder geliefert. Zu diesem Termin wurde Ihnen auch die Rechnung über einen Betrag i. H. von 3.000,00 ¤ übergeben. Der Rechnungsbetrag ging erst am 28. Juni – und damit verspätet – auf unserem Konto ein. Wir fordern Sie nun auf, für den Zeitraum von ① Tagen (vom ② bis zum ③) Verzugszinsen in Höhe von ④ € (berechnet aus ⑤ %-Punkten über dem ⑥ [z. Zt. ⑦ %]) an uns zu zahlen.
>
> Mit freundlichen Grüßen

   a) Wie müssten die Lücken ① bis ⑦ des Anschreibens gefüllt werden?
   b) Warum kann die *Fly Bike Werke* GmbH darüber hinaus auch Fälligkeitszinsen verlangen und wie hoch ist der Fälligkeitszinssatz?
10. Entscheiden Sie, ob die folgenden Aussagen richtig oder falsch sind.
   a) Die Voraussetzungen für den Eintritt des Zahlungsverzugs entsprechen denen des Lieferungsverzugs.
   b) Ein Geldschuldner gerät nicht in Verzug, wenn der Zahlungsbetrag ohne sein Verschulden nicht rechtzeitig beim Gläubiger eintrifft.
   c) Im Falle des Zahlungsverzuges kann der Gläubiger sofort vom Vertrag zurücktreten.
   d) Der Mahnung stehen die Erhebung der Klage sowie die Zustellung eines Mahnbescheids im Mahnverfahren gleich.
   e) Der Zahlungstermin „zahlbar innerhalb von 30 Tagen" ist kalendermäßig bestimmt.
   f) Die Leistung von Geld ist stets möglich.
11. Die Nichtannahme der Leistung
   a) Nennen Sie die Voraussetzungen für den Eintritt des Gläubigerverzuges.
   b) Entscheiden Sie, ob die folgenden Aussagen richtig oder falsch sind.
   Befindet sich der Käufer in Annahmeverzug,
   ba) ... vermindert sich die Haftung des Verkäufers auf Vorsatz;
   bb) ... haftet grundsätzlich der Käufer;
   bc) ... vermindert sich die Haftung des Verkäufers auf Vorsatz und grobe Fahrlässigkeit;
   bd) ... ändert sich an den Haftungsbedingungen nichts.
   c) Wann ist eine Leistung i. S. des § 294 tatsächlich ordnungsgemäß angeboten?
12. Welche Sonderregelungen gelten beim Verbrauchsgüterkauf?

7 Personalmanagement

7.1 Personalmanagement als Unterstützungsprozess

Unterstützungprozesse (Supportleistungen) unterstützen die Kernprozesse eines Unternehmens durch Versorgungs- und Steuerungsleistungen und gewährleisten so deren Funktionsfähigkeit. Zu den Unterstützungsprozessen zählen unter anderem alle Prozesse im Bereich der **Personalwirtschaft** bzw. des **Personalmanagements**.

Unterstützungs- und Kernprozesse, vgl. Kapitel 3.3.2

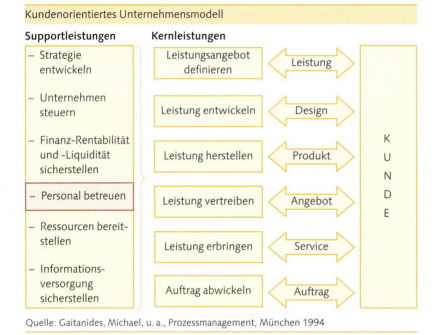

Quelle: Gaitanides, Michael, u. a., Prozessmanagement, München 1994

- Mit dem Begriff „**Personal**" sind alle Mitarbeiterinnen und Mitarbeiter aller betrieblichen Bereiche gemeint, die in einem Unternehmen tätig sind und in einem vertraglich geregelten Arbeitsverhältnis stehen.
- Zur „**Personalwirtschaft**" zählen alle personalwirtschaftlichen Prozesse, die im Hinblick auf die betrieblichen Ziele erfüllt werden müssen.
- Der Begriff „**Personalmanagement**" betont den Aspekt, dass personalwirtschaftliche Prozesse Führungsprozesse sind, die eine strategische Bedeutung für das Unternehmen haben.

betriebliche Ziele, vgl. Kapitel 3.2.1

Im Unterstützungsprozess Personalmanagement wird der **unternehmensbezogene Lebenszyklus** des **Mitarbeiters** zur zentralen Ausrichtung aller anfallenden Teilprozesse. Die Prozesskette bezieht sich auf die Spanne von der Analyse und Planung des Personalbedarfs über den Eintritt des Mitarbeiters in das Unternehmen bis zu seinem Austritt. Die Teilprozesse des Unterstützungsprozesses Personalmanagement umfassen im Einzelnen die Bereiche der Personalplanung, der Personalbeschaffung, der Personalführung und -motivation, der Bewertung und Entlohnung von Arbeitsleistung sowie der Personalfreisetzung.

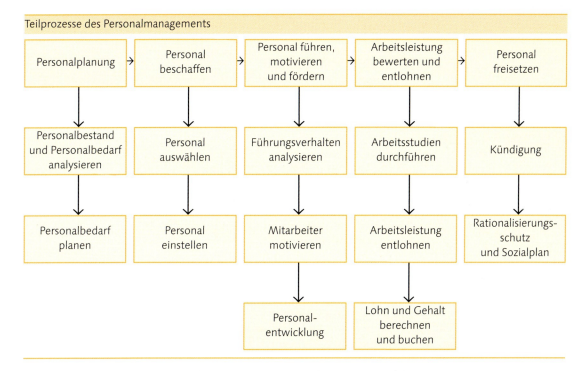

Diese Teilprozesse lassen sich auf der Ebene einzelner Aktivitäten wie folgt weiter untergliedern:

- Aufgabe der **Personalplanung** ist es, ausgehend vom aktuellen Personalbestand den zukünftigen Personalbedarf festzustellen und zu planen. Dabei kommen Hilfsmittel wie die Personalstatistik, Personalinformationssysteme und Methoden der Personalbedarfsermittlung zum Einsatz. *(Teilprozesse des Personalmanagements im Überblick; vgl. Kapitel 7.2)*

- Im Rahmen der **Personalbeschaffung** wird Personal geworben, ausgewählt und eingestellt. Bei der Einstellung sind arbeits- und mitbestimmungsrechtliche Rahmenbedingungen zu berücksichtigen. *(vgl. Kapitel 7.3)*

- Die Aufgabe, **Personal** zu **führen**, zu **motivieren** und zu **fördern**, ist für die Fähigkeit und Bereitschaft von Mitarbeitern zu Leistung und Innovation von zentraler Bedeutung. Die optimale Nutzung des Faktors Arbeit ist vor allem ein wichtiger strategischer Aspekt für ein Unternehmen, das auf den heutigen Käufermärkten wettbewerbsfähig bleiben will. Das Führungsverhalten von Vorgesetzten, eine motivierende Arbeitsgestaltung, die Bindung von Mitarbeitern an das Unternehmen und die Inanspruchnahme von Personalentwicklungsmaßnahmen sind hierbei entscheidende Faktoren. *(vgl. Kapitel 7.4)*

- Aufgabe der **Leistungsbewertung** ist es, mit Hilfe von Arbeitsstudien die Arbeitsleistung der Mitarbeiter adäquat zu bewerten und damit eine Basis für die Entlohnung zu finden. Dabei sind verschiedene Formen der **Entlohnung** möglich. In der Finanzbuchhaltung werden Lohn und Gehalt **berechnet** und **gebucht**. *(vgl. Kapitel 7.5; Finanzbuchhaltung, vgl. Teilband 2)*

- Bei der **Personalfreisetzung** sind arbeits- und sozialrechtliche Rahmenbedingungen für Kündigung, Rationalisierungsschutz und Sozialplan zu berücksichtigen. *(vgl. Kapitel 7.6)*

Ansprüche an das Personalmanagement	
Erfolgsorientierung	personalwirtschaftliche Aktivitäten explizit auf ökonomische Zielgrößen ausrichten
Flexibilisierung	Fähigkeit zur kurzfristigen Anpassung an unvorhergesehene Umstände
Individualisierung	Freiraum für Mitarbeiter zur Erfüllung ihrer persönlichen Ziele
Qualitätsorientierung	Personalarbeit als Bestandteil des *Total Quality Managements* (TQM)
Akzeptanzsicherung	Mitarbeiter unterstützen Veränderungen und blockieren sie nicht
Professionalisierung	ständige Aktualisierung des eigenen Wissensstandes und Ausbau spezifischer Kompetenzen
Kundenorientierung	Leistungserstellung mit dem Ziel der Kundenzufriedenheit

Unterstützungsprozesse unterstützen die Kernprozesse des Unternehmens, die damit wiederum in einem **Kundenverhältnis** zu den Unterstützungsprozessen stehen. Daher zielt der Anspruch der Kundenorientierung im Rahmen des Unterstützungsprozesses Personalmanagement stärker auf **interne Kunden** als auf externe Kunden. Zu den Kunden des Personalmanagements zählen:

- die zukünftigen Mitarbeiter des externen Arbeitsmarkts, um die die Personalabteilung wirbt
- die Manager des eigenen Unternehmens, die Dienstleistungen vor allem im Bereich der Personalbeschaffung und der Personalentwicklung erwarten
- die vor- und nachgelagerten Planungsinstanzen als Teil des betrieblichen Planungsprozesses
- die gegenwärtigen Mitarbeiter als Abnehmer von Serviceleistungen der Personalabteilung
- die an der strategischen Ausrichtung des Unternehmens beteiligten Mitglieder der Unternehmensleitung

Kundenorientierung im Personalmanagement heißt, den Mitarbeiter als internen Kunden zu betrachten.

Du bist der Beste
Die Georgsmarienhütte behandelt ihre Mitarbeiter als Kunden - und hat Erfolg

Rudolf Miele brachte es einst auf den Punkt: „Man hat immer zwei Kunden – den eigentlichen Kunden und den eigenen Mitarbeiter." So sehen es laut einer Studie der Bad Harzburger Akademie für Führungskräfte auch 80 Prozent aller Entscheider in der Wirtschaft: Aufbau und Pflege eines guten Verhältnisses zu Mitarbeitern und Kollegen spielt für die Befragten eine große Rolle, um die Unternehmensziele zu erreichen. Merkwürdig daran ist nur, dass das Engagement der Manager hierfür nur durchschnittlich zwei Stunden und 36 Minuten pro Woche beträgt – der alte Gegensatz von Anspruch und Wirklichkeit. Und es kommt weit schlimmer: Nach einer Untersuchung des amerikanischen Institute for Policy Studies profitierten Top-Manager in der letzten Zeit regelrecht von Entlassungen.

Die Studie verglich den Verdienst von 52 Konzernbossen, die in der ersten Jahreshälfte 2000, also lange vor jedem Gerede über eine Rezession, die Entlassung von mindestens 1000 Beschäftigten ankündigten. Der Lohn: Ein um rund 80 Prozent höherer Verdienst im Vergleich zu ihren Kollegen. Signale, die in der jetzigen Situation der Weltwirtschaft in die falsche Richtung zeigen. (...) So kommt es gerade jetzt darauf an, dem Mitarbeiter zu vermitteln: Du bist der Beste für den Job, den du tust. Denn nur dann kann sich Motivation entfalten, nur dann können die Motivationsparameter Flexibilität, Erfolgszuversicht und der Wille, besser zu sein, überhaupt zur Entfaltung kommen. Das scheint mir wirkungsvoller als die 9000 Managementkonzepte, die in den letzten 20 Jahren den Markt überschwemmt haben. (...)

Dr. Jürgen Großmann ist Geschäftsführender Gesellschafter der Georgsmarienhütte Holding GmbH

Quelle: www.welt.de vom 19. Februar 2002, Autor: Jürgen Großmann

7.2 Personalplanung

7.2.1 Personalbestand und Personalbedarf analysieren

Beispiel: *Frau Lai* aus der EDV-Abteilung hat sich im Auftrag der Geschäftsleitung der *Fly Bike Werke* umfassend über die Einsatzmöglichkeiten eines ERP-Systems informiert. Auf Grund ihres positiven Berichts wird die Anschaffung eines solchen Systems ernsthaft erwogen.

Die Entscheidung muss allerdings auch unter personalpolitischen Gesichtspunkten sorgfältig überdacht werden, denn mit dem Einsatz eines ERP-Systems sind eine ganze Reihe von Aufgaben verbunden: Stammdaten müssen erfasst und gepflegt, das Programm muss bedient und gewartet und zahlreiche Mitarbeiter aus verschiedenen Abteilungen müssen mit dem Umgang vertraut gemacht werden. Daher muss auch darüber entschieden werden, ob ein neuer Arbeitsplatz für die Betreuung des Systems zu schaffen ist. Zunächst möchte die Geschäftsleitung der *Fly Bike Werke* die innerbetrieblichen Ressourcen ausleuchten. Die Personalabteilung wird aufgefordert, eine Statistik der Mitarbeiter aufzustellen, die Erfahrung im Umgang mit EDV-Anwendungen im Allgemeinen und speziell mit ERP-Software haben.

ERP-System, vgl. Kapitel 1.7 und 9

Auf Grund der vorgenommenen Bestands- und Bedarfsanalyse entscheidet die Geschäftsleitung, dass zur Betreuung des anzuschaffenden Systems die Stelle eines ERP-Systembetreuers eingerichtet werden soll. Zur Besetzung der neu geschaffenen Stelle müssen in einem nächsten Schritt Maßnahmen der Personalbeschaffung eingeleitet werden.

Personalbeschaffung vgl. Kapitel 7.3

Die **Personalplanung** umfasst alle Handlungen, die Entscheidungen über die Verfügbarkeit von Personal in einem Unternehmen sowie die Vorbereitung, Umsetzung und Kontrolle dieser Entscheidungen betreffen. Dabei kommt der **Analyse** des **Personalbestandes** und des **Personalbedarfs** eine wichtige Bedeutung zu.

Personalplanung

Anlässe für eine Personalbestands- und Personalbedarfsanalyse sind z. B.

- Überprüfung der gegenwärtigen Personalausstattung auf Angemessenheit,
- Begründung der Anforderung zusätzlichen Personals,
- Budgetierung der Personalkosten,
- Einleitung rechtzeitiger Maßnahmen zur Anpassung der Personalausstattung an veränderte Bedarfsverhältnisse.

Erster Schritt der Personalbestandsanalyse ist die Ermittlung des **Soll-Personalbestands**. Dieser gibt an, wie viele Mitarbeiter das Unternehmen benötigt, um ohne personelle Engpässe alle betrieblichen Aufgaben wahrnehmen zu können. Der Soll-Personalbestand ergibt sich aus dem Stellenplan des Unternehmens, der sich wiederum aus dem Organisationsplan ableitet.

Soll-Personalbestand

betriebliche Organisation, vgl. Kapitel 7.6

Der **Ist-Personalbestand** wird im Stellenbesetzungsplan festgehalten. Er gibt Auskunft über die gegenwärtigen Stelleninhaber.

Ist-Personalbestand

Ausgehend vom Soll-Personalbestand errechnet sich der **Netto-Personalbedarf**, der den aktuellen Personalbedarf des Unternehmens angibt.

Netto-Personalbedarf

Vom Soll-Personalbestand zum Netto-Personalbedarf	
	Soll-Personalbestand
−	Ist-Personalbestand
+	Abgänge (Kündigungen, Pensionierungen, unvorhergesehene Abgänge)
−	Zugänge (geplante Neueinstellungen)
=	Netto-Personalbedarf

Personalbedarfe analysieren		
Soll-Personalbestand	Einsatzbedarf	− Personalbedarf ohne Berücksichtigung personeller Ausfälle
	Reservebedarf	− personelle Ausfälle, berechnet als Fehlquote, bezogen auf Einsatzbedarf
Netto-Personalbedarf	Ersatzbedarf	− zu ersetzende Mitarbeiter (z. B. wegen Kündigung, Beförderung, Pensionierung)
	Neubedarf	− zusätzliche Mitarbeiter durch Erweiterungsinvestitionen oder organisatorische Änderungen

Zu den Bestimmungsgrößen des Personalbedarfs zählen
- **externe Einflussgrößen**, wie z. B. gesamtwirtschaftliche Entwicklung (Arbeitsmarkt, Konjunktur, Kaufverhalten), Situation von Konkurrenten und Zulieferern, technische Entwicklung (Materialien, neue Technologien und Produktionsprozesse), gesellschaftliche/politische Entwicklungen (Tarifverträge, Arbeitszeitenregelungen),
- **interne Einflussgrößen**, wie z. B. Unternehmensgröße, Organisationsstruktur, Unternehmensziele und -strategien, Produktionsmethoden, Technisierungsgrad, Produktivität, F&E-Tätigkeit des Unternehmens, Finanzierungsmöglichkeiten, Fertigungsprogramm, Fertigungstiefe, Produktions-/Absatzzahlen.

Bestimmung des Personalbedarfs

Personalstatistik

Das Führen einer Personalstatistik zählt zu den Aufgaben der Personalverwaltung. Im Rahmen der betrieblichen Personalstatistik wird die Belegschaft des Unternehmens in ihrer Gesamtheit oder in Gruppen zahlenmäßig betrachtet und dargestellt. Durch die Personalstatistik werden neben der Personalbestands- und Personalbedarfsanalyse insbesondere Aufgaben im Rahmen der Personalbetreuung und personalpolitischen Planung unterstützt. Die erstellten Statistiken dienen der Planung und Kostenüberwachung. Hier können ganz bestimmte Merkmale der Mitarbeiter untersucht werden (Beschäftigtenstatistik), z. B. Alter, Betriebszugehörigkeit, Arbeitsverhältnis (Arbeiter, Angestellter, Auszubildender), Kenntnisse in Spezialbereichen, Beschäftigungsverhältnis (Voll- oder Teilzeit), Qualifikation, Geschlecht, Position, Staatsangehörigkeit usw.

Die betriebliche Personalstatistik unterstützt das Personalmanagement bei der Analyse und Planung.

Ein häufiger Anwendungsbereich der **statistischen Auswertung** ist zum Beispiel die Analyse des Krankenstands (Arbeitsausfallstatistik) in einzelnen Abteilungen pro Mitarbeiter und Zeiteinheit. Die Ergebnisse können im Rahmen eines internen Benchmarkings mit dem Unternehmensdurchschnitt verglichen werden.

Benchmarking, vgl. Kapitel 3.2.2

Auch die innerbetriebliche Fluktuation (Kündigungen, Einstellungen, Versetzungen) oder Überstunden können statistisch erfasst werden und weisen so möglicherweise auf interne Schwachstellen oder auch Reserven hin. Hierbei können sich auch Ansätze für die Personalentwicklung finden.

Weiterhin sind Lohn- und Gehaltsstatistiken (tatsächlich gezahlte Löhne und Gehälter, Tariflöhne und -gehälter), Sozialleistungsstatistiken und Arbeitszeitstatistiken (Soll- und Ist-Arbeitszeit) Teilbereiche der Personalstatistik.

Beispiel: Durchschnittliche Krankentage pro Abteilung und Mitarbeiter in den *Fly Bike Werken*, Stand Juli 2003

Abteilung, vgl. Kapitel 3.5

Abteilung	durchschnittliche Krankentage/ Mitarbeiter im Jahr 2003
Geschäftsleitung	1,7
Einkauf/Logistik	3,0
Produktion	6,5
Verwaltung	5,7
Vertrieb	5,0
Unternehmensdurchschnitt	5,3

Vergleich Unternehmensdurchschnitt – Abteilungen

7.2.2 Personalbedarf planen

Beispiel: Neben der Personalbestands- und Personalbedarfsanalyse werden in den *Fly Bike Werken* auch die Aspekte der längerfristigen Personalbedarfsplanung nicht aus den Augen verloren. So hat zum Beispiel eine Analyse der Altersstatistik der Abteilung Produktion folgendes Bild ergeben.

Personalnummer	Name	Geburtsdatum
20000	Rother, Klaus	1950-07-02
20001	Düsentrieb, Daniel	1945-05-30
20100	Schuhmacher, Michael	1982-11-08
21000	Glaner, Martin	1969-07-08
21100	Exakt, Lothar	1962-09-27
21200	Time, John	1967-08-05
21300	Work, Thomas	1951-04-06
22100	Sammer, Jochen	1965-04-08
22201	Beck, Frank	1974-10-23
22202	Larsen, Sven	1942-05-02
22311	Flink, Maria	1967-12-29
22312	Speiche, Claudia	1957-06-03
22321	Breitling, Gerd	1955-06-11
22322	Preis, Wolfgang	1959-09-10
22331	Ludwig, Dirk	1949-11-30
22332	Engel, Nicole	1961-11-30
22333	Höhn, Manuela	1975-05-17
22334	Ufer, Thomas	1962-09-03
22335	Rand, Thomas	1950-02-18
22400	Schimanski, Horst	1946-03-13

Auf Grund dieser Datenerhebung wird deutlich, dass einige Kollegen bereits ein Alter erreicht haben, in dem ihr Eintritt ins Rentenalter in den kommenden Jahren bevorsteht. Auf das Unternehmen kommt also in naher Zukunft ein Bedarf an qualifizierten Arbeitskräften zu.

Das Ziel der **Personalbedarfsplanung** besteht in der Bestimmung der personellen Kapazitäten, die zur Sicherstellung der Erfüllung der betrieblichen Funktionen erforderlich sind, und zwar in quantitativer, qualitativer, zeitlicher und räumlicher Hinsicht.

- Die **quantitative** Komponente fragt nach der Zahl der benötigten Mitarbeiter.

- Die **qualitative** Komponente legt fest, über welche Qualifikationen das Personal bis zum Planungshorizont verfügen muss und zu welchen Stellentypen bzw. Personalkategorien diese Qualifikationen gebündelt werden können.
- Die **zeitliche** Komponente gibt darüber Auskunft, bis zu welchem Planungshorizont Bedarfsprognosen gemacht werden sollen (kurz-, mittel-, langfristige Personalbedarfsplanung).
- Die **lokale** Komponente wird anhand der Bestimmung des Arbeitsanfalls vor Ort, d. h. am jeweiligen Arbeitsplatz, sichtbar. Je nach Umfang kann man für eine Abteilung, einen Unternehmensbereich, mehrere Unternehmensbereiche und/ oder für das gesamte Unternehmen den Personalbedarf ermitteln.

Der Personalbedarfsplan ist als **Teilplan** integrativer Bestandteil der **Gesamtplanung** des Unternehmens und ist damit von den Teilplänen anderer betrieblicher Bereiche abhängig. Alle anderen Teilpläne des Unternehmens funktionieren wiederum nur dann, wenn über das Personalwesen die entsprechenden Kräfte für das Unternehmen bereitgestellt werden können.

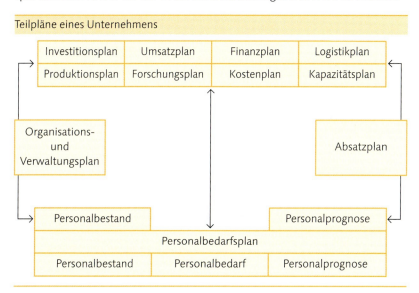

Die Personalbedarfsplanung deckt verschiedene Aspekte des Personalbedarfs ab:

- Die **Personalbeschaffungsplanung** hat die Aufgabe, dafür zu sorgen, dass die Personaldecke des Unternehmens immer dem Soll-Bestand entspricht. Dabei stehen die Instrumente zur Personalbeschaffung im Mittelpunkt. *(Personalbeschaffung, vgl. Kapitel 7.3)*
- Die **Personalerhaltungsplanung** hat die Aufgabe, dafür zu sorgen, die Leistungsbereitschaft und den Leistungswillen der Belegschaft vorbeugend zu sichern und zu verbessern. Die Maßnahmen konzentrieren sich dabei vor allem auf Aspekte der Arbeitsgestaltung. *(Motivierende Arbeitsgestaltung, vgl. Kapitel 7.4.2)*
- Die **Personalentwicklungsplanung** umfasst die Gesamtheit der Maßnahmen zur Mitarbeiterqualifikation. *(Personalentwicklung, vgl. Kapitel 7.4.3)*

Wird ein rückläufiger Personalbedarf festgestellt, z. B. auf Grund einer sich verschlechternden Beschäftigungs- oder Auftragssituation, ist die Personalbedarfsplanung für die Mitarbeiter mit negativen Konsequenzen ver- *(Personalfreisetzung, vgl. Kapitel 7.6)* bunden. Hier müssen soziale Folgen für die Betroffenen genau abgewägt und die Belastungen minimiert werden. Möglichkeiten wären u. a. Kurzarbeit und betriebsinterne Umsetzung vor Kündigung. Die Planung des zukünftigen Personalbedarfs kann nach verschiedenen Methoden erfolgen.

Kennzahlen-Methode
Personalbedarfsplanung auf Grund mutmaßlichen Umsatzentwicklungen

Kennzahlen, vgl. Kapitel 3.2.2

$$\text{Personalbedarf} = \frac{\text{geplanter Umsatz}}{\text{Umsatz pro Mitarbeiter}}$$

Beispiel: Kennzahlen-Methode in den *Fly Bike Werken*

Die Umsatzerlöse der *Fly Bike Werke* betrugen 2003 rund 6.950.000,00 €. Im selben Jahr waren 40 Personen im Unternehmen beschäftigt.

$$\text{Umsatz pro Mitarbeiter} = \frac{6.950.000\ €}{40} = 173.750\ €$$

Würde für 2004 ein Umsatz von 7.200.000 € geplant werden, so ergäbe das rein rechnerisch einen Personalbedarf von

$$\text{Personalbedarf} = \frac{7.200.000}{173.750} = 41{,}44\ \text{Mitarbeitern}$$

Bezieht man diese Rechnung nur auf den Bereich Produktion, dann ergeben sich folgende Zahlen:

$$\text{Umsatz pro Mitarbeiter} = \frac{6.950.000\ €}{20} = 347.500\ €$$

Würde für 2004 ein Umsatz von 7.200.000 € geplant werden, so ergäbe das rein rechnerisch einen Personalbedarf von

$$\text{Personalbedarf} = \frac{7.200.000\ €}{347.500} = 20{,}7\ \text{Mitarbeiter in der Abteilung Produktion}$$

Der Nachteil der Kennzahlenmethode besteht darin, dass der Auslastungsgrad des Unternehmens keine Berücksichtigung findet. Auch geplante Neuerungen wurden nicht berücksichtigt.

Kapazitätsbedarfsrechnung
Wenn für den betrachteten Zeitraum ein Fertigungsprogramm oder ein Auftragsbestand vorliegt, kann der Personalbedarf für die Fertigung mit Hilfe der Arbeitspläne deterministisch ermittelt werden.

Trendextrapolation
Hier erfolgt eine Fortschreibung von Trends des Personalbedarfs aus der Vergangenheit und der Gegenwart in die Zukunft. Dieses Verfahren setzt eine unveränderte Trendentwicklung in der Zukunft voraus.

Übersicht:

Personalplanung	alle Handlungen, die Entscheidungen über die Verfügbarkeit von Personal in einem Unternehmen sowie die Vorbereitung, Umsetzung und Kontrolle dieser Entscheidungen betreffen
Personalbestands- und Personalbedarfsanalyse	Feststellen der aktuellen Personalbedarfe, ausgehend vom Soll-Personalbestand

Soll-Personalbestand	– Einsatzbedarf – Reservebedarf
Netto-Personalbedarf	– Ersatzbedarf – Neubedarf
Personalstatistik	– statistische Aufgabe der Personalverwaltung – zahlenmäßige Darstellung der Belegschaft in ihrer Gesamtheit oder in Gruppen
Personalinformations-systeme	– Erfassung, Speicherung und Transformation von Informationen über das Personal und die Arbeitsplätze – Datenbasis für Planungs-, Entscheidungs- und Kontrollaufgaben
Personalbedarfs-planung	Ermittlung des Personalbedarfs für einen zukünftigen Zeitpunkt in quantitativer, qualitativer, zeitlicher und räumlicher Hinsicht

7.3 Personalbeschaffung

Beispiel: Die Personalplanung der *Fly Bike Werke* hat ergeben, dass sowohl mittelfristig ein personeller Ersatzbedarf in der Produktionsabteilung durch bevorstehende Pensionierungen als auch ein aktueller personeller Neubedarf durch die geplante Anschaffung eines ERP-Systems besteht. Es werden Personalbeschaffungsmaßnahmen eingeleitet.

Die **Personalbeschaffung** hat das Sachziel, zur Beseitigung einer personellen Unterdeckung (Netto-Personalbedarf) Personal nach Anzahl, Art, Zeitpunkt und Dauer sowie Einsatzort bereitzustellen. Der Prozess der **Personalauswahl** beinhaltet das Suchen und Finden geeigneter Bewerber für eine zu besetzende Stelle. Dabei sind geeignete Kandidaten durch Stellenausschreibungen zu werben und eingehende Bewerbungen auszuwerten. **Ziel** des Personalauswahlprozesses ist das Erstellen einer Prognose, wer unter den Bewerbern am besten für die zu besetzende Stelle geeignet ist.

Sachziel, vgl. Kapitel 3.2

Ziel des Personalauswahlprozesses ist das Erstellen von Eignungsprofilen der Bewerber.

- Voraussetzung dafür ist zum einen die Erstellung eines **Anforderungsprofils** der zu besetzenden Stelle auf Basis der dort anfallenden Aufgaben (Arbeitsanalyse).
- Zum anderen muss im Rahmen der Auswertung der eingehenden Bewerbungen ein **Fähigkeitsprofil** der einzelnen Bewerber erstellt werden, das die individuellen Qualifikationen und Neigungen widerspiegelt.
- Das **Eignungsprofil** eines Bewerbers ergibt sich aus dem Vergleich von Anforderungs- und Fähigkeitsprofil.

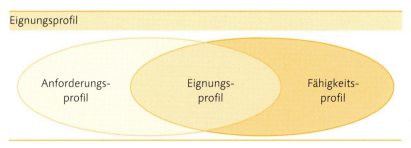

Der Prognose, wer am besten für die betreffende Stelle geeignet ist, kommt eine entscheidende Bedeutung zu, um Folgekosten aus **Fehlbesetzungen** zu vermeiden. Mögliche Folgekosten können sich ergeben in Form von Leistungsmängeln des neuen Mitarbeiters, Nachqualifikationsmaßnahmen oder so genannten Fluktuationskosten (z. B. auf Grund der Neubesetzung der Stelle).

7.3.1 Stellen ausschreiben

> **Beispiel:** Für den technischen Auszubildenden, *Herrn Schumacher*, steht das Ende seiner Berufsausbildung bevor. In diesem Zusammenhang hat die Geschäftsleitung *Herrn Schumacher* zu einem persönlichen Gespräch gebeten. Anwesend sind neben dem Geschäftsführer, *Herrn Peters,* auch der Abteilungsleiter Verwaltung, *Herr C. Steffes*, und die verantwortliche Kollegin für den Bereich Personal, *Frau Linden*. *Herrn Schumacher* wird auf Grund seiner Leistungen während der Ausbildung im unmittelbaren Anschluss an seinen Ausbildungsvertrag ein Arbeitsvertrag angeboten.

Maßnahmen der **internen Personalbeschaffung** sind:

- die Heranbildung von Nachwuchskräften (z. B. Auszubildende, Trainees) und deren Übernahme in ein Arbeitsverhältnis
- die Vorbereitung von Mitarbeitern auf neue Aufgaben durch Umschulungen und Fortbildungsmaßnahmen
- die Versetzung, Umgruppierung, Beförderung von Mitarbeitern

Interne Personalbeschaffung	
Vorteile	– geringes Risiko der Fehlbesetzung, da die Mitarbeiter und ihr Leistungsverhalten im Unternehmen schon bekannt sind – Personal wird durch Aufstiegschancen motiviert, erhöhte Bindung an das Unternehmen – offene Stellen können relativ schnell und kostengünstig besetzt werden – Eingewöhnungsphase kann kurz gehalten werden – betriebliches Entgeltniveau wird eingehalten – Stellen für Nachwuchs werden frei
Nachteile	– begrenzte Auswahl, ggf. hohe Fortbildungskosten – „Betriebsblindheit" (es fehlt der kritische Abstand zum eigenen Unternehmen) – fehlende Autorität bei Besetzung von Leitungspositionen – abgelehnte Mitarbeiter können das Betriebsklima vergiften – Objektivität der Personalauswahl fraglich

Maßnahmen der **externen Personalbeschaffung** sind:

- Einstellung von Arbeit Suchenden
  (aktive Stellen Suchende/Initiativbewerber, passive Stellen Suchende/Bewerber auf Stellenanzeigen)
- Arbeitsvermittlungen
- Personalwerbung
- Personalberater

- Zeitarbeitsunternehmen (Personalleasing)
- *College Recruitment* (z. B. Absolventenkongresse)
- Kontaktaufnahme bei Veranstaltungen (z. B. Messen)

Externe Personalbeschaffung	
Vorteile	– Je weiter verbreitet das entsprechende Werbemedium, desto größer die Auswahl. – Neu eingestellte Mitarbeiter können Erfahrungen aus anderen Bereichen und Unternehmen einbringen und sind nicht durch betriebstypische Denkweisen vorbelastet (keine Betriebsblindheit). – Neue Mitarbeiter können ihre eigene Autorität schaffen. – Abgelehnte Mitarbeiter haben keinen negativen Einfluss auf das Betriebsklima.
Nachteile	– Fehlbesetzungsrisiko – bietet Mitarbeitern keine Aufstiegschancen – langwierig und kostenintensiv – Einarbeitungs-/ Eingewöhnungsphase – „Push" auf das Gehaltsniveau

Entscheidet sich ein Unternehmen für die externe Personalbeschaffung, muss es zunächst eine Entscheidung über die Maßnahme treffen. Neben Stellenanzeigen und Arbeitsvermittlern (z. B. Agentur für Arbeit oder private Arbeitsvermittler) stehen auch Personalberater und Personalmanagement-Firmen zur Verfügung. Diese können ihre Mitarbeiter direkt in das Unternehmen entsenden, aber auch außerhalb des Unternehmens tätig sein. Möglich sind auch längerfristige Maßnahmen wie die Zusammenarbeit mit entsprechenden Bildungsstätten (z. B. Berufsschulen, Berufsakademien). Auch die kontinuierliche Aufnahme von Praktikanten ist möglich.

Beispiel: Bei der Besetzung der Stelle des Betreuers für das anzuschaffende ERP-System entscheidet sich die Geschäftsführung für eine Veröffentlichung der Stellenanzeige im Internet.

ERP-System, vgl. Kapitel 1.7 und 9

Folgende Gründe sprechen für diese Maßnahme der externen Personalbeschaffung:

- Die Online-Stellenanzeige erreicht eine wesentlich breitere Streuung als in Print-Medien.
- Online-Stellenanzeigen sind um ein Vielfaches günstiger als Print-Anzeigen.
- Über den Link zur Homepage der *Fly Bike Werke* kann sich der Bewerber umfassend über das gesamte Unternehmen informieren.
- Online-Jobbörsen sind übersichtlicher als die überfrachteten Stellenangebotsseiten großer Tageszeitungen.
- Die Spezialisierung des gesuchten Mitarbeiters favorisiert den Weg über das Internet.

Stellenanzeige, vgl. nächste Seite

Nach intensiver Vorbereitung wurde bei mehreren großen Internet-Jobbörsen, auf den Internetseiten von renommierten Fachzeitschriften und auf der eigenen Homepage (in der Rubrik „Stellenausschreibungen") die folgende Stellenanzeige veröffentlicht:

Fly Bike Werke GmbH

Firmenbeschreibung: Wir gehören zu den führenden deutschen Herstellern qualitativ hochwertiger Sport- und Freizeiträder. Kundenorientierung und Kollegialität bestimmen unseren Erfolg. Unsere Mitarbeiter erhalten Förderung und Freiraum. Sind Sie dabei?

Stellenbeschreibung: Unsere Kunden erwarten eine optimale und professionelle Auftragsabwicklung. Sie kennen sich als Systembetreuer bestens mit den Funktionsweisen und Einsatzmöglichkeiten eines ERP-Systems aus. Sie haben gute Entwicklungsgrundlagen und wollen diese auch weiterhin kreativ und innovativ für unsere nationalen und internationalen Kunden im Groß- und Einzelhandel umsetzen. Dann sollten wir uns kennen lernen.

Ihre Aufgaben
- Entwicklung und Implementierung einer unternehmensspezifischen IT-Lösung im Bereich des *Enterprise Ressource Plannings*
- Mitarbeit bei der Konzeption und Realisierung komplexer Programme und Datenbanken
- Analyse von Fehlern und Optimierung unserer Entwicklungs-, Test- und Produktsysteme
- tatkräftige Unterstützung beim Aufbau des internen technischen Know-hows

Unser Angebot
- intensive Förderung Ihrer individuellen Entwicklung
- Mitarbeit in einem kreativen Team
- leistungsorientierte Vergütung
- Standort ist Oldenburg

Anforderungen:
- mehrjährige Berufserfahrung in der ERP-Systembetreuung
- abgeschlossenes Studium oder vergleichbar qualifizierte Ausbildung
- Kenntnisse einer oder mehrerer spezifischer Programmiersprachen (v. a. ABAP/4, Java, C++), ERP-Systeme (z. B. Navision, KHK Classic Line, SAP R/3), Datenbanksysteme (z. B. Oracle, DB2) und Betriebssysteme (z. B. Windows NT oder Unix, Linux)
- Kundenorientierung, Flexibilität, analytisches Denken und Belastbarkeit
- gute Deutsch- und Englischkenntnisse in Wort und Schrift

Kontakt:
Fly Bike Werke GmbH
Herr C. Steffes
Rostocker Str. 334
D-26121 Oldenburg
04 41 8 85-0
c.steffes@flybike.de
http://www.flybike.de

7.3.2 Bewerbungen auswerten

Liegen dem Unternehmen Bewerbungen vor, wird zunächst eine **grobe Vorselektion** getroffen. Ausschlaggebend sind bei diesem ersten Schritt häufig so genannte Negativ-Kriterien wie Vollständigkeit der Unterlagen (Anschreiben, Lebenslauf, Zeugnisse, Referenzen) oder formale Aspekte.

erster Schritt: Vorselektion

Eine **Feinanalyse** wird anschließend bei den Bewerbern durchgeführt, die als „nicht ungeeignet" eingestuft wurden. Gegenstand der Beurteilung sind:

zweiter Schritt: Feinauswahl

- erforderliche Qualifikation (Ausbildung)
- ggf. Spezialkenntnisse
- beruflicher Werdegang (Berufserfahrung)
- Stimmigkeit der Angaben
- Zahl der Arbeitsplatzwechsel und Gründe
- Inhalte von Zeugnissen und Referenzen
- Bewerbungsmotive

Nach der getroffenen Vorauswahl unter den eingegangenen Bewerbungen stehen dem Unternehmen verschiedene Instrumente der Personalauswahl zur Verfügung.

In den meisten Fällen erfolgt eine Einladung zu einem **Auswahlgespräch**. Auswahlgespräche sind auf Grund ihrer Multifunktionalität in der Regel sehr beliebt, denn sie vermitteln einen persönlichen Gesamteindruck von dem Bewerber und erhöhen dabei die Auswahlsicherheit. Die folgende Tabelle gibt einen exemplarischen Überblick über den Verlauf von Auswahlgesprächen.

Instrumente der Personalauswahl

Typischer Verlauf eines Auswahlgesprächs	
Phase	Gesprächsinhalt
I. Kontaktphase	Begrüßung, Vorstellung der Gesprächspartner, Dank für die Bewerbung und für den Vorstellungsbesuch, Zusicherung der Vertraulichkeit
II. Persönliche Präsentation des Bewerbers	
1. Persönliche Verhältnisse	Erkunden von persönlichen, familiären und sozialen Verhältnissen des Bewerbers (z.B. Herkunft, Wohnort, Familienstand)
2. Bildungsgang	Schulausbildung einschließlich beruflicher Bildung und Weiterbildung
3. Berufliche Entwicklung	Fragen zum erlernten Beruf, zu Berufsplänen, Gründe für Stellenwechsel, fachliche Qualifikation
III. Informationsphase	Bewerberinformationen über das Unternehmen, die Stelle, Abteilung und Beantwortung der Fragen des Bewerbers
IV. Schlussphase	Darstellung des weiteren Ablaufs des Auswahlverfahrens und Bestimmung eines Entscheidungstermins, evtl. Regelung der Reisekostenerstattung, Verabschiedung

Quelle: Hentze, Joachim: Personalwirtschaftslehre, Bd. 1, S. 291

Im Wesentlichen erfüllen Auswahlgespräche die folgenden Funktionen:

Funktionen von Auswahlgesprächen

- Ergänzung oder Klärung von Einzelheiten des Lebenslaufes
- Klärung der Frage des Zusammenpassens von Bewerber und Unternehmen, Kollegen, Vorgesetzten (Kriterien: Sympathie, Antipathie, persönliche Erwartungen, Wertvorstellungen)
- Hinweise auf mögliche Schwächen oder Stärken
- Bewertung von Fähigkeiten, Fertigkeiten und Motivationen des Bewerbers

Zu berücksichtigen ist allerdings auch, dass die Bewertung von Auswahlgesprächen auf überwiegend subjektiven Eindrücken basiert und damit die **Gefahr der Informationsverzerrung** beinhaltet. Um die Objektivität eines Auswahlgesprächs zu erhöhen, besteht die Möglichkeit,

- eine zweite Person, z. B. den zukünftigen Vorgesetzten, hinzuzuziehen,
- strukturierte Interviews durchzuführen (d. h. im Voraus einen Gesprächsablauf festzulegen), um die Vergleichbarkeit der Bewerber zu erhöhen,
- das Gespräch sorgfältig vorzubereiten und Störungen zu vermeiden.

Neben dem Auswahlgespräch sind auch **Einstellungstests** (Persönlichkeitstests, psychologische Tests), **biografische Fragebögen** und das **Assessment Center** gebräuchlich. Das *Assessment Center* ist ein Gruppenauswahlverfahren mit mehreren Beobachtern, bei dem mehrere Auswahlinstrumente eingesetzt werden. Hierzu zählen z. B. Gruppendiskussionen, Wirtschaftsspiele, computergestützte Managementfälle, Vorträge, Einzelaufgaben, Rollenspiele.

weitere Instrumente der Personalauswahl

Beispiel: In den *Fly Bike Werken* erfolgt die Auswahl der Bewerber auf die Stelle des Systembetreuers zunächst durch eine Analyse der Bewerbungsunterlagen. Nach einer Erstauswahl verbleiben für die ausgeschriebene Stelle noch drei Kandidaten, die zu einem Auswahlgespräch nach Oldenburg geladen werden: *Aptar Shareef* aus Delmenhorst, *Dipl.-Ing. Andreas Voigt* aus Neubrandenburg und *Luis Stangl*, Wirtschaftsinformatiker aus München. *Herr Shareef* verschickt sein Anschreiben per E-Mail, die auf einen Link zur Homepage des Bewerbers verweist. Hier fand *Herr Steffes* Zugang zum Lebenslauf sowie zu Zeugnissen und Referenzen des Bewerbers.

Lebenslauf, vgl. S. 318

Mit zunehmender Verbreitung der E-Mail werden Online-Bewerbungen immer gebräuchlicher. Allerdings gelten die üblichen Formregeln einer Bewerbung auch online, mit einigen kleinen Besonderheiten:

Online-Bewerbungen

- **Absender:** Für Privatpost sollte ausschließlich ein privater Account genutzt werden, keine Bewerber-Mails mit Firmenabsender! Neutrale Adressen gibt es kostenlos bei E-Mail-Diensten.
- **Empfänger:** Eine elektronische Bewerbung am besten immer an eine Person schicken. Die besten Firmen-Websites stellen ihre Personalfachleute namentlich, oft sogar mit Bild vor.
- **Text:** Jede elektronische Mail erhält einen Datumsstempel; somit benötigt die Bewerbungs-Mail kein Briefdatum. Anrede, Briefinhalt, Schlussformel, falls erforderlich noch Anlagenvermerke, möglicherweise weitere Kommunikationsangaben oder Links reichen.

- **Anlagen:** Selbstverständlich gehören auch zu der elektronischen Bewerbung die üblichen Bewerbungsunterlagen wie Lebenslauf, Zeugnisse und Referenzen. Hier gibt es zwei Möglichkeiten: Die Bewerbungsunterlagen werden als **Anhang** an die Bewerbungs-Mail gehängt. Für Textdateien sollten gängige Formate genommen werden (*.doc, *.rtf oder *.txt), Fotos am Besten als *.jpg oder *.gif. Weit verbreitet ist das PDF-Format für das Programm *Acrobat Reader*. Zu bedenken ist auch: je größer der Anhang wird, desto länger dauert das Runterladen, und *Attachments* dürfen je nach Vorgaben des Netzadministrators bzw. des *Service Providers* einen bestimmten Umfang nicht überschreiten. Alternative: Die Bewerbungsunterlagen liegen separat auf der **Homepage des Bewerbers**. Homepagebesitzer können einen Link zu ihrer Homepage in ihr Bewerbungsschreiben einfügen. Hier sollten alle Bewerbungsunterlagen in übersichtlicher Form für den interessierten Besucher zu finden sein. Langes Suchen und umständliche Wege erschweren die Stellensuche.

Häufige Fehler bei Bewerbungsschreiben

Nummer 1: die Massendrucksache. 90 Prozent aller Bewerbungen sind im 08/15-Stil verfasst. PCs machen es möglich, in kürzester Zeit Unmengen von bis auf die Adresse identischen Bewerbungsschreiben zu produzieren. Das wissen Personalchefs auch und reagieren dementsprechend – mit einer Standardabsage aus ihrem Computer. Je persönlicher Ihre Visitenkarte, desto höher Ihre Chancen.

Nummer 2: die Übertreibung. Viele Anschreiben sind überdreht und versuchen den Eindruck zu erwecken, das Unternehmen sei das einzige, das für den Bewerber überhaupt in Frage kommt. Das glaubt keiner.

Nummer 3: der Roman. Papier ist geduldig, Personalentscheider sind es meistens nicht. Interesse weckt ein kurzes Anschreiben – vor allem, wenn es auf die Anforderungen der Anzeige und die Bedürfnisse des Unternehmens eingeht. Versuchen Sie in Ihrem Brief plausibel darzulegen, warum gerade Sie Ihrem Wunscharbeitgeber besonders nützlich sein können.

Nummer 4: Klischees. Umgehen Sie Begriffe wie „innovativ, kommunikativ, Organisationstalent und dynamisch", denn so präsentieren sich die meisten Kandidaten. Floskeln wie „Hiermit bewerbe ich mich ..." oder „Ihre Anzeige interessiert mich ..." sind out. Verfassen Sie Ihre Bewerbung individuell und persönlich. (...)

Nummer 5: die Egozentrik. Viele Bewerber stellen sich im Anschreiben dar, ihre Wünsche und Anforderungen an den Job; auf die Stellenanzeige gehen sie kaum ein. „Gefragt ist der einstellerorientierte Bewerber, der klar und deutlich sagt, was er für das Unternehmen leisten kann."

Quelle: www.focus.de

Beispiel: Nach Auswertung der Auswahlgespräche entscheidet sich die Geschäftsführung der *Fly Bike Werke* für Herrn *Aptar Shareef* als neuen Betreuer für das anzuschaffende ERP-System. *Herr Shareef* verfügt sowohl über eine qualifizierte Ausbildung als auch über entsprechende Berufserfahrung im Umgang mit ERP-Systemen.

Lebenslauf

Name: Aptar Shareef
Adresse: Weidenstraße 33
27751 Delmenhorst
0 42 21 19 12 52
Geburtstag: 13. September 1967
Geburtsort: New Delhi, Indien
Familienstand: ledig

Schulausbildung

1973–1978	Grammar School „Mahatma Ghandi", New Delhi
	(Zeugnis: ww.AptarShareef.de/gramschool.htm)
1978–1982	Private Delhi Technology College „IBS", New Delhi
	(Zeugnis: www.AptarShareef.de/techcoll.htm)

Studium

1982–1989	New Delhi Institute of Technology Studium der Wirtschaftsinformatik
1985	Bachelor degree
	(Zeugnis: www.AptarShareef.de/bacdeg.htm)
1989	Masters degree
	(Zeugnis: www.AptarShareef.de/masdeg.htm)

Berufstätigkeit

1989–1991	arbeitslos (18 Monate)
1991-1997	Systembetreuer Oracle
	System Engineering Inc., Bombay, Indien
	(Referenz: www.AptarShareef.de/sec.htm)
1997–1999	Systembetreuer Oracle
	International Youth Textiles Ltd.
	Glasgow, Großbritannien
	(Referenz: www.AptarShareef.de/iyt.htm)
1999–2001	Systembetreuer SAP R/3
	Star Motorbike PLC
	London, Großbritannien
	(Referenz: www.AptarShareef.de/smcl.htm)
2001–2003	Systembetreuer SAP R/3
	Star Motorbike AG
	Bremen, Deutschland
	(Referenz: www.AptarShareef.de/smag.htm)

Sonstiges

Kenntnisse grundlegender Funktionsweisen weiterer ERP- /PPS-Systeme, Kenntnisse in Java und C++, Führerschein, Klasse III, gute Deutschkenntnisse in Wort und Schrift, sehr gute Englischkenntnisse in Wort und Schrift

Delmenhorst, 9. Mai 2003

7.3.3 Arbeitsvertrag

Der Arbeitsvertrag als Vertrag zwischen Arbeitnehmer und Arbeitgeber verpflichtet den Arbeitnehmer zur Leistung abhängiger Arbeit und den Arbeitgeber zur Entgeltzahlung. Wie jeder andere Vertrag auch kommt der Arbeitsvertrag durch zwei inhaltlich übereinstimmende Willenserklärungen zu Stande. Zustandekommen eines Arbeitsvertrages setzt als Mindestbedingung eine Vereinbarung über zu erbringende Arbeitsleistungen und die Höhe der Vergütung voraus.

Arbeitsvertrag von Aptar Shareef, vgl. nächste Seite

> **BGB § 611 Vertragstypische Pflichten beim Dienstvertrag**
> (1) Durch den Dienstvertrag wird derjenige, welcher Dienste zusagt, zur Leistung der versprochenen Dienste, der andere Teil zur Gewährung der vereinbarten Vergütung verpflichtet.
> (2) Gegenstand des Dienstvertrags können Dienste jeder Art sein.
>
> **BGB § 612 Vergütung**
> (1) Eine Vergütung gilt als stillschweigend vereinbart, wenn die Dienstleistung den Umständen nach nur gegen eine Vergütung zu erwarten ist.
> (2) Ist die Höhe der Vergütung nicht bestimmt, so ist bei dem Bestehen einer Taxe die taxmäßige Vergütung, in Ermangelung einer Taxe die übliche Vergütung als vereinbart anzusehen.
> (3) Bei einem Arbeitsverhältnis darf für gleiche oder für gleichwertige Arbeit nicht wegen des Geschlechts des Arbeitnehmers eine geringere Vergütung vereinbart werden als bei einem Arbeitnehmer des anderen Geschlechts. Die Vereinbarung einer geringeren Vergütung wird nicht dadurch gerechtfertigt, dass wegen des Geschlechts des Arbeitnehmers besondere Schutzvorschriften gelten. § 611a Abs. 1 Satz 3 ist entsprechend anzuwenden.

Der Arbeitgeber ist verpflichtet, dem Arbeitnehmer spätestens einen Monat nach Beginn des Arbeitsverhältnisses eine von ihm unterzeichnete Niederschrift über wesentliche Bedingungen des Vertrages auszuhändigen. Rechtsgrundlage ist das „Gesetz über den Nachweis der für ein Arbeitsverhältnis geltenden wesentlichen Bedingungen", kurz: Nachweisgesetz. Ausnahme: Der Arbeitnehmer arbeitet weniger als 400 Stunden im Jahr.

Form des Arbeitsvertrags

> **NachWG § 2**
> (1) Der Arbeitgeber hat spätestens einen Monat nach dem vereinbarten Beginn des Arbeitsverhältnisses die wesentlichen Vertragsbedingungen schriftlich niederzulegen, die Niederschrift zu unterzeichnen und dem Arbeitnehmer auszuhändigen.

NachWG = Nachweisgesetz

Inhalte des Arbeitsvertrages können sein:
- Beginn, Ort und Art der Tätigkeit
- Probezeit
- Geltung von Tarifverträgen
- Befristung
- Zusammensetzung der Vergütung und eventuelle spätere Gehaltserhöhungen

Inhalte des Arbeitsvertrags

**Arbeitsvertrag für Angestellte
unter Verweisung auf den Tarifvertrag**

Zwischen der Fly Bike Werke GmbH, Rostocker Straße 334, 26121 Oldenburg (Arbeitgeber)

und Herrn/~~Frau~~ Aptar Shareef geb. am 13.09.1967,
wohnhaft in 27751 Delmenhorst, Weidenstraße 33 (Arbeitnehmer) wird folgender Arbeitsvertrag geschlossen.

§ 1 Inhalt und Beginn des Arbeitsverhältnisses
I. Der/~~die~~ Arbeitnehmer~~(in)~~ tritt ab 01.09.2003 als ERP-Systembetreuer auf unbestimmte Zeit in die Dienste des Arbeitgebers.
II. Der Arbeitsvertrag bezieht sich auf eine Tätigkeit in Oldenburg. Der Arbeitgeber behält sich vor, dem/~~der~~ Arbeitnehmer~~(in)~~ im Rahmen des Unternehmens auch an einem anderen Ort eine andere oder zusätzliche, der Vorbildung und den Fähigkeiten entsprechende Tätigkeit zu übertragen.

§ 2 Arbeitszeit
I. Die Arbeitszeit richtet sich nach den für den Betrieb geltenden tariflichen und betrieblichen Bestimmungen.
II. Der/~~die~~ Arbeitnehmer~~(in)~~ ist verpflichtet, im Rahmen des AZG und des MTV Mehrarbeit zu leisten.

§ 3 Arbeitsvergütung und Urlaubsanspruch
I. Der/~~die~~ Angestellte erhält eine monatliche Vergütung nach dem Gehalts-Tarifvertrag.
a) Gehalt nach der Tarifgruppe 6/Hauptstufe
b) eine außerordentliche monatliche Zulage in Höhe von 250,00 € .
II. Die Arbeitsvergütung ist jeweils am Monatsanfang auszuzahlen.
III. Der Urlaubsanspruch richtet sich nach dem MTV und beträgt 25 Arbeitstage pro Kalenderjahr.

§ 4 Besondere Vergütungen
Neben dem in § 3 festgelegten Arbeitsentgelt werden noch folgende besondere Vergütungen gezahlt:
I. Urlaubsgeld 1.400,00 € II. Sonderzahlungen 500,00 €
III. Sonstiges VL 26,59 €

§ 5 Arbeitsfähigkeit
I. Der/~~die~~ Arbeitnehmer~~(in)~~ ist verpflichtet, im Falle der Dienstverhinderung den Grund und die voraussichtliche Dauer seiner Verhinderung vorher bzw. unverzüglich mitzuteilen und im Falle der Erkrankung diese bis zum Ablauf des 3. Werktages nach Eintritt der Dienstverhinderung nachzuweisen.

§ 6 Verschwiegenheitspflicht
Der/~~die~~ Arbeitnehmer~~(in)~~ ist verpflichtet, alle Betriebs- und Geschäftsgeheimnisse sowie über alle betriebsinternen vertraulichen Angelegenheiten Stillschweigen zu bewahren.

§ 7 Beendigung des Arbeitsverhältnisses
I. Das Arbeitsverhältnis endet mit Ablauf des Monats, in dem der/~~die~~ Arbeitnehmer~~(in)~~ das 65. Lebensjahr vollendet.
II. Das Arbeitsverhältnis kann mit der Frist von 1 Monat zum Monatsende gekündigt werden.
Bei längerer Betriebszugehörigkeit verändert sich die Kündigungsfrist entsprechend (siehe MTV und KSchG).

§ 8 Änderungen des Arbeitsvertrages
Änderungen dieses Vertrages bedürfen der Schriftform.

§ 9 Bestandteile des Vertrages
Die Angaben im Einstellungsfragebogen und in den Bewerbungsunterlagen sind Bestandteil des Arbeitsvertrages. Die unwahre Beantwortung der Fragen berechtigt zur Anfechtung oder außerordentlichen Kündigung des Arbeitsvertrages.

Oldenburg , den 27.5.2003

Peters   *Aptar Shareef*
Arbeitgeber   Arbeitnehmer(in)

- Kündigungsfristen (soweit sie von den gesetzlichen Regelungen abweichen *Kündigung, vgl. Kapitel 7.6*
- Urlaubsdauer und eventueller Betriebsurlaub
- Nebenleistzungen, wie z. B. Weihnachtsgeld, Urlaubsgeld
- Wettbewerbsverbot nach Beendigung des Vertragsverhältnisses
- Vertragsstrafen (bei Nichtantritt zur Arbeit oder unberechtigter fristloser Kündigung)
- Erlaubnis und Verbot von Nebentätigkeiten
- Fahrt-/Reisekostenerstattung
- betriebliche Altersversorgung
- Versetzungsmöglichkeiten
- Klausel über Schriftform bei Nebenabreden oder Vertragsveränderungen

> **Beispiel:** Nachdem sich *Herr C. Steffes*, *Herr Peters* und der neue Systemadministrator, *Herr Shareef*, über die wesentlichen Vertragsbedingungen geeinigt haben, wird der Arbeitsvertrag erstellt und unterschrieben. Die neu angelegte Personalakte von *Herrn Shareef* befindet sich in der Personalabteilung. *Herr Shareef* verpflichtet sich, spätestens zum Arbeitsantritt die Lohnsteuerkarte, das Versicherungsnachweisheft und die Urlaubsbescheinigung seines alten Arbeitgebers, der *Star Motorbike AG*, vorzulegen.

Personelle **Einzelmaßnahmen** wie die Einstellung oder Kündigung von Mitarbeitern unterliegen der Zustimmungspflicht des Betriebsrates (§ 99 BetrVG). Der Betriebsrat kann verlangen, dass zu besetzende Stellen innerhalb des Betriebs ausgeschrieben werden (§ 93 BetrVG). *Rolle des Betriebsrats*

Bei **allgemeinen personellen Angelegenheiten** unterliegen z. B. die Inhalte von Personalfragebogen oder Richtlinien über die Personalauswahl der Zustimmungspflicht des Betriebsrats (§§ 94, 95 BetrVG). Bei der konkreten Bewerberauswahl hat der Betriebsrat kein Beteiligungsrecht.

7.3.4 Betriebsvereinbarung

Laut Betriebsverfassungsgesetz (BetrVG) werden Betriebsvereinbarungen zwischen Arbeitgebern und Betriebsrat geschlossen. Inhalt von Betriebsvereinbarungen ist laut BetrVG § 77 all das, zu dem der Betriebsrat Mitbestimmungsrecht hat.

> **BetrVG § 77 Durchführung gemeinsamer Beschlüsse, Betriebsvereinbarungen**
> (1) Vereinbarungen zwischen Betriebsrat und Arbeitgeber, auch soweit sie auf einem Spruch der Einigungsstelle beruhen, führt der Arbeitgeber durch, es sei denn, dass im Einzelfall etwas anderes vereinbart ist. Der Betriebsrat darf nicht durch einseitige Handlungen in die Leitung des Betriebs eingreifen.
> (2) Betriebsvereinbarungen sind von Betriebsrat und Arbeitgeber gemeinsam zu beschließen und schriftlich niederzulegen. Sie sind von beiden Seiten zu unterzeichnen; dies gilt nicht, soweit Betriebsvereinbarungen auf einem Spruch der Einigungsstelle beruhen. Der Arbeitgeber hat die Betriebsvereinbarungen an geeigneter Stelle im Betrieb auszulegen.

(3) Arbeitsentgelte und sonstige Arbeitsbedingungen, die durch Tarifvertrag geregelt sind oder üblicherweise geregelt werden, können nicht Gegenstand einer Betriebsvereinbarung sein. Dies gilt nicht, wenn ein Tarifvertrag den Abschluss ergänzender Betriebsvereinbarungen ausdrücklich zulässt.
(4) Betriebsvereinbarungen gelten unmittelbar und zwingend. Werden Arbeitnehmern durch die Betriebsvereinbarung Rechte eingeräumt, so ist ein Verzicht auf sie nur mit Zustimmung des Betriebsrats zulässig. Die Verwirkung dieser Rechte ist ausgeschlossen. Ausschlussfristen für ihre Geltendmachung sind nur insoweit zulässig, als sie in einem Tarifvertrag oder einer Betriebsvereinbarung vereinbart werden; dasselbe gilt für die Abkürzung der Verjährungsfristen.
(5) Betriebsvereinbarungen können, soweit nichts anderes vereinbart ist, mit einer Frist von drei Monaten gekündigt werden.
(6) Nach Ablauf einer Betriebsvereinbarung gelten ihre Regelungen in Angelegenheiten, in denen ein Spruch der Einigungsstelle die Einigung zwischen Arbeitgeber und Betriebsrat ersetzen kann, weiter, bis sie durch eine andere Abmachung ersetzt werden.

Freiwillige Betriebsvereinbarungen sind zu jedem Sachverhalt möglich.

BetrVG § 88 Freiwillige Betriebsvereinbarungen
Durch Betriebsvereinbarung können insbesondere geregelt werden
1. zusätzliche Maßnahmen zur Verhütung von Arbeitsunfällen und Gesundheitsschädigungen;
1a. Maßnahmen des betrieblichen Umweltschutzes;
2. die Errichtung von Sozialeinrichtungen, deren Wirkungsbereich auf den Betrieb, das Unternehmen oder den Konzern beschränkt ist;
3. Maßnahmen zur Förderung der Vermögensbildung;
4. Maßnahmen zur Integration ausländischer Arbeitnehmer sowie zur Bekämpfung von Rassismus und Fremdenfeindlichkeit im Betrieb.

Zwischen der Geschäftsleitung der Fly Bike Werke GmbH, Oldenburg, und dem Betriebsrat der Fly Bike Werke GmbH wird folgende

Betriebsvereinbarung über die Auszahlung zusätzlicher Leistungen
geschlossen:
1. Jeder Mitarbeiter der Fly Bike Werke erhält zusätzlich zum vereinbarten Monatsgehalt pro Kalenderjahr eine Sondervergütung.
2. Die Höhe der jährlichen Sondervergütung entspricht der im Tarifvertrag vereinbarten zusätzlichen Leistung plus der betrieblich vereinbarten Weihnachtsgratifikation von 500,00 €.
3. Die Auszahlung der Vergütung erfolgt in zwei Raten mit den Gehaltszahlungen im Monat des Jahresurlaubsantritts und im November.
4. Für Mitarbeiter, deren Beschäftigungsverhältnis während des Kalenderjahres beginnt oder endet, erfolgt eine anteilige Auszahlung der Gratifikation.

5. Gleiches gilt für Teilzeitbeschäftigte. Die Höhe der Gratifikation richtet sich nach dem prozentualen Anteil ihrer Beschäftigung.
6. Die Betriebsvereinbarung kann mit einer Frist von drei Monaten jeweils zum Ende des Kalenderjahres schriftlich gekündigt werden.

Oldenburg, 5. Mai 1995

Peters   *Preis*
Geschäftsführung   Betriebsratsvorsitzender

Übersicht:	
Personalbeschaffung	Ziel: Bereitstellung von Personal zur Beseitigung einer personellen Unterdeckung (Netto-Personalbedarf) nach Anzahl, Art, Zeitpunkt und Dauer sowie Einsatzort
interne Personalbeschaffung	Personalrekrutierung auf dem innerbetrieblichen Arbeitsmarkt
externe Personalbeschaffung	Personalrekrutierung auf dem außerbetrieblichen Arbeitsmarkt
Eignungsprofil	Vergleich von Anforderungsprofil einer Stelle und Fähigkeitsprofil eines Bewerbers
Bewerbungen auswerten	– Analyse der Bewerbungsunterlagen – Auswahlgespräch – psychologische Tests/Persönlichkeitstests – Assessment Center
Arbeitsvertrag	– Mindestinhalte: Art der Arbeitsleistung/Höhe der Vergütung – Schriftform § 2 NachWG
Betriebsvereinbarung	Vereinbarungen zwischen Geschäftsleitung und Betriebsrat – § 77 BetrVG regelt Inhalte, bei denen der BR Mitbestimmungsrecht hat – § 88 BetrVG: freiwillige Betriebsvereinbarungen

7.4 Personal führen, motivieren und fördern

7.4.1 Führungsverhalten analysieren

Beispiel: Führungsverhalten in den *Fly Bike Werken*

Der Geschäftsführer der *Fly Bike Werke*, *Herr Peters*, ist ein enger Freund der Firmengründer und hat den Betrieb schon souverän durch verschiedene Krisen manövriert. Probleme werden von ihm systematisch analysiert und rational gelöst. Seinen Mitarbeitern gegenüber verhält er sich überwiegend distanziert, wird jedoch auf Grund seiner fachlichen Kompetenz und seines charismatischen Auftretens geschätzt und respektiert. Bei Sitzungen mit den Abteilungsleitern gibt *Herr Peters* den Ton an.
Der Produktionsleiter, *Herr Rother*, ist als Ausbilder im Betrieb immer der erste Ansprechpartner für seine Auszubildenden und deren Belange. *Herr Rother* kennt die betrieblichen Abläufe in- und auswendig und hat in kritischen Situationen schon oft pragmatische Lösungen gefunden. Für das Verständnis komplexer betrieblicher Zusammenhänge hat er immer anschauliche Erklärungen parat und steht allen Fragen offen gegenüber. *Herr Rother* ist Initiator der jährlich im Sommer stattfindende *Fly Bike* Radtour mit anschließendem Betriebsfest.

Der Betrieb ist nicht nur ein formelles, sondern auch ein **soziales Gebilde**, in dem die zwischenmenschlichen Beziehungen für den Arbeitsablauf eine entscheidende Rolle spielen. Soziale und formale Organisation können jedoch auch in einem Konfliktverhältnis zueinander stehen, da Mitarbeiter und ihr Sozialverhalten immer von individuellen Persönlichkeitsmerkmalen bestimmt werden. Die Art und Weise, wie sich Vorgesetzte ihren Mitarbeitern gegenüber verhalten, bezeichnet man als **Führungsverhalten**. So wie jeder Mitarbeiter seine Arbeitsleistung individuell gestaltet, nehmen auch Vorgesetzte ihre Führungsaufgaben unterschiedlich wahr.

der Betrieb als soziales Gebilde

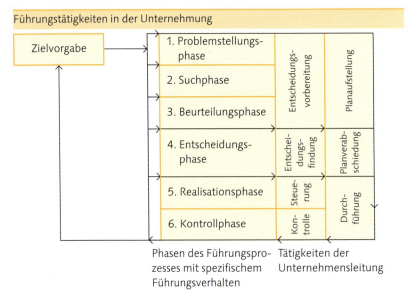

Nach Hahn, Dietger, und Hungenberg, Harald, PuK-Wertorientierte Controllingkonzepte, Wiesbaden 2001

Führung lässt sich beschreiben als ein **Problemlösungs- und Entscheidungsprozess**, bei dem eine kompetente Entscheidung vorbereitet, durchgesetzt und kontrolliert wird.

Führung als Problemlösungs- und Entscheidungsprozess

Führungsverhalten lässt sich allgemein definieren als ein **sozialer Beeinflussungsprozess**, der interaktiv zwischen Vorgesetzten und Mitarbeitern gestaltet wird. Neben den Persönlichkeiten des Vorgesetzten und des Mitarbeiters sind dabei weitere Faktoren von entscheidender Bedeutung: Hierzu zählen die sozialen Strukturen des Betriebs (Arbeitsklima, Unternehmenskultur) und die unmittelbare Situation, in der Vorgesetzte und Mitarbeiter aufeinander treffen.

Führungsverhalten als sozialer Beeinflussungsprozess

In verschiedenen wissenschaftlichen Ansätzen ist versucht worden, ein Modell für das „ideale" Führungsverhalten zu entwickeln. Mit Blick auf die betriebliche Praxis muss man feststellen, dass es ein solches Idealmodell nicht gibt, da in der Beziehung zwischen Vorgesetztem und Mitarbeiter zu viele Faktoren eine Rolle spielen, die nicht vorherbestimmt und nicht in theoretischen Modellen berücksichtigt werden können. Es lassen sich jedoch einige grundlegende Muster identifizieren, die das Führungsverhalten beschreiben und Ansätze für eine erfolgreiche Zusammenarbeit zwischen Vorgesetztem und Mitarbeiter liefern.

Führungsstile sind typische Verhaltensmuster, nach denen sich das Verhalten von Vorgesetzten kategorisieren, bewerten und im Sinne eines harmonischeren Arbeitsklimas optimieren lässt.

Führungsstile als typische Muster des Führungsverhaltens

Autoritär oder demokratisch

Grundlegend kann ein Führungsstil zwei extreme Ausprägungen annehmen:

Als **autoritärer Führungsstil** wird ein Führungsverhalten bezeichnet, bei dem der Vorgesetzte seine Entscheidungen allein ohne die Konsultation seiner Mitarbeiter trifft. Der Vorgesetzte macht Gebrauch von seiner uneingeschränkten Entscheidungs- und Anweisungskompetenz, die Mitarbeiter sind lediglich ausführende Kräfte. Der Informationsaustausch erfolgt weisungsgebunden auf dem Dienstweg und konzentriert sich ausschließlich auf die Informationen zur Aufgabenerfüllung. Damit verbunden ist ein hoher Formalisierungsgrad. Eine Vielzahl organisatorischer Regeln ist erforderlich. Der Vorgesetzte verhält sich gegenüber den Mitarbeitern weitgehend distanziert. Sein Hauptaufgabengebiet liegt auf der Überwachung der Leistungsziele und der Pflichterfüllung sowie auf umfassenden Kontrollen.

Merkmale des autoritären Führungsstils

Der **demokratische Führungsstil** ist gekennzeichnet durch gemeinsam mit den Mitarbeitern getroffene Entscheidungen als Ergebnis einer vorangegangenen Diskussion, wobei der Vorgesetzte diesen Entscheidungsprozess moderiert. In bestimmtem Rahmen kann jeder Mitarbeiter selbstständig entscheiden. Voraussetzung ist, dass allen Beteiligten ausreichende Informationen zur Verfügung stehen und leicht zugänglich gemacht werden. Die Mitarbeiter besitzen einen hohen Sachverstand und der Vorgesetzte achtet darauf, dass sowohl Leistungsziele als auch Gruppen- und Individualziele erreicht werden können. Mitarbeiter werden durch Mitverantwortung geleitet.

Merkmale des demokratischen Führungsstils

Ausgehend von dieser grundlegenden Einteilung, kann der Führungsstil eines Vorgesetzten auf einer Skala von „autoritär" bis „demokratisch" eingestuft werden. Die Zuordnung erfolgt danach, ob die Willensbildung eher beim Vorgesetzten oder beim Mitarbeiter liegt. Da sich die jeweiligen Ausprägungen auf einer Skala bewegen, zählt das dargestellte Modell zu den so genannten **eindimensionalen** Führungsstiltypologien.

Führungsstile		
autoritär	V entscheidet, Durchsetzung notfalls mit „Zwang"	V = Vorgesetzter M = Mitarbeiter
patriarchisch	V entscheidet, Durchsetzung mit „Manipulation"	Willensbildung durch V
informierend	V entscheidet, Durchsetzung mit „Überzeugung"	
beratend	V informiert, Meinungsäußerung der Betroffenen	
kooperativ	M entwickelt Vorschläge, V wählt aus	
partizitiv	M entscheidet in vereinbartem Rahmen autonom	Willensbildung durch M
demokratisch	M entscheidet autonom, V als Integrator, Koordinator	

Nach: Schierenbeck, Henner, Grundzüge der BWL, München und Wien 2000

Übersicht:	
Führungsverhalten	sozialer Beeinflussungsprozess, der interaktiv zwischen Vorgesetzten und Mitarbeitern gestaltet wird. Variablen: – Persönlichkeiten von Vorgesetztem und Mitarbeiter – soziale Strukturen im Betrieb – unmittelbare Situation
Führungsstil	typische Verhaltensmuster, nach denen sich das Verhalten von Vorgesetzten beschreiben und kategorisieren lässt
eindimensionale Führungsstiltypologie	– Einordnung des Führungsverhaltens auf einer Skala – Willensbildung beim Vorgesetzten (autoritär) oder beim Mitarbeiter (demokratisch)

7.4.2 Mitarbeiter motivieren

Die Frage, welche Faktoren die Arbeitsmotivation und die Arbeitszufriedenheit fördern, ist Gegenstand arbeitspsychologischer Forschung. Motivationstheorien bieten einen Zugang zum Verständnis menschlichen Handelns und versuchen bestimmte Verhaltensweisen im Zusammenhang mit ihren verhaltensrelevanten Motiven zu erklären. Dabei wird **Motivation** als handlungstreibende Kraft verstanden, die menschlichem Handeln eine spezifische Ausrichtung verleiht. Als zentrales Motiv für menschliche Verhaltensweisen gilt seit dem Psychologen *Abraham Maslow* allgemein das Streben nach individueller **Bedürfnisbefriedigung**. Als motivierend am Arbeitsplatz wirkt vor diesem Hintergrund nicht nur die Sicherstellung der

Welche Faktoren fördern Arbeitsmotivation und -zufriedenheit?

existenziellen Sicherung, sondern vielmehr auch die Befriedigung der Bedürfnisse nach sozialer Zugehörigkeit, Anerkennung und beruflicher Weiterentwicklung.

Die Erkenntnisse der Arbeitspsychologie haben zunehmend an Bedeutung für das betriebliche Personalmanagement gewonnen und einen Wandel im Anreizdenken personalpolitischer Strategien bewirkt. In den folgenden Abschnitten wird insbesondere auf Möglichkeiten der Gestaltung attraktiver **Arbeitsbedingungen** und der Mitarbeiterbindung über eine attraktive **Corporate Identity** eingegangen.

Motivierende Arbeitsgestaltung

Arbeitsorganisation

Die Arbeitsorganisation beinhaltet die Gestaltung von Inhalt, Umfang und Bedingungen der Arbeit. In der betrieblichen Praxis haben sich insbesondere vier neuere Formen der Arbeitsorganisation durchgesetzt, die entscheidend zur Förderung der Arbeitsmotivation und Arbeitszufriedenheit beitragen sollen. Ziel dieser Modelle ist die Erweiterung des individuellen **Handlungsspielraums** von Mitarbeitern.

Bestandteile des Handlungsspielraums	
Handlungsspielraum	
Tätigkeitsspielraum (Aufgabenvielfalt)	Entscheidungs- und Kontrollspielraum (Autonomie)

- Dies beinhaltet zum einen die Erweiterung des **Tätigkeitsspielraums**, d. h. der Verschiedenartigkeit der einzelnen Tätigkeiten. Ansätze zur Erhöhung des Tätigkeitsspielraums sollen negativen Folgen einer zu starken Spezialisierung vorbeugen, insbesondere im Fertigungsbereich (z. B. monotone Fließbandarbeit). Zu den möglichen negativen Folgeerscheinungen zählen psychische Schäden der Mitarbeiter (z. B. Burnout) und physische Erkrankungen (einseitig belastende Tätigkeiten) sowie Fehler und Qualitätsverluste bei der Leistungserstellung.
- Zu berücksichtigen sind ferner arbeitsorganisatorische Ansätze, die auf eine Erweiterung des **Entscheidungs- und Kontrollspielraums** abzielen. Dadurch wird das Ausmaß selbstständigen und selbstbestimmten Handelns der Mitarbeiter erhöht.

Fertigungsverfahren, vgl. Kapitel 4.5.1

Arbeitsstudien durchführen, vgl. Kapitel 7.5.1

Als motivationsfördernde Formen der Arbeitsorganisation haben sich die folgenden Ansätze etabliert:

Das Modell der **Job Rotation** (systematischer Arbeitsplatzwechsel) beinhaltet einen Wechsel strukturell gleichartiger Arbeitsplätze bis hin zu einem totalen Rundumwechsel nach vorgeschriebenen oder selbst gewählten Zeit- und Reihenfolgen. Die Versetzung und Übernahme von Aufgaben an anderer Stelle ist mit den bisherigen Aufgaben des Mitarbeiters auf gleicher hierarchischer Ebene angesiedelt. Dabei soll der Mitarbeiter neue Erfahrungen sammeln und eine Erweiterung der Qualifikation erfahren. Die Funktionsausübung erfolgt in eigener Verantwortung und selbstständig. *Job Rotation* bezieht sich überwiegend auf die Erweiterung des Tätigkeitsspielraums von Mitarbeitern.

Job Rotation

Job Rotation (systematischer Arbeitsplatzwechsel)	
Vorteile	– Es werden Generalisten und keine Spezialisten ausgebildet. – Der Zwang zur Bewältigung neuer Probleme erhöht die Flexibilität der Mitarbeiter und verringert die Monotonie. – Neue Mitarbeiter bringen neue Ideen in die Arbeitsbereiche ein. – Je mehr Personen an einer *Job Rotation* teilgenommen haben, desto leichter können freie Positionen intern schnell besetzt werden.
Nachteile	– Einarbeitungszeiten fallen an. – Vorgesetzte fürchten, gute Mitarbeiter zu verlieren. – Zu kurze Einsatzzeiten verhindern eine wirkliche Identifikation mit der Aufgabe.

Job Enlargement (Aufgabenerweiterung) heißt, dass das Aufgabenfeld eines Mitarbeiters um neue, strukturell ähnliche Aufgaben erweitert wird. Kennzeichnend ist, dass alte und neue Aufgaben zusammengeführt werden. Damit erfolgt eine Verlängerung des Arbeitszyklus und einer etwaigen Monotonie in der Arbeit wird entgegengewirkt. Da das Anforderungsniveau annähernd unverändert und eine Fremdbestimmung des Arbeitnehmers bestehen bleibt, setzt das Modell des *Job Enlargements* ebenfalls bei der Erweiterung des Tätigkeitsspielraums an.

Job Enlargement

Dem begrenzten Motivationszuwachs beim *Job Enlargement* kann das Modell des **Job Enrichment** (Aufgabenbereicherung) entgegenwirken. Beim *Job Enrichment* werden einer Stelle neue, und zwar qualitativ höherwertige, Aufgaben hinzugefügt, wodurch eine Verschiebung auf ein höheres Anforderungsniveau stattfindet, die nicht nur eine Erweiterung des Tätigkeitsspielraumes, sondern auch eine Erweiterung des Entscheidungsspielraums durch größere Selbstständigkeit und Verantwortung beinhaltet. Durch die Übernahme anspruchsvollerer Aufgabeninhalte soll eine höhere Motivation erreicht werden.

Job Enrichment

Als **teilautonome Gruppen** werden Arbeitsgruppen bezeichnet, in denen Aufgaben gemeinsam im Team erfüllt werden. Dabei ist die Gruppe für einen Aufgabenkomplex selbst verantwortlich, d. h., ihr werden im Rahmen ihrer Aufgabenerfüllung Befugnisse für die Planungs-, Regelungs- und Kontrollfunktion übertragen. Von deren Inhalt hängt der Entscheidungsspielraum der Gruppe ab.

teilautonome Gruppen

Als **Vorteile** teilautonomer Gruppen werden gesehen:

– eine Verbesserung des Leistungsverhaltens der Mitarbeiter
– eine Vermittlung von Zusatzqualifikationen im Sinne der Personaleinsatzplanung
– die Möglichkeit der Entwicklung von Führungskräften aus den eigenen Reihen
– Verringerung von Abstimmungswegen und Koordinationsaufwand
– Förderung der Fach-, Sozial- und Methodenkompetenz der Gruppenmitglieder

Im Team zeigt sich die Stärke des Einzelnen

Der Nutzen von Gruppenarbeit wurde vor mehr als zehn Jahren durch das japanische Wirtschaftswunder bestätigt. In der ostasiatischen Wirtschaftskultur wird Teamwork schon lange als Motivations- und Produktivitätsquelle genutzt. Aber erst als das Massachusetts Institute of Technology (MIT) Anfang der Neunzigerjahre die Architektur des Lean-Managements beschrieb, entwickelte sich das Interesse für das kollektive Zusammenwirken am Arbeitsplatz. Veränderte Wettbewerbsverhältnisse und der technologische Fortschritt führten dazu, dass das Thema Gruppenarbeit auf Platz eins der unternehmenspolitischen Tagesordnung kam. (...)

Lean Management, vgl. Kapitel 4.6.2

Die wichtigste Form der Gruppenarbeit ist die, bei der Mitarbeiter miteinander eine Leistung erbringen. Jeder ist für das Gesamtergebnis mitverantwortlich, auch wenn er nur Teilaufgaben verrichtet. Der Idealtypus hierfür ist eine Fußballmannschaft. Trotz der grundsätzlichen Rollenzuordnung nehmen die Spieler auch andere Aufgaben wahr, wenn es von der Situation her gefordert ist. Mannschaftsleistung steht vor Einzelleistung. Diese Art von Arbeitsorganisation ist gemeint, wenn heute von Gruppenarbeit gesprochen wird. Dafür wurden Begriffe wie „Fertigungsinsel", „teilautonome" oder „selbst steuernde" Arbeitsgruppe geprägt.

Diese teilautonomen Arbeitsgruppen, die erstmals bei Volvo in den Siebzigerjahren praktiziert wurden, verfügen über ein hohes Maß an Selbstständigkeit und tragen große Eigenverantwortung. (...)

Als wesentlicher Bestandteil schlanken Managements hilft Gruppenarbeit, die durch Frederick W. Taylor (1856-1915) ausgelöste Arbeitsteilung zu überwinden. Die Atomisierung der Arbeit verringerte zwar die Stückkosten, führte aber auf der anderen Seite zu einem verstärkten Koordinations- und Kontrollaufwand nebst einer aufgeblähten Hierarchie, sodass die „nicht-wertschöpfenden" Gemeinkosten immer mehr anstiegen.

Arbeitsteilung, vgl. Kapitel 2.4, 3.1.2 und 4.6.2

Quelle: www.welt.de vom 9. August 1999, Autor: Walter Simon, Leiter des Innovationsteams für Politik und Wirtschaft, Bad Nauheim

Flexible Arbeitszeitgestaltung

Der globale Wettbewerb bedingt in den Betrieben enorme Veränderungen und fordert Flexibilisierung in allen betrieblichen Bereichen, auch beim Faktor Arbeit. Das typische Arbeitszeitmodell von acht Stunden täglich, Montag bis Freitag, vom Eintritt ins Erwerbsleben bis zur Rente ist nicht mehr zeitgemäß. Flexible Arbeitszeitgestaltung, die diesen Rhythmus durchbricht, hat sich zunehmend in den Betrieben durchgesetzt.

Globalisierung, vgl. Kapitel 2.3

Auslöser dieser Entwicklung war die ständige **Verkürzung der Arbeitszeit**, die zu einer neuen Vereinbarung in Bezug auf Lage und Dauer der Arbeitszeit führte. Insbesondere die Einführung der 35-Stunden-Woche in der Metallindustrie im Jahre 1995 hatte zur Folge, dass sich Arbeitgeberverbände und Gewerkschaften, Unternehmer, Betriebsräte und Arbeitnehmer mit der Arbeitszeitgestaltung auseinander setzten. Bei der Forderung nach flexibler Arbeitszeitgestaltung stehen aus Sicht des **Mitarbeiters** Werte wie Vereinbarkeit von Beruf und Familie, Selbstverwirklichung und Selbstbestimmung der individuellen Zeiteinteilung immer stärker im Vordergrund. Für die **Betriebe** ist es entscheidend, das Arbeitsvolumen an Nachfrageschwankungen des Marktes anpassen zu können, Maschinen besser auszulasten, Überstunden zu reduzieren und somit Produktionskosten zu senken.

Grundsätzlich sind der flexiblen Arbeitszeitgestaltung **rechtliche Schranken** gesetzt, so z. B. über das Arbeitszeitgesetz sowie den Arbeitszeitschutz Jugendlicher im Jugendarbeitsschutzgesetz bzw. den Schutz werdender oder stillender Mütter im Mutterschutzgesetz. Ebenso werden Arbeitszeitregelungen vom Gesetzgeber vorgeschrieben, wie z. B. über das Ladenschlussgesetz. Andererseits enthält das Arbeitszeitgesetz Sonderregelungen, die z. B. auf leitende Angestellte zutreffen oder auf Leiter von öffentlichen Dienststellen, in der Luftfahrt, in der Binnenschifffahrt, wo das Gesetz in seiner Anwendung nicht zutrifft. Der Begriff „flexible Arbeitszeit" umfasst verschiedene Sachverhalte. Aus der Reihe der Möglichkeiten werden im Folgenden einige prägnante Formen dargestellt:

– Vielfach wird die **Teilzeitarbeit** als flexible Form der Arbeitszeitgestaltung bezeichnet. Das trifft jedoch im Wortsinn nicht zu, da ein Arbeitnehmer, der teilzeitbeschäftigt ist, weder die Lage noch die Dauer der Arbeitszeit einseitig verändern kann.

Teilzeitarbeit

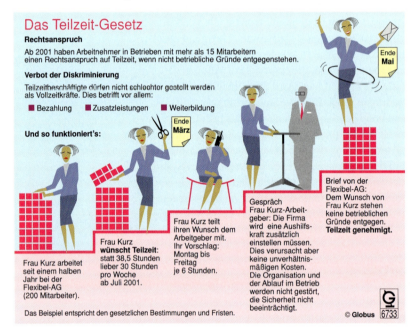

– **Schichtarbeit** beinhaltet eine Aufteilung der betrieblichen Arbeitszeit in mehrere Tages- oder Zeitabschnitte mit versetzten Anfangszeiten. Neuerdings werden auch flexible Schichtsysteme praktiziert, so z. B. Gleitzeitregelungen im Schichtbetrieb oder Zwei-Schicht-Modelle mit unterschiedlich langen Schichtzeiten. Auch gibt es erhöhte oder verminderte Schichtlängen mit entsprechenden Frei- oder Zusatzschichten.

Schichtarbeit

– Den eigentlichen Kern der flexiblen Arbeitszeit bildet die **gleitende Arbeitszeit** mit und ohne Zeitausgleich. Von gleitender Arbeitszeit ohne Zeitausgleich wird dann gesprochen, wenn der Arbeitnehmer nicht an eine genau bestimmte Arbeitszeit an einem Arbeitstag gebunden ist, sondern die Arbeit innerhalb einer gewissen Zeitspanne zu einem selbst gewählten Zeitpunkt beginnt und nach Ablauf der betrieblichen Arbeitszeit beendet. Die andere Möglichkeit ist die gleitende Arbeitszeit mit Zeitausgleich. Sie tritt dann ein, wenn der Arbeitnehmer auch am Abend innerhalb einer gewissen Zeitspanne zu einem selbst gewählten

gleitende Arbeitszeit

Zeitpunkt seine Arbeit beenden kann. Somit kann der Arbeitnehmer die Dauer seiner täglichen Arbeitszeit weitgehend selbst bestimmen bzw. den Beginn und das Ende der Arbeit nach individuellen Gesichtspunkten festlegen. Im Regelfall müssen die Arbeitnehmer während der so genannten Kernzeit, häufig von 9:00 Uhr bis 15:00 Uhr, anwesend sein. Damit wird die Arbeitszeit in ihrer Gesamtmenge lediglich verschoben, während die Höchstdauer der Arbeitszeit unverändert bleibt.

- Eine weitere Möglichkeit der Arbeitszeitflexibilisierung ist das so genannte **Job Sharing** (Arbeitsplatzteilung). Eine Arbeitsplatzteilung liegt dann vor, wenn der Arbeitgeber mit zwei oder mehreren Arbeitnehmern vereinbart, dass diese sich die Arbeitszeit an einem Arbeitsplatz teilen. Der *Job-Sharing*-Arbeitsvertrag ist ein privatrechtlicher gegenseitiger Austauschvertrag, in dem sich der *Job-Sharer* zur Leistung von Arbeit und der Arbeitgeber zur Leistung einer vereinbarten Vergütung verpflichtet. Die Entscheidung, ob ein Arbeitsplatz im Job Sharing besetzt werden soll, trifft allein der Arbeitgeber. Interessierte Arbeitnehmer können sich allein oder bereits als Team bewerben. Die Lage, nicht der Umfang der Arbeitszeitanteile, bestimmt sich nach dem von den Job-Sharern abgestimmten Arbeitszeitplan.

   Job Sharing

   Arbeitsvertrag, vgl. Kapitel 7.3.3

- Bei der **bedarfsbedingten Arbeitszeit** vereinbaren Arbeitgeber und Arbeitnehmer für einen bestimmten Zeitraum im Voraus die vom Arbeitnehmer geschuldete Arbeitsleistung (Arbeitszeitdauer), wobei dem Arbeitgeber die Möglichkeit verbleibt, die Arbeitszeit durch Abruf zu bestimmen. Diese Arbeitszeitregelung wird auch als kapazitätsorientierte variable Arbeitszeit (KAPOVAZ) bezeichnet. Richtiger ist die Bezeichnung bedarfsabhängige variable Arbeitszeit, da die Arbeitszeit nicht von der Kapazität des Arbeitgebers, sondern von seinem Bedarf abhängt.

   bedarfsbedingte Arbeitszeit KAPOVAZ

- Bei dem Grundmodell der **Jahresarbeitszeiten** wird zunächst die Jahresarbeitszeit einschließlich Urlaub errechnet, das Monatsentgelt wird auf Durchschnittsbasis unabhängig von der Dauer der tatsächlich geleisteten Arbeit gezahlt. Jeder Mitarbeiter hat ein Zeitkonto, auf dem Zeitguthaben oder Zeitschulden vermerkt werden, die durch Abweichung vom Normalbetrieb zu Stande kommen. Zeitguthaben oder Zeitschulden bis zu einer bestimmten Größenordnung gleichen Mitarbeiter selber aus. Innerhalb des Jahres soll das Zeitkonto ausgeglichen sein.

   Jahresarbeitszeiten

Corporate Identity (Unternehmensleitbild)

Beispiel: Der Geschäftsführer, *Herr Peters,* möchte das Image der *Fly Bike Werke* positiv ausbauen. Er weiß, dass Image und Unternehmenskultur eng zusammenhängen und auch auf die Motivation der Mitarbeiter wirken. Andererseits spielen die Motivation und die Einstellung der Mitarbeiter zum Unternehmen eine entscheidende Rolle für die Frage, wie die *Fly Bike Werke* in der Öffentlichkeit wahrgenommen werden. Im Rahmen eines Brainstormings mit seinen Abteilungsleitern soll das Firmenimage neu definiert werden. Als Vorbereitung zur Beratung hat er folgende Fragen an die Pinnwand des Beratungsraumes geheftet:

- Wissen unsere Mitarbeiter, warum sie sich für ihr Unternehmen engagieren sollen?

- Wissen unsere Kunden, was für ein Unternehmen wir sind und was wir leisten?
- Welches Erscheinungsbild geben wir in der Öffentlichkeit ab?
- Welche Bedeutung hat unser „Image" im Wettbewerb mit unseren Konkurrenten?

Wenn sich ein Unternehmen diese Fragen stellt, dann beschäftigt es sich mit dem „Phänomen" der **Corporate Identity**. Der Begriff *Corporate Identity* wird auch vielfach mit „Unternehmensleitbild", „Unternehmensphilosophie" oder einfach „Image" übersetzt, je nachdem, ob eher die Außen- oder eher die Innenwirkung einer *Corporate Identity* im Vordergrund steht. *Corporate* als englischer Begriff steht in der deutschen Übersetzung für Kooperation, Gruppe, Unternehmen. Damit ist eine Organisation oder eine Gemeinschaft als Ganzes gemeint. *Identity*, im Deutschen die Identität, ist das Selbstverständnis einer Person oder Gruppe und beantwortet die Frage nach dem, was wir sind, was wir können und wollen und was wir in den Augen anderer sind. *Corporate Identity* zeigt sich im übereinstimmenden Denken, Handeln und den Leistungen sowohl der Mitarbeiter als auch der Unternehmensleitung. *Corporate Identity* beinhaltet aber auch das Management von Identitätsprozessen innerhalb einer Organisation und deren Instrumentalisierung sowohl nach außen als auch nach innen. Dabei kann die *Corporate Identity* einen wesentlichen Beitrag zur Motivation und Bindung von Mitarbeitern an das Unternehmen leisten.

Die Basis der *Corporate Identity* bildet die **Unternehmenskultur**. Jedes Unternehmen hat seine Werte und Normen, seine Denk- und Verhaltensmuster, die Entscheidungen, Handlungen und Aktivitäten der Mitarbeiter beeinflussen, sei es bewusst oder unbewusst. Werte und Normen sind Allgemeingut und stabilisieren das Unternehmen. Die Unternehmenskultur wird nicht gezielt vermittelt. Sie spiegelt sich vielmehr in bestimmten Themen und deren Behandlung im Unternehmen wider, gewissermaßen als Symbole und Zeichen für die zu Grunde liegende Unternehmenskultur.

Unternehmenskultur als Basis der *Corporate Identity*

Dazu gehören:
- Grundlagen für Entscheidungen im Betrieb (z. B. Nutzen, Kosten)
- Kriterien für die Beförderung von Mitarbeitern
- Teamarbeit oder Einzelkämpfertum
- Umgang mit Konflikten und Kritik
- Behandlung und Auftreten gegenüber Kunden
- Umgang mit Mitarbeitern
- Dauer bei der Bearbeitung von Kundenaufträgen
- Bereitschaft der Mitarbeiter zu Überstunden
- Auftreten der Mitarbeiter nach außen
- berufliche Förderung der eigenen Mitarbeiter
- Einarbeitung von Mitarbeitern
- Geschichten und Legenden über den Unternehmensgründer
- Feiern und Riten (z. B. bei Eintritt ins Unternehmen, Weihnachtsfeiern)

Jedes Unternehmen hat selbst bei dieser kleinen Auswahl von Themen seine **eigene Herangehensweise**. Hinzu kommt, dass jedes Unternehmen seine **eigene Geschichte** und Entwicklung hat und die Mitarbeiter ihre eigenen Charaktere und Erfahrungen. Eine Identität ist nicht beliebig konstruierbar und muss auf den vorhandenen Werten und Normen aufbauen.

Bestandteile der *Corporate Identity*

Corporate Identity
- *Corporate Communications*
- *Corporate Design*
- *Corporate Behaviour*

Unternehmenskultur
(Werte und Normen)
- Unternehmensgeschichte
- Umgang mit Kunden und Mitarbeitern
- Riten und Feiern

Corporate Identity baut auf der Unternehmenskultur auf und wirkt wiederum auf sie zurück. Darüber hinaus wirkt *Corporate Identity* nach außen, indem es die Bezugsgruppen des Unternehmens über seine Werte und Normen informiert. Dies geschieht mit Hilfe verschiedener **Instrumente**:

- Das **Corporate Design** schafft ein visuelles Erscheinungsbild für das Unternehmen. Dieses reicht vom Firmenlogo bis hin zur Architektur des Unternehmens. Hier ist die Form der Überträger der Botschaft, genauso, wie „Mercedes" den Stern berühmt gemacht hat und nicht umgekehrt. Das Design setzt sich fort über das Produkt als so genanntes Produktdesign.

- **Corporate Cummunications** vermittelt die Firmenidee in Form von Werbung, Verkaufsförderung, *Public Relations* (Öffentlichkeitsarbeit) und *Sponsoring*. Im **Motto** oder auch Slogan wird das Leitbild in einem kurzen, prägnanten Satz zusammengefasst, wie z. B. „AEG: Aus Erfahrung gut" oder „Alles in Obi."

- **Corporate Behaviour** ist das Verhalten der Mitglieder des Unternehmens. **Nach außen** manifestiert sich das *Corporate Behaviour* im Auftreten gegenüber den Bezugsgruppen des Unternehmens. Hier werden häufig bestimmte Grundsätze formuliert, z. B. für Vertriebsmitarbeiter im Umgang mit Kunden. Auch die Mitarbeiter in der Telefonzentrale werden in der Regel angewiesen, Anrufe mit festgelegten Begrüßungssätzen entgegenzunehmen. **Nach innen** erfolgt die Umsetzung des leitbildgerechten Verhaltens meist über Führungsleitsätze, die den Führungs- und Kooperationsstil des Unternehmens beeinflussen sollen. Diese Führungsgrundsätze beinhalten in der Regel Vorgaben zur Delegation von Aufgaben und Kompetenzen, Motivation und Förderung der Mitarbeiter, Beurteilung der Mitarbeiter, Kontrolle und Dienstaufsicht.

Die Vermittlung der *Corporate Identity* verfolgt unterschiedliche Zielsetzungen:

- Ziele nach **außen** sind zum Beispiel die Profilierung des Unternehmens durch Steigerung der Bekanntheit und die Abgrenzung von Wettbewerbern. Dies kann auch indirekt erreicht werden über den Versuch, eine stärkere Zustimmung oder Identifizierung mit dem Auftreten des Unternehmens seitens wichtiger Bezugsgruppen zu erzielen.

Instrumente der Corporate Identity

Corporate Design

Kommunikationspolitik, vgl. Kapitel 6.3.1

Corporate Behaviour

Führungsverhalten, vgl. Kapitel 7.4.1

Ziele der Corporate Identity

– Nach **innen** kann durch die aktive Gestaltung des Unternehmensleitbildes ein gemeinsames Selbstverständnis hergestellt und damit eine stärkere Bindung der Mitarbeiter an das Unternehmen erzielt werden. Dabei können positive Rückwirkungen auf die Unternehmenskultur erfolgen. Eine erhöhte Zustimmung zum unternehmerischen Handeln kann die Koordination verbessern und die Leistung steigern, da sich die Mitarbeiter den Zielen des Unternehmens stärker verpflichtet fühlen. Hier hat das Unternehmensleitbild insofern Bedeutung, als dass es auch Motivation und Produktivität steigert, indem ein stärkeres „Wir-Gefühl" entwickelt wird und Mitarbeiter und Unternehmensführung auf ein gemeinsames Ziel hinarbeiten.

Übersicht:

Motivation	– handlungstreibende Kraft, die menschlichem Handeln eine spezifische Ausrichtung verleiht – Motivationsinhalte: Streben nach Bedürfnisbefriedigung (Maslow)
Handlungsspielraum	– Tätigkeitsspielraum (Aufgabenvielfalt) – Entscheidungs- und Kontrollspielraum (Autonomie)
Formen der Arbeitsorganisation	– *Job Rotation* (Arbeitsplatzwechsel) – *Job Enlargement* (Aufgabenerweiterung) – *Job Enrichment* (Aufgabenbereicherung) – teilautonome Arbeitsgruppen
Formen flexibler Arbeitszeitgestaltung	– gleitende Arbeitszeit – *Job Sharing* – bedarfsbedingte Arbeitszeit (KAPOVAZ) – Jahresarbeitszeit – Teilzeitarbeit, Schichtarbeit (im weitesten Sinne)
Corporate Identity	– Unternehmensleitbild, Unternehmensphilosophie, Image – Übereinstimmung in Denken, Handeln und Leistungen der Mitarbeiter und Unternehmensleitung – als Prozess: Management von Identitätsprozessen innerhalb einer Organisation und deren Instrumentalisierung sowohl nach außen als auch nach innen
Unternehmenskultur	– Werte und Normen eines Unternehmens – Denk- und Verhaltensmuster
Instrumente der Vermittlung des Leitbildes	– *Corporate Design* (z. B. Logo) – *Corporate Communications* (z. B. Werbung, Motto) – *Corporate Behaviour* (Auftreten nach außen und innen)
Ziele	– nach außen: Profilierung, Zustimmung von Bezugsgruppen, Abgrenzung von Konkurrenten – nach innen: Mitarbeiterbindung („Wir-Gefühl"), höhere Motivation und Produktivität

7.4.3 Personalentwicklung

Qualifizierte Mitarbeiter sind für das Unternehmen eine entscheidende Voraussetzung, um im Wettbewerb erfolgreich bestehen zu können. Die Notwendigkeit zur Erweiterung der in der Erstausbildung gewonnenen

Qualifikation ergibt sich durch den zunehmenden technologischen und strukturellen Wandel und die daraus resultierenden neuen Anforderungen an Unternehmen und ihre Mitarbeiter. Dabei gewinnen neben der reinen Fachkompetenz auch Führungs-, Kommunikations-, Team- und Konfliktlösungskompetenzen zunehmend an Bedeutung. Für den einzelnen Mitarbeiter sind berufliche Weiterentwicklung und betrieblicher Aufstieg nur durch kontinuierliche Weiterqualifizierung möglich. Leitbild ist hierbei die Orientierung am „Lebenslangen Lernen" in der heutigen Wissensgesellschaft.

Die **Personalentwicklung** umfasst alle Maßnahmen zur Vermittlung von Qualifikationen, die unter Beachtung der individuellen Entwicklungsziele der Mitarbeiter zur Bewältigung gegenwärtiger und zukünftiger betrieblicher Aufgaben erforderlich sind. Die Personalentwicklung ist eine wichtige Aufgabe des Personalmanagements, die sich auf Mitarbeiter aller betrieblichen Hierarchieebenen bezieht.

Maßnahmen der Personalentwicklung

Die **Ausbildung** beinhaltet alle Bildungsmaßnahmen, mit denen Mitarbeitern die erforderliche Grundqualifikation für bestimmte Tätigkeiten oder Berufe vermittelt wird.

In der beruflichen **Fort- und Weiterbildung** werden Kenntnisse, Fähigkeiten und Verhaltensweisen vermittelt, mit denen die Qualifizierung eines Mitarbeiters erhalten oder verbessert werden soll. Fort- und Weiterbildungsmaßnahmen haben folgende Ziele:

Fort- und Weiterbildung

- Erhaltung der Qualifikation der Mitarbeiter
- Erhöhung der Bereitschaft, Veränderungen mitzutragen oder herbeizuführen
- Vermittlung von Zusatzqualifikationen
- Vorbereitung auf höherwertige Tätigkeiten
- Entwicklung von Führungskräften aus den eigenen Reihen
- Verbesserung und Anpassung des Sozialverhaltens
- Sicherung des Bestands an Fach- und Führungskräften

Ziele der Fort- und Weiterbildung

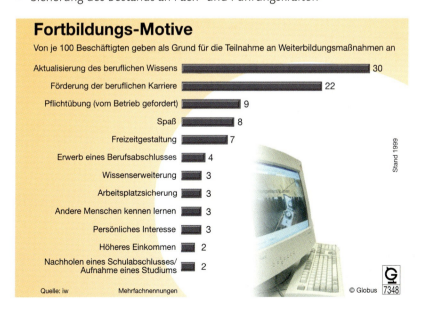

Die **Aufstiegsfortbildung** zielt auf den Erwerb eines höheren und auf einer beruflichen Erstausbildung aufbauenden Berufsabschlusses, der auch überbetrieblich anerkannt wird. Hierzu gehören vorrangig die staatlich geprüften Berufe, z. B. Industriemeister, Wirtschaftsassistent u. Ä. Diese Art der Fortbildung ist durch Gesetze und Verordnungen geregelt.

Aufstiegsfortbildung

Anpassungsfortbildung liegt vor, wenn es darum geht, die Qualifikation der Mitarbeiter an technische, wirtschaftliche, organisatorische oder soziale Veränderungen anzupassen. Das geschieht in der Regel über kurzzeitige Maßnahmen, die auf die jeweilige konkrete Fragestellung ausgerichtet sind. Im Regelfall handelt es sich dabei um Schulungen, die maximal eine Woche dauern oder an einem Wochenende stattfinden.

Anpassungsfortbildung

Beispiele: Aufstiegs- und Anpassungsfortbildung

Herr Sammer arbeitet in der Abteilung Produktion an einem Roboter, der Rohre zuschneidet. Vor Anschaffung dieser Anlage wurden diese Tätigkeiten mit einem halbautomatischen Schneidegerät durchgeführt. Um am Roboter arbeiten zu können, musste *Herr Sammer* eine Anpassungsfortbildung absolvieren, die ihn in der Betätigung dieser Anlage unterwies. Die Schulung wurde von der Herstellerfirma des Zuschnittroboters durchgeführt.

Abteilung, vgl. Kapitel 3.5

Herr Rother arbeitete vor seiner Tätigkeit als Leiter der Abteilung Produktion viele Jahre in der Arbeitsvorbereitung dieser Abteilung. Als sein Vorgänger ausschied, wurde die Stelle betriebsintern ausgeschrieben. *Herr Rother* bewarb sich, musste jedoch zuvor eine Aufstiegsfortbildung zu Management und Führungsverhalten absolvieren. Der Lehrgang wurde von einem privaten Bildungsträger angeboten.

Führungsverhalten, vgl. Kapitel 7.4.1

Umschulungen sind Zweitausbildungen oder auch so genannte berufsverändernde Fortbildungen. Sie sollen erwachsene Arbeitnehmer für eine andere als die bisher ausgeübte Tätigkeit befähigen. Umschulungen werden in der Regel von staatlichen Förderprogrammen getragen.

Umschulung

Beispiel: Umschulung

Frau Nemitz-Müller arbeitet als Disponentin im Einkauf der *Fly Bike Werke*. Zuvor war sie als gelernte Krankenschwester im Drei-Schicht-System des Krankenhauses Oldenburg beschäftigt. Dies wollte sie nach der Geburt ihrer Tochter Antonia nicht mehr. Über die IHK Oldenburg absolvierte sie eine Umschulung zur Industriekauffrau und begann danach in den *Fly Bike Werken* zu arbeiten.

Erfolgskontrolle der Personalentwicklung
Mit Maßnahmen des **Bildungscontrollings** soll festgestellt werden, ob die angestrebten Ziele der Bildungsmaßnahme erreicht wurden.

Als **subjektive** Methode zur Ermittlung von Fortbildungserfolgen bieten sich an:
– schriftliche Seminarbeurteilungen
– Gespräche mit den Mitarbeitern über die jeweilige Bildungsaktivität, z. B. mit Unterstützung von Fragebögen, die die Mitarbeiter im Anschluss an die Bildungsmaßnahme ausfüllen

Mit **objektiven** Methoden lässt sich auch der Wissenszuwachs ermitteln, z. B. durch entsprechende Tests, die nach Fortbildungsseminaren durchgeführt werden, um so die Leistung nach der Bildungsmaßnahme zu messen. Voraussetzung dafür ist jedoch, dass man als Vergleichsbasis auch vor Beginn der Bildungsmaßnahme einen Test durchführt. Die Ergebnisse sind allerdings unterschiedlich zuverlässig. Eine wirksame Erfolgskontrolle kann nur in Verbindung mit den Zielen, die das Unternehmen in Bezug auf die Fortbildungsmaßnahme hat, erfolgen. Wichtig dabei ist es, festzustellen, ob durch die Fortbildung der festgestellte Bedarf überhaupt befriedigt wird und ob sich eine positive Veränderung für den betrieblichen Alltag ergibt.

Da Fortbildungsmaßnahmen hohe Kosten verursachen, ist in der Regel auch eine **ökonomische Erfolgskontrolle** erforderlich. Folgende Kennzahlen können zur Erfolgskontrolle herangezogen werden:
– Aus- und Fortbildungsaufwand in Prozent vom Umsatz
– Aus- und Fortbildungsaufwand in Prozent der Personalkosten
– Aufwand pro Mitarbeiter

Grundsätzlich ist dabei zu beachten, dass die betriebliche Fortbildung hohe Kosten verursacht, unterbliebene Fortbildungsmaßnahmen aber mitunter noch höhere Folgekosten nach sich ziehen können.

Lebenslanges Lernen in der Wissensgesellschaft

Es ist ein Merkmal der modernen Arbeitswelt, dass das Wissen – neben dem Kapital, den Bodenschätzen, der körperlichen Arbeit – zu einem eigenständigen Leistungsfaktor wird. Der Europäische Rat von Lissabon hat im März 2000 festgestellt, dass sich Europa unbestreitbar auf dem Weg in das Zeitalter des Wissens befindet – mit all seinen Konsequenzen für das kulturelle, wirtschaftliche und soziale Leben. Lern-, Lebens- und Arbeitsmuster wandeln sich rasch. Das bedeutet nicht nur, dass sich Einzelne an den Wandel anpassen, sondern auch, dass sich „eingefahrene" Handlungsmuster ändern müssen. In den Schlussfolgerungen des Europäischen Rates von Lissabon wird bekräftigt, dass der erfolgreiche Übergang zur wissensbasierten Wirtschaft und Gesellschaft mit einer Orientierung zum **Lebenslangen Lernen** einhergehen muss.

betriebliche Leistungsfaktoren, vgl. Kapitel 3.3.3

Lebenslanges Lernen ist „jede zielgerichtete Lerntätigkeit, die einer kontinuierlichen Verbesserung von Kenntnissen, Fähigkeiten und Kompetenzen dient". Was als „zielgerichtet" gilt, beschreiben die entsprechenden Leitlinien der Beschäftigungspolitik: „Beschäftigungsfähigkeit, Unternehmergeist, Anpassungsfähigkeit und Chancengleichheit". Als Oberziel Lebenslangen Lernens wird neben „Beschäftigungsfähigkeit" die „aktive Staatsbürgerschaft" genannt. Unter den Begriff „aktive Staatsbürgerschaft" lassen sich Ziele wie individuelle Persönlichkeitsentwicklung, demokratisch-engagiertes Bürgerverhalten und auch kulturelle Teilnahme und Weiterentwicklung subsumieren. Verantwortlich dafür, dass dieses hoch gesteckte Ziel auch erreicht wird, sind aus Sicht des Europäischen Rates: zum einen die Bildungs- und Berufsbildungspolitik eines Landes (mit Unterstützungsaktivitäten seitens der EU) und zum anderen das kontinuierlich lernende Individuum.

Ziele Lebenslangen Lernens

In dem Memorandum werden folgende neue **Basiskompetenzen**, die die bekannten Schlüsselqualifikationen (einschließlich Lesen, Schreiben, Rechnen) ergänzen, als entscheidend für die Zukunft Europas benannt:

Basiskompetenzen

- IT-Fertigkeiten (digitale Kompetenz)
- Fremdsprachen
- technologische Kultur
- Unternehmergeist
- soziale Fähigkeiten

Bei der Umsetzung Lebenslangen Lernens sind folgende Aspekte von besonderer Bedeutung:

- Lebenslanges Lernen wird es nicht umsonst geben; alle Betroffenen – Staat, Wirtschaft und Individuen – müssen sich daran beteiligen. Bei der Förderung der Investitionen in Humanressourcen wird ganz wesentlich auf die Rolle der **Sozialpartner** (Arbeitgeber und Gewerkschaften) abgestellt. Dabei sind jedoch die unterschiedlichen Voraussetzungen zur Förderung der Weiterbildung in Großbetrieben einerseits und bei Klein- und Mittelbetrieben andererseits zu berücksichtigen. Die Möglichkeiten für kleinere und mittlere Betriebe sind ungünstiger als die für Großbetriebe. Hier müsste der Staat entsprechende Unterstützung leisten. *(Umsetzungsmöglichkeiten Lebenslangen Lernens)*
- Besondere Beachtung finden **neue Lehr- und Lernformen**, z. B. „lernerzentrierte Methoden", bei denen der Lehrende als Berater, Mentor, Coach oder Vermittler auftritt. Große Hoffnungen werden auch im Memorandum auf die I- und K-Technologie gesetzt: „IKT-gestützte Lerntechniken beinhalten ein großes Potenzial der Innovation in den Unterrichts- und Lernmethoden". *(Informationen über Lernstrategien und -techniken unter www.lernen-heute.de)*
- In Zukunft wird es eine verstärkte Nachfrage nach **„zertifiziertem Lernen"** geben, d. h., erworbene Qualifikationen und Kompetenzen müssen sichtbar gemacht werden, wie z. B. beim „Europäischen Computerführerschein".
- Der **Berufsberatung** kommt im Rahmen des lebenslangen Lernens eine besondere Bedeutung zu, z. B. bei der Beratung zur richtigen Auswahl von Bildungsmöglichkeiten, den Finanzierungsmöglichkeiten und eventuellen Organisationshilfen.
- Eine entscheidende Voraussetzung für lebenslanges Lernen ist der **Zugang zum Lernen**. Er muss verknüpft werden mit einer erhöhten Durchlässigkeit der Bildungs- und Ausbildungssysteme, z. B. dem Übergang von allgemeiner zu beruflicher Bildung und umgekehrt, von Basis- oder Erstausbildung zur weiterführenden und höheren Bildung, von praktischem Erfahrungslernen zu systematisierenden Lernangeboten.

Übersicht:

Personal-entwicklung	Maßnahmen zur Vermittlung von Qualifikationen, die unter Beachtung der individuellen Entwicklungsziele der Mitarbeiter zur Bewältigung gegenwärtiger und zukünftiger betrieblicher Aufgaben erforderlich sind	
Maßnahmen	Ausbildung	– berufliche Erstausbildung, Erwerb von Grundqualifikation
	Fort- und Weiterbildung	– Anpassungsfortbildung – Aufstiegsfortbildung
	Umschulung	– Zweitausbildung, berufsverändernde Fortbildung

Erfolgskontrolle	Bildungscontrolling	– objektiv (z. B. Tests) – subjektiv (z. B. Fragebogen)
	ökonomische Erfolgskontrolle	– Kennzahlenmethode
Lebenslanges Lernen	Basiskompetenzen	– IT-Fähigkeiten – Fremdsprachen – technologische Kultur – Unternehmergeist – soziale Fähigkeiten

7.5 Arbeitsleistung bewerten und entlohnen

Um eine Grundlage für die Entlohnung zu ermitteln, ist es erforderlich, die dem Unternehmen zur Verfügung gestellte Arbeitsleistung von Mitarbeitern zu bewerten. Die Schwierigkeit dabei ist, unterschiedliche Tätigkeiten möglichst gerecht zu bewerten.

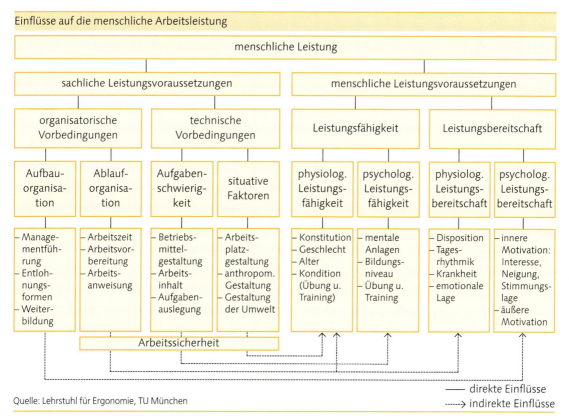

Quelle: Lehrstuhl für Ergonomie, TU München

7.5.1 Arbeitsstudien durchführen

Ziel der Durchführung von Arbeitsstudien ist die Ermittlung möglichst objektiver Kriterien für die Leistungsbewertung. Arbeitsstudien sind Untersuchungen über betriebliche Arbeitsprozesse. Man unterscheidet Arbeitsablauf-, Arbeitszeit-, Arbeitsplatz- und Arbeitswertstudien.

Eine von den Arbeitgeberverbänden und den Gewerkschaften unterstützte Institution zur Förderung arbeitswissenschaftlicher Forschung ist der Verband für Arbeitsgestaltung, Betriebsorganisation und Unternehmensentwicklung e. V., kurz **REFA**.

Arbeitsstudien	
Arbeitsablaufstudien	Sie untersuchen die Folge von Arbeitsvorgängen, d. h. das sinnvolle Ineinandergreifen von einzelnen Plätzen, Arbeitsstufen und Arbeitsgruppen. Mit Hilfe dieser Studien ist eine Beurteilung des Arbeitsvollzugs möglich; Störungen, deren Verursacher Menschen oder technische Einrichtungen sind, werden aufgedeckt.
Arbeitszeitstudien	Sie messen die für den einzelnen Arbeitsvorgang benötigte Zeit mit Stoppuhren, Registriergeräten oder Filmen. Die ausgewerteten Ergebnisse bilden die Basis für die Einteilung der Arbeiten in zeitlicher Hinsicht.
Arbeitsplatzstudien	Sie untersuchen die technische Ausstattung der einzelnen Arbeitsplätze und ihre Beanspruchung der menschlichen Arbeitskraft sowie die Frage der richtigen Besetzung.
Arbeitswertstudien (Arbeitsbewertung)	Sie umfassen Arbeitsablauf-, Arbeitszeit- und Arbeitsplatzstudien und zielen auf die objektive Staffelung der Arbeitsaufgaben gemäß den gestellten Anforderungen. Ziel ist es, zu einer Entlohnung im Rahmen der Arbeitsbewertung zu gelangen

Arbeitsablaufstudien

Arbeitsablaufstudien werden insbesondere in der Fertigung durchgeführt, um die dortigen Abläufe möglichst menschengerecht und rationell gestalten zu können. Der **Arbeitsablauf** ist dadurch gekennzeichnet, dass verschiedene Produktionsfaktoren (Arbeitskraft, Betriebsmittel, Werkstoffe) unter bestimmten Bedingungen (räumliche, zeitliche, technische Aspekte) zusammenwirken, um eine Leistung zu erstellen. Um diese Vorgänge untersuchen, beschreiben und verbessern zu können, wird der Gesamtablauf in einzelne **Teilschritte** gegliedert. Die Optimierung einzelner Teilschritte ist ein wichtiger Ansatzpunkt der arbeitstechnischen Rationalisierung.

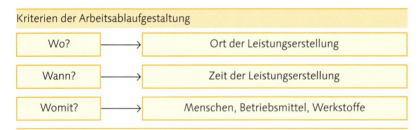

Arbeitszeitstudien

Ziel von Arbeitszeitstudien ist die Ermittlung von **Vorgabezeiten**. Hierunter ist der Zeitverbrauch für die ordnungsgemäße Erledigung einer Arbeitsaufgabe bei normaler Leistung der Arbeitskraft zu verstehen. Voraussetzungen für die Ermittlung dieser durchschnittlichen berufsüblichen Leistung sind, dass die Mitarbeiter ausreichend geübt und geeignet sind, ein normales Arbeiten nach Betriebsvorschrift erfolgt und alle geltenden Sicherheitsvorschriften beachtet werden.

Die Vorgabezeit bemisst den Zeitverbrauch für die ordnungsgemäße Erledigung einer Aufgabe bei normaler Leistung

Vorgabezeiten werden benötigt für:
- die Lohnberechnung bei Leistungslohnarbeiten
- die Ermittlung der Durchlaufzeiten eines Produkts (Terminplanung)
- die Berechnung des Personalbedarfs
- die Kalkulation der Fertigungskosten

Die Vorgabezeit nach REFA gliedert sich in:
- **Grundzeit:** regelmäßig auftretende Zeiten (Tätigkeits- und Wartezeiten), die sich durch Zeitaufnahmen oder Berechnungen ermitteln lassen.
- **Verteilzeit:** unregelmäßig auftretende Zeiten, die durch einen prozentualen Zuschlag auf die Grundzeit berücksichtigt werden müssen. Sie umfassen sachliche Verteilzeiten (störungsbedingte Unterbrechungen) und persönliche Verteilzeiten (persönlich bedingte Unterbrechungen)
- **Erholungszeit:** Sie dienen dem Abbau von Ermüdung und der Wiederherstellung der Arbeitskraft.

Die **Auftragszeit** bemisst den Zeitverbrauch, bezogen auf eine bestimmte Fertigungsmenge. Sie setzt sich nach REFA aus der Rüstzeit und der Ausführungszeit zusammen. **Rüstzeiten** sind Zeiten, die der Vorbereitung des Arbeitsplatzes und seiner Rückversetzung in den ursprünglichen Zustand dienen. **Ausführungszeiten** dienen dem Arbeitsfortschritt an allen Einheiten des auszuführenden Auftrages. Sowohl bei den Rüst- als auch bei den Ausführungszeiten sind entsprechende Grund-, Erhol- und Verteilzeiten zu berücksichtigen.

Rüst- und Ausführungszeit ergeben die Auftragszeit, d. h. den Zeitverbrauch, bezogen auf eine bestimmte Fertigungsmenge.

Zusammensetzung der Auftragszeit

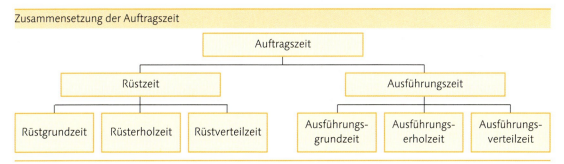

Beispiel: Die Auftragszeit für die Montage des Kinderrads Modell *Cool* (Auftragsmenge 100 Stück) berechnet sich wie folgt:

Ehe die Arbeiter in der Fertigung mit der Montage beginnen können, muss diese Aufgabe vorbereitet werden. Dazu gehört z. B. die Bereitstellung der Einzelteile, der Werkzeuge, der Verpackung, aber auch das Wegräumen von Werkzeugen u. Ä. Für das Kinderrad Modell *Cool* setzt sich die durchschnittliche **Rüstzeit** wie folgt zusammen:

Rüstgrundzeit	Zeitaufwand für die planmäßigen und regelmäßigen Tätigkeiten im Rahmen des Rüstens und Abrüstens		120 Min.
Rüsterholzeit	Zeitaufwand für die Erholung des Menschen, die von Dauer und Höhe der Belastung abhängt	10 % der Rüstgrundzeit	12 Min.
Rüstverteilzeit	Zeitaufwand für die unplanmäßigen und unregelmäßigen Tätigkeiten im Rahmen des Rüstens und Abrüstens	10 % der Rüstgrundzeit	12 Min.
			insg. 144 Min.

Personalmanagement

Die für die eigentliche Ausführung der Arbeitsaufgabe, hier die Montage der Räder, benötigte Zeit ist die **Ausführungszeit**. Für das Kinderrad Modell *Cool* setzt sich die durchschnittliche Ausführungszeit wie folgt zusammen:

Ausführungs-grundzeit	Vormontage	– Dekore kleben – Rahmen und Gabelbau – Komponenten-Baugruppen – Laufräder	1,80 Min. 3,20 Min. 4,60 Min. 2,60 Min.	
	Endmontage		23,00 Min.	
	Verpackung		0,80 Min.	36,00 Min
Ausführungs-erholzeit	7,5 % der Ausführungsgrundzeit			2,70 Min.
Ausführungs-verteilzeit	5 % der Ausführungsgrundzeit			1,80 Min.
				insg. 40,50 Min.

Bei einer Auftragsmenge von 100 Stück berechnet sich die **Auftragszeit** in folgender Weise:

Auftragszeit = Rüstzeit + Auftragsmenge × Ausführungszeit/Stück
              = 144 Min. + 100 × 40,5 Min.
              = 144 Min. + 4.050 Min.
              = 4.194 Min.

Die **Vorgabezeit** für die Montage des Kinderrades Modell *Cool* (1 Fahrrad) bei einer Auftragsmenge von 100 Stück beträgt damit 41,94 Min.

Die Höhe der Vorgabezeit ist ganz erheblich davon abhängig, wie groß der zu fertigende Auftrag ist. Beträgt er z. B. nur 10 Stück, ergibt dies eine höhere Vorgabezeit pro Stück:

Einfluss der Losgröße auf die Vorgabezeit

Auftragszeit   = 144 Min. + 10 × 40,5 Min.
                = 144 Min. + 405 Min.
                = 549 Min.

Vorgabezeit/Stück = 549 Min. : 10 Stück
                          = 54,9 Min.

Der Unterschied zum Auftrag von 100 Stück beträgt 12,96 Min. Dabei ist die Rüstzeit unabhängig von der zu produzierenden Menge je Auftrag, sie ist abhängig von der Zahl der zu fertigenden Aufträge innerhalb eines Abrechnungszeitraumes (z. B. Monat oder Jahr).

Optimale Losgröße, vgl. Kapitel 4.5.1

Die Höhe der Vorgabezeit hat wiederum entscheidenden Einfluss auf die Höhe der zu kalkulierenden **Fertigungskosten**. Die Fertigungseinzelkosten für den Montagevorgang werden z. B. bei einer Losgröße von 20 Stück um 12,96 Min. multipliziert mit dem entsprechenden Minutenfaktor teurer als bei einer Losgröße von 100 Stück. Unter Berücksichtigung der Zuschlagssätze für die Gemeinkosten können sich ganz erhebliche Kostenunterschiede, allein bezogen auf den Montagevorgang, ergeben. Eine mögliche Losgröße 1, die eine hohe Flexibilität der Fertigungsorganisation voraussetzen würde, ist aus Kostengründen bei den *Fly Bike Werken* derzeit nicht realisierbar (Vorgabezeit = 144 Min. + 1 × 40,5 Min. = 184,5 Min.).

Einfluss der Vorgabezeit auf die Fertigungskosten

Minutenfaktor, vgl. Kapitel 7.5.2

Die Vorgabezeit (Soll-Zeit) wird unter den Bedingungen der Normalleistung ermittelt, d. h. der durchschnittlichen berufsüblichen Leistung. Wie hoch die von einem Arbeitnehmer tatsächlich benötigte Zeit ist (Ist-Zeit), ist davon abhängig, wie hoch der **Leistungsgrad** ist, mit dem er seine Arbeit ausführt.

Leistungsgrad

Die menschliche Arbeitsleistung ist abhängig von der Leistungsfähigkeit und der Leistungsbereitschaft des jeweiligen Mitarbeiters.

vgl. Schaubild „Einflüsse auf die menschliche Arbeitsleistung", S. 339

- Die **Leistungsfähigkeit** bezieht sich auf die physiologische Leistungsfähigkeit (z. B. Geschlecht, Alter und Kondition) und die psychologische Leistungsfähigkeit (z. B. mentale Anlagen, Bildungsniveau und Übung).
- Die **Leistungsbereitschaft** wird beeinflusst durch die physiologische Leistungsbereitschaft (z. B. Disposition, Krankheit und emotionale Lage) und die psychologische Leistungsbereitschaft (z. B. innere und äußere Motivation).

Der Leistungsgrad eines Mitarbeiters kann damit sehr unterschiedlich sein und Einfluss auf die Zeit nehmen, die er tatsächlich zur Erfüllung eines Arbeitsauftrages benötigt. Die Formel zur Berechnung des Leistungsgrades stellt den Zusammenhang zwischen der Normalleistung (Soll-Leistung) als Bezugsleistung und der Ist-Leistung her:

Leistungsgrad als Verhältnis von Ist-Mengenleistung und Bezugsmengenleistung

$$\text{Leistungsgrad} = \frac{\text{beobachtete Ist-Mengenleistung}}{\text{Bezugsmengenleistung}} \times 100$$

Die **Ist-Mengenleistung** kann z. B. die Menge von Erzeugnissen sein, die ein Mitarbeiter in einer Zeiteinheit (z. B. Stunde oder Tag) hergestellt hat. Die **Bezugsmengenleistung** ist die Menge, die sich auf der Grundlage der Normalleistung ergeben würde.

> **Beispiel:** Legen wir das obige Zahlenbeispiel für die Montage des Kinderrades Modell *Cool* zu Grunde, so würde die Bezugsmengenleistung bei einer Vorgabezeit von 41,94 Min. und einem 8-stündigen Arbeitstag 11,45 montierte Fahrräder ergeben. Hat der Mitarbeiter aber am Ende des Tages 13 Fahrräder montiert, so ergibt sich für ihn ein Leistungsgrad von:
>
> $$\text{Leistungsgrad} = \frac{13}{11,45} \times 100 = 113,45\,\%$$

Der Leistungsgrad kann aber auch aus dem Verhältnis von **Soll-Zeit** (Vorgabezeit) und **Ist-Zeit** ermittelt werden:

Leistungsgrad als Verhältnis von Soll-Zeit und Ist-Zeit

$$\text{Leistungsgrad} = \frac{\text{Soll-Zeit}}{\text{Ist-Zeit}} \times 100$$

Je höher der Leistungsgrad eines Mitarbeiters ist, desto geringer ist die Zeit, die er für die Ausführung eines Auftrages benötigt und desto höher ist die Menge der gefertigten Stücke in einer bestimmten Zeiteinheit.

Akkordlohn, vgl. Kapitel 7.5.2

Erfolgt die Entlohnung im Leistungslohn, so beeinflusst der Leistungsgrad auch die Höhe des Lohnes eines Mitarbeiters.

Personalmanagement

Arbeitsplatzstudien

Ziel von Arbeitsplatzstudien ist die Gestaltung von Arbeitsplätzen derart, dass die Qualität und die Quantität der erbrachten Leistung erhöht werden können. Gegenstand von Arbeitsplatzstudien sind die Arbeitsbedingungen, Arbeitsmethoden und Arbeitsverfahren.

Bei der Untersuchung der Arbeitsbedingungen stehen die **Umgebungseinflüsse** und die **ergonomische Gestaltung** des Arbeitsplatzes im Vordergrund. Hierbei gilt es herauszufinden, wie die Arbeitsbedingungen optimal an den Menschen angepasst werden können.

Zu den Arbeitsbedingungen zählen Umgebungseinflüsse und die ergonomische Gestaltung des Arbeitsplatzes.

Kriterien für eine optimale Gestaltung der Arbeitsbedingungen		
Arbeitsplatzhöhe	stehende Tätigkeiten	– Männer: 102 cm – Frauen: 95 cm
	sitzende Tätigkeiten	– Männer: 72 cm – Frauen: 69 cm
Griffbereich	– abhängig von der Größe der Gliedmaßen – nicht alle Bereiche des Griffbereiches lassen sich mit der gleichen Schnelligkeit und Kraft erreichen	
Gesichtsfeld	– umfasst grundsätzlich 60° – kann durch Kopfbewegungen erweitert werden – Lichtverhältnisse am Arbeitsplatz beeinflussen die Größe des Gesichtsfeldes	
Beleuchtung	ausreichend, ausgewogen, Vermeidung von Blendung, gute Farbwiedergabe	
Klima	Temperatur, Feuchtigkeit, Sauberkeit, Luftbewegung	
Lärm	Lautstärke, Dauer, Zusammensetzung, zeitliche Anordnung	
Lüftung	Sauerstoffgehalt mindestens 16 %, ansonsten Müdigkeit und Konzentrationsschwäche	
Farben	beeinflussen subjektives Temperaturempfinden und Raumwirkung	

Bei der Untersuchung der Arbeitsmethoden steht insbesondere die **Rationalisierung der Bewegungsabläufe** im Vordergrund. Der Wirkungsgrad menschlicher Arbeit kann erhöht werden durch

Arbeitsmethoden

– Arbeitswechsel,
– Erholungszeiten,
– Optimierung der Kraftrichtung,
– Vermeidung statischer Muskelarbeit,
– wirtschaftlichen Muskeleinsatz.

Bei der Untersuchung von Arbeitsverfahren steht die Frage im Mittelpunkt, wie der Arbeitsplatz **technologisch** verbessert werden kann, um ihn an die Erfüllung der Aufgabe anzupassen. Darüber hinaus wird eine Verbesserung der **Betriebsmittelnutzung** angestrebt. Je planmäßiger die Betriebsmittel genutzt werden, desto geringer ist der Zeit- und Kraftaufwand und desto besser sind die Arbeitsleistungen.

Arbeitsverfahren

> **Beispiel:** Eine Analyse der Arbeits- und Grifftechnik am Arbeitsplatz von *Herrn Wolfgang Preis* in der Fertigung ergab, dass der Rollschrank mit Kleinteilen, der bisher hinter *Herrn Preis* stand, besser rechts neben dem Arbeitsplatz stehen sollte. So braucht sich *Herr Preis* nicht mehr bei jeder Entnahme eines Kleinteiles umzudrehen und spart wertvolle Sekunden, die sich im Laufe des Tages zu mehreren Minuten summieren.

Arbeitswertstudien (Arbeitsbewertung)

Nicht nur die Leistungsfähigkeit und die Leistungsbereitschaft des Mitarbeiters beeinflussen über den individuellen Leistungsgrad die Höhe des Lohnes, sondern auch die Anforderungen, die die auszuführende Arbeit an den Mitarbeiter stellt. Die **anforderungsabhängige Lohndifferenzierung** erfolgt mit Hilfe der Arbeitsbewertung. Die Arbeitsbewertung ist ein Verfahren, um Arbeitsaufgaben oder Arbeitsbereiche innerhalb eines Betriebes zu untersuchen, zu vergleichen und zu bewerten. Als Maßstab dienen der Arbeitsinhalt und die Arbeitsanforderungen. Die Arbeitsbewertung analysiert, unabhängig vom jeweiligen Arbeitsplatzinhaber und dessen Leistung, die Arbeitsverrichtungen mit dem Ziel, die aus den Arbeitsverrichtungen resultierenden Anforderungen zu bewerten. Mit den ermittelten Kennzahlen (z. B. Arbeitswerten, Wertzahlensummen oder Arbeitswertgruppen) soll der **Schwierigkeitsgrad** der verschiedenen Tätigkeiten zum Ausdruck kommen. Die Zuordnung von Entgelten zu den anforderungsabhängigen Kennzahlen erfolgt auf der Basis von Lohnvereinbarungen zwischen den Tarifvertragsparteien.

Die Arbeitsbewertung beurteilt die Arbeitsleistung in Abhängigkeit von den Anforderungen des Arbeitsplatzes.

Kennzahlen, vgl. Kapitel 3.2.2

Der Lohn stellt die materielle Gegenleistung des Arbeitgebers für die aus dem Arbeitsvertrag sich ergebende Pflichterfüllung des Arbeitnehmers dar. Im Zusammenhang mit der Entlohnung haben vor allem zwei Problemkreise zentrale Bedeutung: zum einen die **Motivationswirkung** des Lohnes und zum anderen die **Lohngerechtigkeit**. Der oberste Grundsatz der Entlohnung sagt aus, dass der Lohn gerecht sein muss. Die Frage der Lohngerechtigkeit kann jedoch nicht mit wissenschaftlichen Mitteln gelöst werden, denn es gibt keinen objektiven Maßstab dafür, was gerecht ist. Welche Lohnhöhe und welche Lohnform allgemein als gerecht empfunden wird, hängt in starkem Umfang von der jeweiligen Gesellschaftsordnung und ihren sozial-ethischen Grundlagen ab, d. h., Lohngerechtigkeit ist ein ethischer Wert.

Frage der Lohngerechtigkeit

Lohnformen, vgl. Kapitel 7.5.2

Orientiert sich die Entlohnung primär am **Leistungsprinzip**, so wird ein Lohn dann als gerecht empfunden, wenn eine Übereinstimmung von erhaltenem Lohn und erbrachter Leistung gegeben ist. Dieser Grundsatz des leistungsgerechten Lohnes beinhaltet zwei Komponenten:

Komponenten des leistungsgerechten Lohns

- Anforderungsgerechtigkeit und
- Leistungsgerechtigkeit.

Leistungsgerechter Lohn	
Anforderungsgerechtigkeit	Prinzip der Äquivalenz von Lohn und Anforderungsgrad
Leistungsgerechtigkeit	Prinzip der Äquivalenz von Lohn und Leistungsgrad

Es sind zwei verschiedene methodische Ansätze der **qualitativen Anforderungsbewertung** zu unterscheiden: das summarische und das analytische Arbeitsbewertungsverfahren, die zum einen nach dem Prinzip der **Reihung** und zum anderen nach dem Prinzip der **Stufung** angewandt werden. Hieraus ergeben sich vier Grundverfahren der Arbeitsbewertung:

Ansätze qualitativer Anforderungsbewertung

Grundverfahren der Arbeitsbewertung	
summarische Arbeitsbewertung	Rangfolgeverfahren
	Lohngruppenverfahren
analytische Arbeitsbewertung	Stufenwertzahlverfahren
	Rangreihenverfahren

Summarische Arbeitsbewertung

Summarische Arbeitsbewertungsmethoden sind Verfahren, bei denen die Arbeitsanforderungen einer Tätigkeit, wie z. B. Können, Arbeitsbelastung und Verantwortung, in ihrer **Gesamtheit** erfasst und die Arbeitsschwierigkeiten global beurteilt werden. Man verzichtet dabei auf die systematische Analyse der einzelnen Anforderungsarten.

summarische Verfahren bewerten Anforderungsarten in ihrer Gesamtheit

Beim **Rangfolgeverfahren** werden alle im Unternehmen vorkommenden Tätigkeiten aufgelistet, in Bezug auf die Arbeitschwierigkeit miteinander verglichen und in eine Rangfolge gebracht, die einer Wertungsskala entspricht. Die Gesamtschwierigkeit einer Arbeitsverrichtung kommt in der jeweils zugewiesenen Lohngruppe zum Ausdruck, der durch die Tarifvertragsparteien ein entsprechender Lohnsatz zugeordnet wird.

Rangfolgeverfahren (summarisches Reihungsverfahren)

Vorteil: einfache, kostengünstige und leicht verständliche Handhabung
Nachteil: subjektive Bewertung, zunehmende Unübersichtlichkeit mit zunehmender Anzahl der zu vergleichenden Tätigkeiten

Beim **Lohngruppenverfahren** wird ein Katalog von Lohn- und Gehaltsgruppen aufgestellt, die unterschiedliche Schwierigkeitsgrade repräsentieren. Die zu bewertenden Tätigkeiten werden mit Hilfe von **Richtbeispielen** beurteilt und in die Lohn- und Gehaltsgruppen eingeordnet. Jede Gruppe ist meist noch in Stufen unterteilt, um z. B. die Dauer der Beschäftigung zu berücksichtigen. Gegenstand von Tarifverhandlungen sind in der Regel nicht einzelne Lohn- und Gehaltsgruppen, sondern der so genannte **Ecklohn**, aus dem sich durch prozentualen Zu- bzw. Abschlag die Tariflöhne für die übrigen Gruppen errechnen lassen.

Lohngruppenverfahren (summarisches Stufungsverfahren)

Vorteil: kostengünstiges und leicht verständliches Verfahren
Nachteil: Gefahr der Schematisierung, starres Modell (technische Entwicklungen und individuelle Besonderheiten können nur schwer berücksichtigt werden)

Analytische Arbeitsbewertung

Analytische Verfahren bewerten einzelne Anforderungsarten einer Tätigkeit: der Arbeitswert der Tätigkeit insgesamt ergibt sich aus der Summe der Einzelbewertungen. Wichtig ist dabei, dass die Anforderungsarten so gewählt werden müssen, dass eine repräsentative Aussage über die Schwierigkeit der zu bewertenden Tätigkeit erfolgen kann. Als bekanntestes System der Anforderungsarten gilt das so genannte **Genfer Schema**.

Analytische Verfahren bewerten einzelne Anforderungsarten.

Genfer Schema	
Hauptmerkmale	Untermerkmale (Anforderungsarten)
A. geistige Anforderungen	1. Fachkenntnisse 2. Nachdenken (geistige Beanspruchung)
B. körperliche Anforderungen	3. Geschicklichkeit 4. Muskelbelastung 5. Aufmerksamkeit (Belastung der Sinne und Nerven)
C. Verantwortung für	6. Betriebsmittel und Produkte 7. Sicherheit und Gesundheit anderer 8. Arbeitsablauf
D. Arbeitsbedingungen (Umgebungseinflüsse)	9. Temperatur 10. Nässe 11. Schmutz (Öl, Fett, Staub) 12. Gas, Dämpfe 13. Lärm, Erschütterung 14. Blendung, Lichtmangel 15. Erkältungsgefahr, Arbeit im Freien 16. Unfallgefährdung

Sind einzelne Anforderungsarten einer Tätigkeit identifiziert, werden sie im Rahmen analytischer Verfahren unterschiedlich **gewichtet**, da sie je nach Tätigkeit unterschiedliche Bedeutung haben.

Beim **Rangreihenverfahren** werden die einzelnen Arbeitsanforderungen gesondert miteinander verglichen und für jede dieser Anforderungsarten wird eine Rangreihe erstellt. Die Rangreihenordnung muss dabei in einen addierbaren Zahlenausdruck umgewandelt werden, der für die Ermittlung des Arbeitswertes verwendet werden kann. Prozentsätze werden hierfür in der Weise verwendet, dass die am niedrigsten bewertete Verrichtung mit 0 %, die am höchsten bewertete mit 100 % angesetzt wird.

Rangreihenverfahren (analytisches Reihungsverfahren)

Beispiel: Rangreihenverfahren: Für jedes Merkmal wird eine Rangreihe aufgestellt:

geistige Anforderung	körperliche Anforderung	Verantwortung	
Bewertung ↓	↓	↓	
1. Aufgabe I 80 %	Aufgabe II 60 %	Aufgabe IV 90 %	Rangreihe
2. Aufgabe II 70 %	Aufgabe I 40 %	Aufgabe II 60 %	
3. Aufgabe III 50 %	Aufgabe III 20 %	Aufgabe I 40 %	
4. Aufgabe IV 10 %	Aufgabe IV 5 %	Aufgabe III 20 %	↓

Die Umsetzung der Rangreihen in Wertzahlen erfolgt, indem für jedes Merkmal ein oberstes Beispiel als Vergleich herangezogen wird.
z. B. Verantwortung: Angestellter in leitender Position mit Personalverantwortung = 100 %
Belastung der Sinne und Nerven: Arbeiter am Fließband mit Taktzeiten = 100 %
Daran wird die tatsächliche Arbeit eingeschätzt.

Im obigen Beispiel ergibt sich: Aufgabe I: 80 % + 40 % + 40 % = 160 %
                                  Aufgabe II: 70 % + 60 % + 60 % = 190 %

Beim **Stufenwertzahlverfahren** wird für jede Anforderungsgruppe oder -art eine mehr oder minder große Zahl von Anforderungsstufen festgelegt, die in so genannten Einstufungstafeln (siehe rechts) beschrieben werden. Den einzelnen Anforderungsstufen, die die unterschiedliche Höhe der Beanspruchung ausdrücken, werden Wertzahlen (Punkte) zugeordnet. Durch die Tiefengliederung dieser Einstufungstafel wird zum Ausdruck gebracht, dass jede Anforderungsgruppe oder -art mit einer unterschiedlichen Gewichtung versehen ist. So werden in dem folgenden Beispiel z. B. die erforderlichen Fachkenntnisse mit bis zu 7 Punkten bewertet, die Unfallgefährdung dagegen nur mit höchstens 2 Punkten.

Stufenwertzahlverfahren (analytisches Stufungsverfahren)

In einem Arbeitsplatzbewertungsbogen werden den Höchstpunktzahlen je Anforderungsart die auf der Grundlage der Tätigkeitsbeschreibung ermittelten Ist-Punkt-Zahlen gegenübergestellt. Durch Addition der Ist-Punktzahlen ergibt sich eine Gesamtpunktzahl (Gesamtarbeitswert), die zur Ermittlung der entsprechenden Lohngruppe führt. Die Beschreibung dieser Vorgehensweise kann mit Hilfe des folgenden Beispiels nachvollzogen werden:

Beispiel: Tätigkeitsbeschreibung für einen Reparaturschlosser

Aufgabe des Reparaturschlossers ist die Wartung und Reparatur der in den verschiedenen Werkstätten eingesetzten Produktionsanlagen. Bei den erforderlichen **Fachkenntnissen** für diese Tätigkeit wird eine dreijährige Lehre (Maschinenschlosser) und eine zwei- bis fünfjährige zusätzliche praktische Erfahrung in einer ähnlichen Tätigkeit vorausgesetzt.

- Zur Durchführung der Reparatur- und Wartungstätigkeiten wird eine mittlere **Geschicklichkeit** verlangt.
- Die **geistige Beanspruchung** ist sehr hoch, da häufige Denktätigkeit erforderlich ist. Die Arbeiten sind zum Teil nur mit Hilfe eigener Überlegungen durchführbar (z. B. Lesen von Zeichnungen).
- Die Muskelanforderungen sind hoch, weil Arbeiten mit anstrengender **Körperhaltung** anfallen.
- Die **Verantwortung** für die Betriebsmittel ist durchschnittlich, da die Möglichkeit der Verursachung von Schäden gering ist. Jedoch besteht bei fehlerhafter Durchführung der Reparaturarbeiten das Risiko der gesundheitlichen Schädigung Anderer.
- Der Reparaturschlosser hat einen sehr großen Einfluss auf den Arbeitsablauf, da eine schnelle Durchführung von Reparaturen Stillstände und Ausschuss vermeidet.
- Die Tätigkeit des Reparaturschlossers unterliegt verschiedenen negativen **Umwelteinflüssen**. Die Gefahr der Blendung beim Schweißen ist hoch, ebenso die Verschmutzung durch Öle, Fette und Rost. Außerdem sind erhebliche Belastungen durch Lärm und Erschütterungen bei Arbeiten an den Maschinen und in der Werkstatt gegeben. In der Regel arbeitet der Reparaturschlosser nicht unter extremen Temperaturverhältnissen.

Diese Tätigkeitsbeschreibung ist die Grundlage für die Bewertung der Arbeit des Reparaturschlossers. Sie analysiert die Tätigkeit im Hinblick auf die Hauptanforderungsarten und enthält zugleich Hinweise auf das Ausmaß der einzelnen Anforderungsarten.

Einstufungstafel nach Genfer Schema		1	2	3	4	5	6	7
I. Fachkönnen	Fachkenntnisse	Anweisung bis 6 Wochen	Anlernen bis 6 Monate	Anlernen + Berufserfahrung	Anlernen + Berufsausbildung	Facharbeiterausbildung (FA)	FA-Ausbildung + besondere Berufserfahrung	FA-Ausbildung und höchstes fachliches Können
	Geschicklichkeit	gering	mittel	hoch	höchste			
II. Anstrengung	geistig	gering	zeitweise mittel	dauernd mittel	dauernd hoch	dauernd sehr hoch	dauernd außergewöhnlich	
	körperlich	zeitweise mittel	dauernd mittel	dauernd hoch	dauernd sehr hoch	dauernd außergewöhnlich		
III. Verantwortung	für Betriebsmittel	mittel	hoch	sehr hoch				
	für Gesundheit Anderer	mittel	hoch	sehr hoch	außergewöhnlich			
	für Arbeitsablauf	mittel	hoch	sehr hoch				
IV. Umwelteinflüsse	Temperaturbeeinflussung	mittel	hoch					
	Öl, Fett, Schmutz, Staub	gering	mittel	hoch	sehr hoch			
	Gase, Dämpfe, Erschütterung	mittel	hoch					
	Unfallgefährdung	mittel	hoch					
	Lärm, Blendung, Erkältungsgefahr	mittel	hoch	sehr hoch				

Mit der Einstufungstafel lässt sich der Arbeitsplatz des Reparaturschlossers in folgender Weise bewerten:

Arbeitsplatzbewertungsbogen

Anforderungen	Höchstpunktzahl	Ist-Punktzahl
I. Fachkönnen		
Fachkenntnisse	7	6
Geschicklichkeit	4	2
II. Anstrengung		
geistige Beanspruchung	6	5
körperliche Beanspruchung	5	3
III. Verantwortung		
für Betriebsmittel	3	1
für die Gesundheit Anderer	4	2
für den Arbeitsablauf	3	3
IV. Umwelteinflüsse		
Temperaturbeeinflussung	2	0
Öl, Fett, Schmutz und Staub	4	3
Gase, Dämpfe, Erschütterung	2	2
Unfallgefährdung	2	1
Lärm, Blendung, Erkältungsgefahr	3	2
Summe der Punkte	45	30

Als letzter Schritt der Arbeitsbewertung muss den 30 Punkten die entsprechende Lohngruppe zugeordnet werden:

Ergebnis: Der Gesamtarbeitswert beträgt 30 von maximal 45 zu erreichenden Punkten.

Punktwerte	Lohngruppen	Stundengrundlohn €/Std.
5-10	1	9,49
11-15	2	9,65
16-20	3	9,82
21-25	4	10,49
26-30	5	11,16
31-35	6	12,28
36-40	7	13,39
41-45	8	14,84

Die Zuordnung ergibt für den Gesamtarbeitswert von 30 Punkten die Lohngruppe 5, d. h. einen Stundengrundlohn von 11,16 €.

Die Arbeitsbewertung nach dem Stufenwertzahlverfahren beinhaltet die folgenden Schritte:

1. Erstellung einer Arbeitsplatzbeschreibung
2. Ermittlung der Anforderungsarten
3. Festlegung der Anforderungsstufen
4. Ermittlung des Gesamtarbeitswerts
5. Zuordnung einer entsprechenden Lohngruppe

Schritte der Arbeitsbewertung nach Stufenwertzahlverfahren

Analytische Bewertungsverfahren haben folgende Vor- und Nachteile:

Vorteile: systematischere Vorgehensweise gegenüber summarischen Verfahren auf Grund Berücksichtigung der Anforderungsarten

Nachteile: schwierigere Handhabung gegenüber summarischen Verfahren, quasi-objektive Vorgehensweise bei Festlegung der Gewichtungsanteile, normatives Problem bei der Bewertung von Anforderungen

Übersicht:		
Arbeitsstudien	– Ermittlung von Kriterien für die Leistungsbewertung – Grundlage der Lohn- und Gehaltsfindung	
Arbeitsablaufstudien	Rationalisierung des Gesamtablaufs einzelner Arbeitsschritte nach den Kriterien Ort, Zeit, Betriebsmittel	
Arbeitszeitstudien	Ermittlung von Vorgabezeiten	Zeitverbrauch für Erledigung einer Arbeitsaufgabe bei normaler Leistung
	Ermittlung der individuellen Arbeitsleistung in Abhängigkeit vom prozentuellen Leistungsgrad	– beobachtete Ist-Mengenleistung/Bezugsmengenleistung × 100 – Soll-Zeit/Ist-Zeit × 100
Arbeitsplatzstudien	Rationalisierung von Arbeitsbedingungen, Arbeitsmethoden und -verfahren	
Arbeitswertstudien	Ermittlung von Arbeitswerten in Abhängigkeit von der Arbeitsschwierigkeit	
	Anforderungsarten	– Genfer Schema (z. B. geistige Anforderungen, Verantwortung, Arbeitsbedingungen)
	Arten der Bewertung	– Reihung – Stufung
	summarische Verfahren	– Rangfolgeverfahren – Lohngruppenverfahren
	analytische Verfahren	– Rangreihenverfahren – Stufenwertzahlverfahren

7.5.2 Arbeitsleistung entlohnen

Der Begriff „Arbeitslohn" wird häufig als übergeordneter Begriff für alle aus nicht selbstständiger Arbeit erzielten Einkünfte verwendet. Dieser Begriff ist jedoch irreführend, da eine leichte Verwechslung mit dem in der Praxis verwendeten Begriff Lohn für das Arbeitsentgelt der Arbeiter möglich ist.

zum Begriff „Arbeitslohn"

Mit dem Begriff des Gehalts wird die Entlohnung der Angestellten bezeichnet. Die Unterscheidung der Entlohnung nach Arbeitern und Angestellten stammt aus der Zeit der entstehenden industriellen Entwicklung, sie hat sich jedoch bis in die heutige Zeit fortgesetzt. Die arbeitsrechtliche Bedeutung der Trennung zwischen **Lohn** für Arbeiter und **Gehalt** für Angestellte ist immer mehr zurückgegangen, sie ergibt sich aber auch heute noch aus bestimmten gesetzlichen Einzelregelungen.

Da die Unterscheidungsmöglichkeiten zwischen den Tätigkeiten von Arbeitern einerseits und denen von Angestellten andererseits immer geringer werden, werden vermehrt einheitliche, für alle Arbeitnehmer geltende Tarifverträge abgeschlossen. Auch viele Unternehmen verzichten bei ihrer Arbeitsbewertung mittlerweile auf eine entsprechende Differenzierung.

Die Höhe des Arbeitsentgeltes wird entweder **einzelvertraglich** im Arbeitsvertrag geregelt oder ergibt sich in der Mehrzahl der Arbeitsverhältnisse aus Regelungen in **Lohn- und Gehaltstarifverträgen**.

Löhne und Gehälter

Um die Berechnung des Lohnes überschaubar zu machen, gibt es in der Praxis tarifliche und betriebliche Lohnsysteme, die vielfach einen nach Lohngruppen unterschiedenen Grundlohn ausweisen, zu dem Zuschläge und Zulagen treten können.

Beispiel: Die *Fly Bike Werke* in Oldenburg liegen im Tarifgebiet Nordwestliches Niedersachsen. Die Tarifgehälter der Angestellten in der dortigen Metallindustrie sind der folgenden Gehaltstabelle zu entnehmen.

www.igmetall.de/tarife/tarifdatenbank

Nordwestliches Niedersachsen, gültig ab 1. März 2004

Gehaltsgruppe	Anfangsgehalt	Endgehalt
1	1.547,00 €	1.609,00 €
2	1.676,00 €	1.802,00 €
3	1.866,00 €	1.993,00 €
4	2.054,00 €	2.262,00 €
5	2.345,00 €	2.634,00 €
6	2.731,00 €	3.020,00 €
7	3.137,00 €	3.427,00 €
8	3.561,00 €	3.851,00 €
9	4.002,00 €	4.167,00 €

Beispiel: Die Stundenlöhne für Arbeiter und Arbeiterinnen der Metallindustrie in Betrieben, die noch kein Monatsentgelt eingeführt haben, ergeben sich aus der nachstehenden Übersicht.

Stundenlöhne für Arbeiter und Arbeiterinnen (Metallindustrie)

Tarifgebiete	Lohngruppen (Beträge in €)											
	1	2	3	4	5	6	7	8	9	10	11	12
Hessen *	-	10,42	10,70	10,98	11,60	12,41	13,65	14,89	16,51	-	-	-
Rheinland-Pfalz *	-	-	10,42	10,55	10,70	11,11	11,54	12,41	13,65	14,89	16,51	-
Saarland *	10,42	10,70	10,98	11,60	12,41	13,65	14,89	16,51	-	-	-	-
Sachsen	9,15	9,17	9,72	9,72	9,99	10,71	11,04	12,14	13,25	14,68	-	-
Sachsen-Anhalt	9,38	9,38	9,53	9,78	9,99	10,43	11,03	12,14	13,24	14,68	-	-
Thüringen *	-	9,59	9,84	10,10	10,67	11,42	12,55	13,70	15,18	-	-	-

* Akkordrichtsatz + 3,5 %

Die Stundenlöhne gelten nur für Betriebe, die noch kein Monatsgehalt eingeführt haben.

Zu den im Tarifvertrag ausgewiesenen Löhnen und Gehältern werden so genannte **Nebenleistungen** entgolten, die entweder ebenfalls über den gültigen Tarifvertrag geregelt oder freiwillig gewährt werden, z. B. übertarifliche Zulagen, vermögenswirksame Leistungen oder Prämien.

Nebenleistungen

Beispiel: *Frau Katrin Nemitz-Müller arbeitet in der Abteilung Einkauf/Logistik, Bereich Disposition der Fly Bike Werke, und ist von Beruf Industriekauffrau. Sie ist 41 Jahre alt und arbeitet seit dem 1. Oktober 1993 im Unternehmen. Sie ist ledig und hat ein Kind.*

Ihr Einkommen setzte sich im Juli 2004 wie folgt zusammen:

Tarifgehalt (G5/Endgehalt)	2.634,00 €
übertarifliche Zulage	258,00 €
VL-Zuschuss	26,59 €

Dies ergibt ein steuerpflichtiges Brutto von 2.918,59 €.

Die übertarifliche Zulage setzt sich wie folgt zusammen:
158,00 € Leistungszulage (6 % des Bruttogehalts) +
100,00 € übertarifliche zusätzliche Zulage

Die in der betrieblichen Praxis üblichen (traditionellen) Lohn- und Gehaltsformen werden im Folgenden datailliert dargestellt.

Arbeitsentgelt

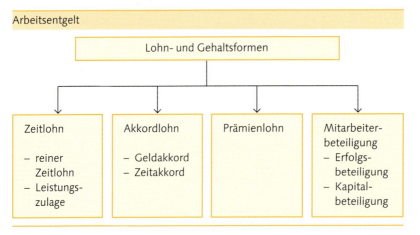

Zeitlohn

Beim **Zeitlohn** wird die Arbeitszeit vergütet, die der Mitarbeiter dem Unternehmen zur Verfügung stellt. Der Lohnsatz pro Zeiteinheit ist im Rahmen der vertraglich vereinbarten Arbeitszeit konstant. Als Zeiteinheiten können Stunden, Tage, Wochen oder Monate dienen.

Da die Entgelthöhe nur in **mittelbarer Beziehung** zur erbrachten Leistung steht, wird der Zeitlohn auch als „leistungsunabhängige" Lohnform bezeichnet. Dies ist insofern nicht ganz zutreffend, als dass mit der Zahlung eines Zeitlohnes immer eine gewisse Vorstellung über die zu erwartende Arbeitsleistung verbunden wird. Das **Gehalt** ist eine Sonderform des Zeitlohnes.

Zeitlohn steht in nur mittelbarer Beziehung zur Leistung.

> **Beispiel:** *Herr Olaf Thüne* ist 43 Jahre alt und leitet die Abteilung Einkauf. Er arbeitet ca. 160 Stunden im Monat und bekommt ein Gehalt von 3.627,00 €. *Herr Gerd Breitling* erhält als Arbeiter einen Grundlohn von 13,90 € pro Stunde. Im Monat März 2004 hat er insgesamt 152,25 Stunden gearbeitet; sein monatlicher Grundlohn beträgt somit 2.116,00 €.

Herr Thüne:
G7/Endgehalt 3.427,00 €
+ 206,00 € Leistungszulage

Herr Breitling:
Lohngruppe 6 1.824,00 €
+ 292,00 € Leistungszulage
(16 % des Bruttolohns)

Zeitlohn findet dort Anwendung,
- wo eine exakte Leistungsbewertung unmöglich ist (Anforderungsvielfalt),
- wo besondere Anforderungen an schöpferische, kreative oder dispositive Leistungen gestellt werden,
- wo andere Entlohnungsformen negative Auswirkungen auf Qualität oder Unfallsicherung mit sich bringen können (besonderer Stellenwert der Qualität der Arbeitsleistung),
- wo der Leistungsspielraum nicht durch die Mitarbeiter beeinflussbar ist,
- wo es auf Genauigkeit bzw. Sorgfalt ankommt (z. B. Mitarbeiter in der Disposition).

Beim Zeitlohn kann man zwischen dem reinen Zeitlohn und dem Zeitlohn mit Leistungszulage unterscheiden.

- Der **reine Zeitlohn** wird durch eine einfache Multiplikation von Zeiteinheiten mit dem Lohnsatz ermittelt.
- Die **Leistungszulage** wird als Anreiz für eine Mehrleistung genutzt, die sich jedoch nicht immer leicht ermitteln lässt. Die Leistungszulage besteht in einem bestimmten Prozentsatz vom Zeitlohn und wird auf der Grundlage einer Leistungsbeurteilung an den Mitarbeiter ausbezahlt. Diese Form des Zeitlohnes ähnelt in ihrer Berechnung dem Akkord- und Prämienlohn.

Größter **Vorteil** des Zeitlohns liegt in der einfachen Berechnung und der festen Einkommensgarantie für die Mitarbeiter. Da meist der Anreiz zu Mehrleistung fehlt oder nur schwach ausgeprägt ist, ist dies als **Nachteil** des Zeitlohns zu werten. Dieses Risiko der geringeren Leistung geht zu Lasten des Unternehmers und erschwert dessen Kalkulation. Deshalb wurden vor allem in den letzten Jahren verschiedene Methoden zur Verschärfung des Leistungsdrucks im Zeitlohn- und Gehaltsbereich entwickelt und angewendet.

Vor- und Nachteile des Zeitlohns

Methoden zur Verschärfung des Leistungsdrucks im Zeitlohn- und Gehaltsbereich

1. Herkömmliche und computergestützte Leistungskontrollen, z. B.:
   - Vorgabezeiten durch Zeitstudien
   - Selbstaufschreiben des Zeitverbrauches

Personalmanagement

2. Zeit- und Terminvorgaben, z. B.:
   - Auftragsscheine mit Vorgabezeiten
   - Just-in-time-Konzepte
   - computergestützte Projekt- und Terminplanungssysteme
3. Zwangsgesteuerte Arbeitsabläufe, z. B.:
   - Fließbänder
   - verkettete Arbeitsplätze
4. Systematische Personalbemessung, z. B.:
   - Personalplanung mit Kennzahlen und Leistungsstandards
   - systematischer, schleichender Personalabbau bei gleichem Arbeitsanfall
5. Methoden der Personalführung, z. B.:
   - Ausnutzung von Karrierehoffnungen
   - Leistungsbeurteilung durch Vorgesetzte
   - Angst vor der Arbeitslosigkeit
   - Ausnutzung befristeter Arbeitsverträge

Quelle: Lang, Klaus, Meine, Hartmut, Ohl, Kay, Handbuch Arbeit, Entgelt, Leistung, Köln, 3.Aufl. 2001

Akkordlohn

Bemessungsgrundlage für den Akkordlohn ist die Leistung, die nach einer bestimmten Vorgabe in einer bestimmten Zeit erbracht wird. Im Gegensatz zum Zeitlohn liegt beim Akkordlohn ein **unmittelbarer Leistungsbezug** vor. Akkordlohn besteht aus einem leistungsunabhängigen Teil, dem tariflich gesicherten Mindestlohn, und einem leistungsabhängigen Teil, dem Akkordzuschlag. Für die Anwendbarkeit des Akkordlohnes müssen drei wichtige Voraussetzungen gegeben sein.

Akkordlohn steht in unmittelbarer Beziehung zur Leistung.

1. **Akkordfähigkeit:** Ablauf der zu entlohnenden Tätigkeit ist im Voraus bekannt, gleichartig, regelmäßig wiederkehrend sowie leicht und genau messbar.
2. **Akkordreife:** Vorgang der zu entlohnenden Tätigkeit ist optimal gestaltet und wird vom Mitarbeiter nach entsprechender Übung beherrscht.
3. **Unmittelbare Beeinflussbarkeit der Leistung** durch den Mitarbeiter.

Die **Vorteile** des Akkordlohnes liegen vor allem im Anreiz zu höheren Leistungen; der Mitarbeiter kann innerhalb bestimmter Grenzen seine Entlohnung selber bestimmen. Das Unternehmen selber hat (ebenfalls in gewissen Grenzen) bei Minderleistungen des Mitarbeiters ein geringeres Risiko und ist in der Lage, bei stets gleichen Lohnkosten pro Stück eine einfachere Kalkulation durchzuführen. Die **Nachteile** des Akkordlohnsystems liegen allerdings bei einer sehr hohen Gefahr der Überlastung von Mensch und Maschine, in einem höheren Energie- und Materialverbrauch und ggf. in schlechterer Leistungsqualität.

Vor- und Nachteile des Akkordlohns

Beim Akkordzuschlag wird nach Geld- und Zeitakkord unterschieden.

Grundlage der Lohnberechnung beim **Geldakkord** ist die Bezugsmengenleistung (gefertigte Stückzahl pro Stunde bei Normalleistung).

Geldakkord

$$\text{Geldakkord} = \text{Akkordsatz} \times \text{Stückzahl (Ist-Leistung)}$$

$$\text{Akkordsatz} = \frac{\text{Akkordrichtsatz}}{\text{Bezugsmengenleistung}}$$

Bezugsmengenleistung, vgl. Kapitel 7.5.1

Beispiel: In der Lackiererei der *Fly Bike Werke* wurde eine Bezugsmengenleistung von 12 Rahmen pro Stunde ermittelt. Der tarifliche Akkordgrundlohn beträgt 11,38 € pro Stunde.

Der Mitarbeiter *Frank Beck* lackiert an einem Montagmorgen 15 Rahmen pro Stunde. Bezogen auf die Bezugsmengenleistung, entspricht dies einem Leistungsgrad von 125 %.

Akkordgrundlohn 11,38 €   Akkordsatz = $\frac{11,38 €}{12 \text{ Stück}}$ = 0,95 €/St.

Geldakkord = 0,95 € × 15 = 14,25 €

Herr Beck hat somit einen Akkordmehrverdienst von 2,87 € pro Stunde.

Lohngruppe 5 = 1.733,00 €
Akkordgrundlohn:
= $\frac{1.733,00 €}{152,25 \text{ Std.}}$ = 11,38 €

Grundlage der Lohnberechnung beim **Zeitakkord** ist die Vorgabezeit (durchschnittliche Auftragszeit pro Stückzahl bei Normalleistung). Zeitakkord ist heutzutage die in der Praxis übliche Akkordform. Basis ist der Minutenfaktor (Akkordrichtsatz pro Minute).

Zeitakkord

Vorgabezeit, vgl. Kapitel 7.5.1

Zeitakkord = Minutenfaktor × Vorgabezeit × Stückzahl
Minutenfaktor = Akkordgrundlohn : 60

Beispiel: Bei einer Arbeitszeitaufnahme in der Vormontage wurde ermittelt, dass in einer Stunde durchschnittlich 10 Baugruppen aus Komponenten für das Kinderrad Modell *Cool* gefertigt werden. Dies entspricht einer Vorgabezeit von 6 Min. pro Baugruppe. Der Akkordgrundlohn beträgt 10,78 € pro Stunde.

Ein Arbeiter hat eine Ist-Leistung von 12 Baugruppen pro Stunde abgerechnet.

Akkordgrundlohn 10,78 €

Minutenfaktor = 10,78 : 60 = 0,18 € pro Minute

Zeitakkord = 0,18 € × 6 Min. × 12 = 12,96 €

Der Arbeiter, der 12 Baugruppen pro Stunde schafft, hat einen Akkordmehrverdienst von 2,18 € pro Sunde.

Lohngruppe 4 = 1.642,00 €
Akkordgrundlohn:
= $\frac{1.642,00 €}{152,25 \text{ Std.}}$ = 10,78 €

Vorteil des Zeitakkords gegenüber dem Geldakkord ist, dass bei Tarifveränderungen lediglich der Akkordrichtsatz für das Unternehmen angepasst werden muss und nicht die große Menge der Akkordsätze. **Nachteil** des Zeitakkords gegenüber dem Geldakkord ist allerdings die schwierigere Lohnberechnung.

Vor- und Nachteile von Zeit- und Geldakkord

Die Akkordentlohnung ist als Einzel- oder Gruppenakkord möglich.
– Einzelakkord: Akkordlohn wird je Mitarbeiter einzeln berechnet.
– Gruppenakkord: Mitarbeiter eines Teams werden gemeinsam im Akkord entlohnt, Verteilung auf die Teammitglieder durch Umrechnung mittels Äquivalenzziffern.

Beispiel: In der Spannerei der *Fly Bike Werke*, wo der Zusammenbau der Laufräder erfolgt (Vormontage), wird in Gruppenarbeit gefertigt. Die Arbeitsgruppe (Mitarbeiter *Breitling, Speiche, Engel*) wird im Akkordlohn bezahlt.

Fertigungsverfahren, vgl. Kapitel 4.5.1

Personalmanagement

Für einen auszuführenden Auftrag bekommt die Gruppe insgesamt eine Zeit von 960 Minuten vorgegeben (Vorgabezeit). Der Auftrag wird von der Gruppe insgesamt in einer Zeit von 768 Minuten erfüllt (Ist-Zeit).

Nicht alle Gruppenmitglieder waren dieselbe Zeit mit der Ausführung des Auftrages beschäftigt (vgl. Ist-Zeiten). Da die Anforderungen der auszuführenden Arbeiten unterschiedlich sind, müssen außerdem verschiedene Lohngruppen und damit unterschiedliche Minutenfaktoren berücksichtigt werden.

Mitarbeiter	Minutenfaktor	Ist-Zeiten
Gerd Breitling	0,15	260 Min.
Claudia Speiche	0,17	233 Min.
Nicole Engel	0,18	275 Min.
		768 Min.

Auf der Grundlage dieser Daten soll ermittelt werden, wie hoch der Lohnanteil jedes einzelnen Gruppenmitglieds am ausgeführten Auftrag ist. Hierzu wird die Verteilungsrechnung eingesetzt.

Auf die drei Gruppenmitglieder sind insgesamt 960 Minuten zu verteilen; Verteilungsschlüssel sind die unterschiedlichen Ist-Zeiten und Minutenfaktoren der einzelnen Gruppenmitglieder:

Mitarbeiter	Ist-Zeiten	Anteile an der Vorgabezeit	Minutenanteil
Gerd Breitling	260 Min.	260 Anteile	325,00 Min. (1,25 × 260 Min.)
Claudia Speiche	233 Min.	233 Anteile	291,25 Min. (1,25 × 233 Min.)
Nicole Engel	275 Min.	275 Anteile	343,75 Min. (1,25 × 275 Min.)
insgesamt	768 Min.	768 Anteile	960,00 Min.

$$\text{Minuten/Anteil} = \frac{960 \text{ Minuten}}{768 \text{ Anteile}} = 1{,}25 \text{ Minuten/Anteil}$$

Der Lohnanteil jedes einzelnen Gruppenmitglieds am ausgeführten Auftrag ergibt sich wie folgt:

Gerd Breitling	325,00 Minuten × 0,15	= 48,75 €
Claudia Speiche	291,25 Minuten × 0,17	= 49,51 €
Nicole Engel	343,75 Minuten × 0,18	= 61,88 €

Prämienlohn

Erfolgt **zusätzlich** zum Grundlohn (in der Regel Zeitlohn) eine leistungsabhängige Vergütung, spricht man vom Prämienlohn.

Mögliche Prämienarten sind:
- Zeitprämie
- Mengenprämie
- Güteprämie
- Ersparnisprämie
- Nutzungsprämie
- Termineinhaltungsprämie
- Unfallverhütungsprämie
- Umsatzprämie

Prämien können sich sowohl auf **quantitative** als auch auf **qualitative** Aspekte der Leistungserstellung beziehen und bieten dadurch eine breitere Anreizwirkung als der Akkordlohn. Der Prämienberechnung können folgende Kennzahlen zu Grunde liegen.

Prämien bieten eine breitere Anreizwirkung als der Akkordlohn.

Prämienlohn	
Prämienart	Kennzahl
Mengenprämie	erzeugte Menge/Zeit
Ersparnisprämie	Beispiele – Energieersparnis/erzeugte Menge – Mengenersparnis/erzeugte Menge
Nutzungsprämie	z. B. Maschinennutzungszeit/Betriebszeit

Beispiel: Ein Vertreter erhält ein Grundgehalt von 500,00 €. Darüber hinaus erhält er 1 % Umsatzprämie, bis zu 150,00 € Termineinhaltungsprämie sowie auf die Nutzung seines Wagens eine Unfallverhütungsprämie von 500,00 € am Jahresende.

Die **Anwendung** des Prämienlohns erstreckt sich auf Bereiche, bei denen
– Mitarbeiter zu kostenbewusstem Verhalten animiert werden sollen,
– das Ergebnis von den Mitarbeitern beeinflussbar ist,
– gleiche Bedingungen herrschen und
– genaue Akkordkennzahlen nicht ermittelt werden können.

Anwendungsbereiche des Prämienlohns

Voraussetzung für die Anwendung des Prämienlohnes ist, dass die Prämienhöhe als Anreiz für die Mitarbeiter hoch ist. Das Prämiensystem sollte verständlich und nachprüfbar sein. Prämien müssen sich darüber hinaus an den wirtschaftlichen Möglichkeiten des Unternehmens orientieren.

Während beim Akkordlohn die Mehrleistung dem Mitarbeiter zugute kommt, wird beim Prämienlohnsystem die Mehrleistung zwischen Mitarbeiter und Unternehmen aufgeteilt. Darüber hinaus können verringerte Leistungen beim Prämienlohn ähnlich gestaffelt werden wie Mehrleistungen. Darüber hinaus kann eine Prämienendleistung formuliert werden, bei deren Überschreitung keine weitere Erhöhung des Prämienlohnes erfolgt.

Mitarbeiterbeteiligung

Beispiel: Der Geschäftsführer der *Fly Bike Werke GmbH* erhält über seine Festbezüge und den Dienstwagen als geldwerten Vorteil hinaus am Jahresende eine Gewinnbeteiligung in Höhe von 0,25 % vom Jahresgewinn.

Zuwendungen, die den Mitarbeitern z. B. in Form einer Gewinnbeteiligung ausgezahlt werden, sind kein Teil des Lohnes, für den Mitarbeiter jedoch steuerpflichtige Einkünfte. Aus Sicht des Unternehmens ist diese Form der Entlohnung Teil der Gewinnverwendung. Werden Mitarbeiter am Gewinn des Unternehmens beteiligt, so spricht man von **Erfolgsbeteiligung**, werden die Mitarbeiter am Kapital des Unternehmens beteiligt, so spricht man von **Kapitalbeteiligung**.

Mitarbeiterbeteiligung	
Erfolgsbeteiligung	– betriebliche Gewinnbeteiligung – überbetriebliche Gewinnbeteiligung
Kapitalbeteiligung	– Fremdkapitalbeteiligung – Eigenkapitalbeteiligung

Ziel dieser Beteiligungen ist es, Leistungsanreize zu schaffen und die Mitarbeiter mitverantwortlich an das Unternehmen zu binden. In der Praxis sind sowohl Modelle der reinen Erfolgs- oder Kapitalbeteiligungen zu finden als auch Modelle, die beide Formen der Mitarbeiterbeteiligung beinhalten. Bei der Arbeitsgemeinschaft zur Förderung der Partnerschaft in der Wirtschaft e. V. (AGP) können Firmen Hilfestellung bei der Gestaltung der Mitarbeiterbeteiligung bekommen.

Mitarbeiterbeteiligung						
Beteiligungsform	Unternehmen		Mitarbeiter		Kapital	
	absolut	in %	absolut	in %	in Mio. €	in %
Darlehen	550	18,3	100.000	4,2	420	3,5
Stille Beteiligung	800	26,7	200.000	8,3	240	2,0
Indirekte Beteiligung	400	13,3	80.000	3,3	190	1,6
Genussrecht	300	10,0	100.000	4,2	780	6,5
Belegschaftsaktie	500	16,7	1.900.000	79,2	10.300	86,0
Genossenschaft	300	10,0	15.000	0,6	25	0,2
GmbH-Beteiligung	150	5,0	5.000	0,2	28	0,2
Nennwert-Kapital	3.000	100,0	2.400.000	100,0	11.987	100,0

Quelle: AGP/GIZ, Stand 1.1.2002; www.agpev.de

Übersicht:

Zeitlohn/ Gehalt	realer Zeitlohn			leistungs-unabhängige Entlohnung
Leistungslohn	Zeitlohn mit Zulage			leistungs-abhängige Entlohnung
	Akkordlohn	Geldakkord	Einzel- oder Gruppenlohn	
		Zeitakkord		
	Prämienlohn			

Personalzusatzkosten

Neben den direkten Personalaufwendungen entstehen den Unternehmen weitere indirekte Personalzusatzkosten. Gemessen am Entgelt für geleistete Arbeit, kommen auf den Arbeitgeber oft mehr als 80 % Lohnnebenkosten zu. Wesentlichen Anteil daran haben u. a. der Arbeitgeberanteil zu den Sozialversicherungen, Sonderzahlungen (z. B. das Urlaubsgeld, VL) und die betriebliche Altersversorgung. Der Arbeitnehmer sollte bei diesen Zuwendungen darauf achten, ob er einen Rechtsanspruch (z. B. Tarifvertrag) auf diese Leistungen hat.

Berechnungen und Buchungen in der Personalwirtschaft, vgl. Teilband 2

Beispiel: Die Lagerarbeiten haben auf Grund einer Sortimentserweiterung der *Fly Bike Werke* erheblich an Umfang zugenommen. Alternativen: Einstellung eines Arbeiters bzw. Anschaffung eines fahrerlosen Transportfahrzeugs.

Die Einstellung eines Arbeiters verursacht folgende Aufwendungen: monatlicher Lohn in Höhe von 1.500,00 €, Arbeitgeberanteil zu den Sozialversicherungen 20,75 %, weitere Zusatzkosten 66,5 %. Als Alternative wäre die Investition in ein fahrerloses Transportfahrzeug möglich, da die technischen Voraussetzungen im Lager erfüllt werden: Anschaffungskosten 90.000,00 €, Nutzungsdauer 6 Jahre, Instandhaltungskosten 600,00 €/Jahr, Energiekosten 3.000,00 €/Jahr. Da dieses System hinsichtlich des flexiblen Einsatzes eine menschliche Arbeitskraft nicht ersetzen kann, rechnet man mit weiteren Kosten in Höhe von 3.000,00 €/Jahr.

Kostenvergleichsrechnung, bezogen auf eine Rechnungsperiode

Personalkosten	€	Maschinenkosten	€
Lohn (12 x 1.500 €)	18.000,00	Abschreibung	15.000,00
AG-Anteil Sozialversicherung	3.735,00	Instandhaltungskosten	600,00
weitere Zusatzkosten	11.970,00	Energiekosten	3.000,00
		zusätzliche Kosten	3.000,00
Gesamtkosten	33.705,00	Gesamtkosten	21.600,00

Aus Kostengründen könnte die Entscheidung für das fahrerlose Transportsystem fallen.

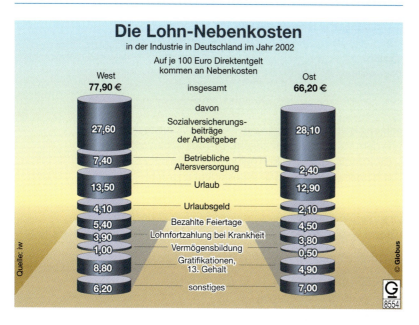

7.6 Personalfreisetzung

7.6.1 Ordentliche Kündigung

Beispiel: *Herr Frank Beck*, ein Mitarbeiter der Abteilung Produktion (Rahmenrohbau, Lackierung), hat sich entschlossen, sein Arbeitsverhältnis bei den *Fly Bike Werken* zu kündigen, da seine Frau eine Stelle als Bürokauffrau bei einem Bremer Industriebetrieb gefunden hat. Auch *Herrn Beck* wird dort eine Stelle in der Fertigung angeboten.

> Frank Beck
> Hummelweg 28
> 26121 Oldenburg
>
> 2004-01-03
>
> Kündigung
>
> Sehr geehrter Herr Rother,
>
> leider sehe ich mich gezwungen, meinen Arbeitsvertrag mit der Firma Fly Bike Werke GmbH zum 31. März 2004 zu kündigen.
>
> Ich werde aus privaten Gründen nach Bremen ziehen und habe dort bereits einen neuen Arbeitsplatz und eine Wohnung gefunden.
>
> Ich betone ausdrücklich, dass es mir bei den Fly Bike Werken immer gut gefallen hat und ich gerne in Ihrem Team geblieben wäre.
> Ich bitte darum, mir im März meinen Resturlaub 2003 und den anteiligen Urlaub 2004 zusammenhängend zu geben, sodass ich vielleicht schon in der ersten Märzwoche mein Arbeitsverhältnis beenden und meine zukünftigen Verhältnisse in Bremen regeln kann.
>
> Mit freundlichem Gruß
> *Frank Beck*

Eine ordentliche Kündigung ist eine einseitige Willenserkärung, die rechtswirksam wird, wenn sie dem Vertragspartner zugeht. Um das sicherzustellen, empfiehlt es sich, das Kündigungsschreiben per Einschreiben mit Rückschein zustellen zu lassen oder auf eine Empfangsbestätigung zu achten.

Mit Inkrafttreten des Arbeitsgerichtsbeschleunigungsgesetzes im Jahre 2000 ist durch die damit verbundene Neuregelung des § 623 BGB bei der Kündigung die **Schriftform** verbindlich vorgeschrieben.

Schriftform der Kündigung

Gründe auf Seiten des **Arbeitnehmers** für eine Kündigung können z. B. sein:

- Unzufriedenheit am Arbeitsplatz
- Wunsch, eine neue Aufgabe zu übernehmen
- Chance auf eine besser dotierte Stelle

Aus Sicht des **Arbeitgebers** kann der Grund für eine Kündigung z. B. in der Person des Arbeitnehmers oder in seinem Verhalten liegen. Die Möglichkeiten des Arbeitgebers zur Kündigung sind durch den **Kündigungsschutz** eingeschränkt.

Kündigungsschutz, vgl. Kapitel 7.6.3

Das Bundesverfassungsgericht hat entschieden, dass für Arbeiter und Angestellte einheitliche **Kündigungsfristen** gelten:

- während der Probezeit: 2 Wochen zu beliebigem Termin
- nach der Probezeit: 4 Wochen zum Fünfzehnten oder zum Ende des Kalendermonats

gesetzliche Kündigungsfristen

Besteht das Arbeitsverhältnis bereits mehrere Jahre (gerechnet aber erst nach Vollendung des 25. Lebensjahres!), so verlängert sich für den Arbeitgeber die Kündigungsfrist. Diese gesetzlichen Regelungen können durch Einzelarbeitsverträge verlängert und durch Tarifverträge verlängert oder verkürzt werden. Eine einzelvertragliche Kürzung dieser Fristen (jedoch nicht unter vier Wochen) ist nur möglich bei Unternehmen, die in der Regel nicht mehr als zwanzig Arbeiternehmer beschäftigen.

vgl. Tabelle „Kündigungsfristen für langjährig Beschäftigte"

Gewöhnliche Kündigungsfristen bei ordentlicher Kündigung		
	Rechtsgrundlage	Frist bzw. Regelung
Grundkündigungsfrist für Arbeiter und Angestellte	§ 622 Abs. 1 BGB	4 Wochen zum 15. des Monats oder zum Monatsende
Kündigungsfrist während der Probezeit (bis 6 Monate)	§ 622 Abs. 3 BGB	2 Wochen
einzelvertragliche Abkürzung der Grundkündigungsfrist	§ 622 Abs. 5 Nr. 2 BGB	zulässig – in Betrieben mit nicht mehr als 20 AN, mindestens aber 4 Wochen – bei Aushilfen bis 3 Monate
tarifvertragliche Abkürzung der Kündigungsfristen	§ 622 Abs. 4 BGB	In Tarifvertragen können alle Kündigungsfristen verlängert oder verkürzt werden.

Kündigungsfristen für langjährig Beschäftigte	
Beschäftigungszeit	Kündigungsfrist
ab 2 Jahren	1 Monat zum Monatsende
ab 5 Jahren	2 Monate zum Monatsende
ab 8 Jahren	3 Monate zum Monatsende
ab 10 Jahren	4 Monate zum Monatsende
ab 12 Jahren	5 Monate zum Monatsende
ab 15 Jahren	6 Monate zum Monatsende
ab 20 Jahren	7 Monate zum Monatsende

7.6.2 Außerordentliche Kündigung

Von beiden Seiten kann das Arbeitsverhältnis **fristlos** gekündigt werden, wenn ein Grund vorliegt, durch den eine Fortsetzung des Arbeitsverhältnisses bis zum Ablauf der gesetzlichen Kündigungsfristen nicht zumutbar ist. Dabei müssen die Umstände des Einzelfalles sowie die Interessen beider Vertragsseiten berücksichtigt werden. Diese außerordentliche Kündigung ist nur möglich, wenn der Kündigende sie innerhalb von zwei Wochen, nachdem ihm der Kündigungsgrund bekannt wurde, ausspricht.

Ursachen für die außerordentliche Kündigung können sein:

im Verhaltens- und Leistungsbereich:
- wiederholtes unentschuldigtes Fernbleiben von der Arbeit
- wiederholtes Zuspätkommen
- wiederholt verspätete Entschuldigung
- überdurchschnittliche Minderleistung
- beharrliche Arbeitsverweigerung
- eigenmächtiger Urlaubsantritt oder Urlaubsverlängerung

im Vertrauensbereich:
- strafbare Handlungen gegenüber dem Arbeitgeber, z. B. Diebstahl, Unterschlagung, Spesenbetrug
- strafbare Handlungen gegenüber Arbeitskollegen

Ursachen für außerordentliche Kündigungen

Bei den Gründen im Verhaltens- und Leistungsbereich ist zu beachten, dass eine fristlose Kündigung nur nach **vorheriger Abmahnung** zulässig ist. Bei den Gründen im Vertrauensbereich ist eine Abmahnung grundsätzlich nicht erforderlich. Eine Abmahnung erfolgt in der Regel schriftlich. Es wird der Grund der Beanstandung festgehalten und gerügt und es werden die Konsequenzen bei weiterem Fehlverhalten angekündigt.

Abmahnung

Die Abmahnung muss vom Arbeitnehmer zur Kenntnis genommen werden. Sie ist rechtlich gesehen eine empfangsbedürftige, einseitige Willenserklärung und muss daher beim Abmahnungsempfänger ankommen. Ein Mitbestimmungsrecht des Betriebsrates besteht bei Abmahnungen grundsätzlich nicht. Eine Abmahnung erfüllt folgende Fuktionen:

Beweisfunktion: Die Abmahnung muss ein genau und konkret bezeichnetes Fehlverhalten anhand tatsächlicher Fakten, nämlich unter genauer Angabe der Art, des Orts und der Zeit des beanstandeten Verhaltens, aufweisen.

Funktionen der Abmahnung

Rügefunktion: Die Abmahnung muss die Feststellung enthalten, dass das beschriebene Verhalten eine Verletzung arbeitsvertraglicher Pflichen darstellt und nicht mehr unbeanstandet vom Arbeitgeber hingenommen wird. Gleichzeitig wird der Arbeitnehmer aufgefordert, künftig das beanstandete Verhalten zu unterlassen und seine arbeitsvertraglichen Pflichten voll und ganz zu erfüllen.

Warnfunktion: Dem Mitarbeiter muss klar werden, dass der Arbeitgeber für die Zukunft nicht mehr gewillt ist, das beanstandete Fehlverhalten hinzunehmen. Das heißt, der Arbeitgeber muss dem Arbeitnehmer Konsequenzen androhen. Dies muss nicht unbedingt eine Kündigung sein. Es kann auch eine Versetzung oder eine Kürzung von übertariflichen Zulagen angedroht und später angeordnet werden.

7.6.3 Kündigungsschutz

Die gesetzlichen Vorschriften über den **allgemeinen Kündigungsschutz** sollen den wirtschaftlich schwächeren Arbeitnehmer vor Benachteiligungen durch den Arbeitgeber schützen. Sie sind deshalb nur bei Kündigung durch den Arbeitgeber zu beachten. Rechtsgrundlage für den allgemeinen Kündigungsschutz ist das **Kündigungsschutzgesetz**. Der allgemeine Kündigungsschutz gilt nach § 1 Abs. 1 und § 23 Abs. 1 nur für Betriebe mit mindestens 6 Arbeitnehmern und wenn der Arbeitnehmer bei Zugang der Kündigung mehr als sechs Monate im Betrieb oder Unternehmen beschäftigt ist.

allgemeiner Kündigungsschutz

Für den so genannten **besonderen Kündigungsschutz** gelten verschiedene Rechtsgrundlagen.

Besonderer Kündigungsschutz	
	Rechtsgrundlage
Auszubildende nach der Probezeit	§ 15 Berufsbildungsgesetz
Wehrpflichtige von der Zustellung des Einberufungsbescheides bis zur Beendigung des Grundwehrdienstes	§ 2 Arbeitsplatzschutzgesetz
Schwerbehinderte mit mindestens 50 % Erwerbsminderung nur mit vorheriger Zustimmung der Hauptfürsorgestelle. Kündigungsfrist mindestens 4 Wochen	§§ 15, 16 Schwerbehindertengesetz
Betriebsratsmitglieder und Mitglieder der Jugend- und Auszubildendenvertretung während der Amtszeit und innerhalb eines Jahres nach Beendigung der Amtszeit	§ 15 Abs. 1 Kündigungsschutzgesetz
Mitglieder des Wahlvorstands vom Zeitpunkt der Bestellung an und Wahlbewerber vom Zeitpunkt der Aufstellung des Wahlvorschlags an und innerhalb von sechs Monaten nach Bekanntgabe des Wahlergebnisses	§ 15 Abs. 3 Kündigungsschutzgesetz
Frauen während der Schwangerschaft und bis zum Ablauf von vier Monaten nach der Entbindung (Kündigungsverbot), wenn dem Arbeitgeber die Schwangerschaft oder Entbindung bekannt war oder innerhalb von zwei Wochen nach Zugang der Kündigung mitgeteilt wurde; die Schwangerschaft muss bei Zugang der Kündigung jedoch nachweislich bereits bestanden haben.	§ 9 Mutterschutzgesetz
Kündigungsschutz während der Elternzeit: Der Arbeitgeber darf das Arbeitsverhältnis während der Elternzeit nicht kündigen. Der Erziehungsberechtigte kann das Arbeitsverhältnis unter Einhaltung einer Kündigungsfrist von einem Monat zum Ende der Elternzeit kündigen.	§§ 18, 19 Bundeserziehungsgeldgesetz

Beachte: Eine Kündigung aus wichtigem Grund (außerordentliche Kündigung) ist jedoch möglich.
Ausnahme: Frauen genießen im Rahmen des Mutterschutzes absoluten Kündigungsschutz.

Nach § 1 des Kündigungsschutzgesetzes ist eine Kündigung des Arbeitsverhältnisses durch den Arbeitgeber rechtsunwirksam, wenn sie **sozial ungerechtfertigt** ist. Dies trifft zunächst auf alle Kündigungen zu, deren Gründe sich nicht rechtfertigen lassen durch

- die Person des Arbeitnehmers (z. B. häufige längere Krankheit),
- das Verhalten des Arbeitnehmers (z. B. Alkoholgenuss während der Arbeit),
- dringende betriebliche Erfordernisse (z. B. Absatzschwierigkeiten, Änderung der Produktionsmethoden, Rationalisierung).

Im letzten Fall muss geprüft werden, ob der Arbeitnehmer nicht an einem anderen Arbeitsplatz beschäftigt werden kann.

Selbst wenn einer der o. g. Gründe vorliegt, kann eine Kündigung unwirksam sein, wenn der Betrieb nicht die Auswahlrichtlinien nach § 95a Betriebsverfassungsgesetz berücksichtigt hat oder wenn der Arbeitnehmer an einem anderen Arbeitsplatz des Betriebs oder Unternehmens weiter beschäftigt werden kann.

Ist der Kündigungsgrund weder in der Person noch in dem Verhalten des Arbeitnehmers, sondern durch betriebsbedingte Aspekte bedingt, muss der Arbeitgeber zusätzlich soziale Gesichtspunkte (z. B. Alter, Dauer der Betriebszugehörigkeit usw.) berücksichtigen.

Was sollte ein Arbeitnehmer bei einer ungerechtfertigten Kündigung tun?
- Betriebsrat einschalten
- innerhalb von drei Wochen Kündigungsschutzklage beim Arbeitsgericht erheben

7.6.4 Entlassungsformalitäten

Bei Beendigung des Arbeitsverhältnisses hat der Arbeitgeber dem Arbeitnehmer folgende **Arbeitspapiere** zu überreichen:

Lohnsteuerkarte: Vor der Herausgabe der Lohnsteuerkarte muss der Arbeitgeber eine Bescheinigung der Lohnsteuer vornehmen, d. h., er muss auf der Lohnsteuerkarte den Betrag eintragen, der vom Arbeitslohn des Mitarbeiters tatsächlich einbehalten und an das Finanzamt abgeführt wurde. Die Lohnsteuerbescheinigung erfolgt auf der Rückseite der Lohnsteuerkarte. Häufig ist es aus organisatorischen Gründen nicht möglich, die Lohnsteuerbescheinigung bis zum letzten Arbeitstag des Arbeitnehmers zu erstellen. Dann muss eine Ersatzbescheinigung ausgefüllt werden. Sie muss alle Angaben zum Arbeitnehmer, die auf der Lohnsteuerkarte stehen, enthalten. Außerdem muss dort eingetragen werden, zu welchem Zeitpunkt das Arbeitsverhältnis beendet wurde. Die Lohnsteuerbescheinigung muss in diesem Fall innerhalb von acht Wochen nachgeholt werden.

Versicherungsnachweisheft: Bei Beendigung des Arbeitsverhältnisses meldet der Arbeitgeber den Arbeitnehmer bei der Krankenkasse ab. Die Abmeldung muss spätestens innerhalb von sechs Wochen erfolgen. Für die Abmeldung wird der Universalvordruck „Versicherungsnachweis" (Abmeldung) verwendet. Wenn er nicht vorliegt, ist ein Ersatzversicherungsnachweis einzureichen. In das Feld „Grund der Abgabe" ist die Schlüsselzahl 2 einzutragen. In das Feld „Beschäftigt gegen Entgelt" sind der Beginn des bisher noch nicht gemeldeten Beschäftigungszeitraumes und das Ende der Beschäftigung einzutragen. In den Feldern „Beitragspflichtiges Brutto" erscheint das in der Beschäftigungszeit erzielte beitragspflichtige Arbeitsentgelt. Beschäftigungszeiten und Arbeitsentgelte, die bereits gemeldet wurden, dürfen nicht erneut gemeldet werden. Das im Betrieb aufbewahrte Versicherungsnachweisheft ist dem Arbeitnehmer auszuhändigen.

Arbeitszeugnis: Der Arbeitnehmer hat mit dem Ende des Arbeitsverhältnisses Anspruch auf ein Zeugnis. Das Zeugnis muss Angaben über die Dauer und Art der Tätigkeit enthalten. Auf Antrag des Arbeitnehmers muss der Arbeitgeber auch Aussagen über die Führung und die Leistungen des Arbeitnehmers machen (qualifiziertes Zeugnis). Alle Angaben des Arbeitszeugnisses müssen der Wahrheit entsprechen. Bestimmte Formulierungen, von denen bekannt ist, dass sie eine andere Bedeutung haben als bei oberflächlicher Betrachtung erkennbar, sind unzulässig (jedoch durchaus üblich).

qualifiziertes Zeugnis

Formulierungen in Arbeitszeugnissen und ihre Bedeutung	
Formulierung	Bedeutung
Er (sie) hat die ihm (ihr) übertragenen Aufgaben stets zu unserer vollsten Zufriedenheit erledigt.	sehr gute Leistungen
Er (sie) hat die ihm (ihr) übertragenen Aufgaben stets zu unserer vollen Zufriedenheit erledigt.	gute Leistungen
Er (sie) hat die ihm (ihr) übertragenen Aufgaben zu unserer vollen Zufriedenheit erledigt.	befriedigende Leistungen
Er (sie) hat die ihm (ihr) übertragenen Aufgaben zu unserer Zufriedenheit erledigt.	ausreichende Leistungen

Er (sie) hat die ihm (ihr) übertragenen Aufgaben im Großen und Ganzen zu unserer Zufriedenheit erledigt.	mangelhafte Leistungen
Er (sie) hat sich bemüht, die ihm (ihr) übertragenen Aufgaben zu unserer Zufriedenheit zu lösen.	unzureichende Leistungen

Urlaubsbescheinigung: Damit der „neue" Arbeitgeber nicht mit ungerechtfertigten Urlaubsansprüchen belastet wird (z. B. bereits genommener Urlaub nicht nochmal gewährt wird), muss vom „alten" Arbeitgeber eine Urlaubsbescheinigung ausgestellt werden. Die Urlaubsbescheinigung enthält den zustehenden Urlaub, den genommenen Urlaub und evtl. Angaben über eine Urlaubsabgeltung. Die Urlaubsbescheinigung ist nur bei einem Wechsel im laufenden Jahr notwendig.

Arbeitsbescheinigung: Die Arbeitsbescheinigung ist vom Arbeitgeber nach § 133 Arbeitsförderungsgesetz auszufüllen. Hierfür ist der amtliche Vordruck zu verwenden. Die Arbeitsbescheinigung muss folgende Angaben enthalten:
– Art der Tätigkeit
– Beginn und Ende der Tätigkeit
– Auflösungsgrund des Arbeitsverhältnisses
– gezahltes Arbeitsentgelt

Die Arbeitsbescheinigung dient u. a. der Berechnung von Arbeitslosengeld. Wird vom Arbeitnehmer keine Leistung aus der Arbeitslosenversicherung beantragt, so muss der Arbeitgeber nur Beginn, Ende und Unterbrechungen der Beschäftigung bescheinigen.

Ausgleichsquittung: Damit später keine gegenseitigen Ansprüche mehr gestellt werden, unterzeichnen Arbeitnehmer und Arbeitgeber häufig eine so genannte Ausgleichsquittung, in der sie sich gegenseitig bescheinigen, dass sie keine Forderungen (z. B. Urlaub, Lohnforderungen, Arbeitskleidung) mehr an den Vertragspartner haben.

7.6.5 Rationalisierungsschutz und Sozialplan

Durch die Einführung neuer Technologien werden in vielen Betrieben Rationalisierungsmaßnahmen durchgeführt. Eine Folge dieser Maßnahmen können Entlassungen der Arbeitnehmer sein. Um in diesem Zusammenhang soziale Härten zu vermeiden oder zu mildern, werden in manchen Tarifverträgen **Rationalisierungsschutzabkommen** geschlossen. Darin kann z. B. bestimmt werden, dass Kündigungen von Arbeitnehmern möglichst durch Umsetzungen, Berufswechsel oder sonstige geeignete Maßnahmen zu vermeiden sind. Falls Kündigungen trotzdem erforderlich sind, ist in den Tarifverträgen meist eine nach der Betriebszugehörigkeit gestaffelte Abfindungszahlung vorgesehen.

Rationalisierung, vgl. Kapitel 4.6

Rationalisierungsschutzabkommen

Kündigung, vgl. Kapitel 7.6.1 und 7.6.2

Unter einem **Sozialplan** versteht man eine Vereinbarung zwischen Betriebsrat und Arbeitgeber über den Ausgleich oder die Milderung von wirtschaftlichen Nachteilen, die dem Arbeitnehmer infolge von **Betriebsänderungen** entstehen.

Sozialplan

Nach § 111 BetrVG versteht man unter Betriebsänderungen:

1. Einschränkung und Stilllegung des ganzen Betriebs oder von wesentlichen Betriebsteilen (...)
2. Zusammenschluss mit anderen Betrieben
3. grundlegende Änderungen der Betriebsorganisation, des Betriebszwecks oder der Betriebsanlagen
4. Einführung grundlegend neuer Arbeitsmethoden/Fertigungsverfahren.

Eine **Betriebseinschränkung** nach Nr. 1 liegt auch bei einer erheblichen Personalreduzierung vor (z. B. in Betrieben von 21 bis 59 Arbeitnehmern die Entlassung von 20 % der Arbeitnehmer aus betriebsbedingten Gründen, mindestens aber von sechs Arbeitnehmern, vgl. § 112 a BetrVG).

Der Sozialplan hat die Wirkung einer Betriebsvereinbarung und dient dem sozialen und persönlichen Schutz der Arbeitnehmer. Auf den folgenden Seiten finden Sie einige Beispiele für Regelungen im Sozialplan:

Betriebsvereinbarung, vgl. Kapitel 7.3.4

Beispiele für Regelungen im Sozialplan

- Zahlungen von einmaligen Abfindungen oder bei älteren Arbeitnehmern vorzeitige betriebliche Pensionsleistungen bei alsbaldigem Ausscheiden;
- Zahlungen von Lohnausgleich oder Auslösungen bei Versetzungen;
- Übernahme von Bewerbungskosten;
- Werkswohnungen;
- Aufrechterhaltung von Pensionsanwartschaften und sozialen Leistungen;
- Fälligkeit von Arbeitnehmerdarlehen;
- Grundsätze über die Auswahl zu kündigender Arbeitnehmer;
- Umschulungsmaßnahmen;
- die Ausbildung der Auszubildenden etc.

Vielfach enthält der Sozialplan eine Zeitplanung für die vorzunehmenden Entlassungen.

Quelle: Fitting, K./Auffarth, F./Kaiser, H.: Betriebsverfassungsgesetz, Handkommentar, 16. Aufl., München 1990

Übersicht:

Kündigung	ordentliche Kündigung	– einheitliche gesetzliche Fristen für AG und AN § 622 BGB – abweichende Regelungen bedingt möglich über Einzelverträge oder Tarifverträge – verlängerte Fristen für langjährige Beschäftigte
	außerordentliche Kündigung	– Gründe im Verhaltens- und Leistungsbereich (Abmahnung erforderlich) – Gründe im Vertrauensbereich
Kündigungsschutz		– geregelt im Kündigungsschutzgesetz – Kündigungen müssen sozial gerechtfertigt sein.
Entlassungsformalitäten		Aushändigung von Arbeitspapieren: Lohnsteuerkarte, Versicherungsnachweisheft, Arbeitszeugnis, Urlaubsbescheinigung, Arbeitsbescheinigung
Rationalisierungsschutz		– Abkommen zwischen Tarifvertragspartnern zum Schutz der AN vor personellen Rationalisierungsmaßnahmen – regelt Qualifizierungsmaßnahmen, betriebliche Maßnahmen (z. B. Umsetzung), Abfindungszahlungen
Sozialplan		Vereinbarung zwischen Betriebsrat und AG über den Ausgleich wirtschaftlicher Nachteile aus Betriebsänderungen

7.7 Wissens-Check

1. In einer Holzfabrik werden Bretter zugeschnitten. Der Tariflohn beträgt 8,75 €, für den Akkordrichtsatz werden 7,5 % aufgeschlagen. Bei der Arbeitszeitaufnahme des Werks wurde eine Vorgabezeit von 2,5 Minuten pro Brett ermittelt. Berechnen Sie, basierend auf dem Akkordrichtsatz, den Minutenfaktor und ermitteln Sie den Akkordlohn eines Arbeiters, der
   a) 30 Bretter pro Stunde zuschneidet.
   b) Wie viele Bretter pro Stunde muss ein Arbeiter für einen Akkordlohn von 12 € zuschneiden?

2. Die *Kruse GmbH* produziert Armaturenbretter für einen großen Automobilhersteller. Die Armaturenbretter werden dabei von den Mitarbeitern im Akkord zusammengesetzt. Die *Kruse GmbH* berechnet deshalb das Entgelt für die Produktionsmitarbeiter nach dem Zeitakkord. (Bei den folgenden Berechnungen bitte nicht runden!)
   a) Folgende Daten sind den Lohnunterlagen des Mitarbeiters *Herrn Schreier* zu entnehmen:
   – Grundlohn: 9,37 €/Std.
   – Vorgabezeit: 4 Armaturenbretter/Std.
   – Akkordzuschlag: 6 %
   Wie viel würde *Herr Schreier* bei einem Einzelauftrag von 15 Armaturenbrettern verdienen, wenn er bei der Erledigung des Auftrages genau die Vorgabezeit einhält?

→

b) Ermitteln Sie den Wochenverdienst von *Herrn Schreier* bei folgenden Voraussetzungen:
Herr Schreier arbeitet sieben Stunden/Tag und fünf Tage/Woche mit einem Leistungsgrad von 125 %.

c) Wie viel würde *Herr Schreier* verdienen, wenn sein Entgelt nach dem Stückgeldakkord ermittelt würde? Begründen Sie kurz Ihre Antwort.

3. Im Rahmen der Entgeltzahlung wird zwischen Zeit- und Leistungsentgelt unterschieden.

   a) Stellen Sie sowohl aus Sicht des Arbeitnehmers als auch der des Arbeitgebers je zwei Vor- und Nachteile des Leistungslohns dar.

   b) Erläutern und begründen Sie kurz allgemein, für welche Tätigkeitsformen das Zeitentgelt und für welche das Leistungsentgelt als Entgeltformen sinnvoll sind.

4. Die *Werkzeugmaschinen AG* in Koblenz hat von einem Kunden den Auftrag Nr. IS 136 über 30 Werkzeugmaschinen vom Typ BST 2517 automatic erhalten. Dafür müssen u. a. 30 Isolierstahlplatten geschliffen werden. Die 30 Stahlplatten werden in mehreren Arbeitsgängen geschliffen. Die Produktionszeiten der Arbeitsschritte sind in der nachstehenden Tabelle aufgeführt. Das eigentliche Schleifen einer Platte erstreckt sich auf die Arbeitsgänge „ungeschliffene Isolierstahlplatte aufnehmen und einspannen" bis einschließlich „geschliffene Stahlplatte ablegen".

lfd.Nr.	Arbeitsgang	Zeit (Minuten)
1	Auftrag und Konstruktionszeichnung aus dem Computer abrufen und lesen	1,0
2	Schleifkopf auswählen und bereitlegen	0,5
3	Schleifkopf einsetzen und justieren	2,0
4	Schleifmaschine anschalten	0,2
5	ungeschliffene Isolierstahlplatte aufnehmen und einspannen	2,0
6	Schleifkopf positionieren	0,8
7	Isolierstahlplatte schleifen	12,0
8	Schleifkopf abheben	0,4
9	Schleifkopf in Parkposition bringen	0,8
10	geschliffene Stahlplatte ausspannen	1,0
11	geschliffene Stahlplatte ablegen	1,0
12	Maschine ausschalten	0,2
13	Schleifkopf aus der Maschine entnehmen und reinigen	3,6
14	Schleifkopf zurücklegen	0,5
15	Auftragserledigung am Computer bestätigen und Auftragsdatei aktualisieren	1,0

Zusätzlich fallen Sicherheitszeitzuschläge und eine Erholungszeit an:
– bei der Rüstzeit: 10 % Sicherheitszeitzuschlag auf die ausgewiesenen Rüstzeiten lt. Tabelle
– bei der Ausführungszeit: 15 % Sicherheitszeitzuschlag auf die ausgewiesenen Stückzeiten lt. Tabelle
– 1 Minute Erholungszeit pro geschliffene Stahlplatte

Weitere Zeitkomponenten sind in diesem Fall nicht zu berücksichtigen.

a) Ermitteln Sie die Rüstzeit für die 30 Isolierstahlplatten (einschließlich der Sicherheitszeitzuschläge).

b) Wie hoch wäre die Rüstzeit bei 50 Isolierstahlplatten? (Begründung)
c) Stellen Sie kurz schematisch dar, aus welchen Komponenten die Auftragszeit besteht.
d) Ermitteln Sie die Auftragszeit für den Auftrag Nr. IS 136.

5. Die *Günther Sachse KG* stellt u. a. Elektromotoren her. Der Betrieb arbeitet in der Fertigung noch mit herkömmlichen Drehmaschinen, die aber durch computergesteuerte Maschinen ersetzt werden sollen. Für die Bedienung der CNC-Maschinen werden entsprechend ausgebildete Facharbeiter benötigt. Für die Personalbeschaffung stehen zwei Alternativen zur Diskussion:
   – Weiterbildung von Belegschaftsmitgliedern auf speziellen Computer-Lehrgängen des Herstellers. Diese Vollzeitkurse verursachen Kosten und dauern vier Wochen.
   – Neueinstellung von qualifizierten Facharbeitern auf Grund überregionaler Stellenanzeigen.

   a) Entscheiden Sie sich für eine der beiden Möglichkeiten und begründen Sie Ihre Wahl anhand von drei Argumenten.
   b) Bisher sind die Arbeiter der Dreherei im Akkord entlohnt worden. Die Zeitaufnahmen für das Drehen (unter den Bedingungen der Normalleistung) ergaben die folgenden Werte. Welche Tätigkeiten zählen zur Rüstzeit, welche zur Ausführungszeit?

Tätigkeit	Grundzeit
Auftrag lesen	10 Min.
Material herbeischaffen	16 Min.
Maschine einrichten	45 Min.
Werkstück ein- und ausspannen	0,5 Min.
Welle drehen	7 Min.
Arbeitsplatz aufräumen	25 Min.

   c) Für Verteilzeiten sind folgende Zuschläge auf die jeweilige Grundzeit zu berücksichtigen:
   – bei der Rüstzeit 12,5 %
   – bei der Ausführungszeit 9 %
   Berechnen Sie die Auftragszeit (Vorgabezeit) für das Drehen von 240 Motorwellen.
   d) Erläutern Sie die Begriffe „Grundzeit" und „Verteilzeit".
   e) Ein Dreher hat einen Akkordrichtsatz von 10,50 €. Berechnen Sie unter Anwendung des entsprechenden Minutenfaktors den Bruttolohn für die Fertigung von 240 Motorwellen.
   f) Die Vorgabezeit wird unter den Bedingungen der Normalleistung ermittelt. Erklären Sie diesen Begriff.
   g) Von welchen Faktoren wird der Leistungsgrad beeinflusst? Beschreiben Sie zwei dieser Faktoren.
   h) Mit der Einführung der computergesteuerten Maschinen wird der Akkordlohn für die Arbeiter der Dreherei abgeschafft. Begründen Sie diese Maßnahme.

6. In einem Unternehmen sind die Facharbeiter *Müller, Meier* und *Schulze* beschäftigt. Die Normalleistung beträgt 9 Werkstücke pro Stunde. Die Akkordrichtsätze betragen 15,00 € für den Vorarbeiter *Müller* und je 12,50 € für die Facharbeiter *Meier* und *Schulze*. Die Abrechnungsdaten für den Juli 2004 besagen, dass die Gruppe in

25 Arbeitstagen zu je 7 Stunden zusammen 1.105 Werkstücke hergestellt hat.

a) Berechnen Sie den Leistungsgrad der Gruppe für den Juli 2004.
b) Wie hoch ist der Bruttolohn von *Herrn Müller*?
c) *Herr Müller* ist verheiratet, Vater von zwei Kindern, 40 Jahre alt. Seine Frau arbeitet als Sozialarbeiterin und ist in die Lohnsteuerklasse V eingestuft. Welche Lohnsteuerklasse bekommt *Herr Müller*?
– Lohnsteuerklasse I
– Lohnsteuerklasse II
– Lohnsteuerklasse III
– Lohnsteuerklasse IV
– Lohnsteuerklasse V
– Lohnsteuerklasse VI

7. In der Personalabteilung eines Unternehmens wird seit geraumer Zeit eine zunehmende Fluktuation im Bereich Verkauf registriert. Erst letztens ist wieder eine Kündigung eingegangen. *Herr Michael Krause*, geboren am 28. Februar 1969, der seit dem 1. August 1989 im Unternehmen tätig ist, hat am 1. Juli 2004 sein Kündigungsschreiben in der Personalabteilung abgegeben. *Herr Krause* erbittet von der Personalabteilung ein Arbeitszeugnis.

Auszug aus dem Kündigungsschreiben

„Meine Kündigung möchte ich mit der ständigen Bevormundung durch meinen direkten Vorgesetzten, den Abteilungsleiter Herrn Werner, begründen. Weder ist eine selbstständige Arbeit möglich noch kann man Eigenverantwortung und Initiative entwickeln. Obwohl es bereits mehrere Aussprachen und Beschwerden gegeben hat, scheint eine Verbesserung des Arbeitsklimas nicht möglich zu sein. Deshalb habe ich mich für einen Wechsel des Arbeitsplatzes entschieden."

a) An welchem Tag endet das Arbeitsverhältnis? (Es gelten die gesetzlichen Bestimmungen.)
① am 31. Juli (Frist 4 Wochen)
② am 15. August (Frist 1 Monat)
③ am 1. Oktober (Arbeitsverhältnis besteht schon 13 Jahre)
④ am 30. September (Arbeitsverhältnis besteht erst 13 Jahre)
⑤ am 31. August (Arbeitszeiten vor Vollendung des 25. Lebensjahres werden nicht angerechnet)

b) In der Personalabteilung wird das Zeugnis für *Herrn Krause* geschrieben. Was muss beachtet werden?
① Im Arbeitszeugnis wird nur über Art und Dauer der Tätigkeit berichtet.
② Die Leistungen werden nur beurteilt, wenn sie nicht negativ waren.
③ Alle Beurteilungen müssen positiv formuliert werden.
④ Ein Zeugnis kann abgelehnt werden, wenn die Beurteilung des Arbeitnehmers negativ ausfallen würde.
⑤ Neben der Art und der Dauer der Tätigkeit muss eine Beurteilung der Leistungen und der Führung im Unternehmen vorgenommen werden.

c) Um welchen Führungsstil handelt es sich in der oben beschriebenen Situation?

① um den patriarchalischen Führungsstil
② um den matriarchalischen Führungsstil
③ um den autokratischen Führungsstil
④ um den autoritären Führungsstil
⑤ um den kooperativen Führungsstil

d) Im Lohnbüro müssen in die Arbeitspapiere von Herrn Krause Eintragungen vorgenommen werden. Zwei der folgenden sechs Angaben müssen in die Arbeitspapiere da) und db) eingetragen werden. Ordnen Sie die entsprechenden zwei Angaben zu.
① Nachtarbeitszuschläge (steuerfrei)
② Arbeitgeberanteil Sozialversicherung
③ Steuernummer von *Herrn Krause*
④ VL
⑤ Urlaubsansprüche und geleistete Urlaubstage
⑥ Lohnpfändungen

da) Lohnsteuerkarte
db) Urlaubsbescheinigung

e) In der Lohnbuchhaltung wird ein Lohnkonto für *Herrn Krause* geführt, welches zum Ende der Tätigkeit von *Herrn Krause* im Unternehmen zu schließen ist. Warum wird ein eigenes Lohnkonto geführt?
① Ermittlung der Personalkosten des Unternehmens
② Lohngerechtigkeit
③ Nachweis der Steuerabzüge
④ Zurechnung der Personalkosten zu den einzelnen Kostenträgern
⑤ Anpassung der betrieblichen Entlohnung an Tarifänderungen

f) Der Personalleiter sieht sich durch die Kündigung *Herrn Krauses* veranlasst, erneut ein ernsthaftes Gespräch mit dem verantwortlichen Abteilungsleiter zu führen. Die nachfolgenden Diskussionsbeiträge sollen in eine Stufenfolge vom autoritären zum kooperativen Führungsstil gebracht werden, indem Sie die Ziffern ① bis ⑤ in eine neue Reihenfolge bringen.
① Der Vorgesetzte bittet seine Mitarbeiter um Stellungnahmen zu den von ihm getroffenen Entscheidungen.
② Der Vorgesetzte gibt seinem Team nur Informationen und Anregungen, er bildet mit seinen Mitarbeitern ein Team, das in allen Bereichen entscheidet.
③ Der Vorgesetzte entscheidet allein und duldet keinen Widerspruch und keine andere Meinung.
④ Im Vorfeld seiner Entscheidung berücksichtigt der Vorgesetzte Änderungswünsche.
⑤ Innerhalb eines bestimmten Bereiches haben die Mitarbeiter freien Entscheidungsspielraum.

g) Zehn Tage nach Eingang der Kündigung im Personalbüro meldet *Herr Krause* einen Unfall. In der Fertigung hat er sich das rechte Handgelenk verstaucht. Im Personalbüro wird das vorgeschriebene Formular ausgefüllt. Eine Kopie wird in der Personalakte abgeheftet. Wer bekommt das Original?
① Arbeitsamt
② BfA
③ der Hersteller der Maschine, an der sich der Unfall ereignete
④ die Krankenkasse von Herrn Krause
⑤ die zuständige Berufsgenossenschaft

→

Personalmanagement

h) *Herr Krause* verlässt das Unternehmen. Was muss in die Meldung zur Sozialversicherung eingetragen werden?
① Lohn- und Kirchensteuer
② Beiträge zur Berufsgenossenschaft
③ Gesamtbeiträge zur Sozialversicherung
④ Renten- und Krankenversicherung
⑤ Solidaritätszuschlag
⑥ das SV-pflichtige Bruttogehalt

8. Welche der folgenden Tätigkeiten ① bis ⑥ gehören zu Arbeitsablaufstudien, welche zu Arbeitswertstudien?
① Festlegung von Tarifen
② Beförderung von Werkstücken zwischen verschiedenen Arbeitsplätzen
③ Ermittlung des Leistungsgrades
④ Ermittlung der Ausführungszeit
⑤ Einteilung von Arbeitsaufgaben nach Schwierigkeitsgrad
⑥ Überwachung der Rüstgrundzeit durch den Abteilungsleiter

9. Innerhalb der Rüstgrundzeit bei der Bearbeitung eines Metallstückes an einer Fräse werden bestimmte Tätigkeiten vergütet. Welche?
① Reinigung der Maschine während des Fräsens
② Nachfüllen der Kühlflüssigkeit in der Arbeitspause
③ Wartezeit des Mitarbeiters an der Fräse
④ Einspannen des Werkstückes in die Fräse

8 Investitions- und Finanzierungsprozesse

8.1 Investition und Finanzierung als Unterstützungsprozesse

Investitions- und Finanzierungsprozesse gehören im kundenorientierten Unternehmensmodell zu den Unterstützungsprozessen (Supportleistungen) eines Unternehmens, d. h., sie unterstützen andere Geschäftsprozesse durch Versorgungs- und Steuerungsleistungen.

- Investitions- und Finanzierungsprozesse unterstützen zum einen die **Kernprozesse**, d. h. diejenigen Prozesse, die direkt an den Kunden als Empfänger der Leistung gehen und sowohl einen großen Kundennutzen als auch einen hohen Unternehmensbeitrag liefern.
- Zum anderen müssen aber nicht nur die Kernleistungen eines Unternehmens vorfinanziert werden, sondern auch die **Unterstützungsprozesse** selbst, wie z. B. die Bereitstellung der zur Produktion erforderlichen Produktionsfaktoren Werkstoffe, Arbeit und Betriebsmittel.

Unterstützungs- und Kernprozesse, vgl. Kapitel 3.3.2

Zentrale **Aufgaben** von Investitions- und Finanzierungsprozessen sind die Schaffung und Erhaltung der Leistungsfähigkeit sowie die Sicherstellung der Liquidität des Unternehmens, damit die notwendige Zahlungsfähigkeit gegeben ist.

Aufgaben von Investitions- und Finanzierungsprozessen

Kundenorientiertes Unternehmensmodell

Supportleistungen	Kernleistungen		
– Strategie entwickeln	Leistungsangebot definieren	⇔ Leistung	
– Unternehmen steuern	Leistung entwickeln	⇔ Design	
– Finanz-Rentabilität und -Liquidität sicherstellen	Leistung herstellen	⇔ Produkt	K U N D E
– Personal betreuen	Leistung vertreiben	⇔ Angebot	
– Ressourcen bereitstellen			
– Informationsversorgung sicherstellen	Leistung erbringen	⇔ Service	
	Auftrag abwickeln	⇔ Auftrag	

Quelle: Gaitanides, Michael, u. a., Prozessmanagement, München 1994

Investitions- und Finanzierungsprozesse lassen sich in Teilprozesse aufgliedern, die sich von der Ermittlung des Kapitalbedarfs über die Kapitalbeschaffung bis hin zur Kapitalverwendung erstrecken.

Teilprozesse von Investition und Finanzierung

Die Investitionsrechnung dient auf der Basis der investitionsbedingten Aus- und Einzahlungen der Ermittlung, ob eine Investition wirtschaftlich sinnvoll ist.

Die Aufgabe des Investitionscontrollings besteht darin, den Investitionsprozess in den Phasen der Planung, Realisierung und Kontrolle zu unterstützen.

8.1.1 Finanzierung

Unter Finanzierung versteht man alle Maßnahmen der lang-, mittel- und kurzfristigen **Kapitalbeschaffung** eines Unternehmens. Um Leistung erstellen zu können, benötigt ein Unternehmen Geld. Da die Einzahlungen, die ein Unternehmen erhält, den Auszahlungen des Unternehmens zeitlich meist nachgeordnet sind, entsteht eine Lücke, aus deren Überbrückung sich ein Finanzierungsbedarf ergibt.

Ein- und Auszahlungen sind Zu- bzw. Abflüsse von Zahlungsmitteln. Die Begriffspaare Ein-/Auszahlungen und Ein-/Ausgaben werden hier aus Vereinfachungsgründen synonym verwendet.

Die **Bilanz** gibt einen Überblick darüber, wie Kapital beschafft wurde (Finanzierung, Passiva) und wie das beschaffte Kapital verwendet wird (Investition, Aktiva). In der Bilanz werden damit auf beiden Seiten dieselben Mittel aus unterschiedlichen Betrachtungsweisen dargestellt.

bilanzieller Investitions- und Finanzierungsbegriff

Bilanz der Fly Bike Werke, vgl. Seite 14

– Das **Vermögen** eines Unternehmens ist aufgegliedert nach der **Kapitalverwendung** in Anlage- und Umlaufvermögen und steht auf der Aktivseite der Bilanz.
– Die **Kapitalherkunft** ist auf der Passivseite der Bilanz zu finden und wird in Eigen- und Fremdkapital gegliedert:

Aktiva	Bilanz	Passiva
Anlagevermögen Umlaufvermögen		Eigenkapital Fremdkapital
Kapitalverwendung (Investition)		Kapitalherkunft (Finanzierung)

Jahresabschluss, vgl. Teilband 2

Aufgaben und **Ziele** der Finanzierung ergeben sich insbesondere aus der Notwendigkeit der rechtzeitigen Bereitstellung der für Ein- und Auszahlungen erforderlichen Geldmittel zur Sicherung der Liquidität. Fehlende Liquidität kann andernfalls zur Insolvenz des Unternehmens führen. Darüber hinaus lassen sich Aufgaben und Ziele der Finanzierung aus den unternehmerischen Formalzielen ableiten.

Formalziele, vgl. Kapitel 3.2.1

Finanzierung	
Aufgaben	– Steuerung des Zahlungsstroms – Bereitstellung von Kapital
Ziele	– Sicherung der Liquidität – Wirtschaftlichkeit – finanzielle Unabhängigkeit

Die **Arten** der Finanzierung können nach der Mittelherkunft in externe Maßnahmen (Außenfinanzierung) und interne Maßnahmen (Innenfinanzierung) unterschieden werden, vgl. Tabelle auf S. 376.

Unterschiede Eigen- und Fremdkapital		
Kriterien	Eigenkapital	Fremdkapital
1. Haftung	(Mit-)Eigentümerstellung, mdst. in Höhe der Einlage	Gläubigerstellung – keine Haftung
2. Ertragsanteil	Teilhabe an GuV	i. d. R. fester Zinsanspruch, kein GuV-Anteil
3. Vermögensanspruch	Quotenanspruch, wenn Liquidationserlös > Schulden	Rückanspruch in Höhe der Gläubigerforderung
4. Unternehmensleitung	i. d. R. berechtigt	grundsätzlich ausgeschlossen, z. T. faktisch möglich
5. Kapitalverfügbarkeit	i. d. R. zeitlich unbegrenzt	i. d. R. zeitlich begrenzt
6. Steuerliche Belastung	– Gewinn: ESt, KSt – GewSt variiert nach Rechtsform	Zinsen als Aufwand steuerlich absetzbar (Einschränkung bei GewSt)
7. Finanzielle Kapazität	begrenzt durch Kapazität und Bereitschaft der Kapitalgeber	vom Vorliegen so gen. Sicherheiten abhängig

Investitions- und Finanzierungsprozesse

Finanzierungsarten			
	Kapitalzufuhr		Kapital-freisetzung
	Fremdkapital	Eigenkapital	
Außenfinanzierung	Kreditaufnahme	Beteiligungs-finanzierung	– Abschreibungs-rückflüsse – Vermögens-liquidation
Innenfinanzierung	Rückstellungen	Selbst-finanzierung	

Nach der **Fristigkeit** unterscheidet man
- kurzfristige Finanzierungsarten (Verfügbarkeit von bis zu 1 Jahr),
- mittelfristige Finanzierungsarten (Verfügbarkeit zwischen 1 und 4 Jahren) und
- langfristige Finanzierungsarten (Verfügbarkeit über 4 Jahre).

Finanzierungsarten nach ihrer Fristigkeit

Zu den **kurz- und mittelfristigen Finanzierungsarten** zählen:
- Handelskredite (Lieferer- und Kundenkredite)
- Bankkredite (Kontokorrent-, Wechsel-, Aval- und Lombardkredite, Ratenkredite mit einer Laufzeit bis zu 4 Jahren)
- Sonderformen *(Factoring, Forfaiting)*

1.1.2 Investition

Unter Investition versteht man alle Maßnahmen, die der **Verwendung** finanzieller Mittel dienen. Sie schlagen sich auf der Aktivseite der Bilanz nieder.

Während Finanzierung auf die Kapitalbeschaffung abzielt, ist unter Investition die Verwendung des beschafften Kapitals zu verstehen. Natürlich kann immer nur so viel Kapital verwendet werden, wie auch beschafft oder erwirtschaftet wurde. Da Investitionen nicht nur einem Produktionszyklus dienen, sondern dem Unternehmen längerfristig zur Verfügung stehen, binden sie auch das dem Unternehmen zur Verfügung stehende Kapital für diese Zeit. Damit werden die Rahmenbedingungen der betrieblichen Leistungserstellung über einen langen Zeitraum (mehrere Jahre) mitbestimmt. Investitionsentscheidungen kommt also eine besondere Bedeutung zu.

Investitionsarten			
Sachinvestition	Ersatzinvestition		Bruttoinvestition
	Neuinvestition Erweiterungsinvestition Erhaltungsinvestition	Nettoinvestition	
Finanzinvestition	Investitionen in Aktien, sonstige Beteiligungen an anderen Unternehmen sowie sonstige langfristige Geldanlagen (z. B. in Wertpapiere)		
immaterielle Investition	Erwerb von Patenten, Lizenzen und sonstigen Schutz-rechten sowie Ausgaben für den Firmenwert beim Kauf eines Unternehmens		
Neuinvestition	Sachinvestition in neue Gebäude, Maschinen und sonstige Geschäftsausstattungen		
Folgeinvestition	Sachinvestition zum Ersatz, zur Erweiterung oder zum Erhalt betrieblichen Leistungspotenzials		
Bruttoinvestition	Summe aller Investitionen		
Nettoinvestition	Summe aller Investitionen, die über die Ersatzinvestition hinausgehen		

Ziel von Investitionen ist die Schaffung und Erhaltung der Leistungsbereitschaft eines Unternehmens. Vergleicht man die Veröffentlichungen zu den Investitionsabsichten der Unternehmen aus den letzten Jahren, so ist festzustellen, dass über 50 % der Unternehmen mehr oder zumindest gleich viel investieren wollen wie im vorangegangenen Geschäftsjahr. Auch in der Zielsetzung der jeweils geplanten Investitionen ist keine große Änderung zu bemerken. Stets konzentrieren sich die Investitionsabsichten auf den Ersatz alter Anlagen, Rationalisierung und Kapazitätserweiterung.

betriebliche Ziele, vgl. Kapitel 3.2

Rationalisierung, vgl. Kapitel 4.6

Zielsetzung von Investitionen (in %)					
	1996	1997	1998	2001	2002
Ersatz alter Anlagen	27	29,9	29,2	28,0	30,0
Rationalisierung	39	23,5	22,2	18,0	19,0
Kapazitätserweiterung	34	17,7	20,7	26,0	23,0
Umstrukturierung	0	17,5	16,2	17,0	14,0
andere Vorhaben	0	11,4	11,7	11,0	14,0

Quelle: Globus-Infografik GmbH

8.1.3 Investitions- und Finanzpläne in ihrer gegenseitigen Abhängigkeit von anderen Teilplänen

Material- und Wertefluss stehen im Unternehmen in einem engen, unmittelbaren Zusammenhang.

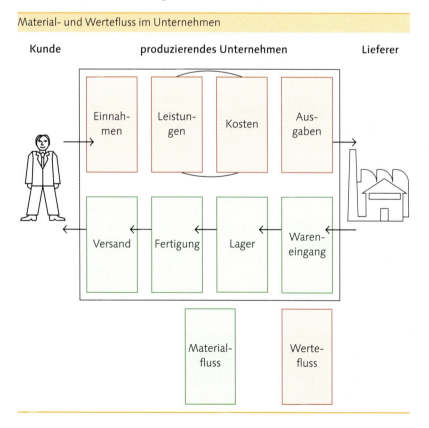

Material- und Wertefluss im Unternehmen

Investitions- und Finanzierungsprozesse

Materialfluss	
In der Beschaffungswirtschaft werden beschafft:	– Betriebsmittel – lagerfähige und nicht lagerfähige Werkstoffe – Handelswaren – Dienstleistungen
In der Lagerwirtschaft werden gelagert:	– lagerfähige Werkstoffe – unfertige Erzeugnisse – fertige Erzeugnisse
In der Fertigungswirtschaft werden kombiniert:	Produktionsfaktoren zu – unfertigen Erzeugnissen und – fertigen Erzeugnissen
In der Absatzwirtschaft werden vertrieben:	– fertige Erzeugnisse – Handelswaren – Dienstleistungen

Zwei dieser Materialflüsse sind mit einem Zahlungsvorgang verbunden: **Ausgaben** hat ein Unternehmen grundsätzlich bei jedem Beschaffungsvorgang, **Einnahmen** bei jedem Absatzvorgang. Da Güter- und Wertefluss zeitlich versetzt sind, läuft der Prozess wie im folgenden Beispiel ab.

Material- und Wertefluss, vgl. Kapitel 3.4.2 und 3.4.3

Beispiel: Die *Fly Bike Werke* bestellen bei der *Cycle Tools Import GmbH* in Hamburg 20 Kinderanhänger Kids, das Stück zu 110,00 € + 16 % Umsatzsteuer (USt). Die *Cycle Tools Import GmbH* liefert die bestellte Ware nach zwei Wochen mit einem Zahlungsziel von 30 Tagen. Somit haben die *Fly Bike Werke* bei der *Cycle Tools Import GmbH* über die Gesamtsumme von 2.552,00 € bis zum Zahlungstermin einen Kredit aufgenommen. Die Zahlung erfolgt pünktlich, es kommt zu einer Ausgabe der *Fly Bike Werke* und zur Tilgung des Kredites.

In den *Fly Bike Werken* werden die Anhänger gemäß dem Absatzprogramm als Handelswaren weiter veräußert. Fünf Kinderanhänger gehen zum Einzelpreis von 166,33 € + 16 % USt an die *Zweiradhandelsgesellschaft mbH* nach Berlin. Die *Fly Bike Werke* gewähren der *Zweiradhandelsgesellschaft mbH* einen Kredit in Höhe von 964,71 € in Form eines Zahlungszieles von 60 Tagen. Die Summe wird in Berlin pünktlich überwiesen und es kommt zu einer Einnahme seitens der *Fly Bike Werke*.

Im Beispiel wird eine Möglichkeit der Kapitalbeschaffung dargestellt. Die *Zweiradhandelsgesellschaft mbH* tilgt den von den *Fly Bike Werken* gewährten Kredit in Höhe von 964,71 €.

Möglichkeiten der Kapitalbeschaffung sind:

Kapitalfreisetzung (Desinvestition)
– Tilgung gewährter Kredite
– die Erzielung von Umsatzerlösen durch Verkauf eigener Produkte
– die Einnahme von Zinsen für gewährte Kredite und
– der Verkauf von Anlagevermögen, unfertigen Erzeugnissen usw.

Kapitalfreisetzung und Kapitalzuführung als Möglichkeiten der Kapitalbeschaffung

Kapitalzuführung
– die Aufnahme von Krediten (Fremdkapital)
– die Erhöhung des Eigenkapitals

Möglichkeiten der Kapitalbeschaffung

Kapitalfreisetzung (Desinvestition)	– Kredittilgung durch Kunden – Umsatzerlöse – Zinseinnahmen – Verkauf von Anlagevermögen und Vorräten	Aktivtausch
Kapitalzuführung	– Kreditaufnahme – Erhöhung des Eigenkapitals	Aktiv-Passiv-Mehrung

Material- und Werteflüsse im Unternehmen

Rohstoffeinkauf	Ausgabe	Kapitalbindung
Verkauf fertiger Erzeugnisse	Einnahme	Kapitalfreisetzung
Kreditaufnahme	zusätzliche Einnahme	Kapitalzuführung
Kredittilgung	zusätzliche Ausgabe	Kapitalentzug

Finanzmanagement bedeutet, die Material- und Werteflüsse eines Unternehmens optimal zu steuern. Finanzielle Entscheidungen werden von allen Bereichen des Unternehmens beeinflusst und sollten deshalb auch keine alleinige Aufgabe der Unternehmensleitung sein.

Aufgaben des Finanzmanagements

Qualifizierte finanzwirtschaftliche und betriebswirtschaftliche Führungsmethoden können dem Unternehmen eine sichere Basis schaffen und seine Kreditwürdigkeit steigern. Solides Finanzmanagement, d. h. die ausgewogene Planung von Finanzierungs- und Investitionsvorhaben durch alle Bereiche des Unternehmens, ist der Dreh- und Angelpunkt betriebswirtschaftlicher Entscheidungsprozesse.

Führungsverhalten, vgl. Kapitel 7.4.1

Betrieblicher Wertekreislauf

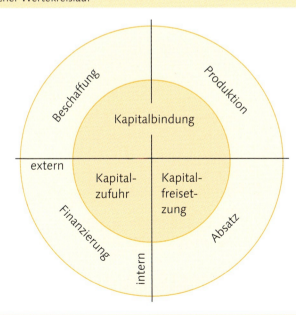

Investitions- und Finanzierungsprozesse

Übersicht:		
Finanzierung	Maßnahmen der lang-, mittel- und kurzfristigen Kapitalbeschaffung	
	Ziele	Sicherung der – Liquidität (Zahlungsfähigkeit) – Wirtschaftlichkeit – finanziellen Unabhängigkeit
	Arten	nach der Mittelherkunft: – Innenfinanzierung – Außenfinanzierung
		nach der Rechtsstellung der Kapitalgeber: – Eigenfinanzierung – Fremdfinanzierung – neutrale Formen
Investition	Maßnahmen der Kapitalverwendung	
	Ziele	Schaffung und Erhaltung der Leistungsfähigkeit des Unternehmens
	Arten	– Sachinvestition – Finanzinvestition – immaterielle Investition

Aktiva	Bilanz	Passiva
– Investition – Kapitalverwendung – Kapitalfreisetzung (Desinvestition) – Die Investition bestimmt die Höhe des zu beschaffenden Kapitals.	– Finanzierung – Kapitalherkunft – Kapitalzuführung – Die Finanzierungsmöglichkeiten begrenzen die Höhe der geplanten Investition.	

8.2 Kapitalbedarfsermittlung

8.2.1 Bestimmungsfaktoren des Kapitalbedarfs

Beispiel: Für die Einführung und Betreuung eines ERP-Systems plant die Geschäftsführung die Einstellung von *Herrn Aptar Shareef*. Das gesamte Investitionsvolumen wird auf 80.000,00 € bilanziert.

ERP-System, vgl. Kapitel 1.7 und 9

Über den benötigten Bedarf von 80.000,00 € müssen die *Fly Bike Werke* in Vorleistung gehen – es entsteht also ein Bedarf an Kapital. Der Geschäftsführer der *Fly Bike Werke*, *Hans Peters*, definiert den Kapitalbedarf seines Unternehmens stets wie folgt: „Kapitalbedarf ist das Geld, welches ich benötige, um bis zum Flüssigmachen von anderem Geld zu überleben."

Kapital im Unternehmen wird einerseits für einmalige oder selten anfallende Ausgaben benötigt (**Anlagevermögen**), zum anderen für laufende Ausgaben (**Umlaufvermögen**), wie z. B. Roh-, Hilfs- und Betriebsstoffe, Löhne und Gehälter, aber auch für Fertigteile und Handelswaren, für Beschaffung, Lager, Produktion, Absatz und Finanzierung.

Anlage- und Umlaufvermögen, vgl. Teilband 2

Der **Kapitalbedarf** ist derjenige Betrag, der während einer bestimmten Zeit benötigt wird, um die Zeiträume der Kapitalbindung in Vermögenswerten (Anlage- oder Umlaufvermögen) zu überbrücken, damit die Liquidität des Unternehmens erhalten bleibt. Er ergibt sich aus der Diskrepanz (zeitlich und/oder betragsmäßig) zwischen Ausgaben und Einnahmen. Die **Kapitalbedarfsrechnung** sichert das finanzielle Gleichgewicht des Unternehmens, indem sie dafür sorgt, dass immer der benötigte Betrag an finanziellen Mitteln vorhanden ist.

Kapitalbedarf und Kapitalbedarfsrechnung

Eine genaue Berechnung des benötigten Kapitals ist häufig auf Grund der vielen, vom Unternehmen zum Teil nicht beeinflussbaren Unwägbarkeiten kaum durchzuführen. Daher wird über die Kapitalbedarfsrechnung ein **Richtwert** ermittelt. Dieser ist wiederum abhängig vom aktuellen Marktgeschehen.

Außerbetriebliche Faktoren, die den Kapitalbedarf eines Unternehmens beeinflussen können, sind:
- Angebots- und Nachfrageschwankungen
- Preisveränderungen
- Streiks
- Naturereignisse (Dürren, Erdbeben, Unwetter usw.)
- Marktsättigung
- Krisen, internationale Spannungen
- Kriege
- Wirtschaftskrisen anderer Länder

außerbetriebliche Bestimmungsfaktoren des Kapitalbedarfs

8.2.2 Kapitalbedarfsrechnung

Beispiel: Für das Jahr 2004 signalisieren die beiden *Private-Label*-Abnehmer *Hofkauf AG* und *Matro AG* den *Fly Bike Werken*, dass sie beabsichtigen, 10 % mehr Fahrräder der Modelle *Glide*, *Surf* und *Dispo* abzunehmen. Da nach Analyse des Produktionsleiters, *Herrn Rother,* die Kapazitäten des Werkes im Jahr 2003 nur zu 75 % ausgelastet waren, wäre eine 10%ige Ausdehnung der Produktion ohne Erweiterungsinvestition möglich. Die Produktionsausdehnung wirkt sich dadurch nur auf das Umlaufvermögen aus.

Entsprechend der Absatz-Umsatz-Analyse für die Marken *Glide*, *Surf* und *Dispo* aus dem Jahr 2003 ergibt sich folgende Berechnung.

	Glide		*Surf*		*Dispo*	
	Absatz in Stück	Umsatz in €	Absatz in Stück	Umsatz in €	Absatz in Stück	Umsatz in €
Hofkauf AG	1.980	280.187,07	1.890	299.545,45	810	184.213,90
Matro AG	2.970	420.280,60	2.610	413.658,00	990	225.150,32
insgesamt 2003	4.950	700.467,67	4.500	713.203,45	1.800	409.364,22
Erhöhung um 10 % in 2004	495	70.046,77	450	71.320,35	180	40.936,42
insgesamt 2004	5.445	770.514,44	4.950	784.523,80	1.980	450.300,64

Umsatzerhöhung in 2004 (bezogen auf die genannten Modelle und Kunden) insg. 182.303,54 €

Über den benötigten Bedarf von 182.303,54 € müssen die *Fly Bike Werke* in Vorleistung treten. Es entsteht ein Bedarf an Kapital. Für eine Tagesproduktion des Modells *Glide* gilt folgende Kapitalbedarfsrechnung.

Annahmen:
- Es werden nur die variablen Kosten ermittelt. Die variablen Selbstkosten des Modells *Glide* betragen 135,00 €.
- Fixe Kosten finden keinen Eingang in den Kapitalbedarf des Umlaufvermögens. Zur Ermittlung des prozessbedingten Kapitalbedarfs werden nur die Finanzierungsanforderungen herangezogen, die sich aus dem Leistungsprozess ergeben. Dies sind die Mittelbindungen in der Bereitstellung der für die Leistungserstellung notwendigen Faktoren wie Lagerhaltung an Roh-, Hilfs- und Betriebsstoffen, Vorlaufkosten im Personalbereich, Mittelbindung während des Produktionsprozesses sowie Verwaltungs- und Vertriebskosten.
- Preise, Stückkosten und Beschäftigungsgrad bleiben konstant.
- Termine, Lieferer- und Kundenziele werden eingehalten.
- Tagesproduktion alt: 8 Stück
- Tagesproduktion neu: 9 Stück

Zunächst wird die Kapitalbindungsdauer errechnet. Die **Kapitalbindungsdauer** ergibt sich aus der Summe von Lagerdauer, Fertigungsdauer und Zahlungsziel Kunde, abzüglich dem Zahlungsziel Lieferer.

Angaben in Tagen	Lagerdauer	Fertigungsdauer	Zahlungsziel Kunde	Zahlungsziel Lieferer	Kapitalbindungsdauer
Materialkosten	4	3	45	30	22
Fertigungskosten		3	45		48
Verwaltungskosten	4	3	45		52
Vertriebskosten			45		45

Im Anschluss erfolgt die Berechnung des zusätzlichen Kapitalbedarfs.

	Roh-, Hilfs- Betriebsstoffe	Fertigung	Verwaltung	Vertrieb	Gesamt
variable Selbstkosten/Stück	99,84 €	20,70 €	6,02 €	8,44 €	135,00 €
Kosten/Tag alt (8 Stück)	798,72 €	165,60 €	48,16 €	67,52 €	1.080,00 €
Kosten/Tag neu (9 Stück)	898,56 €	186,30 €	54,18 €	75,96 €	1.215,00 €
Kapitalbindungsdauer in Tagen	22	48	52	45	
= Kapitalbedarf alt (8 Stück)	17.571,84 €	7.948,80 €	2.504,32 €	3.038,40 €	31.063,36 €
= Kapitalbedarf neu (9 Stück)	19.768,32 €	8.942,40 €	2.817,36 €	3.418,20 €	34.946,28 €

Zusätzlicher Kapitalbedarf Modell *Glide* pro Tag (Kapitalbedarf neu abzgl. Kapitalbedarf alt) = 3.882,92 €

Der Kapitalbedarf wird durch die Prozessanordnung und die Prozessgeschwindigkeit bestimmt. Ändern sich die oben genannten Bedingungen oder die außerbetrieblichen Faktoren, so wird sich der Kapitalbedarf nicht im gleichen Verhältnis wie der Absatz ändern.

Neben der dargestellten **einfachen Kapitalbedarfsrechnung** benötigt ein Unternehmen zusätzliches Kapital für außergewöhnliche Fälle, wie z. B. betriebsfremde Aufwendungen, Zahlungsverzug von Kunden u. Ä. Dieser **außergewöhnliche Kapitalbedarf** ist äußerst schwer zu erfassen und hängt weitestgehend von Erfahrungswerten ab.

Übersicht:	
Kapitalbedarf	Betrag, der während einer bestimmten Zeit benötigt wird, um die Zeiträume der Kapitalbindung in Vermögenswerten (Anlage- oder Umlaufvermögen) zu überbrücken
Einflussfaktoren	außerbetriebliche z. B. – Angebots- und Nachfrageschwankungen – Streiks – Krisen, internationale Spannungen, Kriege – Wirtschaftskrisen anderer Länder
Einflussfaktoren	innerbetriebliche – Preise – Stückkosten – Beschäftigungsgrad – Lieferer- und Kundenziele – Termine – Prozessgeschwindigkeit – Prozessanordnung

8.3 Kapitalbeschaffung (Finanzierung)

8.3.1 Innenfinanzierung

Beispiel: Die Geschäftsführung der *Fly Bike Werke* plant die Einführung eines ERP-Systems. Das gesamte Investitionsvolumen beläuft sich auf 80.000,00 €. Der zusätzliche Kapitalbedarf soll, so die anfängliche Diskussion in der Geschäftsleitung, nur zum Teil aus den finanziellen Reserven des Unternehmens gedeckt werden. Aus der Buchhaltung kommt der Vorschlag, über die zu finanzierende Summe von 20.000,00 € einen Kredit mit einer Laufzeit von einem Jahr bei der Landessparkasse Oldenburg aufzunehmen, da die Konditionen momentan besonders günstig sind. *Herr Peters* lehnt ab und besteht auf einer Finanzierung aus eigenen Mitteln, die auf Grund der finanziellen Situation des Unternehmens möglich ist.

Die Finanzierungskennzahlen sollen die Finanzstruktur eines Unternehmens analysieren und sowohl eine Grundlage für unternehmensinterne Entscheidungen als auch für die Kreditvergabe von Investitionen an das Unternehmen sein, vgl. ausführlich Teilband 2

Die Innenfinanzierung ist Teil des Geldmittelzuflusses aus dem betrieblichen Umsatzprozess. Sie erfolgt im Wesentlichen als Verwendung von Gewinn, Abschreibungs- und Rückstellungsgegenwerten.

Finanzierung aus nicht entnommenen Gewinnen

Die Finanzierung aus nicht entnommenen Gewinnen wird auch **Selbstfinanzierung** (i. e. S.) genannt.

Für die Nichtausschüttung von Gewinnen kann es in Abhängigkeit von der Unternehmensform drei Gründe geben:

- freiwillige Selbstfinanzierung:
 Beschluss des zuständigen Organs oder der Gesellschaft (oder des Einzelunternehmers)
- satzungsmäßige Selbstfinanzierung:
 Grundlage ist eine im Gesellschaftervertrag formulierte Regelung über die Gewinnverwendung
- gesetzliche Einbehaltung:
 Einbehaltung von Gewinnanteilen ist gesetzlich geregelt, z. B. durch aktienrechtliche Gewinnverwendungsvorschriften

vgl. dazu auch § 150 AktG, § 58, 272 HGB, § 74 EStDV, § 229 GmbH-Gesetz

In der Bilanz stellt sich diese Finanzierungsform wie folgt dar: Zu **Beginn des Geschäftsjahres** verfügt das Unternehmen über ein bestimmtes Vermögen auf der Aktivseite der Bilanz, das sich auf der Passivseite aus dem Eigenkapital und den Schulden zusammensetzt.

Aktiva	Bilanz	Passiva
– Vermögen am Jahresbeginn	– Eigenkapital am Jahresbeginn – Schulden am Jahresbeginn	

Bilanz zu Beginn des Geschäftsjahres

Am **Ende des Geschäftsjahres** kommt es zu einer Bilanzverlängerung:

Gewinn ist erwirtschaftet worden. Der **nicht ausgeschüttete Teil** des Gewinnes wird zur Schuldentilgung und zum Vermögenszuwachs genutzt. Der **ausgeschüttete** bzw. **entnommene Gewinn** geht an die Eigentümer des Unternehmens. Ausgeschütteter und nicht ausgeschütteter Gewinn bilden zusammen den Gesamtgewinn des Unternehmens für das Geschäftsjahr. Die Finanzmittel kommen aus dem Unternehmen selbst, werden dem Eigenkapital zugeführt und erhöhen es.

Aktiva	Bilanz	Passiva
– Vermögen am Jahresbeginn	– Eigenkapital am Jahresbeginn – Schulden am Jahresende	
– Vermögenszuwachs	– nicht ausgeschütteter Gewinn (zusätzliches Eigenkapital) ⟶	ausgeschütteter/entnommener Gewinn an die Eigentümer

Bilanz am Ende des Geschäftsjahres

Man unterscheidet zwischen offener und verdeckter (stiller) Selbstfinanzierung. Bei der **offenen Selbstfinanzierung** werden die nicht ausgeschütteten Gewinne in der Bilanz ausgewiesen, bei der **stillen Selbstfinanzierung** nicht. Hier werden in der Bilanz „stille Reserven" gebildet. Dies geschieht durch

vgl. dazu auch: §§ 253, 255, 279, 280 HGB

- eine Unterbewertung der Aktiva (Vermögensteile) oder
- eine Überbewertung der Passiva (Verbindlichkeiten).

Eine Unterbewertung des Vermögens wird in der Regel durch überhöhte Abschreibungen, eine Überbewertung der Schulden oder durch Rückstellungen erreicht. Dadurch wird der Gewinn künstlich reduziert.

Bewertung von Bilanzpositionen, vgl. Teilband 2

Unterbewertung der Aktiva

- Das Niederstwertprinzip berücksichtigt Steigerungen des Marktpreises und des Wiederbeschaffungswertes von Anlagegütern nicht.
- Immaterielle Anlagegüter (z. B. Patente) können nicht aktiviert werden.
- Geringwertige Wirtschaftsgüter werden im Anschaffungsjahr aktiviert und voll abgeschrieben.
- Es werden außerplanmäßige Abschreibungen und Sonderabschreibungen vorgenommen.
- Die tatsächliche betriebliche Nutzungsdauer ist größer als die laut AfA-Tabelle, die bei der Abschreibung zu Grunde gelegt wird.

Möglichkeiten der „stillen Selbstfinanzierung"

vgl. Teilband 2

vgl. Teilband 2

AfA = Absetzung für Abnutzung, vgl. Teilband 2

Überbewertung der Passiva

Die Einzelwertberichtigung für Sachanlagen, Finanzanlagen, Forderungen und Besitzwechsel korrigieren zu hoch angesetzten Aktivposten der Bilanz.

Kapitalfreisetzung

Bei der Finanzierung aus freigesetztem Kapital ändert sich das Vermögen eines Unternehmens nicht, nur seine Zusammensetzung.

Finanzierung aus Abschreibungen

Bei der Finanzierung aus Abschreibungen kommt es zu einem Zufluss liquider Mittel in Höhe des Abschreibungsaufwandes durch Umsatzerlöse. Der gesamte Anschaffungswert einer Investition ist zum Zeitpunkt der Investition zu finanzieren. Durch die Abschreibung wird der Anschaffungswert auf die Nutzungsdauer verteilt. Die freigesetzten Abschreibungsgegenwerte können zur Finanzierung verwendet werden, bis am Ende der Nutzungsdauer die Beträge zur Anschlussinvestition genutzt werden.

Beispiel: 1999 kauften die *Fly Bike Werke* einen Pkw zu 15.500,00 €. Die Nutzungsdauer beträgt 5 Jahre, es wird kalkulatorisch linear abgeschrieben.

Jahr	Abschreibung im laufenden Jahr	freigesetzte Mittel insgesamt	Restbuchwert der Investition
1	3.100,00 €	3.100,00 €	12.400,00 €
2	3.100,00 €	6.200,00 €	9.300,00 €
3	3.100,00 €	9.300,00 €	6.200,00 €
4	3.100,00 €	12.400,00 €	3.100,00 €
5	3.100,00 €	15.500,00 €	0,00 €

Jährlich werden 3.100,00 € freigesetzt, sodass nach 5 Jahren der gesamte Investitionsbetrag zur Verfügung steht, wenn der freigesetzte Abschreibungsbetrag auf einem Konto gesammelt wird. Theoretisch könnten die *Fly Bike Werke* die gesammelten Beträge nach 5 Jahren zur Investition in ein neues Auto nutzen. Es ist jedoch unwahrscheinlich, dass ein Unternehmen diese Beträge so lange sammelt, bis die Ersatzinvestition notwendig geworden ist, weil die anzuschaffende Maschine durch den technischen Fortschritt nicht einsetzbar ist oder der Wiederbeschaffungswert höher ist als zum Zeitpunkt der Erstanschaffung. Darüber hinaus kann das durch Abschreibung freigesetzte Kapital durch das Unternehmen genutzt werden, um weitere Investitionen in Anlage- oder Umlaufvermögen zu finanzieren.

Investitions- und Finanzierungsprozesse

Werden die Abschreibungsgegenwerte über den Abschreibungszeitraum hinweg investiert, führt dies langfristig dazu, dass während des gesamten Zeitraums Investitionen etwa in der Größenordnung der Investitionssumme vorgenommen werden können.

Voraussetzungen:
1. Das Unternehmen darf keine Kapitalrückzahlungen während des Investitionszeitraums vornehmen.
2. Die Investition muss aus mehreren Anlagegütern bestehen, d. h., sie muss teilbar sein (z. B. mehrere Maschinen).
3. In der Beschaffung müssen während der Nutzungsdauer konstante Preise herrschen.
4. Sämtliche produzierten Produkte müssen abgesetzt werden.

Vermögensliquidation
Sonstige Kapitalfreisetzungen können durch die **Veräußerung** von materiellen und/oder immateriellen **Vermögenswerten** erfolgen, wie z. B.:

Vermögensumschichtung

- interne Liquiditätsreserven (z. B. Wertpapiere des Umlaufvermögens),
- Vermögensteile, die nicht dem eigentlichen Unternehmenszweck dienen (z. B. vermietete Gebäude),
- Gegenstände des Anlage- und Umlaufvermögens.

Die Veräußerung von Gegenständen des Anlage- und Umlaufvermögens könnte allerdings auf Liquiditätsprobleme hindeuten und daher insbesondere gegenüber Kunden, Lieferern und Kreditinstituten problematisch sein. Es könnte der Eindruck entstehen, das Unternehmen benötige dringend Geld und muss daher Gegenstände des Anlage- und Umlaufvermögens verkaufen.

8.3.2 Außenfinanzierung

Außenfinanzierung liegt immer dann vor, wenn einem Unternehmen Kapital von außen zufließt. Dabei unterscheidet man zwischen Fremdfinanzierung und Beteiligungsfinanzierung.

Fremdfinanzierung

> **Beispiel:** Der von den *Fly Bike Werken* 1999 angeschaffte Pkw wurde nicht aus eigenen Mitteln finanziert, sondern durch die Hausbank der *Fly Bike Werke*, die einen Kredit in Höhe von 15.500,00 € mit einer Laufzeit von 5 Jahren zur Verfügung stellte.

Wenn die eigenen Mittel des Unternehmens nicht ausreichen, um Investitionen zu tätigen, kommt eine Fremdfinanzierung in Betracht. Man spricht von Fremdfinanzierung, wenn das Unternehmen **Fremdkapital** von außen zur Finanzierung zur Verfügung gestellt bekommt. In der Regel werden dabei in einem Kapitalüberlassungsvertrag erfolgsunabhängige Zins- und Tilgungszahlungen zu bestimmten Zeitpunkten vereinbart.

Fremdfinanzierung lohnt sich für das Unternehmen dann, wenn die Investition des aufgenommenen Kapitals eine höhere Rendite erbringt, als für ihre Finanzierung an Zinsen gezahlt werden muss.

Der **Kapitalgeber** (Gläubiger, z. B. Bank)
- stellt Kapital zur Verfügung,
- besitzt Anspruch auf Verzinsung und Rückzahlung,
- besitzt keine Beteiligungsrechte am Unternehmen.

Der **Kapitalnehmer** (Schuldner, z. B. Unternehmen)
- bezieht Kapital,
- hat eine Rückzahlungsverpflichtung, unabhängig von Gewinn oder Verlust der getätigten Investition.

Unter einem **Kredit** versteht man die befristete Überlassung von Sach- und Geldwerten. Kreditarten können unterschieden werden nach

Kreditarten (Beispiele)	
Verwendungszweck	– Investitionskredit – Betriebsmittelkredit – Saisonkredit – Konsumkredit
Dauer	– kurzfristige Kredite (bis zu 1 Jahr Laufzeit) – mittelfristige Kredite (1 bis 4 Jahre Laufzeit) – langfristige Kredite (über 4 Jahre Laufzeit)
Verfügbarkeit	– Kontokorrentkredit – Darlehen
Herkunft des Kapitals	– Liefererkredit – Kundenkredit – Privatkredit – Bankkredit

Beispiel: Die in den *Fly Bike Werken* geplante Einführung eines ERP-Systems wird Kosten in Höhe von 80.000,00 € verursachen, wobei mehr als die Hälfte als Eigenkapital aufgebracht werden soll. In der Geschäftsleitung hat man sich nun doch geeinigt, nur einen Teil aus den eigenen Mittel zu finanzieren. 20.000,00 € sollen über einen langfristigen Bankkredit finanziert werden. Die Hausbank der *Fly Bike Werke* bietet momentan Kredite in dieser Höhe zu 8 % Zinsen an. Andere Kosten fallen nicht an.

- Mögliche **Kreditgeber** bei langfristigen Fremdfinanzierungen sind Kreditinstitute, Geschäftsbanken, Sparkassen, Bausparkassen, Versicherungen und Privatpersonen.
- Die **Laufzeit** beträgt bei Investitionsdarlehen in der Regel ca. 10 Jahre; sie kann bis auf 20 Jahre ausgedehnt werden, entspricht aber meist in etwa dem Abschreibungszeitraum. Bei einem Realdarlehen beträgt die Laufzeit in der Regel 20 Jahre und länger.
- Die **Zinsen** können über die gesamte Laufzeit festgeschrieben oder variabel sein.
- Die **Konditionen** für langfristige Darlehen können sich aus dem Nominalzinssatz, den Kosten für die Sachverständigen, Notargebühren, Grundbuchamtgebühren und dem Disagio (Damnum) zusammensetzen.
- Die **Tilgungsmodalitäten** können je nach Vereinbarung eine einmalige Gesamttilgung am Laufzeitende, eine Abzahlungstilgung (Ratenzahlung) oder eine Annuitätentilgung sein.

Realdarlehen = Darlehen, bei denen die Forderungen des Kreditgebers durch bewegliche und unbewegliche Sachen (Dinge) abgesichert sind

Disagio/Abgeld/Abschlag = der in % oder € ausgedrückte Betrag, um den der Auszahlungsbetrag geringer als der zu tilgende und zu verzinsende Betrag ist

Beispiel: Bei dem von den *Fly Bike Werken* aufgenommenen Kredit bieten sich verschiedene Tilgungsmodalitäten an.

- Eine einmalige **Gesamttilgung** würde bedeuten, dass die *Fly Bike Werke* 10 Jahre lang 8 % Zinsen auf die Gesamtsumme bezahlen, pro Jahr also 1.600,00 €, und am Ende der Laufzeit zusätzlich die Tilgung in Höhe von 20.000,00 € vornehmen. Insgesamt müsste das Unternehmen also 36.000,00 € aufbringen, wovon allein im letzten Jahr 21.600,00 € zu zahlen wären.
- Bei einer **Annuitätentilgung** könnte der Kredit in 10 gleichen Annuitäten (Zins + Tilgung) zurückbezahlt werden, d. h., Tilgungsverrechnung und Zinsbelastung erfolgen am Jahresende.
- Bei einer **Ratentilgung** bliebe die jährliche Tilgungsrate gleich bei abnehmender Zinsbelastung.

Jahr	Ratentilgung (gleich bleibende Tilgungsrate)			Annuitätentilgung (gleich bleibende Annuität)		
	Tilgungsrate	Zinsen	Gesamtbetrag	Tilgungsrate	Zinsen	Gesamtbetrag
1	2.000,00	1.600,00	3.600,00	1.380,59	1.600,00	2.980,59
2	2.000,00	1.440,00	3.440,00	1.491,04	1.489,55	2.980,59
3	2.000,00	1.280,00	3.280,00	1.610,32	1.370,27	2.980,59
4	2.000,00	1.120,00	3.120,00	1.739,15	1.241,44	2.980,59
5	2.000,00	960,00	2.960,00	1.878,28	1.102,31	2.980,59
6	2.000,00	800,00	2.800,00	2.028,54	952,05	2.980,59
7	2.000,00	640,00	2.640,00	2.190,82	789,77	2.980,59
8	2.000,00	480,00	2.480,00	2.366,09	614,50	2.980,59
9	2.000,00	320,00	2.320,00	2.555,37	425,22	2.980,59
10	2.000,00	160,00	2.160,00	2.759,80	220,79	2.980,59
	20.000,00	8.800,00	28.800,00	20.000,00	9.805,90	29.805,90

Vorteile des Kredits:
- Durch die lange Laufzeit verteilt sich die finanzielle Belastung des Unternehmens über mehrere Jahre.
- Die relativ gleich bleibende Belastung durch die Rückzahlungsbeträge (je nach gewählter Tilgungsform) bildet eine sichere Kalkulationsbasis für das Unternehmen.
- Die mit dem Kredit finanzierte Investition befindet sich sofort im Besitz des Unternehmens und kann wirtschaftlich genutzt werden.

Vorteile und Nachteile des Kredits

Nachteile des Kredits:
- Der Kredit wird in einer vorher vereinbarten Summe gewährt, kurzfristige Änderungen nach oben oder nach unten sind nach Auszahlungstermin schwer bzw. nicht mehr machbar.
- Der Kreditgeber verlangt Sicherheiten.

Als Formen der langfristigen Fremdfinanzierung gibt es neben den Krediten noch die Anleihen und die Schuldscheindarlehen.

weitere Formen der langfristigen Fremdfinanzierung

- **Anleihen** sind festverzinsliche Wertpapiere mit einer festgelegten Laufzeit, die an der Börse zum Kurswert gehandelt werden. Der Aussteller (Emittent) verpflichtet sich dem Gläubiger gegenüber zu einer Leistung. Diese besteht meist in der Zahlung eines Geldbetrages am Fälligkeitstag sowie einer festen, laufenden Verzinsung.

- **Industrieobligationen** sind relativ selten, stehen sie doch in der Regel nur Aktiengesellschaften offen, die über eine entsprechende Bonität verfügen. Häufiger sind heute Anleihen der öffentlichen Hand und der Banken.

  Aktiengesellschaften, vgl. Kapitel 3.6.2

- **Schuldscheindarlehen** unterscheiden sich von den Anleihen dadurch, dass die Schuldscheine keine Wertpapiere sind. Über den Schuldschein hinaus ist eine Forderungsabtretung notwendig.

Beteiligungsfinanzierung

Beispiel: *Herr Matthes Gründel* ist Geschäftsführer der *Zweiradhandelsgesellschaft mbH* in Berlin. Die GmbH war 1995 von ihm und *Herrn Sascha Wenzlaff* gegründet worden. Zu Beginn des Geschäftsjahres 1999 trat *Frau Kerstin Zimmermann* in die GmbH ein. Als neue Gesellschafterin der GmbH leistete sie eine Einlage in Höhe von insgesamt 75.000 €. *Herr Wenzlaff* zog 45.000 € zurück. Die Gewinnverteilung erfolgt im Verhältnis des gezeichneten Kapitals.

Gesellschafter	Kapitaleinlage		
	gezeichnetes Kapital in €	Kapitalrücklage in €	Summe in €
Matthes Gründel	120.000 €	0 €	120.000 €
Sascha Wenzlaff	50.000 €	100.000 €	150.000 €
Kerstin Zimmermann	75.000 €	0 €	75.000 €
Summe	245.000 €	100.000 €	345.000 €

Beteiligungsfinanzierung wird auch oft **externe Eigenfinanzierung** genannt. Dem Unternehmen fließt von außen durch Einlagen bisheriger oder neuer am Unternehmen Beteiligter Eigenkapital zu. Die Kapitalgeber werden (Mit-)Eigentümer (oder sind es bereits) und
- sind am Gewinn oder Verlust des Unternehmens beteiligt,
- sind eventuell stimm-, kontroll- und mitspracheberechtigt,
- haften mit ihren Einlagen für das Fremdkapital.

Gewinn- und Verlustrechnung, vgl. Teilband 2

Die Beteiligungsfinanzierung kann mit Hilfe von Barmitteln (Bargeld, Guthaben), Sachwerten (Grundstücke, Maschinen, Waren) oder Rechtswerten (Patente, Muster, Wertpapiere, Lizenzen) erfolgen.

- Beim **Einzelunternehmen** wird das Kapital nur vom Inhaber aufgebracht, der sein Privatvermögen ganz oder teilweise dem Unternehmen zur Verfügung stellt. Der Kapitalbestand kann vom Unternehmer aus den verschiedensten Gründen erhöht und verringert werden. Der Unternehmer haftet unbeschränkt mit seinem Kapital und dem Privatvermögen.

Beteiligungsfinanzierung bei Einzelunternehmen

Einzelunternehmen, vgl. Kapitel 3.6.2

- Das Kapital der **Offenen Handelsgeschaft** (OHG) wird durch Einlagen von mindestens zwei Gesellschaftern aufgebracht, die sich damit das Recht und die Pflicht zur Geschäftsführung und Vertretung der Gesellschaft erwerben. Der Kapitalbestand kann von den Unternehmern aus den verschiedensten Gründen erhöht und verringert werden. Die Unternehmer haften unbeschränkt mit ihrem Kapital und dem Privatvermögen.

    Beteiligungsfinanzierung bei Personengesellschaften

    OHG, vgl. Kapitel 3.6.2

- Das Kapital der **Kommanditgesellschaft** (KG) wird von Komplementären (Vollhaftern) und Kommanditisten (Teilhaftern) aufgebracht. Komplementäre haben die gleichen Rechte wie die Gesellschafter der OHG, die Funktion der Kommanditisten beschränkt sich auf die Bereitstellung von Eigenkapital. Alle Einlagen sind gewinnberechtigt. Der Kapitalbestand kann von den Unternehmern aus den verschiedensten Gründen erhöht und verringert werden. Die Komplementäre haften unbeschränkt mit ihrem Kapital und dem Privatvermögen, die Kommanditisten nur bis zur Höhe ihrer Einlagen.

    KG, vgl. Kapitel 3.6.2

- Die Eigenfinanzierung bei der **Gesellschaft mit beschränkter Haftung** (GmbH) erfolgt durch im Gesellschaftervertrag festgelegte Stammeinlagen, die nicht unter 100 € liegen dürfen. Die Summe der Stammeinlagen ergibt das Stammkapital. Es muss mindestens 25.000 € betragen, Nachschüsse können beschlossen werden. Die Gewinn- und Verlustbeteiligung richtet sich nach dem Verhältnis der Stammeinlagen. Die Gesellschafter haften beschränkt mit ihren Stammeinlagen.

    Beteiligungsfinanzierung bei Kapitalgesellschaften

    GmbH, vgl. Kapitel 3.6.2

- Die Eigenfinanzierung der **Aktiengesellschaft** (AG) erfolgt über die Ausgabe (Emission) von Aktien. Das Grundkapital beträgt mindestens 50.000,00 €. Der Nennwert einer Aktie beträgt mindestens 1 €. Mit dem Aktienerwerb erlangt der Besitzer (Aktionär) Stimmrecht in der Hauptversammlung und Anspruch auf Gewinnanteile. Die Aktionäre haften beschränkt mit dem Grundkapital.

    AG, vgl. Kapitel 3.6.2

- Werden bei **Genossenschaften** Geschäftsanteile verkauft, so können neue Mitglieder Geschäftsanteile erwerben oder die Mitglieder erhöhen ihre Geschäftsanteile. Zusätzliche Einzahlungen (Nachschüsse) können beschlossen werden. Die Gewinn- und Verlustbeteiligung richtet sich nach dem Verhältnis der Geschäftsanteile. Die Genossenschaftler haften für das Eigenkapital beschränkt mit ihren Geschäftsanteilen.

    Beteiligungsfinanzierung bei Genossenschaften

8.3.3 Finanzplan

Die Finanzplanung ist ein integrierter Bestandteil der gesamten Unternehmensplanung und nimmt, wie jeder Plan, zukünftiges Handeln vorweg. Der Finanzplan soll helfen, die Auswirkungen des eigenen unternehmerischen Handelns frühzeitig zu erkennen, um rechtzeitig korrigieren und eingreifen zu können.

Um die mittel- und langfristige Liquidität des Unternehmens beurteilen zu können, werden von der Finanzabteilung die zukünftigen Einnahmen und Ausgaben abgeschätzt. Dabei soll der Kapitalbedarf des Unternehmens gedeckt werden. Finanzpläne lassen sich nach folgenden Kriterien unterscheiden:

Arten von Finanzplänen	
Fristigkeit der Planungszeiträume	– kurzfristige Finanzpläne (ein bis sechs Monate) – mittelfristige Finanzpläne (Jahrespläne) – langfristige Finanzpläne (mehrere Jahre)
Planungszweck	– ordentliche Finanzpläne (in regelmäßigen Abständen erstellt) – außerordentliche Finanzpläne (einmalig, zu besonderen Anlässen erstellt)

Beispiel: Quartalsfinanzplan der *Fly Bike Werke GmbH*

	Monat 01			Monat 02			Monat 03		
	Soll	Ist	Diff.	Soll	Ist	Diff.	Soll	Ist	Diff.
I. Zahlungsmittel (AB)									
I. Einnahmen aus:									
Umsatzerlöse außerord. Erlöse Sachanlagen immat. Anlagen Finanzanlagen EK (Einlagen) FK Zinsen Sonstiges									
Summe Einnahmen									
III. Ausgaben für:									
Material Personal Steuern/Abgaben allg. Aufwendungen außerord. Aufwendungen Sachanlagen immat. Anlagen Finanzanlagen EK (Entnahmen) FK Zinsen Sonstiges									
Summe Ausgaben									
IV. Zahlungsmittel (SB)									

In der ersten Spalte erfolgt die sachliche Gliederung der Einnahmen und Ausgaben. Die Deckung berechnet sich aus der Summe des Anfangsbestandes und der Einnahmen abzüglich der Ausgaben. In den weiteren Spalten erfolgt eine zeitliche (monatliche) Zuordnung der Einnahmen und Ausgaben. Dabei sind die Monatsspalten noch einmal in Soll, Ist und Differenz untergliedert. In die Soll-Spalte werden die Planungsgrößen eingetragen, in die Ist-Spalte der tatsächlich erreichte Wert.

Bei der Abstimmung der Einnahmen und Ausgaben des Unternehmens nach Höhe und Fristigkeit können sich drei Möglichkeiten ergeben:

- Der Finanzierungsbedarf ist höher als die zu erwartenden Finanzierungsmittel. Diese **Unterdeckung** gefährdet das finanzielle Gleichgewicht und muss durch die Erschließung neuer Finanzierungsquellen beseitigt werden. Es ist aber auch möglich, geplante Maßnahmen zeitlich zu strecken oder ganz zu streichen. *Ausgaben > Einnahmen*
- Die zur Verfügung stehenden Mittel sind höher als der Finanzierungsbedarf. Diese **Überdeckung** kann als Liquiditätsreserve ertragreich angelegt oder zur Tilgung von Krediten (Zinszahlungen werden eingespart) genutzt werden. *Einnahmen > Ausgaben*
- Die **geplanten Einnahmen** entsprechen den **geplanten Ausgaben**. Finanzierungsbedarf besteht hier nicht. *Einnahmen = Ausgaben*

Im Finanzplan werden die Einnahmen und Ausgaben nicht nur **zeitlich**, sondern auch **sachlich** aufeinander abgestimmt. Mit seiner Hilfe soll Vorsorge getroffen werden, dass im Planungszeitraum keine nachhaltige Unterdeckung auftritt. Finanzpläne können ein gutes Mittel für finanzpolitische Entscheidungen des Unternehmens sein. Allerdings ist ihre Güte von der Zuverlässigkeit und der Genauigkeit der prognostizierten Werte abhängig.

Finanzplan	
Liquiditäts-planung	– kurzfristig – detaillierte Ausführung von erwarteten Einzahlungen und Auszahlungen – ausführende Funktion, da Zahlungsströme bereits feststehen
	tägliche Liquiditätsdisposition – Planungseinheit = 1 Tag – max. über 7–30 Tage – Erfassung der täglichen Ein- und Auszahlungen – Ermittlung der taggenauen Zahlungsfähigkeit
	Finanzplanung i.e.S. – Zeitraum bis zu 1 Jahr – Planungseinheit = Monate – statt der Liquidität wird der Liquiditätsstatus ermittelt
Kapitalbindungs-/ Kapitalbedarfs-planung	– langfristig – Grobplanung – über mehrere Jahre, d. h. Planungseinheit sind Jahre – keine Aussagen zur Liquidität, nur Entwicklung von Bilanzpositionen wird aufgezeigt – Darstellung des Kapitalbedarfs in der Periode – Gegenüberstellung mit dem Finanzierungsplan der Periode (EK-Erhöhung, FK-Zuführung oder aus Umsatzüberschüssen)

Durch seine enge Beziehung zu anderen Plänen kann der Finanzplan nur unter Berücksichtigung dieser Pläne durchgeführt werden. Eine isolierte Betrachtung muss durch Koordinierung vermieden werden. Beziehungen bestehen unter anderem zu:

- Absatzplan
- Beschaffungsplan
- Investitionsplan
- Lagerplan
- Personalplan
- Produktionsplan
- strategischer Unternehmensplanung

Übersicht:

Innenfinanzierung	Finanzierung aus nicht entnommenen Gewinnen	– offene Selbstfinanzierung – stille Selbstfinanzierung
	Finanzierung aus freigesetztem Kapital	Abschreibungen – Kapitalfreisetzungseffekt – Kapazitätserweiterungseffekt
		Vermögensumschichtung
Außenfinanzierung	Fremdfinanzierung	– Kredite – Anleihen – Industrieobligationen – Schuldscheindarlehen
	Beteiligungsfinanzierung	Kapitalgeber werden – (Mit-)Eigentümer – i.d.R. stimmberechtigt – haftbar mit ihren Einlagen
	alternative Finanzierungsformen	– Leasing – Franchising
Finanzplan	– zeitliche und sachlich detaillierte Abstimmung zukünftiger Einnahmen und Ausgaben auf der Basis von Zahlungsströmen – Sicherstellung der Liquidität in der zu betrachtenden Periode – Vermeidung von Überdeckung (finanzielle Mittel > Kapitalbedarf) oder Unterdeckung (Kapitalbedarf > finanzielle Mittel)	

8.4 Kapitalverwendung (Investition)

Investition ist die Bindung finanzieller Mittel mit dem Ziel ihrer späteren Wiederfreisetzung mit zusätzlichem Kapitalgewinn. Während Finanzierung alle Maßnahmen der Kapitalbeschaffung beinhaltet, die sich auf der Passiv-Seite der Bilanz widerspiegeln, sind unter Investition alle Maßnahmen der **Kapitalverwendung** zu verstehen, die auf der Aktiv-Seite der Bilanz zu finden sind.

Beispiel: Die *Mannes AG* in Bochum, ein Lieferer der *Fly Bike Werke*, will ein Eisenerz verarbeitendes Werk in Osteuropa erwerben. Hierbei steht die *Mannes AG* vor zwei alternativen Investitionsentscheidungen.

Investition A   225.000.000,00 €
Investition B   240.000.000,00 €

- Bei Investitionsobjekt A handelt es sich um ein Werk in der Ukraine, das gekauft und modernisiert werden soll. Die gesamte Produktion könnte dort und im gesamten osteuropäischen und westasiatischen Raum abgesetzt werden.
- Investitionsobjekt B ist ein vergleichbares Werk in der Slowakischen Republik. Hier könnte die gesamte Produktion im mittel- und südeuropäischen Raum abgesetzt werden. Auf Grund der höheren Löhne in der Slowakischen Republik, des größeren Sanierungsaufwandes für dieses Werk sowie der höheren Transportkosten für Fertigprodukte in die Zielländer würde der zu erwartende Gewinn allerdings nur etwa die Hälfte des Gewinns ausmachen, den im gleichen Zeitraum das Werk in der Ukraine erbringen könnte.

Trotzdem entscheidet sich die *Mannes AG* für Investition B, das Werk in der Slowakischen Republik. Zwar weist dieses Werk geringere Gewinnchancen und eine größere Investitionssumme aus als das Werk in der Ukraine, aber bei denkbaren ungünstigen Entwicklungen im osteuropäischen Raum, wie sie in den vergangenen Jahren wiederholt aufgetreten sind, können Gewinneinbrüche oder Verluste aus Sicht der *Mannes AG* in der Slowakischen Republik leichter verhindert oder gemildert werden.

Bevor eine Investition erfolgt, muss geprüft werden, inwieweit diese Investition notwendig ist und welchen wirtschaftlichen Wert sie hat. Der **langfristige Charakter** von Investitionen spiegelt sich darin wieder, dass

- Investitionen zu einer längerfristigen **Kapitalbindung** führen,
- Investitionen unmittelbar **Kosten** verursachen (Unterhaltung, Abschreibung, Finanzierung),
- Investitionen das **Leistungsprofil** eines Unternehmens bestimmen.

Diese für ein Unternehmen bedeutenden Aspekte erfordern eine sorgfältige Investitionsplanung. Die Investitionsplanung muss Antworten auf drei Fragen geben:

- Ist die Durchführung der Investition für das Unternehmen sinnvoll?
- Welche der vorliegenden Alternativen ist die vorteilhafteste?
- In welcher Reihenfolge sind Investitionen durchzuführen?

Dabei ist zu beachten, dass gesicherte Informationen nur aus der Vergangenheit zu beschaffen sind. Zukunftswerte müssen meist prognostiziert werden. Dabei ist sorgfältig abzuwägen zwischen den erwarteten **Gewinnchancen** einerseits und dem möglichen **Risiko** eines Verlusts andererseits bei nicht vorhersagbaren Entwicklungen. Derartige Überlegungen können für kommende Entscheidungen oftmals wichtiger sein als theoretische Berechnungen.

Die Investitionsplanung ist Teil der **gesamten Unternehmensplanung**. Bei der Investitionsplanung wird ermittelt, ob und welche Investitionen notwendig sind. Dazu sind Informationen aus verschiedenen Unternehmensbereichen erforderlich, die sicherstellen, dass z. B. die Finanzierung abgesichert ist oder dass andere betriebliche Bereiche, z. B. Produktion und Absatz, darauf abgestimmt werden können.

Investitionsplanung in Abhängigkeit von anderen betrieblichen Teilplänen

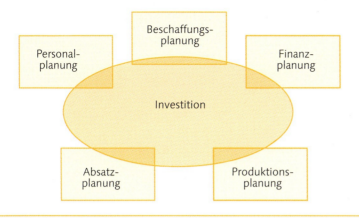

Die Investitionsplanung verläuft in der Regel in verschiedenen Phasen, wobei alle Phasen erst in ihrer Gesamtheit eine ausgewogene Entscheidung ermöglichen.

Phasen der Investionsplanung

Suchphase: Vor dem eigentlichen Entscheidungsprozess wird eine Reihe von alternativen Investitionsvorschlägen aufgestellt.

Phase I: In einem ersten Schritt werden die vorhandenen Alternativen beschrieben. Dabei liegen Schwerpunkte auf
- dem monetären Faktor (Preise, Kosten),
- dem quantitativen Faktor (Verbrauch, Leistung) und
- dem qualitativen Faktor (Neuigkeitsgrad, Image usw.).

Phase II: Anschließend werden für die Investitionsobjekte die Einnahmen und Ausgaben ermittelt.

Phase III: Mit Hilfe ausgewählter Verfahren der Investitionsrechnung werden die konkreten Alternativen der anstehenden Investitionsentscheidung berechnet. Daher können, je nach konkret gegebenen Schwerpunkten, verschiedene Verfahren zur Anwendung kommen.

Investitionsrechnung, vgl. Kapitel 8.1

Phase IV: Die berechneten Ergebnisse aus Phase III werden beurteilt. Anschließend wird die Entscheidung über das konkrete Investitionsobjekt gefällt. Danach werden in Ergänzung der Rechenergebnisse nicht-monetäre Faktoren, Risiken und Unsicherheiten beurteilt und bei der Entscheidung berücksichtigt.

Mögliche **Investitionsziele** sind:
- Erweiterung der **Kapazität** mit dem Ziel, die Ausbringungsmenge zu steigern
- **Rationalisierung** mit dem Ziel, durch wirtschaftlichere Produktionsverfahren Kosten zu sparen
- **Modernisierung** mit dem Ziel, moderne Technologien einzusetzen, was auch wieder eine Rationalisierung und Kapazitätserweiterung bewirken kann
- Erfüllung **behördlicher Auflagen** mit dem Ziel, Sicherheit am Arbeitsplatz, Umweltschutz usw. herzustellen bzw. einzuhalten
- Bildung von **Kapitalanlagen** mit dem Ziel, frei zur Verfügung stehendes Firmenkapital Gewinn bringend anzulegen

Rationalisierung, vgl. Kapitel 4.6

Investitions- und Finanzierungsprozesse

Investitionsarten		
Art der Vermögens-gegenstände	– Sachinvestition (Realinvestition) – Finanzinvestition – immaterielle Investition	
Investitionsanlass	Neuinvestition (Erstinvestition)	
	Folgeinvestition	– Erhaltungsinvestition (Vorratsinvestition) – Erweiterungsinvestition – Ersatzinvestition (Rationalisierungsinvestition)

Nach der **Art der Vermögensgegenstände** können unterschieden werden:

Investitionsarten nach Art der Vermögensgegenstände

Sachinvestitionen (Realinvestitionen)
Güter des Sachanlagevermögens, z. B.: Gebäude, Grundstücke, Maschinen, sonstige Geschäftsausstattungen

Finanzinvestitionen
flüssige Mittel, Forderungen und Beteiligungen, z. B.: Aktien, sonstige Beteiligungen an anderen Unternehmen, langfristige Anlagen (Wertpapiere)

immaterielle Investitionen
immaterielle Güter, z. B.: Patente, Lizenzen, Schutzrechte, Marken- und Unternehmensnamen, Maßnahmen der Personalqualifizierung

Zurechenbarkeit von Zahlungsströmen (Zahlungseingang/ Zahlungsausgang)			
	immaterielle Investition	Sachinvestition	Finanzinvestition
Ausgaben	relativ genau zurechenbar	relativ genau zurechenbar	genau zurechenbar
Einnahmen	keine Zurechnung möglich	problematische Zurechnung	genau zurechenbar

Nach dem **Investitionsanlass** können unterschieden werden:

Investitionsarten nach Investitionsanlass

Neuinvestitionen (Erst-, Gründungs-, Anfangs- oder Errichtungsinvestitionen) sind Investitionen, um die Leistungs- oder Betriebsbereitschaft eines Unternehmens herzustellen.

Folgeinvestitionen können wie folgt unterschieden werden:

- **Erhaltungsinvestitionen** (Vorratsinvestitionen):
  Investitionen zur Aufrechterhaltung der bisherigen Leistungsbereitschaft, z. B.: Vorratsbeschaffung, Reparaturen, Renovierung

- **Erweiterungsinvestitionen:**
  Investitionen zur Vergrößerung des vorhandenen Leistungspotenzials, z. B.: Kapazitätsausweitung, Schaffung neuer Unternehmensbereiche

- **Ersatzinvestitionen (Rationalisierungsinvestitionen):**
  Investitionen, um vorhandene Investitionsgüter durch neue, technisch verbesserte Investitionsgüter zu ersetzen, die die Leistungsfähigkeit des Unternehmens erhöhen; Ziele können sein: Personaleinsparung, Senkung der Ausschussquote, Erhöhung der Produktivität usw.

Nicht alle Investitionsarten lassen sich klar voneinander trennen, wie z. B. bei der Erhaltungs- und Erweiterungsinvestition. So sind zum Beispiel die Sanierung einer Lagerhalle und ihr gleichzeitiger Umbau zu einer Produktionshalle sowohl eine Erhaltungsinvestition als auch eine Erweiterungsinvestition. Darüber hinaus können auch Rationalisierungsmaßnahmen produktionserweiternd sein.

Als **Desinvestition** bezeichnet man die Freisetzung des in einer Investition gebundenen Kapitals durch Veräußerung von Investitionsgütern oder Abschreibung; Ziele können sein: Beschaffung von Kapital, Auflösung des Unternehmens. **Reinvestition** ist die Kapitalbindung durch Investition von Kapital, das durch Desinvestition freigesetzt wurde.

Reinvestition

Übersicht:	
Investition	– langfristige Bindung finanzieller Mittel mit dem Ziel ihrer späteren Wiederfreisetzung mit zusätzlichem Kapitalgewinn – alle Maßnahmen der Kapitalverwendung, die auf der Aktiv-Seite der Bilanz zu finden sind
Investitionsplanung	– Problem der Zukunftsprognose: Abwägen von Gewinnchancen und Verlustrisiken – Teil der gesamten Unternehmensplanung unter Einbeziehung anderer betrieblicher Teilbereiche
Investitionsarten	nach Art der Vermögensgegenstände – Sachinvestition – Finanzinvestition – immaterielle Investition nach Investitionsanlass – Neuinvestition – Folgeinvestition (Ersatz-, Erweiterungs-, Erhaltungsinvestition)

8.5 Wissens-Check

1. Lesen Sie den nachfolgenden Text und beantworten Sie die im Anschluss an den Text formulierten Fragen.

> **Basis für Wohlstand und Beschäftigung**
>
> *Unternehmensfinanzierung*
> Die fortschreitende Globalisierung der internationalen Kapital- und Finanzmärkte hat in den vergangenen Jahren zu neuen Formen der Unternehmensfinanzierung geführt. Die Eigenkapitalfinanzierung, die in englischsprachigen Ländern eine lange Tradition hat, gewinnt auch in Deutschland immer mehr an Gewicht. Bislang überwogen in der deutschen Industrie die langfristige, über Banken bereitgestellte Fremdfinanzierung sowie die Emission von Industrieobligationen. Das wird auch in nächster Zeit noch so bleiben. Seit einiger Zeit bildet sich aber eine stärkere Kapitalmarktorientierung mit mehr Börsengängen und Unternehmensanleihen zur Eigenkapitalbeschaffung heraus, die Einfluss auf die Unter-

nehmensstruktur und auf die strategische Ausrichtung der Unternehmen ausübt. Das Shareholder-Value-Prinzip, also die Ausrichtung der Unternehmensziele am Nutzen für die Aktionäre, ist für viele Industrieunternehmen zum Leitbild ihres betriebswirtschaftlichen Handelns geworden.

Mit der Globalisierung einher gehen strukturelle Veränderungen der Unternehmensfinanzierung durch die Banken, insbesondere in der Kreditfinanzierung. Das gegenwärtig bei der Bank für Internationalen Zahlungsausgleich verhandelte Basel-II-Abkommen sieht neue Mindestkapitalanforderungen vor, wonach Unternehmenskredite seitens der Banken mit neuem, differenzierterem Mindesteigenkapitalsatz unterlegt werden müssen. Die vorgeschlagene, dem jeweiligen Kreditrisiko angepasste Unterlegung mit Eigenkapital ist mit einer Bewertung der Unternehmen durch Bonitätsbeurteilungsinstitute (Rating-Agenturen) beziehungsweise durch die Kreditinstitute selbst verbunden. Das neue Basel-II-Abkommen könnte die Finanzierung von kleinen und mittleren Industrieunternehmen erschweren.

In Deutschland gibt es eine große Zahl von Anbietern von Beteiligungskapital, die andere Unternehmen mitfinanzieren. Diese Beteiligungsgesellschaften sind in der Regel ganz oder teilweise Tochtergesellschaften von Banken und Versicherungen. Mit der Erweiterung des Binnenmarktes in der Europäischen Union bietet sich den Kapitalbeteiligungsgesellschaften die Chance, auf einem einheitlichen Markt im größeren Umfang Finanzmittel einzuwerben. Mittlerweile hat der deutsche Beteiligungskapitalmarkt einen Anteil ausländischer Kapitalgeber von 40–50 % und ähnelt in seiner Struktur den Beteiligungskapitalmärkten angelsächsischer Länder, hat aber gleichwohl deren Volumen bei weitem noch nicht erreicht. Der Bund fördert Beteiligungskapital in mittelständischen Unternehmen durch das ERP-Beteiligungsprogramm und das KfW-Risikokapitalprogramm. Beteiligungskapital für innovative Vorhaben wird über das BTU-Beteiligungsprogramm für junge Technologieunternehmen und das ERP-Innovationsprogramm gefördert.

Ebenfalls gestiegen ist die Bedeutung des Venture-Kapitals, das meist große Unternehmen auch zur Frühphasenfinanzierung von Industrieunternehmen bereitstellen. Durch das verstärkte Engagement von Risikokapitalgesellschaften konnte der Mangel an Eigenkapital in diesem Segment behoben und der Zugang zum Finanzmarkt langfristig verbessert werden. Mit dem Neuen Markt der Frankfurter Börse wurde ein Segment des geregelten Marktes besonders für kleine Technologieunternehmen gegründet.

Unternehmensführung (Corporate Governance)
Die neuen Entwicklungen bei der Unternehmensfinanzierung haben auch einen erheblichen Einfluss auf die Führungsstruktur von Industrieuntenehmen, die bisher vom Zusammenspiel der beiden Gremien Vorstand und Aufsichtsrat geprägt wurde. Die Kontrolle der Unternehmensführung wurde in der Vergangenheit zu einem Gutteil von den Banken als Kreditgeber und Treuhänder der Stimmrechte der Kleinaktionäre wahrgenommen. Inzwischen übernimmt diese Kontrollfunktion zusätzlich auch der Kapitalmarkt.

Quelle: www.bmwi.de

ERP = *European Recovery Program*

KfW = Kreditanstalt für Wiederaufbau

BTU = Beteiligungskapital für kleine Technologieunternehmen

a) Beschreiben Sie das bisherige Finanzierungsverhalten deutscher Unternehmen.
b) Unternehmen können sich durch die Emission von Industrieobligationen finanzieren. Was ist darunter zu verstehen?
c) Welche Veränderungen beinhaltet das Basel-II-Abkommen für die Unternehmensfinanzierung durch Banken?
d) Beschreiben Sie die Unternehmensfinanzierung durch Beteiligungskapital.
e) Was ist unter Venture-Kapital zu verstehen?
f) Welcher mögliche Zusammenhang besteht zwischen der Finanzierung und der Führungsstruktur eines Unternehmens?
g) Informieren Sie sich auf der Grundlage der Bilanz Ihres Ausbildungsbetriebes über die Kapitalstruktur des Unternehmens.

2. *Herr Erich Pfeiffer* gründet einen Industriebetrieb. Dabei fallen unter anderem folgende Vorgänge an:
1) *Herr Pfeiffer* zahlt aus seinem Privatvermögen 175.000,00 € auf das Unternehmenskonto ein. Seine Bank stellt ein Darlehen in Höhe von 250.000,00 € zur Verfügung.
2) *Herr Pfeiffer* kauft Maschinen im Wert von 225.500,00 €, Rohstoffe im Wert von 55.000,00 € und Hilfs- und Betriebsstoffe im Wert von 22.500,00 € per Banküberweisung.
3) Die Lieferer von Handelswaren gewähren *Herrn Pfeiffer* auf eine Rechnung von 12.500,00 € ein Zahlungsziel von 25 Tagen.
4) Bei der Produktion fallen (vereinfacht) folgende Kosten an:
Abschreibung   12.000,00 €
Rohstoffverbrauch   45.000,00 €
Löhne/Gehälter und sonstige Kosten 15.700,00 €
insgesamt   72.700,00 €
5) Durch den Verkauf der produzierten Artikel fließen 120.000,00 € Umsatzerlöse in das Unternehmen.
6) Die Schulden, die *Herr Pfeiffer* bei den Lieferern hat, werden per Banküberweisung zurückgezahlt.
Beantworten Sie für jeden Vorgang die folgenden Fragen:
a) Handelt es sich um Einzahlung/Auszahlung, Aufwand/Ertrag, Kosten/Leistung?
b) Handelt es sich um Investition, Finanzierung, Desinvestition oder Kapitalentzug?
c) Welche Bilanzauswirkung hat stattgefunden?

3. *Herr Pfeiffer* bekommt eine Rechnung über 8.500,00 €. Lohnt sich für ihn die Aufnahme eines Bankkredites zur Ausnutzung von Skonto, wenn die Bank 12,5 % Zinsen verlangt?
Zahlungsbedingungen: Zahlung innerhalb von 10 Tagen 2 % Skonto, Zahlungsziel 30 Tage
a) Ermitteln Sie den Finanzierungsgewinn oder -verlust.
b) Wie hoch ist der effektive Skontosatz?

4. Eine Pizzafabrik stellt zusätzlich zu tiefgefrorenen Pizzen noch tiefgefrorene Lasagne her. Bei Aufnahme der Produktion fielen Anschaffungskosten für das Fertigungsband in Höhe von 500.00000 € an. Darüber hinaus wurde ein Trocknungskessel für den Nudelteig (55.000,00 €), für Silos (42.000,00 €), eine Maschine zur Herstellung der Fleischbeilage (12.500,00 €) und eine Verpackungsmaschine (175.000,00 €) beschafft. Mit dieser Ausstattung können täglich

18 Tonnen Lasagne (15 Tonnen reiner Nudelteig) hergestellt werden. Für die Einführungswerbung wurden 300.000,00 € veranschlagt. Als eiserner Bestand ist ein Vorrat für vier Tage vorgesehen. Die Tonne Hartweizengrieß kostet zurzeit 650,00 €, der erforderliche Eizusatz 0,27 € pro Kilogramm Hartweizengrieß. Der bezogene Hartweizengrieß wird zuerst fünf Tage gelagert, ehe er in die Produktion gelangt. Innerhalb eines Tages wird die Nudelmasse produziert, die dann zwei Tage im Trocknungskessel trocknen muss. Danach erfolgt die Zubereitung der Fleischmasse, die Herstellung der fertigen Lasagne und das Frosten des Fertigproduktes (ein Tag). Die fertige Ware geht sofort in den Versand. Es wird damit gerechnet, dass acht Tage nach dem Versand das Geld von den Kunden eingeht. Die Rohstofflieferer gewähren der Pizzafabrik ein Zahlungsziel von 14 Tagen.

Die Herstellung macht pro Tag folgende Mittel erforderlich:

Fertigungslöhne	1.250,00 €
Fertigungsgemeinkosten	1.100,00 €
Materialgemeinkosten	3.350,00 €
Verwaltungs- und Vertriebsgemeinkosten	5.000,00 €

a) Wie hoch ist der Kapitalbedarf zur Herstellung der Betriebsbereitschaft?
b) Ermitteln Sie für jede Gruppe die Kapitalbindungsdauer.
c) Berechnen Sie den Kapitalbedarf.

5. Ein Unternehmen stellt von einem Produkt im Jahr 100.000 Stück her. Auf Grund einer Marktanalyse kommt die Unternehmensleitung zu dem Schluss, künftig 200.000 Stück absetzen zu können, deshalb soll die Kapazität entsprechend erweitert werden. Dabei wird geprüft, ob es vorteilhaft ist, von der bisherigen maschinellen Fertigung zur halbautomatischen Fertigung überzugehen. Dem Vergleich werden folgende Daten zu Grunde gelegt:

	Stückzahl	maschinelle Fertigung	halbautomatische Fertigung
Fixkosten		640.000,00 €	1.000.000,00 €
Gesamtkosten	100.000	1.840.000,00 €	2.000.000,00 €
	200.000	3.040.000,00 €	3.000.000,00 €
	300.000	4.240.000,00 €	4.000.000,00 €
	400.000	5.444.000,00 €	5.000.000,00 €

erreichbarer Stückerlös: 18,50 €

Überprüfen Sie die beiden Fertigungsverfahren,
a) wenn das Unternehmen 200.000 Stück absetzt,
b) wenn das Unternehmen im Jahresdurchschnitt wider Erwarten nur 140.000 Stück absetzt,
c) wenn sich die variablen Kosten wegen Kostenerhöhung auf dem Beschaffungsmarkt für beide Verfahren um 1,00 € je Stück erhöhen bei einem Absatz von 200.000 Stück zu 18,50 € Stückerlös.

6. Die *Messing GmbH* plant für eine neu aufzunehmende Fertigung eine Anlage anzuschaffen, mit der die eingesetzten Finanzmittel die beste Verzinsung erwirtschaften.

Anlage	I	II
Anschaffungskosten	50.000,00 €	30.000,00 €
Nutzungsdauer	4 Jahre	8 Jahre
kalkulatorischer Zins	8 %	8 %
sonst. Fixkosten	5.500,00 €	800,00 €
Kosten je Stück	5,00 €	4,50 €
maximale Kapazität	50.000	40.000

a) Welche der beiden Anlagen arbeitet bei vollständigem Absatz am kostengünstigsten?

b) Wie hoch verzinst sich das durchschnittlich gebundene Kapital bei Einsatz der Anlage I, wie hoch bei Anlage II, wenn sich die gesamte Produktion zu einem Erlös von 5,50 € absetzen lässt?

c) Wie hoch verzinst sich das eingesetzte Kapital bei beiden Anlagen, wenn sich 40.000 Stück absetzen lassen?

9 Abwicklung von Geschäftsprozessen mit ERP-Software

9.1 ERP-Software: Notwendigkeit und Begriffsdefinition

Dieses Kapitel erläutert die Notwendigkeit und den Einsatz einer kaufmännischen ERP-Software. ERP steht als Abkürzung für *Enterprise Ressource Planning* und bedeutet übersetzt: Unternehmensplanungssoftware. Durch die Kombination verschiedener Softwarearten (Finanzbuchhaltung, Auftragsbearbeitung, Bestellwesen, Lohnabrechnung, Projektplanung usw.) zu einem einzigen Paket entstand ERP-Software schrittweise ab ca. 1980.

Führende Hersteller von ERP-Software sind z. B. die Softwareanbieter
- SAP
- Microsoft
- Oracle
- SageKHK

Diese Hersteller fokussieren dabei sehr unterschiedliche Zielgruppen: vom Kleinunternehmer (SageKHK) über das mittelständische Unternehmen (Microsoft Navision) bis hin zum global agierenden Konzern (SAP, Oracle). Deshalb ist ein direkter Vergleich der Produkte kaum möglich.

ERP-Software ist nicht preiswert. Die Anschaffungskosten liegen zwischen 20.000 Euro und mehreren Millionen Euro – Hardware, Schulungen der Mitarbeiter und Updates nicht inbegriffen.

Unternehmen investieren in ERP-Software hohe Summen, da die Programme eine schlankere Organisation, Kosteneinsparungen, eine höhere Flexibilität und vor allem eine verbesserte Termintreue gegenüber den Kunden versprechen. Nicht selten müssen Unternehmen diese Software aber auch einsetzen, da die Marktpartner (Lieferanten, Kunden) bereits ERP-Software verwenden. Folglich ist ein „Nachziehen" unvermeidlich, möchte man weiterhin am Markt bestehen. Somit stellt die ERP-Software heute einen unverzichtbaren Wettbewerbsvorteil dar.

ERP-Software in den Fly Bike Werken, vgl. Kapitel 1.7

ERP-Software Wettbewerbsvorteil

Das Besondere an ERP-Software ist ihr hoher Integrationsgrad. Das heißt, praktisch alle betrieblichen Abteilungen arbeiten mit diesem einen ERP-Softwarepaket. So fließen alle betrieblich relevanten Daten aus den verschiedenen Abteilungen in einen großen Datenpool (= Datenbank). Sie stehen damit allen Mitarbeitern unmittelbar und ohne Verzögerung stets aktuell zur Verfügung. Außerdem sind alle Daten nur einmal im Datenpool abgespeichert; es kommt also zu keiner Mehrfachspeicherung. Das spart eine doppelte und fehlerträchtige Datenpflege.

hoher Integrationsgrad

Der Einsatz von ERP-Systemen wirkt sich häufig auf die Organisation eines Unternehmens aus. Nach der Softwareeinführung arbeiten die Mitarbeiter nämlich entlang an Prozessketten wie dem Auftragsprozess oder dem Produktionsprozess.

Die folgende Textgrafik verdeutlicht den Zusammenhang:

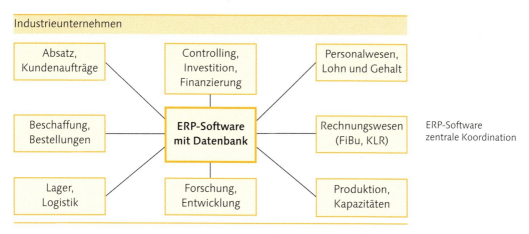

ERP-Software zentrale Koordination

ERP-Software bildet quasi die „Schaltzentrale" im Rahmen der Prozesskoordination. Eine entsprechende Umorganisation des Betriebes ist unverzichtbar.

9.2 Basiselemente einer ERP-Software: Der Geschäftsprozess und die zugehörigen Programmmodule

Hinter ERP-Softwarepaketen steht ohne Ausnahme komplexe Software. Diese Programme lassen sich also kaum wie eine Tabellenkalkulation oder eine Textverarbeitung einfach und intuitiv bedienen. Vielmehr muss man zunächst den Aufbau der Geschäftsprozesse kennen, die mit Hilfe von ERP-Software koordiniert werden sollen. Weiterhin sollte dem Anwender das Zusammenwirken der Programmmodule in groben Zügen geläufig sein. Deshalb ist die Einführung einer ERP-Software meist mit umfangreichen Mitarbeiterschulungen verbunden.

Nachfolgend wird ein überschaubarer Geschäftsprozess am Beispiel von zwei weit verbreiteten ERP-Programmen parallel veranschaulicht. Nur so ist ersichtlich, dass ERP-Programme grundsätzlich immer nach dem gleichen Schema arbeiten – nämlich ausgerichtet an der Abwicklung von Geschäftsprozessen.

Beispiel: Als einfacher und damit gut überschaubarer Geschäftsprozess dient der Lagerversandauftrag (LVA). Dieser Prozess lässt sich wie folgt charakterisieren:

Geschäftsprozess Lagerversandauftrag

- Ein Kunde bestellt Waren beim Unternehmen (im Beispiel Tische),
- die Waren sind ausreichend am Lager (also keine Beschaffung / Produktion),
- die benötigte Ware wird für den Kunden reserviert (Materialdisposition),
- die Waren werden im Lager zusammengestellt, verpackt und versendet,
- die versendete Ware wird dem Kunden berechnet (Fakturierung),
- der Kunde zahlt die gelieferten Waren (Zahlungseingang).

Die Koordination eines Lagerversandauftrages

Die Grafik verdeutlicht, dass der Geschäftsprozess beim Kunden beginnt und dort auch wieder sein Ende findet. Im Falle eines Lagerversandauftrages sind grob betrachtet sechs Prozessschritte mit Hilfe der ERP-Software zu koordinieren.

Ähnlich wie der Gesamtprozess in Teilprozesse gegliedert ist, besteht ein ERP-Programm auch aus diversen Programmmodulen. Diese Module nutzen bei der Prozesskoordination jedoch stets nur eine große Datenbasis (Datenbank), in der alle betrieblichen Daten gespeichert sind.

Im vorliegenden Beispiel kommen die beiden ERP-Programme **Microsoft Navision Attain** und **SageKHK ClassicLine** zum Einsatz. Beide Produkte richten sich überwiegend an kleine bis mittlere Unternehmen und sind in diesen Betrieben weit verbreitet.

Die Hauptmenüs beider ERP-Programme weisen deutliche Ähnlichkeiten auf:

Hauptmenüs im Vergleich

gleiche Inhalte
unterschiedliche Optik

Microsoft Navision Attain   SageKHK ClassicLine

Zur Abwicklung des LVA werden folgende Programm-Module genutzt:

Microsoft Navision Attain **SageKHK ClassicLine**
1. Debitoren & Verkauf   1. Auftragsbearbeitung
                               2. Finanzbuchhaltung

Bei Microsoft Navision Attain ist auf Grund eines höheren Integrationsgrades nur ein Modul erforderlich. Diese Tatsache bedeutet jedoch in keinem Fall eine Aussage über die Leistungsfähigkeit der Programme.

9.3 Die Abwicklung eines Lagerversandauftrages: Der Kundenauftrag als Ausgangssituation

Die Basis des Geschäftsprozesses „Lagerversandauftrag" ist der Auftrag, den der Kunde dem Unternehmen erteilt.

Beispiel:	
Kunde	gewünschte Leistung
Hotel Adlon Unter den Linden 77 10117 Berlin	– Auftragsdatum: 03.01.JJ * – Bürotisch „Büroprofi XT 700" – 70 Stück – Lieferung: in der Kalenderwoche 3 des Jahres* – der Kunde wird frei Haus beliefert

* Im Beispiel werden aus lizenztechnischen Gründen zwei unterschiedliche Beispieljahre genutzt (MS Navision Attain: 2001, SageKHK: 2005). Dieses Vorgehen hat keinerlei Auswirkungen auf das grundsätzliche Vorgehen.

9.3.1 Auftragserfassung

Der vom Kunden erteilte Auftrag muss in das ERP-System eingegeben werden. Da alle weiteren Koordinationsschritte auf diesem Auftrag aufbauen, hat die Auftragserfassung zentrale Bedeutung. Passieren an dieser Stelle Fehler, setzen sie sich im gesamten weiteren Prozessverlauf fort.

Jede Auftragserfassung verläuft nach einem **3-W-Prinzip**:
WER – WIE – WAS, d. h., wer (Kunde) erhält wie (Liefer- und Zahlungsbedingungen) was (Artikel). Genau nach diesem Prinzip sind auch die Erfassungsmasken aufgebaut. Jeder Hersteller realisiert dieses 3-W-Prinzip optisch jedoch ganz individuell. Inhaltliche Unterschiede bestehen dagegen kaum.

3-W-Prinzip

Grundsätzlich werden die Kundenadresse, eine eventuell abweichende Lieferadresse, das Lieferdatum, die gewünschten Artikel, die bestellten Mengen, der Preis und eventuell gewährte Rabatte erfasst. Wenn ein Kunde früher schon Aufträge erteilt hatte, so werden seine Adressdaten aus der Datenbank abgerufen, die erneute Erfassung entfällt.

Rabattstaffel der Fly Bike Werke, vgl. Seite 10

Auftragserfassung: Microsoft Navision Attain:

Oberer Maskenteil: Hier erfasst man Adressdaten sowie das Lieferdatum (hier 15.01.01). Angaben zum Verkäufer und zu Ansprechpartnern komplettieren die Informationen.

Unterer Maskenteil: Hier erfasst der Mitarbeiter die gewünschten Leistungen (Tisch) und die Menge (70 Stück). Das System ermittelt den Rechnungsbetrag automatisch (84.000 €). Rechenfehler sind so ausgeschlossen.

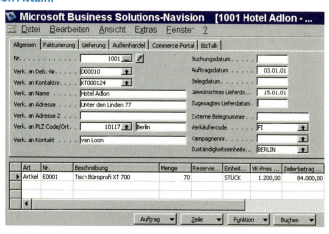

Auf den Registerkarten „Fakturierung", „Lieferung" „Außenhandel" usw. können weitere Daten erfasst werden. Ebenso lassen sich Daten bzw. Aktionen über die Buttons „Auftrag", „Zeile", „Funktion" und „Buchen" abrufen bzw. auslösen:

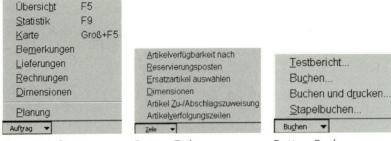

Button *Auftrag*   Button *Zeile*   Button *Buchen*

Der Aufruf der Buttons macht die Komplexität eines ERP-Programmes deutlich. Viele Funktionen sind erst auf einer zweiten Programmebene sichtbar.

Auftragserfassung: SageKHK ClassicLine

Auch bei SageKHK ClassicLine werden Aufträge nach dem 3-W-Prinzip erfasst. Hier verteilt sich die Datenerfassung jedoch über zwei Bildschirmseiten.

Seite 1: Die Adressdaten finden sich in den Feldern 01 bis 06, Informationen zu den Bedingungen der Leistung lassen sich überwiegend in den Feldern 07 bis 30 ablesen.

Das Feld 26 enthält Angaben zu den Zahlungskonditionen (ZKD, z. B. Skonto, Zahlungsziel).

Die Felder 27 bis 29 geben Auskunft über eventuelle Rabatte.

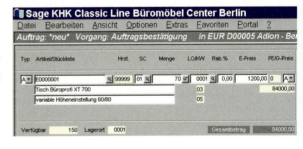

Seite 2: Auf der nächsten Seite der Auftragserfassung gibt der Mitarbeiter die vom Kunden gewünschten Leistungen ein. Artikelbezeichnungen sowie Artikelpreise werden aus der Datenbank geladen und müssen nicht erfasst werden. Einzugeben sind lediglich die Artikelnummer und die Menge. Das Lieferdatum steht in der Spalte „LO/KW" (hier KW 03-2005). SageKHK ClassicLine ermittelt wie Microsoft Navision Attain den Gesamtbetrag des Auftrages (84.000 €) automatisch.

Die Auftragserfassung zeigt deutlich das Rationalisierungspotenzial einer ERP-Software. In beiden Fällen mussten letztlich nur die Artikelnummer, die Menge sowie das Lieferdatum eingegeben werden. Erfassungsarbeit, für die früher eine große Anzahl von Sachbearbeitern nötig war, lässt sich nun mit deutlich weniger Zeitaufwand und einem Bruchteil der Mitarbeiter realisieren. Zudem ist die ERP-softwarebasierte Arbeit weniger fehleranfällig, da die Programme stets richtige Preise einsetzen und keine Rechenfehler auftreten.

9.3.2 Materialdisposition

Die vom Kunden gewünschten Waren müssen bestandsmäßig eingeplant werden; d. h., vom vorhandenen Lagerbestand wird die Auftragsmenge reserviert. Unterbliebe diese Reservierung, würde die gleiche Ware mehrfach verkauft. Die Folge wäre, dass Kunden ihre Waren nicht termingerecht erhalten. Folglich ist diese Reservierung bzw. Materialdisposition von zentraler Bedeutung. ERP-Software erledigt diese Materialdisposition automatisch bei der Auftragserfassung. Die Dispositionsrechnung basiert auf einem einfachen Zusammenhang:

Lagerbestand − Reservierung + Bestellungen = verfügbarer   *Dispositionsrechnung*
                Kunden   Lieferanten   Bestand

Vom physisch vorhandenen Bestand werden die von Kunden bereits beauftragten, aber noch nicht ausgelieferten Waren abgezogen (= reserviert). Eventuell eintreffende Lieferungen von Lieferern werden addiert. Als Ergebnis erhält man den verfügbaren Bestand, der für weitere Aufträge bereitsteht. Solange der verfügbare Bestand positiv ist, braucht keine Ware neu bestellt zu werden.

Die Materialdisposition ist jedoch nur dann sinnvoll, wenn sie über die Tage und Wochen eines Jahres fortgeschrieben, d.h. eine zeitraumbezogene Disposition durchgeführt wird. Dabei gilt, dass der verfügbare Bestand einer Vorperiode (n) den Ausgangsbestand für eine nachfolgende Periode (n+1) darstellt.

Materialdisposition: Microsoft Navision Attain

Im vorliegenden Fall werden für die vom Kunden gewünschte Lieferwoche (3 – rot eingerahmt) 70 Stück in der Spalte „Bruttobedarf" reserviert. Folgerichtig sinkt der Bestand in der Spalte „Verfügbarkeitssaldo" von 150 Stück auf 80 Stück. Zugänge von Lieferern sind nicht eingeplant (Spalte „Geplanter Zugang": 0). Sollte in der Spalte „Verfügbarkeitssaldo" ein negativer Bestand ausgewiesen werden, muss bei Lieferern nachbestellt werden. Die Materialdispositionstabelle beschränkt sich dabei nicht auf 4 Wochen, wie dargestellt. Der Planungshorizont kann über mehrere Jahre reichen (Button „12" = Jahresdarstellung).

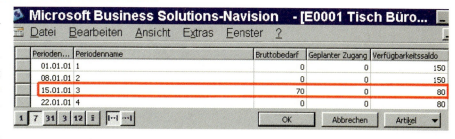

Materialdisposition: SageKHK ClassicLine

Beim ERP-Programm SageKHK ClassicLine verläuft die Materialdisposition identisch. Vorgehen und Ergebnis stimmen mit den Resultaten von MS Navision Attain überein. Auch hier sinkt der verfügbare Bestand in der Woche der Reservierung (KW 3) um 70 Stück auf 80 Stück. Da keine Zugänge von Lieferanten geplant sind, wird in der Spalte „Bestellt" kein Wert ausgewiesen.

	Jahr	KW	Reserviert	Bestellt	Verfügbar
	2005	01			150
	2005	02			150
+	2005	03	70		80
	2005	04			80

Artikel: E001   DISPO / Tisch

Beide Programme unterscheiden sich lediglich bei den Spaltenüberschriften. Hier wählt jeder Softwarehersteller individuelle Bezeichnungen.

9.3.3. Kommissionierung und Auslieferung der Ware

ERP-Programme unterstützen ein Unternehmen bei der Überwachung von Auslieferungsterminen. Darin ist ein wichtiger Vorteil hinsichtlich der angestrebten Termintreue gegenüber Kunden zu sehen. Die Mitarbeiter müssen dazu lediglich das zu prüfende Lieferdatum eingeben. Das ERP-System zeigt daraufhin alle an diesem Tag fälligen Lieferungen an. Ebenfalls weist ein ERP-System frühzeitig darauf hin, ob Liefertermine auf Grund fehlender Ware gefährdet sind.

Anhand der Liefervorschlagslisten werden die Waren im Lager für den Kunden zusammengestellt. Für das Hotel Adlon würden also 70 Bürotische dem Lager entnommen. Diese Absonderung der Ware vom übrigen Lagerbestand nennt man Kommissionierung. Anschließend wird die kommissionierte Ware verpackt und zum Kunden gesandt.

Kommissionierung und Auslieferung: Microsoft Navision Attain

Zunächst wird die fällige Lieferung vom Mitarbeiter identifiziert. Dazu druckt dieser einen Warenausgangsbericht aus, der jedoch nur Warenausgänge mit dem Datum 15.01.01 (Kundentermin) berücksichtigt. Das ERP-System selektiert also nur die Warenausgänge für diesen Tag.

Als Ergebnis wirft Microsoft Navision Attain eine Auslieferungs- bzw. Kommissionierungsliste aus. Mitarbeiter können der Liste Art, Menge und Standort der Waren entnehmen (Regal: BT25D). Zusätzlich werden die Warenbegleitpapiere automatisch erstellt – z. B. der Lieferschein oder Zollpapiere.

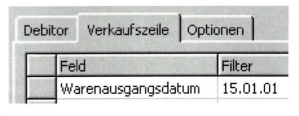

Danach erfolgt der Versand der Waren an den Kunden.

Kommissionierung und Auslieferung: SageKHK ClassicLine

Auch bei der ERP-Software SageKHK ClassicLine wird zunächst die fällige Lieferung identifiziert. Das Programm selektiert an Hand einer Datumsvorgabe die auf den Liefertermin passende Lieferung.

Als Ergebnis wird eine Auslieferungsliste ausgegeben, die die zu liefernden Artikel, die Liefermenge sowie den Lagerstandort ausweist. Wie zuvor wird die Ware zusammengestellt, verpackt und mit den Begleitpapieren versandt.

Auch bei Kommissionierung und Auslieferung der Waren zeigen sich kaum Unterschiede zwischen beiden ERP-Programmen. Vielmehr gestalten die Hersteller nur die Masken unterschiedlich und verwenden andere Bezeichnungen.

9.3.4 Fakturierung der Waren (Rechnungsstellung)

Im Anschluss an die Auslieferung der Waren an den Kunden „Hotel Adlon" wird die erbrachte Leistung in Rechnung gestellt. Diesen Vorgang nennt man Fakturierung (Faktura, lat.: Rechnung).

Im Rahmen der Fakturierung erstellen ERP-Programme automatisch notwendige Buchungssätze für die Dokumentation des Prozesses im Rechnungswesen. Der Buchungssatz zur Erfassung einer Ausgangsrechung ist dazu im ERP-Programm hinterlegt. Er lautet (nach IKR):
„24 Forderung an 50 Umsatzerlöse / 48 Umsatzsteuer".

Fakturierung: Microsoft Navision Attain

Um die Leistungen zu fakturieren, muss der Mitarbeiter lediglich den Auftrag an das Hotel Adlon aufrufen. Da die Waren bereits ausgeliefert wurden („Liefern"), muss der Mitarbeiter in diesem Schritt nur „Fakturieren" wählen. Die Bestätigung auf OK löst die Buchung und den Rechnungsdruck aus. Die gedruckte Rechnung erhält der Kunde.

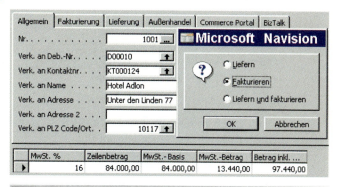

Da alle Programmmodule von Microsoft Navision Attain mit einer gemeinsamen Datenbasis arbeiten, lässt sich die Buchung sofort im Modul „Finanzbuchhaltung" nachvollziehen. Soll-Buchungen kennzeichnet das Programm mit positiven, Haben-Buchungen mit negativen Werten.

Fakturierung: SageKHK ClassicLine

Bei dieser ERP-Software ruft der Mitarbeiter zuerst den Auftrag auf und erstellt darauf basierend die Rechnung. Diese wird ausgedruckt und an den Kunden geschickt.

SageKHK ClassicLine erzeugt dann automatisch die Buchungen für das Rechnungswesen. Dabei werden die Soll- und Haben-Werte in getrennten Spalten ausgewiesen. Die Umsatzsteuerwerte bucht das Programm nicht sichtbar im Hintergrund.

Beide ERP-Programme realisieren die Fakturierung, abgesehen von unterschiedlicher Optik und Bezeichnung, identisch.

9.3.5 Zahlungseingang

Kunden (= Debitoren) erhalten i. d. R. eine Zahlungsfrist von 7 bis 30 Tagen eingeräumt. Solange der Kunde seine Rechnung nicht gezahlt hat, besteht eine Forderung des Unternehmens gegenüber dem Kunden. Im Unternehmen nennt man diese Forderung häufig auch „offener Posten". Eine Zahlung durch den Kunden gleicht diesen offenen Posten aus (Saldo = 0).

ERP-Systeme überwachen die Zahlungsfristen und drucken automatisch Mahnungen an säumige Kunden aus. Dies ist eine wichtige Unterstützung bei der Koordination der Liquidität. Aus dem Hauptmenü ruft man das Mahnwesen auf.

Mahnwesen Microsoft Navision Attain

Mahnwesen SageKHK ClassicLine

Eingehende Kundenzahlungen werden erfasst und den offenen Posten zugeordnet. Durch die Zuordnung kommt es dann zum Ausgleich der offenen Posten.

Zahlungseingang: Microsoft Navision Attain

Bei Microsoft Navision Attain ruft der Mitarbeiter zunächst den Kunden und dessen offenen Posten auf (Button „Posten"). Über den Button „Ausgleich" wird der Zahlungsbetrag zugeordnet und im zugehörigen Feld „Ausgleichsbetrag" angezeigt. Mit dem Befehl „Ausgleich buchen ..." wird der offene Posten ausgeglichen. Das Häkchen in der Spalte „Offen" verschwindet dann und in den Feldern „OP-Betrag", „Ausgleichsbetrag" und „Saldo" steht wieder 0,00.

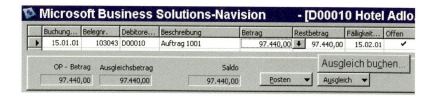

Zahlungseingang: SageKHK ClassicLine

Der Mitarbeiter wählt bei SageKHK ClassicLine im oberen Maskenbereich zunächst das Bankkonto (Soll) sowie den Kunden (Haben) und gibt den Zahlungsbetrag ein. Im unteren Maskenbereich ruft er den offenen Posten auf und ordnet damit die Zahlung dem Posten zu. Nachdem die Buchung ausgelöst wurde, wird das Feld „Saldo" wieder auf 0,00 gesetzt.

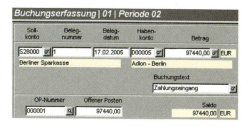

Auch beim Zahlungseingang sind keine gravierenden Unterschiede zwischen beiden Programmen festzustellen.

9.3.6 Prozessanalyse

ERP-Systeme werden für das Unternehmen nicht zuletzt auf Grund einer schnellen Prozessdatenanalyse zum unverzichtbaren Wettbewerbsvorteil. Durch schrittweise Verdichtung der Detaildaten lassen sich gezielte Aussagen zu Kunden, Artikeln oder Periodenergebnissen (Bilanzen) ablesen.

Prozessanalyse: Microsoft Navision Attain

Der hohe Integrationsgrad dieser ERP-Software ermöglicht das Abrufen detaillierter Informationen. Aus der abgebildeten Maske kann der Mitarbeiter ablesen, dass das Hotel Adlon bereits einen neuen Auftrag in Höhe von 17.500 € erteilt hat. Dieser neue Auftrag ist aber weder geliefert noch fakturiert. Folglich besteht noch kein offener Posten (Saldo: 0). Der Auftrag liegt im Rahmen des Kreditlimits. Da das Hotel den ersten Auftrag bereits bezahlt hatte (vgl. oben), sind zum aktuellen Tag (15. 02. 01) keine Posten zur Zahlung fällig. Mit einem Klick auf das Pfeilsymbol im Feld „Saldo" kann der Mitarbeiter einen vorhandenen Saldo in die dahinter stehenden offenen Posten aufsplitten. Das heißt, die zunächst verdichtete Information des Saldobetrages wird in ihre Detailgrundlagen zerlegt. Dieses Aufsplitten nennt man Drill-Down-Funktion. Auf der Registerkarte „Verkauf" kann man die Umsätze und Deckungsbeiträge des Hotels Adlon ablesen (Monats-, Jahres- und Vorjahreswerte).

Prozessanalyse: SageKHK ClassicLine

Ähnlich wie MS Navision Attain kann auch SageKHK ClassicLine Kundenumsätze verdichten oder Artikel-Hitlisten in einer Übersicht darstellen. Eine weitere Stärke ist die Fähigkeit, sog. „Cheflisten" zu erstellen. Hier werden wichtige Daten für Geschäftsleiter aggregiert (z. B. Liquidität, Auftragsbestand). SageKHK ClassicLine bietet keine Drill-Down-Funktion.

Insgesamt verfügen beide ERP-Programme über wertvolle Analysetools. Eine aussagekräftige Analyse setzt jedoch eine lückenlose Datenerfassung und sorgfältige Datenpflege voraus.

9.4 Fazit

ERP-Software stellt im Rahmen zunehmender Globalisierung einen unverzichtbaren Wettbewerbsvorteil dar. Sie ist die zentrale Basiskomponente einer kundenorientierten Geschäftsprozesskoordination. ERP-Systeme unterscheiden sich vorwiegend hinsichtlich der optischen Gestaltung. Die Funktionalität der Programme ist ähnlich.

Globalisierung, vgl. Kapitel 2.3

ERP-Systeme können nicht nur einfache Lagerversandaufträge koordinieren. Interessanter ist die Abwicklung eines Produktionsauftrages. Die Grafik veranschaulicht den deutlich komplexeren Ablauf. Nähere Informationen sowie Datenbestände und Anleitungsmaterial finden Sie in Peter Engelhardt (2002): Industrielle Geschäftsprozesse, Cornelsen Verlag, Berlin (Bestell-Nr. 460128).

Die Koordination eines Produktionsauftrages

Geschäftsprozess Kundenauftrag: vom Kunden ... zum Kunden

- Zahlungseingang
- Rechnungsausgang
- Auslieferung
- Kommissionierung
- Nachkalkulation
- Rückmeldungen
- Produktion
- Materialentnahme
- Produktionsfreigabe
- Auftragserfassung
- Materialdisposition
- Produktionsplanung
- Terminierung
- Vorkalkulation
- Beschaffung Material
- Auslieferung Material
- Eingangsrechnung
- Zahlungsausgang

Glossar

ABC-Analyse	dient der Identifikation von Materialien, die einen geringen Mengenteil, aber einen hohen Wertanteil am gesamten Beschaffungsvolumen eines Unternehmens beanspruchen
Abfallbeseitigung	Deponierung, Verbrennung oder Endlagerung aller nicht mehr vermeidbaren oder verwertbaren Reststoffe
Abfallvermeidung	umweltfreundlichstes Verhalten, das darauf zielt, Rohstoffe und Energie von vornherein einzusparen; dadurch entstehen keine Kosten für die Verwertung oder Entsorgung.
Abfallverwertung	Aufbereitung von Ausschuss (z. B. Abfällen und gebrauchten Produkten) sowie deren Rückführung in den Produktionsprozess
Ablauforganisation	bestimmt die zeitliche Orientierung und Zusammenwirkung von → Geschäftsprozessen; → Aufbauorganisation
Absatzforschung	Form der → Marktforschung: Untersuchung der Auswirkungen der absatzpolitischen Instrumente (Produkt- und Sortiments-, Preis- und Konditionen-, Kommunikations- und Distributionspolitik)
Absatzmittler	Personen, die im Bereich der Warendistribution tätig sind; zu den bekanntesten A. zählen der Handelsmakler, der Kommissionär, der Handelsvertreter und der Reisende.
Absatzorganisation	Die innere A. regelt die Organisationsstruktur des Absatzes innerhalb eines Unternehmens, die äußere A. regelt den Absatz zwischen Unternehmen und Kunden.
Absatzprognose	Als Ergebnis von → Marktanalyse und → Marktbeobachtung erstellt eine Unternehmung die A.; sie gibt Auskunft über die Höhe des zu erwartenden betrieblichen Absatzes.
Absatzprogramm	verkaufsfähige Enderzeugnisse für den Absatz; → Produktionsprogramm
Absatzweg	Die Wahl des A. bestimmt, wie eine betriebliche → Leistung ihren Kunden erreicht. Grundsätzlich ist dies durch einen direkten oder einen indirekten A. möglich.
Abschreibung	durch die Nutzung entstehende Wertminderung von Vermögensgegenständen
Abteilung	entsteht durch die Zusammenfassung von → Stellen unter einheitlicher Leitung
Akkordlohn	Bemessungsgrundlage für den A. ist die Arbeitsleistung, die nach einer bestimmten Vorgabe in einer bestimmten Zeit erbracht wird. Im Gegensatz zum → Zeitlohn liegt beim A. ein unmittelbarer Leistungsbezug vor. A. besteht aus einem leistungsunabhängigen Teil, dem tariflich gesicherten Mindestlohn, und einem leistungsabhängigen Teil, dem Akkordzuschlag.
Allgemeine Geschäftsbedingungen	für eine Vielzahl von → Verträgen vorformulierte Vertragsbedingungen, die eine Vertragspartei der anderen bei Vertragsabschluss stellt
analytische Arbeitsbewertung	bewertet einzelne Anforderungsarten einer Tätigkeit; der Arbeitswert der Tätigkeit insgesamt ergibt sich aus der Summe der Einzelbewertungen; → summarische Arbeitsbewertung
Angebot	am → Markt bekundete Absicht eines Wirtschaftssubjektes, ein bestimmtes Gut gegen Geld abzugeben; → Nachfrage
Annahme	zweite → Willenserklärung im Rahmen des Vertragsabschlusses, → Antrag; → Vertrag

Antrag	erste Willenserklärung im Rahmen des Vertragsabschlusses; → Annahme; → Vertrag
Arbeit	geistige und körperliche (ausführende) Tätigkeit des Menschen zum Zwecke der Leistungserstellung
Arbeitsstudien	Untersuchungen über betriebliche Arbeitsprozesse, die der Ermittlung möglichst objektiver Kriterien für die Leistungsbewertung dienen; umfassen Arbeitsablauf-, Arbeitsplatz-, Arbeitswert- und Arbeitszeitstudien
Aufbauorganisation	bestimmt den hierarchischen Aufbau des Unternehmens sowie die Regeln, nach denen organisatorische Einheiten gebildet werden; → Ablauforganisation
Auflagendegression	Wird bei der Serienfertigung die Produktionsanlage von einem Produkt auf ein anderes umgestellt, so entstehen auflagenfixe → Kosten. Je größer die Anzahl der zu fertigenden Erzeugnisse je Auflage ist, desto geringer sind die auflagenfixen Kosten je Stück.
Auftragsfertigung	Ein Produkt wird erst dann gefertigt, wenn ein konkreter Kundenauftrag vorliegt.
Auslastungsgrad	$\dfrac{\text{Ist-Leistung in Stunden} \times 100}{\text{Kann-Leistung in Stunden}}$
Außenfinanzierung	Zuführung finanzieller Mittel von außen durch Kapitaleinlagen, Beteiligungen oder → Kredite; → Innenfinanzierung
Barkauf	sofortige Zahlung der Ware bei Übergabe
Baukastensystem	Kombination von → Normung und → Typung bei mehrteiligen, komplexen Baugruppen
Bedarfsermittlung	→ Disposition
Bedarfsforschung	Form der → Marktforschung; gezielte Untersuchung des Nachfragers und seiner Wünsche
Benchmarking	Vergleich eigener Prozesse mit denen anderer Unternehmen (externes B.) oder mit denen anderer Organisationseinheiten im eigenen Unternehmen (internes B.)
Beschaffungslogistik	Aufgabe der B. ist es, als Teil des unternehmensübergreifenden Logistikprozesses den betrieblichen Informationsfluss, → Materialfluss und Wertefluss zu optimieren, auch unter Einsatz moderner Beschaffungskonzepte wie z. B. → Just in Time und → Supply Chain Management; → Logistik
Beschaffungsmarktforschung	planmäßiges Sammeln und Aufbereiten von beschaffungsrelevanten Informationen einschließlich der zuverlässigen Prognose über Entwicklungen mit dem Ziel, die Beschaffungsmärkte transparenter zu machen; → Marktforschung
Beschäftigungsgrad	Verhältnis von tatsächlich genutzter → Kapazität zur vorhandenen (optimalen) Kapazität
Bestellpunktverfahren	Meldebestandsverfahren; der Bestellpunkt bezeichnet die Menge, die erforderlich ist, um den Bedarf abzudecken, der zwischen der Bestellauslösung und der Bereitstellung im Lager voraussichtlich auftreten wird.
Bestellrhythmusverfahren	Beim B. (Terminsteuerung) erfolgt eine Bestandskontrolle oder Nachbestellung in zyklischen Intervallen.
Bestellung	rechtlich verbindliche → Willenserklärung des Käufers an den Verkäufer, unter bestimmten Bedingungen einen → Kaufvertrag abzuschließen
Bestellungsannahme (Auftragsbestätigung)	rechtlich verbindliche → Willenserklärung des Verkäufers, die bestellte Ware zu den in der → Bestellung angegebenen Bedingungen zu liefern
Beteiligungsfinanzierung	Form der → Außenfinanzierung, bei der die Kapitalgeber am Unternehmen beteiligt werden

Betriebsergebnis	wird ermittelt durch die Gegenüberstellung von → Leistungen und → Kosten innerhalb einer Abrechnungsperiode
Betriebsmittel	werden in der Bilanz unter Anlagevermögen (Sachanlagen) auf der Aktivseite geführt; hier sind alle beweglichen und unbeweglichen Mittel zu finden, die der Leistungserstellung dienen. Anders als → Werkstoffe gehen die B. nicht in das Erzeugnis ein, sondern können mehrfach oder über einen langen Zeitraum (oftmals mehrere Jahre) genutzt werden.
Betriebsstoffe	gehen nicht in das Fertigerzeugnis ein, werden jedoch zum Betreiben der Fertigungsmaschinen benötigt; → Hilfsstoffe; → Rohstoffe, → Vorprodukte; → Werkstoffe
Bezugskosten	Fracht, → Be- und Entladekosten, Verpackungskosten, Versicherungskosten, Zölle, die neben dem eigentlichen Güterpreis anfallen
Bezugspreis (Einstandspreis)	Listeneinkaufspreis, korrigiert um → Rabatte, → Skonti, Boni und → Bezugskosten
Bringschulden	→ Erfüllungsort ist der Ort des Gläubigers, wobei der Schuldner die Leistung zum Gläubiger bringen muss; → Holschulden; → Schickschulden
Bruttobedarfsrechnung	Umsetzung des → Produktionsprogramms in Bestell- und Fertigungsaufträge für → Rohstoffe, Teile und Baugruppen ohne Berücksichtigung der Bestände; → Nettobedarfsrechnung
Bruttopreis	Preis einschließlich Umsatzsteuer; → Nettopreis
Chargenfertigung	Erzeugnisse einer Art werden gemeinsam bearbeitet und weisen dadurch – produktionsbedingt und nicht vermeidbar – Unterschiede gegenüber einer anderen Charge auf (z. B. Holzerzeugnisse, Zigarren).
Computer Aided Engineering (CAE)	Mit Hilfe von CAE werden Computersimulationen ermöglicht.
Computer Aided Manufacturing (CAM)	computergestützte Steuerung und Überwachung der im Fertigungsprozess eingesetzten → Betriebsmittel
Computer Aided Planning (CAP)	computergestützte Planung von Arbeitsabläufen und -terminen
Computer Aided Quality Assurance (CAQ)	computergestützte Qualitätskontrolle
Computer Integrated Manufacturing (CIM)	unternehmensweiter EDV-Ansatz für alle → Geschäftsprozesse im gesamten Beschaffungs-, Produktions- und Absatzbereich
Controlling	übernimmt die Aufgaben der Planung, Steuerung und Kontrolle von → Geschäftsprozessen und deren Koordination sowie die Beurteilung der → Wirtschaftlichkeit und Qualität der von einem Unternehmen zu erbringenden → Leistungen
Deckungsbeitrag	Differenz zwischen Erlös und variablen → Kosten, die zur Deckung der fixen Kosten beiträgt; db = Stückdeckungsbeitrag (D. pro verkauftes Erzeugnis); DB = Gesamtdeckungsbeitrag (Summe der Stückdeckungsbeiträge in einer Periode)
Desinvestition	→ Kapitalfreisetzung
Dienstleistungsmanagement	umfasst die Planung, Durchführung und Kontrolle von Maßnahmen zur Erstellung von Dienstleistungen sowie zur Sicherstellung dienstleistungsorientierten Verhaltens
Disagio	der in % oder in € ausgedrückte Betrag, um den der Auszahlungsbetrag eines → Kredits geringer als der zu tilgende und zu verzinsende Betrag ist; (auch: Abgeld oder Abschlag)

Disposition, programmorientiert	Dispositionsverfahren, das sich an Planvorgaben aus der Fertigung und dem Vertrieb orientiert, auch: deterministische, plan- oder bedarfsgesteuerte D.; → Disposition, verbrauchsgesteuert
Disposition, verbrauchsgesteuert	Dispositionsverfahren, das eingesetzt wird, wenn ohne Bezug auf einen festen Produktionsplan disponiert wird und wenn der künftige Bedarf auf Basis des buchmäßigen Lagerbestands ermittelt werden kann, eventuell korrigiert um Reservierungen und offene Bestellungen; auch: bestandsgesteuerte D.; → Disposition, programmorientiert
dispositiver Faktor	menschliche Leitungstätigkeit, im Rahmen derer die → Elementarfaktoren zum Zwecke der Leistungserstellung kombiniert werden
Eigenfinanzierung	Zuführung und Erhöhung des Eigenkapitals eines Unternehmens durch Einlagen der/des Unternehmer/-s oder aus Unternehmensgewinn; → Fremdfinanzierung
Einliniensystem	betriebliche Organisationsform nach dem Prinzip der Einheit der Auftragserteilung, d. h., ein Mitarbeiter hat nur einen direkten Vorgesetzten; → Mehrliniensystem
Einzelfertigung	Ein einzelnes Erzeugnis wird gefertigt. Hierbei kann zwischen Kundenproduktion *(make to order)* und Marktproduktion *(make to stock)* unterschieden werden; → Massenfertigung
Elementarfaktoren	menschliche Arbeit, → Betriebsmittel, → Werkstoffe, Schutzrechte/Lizenzen; → Produktionsfaktoren
Erfüllungsgehilfe	Person, derer sich der Schuldner zur Erfüllung seiner Verbindlichkeiten bedient
Erfüllungsort	Ort, an dem der Schuldner seiner Leistungspflicht nachkommen muss
ERP-System	Software-Lösungen, die betriebswirtschaftliche Prozesse funktionsübergreifend und einheitlich miteinander verknüpfen, steuern und auswerten *(ERP = Enterprise Ressource Planning)*
Erzeugnisstruktur	zeigt den Strukturaufbau eines Erzeugnisses mit seinen Fertigungsstufen
Fahrlässigkeit	Fahrlässig handelt, wer die den Umständen nach angemessene Sorgfalt außer Acht lässt.
Fälligkeit	Zeitpunkt, zu dem eine Leistung gefordert werden kann oder erbracht sein muss
Finanzierung	alle Maßnahmen der lang-, mittel- und kurzfristigen Kapitalbeschaffung eines Unternehmens
Finanzinvestition	→ Investition in Aktien, sonstige Beteiligungen an anderen Unternehmen sowie sonstige langfristige Geldanlagen (z. B. Wertpapiere); → Sachinvestition
Fließbandfertigung	Form der → Fließfertigung; der Transport der zu bearbeitenden Werkstücke zwischen den Arbeitssystemen erfolgt mit Hilfe eines Fließbandes; die Werkstücke gleiten in einer für alle Arbeiten gleichen → Taktzeit an den einzelnen Arbeitsplätzen vorbei.
Fließfertigung	Fertigungsorganisation nach dem Objektprinzip, d.h., die Arbeitssysteme sind in der Reihenfolge der sich aus den Arbeitsplänen ergebenden Arbeitsgänge für das zu bearbeitende Werkstück (Objekt) angeordnet; → Werkstattfertigung
Forschung und Entwicklung	Grundlage für innovative Produkte und Produktionsverfahren
Forschung, angewandte	Nutzung bereits vorhandener wissenschaftlicher Erkenntnisse, um neue Lösungen für technische Problemstellungen zu finden; → Grundlagenforschung
Fortbildung (Weiterbildung)	Vermittlung von Kenntnissen, Fähigkeiten und Verhaltensweisen, mit denen die Qualifizierung eines Mitarbeiters erhalten oder verbessert werden soll

Franchising	Der Franchise-Geber räumt dem Franchise-Nehmer das Recht ein, bestimmte Waren oder Dienstleistungen unter Verwendung von Namen, Warenzeichen, Ausstattung oder sonstigen Schutzrechten gegen eine Gebühr anzubieten.
Freizeichnungsklauseln	Klauseln, durch die die Bindung an ein Angebot eingeschränkt wird
Fremdfinanzierung	zeitlich begrenzte Zuführung von Fremdkapital, Kapitalgeber sind nicht am Unternehmen beteiligt; → Eigenfinanzierung
Gebrauchsmuster	räumt dem Erfinder die alleinige Befugnis zur Nutzung einer nicht patentfähigen Erfindung ein; → Patent
Gefahrübergang	Regelung der Gefahr des Untergangs oder der Verschlechterung einer Sache oder eines Rechts
Geschäftsprozess	Transformation eines Objektes durch Tätigkeiten von Menschen oder Maschinen mit einem bestimmten Ziel. Transformation bedeutet die Veränderung von Material und Informationen. Objekte können Materialien, Teile und Informationen sein. Maschinen sind Bearbeitungsmaschinen und Computer. Ziel ist die Erreichung einer Unternehmensleistung, d. h., die Herstellung eines Produktes oder das Erbringen einer Dienstleistung; → Kernprozesse, → Unterstützungsprozesse
Geschmacksmuster	schützt die ästhetische Form sowie die Farbgebung eines Musters oder eines Modells
Grundlagenforschung	Gewinnung neuer wissenschaftlicher Erkenntnisse, die zunächst nicht für den praktischen Einsatz gedacht sind; → Forschung, angewandte
Gruppenfertigung	kombiniert Elemente der → Werkstattfertigung und der → Fließfertigung miteinander
Gütezeichen	werden von Lieferern gleichartiger Waren geschaffen und sichern dem Konsumenten zu, dass eine bestimmte Mindestqualität der Erzeugnisse sichergestellt wird
Handelsgeschäfte	alle Geschäfte eines Kaufmanns, die zum Betrieb seines Handelsgewerbes gehören
Handelskauf	Kauf, bei dem mindestens ein Vertragspartner Kaufmann ist (einseitiger, zweiseitiger Handelskauf); → Verbrauchsgüterkauf
Handelswaren	Güter, die gekauft und unverändert wieder verkauft werden
Hilfsstoffe	sind Bestandteile des Fertigerzeugnisses, allerdings zu einem wert- und mengenmäßig bedeutend geringeren Anteil als → Rohstoffe; → Betriebsstoffe; → Vorprodukte; → Werkstoffe
Höchstbestand	gibt an, welche Materialmenge maximal eingelagert werden kann; → Meldebestand; → Sicherheitsbestand
Holschulden	→ Erfüllungsort ist der Ort des Schuldners, von dem der Gläubiger die Leistung abholen muss; → Bringschulden; → Schickschulden
Informationsmanagement	Aufgabe des I. ist es, alle betrieblichen Stellen mit den Informationen zu versorgen, die zur Erreichung der Unternehmensziele benötigt werden; gehört zu den → Unterstützungsprozessen eines Unternehmens
Innenfinanzierung	neu gebildete oder rückfließende finanzielle Mittel stammen aus dem Unternehmen; → Außenfinanzierung
Instanzen	sind → Stellen mit Entscheidungs- und Weisungsbefugnis
Investition	alle Maßnahmen, die der Verwendung finanzieller Mittel dienen
Investitionscontrolling	Planung, Steuerung und Kontrolle aller Investitions- und Finanzierungsprozesse und deren Koordination

Investitionsrechnung	dient auf der Basis der investitionsbedingten Aus- und Einzahlungen der Ermittlung, ob eine → Investition wirtschaftlich sinnvoll ist, bzw. der Entscheidungsfindung bei der Wahl zwischen mehreren Alternativen
ISO 9000–9004	Regeln für den Aufbau von Qualitätssicherungssystemen, die den Prinzipien des → Total Quality Managements (TQC) entsprechen
Just in Time (JIT)	Zu jeder Zeit und auf allen Fertigungs- bzw. Logistikstufen eines Unternehmens wird gerade nur so viel beschafft, hergestellt und geliefert, wie aktuell zur Produktion bzw. zum Verkauf notwendig ist.
Kaizen-Prinzip	strebt in allen Unternehmensbereichen, d.h. nicht nur in der Fertigung, permanente Veränderungen in kleinen Schritten an (Kai = Wandel, Zen = das Gute)
Kapazität (optimal)	ist die Leistungsmenge, bei der die → Kosten pro Einheit am geringsten sind
Kapazität (technisch)	ist das maximale Leistungsvermögen einer technischen oder wirtschaftlichen Einheit pro Zeiteinheit
Kapazitätserweiterungseffekt	→ Finanzierung aus → Abschreibungen, die Abschreibungsgegenwerte werden über den Abschreibungszeitraum hinweg investiert.
Kapazitätsplanung	Prüfung, ob die im Unternehmen vorhandenen → Kapazitäten (z. B. Personal- und Betriebsmittelkapazitäten) ausreichen, um den Auftrag termingerecht zu erfüllen
Kapitalbedarf	Betrag, der während einer bestimmten Zeit benötigt wird, um die Zeiträume der Kapitalbindung in Vermögenswerte zu überbrücken, damit die → Liquidität des Unternehmens erhalten bleibt. Der K. ergibt sich aus der Diskrepanz (zeitlich und/oder betragsmäßig) zwischen Ausgaben und Einnahmen.
Kapitalfreisetzung	Möglichkeit der → Innenfinanzierung, Freisetzung von Finanzmitteln, z. B. durch den Verkauf eigener Erzeugnisse
Käufermarkt	Der K. ist durch eine knappe → Nachfrage gekennzeichnet, der ein großes → Angebot gegenübersteht. Art, Qualität und Anzahl der Waren orientieren sich an den Bedürfnissen der Nachfrager; → Verkäufermarkt
Kaufvertrag	Veräußerung von Sachen und Rechten gegen Entgelt
Kennzahlen	verdichtete und systematisch aufbereitete Informationen (quantitative Indikatoren), in der Regel als Kombinationen sinnvoller Größen, die eine Abhängigkeit voneinander aufweisen
Kernprozesse	Schlüsselprozesse, die direkt an den Kunden als Empfänger der → Leistung gehen und sowohl einen großen Kundennutzen als auch einen hohen Unternehmensbeitrag liefern; Kernprozesse sind Wertschöpfungsprozesse, die für das Unternehmen strategische Bedeutung haben; → Geschäftsprozesse; → Unterstützungsprozesse
Konkurrenzforschung	Form der → Marktforschung, bei der die gezielte Untersuchung von Konkurrenten und ihres Auftretens am → Markt im Vordergrund steht
Konventionalstrafe	vereinbarte Strafe, die dann wirksam wird, wenn ein → Vertrag oder Teile eines Vertrags nicht eingehalten werden
Kosten	entstehen durch den in Geldeinheiten bewerteten Verbrauch von → Produktionsfaktoren zum Zweck der betrieblichen Leistungserstellung innerhalb einer Abrechnungsperiode; → Leistungen
Kosten, fixe	beschäftigungsgradunabhängige Kosten; → Beschäftigungsgrad
Kosten, variable	beschäftigungsgradabhängige Kosten; → Beschäftigungsgrad
Kostenvergleichsrechnung	statisches Verfahren der → Investitionsrechnung, bei dem nur die → Kosten betrachtet werden, nicht die Erlöse

Kredit	zeitlich befristete Überlassung von Sach- und Geldwerten
Kulanz	Eingehen auf Kundenwünsche trotz fehlender gesetzlicher oder vertraglicher Grundlagen
kundenindividuelle Massenproduktion	Fertigung einer Vielzahl von Varianten eines Produktes in kleinen Stückzahlen für einen anonymen Markt (engl.: *mass customization*)
Lagerbestand, durchschnittlicher	zentrale → Kennzahl der Lagerwirtschaft; gibt an, wie viele Einheiten von Material sich durchschnittlich während eines bestimmten Zeitraums (i. d. R. einem Jahr) im Lager befinden; Varianten: $$\frac{\text{Jahresanfangsbestand} + \text{Jahresendbestand}}{2}$$ $$\frac{\text{Jahresanfangsbestand} + 12 \text{ Monatsendbestände}}{13}$$ $$\frac{\text{Bestellmenge} + \text{Mindestbestand}}{2}$$
Lagerdauer, durchschnittliche	gibt an, wie lange Materialien durchschnittlich im Lager verbleiben, bevor sie verbraucht werden $\frac{360 \text{ (Tage)}}{\text{Umschlagshäufigkeit}}$
Lagerfertigung	Kundenaufträge werden aus dem Absatzwarenlager bedient
Lagerzinssatz	dient der Berechnung der Zinsen für das durchschnittlich im Lager gebundene Kapital $$\frac{\text{Jahreszinssatz}}{\text{Umschlagshäufigkeit}}$$
Lean Management	steht für ein „schlankes" Management, das der Verbesserung von → Produktivität und → Wirtschaftlichkeit dient. Ein Unternehmen ist schlank, wenn die Anzahl der Hierarchieebenen und die Anzahl der administrativen → Stellen möglichst gering ist.
Leasing	mittel- und langfristige Überlassung von Investitions- und Konsumgütern gegen Zahlung eines Mietzinses, der Leasing-Rate; Leasing-Nehmer verzichtet dabei auf den Eigentumserwerb
Leistungen	in Geldeinheiten bewertete Mengen der in einer Abrechnungsperiode hergestellten Produkte und Dienstleistungen; → Kosten
Liefer- und Zahlungsbedingungen	zwischen Käufer und Verkäufer getroffene Vereinbarungen, die nähere Einzelheiten der Vertragsabwicklung festlegen, z. B. über Verpackung, Bezugskosten, Liefer- und Zahlungsort
Liefererkredit	kurzfristiger → Kredit vom Verkäufer an den Käufer, der durch Gewährung eines Zahlungsziels entsteht
Liefertreue	$\frac{\text{Anzahl der in einer Woche tatsächlich gelieferten Positionen} \times 100}{\text{Anzahl der für diese Woche bestätigten Positionen}}$
Liquidität	Zahlungsfähigkeit eines Unternehmens
Logistik	ganzheitliche Planung, Steuerung und Kontrolle von Informationsfluss, → Materialfluss und Wertefluss innerhalb des leistungserstellenden Unternehmens bzw. zwischen Kunden, leistungserstellendem Unternehmen und Lieferern zur Übernahme und Abwicklung von Kundenaufträgen
Lohngruppenverfahren	Verfahren der → summarischen Arbeitsbewertung: ein Katalog von Lohn- und Gehaltsgruppen wird aufgestellt, der die unterschiedlichen Schwierigkeitsgrade repräsentiert; die zu bewertenden Tätigkeiten werden mit Hilfe von Richtbeispielen beurteilt und in die Lohn- und Gehaltsgruppen eingeordnet.

Losgröße	Anzahl eines einheitlichen Produkts, die ohne Unterbrechung auf einer Produktionsanlage hergestellt werden kann; → optimale Losgröße
Mängelrüge	Mitteilung an den Lieferer über festgestellte Mängel der gelieferten Ware
Markenzeichen	Kennzeichen, das gewerblich genutzt wird, um Produkte oder Dienstleistungen voneinander unterscheiden zu können
Markt	Treffpunkt von → Angebot und → Nachfrage; → Käufermarkt; → Verkäufermarkt
Marktanalyse	Erhebung von Marktdaten zu einem bestimmten Stichtag (einmalige Datenerhebung); → Marktbeobachtung
Marktbeobachtung	Erhebung von Marktdaten über einen längeren Zeitraum; → Marktanalyse
Markterkundung	relativ willkürliche, zufällige und planlose Erfassung von Marktdaten; → Marktforschung
Marktforschung	systematisches und planvolles Vorgehen zur Beschaffung umfassender Informationen über die verschiedensten Marktbereiche; → Markterkundung
Marktprognose	Trendvorhersage der zukünftigen Marktentwicklung; wird ermöglicht durch eine Kombination der Informationen aus der → Marktbeobachtung und der → Marktanalyse
Marktuntersuchung	Oberbegriff für alle Arten der → Markterkundung und → Marktforschung
Massenfertigung	Erzeugnisse ein und derselben Art werden in hoher Stückzahl gefertigt, in der Regel für einen anonymen Markt; → Einzelfertigung
Materialfluss	Weg des im Leistungserstellungsprozess benötigten Materials; Objekte des M. sind zum einen die unmittelbar zur Leistungserstellung benötigten → Werkstoffe, zum anderen auch die Fertigerzeugnisse und → Handelswaren.
Mehrliniensystem	Organisationsform, bei der → Instanzen mehreren → Stellen gegenüber weisungsbefugt sind und sich hinsichtlich ihrer Arbeitsanweisungen untereinander absprechen müssen; → Einliniensystem
Meldebestand	Lagerbestand, bei dem neues Material bestellt werden muss; → Höchstbestand; → Sicherheitsbestand
Minderung	Herabsetzung des Kaufpreises
Nacherfüllung	umfasst die vorrangigen Rechte des Käufers bei Schlechtleistung in Form von Nachlieferung oder Nachbesserung
Nachfrage	am → Markt bekundete Absicht eines Wirtschaftssubjektes, ein bestimmtes Gut gegen Geld zu erwerben; → Angebot
Nachfrageelastizität	misst, wie stark sich die Nachfrage bei einer Preisänderung verändert $\frac{\text{Mengenänderung in \%}}{\text{Preisänderung in \%}}$
Nettobedarfsrechnung	Umsetzung des → Produktionsprogramms in Bestell- und Fertigungsaufträge für → Rohstoffe, Teile und Baugruppen unter Berücksichtigung der Bestände; → Bruttobedarfsrechnung
Nettopreis	Preis ohne Umsatzsteuer; → Bruttopreis
Nichtigkeit	Unwirksamkeit von Rechtsgeschäften von Anfang an
Normung	Vereinheitlichung von Einzelteilen, Fertigungsmaterial, Werkzeugen oder einfachen Erzeugnissen; → Typung
optimale Bestellmenge	zu bestellende Menge, bei der die Summe aus bestellfixen → Kosten und Lagerkosten pro Einheit am geringsten ist

optimale Losgröße	Menge zu fertigender Erzeugnisse, bei der die Summe aus auflagenfixen → Kosten (Rüstkosten) und auflagenvariablen Kosten (Lagerkosten) pro Einheit am geringsten ist; → Losgröße
Organigramm	Darstellungsform der betrieblichen → Aufbauorganisation, die die Autoritätsbeziehungen im Betrieb und die Regeln aufzeigt, nach denen organisatorische Einheiten gebildet werden
Panel	Untersuchungsmethode der → Marktbeobachtung, bei der Einzelpersonen, Haushalte oder Unternehmen zu einem Thema über einen längeren Zeitraum befragt werden
Patent	gewährt seinem Erfinder das alleinige Recht zur Nutzung seiner Erfindung (Produkt oder Herstellungsverfahren); → Gebrauchsmuster
Personalbedarfsplanung	Bestimmung der personellen Kapazitäten, die zur Sicherstellung der Erfüllung der betrieblichen Funktionen erforderlich sind, und zwar in quantitativer, qualitativer, zeitlicher und räumlicher Hinsicht
Personalbeschaffung	Bereitstellung von Personal zur Beseitigung einer personellen Unterdeckung (Netto-Personalbedarf) nach Anzahl, Art, Zeitpunkt und Dauer sowie Einsatzort
Personalentwicklung	alle Maßnahmen zur Vermittlung von Qualifikationen, die unter Beachtung der individuellen Entwicklungsziele der Mitarbeiter zur Bewältigung gegenwärtiger und zukünftiger betrieblicher Aufgaben erforderlich sind
Personalplanung	alle Handlungen, die Entscheidungen über die Verfügbarkeit von Personal in einem Unternehmen sowie die Vorbereitung, Umsetzung und Kontrolle dieser Entscheidungen betreffen
Personalstatistik	zahlenmäßige Darstellung der Belegschaft des Unternehmens in ihrer Gesamtheit oder in Gruppen
PPS-System	System zur EDV-gesteuerten Abwicklung der Produktionsplanung und -steuerung
Prämienlohn	leistungsabhängige Vergütung, die zusätzlich zum Grundlohn (in der Regel → Zeitlohn) erfolgt
Preisdifferenzierung	Angebot gleichartiger Produkte zu unterschiedlichen Preisen nach räumlichen, sachlichen, persönlichen oder zeitlichen Kriterien
Primärbedarf	Bedarf an verkaufsfähigen Erzeugnissen, entspricht dem operativen → Produktionsprogramm; → Sekundärbedarf; → Tertiärbedarf
Primärforschung	im Rahmen der → Marktforschung eine Erhebung von Daten, die bislang nicht verfügbar sind; → Sekundärforschung
Produktion	Transformation von Sachgütern und Dienstleistungen in andere Sachgüter und Dienstleistungen (weit gefasster Produktionsbegriff); Transformation von Sachgütern in andere Sachgüter (eng gefasster Produktionsbegriff)
Produktionsfaktoren	bestehen aus den → Elementarfaktoren und dem → dispositiven Faktor
Produktionsprogramm	Arten und Mengen effektiv zu fertigender Enderzeugnisse; setzt sich aus prognostizierten und erteilten Aufträgen zusammen; → Absatzprogramm
Produktivität	Ergiebigkeit der betrieblichen Faktorkombination; Verhältnis von Output zu Input; → Produktionsfaktoren
Produktlebenszyklus	idealtypische Darstellung der Entwicklung von Absatzmengen, Umsatz und Gewinn im Zeitablauf für Produkte und/oder Dienstleistungen; im Zeitfortschritt werden sechs Phasen unterschieden: Entwicklungsphase, Einführungsphase, Wachstumsphase, Reifephase, Sättigungsphase, Rückgangsphase
Produktplanung	Festlegung der vom Kunden geforderten Produkt- und Qualitätsmerkmale

Programmfertigung	Ständig benötigte Standardteile werden auf Lager vorrätig gehalten, kundenauftragsabhängige Teile werden erst dann bestellt, wenn sie benötigt werden.
Prozesscontrolling	dient der Bewertung, Überwachung und Verbesserung von → Geschäftsprozessen; → Controlling
Prozessmanagement	Analyse, Gestaltung, Planung, Beurteilung, Verbesserung und Erfolgskontrolle von → Geschäftsprozessen
Rabatt	Preisnachlass, den ein Anbieter einem Nachfrager auf Grund verschiedener Bedingungen gewähren kann; zu den häufigsten Rabatten gehören der Mengenrabatt, der Treuerabatt oder der Jubiläumsrabatt
Rangfolgeverfahren	Verfahren der → summarischen Arbeitsbewertung: alle im Unternehmen vorkommenden Tätigkeiten werden aufgelistet, in Bezug auf die Arbeitsschwierigkeit miteinander verglichen und in eine Rangfolge gebracht, die einer Wertungsskala entspricht.
Rangreihenverfahren	Verfahren der → analytischen Arbeitsbewertung: eine Rangordnung von Tätigkeiten wird entsprechend ihren Arbeitswerten vorgenommen, die Arbeitswerte werden Arbeitswertgruppen und schließlich Tarifgruppen zugeordnet.
Rationalisierung	alle Maßnahmen, um die Arbeit zu erleichtern, die → Leistung zu steigern sowie die → Kosten zu senken
Realdarlehen	Darlehen, bei denen die Forderungen des Kreditgebers durch bewegliche und unbewegliche Sachen (Dinge) abgesichert sind
Rechtsmangel	Belastung eines Rechtsobjekts mit Rechten Dritter
Recycling	→ Abfallverwertung
REFA	Verband für Arbeitsgestaltung, Betriebsorganisation und Unternehmensentwicklung e. V., (gegründet 1924 als Reichsausschuss für Arbeitszeitermittlung), von den Arbeitgeberverbänden und Gewerkschaften unterstützte Institution zur Förderung arbeitswissenschaftlicher Forschung
Reinvestition	Kapitalbindung durch Investition von Kapital, welches durch Desinvestition freigesetzt wurde; → Kapitalfreisetzung
Rentabilität	Verhältnis von Gewinn zu eingesetztem Kapital
Rohstoffe	wesentliche Bestandteile der zu fertigenden Produkte; gehen unmittelbar in die Fertigerzeugnisse ein; → Betriebsstoffe; → Hilfsstoffe; → Vorprodukte; → Werkstoffe
Rücktritt	Rückgängigmachen eines → Vertrags
Sachinvestition	→ Investition in Güter des Sachanlagevermögens (auch: Realinvestition); → Finanzinvestition
Schadenersatz	Ausgleich für Ereignisse, die einen Schaden verursacht haben
Schickschulden	→ Erfüllungsort ist der Ort des Schuldners, wobei der Schuldner dem Gläubiger die Leistung schicken muss und Leistungs- und Erfüllungsort auseinander fallen; → Holschulden; → Bringschulden
Schnittstellen	entstehen, wenn im Ablauf eines → Geschäftsprozesses Informationen von einem Arbeitsplatz an einen anderen übergeben werden
Sekundärbedarf	Bedarf an Rohstoffen, Zwischenteilen und Baugruppen zur Produktion des → Primärbedarfs; → Tertiärbedarf
Sekundärforschung	Rückgriff auf bereits ermittelte Daten im Rahmen der → Marktforschung; → Primärforschung

Selbstentsorgungspflicht	Pflicht der Unternehmen, nicht verwertbare Abfälle selbst der Abfallentsorgung zuzuführen; → Selbstverwertungspflicht; → Überlassungspflicht
Selbstfinanzierung	Form der → Innenfinanzierung, Finanzierung aus nicht entnommenen Gewinnen oder durch Bildung stiller Reserven
Selbstverwertungspflicht	Pflicht der Unternehmen, Abfälle selbst der Abfallverwertung zuzuführen; → Selbstentsorgungspflicht; → Überlassungspflicht
Serienfertigung	mehrere Varianten eines Grundtyps werden in unterschiedlichen Mengen gefertigt
Sicherheitsbestand	Mindestlagerbestand zur Sicherstellung der fortlaufenden Produktion; → Höchstbestand; → Meldebestand
Single Sourcing	Konzentration bei der Beschaffung einer Materialart, einem Teil oder einer Baugruppe auf einen einzigen Lieferer
Skonto	Preisnachlass, der Kunden gewährt wird, wenn sie im Rahmen einer vorher festgelegten Frist die Rechnung begleichen
Sortenfertigung	Fertigung von Erzeugnissen, die z. B. in der Art der verwendeten Stoffe, ihrer Verarbeitung oder ihren Abmessungen nicht erheblich voneinander abweichen
Spartensystem	Organisationsform, die sich häufig in Mehrproduktunternehmen findet, d. h. in Unternehmen, deren Produktprogramm hinsichtlich Breite und Tiefe derart differenziert ist, dass unabhängige organisatorische Bereiche, so genannte Sparten, gebildet werden
Spediteur	Kaufmann, der es gewerbsmäßig übernimmt, Versendungen durch Frachtführer auf Rechnung eines anderen im eigenen Namen zu besorgen
Stab-Linien-System	Sonderform des → Einliniensystems, das sich insbesondere in Situationen bewährt, in denen sich eine Informationsüberlastung der → Instanzen bemerkbar macht
Stabsstellen	→ Stellen mit Beratungsfunktion
Stelle	kleinste selbstständige Handlungseinheit im Unternehmen; beinhaltet einen versachlichten Komplex von Verrichtungen, der durch Zusammenfassung analytisch gewonnener Teilaufgaben entstanden ist und einem oder mehreren Aktionsträgern zugeordnet werden kann
Stufenwertzahlverfahren	Verfahren der → analytischen Arbeitsbewertung: die Ausprägungen einzelner Anforderungsarten einer Tätigkeit werden eingeschätzt und bewertet, die Arbeitswerte werden Arbeitswertgruppen und schließlich Tarifgruppen zugeordnet.
summarische Arbeitsbewertung	Verfahren, bei denen die Arbeitsanforderungen einer Tätigkeit in ihrer Gesamtheit erfasst und die Arbeitsschwierigkeiten global beurteilt werden; → analytische Arbeitsbewertung
Supply Chain Management (SCM)	(dt.: Lieferkettenmanagement, Logistikkettenmanagement); koordiniert alle Aktivitäten von der Rohstoffbeschaffung bis zum Verkauf eines Produkts an den Endkunden und integriert diese in einen nahtlosen Prozess
Taktzeit	Zeitspanne vom Beginn eines Arbeitsgangs bis zum Beginn des nächsten gleichartigen Arbeitsgangs
Teamvermaschung	Organisationsmodell, bei dem in Teams organisierte Mitarbeiter untereinander durch Teamsprecher verbunden sind; einen vertikalen Informationsfluss gibt es nicht.
Teilefamilienfertigung	Zusammenfassung von Bearbeitungszentren für Teile gleicher Bauart zu Produktionsinseln, auf denen flexibel und Personal sparend unterschiedliche Varianten einer Teilefamilie hergestellt werden

Terminplanung	Ermittlung, wann spätestens mit der Produktion begonnen werden muss, um einen Kundenauftrag termingerecht zu erfüllen
Tertiärbedarf	Verbrauchsfaktoren (→ Betriebsstoffe, Verschleißwerkzeuge), die nicht in das zu fertigende Produkt eingehen, aber zur Erstellung des → Primärbedarfs notwendig sind; → Sekundärbedarf
Total Quality Management (TQM)	Umsetzung der Forderung nach absoluter Fehlerfreiheit bei der Durchführung aller → Geschäftsprozesse, verbunden mit einer weitgehenden Mitarbeiterqualifizierung
Transportkosten	Kosten, die für die Beförderung von Waren anfallen
Typung	Vereinheitlichung ganzer Erzeugnisse und Aggregate; → Normung
Überlassungspflicht	Abfälle zur Beseitigung aus privaten Haushalten müssen den öffentlich-rechtlichen Entsorgungsträgern (ÖRE) überlassen werden; → Selbstentsorgungspflicht; → Selbstverwertungspflicht
Umsatzrentabilität	$\dfrac{\text{Gewinn} \times 100}{\text{Umsatz}}$
Umschlagshäufigkeit (UH)	gibt an, wie oft der durchschnittliche → Lagerbestand in einem Jahr umgesetzt wurde; $\dfrac{\text{Jahresverbrauch}}{\text{durchschnittlicher Lagerbestand}}$
Umschulung	Zweitausbildung (auch so genannte berufsverändernde → Fortbildung); soll erwachsene Arbeitnehmer für eine andere als die bisher ausgeübte Tätigkeit befähigen
Umweltmanagement	Bereich des betrieblichen Managements, der für die Organisationsstruktur, Zuständigkeiten, Verhaltensweisen, förmlichen Verfahren, Abläufe und Mittel für die Festlegung und Durchführung der betrieblichen Umweltpolitik zuständig ist
Unmöglichkeit	Nichterbringbarkeit einer Leistung
Unternehmenskultur	grundlegende Werte, Normen, Denk- und Verhaltensmuster der Mitarbeiter in einem Unternehmen
Unterstützungsprozesse (Supportprozesse)	kernprozessunterstützende Prozesse; alle sekundären Aktivitäten, die z. B. Versorgungs- und Steuerungsleistungen für die → Kernprozesse erbringen
Verbrauchsgüterkauf	Form des einseitigen → Handelskaufs, bei dem ein Unternehmer an eine Privatperson verkauft
Verfügungsgeschäft	Rechtsgeschäft, welches Rechte an Sachen verändert; → Verpflichtungsgeschäft
Verkäufermarkt	→ Markt, der durch ein knappes → Angebot gekennzeichnet ist, dem eine sehr große → Nachfrage gegenübersteht; Verkäufer bestimmt, in welcher Art, Menge und Qualität die Waren auf den Markt kommen; → Käufermarkt
Verpflichtungsgeschäft	Rechtsgeschäft, welches ein Schuldverhältnis begründet; → Verfügungsgeschäft
Versendungskauf	Kauf, bei dem der Verkäufer die Ware auf Verlangen des Käufers nach einem anderen als dem → Erfüllungsort versendet
Vertrag	Mittel zur Gestaltung von Rechtsgeschäften, welche durch übereinstimmende → Willenserklärungen der Vertragsparteien zu Stande kommen; → Kaufvertrag; → Werkvertrag
Vorprodukte	Zukaufteile, die von anderen Firmen fertig bezogen werden und ohne Veränderung in das Fertigerzeugnis eingehen; → Betriebsstoffe; → Hilfsstoffe; → Rohstoffe; → Werkstoffe

Vorsatz	absichtliches Herbeiführen einer Rechtslage
Wareneingangsprüfung	Untersuchung der eingegangenen Waren auf Art-, Quantitäts- und Qualitätsmängel
Werkstattfertigung	nach dem Verrichtungsprinzip organisierte Fertigung, d. h., Maschinen gleicher oder ähnlicher Verrichtung werden räumlich zusammengefasst (Werkstatt im industriellen Sinn); → Fließfertigung
Werkstoffe	→ Roh-, → Hilfs-, → Betriebsstoffe und → Vorprodukte, die auf der Aktivseite der Bilanz unter Umlaufvermögen als Teil des Vorratsvermögens geführt werden
Werkvertrag	→ Vertrag zwischen einem Besteller und einem Unternehmer über die Herstellung eines Werkes bei Lieferung des Materials durch den Besteller
Wertschöpfung	→ Geschäftsprozesse für einen internen oder externen Kunden, die im Ergebnis aus Kundensicht etwas Sinnvolles darstellen, einschließlich aller Teilaktivitäten, die zu diesem Ergebnis führen
Willenserklärung	Äußerung des Geschäftswillens, um eine Rechtsfolge herbeizuführen
Wirtschaftlichkeit	(Kosten-Wirtschaftlichkeit) $\frac{\text{Leistung}}{\text{Kosten}}$
XYZ-Analyse	untersucht Materialien hinsichtlich ihrer Verbrauchsstruktur oder ihrer Beschaffungskriterien
Zeitlohn	Vergütung der Arbeitszeit, die der Mitarbeiter dem Unternehmen zur Verfügung stellt; so genannte leistungsunabhängige Lohnform; → Akkordlohn; → Prämienlohn
Ziele	zukünftig anzustrebende Zustände oder Prozesse, die durch Zielinhalte, Zielausmaß und zeitlichen Bezug beschrieben werden

Stichwortverzeichnis

Abbuchungsauftrag 210
ABC-Analyse 175
Abfall 35, 236
Abfallbeseitigung . . . . 236 ff.
Abfallvermeidung . . . . 236 f.
Abfallverwertung . . . . 236 f.
Abfallwirtschaft . . . . 170, 236 f.
Abfallwirtschaftskonzept . . . . 236 f.
Ablauforganisation 47
Abmahnung 362
Absatz . . . . 25, 39, 121, 183, 246 ff., 379, 403
Absatzforschung 252
Absatzhelfer 285
Absatzlogistik . . . . 280 ff.
Absatzmarktforschung . . . . 185, 247, 250, 252 ff.
Absatzmittler . . . . 72, 283 f.
Absatzorgane . . . . 281 f.
Absatzorganisation 281
Absatzplan 309, 393
Absatzplanung 359
Absatzpolitik 282
Absatzpotenzial 252
Absatzprognose 124
Absatzprogramm . . . . 9, 121 ff.
Absatzprogrammplanung . . . . 121 f.
Absatzprozesse . . . . 246 ff.
Absatzwege . . . . 274, 281 f.
Absatzwerbung . . . . 270 f.
Absatzwirtschaft . . . . 246 ff., 378
Abschreibung . . . . 384 f.
Abteilung 16, 26, 49
Abteilungsbildung 48
After-Sales-Kommunikation . . . . 287 f.
After-Sales-Prozess 247, 287
AIDA-Formel 275
Akkordfähigkeit 354
Akkordgrundlohn 355
Akkordlohn . . . . 354 ff.
Akkordreife 354
Akkordsatz . . . . 354 f.
Aktiengesellschaft (AG) 69, 389, 390
Allgemeine Geschäftsbedingungen . . . . 199 ff., 295
Analytische Arbeitsbewertung . . . . 346 ff.
Andler-Formel 180, 182
Anforderungsgerechtigkeit 345
Angebotsseite 186
Angebotsvergleich . . . . 195 ff.
Anlagenintensität 27
Anlagevermögen 374, 378
Anleihe . . . . 388 f.
Annahme . . . . 192, 194 f.
Annahmefrist 194
Annahmeverzug 290, 293
Annuitätentilgung . . . . 387 f.
Anpassungsfortbildung 336
Antrag . . . . 192 ff.
Arbeitsablaufstudie 340
Arbeitsbescheinigung 365
Arbeitsbewertung 340, 345
Arbeitsgestaltung 303, 327
Arbeitsorganisation 22, 327
Arbeitspapiere 364
Arbeitsplatzstudien 340, 344
Arbeitsproduktivität 33
Arbeitsstudien . . . . 303, 339 f.
Arbeitsteilung 22, 26, 52, 85, 156
Arbeitsvertrag . . . . 319 ff.
Arbeitswertstudie . . . . 339 f., 345
Arbeitszeitgestaltung . . . . 329 f.
Arbeitszeitstudie 340
Arbeitszerlegung 26
Arbeitszeugnis 364
Arthandlungsvollmacht 74
Assessment Center 316
Aufbauorganisation 22, 47, 50, 182
Aufgabenanalyse 48
Auflagendegression . . . . 152 f.
Aufstiegsfortbildung 336
Auftragsabwicklung . . . . 247 f., 290
Auftragserfassung . . . . 405 ff.
Auftragsfertigung 88
Auftragsfreigabe 83, 118
Auftragszeit . . . . 114 ff.
Ausbildung 315, 335
Ausführungszeit . . . . 341 f.
Ausgaben . . . . 46, 378, 380 f., 392, 396
Ausgleichsquittung 365
Außenfinanzierung . . . . 375 f., 386
Auswahlgespräch . . . . 315 f.

Barscheck . . . . 208 f.
Barzahlung . . . . 205 ff.
Basiszinssatz 291
Baukastenstückliste 112
Baukastensystem 157
Bedarfsforschung 253
Begeisterungsanforderungen . . . . 249 f.
Berufsberatung 338
Beschaffung . . . . 12, 169 ff., 379, 403
Beschaffungskriterien 178
Beschaffungslogistik 171
Beschaffungsmarktforschung . . . . 185 f.
Beschaffungsprozesse . . . . 40, 169 ff.
Beschaffungszeit . . . . 127 ff.
Beschäftigungsgrad 151
Beschwerdemanagement . . . . 288 f.
Besitz . . . . 202 f.
Besitz, mittelbarer 203
Besitz, unmittelbarer 203
Besitzkonstitut 203
Besitzmittlungsverhältnis 203
Bestandsplanung . . . . 170, 222 ff.
Bestellabwicklung 170, 178
Bestellkosten . . . . 172, 180 ff.
Bestellpunktverfahren . . . . 127 f.
Bestellrhythmusverfahren . . . . 129 f.
Beteiligungsfinanzierung 376, 389
Betrieb 25, 55
Betriebsdatenerfassung 106, 119
Betriebsergebnis . . . . 14, 148 ff.
Betriebsmittel 41, 228
Betriebsstoffe 44
Betriebsvereinbarung . . . . 321 ff., 366
Betriebsverfassungsgesetz (BetrVG) . . . . 321 f., 363
Betriebswirtschaftslehre 25
Beweislastumkehr . . . . 216, 295 f.
Bewerbung . . . . 311, 315 ff.
Bezugsquelle . . . . 169 f., 185 f.
BGB-Gesellschaft 62
Bilanz 14, 374, 376, 384, 393
Bindungsfrist 194
Bringschuld 204
Bruttobedarfsrechnung 124
Bruttosekundärbedarf 123
bürgerlicher Kauf . . . . 192 f., 293

Chargenfertigung 140, 142
Chemikaliengesetz 235
Computer Aided Design (CAD) 159
Computer Aided Engineering (CAE) 159

Computer Aided Manufacturing (CAM)	159
Computer Aided Planning (CAP)	159
Computer Aided Quality Assurance (CAQ)	159
Computer Inegrated Manufacturing (CIM)	158 ff.
Computerized Numerical Control (CNC)	159
Controlling	31, 250, 403
Corporate Behaviour	333
Corporate Cummunications	333
Corporate Design	333
Corporate Identity	331 ff.
Dauerauftrag	210
Deckungsbeitrag	152, 260, 264 f.
Degressionseffekt	153
Dienstleistungsgesellschaft	19
DIN	36, 100, 132, 134, 157
Direktmarketing	270, 277 f.
Disposition	178, 183, 407
Disposition, programmorientiert	123 ff.
Disposition, verbrauchsgesteuert	127 ff.
dispositive Faktoren	41
Distributions-Mix	280
Distributionspolitik	247, 260, 280 ff.
Durchlaufzeit	137, 172, 341
Ecklohn	346
Effektivität	85
Effizienz	85
Eigenfertigung	11
Eigenfinanzierung	389 f.
Eigenkapital	374 ff., 384, 389 f.
Eigenlager	224 ff.
Eigentum	201 ff.
Einführungswerbung	273
Einkauf	184
Einliniensystem	50
Einnahmen	46, 392, 396
Einstandspreis	173, 179
Einzelfertigung	136, 140, 142 f.
Einzelprokura	73
Einzelunternehmung	61
Einzelwerbung	273 f.
Einzugsermächtigung	210 f.
Electronic cash	212
Elementarfaktoren	41
Elternzeit	363
Enterprise Ressource Planing	15, 402 ff.
Entlassungsformalitäten	364 f.
Entsorgung	172
Erfolgsbeteiligung	352, 357
Erinnerungswerbung	273
ERP-Software	15, 108 ff., 402 ff.
Ersatzlieferung	219
Expansionswerbung	273
Fakturierung	120, 409 f.
Fälligkeit	216 f., 292
Fälligkeitszinssatz	292
Familien-Zyklus-Modell	258
Feinterminierung	117 f.
Fertigungskosten	148
Fertigungsstruktur	141 f.
Fertigungswirtschaft	83 f., 104 f., 160
Festplatzsystem	226 f.
Filialprokura	73
Finanzierung	373 ff.
Finanzmanagement	379
Finanzplan	374, 390, 392
Firma	25, 58
Firmengrundsätze	59
fixe Kosten	27, 151
Fließfertigung	137, 140 ff.
Formalziele	29, 171
Formkaufmann	57
Forschung und Entwicklung	97 ff.
Fortbildungsmaßnahmen	312, 337
Frachtführer	285, 294
Franchising	285 f.
Freizeichnungsklausel	193 f.
Fremdbezug	11
Fremdfinanzierung	386 ff.
Fremdkapital	374 ff., 386, 389
Fremdlager	224 ff.
Fristbeginn	194
Fristende	194
Führungsstil	325 f.
Führungsverhalten	303, 324 ff.
Funktionsprinzip	49, 185
Garantie	295
Gebrauchsmuster	101 ff.
Gefahrenübergang	296
Gehalt	351, 353
Geldakkord	352, 354 f.
Geldkarte	212
Geldschuld	205 f.
Gemeinschaftswerbung	273
Generalhandlungsvollmacht	74
Genfer Schema	346 f., 349
Gesamtkosten	146 ff., 180 f., 224
Gesamtprokura	73
Geschäftsprozess	38, 120
Geschmacksmuster	101, 103
Gesellschaft	61
Gesellschaft bürgerlichen Rechts (GbR)	62
Gesellschaft mit beschränkter Haftung (GmbH)	67, 390
Gesetz gegen unlauteren Wettbewerb	279,
Gewerbe	56, 192
Gewinnmaximierung	149, 263, 276
Gläubiger	202
Gläubigerverzug	214, 293 f.
gleitende Arbeitszeit	330
Globalisierung	20, 132, 397 f.
Grobterminierung	116
Gütezeichen	101, 103
Haftungsausschluss	220
Haftungserleichterung	293
Handelsgewerbe	56, 192
Handelskauf	192 f., 206, 293
Handelsmakler	282 ff.
Handelsregister	57, 60
Handelsvertreter	282 ff.
Handelsware	44, 87, 223, 233
Handelsbetrieb	56
Handlungsbevollmächtigte	73
Handlungsvollmacht	73
Hilfsstoffe	44
Höchstbestand	129 f., 147, 228
Holschuld	204, 206
Industriebranchen	28
Industrieobligation	389
Industrietypen	28
Informations- und Kommunikationstechnologien (IuK-Technologien)	19
Informationsfluss	43
Informationsgesellschaft	18
Innenfinanzierung	375 f., 383 ff.
Input-Output-Prozess	39
Instanz	48
Investition	99, 373 ff.
Investitionsarten	376, 396 f.
Investitionsplanung	374, 394 f.
Investitionsrechnung	374
Istkaumann	57
Ist-Personalbestand	306
Jahresarbeitszeit	331
Job Enlargement	328

Job Enrichment	328
Job Rotation	327
Job Sharing	331
Just in Time (JIT)	160 ff. 171
Kaizen-Prinzip	161
Kannkaufmann	57
Kapazitätsbedarfsrechnung	310
Kapazitätsplanung	86, 106, 112
Kapitalbedarfsermittlung	374, 380 ff.
Kapitalbedarfsrechnung	381 ff.
Kapitalbeschaffung	383 ff.
Kapitalbeteiligung	352, 357 f.
Kapitalbindung	229, 379, 381, 394, 397
Kapitalbindungsdauer	382
Kapitalfreisetzung	376, 378 f., 385 f.
Kapitalgeber	387, 389
Kapitalgesellschaften	67
Kapitalherkunft	374
Kapitalnehmer	387
Kapitalverwendung	374, 393 ff.
Kapitalzuführung	383
Käufermarkt	86, 248
Kaufmann	56, 71, 192 f., 206, 284
kaufmännisches Bestätigungsschreiben	194
Kaufmotiv	261
Kaufvertrag	191 ff., 290, 294
Kaufvertragsstörungen	246 f.
Kennzahlen	31, 310, 337, 345, 356 f.
Kennzahlensystem	33
Kernprozess	39, 76, 82, 169, 246, 302, 373
Kommanditgesellschaft (KG)	66, 390
Kommissionär	283 f.
Kommissionierung	408 f.
Kommunikationspolitik	246 f., 260, 270 ff.
Konkurrenzforschung	253
Konkurrenzorientierung	264, 267
Konsignationslager	224
Konzentrationsprozesse	27
Kosten	148 ff., 174 ff.
Kosten- und Leistungsrechnung	148 ff.
Kostenorientierung	264 f.
Kostenrechnung	149
Kostenstruktur	174 ff.
Kostenverläufe	151
Kredit	378, 387 f.
Kreditarten	387
Kreditgeber	387
Kreditkarte	211 f.
Kreditwürdigkeit	379
Kreislaufwirtschafts- und Abfallgesetz	236
Kundenerwartungen	248 f.
Kundenmarkt	16
kundenorientiertes Unternehmensmodell	21, 83, 169, 246, 302, 373
Kundenorientierung	92, 250
Kundenzufriedenheit	132, 247 ff., 281, 287
Kündigung	303, 321, 366
Kündigung, außerordentliche	361 f.
Kündigung, ordentliche	359 ff.
Kündigungsfrist	321, 360 f.
Kündigungsschutz	360, 362 ff.
Kündigungsschutzgesetz	362
Kündigungsschutzklage	363
Ladenangestellte	74
Lager, chaotisch	226
Lager, dezentral	224
Lager, zentral	224
Lagerarten	223
Lagerbestand, durchschnittlich	228 f.
Lagerbestandsdatei	126
Lagerdauer, durchschnittlich	229
Lagerfertigung	88
Lagerhalter	224, 285

Lagerhaltung	170, 222 ff.
Lagerhaltung, Funktion	222 ff.
Lagerkapazität	147
Lagerkennzahlen	170, 228
Lagerkosten	147, 173, 180, 228
Lagerkostensatz	182
Lagerorganisation	170, 225 ff.
Lagerplatznummer	226 f.
Lagerplatzzuordnung	226
Lagerzinsen	229
Lagerzinssatz	229
Lagerzonen	226
Lastschriftverfahren	210, 212
Lean Management	161 f.
Lebenslanges Lernen	337 f.
Leistungen	148 f.
Leistungsanforderungen	249 f.
Leistungsbereitschaft	309, 339, 343
Leistungserstellung	39, 82 ff.
Leistungserstellungsprozess	82 ff.
Leistungsfähigkeit	187, 343
Leistungsfaktoren	41, 85
Leistungsklage	217
Leistungsort	204, 206
Leistungsprinzip	345
Leistungsstörungen	170, 214 ff., 290 ff.
Leistungszeit	204, 216
Liefererauswahl, operativ	188
Liefererauswahl, strategisch	188 ff.
Liefererbewertung	170, 188 ff.
Liefereringrenzung	188
Liefereridentifikation	188 f.
Liefererverhandlung	189 f.
Liefervertrag	189 f.
Lieferfähigkeit	249 f.
Lieferqualität	249 f.
Liefertreue	249 f.
Lieferungsverzug	214 ff.
Lieferzeit	249 f.
Lizenzen	41
Lohn	345, 351
Lohndifferenzierung	345
Lohngerechtigkeit	345
Lohngruppenverfahren	346
Lohnsteuerkarte	364
Losgröße	141, 145 ff., 180
Machbarkeitsprüfung	96 f., 108 f.
Mahnung	216 f., 292
Make-or-Buy	144
Managementprozesse	251
Mangelhafte Lieferung	214, 219 f.
Markenzeichen	101, 103
Marketing	251, 260
Markt, unvollkommener	268
Markt, vollkommener	268
Marktanalyse	254 ff.
Marktanteil	252
Marktbeobachtung	254 ff
Markteinführung	262 f., 272, 285
Marktentwicklung	185, 187
Markterkundung	185
Marktformenschema	267
Marktforschung	185, 253 f.
Marktforschung, demoskopisch	255
Marktforschung, ökoskopisch	255
Marktlage	186
Marktpotenzial	252
Marktpreis	187, 266 f., 385
Marktprognose	255
Marktsättigung	273, 381
Marktsegmentierung	257 f.
Marktstruktur	186 f.
Marktvolumen	252
Marktzyklus	94, 100

Maschinenbelegungsplan	106
Maschinenproduktivität	33
Massenfertigung	140 ff.
Massenwerbung	273 f.
Materialdisposition	109 ff., 403, 407 f.
Materialfluss	44, 137, 143, 161
Materialkosten	179
Materialwirtschaft	169, 171 ff.
Materialwirtschaft, dezentrale Leitung	182 ff.
Materialwirtschaft, zentrale Leitung	182 ff.
Mehrliniensystem	51
Meldebestand	127, ff. 228
Mengenstückliste	112
Minderung	219 f.
Mindestbestand	228
Mitarbeiterbeteiligung	352, 357 f.
Monopol	267
Motivation	326, 328, 332, 334, 343
multinationale Unternehmen (MNU)	27
Nachbesserung	219, 296
Nacherfüllung	219 f., 296
Nachfrageelastizität	265
Nachfrageorientierung	264 f.
Nachfrageseite	186 f.
Nachfristsetzung	218, 296
Nettobedarfsrechnung	124, 171
Netto-Personalbedarf	306
Nettosekundärbedarf	123
Nettotertiärbedarf	123
Nichtleistung	216 ff.
Normung	157
Nutzwertanalyse	190 f.
Objektprinzip	49, 184
Offene Handelsgesellschaft (OHG)	64, 390
Öffentlichkeitsarbeit	270, 277
Ökologie	34
Ökonomie	34
Oligopol	267
Omnibusbefragung	254
Onlinebanking	213
Online-Bewerbung	316
Optimale Bestellmenge	179 ff.
Optimale Losgröße	145 ff.
Organigramm	17, 48
Organisation	47, 182
Organisationsmodell	50
Panel	254
Patent	101 ff.
Personal	302 ff.
Personalauswahl	311, 315 f., 321
Personalbedarf	302 f., 305 ff.
Personalbedarfsanalyse	306
Personalbedarfsplan	309
Personalbedarfsplanung	308 ff
Personalbeschaffung	303, 311 ff.
Personalbeschaffungsplanung	309
Personalbestand	305
Personalbestandsanalyse	306
Personalentwicklung	334 ff.
Personalentwicklungsplanung	309
Personalerhaltungsplanung	309
Personalfreisetzung	303, 359 f.
Personalmanagement	302 ff.
Personalplanung	303, 305
Personalstatistik	307
Personalwirtschaft	302
Personalzusatzkosten	358 f.
Personengesellschaft	62
Pflichtverletzung	215 ff.
Plankapazität	115
Polypol	267
PPS-System	154, 158 f.
Prämienlohn	352, 356 f.
Preisbildung	264, 267 f.
Preisdifferenzierung	268 f.
Preisstruktur-Analyse	179
Preisuntergrenze	189, 265
Pre-Sales-Kommunikation	287
Pretest	262
Primärbedarf	110, 121, 123
Primärbedarfsermittlung	171
Primärbedarfsplanung	85, 121 ff.
Primärforschung	255
Privat Label	10
Produktdifferenzierung	261
Produktdiversifikation	257
Produkteinführung	100
Produktelimination	100, 261
Produktentstehung	94 ff.
Produktentwicklung	96 f., 100 f., 143, 262
Produktgestaltung	261
Produktinnovation	260, 262
Produktion	11, 85
Produktionsbegriff	85
Produktionsplan	87
Produktionsplanung	105 ff.
Produktionsprogramm	87 ff., 122
Produktionssteuerung	106 ff.
Produktivität	142, 155, 161
Produktkonstruktion	100
Produktlebenszyklus	94, 100, 259 f.
Produktmarix	52
Produktneuheit	260
Produktpiraterie	103
Produktplanung	96 f., 100
Produktpolitik	206
Produktspezialisierung	257
Produktstrategien	260 f.
Produktvariation	261
Programmfertigung	88
Prokurist	72
Prozessanalyse	411
Prozesszusammenhang	171
Public Relations	270, 277
Qualität	155
Qualitätssicherung	84, 97, 132
Qualitätssteuerung	106
Qualitätsverbesserungsziel	172
Quittung	207
Rabatstaffel	10
Rangfolgeverfahren	346
Rangreihenverfahren	346 f.
Ratentilgung	388
Rationalisierung	154 ff., 340, 344, 395
Rationalisierungsinvestition	157, 396
Rationalisierungsmaßnahmen	156 ff., 366
Rationalisierungsschutz	303, 366
Rationalisierungsschutzabkommen	366
Rechnungswesen	13, 183
Rechtsform	55
Rechtsmangel	205
Recycling	35, 104, 232, 237
REFA	340 f.
Reisende	181 ff.
Reorganisation	21
Rohstoffe	44
Rücktritt	215, 218 ff., 290, 292, 296
Rückwärtsterminierung	114
Rügeobliegenheit	206
Rüstkosten	145
Rüstzeit	114 f., 341 f.
Sachmangel	204, 220, 279
Sachziele	171
Sales Promotion	270, 277 f.

Sammelüberweisung	210
Sammelwerbung	273
Schadensersatz	199, 215 ff., 290 ff.
Scheck	208 f.
Scheinkaufmann	57
Schichtarbeit	330
Schickschuld	204, 206
Schickschuld, modifiziert	206
Schlechtleistung	214, 279
Schleichwerbung	274
schlüssiges Verhalten	193
Schuldner	202
Schuldverhältnis	201 f., 215 ff.
Schutzrechte	41, 102 f.
Sektoren, volkswirtschaftlich	90
Sekundärbedarfsermittlung	179
Sekundärforschung	255
Selbstfinanzierung	376, 384
Serienproduktion	141
Service	188, 289
Sicherheitsbestand	127 ff.
Single-Sourcing	173
Soll-Personalbestand	306
Sortenfertigung	140, 142
Sortiment	84
Sortimentsbereinigung	257
Sortimentserweiterung	257
Sortimentspolitik	247, 257 ff.
Sortimentstiefe	257
Sortimentsumfang	257
Sozialpartner	338
Sozialplan	303, 366
Spartensystem	52
Spediteur	285
Spezialhandlungsvollmacht	74
Stabilisierungswerbung	273
Stab-Linien-System	51
Stelle	48
Stellvertretung	197 f.
Strukturstückliste	112
Strukturwandel	19, 89
Stückkostenverlauf	151 f.
Stückliste	101, 111 f., 122
Stückzeit	115
Stufenwertzahlverfahren	346, 348 ff.
Substitutionsgüter	186
Summarische Arbeitsbewertung	346
Supply Chain Management	171
Supportleistungen	82, 169, 246
Tarifvertrag	352
Taylorismus	22
Teamvermaschung	53
teilautonome Gruppe	328
Teilzeitarbeit	330
Telefonbanking	212
Telefonmarketing	278
Terminplanung	86, 106, 112
Tertiärbedarfsermittlung	106, 122
Testmarkt	254
Total Quality Control (TQC)	133
Total Quality Management (TQM)	133
Transformationsprozess	85, 169
Trendextrapolation	310
Typung	142, 157
Überweisung	206, 209 f.
Umlaufvermögen	374, 380, 386
Umschlagshäufigkeit	228 f.
Umschulung	312, 336
Umweltbewusstsein	34, 234
Umweltmanagement	104 f., 170, 232 f.
Umweltmanagementsystem	35
Umweltorientierung	34
Umweltschutz	35, 104, 234
Universalprodukt	257
Unmöglichkeit	214, 217
Unternehmen	25
Unternehmenskultur	332 ff.
Unternehmensleitbild	331 ff.
Unternehmensorganisation	16
Unterstützungsprozess	39, 82, 169, 247
Urlaubsbescheinigung	365
variable Kosten	151
Verbraucher	192
Verbraucherschutz	201
Verbrauchsgüterkauf	192 f., 294 ff.
Verkaufsförderung	206, 270, 277 f.
Vermögensliquidation	376, 386
Verrechnungsscheck	209
Verrichtungsprinzip	49
Versendungskauf	294
Versicherungsnachweisheft	364
Versorgungsziel	172
Versteigerung	192, 293
Vertrag	191 ff.
Vertragsabschluss	192, 197, 200
Vertragserfüllung	202 ff., 291
Vertretungsmacht	197 ff.
Vollkostenrechnung	179
Vollmacht	72, 197 ff., 284
Vorlaufzeit	115
Vorprodukte	44
Vorwärtsterminierung	113
Weiterbildung	335
Werbearten	273 f.
Werbebotschaft	276
Werbeerfolg	277
Werbegegenstand	276
Werbeklarheit	275
Werbemittel	277
Werbeplanung	275 ff.
Werberegion	276
Werbewahrheit	275
Werbewirksamkeit	275
Werbewirtschaftlichkeit	275
Werbeziel	276
Werbezielgruppe	276
Werkbankfertigung	136
Werkstattfertigung	136
Werkstoffe	41
Wertanalyse	178
Wertefluss	45
Wertschöpfung	39
Wertschöpfungsprozess	39
Wettbewerb	84 ff.
Wiederbeschaffungszeit	115
Willenserklärung	192
Win-Win-Situationen	18
Wirtschaftlichkeit	149, 155
Wirtschaftlichkeitsprinzip	228
Wissensgesellschaft	18, 90
XYZ-Analyse	178 f.
Zahlschein	207 f.
Zahlung, bargeldlos	207, 209 f.
Zahlung, halbbare	206 ff.
Zahlungsverkehr	206 ff.
Zahlungsverzug	214, 290 ff.
Zeitakkord	352, 355
Zeitlohn	352 f.
Zielhierarchie	171
Zielkonflikte in der Beschaffung	173

Nützliche Internetadressen

Zeitschriften/Medien:
www.aboutit.de
www.berlinews.de
www.focus.de
www.indurstrieanzeiger.de
www.n-tv.de
www.tagesspiegel.de
www.welt.de
www.wuv.de

Unternehmen, Verbände, Organisationen:
www.agpev.de
www.bdzv.de (Bundesverband Deutscher Zeitungsverleger)
www.dolzer.de
www.igmetall.de
www.microsoft.com
www.oracle.com
www.sagekhk.de
www.sap.com/germany
www.thyssenkrupp.com
www.ziv-zweirad.de

Bundesministerien und -behörden:
www.bibb.de (Bundesministerium für Berufsbildung)
www.bmu.de (Bundesministerium für Umwelt, Naturschutz und Reaktorsicherheit)
www.bmwi.de (Bundesministerium für Wirtschaft und Technologie)
www.umweltbundesamt.de (Umweltbundesamt)

Forschungseinrichtungen, Marktplätze, Portale:
basiszinssatz.info (Zinsrechner)
web.wlwonline.de (Wer liefert was? – Firmenverzeichnis für Produkte und Dienstleistungen)
www.industrienet.de
www.imf.org (Inernational Monetary Fund)
www.iwkoeln.de (Institut der deutschen Wirtschaft Köln)
www.lernen-heute.de
www.marketing-marktplatz.de (Informations-Pool für Marketing und Management)
www.mass-customization.de (Portal der Technischen Universität München)
www.pius-info.de (Portal zum Thema produktionsintegrierter Umweltschutz)
www.produktion.iao.fhg.de (Fraunhofer Institut)

Suchmaschinen und Metasuchmaschinen:
www.altavista.de
www.google.de
www.yahoo.de
www.metacrawler.de
www.fireball.de
www.highway61.com
www.lycos.de
www.metager.de

Die in diesem Werk angegebenen Internetadressen haben wir überprüft (Redaktionsschluss Mai 2004). Dennoch kann nicht ausgeschlossen werden, dass unter einer der angegebenen Adressen inzwischen ein anderer Inhalt angeboten wird. Deshalb empfehlen wir Ihnen, die Adressen vor der Nutzung im Unterricht selbst noch einmal zu überprüfen.

Bildquellenverzeichnis

Titel: © Russell Illig / Getty Images / Photodisc

Cornelsen Verlagsarchiv: S. 7, 224.2

Derby Cycle Werke GmbH, Cloppenburg: S. 45.1-3 (Rohre, Schrauben, Griffe, Fotos: Anima Berten); 6 (Foto: Anima Berten); 9.1-4, 12, 101.1-2; 138-139 (Fotos: Anima Berten); 222.1-2 (Fotos: Anima Berten); 224.1 (Foto: Anima Berten); 272

dpa, Berlin/Frankfurt: S. 140.1-2

frankensoft, Hof/Saale; www.frankensoft.de: S. 119

Holthöfer, Norbert, Lessing, Hagen, Fraunhofer ALB, Paderborn: S. 108 „Aufbau von PPS-Systemen"

Müller, Udo, Tostmann, Ralf: S. 36 „Der Ökologische Wertschöpfungsring", Vorlesungsunterlagen 1999 AVWL der Abteilung Ordnungs- und Prozesspolitik der Universität Hannover, in Anlehnung an: Zahn, E., Schmid, U., Seebach, A. (1996), Zusammenspiel von Ökonomie und Ökologie, in: Eyerer, P. (Hrsg.), Ganzheitliche Bilanzierung, Werkzeug zum Planen und Wirtschaften in Kreisläufen, Berlin, S. 77

Scheer, August-Wilhelm: S. 77, 248 Vorlesung Wirtschaftsinformatik I, SS 1999, www.winfoline.de

Zwei plus zwei Marketing GmbH, Köln; www.zweipluszwei.com: S. 45 (Fahrradanhänger Chariot Comfort)